楚文化研究论集

第十三集

楚文化研究会 编

上海古籍出版社

图书在版编目(CIP)数据

楚文化研究论集. 第十三集 / 楚文化研究会编. ——上海：上海古籍出版社，2018.10
ISBN 978-7-5325-8966-1

Ⅰ.①楚… Ⅱ.①楚… Ⅲ.①楚文化-研究-文集 Ⅳ.①K871.41-53

中国版本图书馆CIP数据核字(2018)第201172号

楚文化研究论集
（第十三集）

楚文化研究会　编

上海古籍出版社出版发行

（上海瑞金二路272号　邮政编码200020）

（1）网址：www.guji.com.cn
（2）E-mail：guji1@guji.com.cn
（3）易文网网址：www.ewen.co

上海惠敦印务科技有限公司印刷

开本850×1168　1/32　印张22.75　插页2　字数560,000
2018年10月第1版　2018年10月第1次印刷
ISBN 978-7-5325-8966-1
K·2537　定价：98.00元

如有质量问题，请与承印公司联系

目 录

考古学研究

扬州地区西汉中小型墓葬受楚文化影响试析 …… 刘松林 （2）
早期楚文化发展历程的新思考 ……………………… 刘彬徽 （20）
安徽寿县安丰故城遗址调查勘探成果 …………… 张义中 （24）
荆州望山桥一号墓的有关问题探讨 …… 王从礼　郑　梅 （33）
楚都纪南城若干问题思考 …………………………… 闻　磊 （50）
从固厢墓地看楚文化对漯河一带西汉早期墓葬的影响
　　……………………………………………………… 刘　晨 （61）
试从部分安徽地区楚文化遗存看"楚风东渐"
　　…………………………………… 云　铮　张贵卿 （95）
寿春城遗址考古工作的新思路 ………… 蔡波涛　张钟云 （105）
皖地楚文化研究的瓶颈 ……………………………… 徐凤芹 （120）
熊家冢楚王陵北殉M1出土的铜礼器 ……………… 蒋鲁敬 （127）
荆州严家台遗址东周水井的发现与收获——兼论楚国水井
　　形制与水井供水原理 ………… 杜　峰　范江欧美 （138）
叶家山曾国墓地族属的讨论回顾及思考
　　…………………………………… 田成方　夏孝言 （149）
枣阳郭家庙墓地早期被盗问题蠡测 ………………… 王先福 （163）
周口楚都陈郢相关墓葬初议 …………… 高礼祥　杨苗蒲 （176）
万福垴遗址初探 ……………………………………… 笪浩波 （183）
"鸠杖"再议 ………………………………………… 秦让平 （203）

楚墓青铜礼器组合探讨 …………………………… 王乐文 (214)
楚墓"铜凤鸟首形饰"考 …………………………… 陈 程 (220)
襄阳菜越陶楼所见早期佛教与楚巫文化的融合
　………………………………………… 傅 玥 尤 悦 (232)
河南南阳夏响铺鄂国贵族墓地 M1 所出养器的几点认识
　……………………………………………………… 王 巍 (246)
传世曾伯漆簠铭研究的回顾与再论 ……………… 陈颖飞 (255)
从楚系贵族墓出土漆器审度春秋战国漆工艺的传承与发展
　……………………………………………………… 聂 菲 (266)

历史文化研究

楚国西周时期历法刍议 …………………………… 易德生 (290)
楚西陵邑小考 ……………………………………… 尹弘兵 (301)
乐堤城小考 ………………………………………… 王琢玺 (315)
试论早期楚国中心区域的变迁 ………… 胡 刚 黄 婧 (327)
河南楚长城再探 …………………………………… 衡云花 (343)
河南楚长城研究中存在的一些问题探讨
　………………………………… 马 骥 王玉林 马澍寰 (358)
二十年来南阳地区楚文化的考古发现与研究 …… 燕 睿 (367)
吴起"南平百越"与五岭道的拓辟 ……………… 蒋响元 (409)
楚族产生与消亡的时间问题刍议 ………………… 王小杰 (414)

器物研究

新发现最早的透光镜——荆州博物馆藏战国楚式四山纹
　铜镜 ……………………………………………… 王 丹 (434)
浅析楚式镇墓兽方座的意义 ……………………… 朱江松 (448)
楚国乐器器座鸟兽组合形象杂谈 ………………… 陈晓娟 (460)

楚墓出土漆案纹饰初探 …………………………… 谢春明（473）
楚墓中漆木俎研究 ………………………………… 张刘燕（488）
凤凰与楚汉时期的天人关系 ………… 吴艳荣　王　峰（502）
曾侯乙墓绘画中的宇宙图像 ……………………… 张启彬（513）
统一政权之下的转变——从楚帛画到马王堆T型帛画的
　发展 …………………………………………… 李　会（522）
周口出土商周玉器的初步研究 …………………… 李全立（533）

古文字研究

清华简《楚居》"樊郢"考论 ……………………… 魏　栋（544）
曾侯膆编钟铭文补说一则 ………………………… 罗　恰（561）
从清华简《楚居》对章华台的新认识 …………… 王小雨（568）
论《吴命》与春秋吴楚关系 ……………………… 张旭晟（576）
论铜器铭文中的"南公"与"南宫" ……………… 黄尚明（586）
《楚居》中季连部族活动地域探微 ……………… 赵炳清（597）
读近刊蔡器散记 …………………………………… 黄锦前（611）
楚乐与祭仪——楚简"乐之，百之，赣之"新解 … 郭成磊（620）
沈尹钲铭再补 ……………………………………… 李元芝（638）
古陈国考略 ………………………………焦华中　焦心悦（645）
屈原辞赋剑意象与楚地剑文化观念 ……………… 唐旭东（655）
清华简《越公其事》札记七则 …………………… 陈治军（668）
读曾侯乙墓简册札记 ……………………………… 许道胜（676）
论大汶口文化和良渚文化刻符中的昆仑形象 …… 宋亦箫（682）
《岳麓书院藏秦简（四）》中有关"里门"问题的研究（一）
　………………………………………… 王　准　王　谷（701）

考古学研究

扬州地区西汉中小型墓葬受楚文化影响试析

刘松林

（扬州市文物考古研究所）

前言

扬州地区地处江淮东部，东南邻长江、大海，西近滁州，北与淮安等地接壤[①]。西汉时期，该区先后属于荆国、吴国、江都国、广陵国，其间数次除国归于广陵郡。在荆国、吴国、江都国封国期间，其国境大致包括东阳郡、鄣郡及吴郡。其后江都王建因罪自杀，国除。元狩六年（前117年）四月，汉武帝立皇子胥为广陵王，国境有所收缩。据《汉书·地理志》记载，广陵国有"县四：广陵、江都、高邮、平安"。汉昭帝主政期间，广陵国益封九江郡全椒县、庐江郡寻阳县[②]（图一）。由此可见，西汉时期该区的范围不是一成不变的，而是存在一个削减过程，但其核心区域一直未变，与现代行政区划范围大致相同。

该区域地形多为平原，部分为低丘，地势相对较低，河道纵横，水网密布，水运较为发达。该区可煮盐铸钱，从而使得封国经济极为发达。如汉吴王刘濞据于广陵，修筑广陵城以为都城。他充分利用前人修筑的邗沟进行水上交通，向东开邗沟通海陵仓，扩大了运河的辐射面，再加上煮盐铸钱，从而使广陵成为江淮间的一大都会。秦汉时期，安徽铜陵先后为鄣郡和丹阳郡管辖地，处于汉吴王濞封地内，这里的铜矿当属"章山之铜"的产地之一[③]。据《汉书》记载："吴有豫章郡铜山，濞则招致天下亡命者盗铸钱，煮海水为

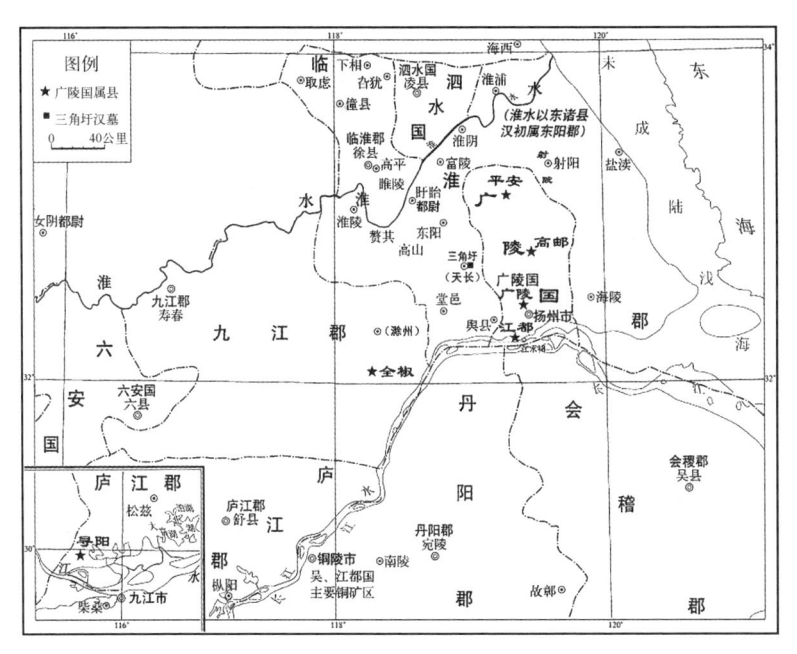

图一 西汉广陵国(郡)辖县与东南沿江政区略图
(王冰改绘自《中国历史地图集》第2册)

盐,以故无赋,国用富饶。"吴王刘濞凭借雄厚的经济实力,公然对抗朝廷。另一方面,封国经济的繁荣客观上带动了社会各阶层生活水平的提高,从该区平民墓葬规模及随葬品的数量可见端倪④。

该区西汉墓葬多为木椁墓,木棺墓较少,未见砖室墓、画像石墓、画像砖墓、崖墓、壁画墓等形制。木椁墓多见头厢、足厢、边厢,少者一厢,多者三至四厢。随葬品种类较多,其中有漆木器、陶器、铜器、铁器、玉石器等。下文就该区西汉墓葬所受楚文化因素的影响进行具体辨析。

一、楚文化概述

学术界对楚文化来源的认识众说纷纭,有不同的版本,其中有东来说(当涂说)、土著说及北来说。东来说已普遍被各家所摒弃,现在土著说与北来说不分伯仲,一时难以裁定。但即便是土著说,也认为楚文化深受周文化影响,如周文化在棺椁重数、随葬礼器的种类和数量在楚文化中也有体现。由此可见,纯粹的土著文化是不存在的。

楚文化历经千年之久,可分为四个阶段,即渊源、青铜时代、繁荣及延续阶段,反映了楚国由弱小(子国)走向强大(王国),再到最后的消亡。楚文化在政治、经济、文化等各个方面,均走在当时的前列[⑤]。其巫术、漆木器、铜器等更是独树一帜,具有楚文化之特质。楚文化本身包罗万象,包括生产、生活及丧葬等多个方面。本文主要研究其逝去的世界,即丧葬文化,故下文所指"楚文化"特指丧葬文化,即楚墓形制与随葬品特征。

楚文化承继周文化,多为竖穴土坑木椁(木棺)墓,有数重棺椁,并以鼎、簋、敦、匜等礼器随葬。但其自身文化特征尤为明显,椁外多封填青(白)膏泥。其棺椁的构造方法为:椁盖板平列,其上铺竹席或芦席,盖板下有顶板,即天花板,椁室内往往分为棺室、头厢、边厢及足厢等,厢室间设有隔墙,晚期隔墙上设门板。棺椁墙板、底板、棺盖板均用榫卯结构(高低榫或燕尾榫等)进行套接,等级较高的墓葬木棺表面按饰棺连璧制度进行装饰,棺内按衣衾制度进行下埋。木棺流行弧形与方形悬底棺,晚期演变成方形平底棺,伴随而来的是棺底随葬笭床增多。椁板下往往放置两根横木(枕木)。

楚墓的随葬品有漆木器、竹器、青铜器、陶器、金银器等多个类别。特别是漆器,在当时来说是最为发达的,亦是楚文化最为标志性的器类。战国时期,漆器增至60余种,其中有生活用具、兵器、乐器、车马器及丧葬用具等。丧葬用具最能反映楚文化的巫鬼与淫祀,如羽翣、镇墓兽、虎座飞鸟、鹿座飞鸟、卧鹿、笭床和棺椁等。漆器的胎骨在春秋时仅有木胎1种,战国时已有木胎、竹胎、夹纻胎、陶胎、铜胎、骨胎、角胎、皮胎等8种,并以木胎的数量最多。工艺方面：木胎为斫制、挖制、雕刻；竹胎为锯制、编织及斫制。战国中晚期，楚漆器出现一些精细的工艺，如部分漆器已采用分别制作构件，然后再用榫卯结构与粘合工艺拼接的工艺，部分漆器甚至与金工相结合。纹饰分为写实与夸张两种，主要有龙纹、凤纹、虎纹、变形鸟纹、窃曲纹、山字形纹、勾连云纹、卷云纹、菱形纹、方格纹、涡纹、三角形纹、变形鸟头纹、变形凤纹等。由此可见，楚漆器纹饰精美、多样，代表了当时漆器工艺的最高水平[6]。

二、从墓葬形制看楚文化因素

（一）该区墓葬形制概述

依《扬州地区西汉墓葬研究》[7]一文，该区墓葬可分为竖穴土坑木椁墓、木棺墓两大类，以木椁墓为主，木棺墓较少。据椁数的不同，木椁墓可分为 A、B、C 型。A 型为单椁类，依椁室空间细分为 6 亚型：即单椁不带厢(A1)、单椁带一厢(A2)、单椁带一边坑(A3)、单椁带二厢(A4)、单椁带三厢(A5)、单椁带四厢(A6)；B 型为重椁类，依两椁位置不同可分为 4 亚型：即内外重椁(B1)、凸字型重椁(B2)、两者兼之(B3)、两套棺椁(B4)；C 型为两套棺椁类。木棺墓分型单一，仅为 A 型，依棺与墓坑空间分布不同可分为两亚型，即不带厢(A1)、带一简易厢室(头厢、足厢或边厢)(A2)[8]。

木椁墓埋葬程序：① 开挖长方形或方形墓坑。② 在墓坑底部横置两个或两个以上横木(枕木)，中部凿有凹槽，以便摆设有高低榫的椁底板，然后套装具有榫卯结构的四壁椁墙，在椁内分设头厢、足厢、边厢及棺室。绝大多数墓葬厢室与棺室间有隔墙，一些隔墙表面装饰有木门、直棂窗及木刻版画，其内容主要有天象、楼阙、宅院、宴饮、乐舞、百戏、祥瑞(穿壁纹)、鬼神(羽人升天、升仙)、仙禽怪兽等。③ 放置木棺，棺身多为楠木或杪木刳凿而成，两头抽凿，嵌入同等厚度的头挡与足挡，棺盖与棺身用双子母口套合，棺盖下往往有一层薄薄的天花板。等级较高的墓葬在厢室内分隔层，隔板下放置楼梯，以便分类摆入随葬品。厢室与棺室上表铺设天花板,讲究的还在其上雕刻穿璧纹等镂空纹饰。④铺设具有高低榫的椁盖板,少数椁盖板直接套接,往往在椁盖板上表铺设竹席或芦席。⑤在椁外及上表封填青膏泥,有些墓葬还在椁外填塞木炭以防潮。⑥对墓坑进行回填,规模较大的墓葬对填土进行分层夯筑,并堆筑封土。

木棺墓埋葬程序较为简单,先草草地开挖一小型长方坑,大多仅可置入一棺,再放置少量随葬品,如灰红陶器等。此类墓多为平民墓葬。

(二)该区墓葬与楚墓形制异同

西汉时期该区的地理形势、气候条件与楚核心区域较为相似,森林茂盛,草木丛生,水土滋润,河道纵横,丘陵与平原交错其间,并多产林木。从已发现的数以千计的西汉墓葬葬具来看,多为楠木及梓木,特别是楠木所占比例较大,即便是庶民亦有用楠木作葬具的现象。

楚墓均为竖穴土坑木椁(棺)墓,规模较大的有圆形封土堆、斜坡墓道及多级台阶。由于后期的破坏,该区墓葬的封土状况不甚明晰,也不见多级台阶,但少量墓葬出现二层台,斜坡墓道较为多见。楚墓在椁外封填青(白)膏泥,该区部分墓葬不但封填青膏泥,还填塞木炭,既能防潮,亦有封闭作用。

两者棺椁结构相似性较大,均在椁底铺设枕木,并在其上用榫卯结构套接椁板形成椁室,然后利用隔墙在椁室内分设头厢、足厢、边厢及棺室,隔墙表面设有木门及窗台。一些墓葬在棺椁盖板下铺设一层顶板(天花板),其上雕刻精美纹饰。该区棺椁常装饰有双龙穿璧纹等镂空图案。楚棺的形状主要有方形与弧棺悬底棺两种,晚期多为方形平底棺,该区仅有方形平底棺。少数楚棺内底发现有纹饰精美的雕花板(笭床),在该区较为少见。

该区与楚墓棺椁盖板之上表均铺设有竹席或芦席。饰棺连璧制度源于先秦丧葬制度"三礼",在楚墓中极为流行。如包山2号楚墓在内棺东挡板上用组带悬挂一件玉璧,发掘时组带已残断,玉璧脱落在中棺的底板上;中棺挡板上还有一白色符号与玉璧相对,这种情形正是饰棺连璧制度的表现⑨。湖南长沙战国楚墓、湖北当阳赵家湖楚墓均有这种现象存在,推测该区亦应如此,只是多因腐朽而难觅踪迹。楚墓装殓面部有"瞑目",死者手握长条状绢条,手脚用丝带系住,尸体用衣衾包裹,而该区多为漆殓具,即面部用漆面罩遮挡,手持一对木握,由于尸体大多腐烂,衣衾难以保存。但从长沙马王堆一、三号西汉墓中出土的古尸用了约二十层麻布和丝绸衣衾严密包裹,外用九道丝带捆扎后置于棺内,推知该区亦应如此,只是中小型墓葬不会有如此严密的讲究。

楚人尚红爱黑,其棺木髹漆外黑内红,该区同样如此。该区西汉墓葬出现外藏椁,与正藏椁紧邻在一起,外藏椁多随葬釉陶器、漆器、车马器等,如蚕桑砖瓦厂M3⑩、刘毋智墓⑪等。此种墓葬形制承继于楚墓,如扬州西湖果园战国中型楚墓便是如此。外藏椁的作用与陕西、河南等地区汉代横穴室崖墓、土洞墓、砖室墓的耳室或侧室一样,有不同的功能。

终西汉一代,该区墓葬形制变化不大。但在西汉末期至新莽年间,椁室局部发生了变化,靠近墓道的椁墙已用木板或木柱排列,其作用象征着墓门,等级较高、规模较大的墓葬出现了前堂后室的格局,这在楚墓中是绝无仅有的。

三、从随葬品特征看楚文化因素

该区西汉墓葬出土了大量随葬品,种类繁多,其中有漆木器、竹器、陶器、铜器、玉石器、铁器、金银器等,尤以漆木器、陶器为大宗,铜器、铁器次之,金银器、玉石器、竹器等较少。下文分类说明该区各器种与楚器的异同。

(一)漆木器

1. 概述

该区漆木器品种繁多、质地多样、工艺精湛、纹饰精美,地方特色尤为明显。其品种涉及较广,既包含生活用具,亦包含丧葬明器。生活用具可分为饮食器(耳杯、笥、盘、盆、勺、钵、罐、匙、碗、壶、扁壶、樽、卮)、水器(匜)、宴饮(案、几、俎)、卧榻(榻、枕、杖)、兵器(剑鞘、刀鞘、削鞘及弓箭架、弓、弩、矛、盾、木插)、文具(砚)、梳妆具(梳篦、奁盒)、度量工具(量、尺)、博戏具(博盘)及车马构件等;丧葬明器主要有面罩、镇子、虎子、木刻版画、木版彩画、笭床、俑、木方、木牍(木签)、封泥匣等。

质地有木胎、夹纻胎、竹胎、铜胎、陶胎等,其中木胎有厚木胎、薄木片卷胎、木片拼合胎三种。厚木胎以斫削的手法制作,主要用于耳杯、盘、盆、壶等器。薄木片卷胎用于樽、卮、奁、盒等圆形器。木片拼合胎主要用于笥、案等稍大型器。夹纻胎工艺较为讲究,主要用于杯、盘、卮、奁、盒、碗等小型器皿。竹胎不多见,多用于枕、杖之类。铜胎、陶胎漆器较为少见,其工艺是指在铜、陶胎质表面髹漆,俗称漆衣陶,主要用于罐、壶等。

漆胎工艺主要有斫制、镟制、卷制及雕刻,有些也采用胶粘合方法,釦器工艺极为发达,器表装饰手法主要有单彩绘、多彩绘、针刻、雕刻、镶贴、金银箔等工艺,单彩绘多饰小型器皿,如碗、小耳杯等,有黑地朱绘、朱地黑绘、褐红地朱红绘;多彩绘一般多用于大型器皿,如奁、案、几等,有朱红、赫红、土黄、金黄等;针刻多见于夹纻胎漆器,如耳杯、小型壶、罐等;雕刻工艺多见于漆器柄、把等附件,如漆勺柄等。

漆器纹饰流畅、纤细,以云气纹和龙凤纹为主,动植物纹为辅。动物纹的种类较多,如鹦鹉、孔雀、大雁、鸳鸯、天鹅、鹿、虎、豹、猪、猴、狐狸等,还有一些取材于神话故事,如天马、怪兽、羽人等。

2. 该区与楚漆木器异同

楚漆木器极为发达,到战国中晚期时已达60余种,涉及社会生活的各个方面,其胎质、工艺、纹饰均十分先进。该区作为楚境的一分子,受其漆木器文化影响较深。

首先,在漆木器品类方面,该区与楚相似性较大,如社会生活方面,两者均有耳杯、奁盒、壶、樽、盘、勺、碗、卮、梳篦、几、案、俎、枕及相应的文具、度量工具、兵器等。丧葬明器方面,两者均有俑、虎子、笭床等。但承继中多有变化,如楚漆木器生活用具(簋、盖豆、豆)、乐器(建鼓、虎座鸟架悬鼓、鸟架鼓)、丧葬明器(羽翣、镇墓兽、虎座飞鸟、鹿座飞鸟、卧鹿),在该区均未发现。反之,该区亦出现了新的品类,如生活用具(魁、扁壶)、丧葬明器(面罩、镇子)等,这些在楚墓中均极难发现。

其次,两者在胎质方面仍以相似性为主,均有木胎、夹纻胎、陶胎、铜胎、竹胎,只是楚漆器中皮胎、骨胎、角胎稍多,并且两者均以木胎为主,夹纻胎次之,竹胎等较少。但该区厚木胎相对减少,薄木胎与夹纻胎相应增多。

再次,两者在工艺方面相似性较大,其木胎均用挖制、斫制、卷制、镟制,但楚雕刻工艺较为发达,且多雕刻器形较大、纹饰复杂的浮雕或镂空器具,这在该区未得到更多的继承。反之,该区出现了锥画纹(针刻纹)新工艺,纹饰细腻如丝,其细微效果是用彩绘难以表达的。该区釦器、榫卯结构、粘合工艺、金银错等工艺亦较楚有较大发展。总之,两者均使用斫制、挖制、卷制、镟制、雕刻、釦器、金银错、编织等工艺,但各有轻重。

最后,楚墓在纹饰方面有夸张与写实两种,夸张纹饰所占比例较大,一些纹饰带有商周时期的鬼神色彩,其原因有两个方面,一是楚文化具有强烈的巫术色彩,重淫礼,侍鬼神;二是楚文化更多地继承了商周文化,故有些纹饰较为繁复、神秘、森严,如窃曲纹、蟠螭纹、绚纹、勾连云纹、涡纹、三角云雷纹等。这在该区漆器中极为少见。但楚崇鬼神的巫术文化在该区没有绝迹,该区流行的羽人升天、升仙及天马、云龙、怪兽等题材,便是楚巫术文化的创新式传承。该区漆器的纹饰亦分为夸张与写实两种,但以写实纹饰所占比例较大,只是更加简化,可见当时人的思维已有较大的改变,即从天上转向人间,由崇鬼神转向现实生活。在着色方面,该区以红、黑为主,而楚国较常见的蓝、绿、黄、金、银等色,在该区不见或少见。战国时期楚国不仅有专供王室贵族所用的官营漆器手工业作坊,同时亦有私营手工业作坊,相对楚漆器来说,该区墓葬出土的漆器,工艺更加高超、精细,由此推测该区亦应有大规模的漆器手工业作坊。在漆器铭文方面,该区很多的漆器在生产上实行了"物勒工名",其书写方式亦发生了变化。楚漆器在战国中晚期多烙印、刻划铭文,该区在西汉早期变化不大,但到了中晚期,烙印铭文基本不见,刻划铭文亦相应减少,并出现了大量的漆书铭文。

3. 典型漆器

(1) 生活用具类

耳杯　该区出土的耳杯数量巨大,从高等级贵族至中下级官吏、地主阶层墓葬都有出土。耳杯多呈椭圆形口、月牙形耳。纹饰简洁,多饰几何云气纹,寥寥数笔即就,如扬州西湖蚕桑砖瓦厂M15出土的漆耳杯,仅在耳部饰简洁流畅的几何云气纹。而楚早期耳杯厚胎,近圆口,半方半圆或弧形平耳,后来近圆口变成椭圆形,平身变成上翘,弧形耳变成月牙形耳。楚耳杯纹饰繁复,大多满饰彩绘纹,如湖北江陵马山M1出土的耳杯外表满饰彩绘纹,即外底饰对称的头尾衔接双凤飞舞纹,外壁及耳部饰几何纹、变形鸟纹,整幅画面舒展而不拘谨,形象生动(图二)。

盘　两者形制相似,多为敞口、斜平沿、鼓腹(折腹)、平底,但工艺、纹饰有一定差别,楚盘纹饰繁复,往往内外壁满饰彩绘纹,而该区纹饰简洁。如湖北江陵马山M1出土的漆盘除局部髹漆外均满饰变形凤鸟纹,对称典雅。扬州西湖蚕桑砖瓦厂M3出土的漆盘,仅在内底及口沿处饰以数笔针刻纹,简洁流畅,继承中不乏创新(图三)。

盒　两者形制相似,均出土有圆盒、方盒、矩形盒等,以圆盒为主,盖与器身子母口套合。但其功效有别,楚盒多为战国时期仿铜

1. 彩绘双凤纹漆耳杯(湖北江陵马山M1)　2. 几何云气纹漆耳杯(扬州蚕桑砖瓦厂M15)

图二　楚汉漆耳杯

1. 彩绘变形凤鸟纹漆盘(湖北江陵马山M1)　2. 针刻纹漆耳杯(扬州蚕桑砖瓦厂M3)

图三　楚汉漆盘

陶礼器，与鼎、壶等组合成配套的礼器群，一些具有奁盒、耳杯盒、酒具盒之功能。相比而言，该区多出土带有多个子奁的圆形奁盒，层层扣合，做工精致。二者纹饰亦有一定的区别，楚盒往往外表满饰彩绘纹，其中有变形鸟纹、几何纹、云气纹、龙凤纹等，极为鲜艳夺目，而该区奁盒所饰纹饰较为简洁，即几何纹、云气纹、羽人升仙，较为讲究的饰针刻纹、贴金银箔，金银釦，尽奢侈之能事，如扬

11

州西湖蚕桑砖瓦厂 M15 出土的圆奁盒盖,由三圈凹棱将盖面分为四区(从顶部至边缘分为一至四区),一区中心饰贴金箔柿蒂纹,其旁饰对称贴金箔神兽四个,似鹿、虎、豹、狐,暗纹为一圈彩绘云气纹;二区饰一圈几何变形鸟纹;三区饰对称贴金箔禽兽类纹饰六个,似大雁、天鹅、鹿、虎、豹、狐狸,暗纹为一圈云气纹;四区饰一圈几何变形鸟纹,惜器身已朽,若在,或有羽人升仙,或有龙凤飞舞,或有纤细流畅的针刻纹(图四)。

1. 彩绘卷云凤鸟纹漆扁壶(湖北江陵雨花台)　2. 圆漆奁盖顶面(扬州蚕桑砖瓦厂M15)

图四　楚汉漆盒

(2) 丧葬明器类

俑　楚俑工艺手法主要有三种:雕刻、彩绘、着衣,而该区主要有雕刻与彩绘两种,着衣俑少见,或与衣饰腐烂有关。两者都以雕刻、彩绘为主。木俑种类均有仪仗俑、侍俑、舞乐俑等,楚俑之中的武士俑在该区少见,而该区新增了说唱俑、杂耍俑等与生活关系密切的俑类。楚俑在战国中晚期大量出现,其变化趋势由矮胖向瘦高发展,形象向抽象、简化发展,彩绘由复杂变简省,俑的数量由少变多。然该区西汉早期木俑均呈瘦高型,形象简化,更加生活化,数量较多，往往一些平民墓中亦有木俑出土，比例相较楚俑更加匀称、协调，刀刻干练、简洁流畅，有着汉八刀的风韵，彩绘亦不繁复，自然和谐，但总体与楚俑风格无异。到了西汉中晚期，该区木俑渐失(图五)。

1. 湖南近郊楚墓武士俑　　2. 扬州邗江县胡场西汉墓说唱俑　　3. 扬州邗江县胡场西汉墓说唱俑

图五　楚汉木俑

笭床　战国中晚期楚墓中多出土笭床⑫，如1988年湖北荆门十里砖瓦厂楚墓M1，其内棺所出笭床，"饰几何透雕花纹，并插入内棺两侧墙板之浅凹槽内"⑬；1975年江陵雨花台M183，棺作弧形悬底，笭床嵌入木棺四周浅槽内⑭。笭床的功效主要有三点：其一可以起到荐尸的作用；其二笭床本身雕刻有龙纹或凤纹图案，在古人心目中，龙和凤是登天入地的神物，可导引死者的灵魂飞向天界；其三则是由雕刻的笭孔所产生的隔水防湿的功效⑮。第三点之缘由，主要是楚墓处于南方，雨水较多，土地潮湿，其居民所用卧具，皆采用木制架床的形式。加之楚民重巫俗、崇鬼神，悬空而卧的习俗自然带入棺内，这与楚墓多方形与弧形的悬底棺相对应，随着悬底棺渐变成平底棺，棺底放置的笭床渐多，其功能亦与悬底棺的退化有关。到了西汉，这种葬俗在该区虽然存在，亦已接近尾

声,不可与楚俗同日而语。如 1994 年扬州仪征赵庄 M1 出土的双龙穿璧纹笭床,甚是精美[16],在该区极为罕见。

棺椁　楚棺有方形棺与弧形棺两种,都为悬底棺。到了战国晚期,悬底棺渐变成平底棺,弧形棺亦日渐消失,此时方形平底棺已与该区无异,其榫卯结构、套合方式亦多相似。至于椁与椁内结构,两者如出一辙,均用高低榫、燕尾榫等结构进行套合、拼装,其内亦有棺室与头厢、足厢及边厢结构。该区与楚地理形势、气候条件较为相似,林木丰盛。楚多产漆树,推测该区亦是如此。不然,该区出土的大量漆木器及棺椁板难以解释。

还有一些两者相似的漆器风格,既存于生活器具中,亦存于丧葬明器中。楚人尚凤习俗较甚,雕刻工艺精湛,在墓葬中常出现雕刻、绘制凤鸟形象的器物,如虎座飞鸟、鹿座飞鸟、彩绘木雕凤鸟小座屏、彩绘卷云凤鸟纹漆扁盒、彩绘变形凤鸟纹漆盘、彩绘虎座凤架鼓、彩绘双凤纹漆耳杯、彩绘木雕莽凤纹座屏、木雕鸳鸯形漆盒等,这种工艺亦被该区所继承,但无法与楚墓相提并论。该区仅在部分小型器物上有所体现,如扬州雷塘 M1 出土的一件鸠形漆杖,其头部凤鸟形象十分逼真[17]。1975 年扬州市东风砖瓦厂西汉墓出土了一件鸠形杖首,运用深雕、浅雕两种刀法,简洁纯朴[18]。

(二) 其他器类

相对于楚漆器而言,楚器的其他器类对该区的影响较小,如釉陶器、灰红陶器、玉石器、铜器、铁器等。下文择其要者进行说明。

剑　战国时期,楚墓出土的剑急剧增加,如江陵天星观 M1 出土剑 32 件,望山 M2 出土剑 7 件,即便是平民男性墓,都有可能随葬剑,且铜剑、铁剑均有。随着生产力水平的提高,铁矿石开采增多,冶铁工艺发达,铁制工具普遍出现,从而使得铁剑渐多。到了西汉时期,该区墓葬随葬铁剑的现象更加普遍,不同等级墓葬均有随葬,等级较高墓葬出土的铁剑工艺精湛、装饰精美,往往在剑首缠绕金丝并带有玉剑饰,剑身相对楚剑变长。

鼎 战国中晚期，楚墓流行高足陶鼎，其形制为浅腹、立耳外撇、大圜底、高足，俗称"楚式鼎"。西汉早期，该区的一些墓葬中出土有楚式鼎，其中有灰陶与釉陶之分。但到了西汉中期，已完全演变成汉式鼎了，再后来鼎足进一步退化，最终退出了历史舞台，从而形成了平底立耳鼎。伴随而来的是，鼎的功能亦发生了本质变化，楚陶鼎是礼器的补充，而该区汉式鼎已演变成日用器具。

铜镜 该区西汉早期铜镜多为楚式镜。到了西汉中期以后，便形成了真正的汉式镜。早期铜镜主要有楚式蟠螭纹镜、草叶纹镜、连弧纹镜、山字镜等。到了中晚期，品种丰富，独具地方特色，其中有星云纹镜、四乳四虺镜、日光镜、昭明镜、铭文镜、博局纹镜、神兽镜等。以日光镜、昭明镜为大宗，一般墓葬均有随葬，也或与当地葬俗有关。少数铜镜装饰豪华，甚至使用彩绘、错金银等工艺（图六）。

1. 蟠螭纹铭文镜(蚕桑砖瓦厂M9) 　　2. 蟠螭纹铜镜(蚕桑砖瓦厂M5)

3. 博局纹铜镜(蚕桑砖瓦厂M15) 　　4. 日光镜(蚕桑砖瓦厂M8)

5. 日光镜(蚕桑砖瓦厂M12) 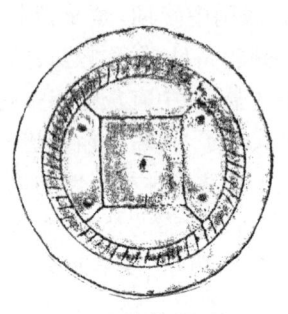　　6. 日光镜(蚕桑砖瓦厂M21)

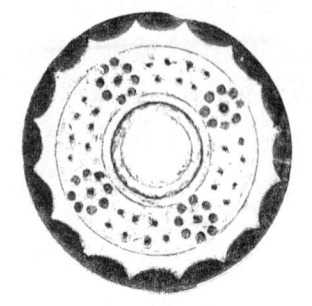

7. 星云纹铜镜(蚕桑砖瓦厂M13) 　　8. 昭明镜(蚕桑砖瓦厂M14)

图六　楚汉式铜镜
1~2. 楚式铜镜　3~8. 汉式铜镜

四、从社会背景及自然条件看楚文化因素

周敬王二十五年(前495年),吴王夫差击败越王勾践,十年后筑邗城。后来越军击败吴军,之后吴国一蹶不振,并最终被越国所灭。又《史记·越王句践世家第十一》记载:"……于是越遂释齐而伐楚。楚威王兴兵而伐之,大败越,杀王无彊,尽取故吴地至浙江,北破齐于徐州。"至此,楚取越之地,邗沟尽归楚,楚建广陵城。由此可见,广陵先后归属吴、越、楚,因此吴越文化与楚文化都对广陵产生了一定的影响,但吴越文化没有楚文化强势,最终被楚文化所战胜,这在《吴越文化与楚文化的宏观比较》[⑬]、《试论东周时期楚

国东部地区的墓葬》[20]及《汉墓的考古学研究》[21]等研究中均有阐述,无须赘言。该区作为楚文化的一分子,受楚文化影响很大,此为社会小背景。

汉承秦制,其本义是指汉代继承了秦代管理全国的行政制度,即因循秦的"百官之职"和"分天下为郡县"之制。其思想文化则主要来自楚,这与汉初的社会背景是相对应的,即多年的战乱使得生产力停滞,经济凋敝,百姓处于困苦之中,百废待兴。为了尽快恢复社会生产力、劳动力,提倡楚的黄老思想,主张清静无为,休养生息。加之刘邦等西汉王朝的建立者多为三楚之人,汉初思想领域的文化来源于楚,也就很正常了,此为该区受楚文化影响的社会大背景。

在大小背景的双重影响下,楚文化因素贯穿于该区的整个西汉墓葬,也便合情合理了。

该区的自然条件与地理形势与楚的核心区域极为相似,多平原少丘陵,河道纵横,雨水充沛,草木茂密,农作物以水稻为主,气候温和。与其他地区相比,少石多木,既是竖穴土坑木椁墓最为理想的修造之地,也是漆木器生产的天然之地,可见该区西汉墓葬具有浓郁的楚文化因素有其必然性。

五、结语

通过对该区西汉中小型墓葬与楚墓形制及随葬品特征的分析,并结合社会背景与自然条件,我们可以看出该区受楚文化的影响极深,主要表现在墓葬形制、漆器工艺纹饰等方面。

该区对楚文化是动态的继承,而不是一成不变、固步自封的。即继承中有所发展与创新,如墓葬形制,楚墓棺椁外封填大量的青(白)膏泥,而在该区又外加木炭,既能起封闭又能起防潮之用。即便由于楚文化的强势影响,该区墓葬形制亦具有较强的保守性,但在西汉末期至新莽年间,该区在墓道一侧的椁墙多用木柱或木板竖立,以象征墓门。头厢空间加大,棺室、边厢及足厢空间相对收缩,从而形成前堂后室的格局。棺木方面,楚文化多见弧形及方形悬底棺,而该区均为方形平底棺。随葬器方面亦是如此,该区漆器风格与楚器总体相似,但出现了针刻纹、釦器、金银箔及大量的日用器具,未像楚那样具有较多的大型雕刻器具及漆礼器。

然而,在黄河中、下游一带,汉初受楚文化影响相对较小,其思想文化更多地来源于中原文化系统,思想革新快,汉化时间短,约在汉武帝时期便基本完成了汉化,在墓葬形制及随葬品特征方面均已形成真正的汉式风格。西汉初期中原地区便出现了砖室墓,如《洛阳烧沟汉墓》[2]把烧沟地区汉墓分为五型:Ⅰ型平顶空心砖墓、Ⅱ型弧顶小砖室、Ⅲ型单穹窿顶小砖墓、Ⅳ型双穹窿顶砖室墓、Ⅴ型横堂砖室墓。约至汉武帝时期北方便出现了越来越多的日常生活器具,礼器渐失。而该区乃至更广泛的南方,多动态继承楚墓风格,至西汉晚期至新莽年间,南北方葬制才真正趋于统一,地主家族墓群、夫妇合葬墓普遍流行,日常生活器具及描写庄园化的模型明器更多出现。东汉以后,该区墓葬融入全国,流行带耳室、侧室的多室砖墓,这是土地私有化、庄园化及豪强、豪族出现在墓葬形制上的显现。即便如此,该区西汉末至东汉初,仍发现大量的带厢室的竖穴土坑木椁(棺)墓,充分显示楚文化在该区有着强大的生命力。

注释:

① 论文所提扬州地区是指西汉时期除扬州市、高邮市、江都市、仪征市、宝应县及所辖乡镇外,亦包括天长市及所属乡镇。这是由于天长市在西汉时,与现扬州地区为一个体系,即为荆国、吴国、江都国等的一部分,其形制及随葬品特征与现扬州地区相同。该区西汉中小型墓葬不包括诸侯王墓等大型墓葬,其原因是无论在墓葬形制还是在随葬品特征方面,此类墓葬应归于另一体系。
② 王冰:《西汉广陵厉王的封域与昭帝益封之邑考略》,《中国历史地理论丛》2011年第4期。

③ 杨立新：《铜陵古代铜业史略》，载《文物研究（第十一辑）》，黄山书社，1998年。
④ 扬州地区西汉平民墓葬多为竖穴土坑木椁墓，稍讲究的或置头厢、足厢、边厢等，随葬器多为釉陶器、灰陶器及少许铜铁器等。
⑤ 俞伟超：《古史的考古学探索》，文物出版社，2002年。
⑥⑮ 陈振裕：《楚文化与漆器研究》，科学出版社，2003年。
⑦ 刘松林：《扬州地区西汉墓葬研究》，安徽大学2012年硕士学位论文。本文与此硕士论文分型局部有变化，如硕士论文中的C型两套棺椁归于本文的B4型，木棺墓A、B型仅分为A1、A2型，似更为妥当。
⑧ 所谓简易厢室，指仅在墓坑内设一空间放置随葬品，未使用木板合围。
⑨ 黄凤春：《试论包山二号楚墓饰棺连璧制度》，《考古》2001年第11期。
⑩ 扬州蚕桑砖瓦厂M3资料存于扬州市文物考古研究所，暂未发表。
⑪ 扬州市文物考古研究所：《江苏扬州西汉刘毋智墓发掘简报》，《文物》2010年第3期。
⑫ 贺刚：《"笭床"正义》，《江汉考古》1991年第4期。
⑬ 湖北省文物考古研究所：《荆门十里砖厂一号楚墓》，《江汉考古》1989年第4期。
⑭ 湖北省荆州地区博物馆：《江陵雨台山楚墓》，文物出版社，1984年。
⑯⑱ 扬州市博物馆：《汉广陵漆器》，文物出版社，2004年。
⑰ 考古资料在扬州市文物考古研究所。
⑲ 刘建国：《吴越文化与楚文化宏观比较》，载《楚文化研究论集（第三集）》，湖北人民出版社，1994年。
⑳ 杨立新：《试论东周时期楚国东部地区的墓葬》，载《楚文化研究论集（第三集）》，湖北人民出版社，1994。
㉑ 黄晓芬：《汉墓的考古学研究》，岳麓书社，2003年。
㉒ 中国科学院考古研究所洛阳考古发掘队：《洛阳烧沟汉墓》，科学出版社，1959年。

早期楚文化发展历程的新思考

刘彬徽

  我的新思考之一,是关于湖北宜昌万福垴西周时期楚遗址的年代及在此遗址出土的 12 件有"楚季"17 字铭文的编钟的年代问题。2016 年发表的考古简报和论文[①],认为此遗址年代下限已晚至春秋中期,编钟的年代下限为西周晚期。笔者为此作了反复探讨,认定这个遗址年代下限只能是西周晚期,编钟的年代下限为西周中期,并已撰写《论万福垴楚遗址及其出土楚季编甬钟的年代与相关问题》,已编入《湖南省博物馆馆刊(第 13 辑)》并于 2017 年发表[②],在此不再详细论述,仅列出此文对万福垴甬钟分型、分期的两份不同的图(图一、二),请读者参阅。

图一 万福垴遗址出土甬钟

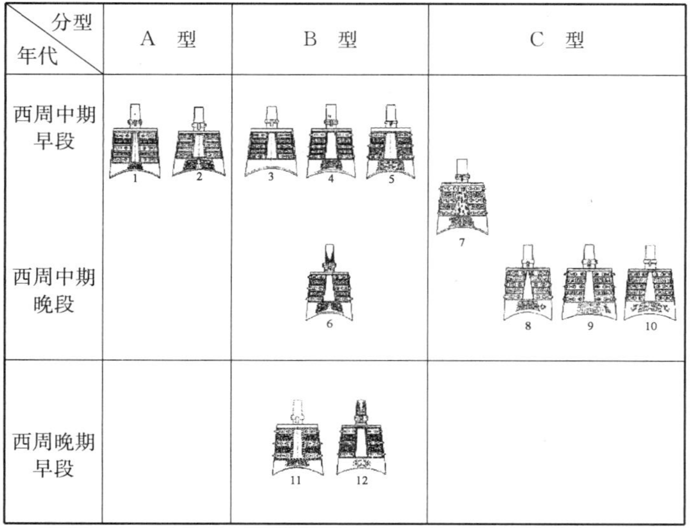

1. 万福垴甬钟分型、分期图

分型 年代	A 型	B 型	C 型
西周中期早段	1、2		
西周中期晚段		3、4、5	7、8、9、10
西周晚期早段		6、11、12	

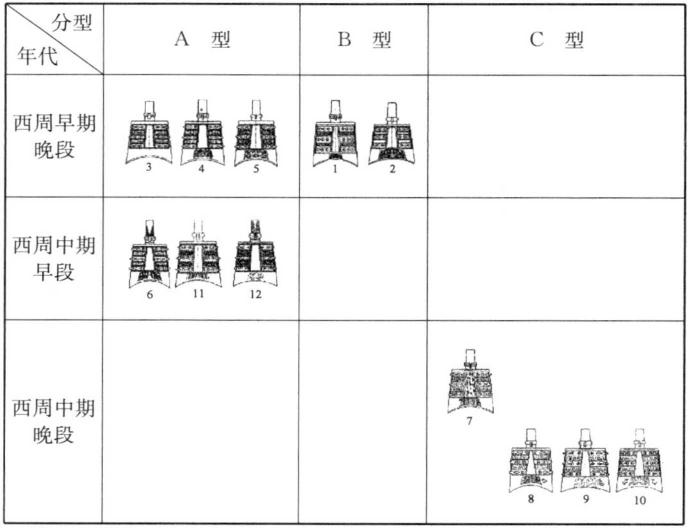

2. 笔者调整后的万福垴甬钟分型、分期图

分型 年代	A 型	B 型	C 型
西周早期晚段	3、4、5	1、2	
西周中期早段	6、11、12		7
西周中期晚段			8、9、10

注：万福垴甬钟分型、分期图采自《湖北宜昌万福垴遗址出土甬钟年代及相关问题研究》，《江汉考古》2016年第4期。

图二 万福垴甬钟分型、分期图

1. 东周一期青铜簠（湖北枝江出土）

2. 东周二期青铜簠（河南淅川下寺 M8 出土）

图三　青铜簠早晚变化

我的新思考之二，是关于春秋时期楚青铜器早晚演变的地域轨迹。以往曾有论者认为楚式"盏分布地域较广且逐步向南发展"③，为此，笔者也作了反复研讨，认定不单是盏，还有楚式鼎、簠、敦也和盏一样，并非向南发展，而恰恰相反，是由南向北发展。春秋时期年代最早的楚式鼎、簠、盏、敦出在枝江和当阳，都分布在长江边，有的论文认为年代最早的楚铜器群（包括鼎、簠、盏、敦等器类）是河南淅川下寺的M8、M7铜器群④，然其年代已晚到春秋中期偏早时期，均晚于枝江、当阳的同类器。从出土楚青铜器年代南早北晚的情况，只能得出由南向北发展的判断，而不是由北向南。笔者将在《春秋战国时期青铜器研究的新进展与新思考》一文中详细论述⑤，在此仅列出簠、盏早晚变化的对比图（图三、四），供参阅。

1. 东周一期后段
（湖北当阳出土的墓）

2. 东周二期前段
（南漳川庙山M18出土）

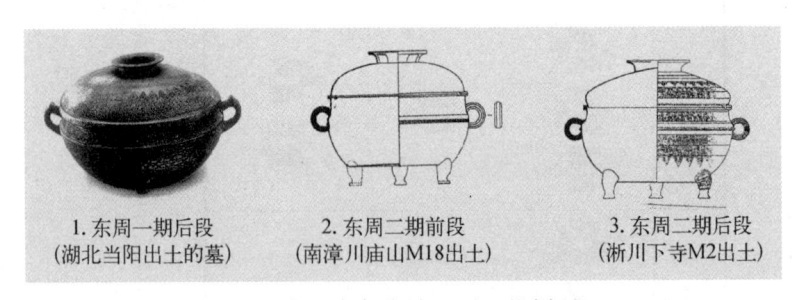

3. 东周二期后段
（淅川下寺M2出土）

图四　当阳、南漳、淅川三地出土的青铜盏

由以上两点新思考,并联系西周甬钟的演变与由南向北传的情况⑥,这种出土楚青铜礼乐器从南向北传的地域轨迹表明,楚国青铜文化的发展历程与楚国早期历史的发展过程相符,显示以上两点新思考有较重要的学术意义。

注释:

① 湖北省文物考古研究所等:《湖北宜昌万福垴遗址发掘简报》;黄文新、赵芳超:《湖北宜昌万福垴遗址出土甬钟年代及相关问题研究》。两文同刊于《江汉考古》2016年第4期。
② 刘彬徽:《论万福垴楚遗址及其出土楚季编甬钟的年代与相关问题》,载《湖南省博物馆馆刊(第13辑)》,岳麓书社,2017年。
③ 拓古:《葬子盏》,《江汉考古》1999年第3期。
④ 袁艳玲、张闻捷:《楚系青铜器的分期与年代》,《考古学报》2015年第4期。该文把淅川下寺M8、M7铜器列入年代最早的第一期。
⑤ 刘彬徽:《东周青铜器研究的新进展与新思考》,湖南省博物馆于2018年元月为配合"春秋战国——轴心时代的东方"文物展览举办"春秋战国历史文化学术研讨会",在会上宣读此论文并收入《湖南省博物馆馆刊(第14辑)》,岳麓书社,2018年。
⑥ 请参阅刘彬徽:《随州叶家山西周曾侯墓出土的甬钟和镈钟初论》,载《湖南省博物馆馆刊(第11辑)》,岳麓书社,2015年。

安徽寿县安丰故城遗址
调查勘探成果

张义中

(安徽省文物考古研究所)

安丰故城遗址位于安徽省淮南市寿县安丰塘镇安丰街道范围内,安丰塘西侧北段,2017年5月被公布为淮南市第六批重点文物保护单位。2017年8月,为配合安丰塘申请"全球重要农业文化遗产",受寿县县委县政府、寿县文广局和文物局委托,安徽省文物考古研究所组织人员对安丰塘周边的水利文化遗产展开调查。安丰故城一直被认为系隋以降安丰塘的管理机构建筑或遗址所在地,故安丰故城遗址也被视为一处重要的水利文物。

调查采用拉网式,各成员以30～50米间距向前徒步踏查。在遗物的采集上,以10×10米为一个采集区,每个采集区内的遗物全部采集,采集区统一编号,并以西南角为坐标原点予以记录。所有记录进行统一规定,保证采集数据的科学性、完整性和精确性。在实际调查过程中,重视剖面信息的采集及高科技手段的运用。

经过近半月的调查,基本摸清了城址的形状结构及功能布局。

一、调查成果

从大的地理环境来看,安徽的江淮之间可以分为四个大的地理单元,北部的淮河中游冲积平原、西南的大别山区、东南的江淮分水岭和南部的长江冲积平原。大别山区和江淮分水岭地势较高,两者呈犄角之势环绕淮河中游冲积平原,而安丰塘(古称芍陂)则位于淮河中游冲积平原的地势低洼处,其得天独厚的地理优势,使得楚国令尹孙叔敖能够顺应自然法则,因势利导,引四方来水而成安丰塘(芍陂),灌田万顷。战国后期,楚考烈王迁都寿县,使寿县成为当时楚国的政治、经济、文化中心。安丰故城在这一大的历史背景下产生、成长并壮大。

安丰故城遗址位于今安丰塘镇政府所在地、安丰塘西侧北端、淮河中游南岸,与淮河干流直线距离约60余里(图一)。城址的城墙在20世纪90年代以来的城镇建设和扩张中遭到严重破坏,县道022从城址的北部略呈东北—西南走向穿过。GPS测定的地理坐标为东经116°40′6″,北纬32°19′30.2″,海拔高度为16～36米。

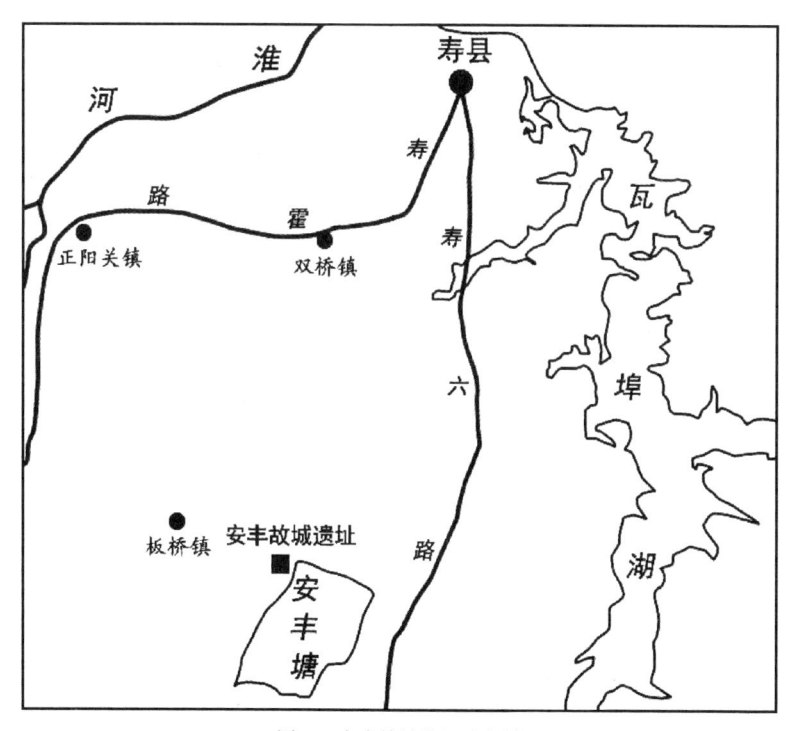

图一 安丰故城位置示意图

从城墙的残存痕迹看,城址大致呈斜长方形,东南角内弧,GPS测量面积约753 000平方米,周长约3.4千米。城垣尚存,西北角和西南角保存较好,其中西城垣长约960米,北城垣长约760米,南城墙长约880米,东城墙与安丰塘大堤重合,推测系安丰塘西大堤加固后沿用,城墙底坡最大宽约38米。城东南角、西南角、西北角楼垛尚存(图二)。

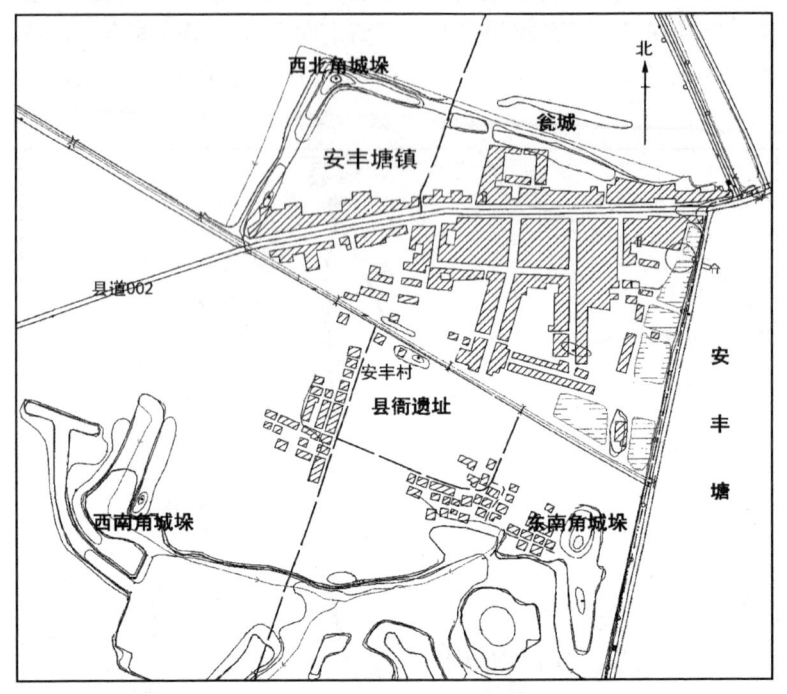

图二 安丰故城调查成果图

调查发现,北城墙中部、南城墙中部偏西和西城墙偏北处各有一个缺口,推测系城门。北城墙中部偏东设置有瓮城,瓮城城墙尚存,残长约210米,宽约17米,门向西。

城垣外南、西、北三侧设置护城河,河宽35～53米,护城河与安丰塘的灌溉水道相沟通。

调查发现建筑基址一处,当地百姓称为老县衙。县衙遗址位于安丰塘镇安丰村把庄自然村,遗址东至安丰塘水厂,南至把庄南部自然水沟,西至把庄村庄边缘,北至粮站南围墙,新华门配套干渠穿过遗址,遗址南部因取土遭严重破坏。遗址位于安丰故城中部偏南,大致呈南北长方形,GPS测量面积约55 500平方米,地理坐标为东经116°40′5″,北纬32°19′19.4″,海拔高度为23～37米。在遗址的中部发现剖面一处,文化层堆积厚1米左右,在剖面底部发现有用砖铺的建筑基槽,采集遗物有唐宋时期的瓷碗、盏残片。

二、县衙遗址勘探成果

2017年12月,为配合安丰塘镇老年公寓项目建设,安徽省文物考古研究所组织人员对位于把庄东侧、前县西侧、安丰村南侧,占地面积约2万多平方米的地块进行了详细、科学的考古勘探,在摸清地层堆积情况的同时,发现各类遗迹30处,其中房基17处、路面2处、井2口,其余遗迹不表(图三)。

(一)地层堆积

该区域地势相对平坦,文化层堆积较厚,一般在3.3～3.7米下见到自然土层。

现选取标准孔地层堆积描述如下:

第①层:耕土,0～0.3米,土质松散,含植物根系;

第②层:灰褐色土,0.3～1米,厚0.7米,土质较硬,内含青花瓷片;

第③层:浅灰色淤积土,1～2.5米,厚1.5米,土质较硬,内含陶瓷器残片;

第④层:深灰色土,2.5～3.7米,厚1.2米,土质较硬,内含绳纹陶瓦残片;

3.7米以下为黄褐色自然土。

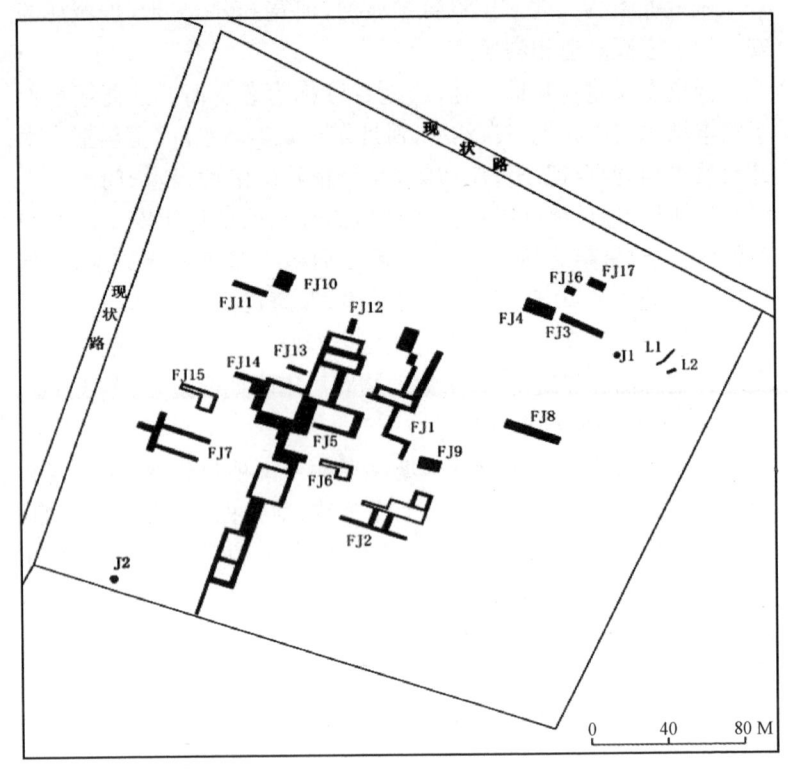

图三 安丰故城县衙遗址勘探成果图

(二) 房基、路、井

本次钻探共发现砖砌房基17处,编号FJ1~FJ17。

FJ1:位于探区西部,平面呈南北向不规则形,开口于①层下,距地表0.6米,长13.5、宽5、深0.6~1.3米。

FJ2:位于探区东南部,平面呈东西向不规则形,开口于①层下,距地表0.6米,长6、宽5.5、深0.6~1.8米。

FJ3:位于探区东北部,北部遭破坏,平面呈东西向不规则形,开口于①层下,距地表0.6米,长7、宽3、深1.6米。

FJ4：位于探区东北部，北部遭破坏，平面呈东西向不规则形，开口于①层下，距地表 0.8 米，长 8、宽 4、深 0.8～1.3 米。

FJ5：位于探区南部，平面呈南北向不规则形，开口于①层下，距地表 0.6 米，长 87.2、宽 25.7、深 1.5 米。

FJ6：位于探区南部，平面呈东西向不规则形，开口于①层下，距地表 0.7 米，长 8.5、宽 4.3、深 1.6 米。

FJ7：位于探区西南部，平面呈东西向不规则形，开口于①层下，距地表 0.6 米，长 19.4、宽 11.5、深 1.5 米。

FJ8：位于探区东部，平面呈东西向不规则形，开口于①层下，距地表 0.6 米，长 15.1、宽 2.1、深 1.7 米。

FJ9：位于探区东部，平面呈东西向不规则形，开口于①层下，距地表 0.7 米，长 5.7、宽 3.2、深 1.6 米。

FJ10：位于探区北部，平面呈南北向不规则形，开口于①层下，距地表 0.7 米，长 5.2、宽 4.4、深 1.6 米。

FJ11：位于探区北部，平面呈东西向不规则形，开口于①层下，距地表 0.3 米，长 9.4、宽 1.5、深 0.8 米。

FJ12：位于探区北部，平面呈南北向不规则形，开口于①层下，距地表 0.3 米，长 4.1、宽 1.6、深 0.8 米。

FJ13：位于探区北部，平面呈南北向不规则形，开口于①层下，距地表 0.7 米，长 5.3、宽 1.2、深 1.4 米。

FJ14：位于探区西北部，平面呈南北向不规则形，开口于①层下，距地表 0.6 米，长 18.6、宽 9.4、深 1.5 米。

FJ15：位于探区西北部，平面呈南北向不规则形，开口于①层下，距地表 0.6 米，长 10.2、宽 5.5、深 1.3 米。

FJ16：位于探区东北部，东部已遭破坏，平面呈东西向长方形，开口于①层下，距地表 0.6 米，长 2.5、宽 1.9、深 2.3 米。

FJ17：位于探区东北部，平面呈东西向长方形，开口于①层下，距地表 0.6 米，长 2.5、宽 1.9、深 1.8 米。

本次钻探共发现砖铺道路2条,编号L1～L2。

L1：位于探区东北部,平面呈南北向长条形,长6.3、宽0.5、深1.3米。

L2：位于探区东北部,平面呈南北向长条形,长2.5、宽0.7、深1.3米。

本次钻探共发现砖砌水井2口,编号J1～J2。

J1：位于探区东部,平面呈圆形,直径1.5米。

J2：位于探区西南部,平面呈圆形,直径1.8米。

（三）勘探结果分析

根据安徽省文物考古研究所2017年8月的调查结果,安丰故城县衙遗址位于安丰塘镇安丰村把庄自然村范围内,东至安丰塘水厂,南至把庄自然村南部水沟,西至把庄村庄边缘,北至粮站边缘,新华门配套干渠穿过该县衙遗址。据此,安丰塘镇老年公寓项目选址位于安丰故城县衙遗址所在地。

分析上述勘探成果,安丰塘镇老年公寓项目地块文化层堆积厚度普遍在3米以上,其中东北部最深可达4.2米,区域内文化层以距地表约1米深和约2.5米深为界可大致分为三个不同的时段,耕土层以下至约1米深为明清时期,约1米深至约2.5米深为隋唐时期,约2.5米深以下为汉时期。发现的各类遗存,以17处房基最为重要,其中FJ5、FJ6、FJ12～FJ14共同组成房屋建筑的核心,向南伸处部分当为南大门及道路；FJ1～2、FJ9～11、FJ15共同构成四周的回廊；东北部的FJ3、FJ4、FJ16、FJ17等4处墙基与砖铺路面(L1、L2)、水井J1构成一个独立的建筑单元。综上,安丰塘镇老年公寓项目用地范围内的各项遗迹构成了安丰故城的县衙衙署,其使用年代大致为唐宋至明清时期。汉代文化层的发现,说明在当时,安丰塘西北大堤外已经有人类活动和居住,证实汉代安丰塘大堤的西北界不可能超出县衙遗址以外。

三、结语

据《安丰塘志》记载：安丰县,汉置,故城在今河南省固始县东。东晋时徙置于今安徽省霍邱县西南13里,故县遂废。隋初又徙置于今安徽省寿县西南60里安丰塘下。明初安丰县废,改为安丰乡。[①]

唐宋至明清时期县衙衙署遗址的发现,与史书记载吻合,证实了安丰故城与安丰塘的关系。安丰故城自隋代徙置于此,一直承担着安丰塘的治理工作,与安丰塘息息相关,实为一体。安丰故城紧邻安丰塘西堤,县衙遗址距安丰塘西堤亦不过500米,逢安丰塘申报"全球重要农业文化遗产"和"世界灌溉工程遗产"之时,遗址的调查和勘探意义重大。

安丰塘古称芍陂,是中国现存最早的大型水利工程,有"天下第一塘"的美誉,位于今安徽省淮南市寿县中部地区,距寿县县城约30千米,传为春秋时期"楚相孙叔敖所造",距今已有2500多年的历史。隋唐以后于塘西北设置安丰县,因此被称为安丰塘。据《安丰塘志》记载,安丰塘于春秋初创时期,周长约120余里,设5门,其中两门泄洪；至隋元时期,周长增至224余里,水门增至36个；后历经修治,到明代至民国时期,周长约50余里,水门28座。其现状,周长约52千米,塘面面积约34平方千米,设水门(闸)21座,其中进水闸1座,灌溉闸18座,泄洪闸1座,兼灌溉和泄洪功能的闸1座。

1959年,为配合淠史杭灌溉水利工程,安徽省文物工作队在安丰塘北堤东端、老庙集西发现一座东汉时期闸坝遗址[②],同时还发现大批铁质工具、铜质工具和陶器,据此可以大致推断从汉代至今,安丰塘北大堤基本没有发生太大的位移。结合安丰故城县衙遗址发现的汉代文化层,基本可以框定汉代安丰塘大堤的北界和西北界,说明汉以降历代对安丰塘的修治或占垦都是在塘的东部、西南和南部展开的。

安丰故城遗址的调查和勘探,虽然取得了一些成果,但仍略有不足,安丰塘(芍陂)虽史载为楚相孙叔敖所造,却尚未能从考古资料上予以证实,若采取从已知推未知的方法,安丰故城遗址是一个重要的节点,对安丰故城遗址的勘探、发掘和研究,从考古资料上最大化地提取有用信息,将是下一步的工作重点。同时结合寿县第三次全国文物普查各文物点的分布情况,特别是周以前的遗址分布,可大致把安丰塘(芍陂)始建时的西大堤框定在寿县板桥镇一带。

注释:
① 安徽省水利志编纂委员会:《安丰塘志》,黄山书社,1995年,第98页。
② 殷涤非:《安徽省寿县安丰塘发现汉代闸坝工程遗址》,《文物》1960年第1期。

荆州望山桥一号墓的有关问题探讨

王从礼 郑 梅

(荆州博物馆)

望山桥一号楚墓地处荆州古城与熊家冢国家考古遗址公园的正中间,南、北相距20千米左右;东南距楚故都纪南城不到5千米。其南面200米处便是出土"越王勾践剑"的望山一号楚墓,西南2千米处是出土"吴王夫差矛"的马山五号楚墓;北约2千米处是出土"越王州勾剑"的藤店一号楚墓。因此,这片墓地是楚国中等贵族墓葬的节点[1]。若对望山桥墓地中的有关问题加以探讨,无疑为我们探索楚国中等贵族墓的葬制会有一定帮助。

一、墓地遗迹分布

该墓地的遗迹分布形成独立的单元,为夫妻墓并列排放。南边为一号墓,占据墓地的主位,规模大,为土坑竖穴木椁墓。墓上残存部分封土,形制已不清晰。东西向,墓道朝东。墓坑开口长34米,宽32米,从墓口至椁盖板深约10米,四周共设13级台阶。椁盖板由19块长7.6、宽0.4、厚约0.4米的方木构成;椁室呈长方形,东西长7.19、南北宽6.5、深2.15米。椁室内以横梁和隔板分隔为东、西、南、北、中五室。东室偏南,南室偏向西,西室偏向北,北室偏向东。北边为二号墓,属陪葬墓,东西向。墓坑长约10.5米,宽约9米,规模显然比主墓小。在一号墓西边还有一座车马坑(图一)。

一、二号墓南北向排列,与楚国王室贵族墓地的布局完全相同,既见于早期的熊家冢墓地[2],也见于晚期的河南马鞍冢墓地[3],

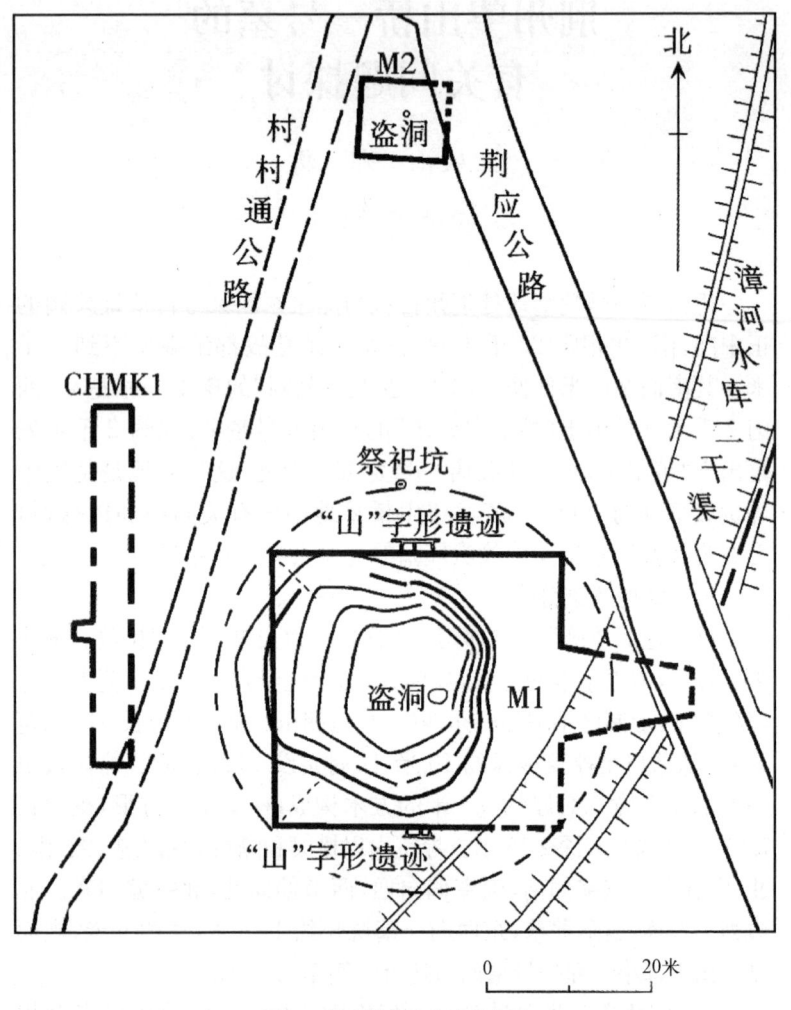

图一 望山桥墓地遗迹分布图

还见于湖南临澧九里楚墓地④和湖北枣阳九连墩一、二号墓⑤。此种情况,可谓是楚墓安葬中夫妻并穴合葬墓的总体规律。诸墓的排列形式,除适合南北岗地的地形之外,更重要的在于显现墓主生前的夫妻生活方式或表达祔墓与主墓之间存在的依附关系。南边男性墓大于北边女性墓,意谓男性在家庭中的责任重大,故男性的社会地位要比女性要高一等。

另外,望山桥一号墓西部设有一座车马坑,象征车马行在墓主西行路途的前面。这种葬制也见于前面四座墓,只是墓室和车马坑的大小及车马坑中的车马配制有所不同。其他墓一般并排为两座车马坑,主墓和祔墓西边各设有相应的车马坑。望山桥一号墓仅有一座车马坑,二号墓西边却不具有。其车马坑设在西边10米处,初步探测南北长约50米,东西宽4米以上。车首向西,南北向逐一排开。以其宽度估算,所葬车马可能比枣阳九连墩一号墓的车马坑中的车马数量少。枣阳九连墩一号墓的车马坑,南北长约52.7米,东西宽约9.5米。坑内随葬车辆33乘,殉马72匹。熊家冢主冢与祔冢合一的西部大车马坑南北长132.6米,东西宽12米;前面还有两排排列有序的32座小型车马坑。规格上,望山桥一号楚墓墓主的身份显然比后者低得多。据研究,墓主为战国中期的楚国"中厩尹",属楚国中央官。因系楚宣王之孙,故墓地建在楚国公墓区内,享有同楚王或楚国王室贵族们相同的墓葬布局形式。其墓地的布局现已探明,墓地属于一个完整的单位,希望能在适当的时机对其祔墓和车马坑进行发掘,提供可供研究墓主的完整资料。

二、封土形制与"挡土墙"

望山桥一号楚墓上部的封土已残,"未发现明显的夯窝及夯层",只有墓坑西部保留部分封土,且呈不规则形。此墓封土形制虽不清楚,但通过现在图上的表示,可以依残迹推测过去的形制。湖北荆门包山二号墓"封土近似半球状,顶部圆平";同墓地的一号墓,封土亦呈"半球形"⑥。江陵天星观一号墓封土"呈平顶圆锥形"⑦。湖南溆浦马田坪地区的一些楚墓,封土亦呈"圆形"和"圆弧形"⑧。这些报道是发掘者在发掘时所观察到的封土遗存现象,实际上各墓的封土现状已不是昔日的形态。时过几千年,多数楚墓封土的原状由于受自然环境和人为因素的干扰,多数封土外貌已发生较大的变化。于是,我们在看待有关问题时,不能完全以现在所见到的部分封土形态来推测过去楚墓上的原有的封土形状。

其形状到底如何?是有待讨论的问题。从现有的楚墓资料或遗留的楚墓封土形态看,战国时期的楚贵族墓封土原状应为方形。湖南临澧九里楚墓地上的水塔包墓区和大封包上的方形封土堆清晰可辨,均为方形台阶式(图二)⑨。据笔者调查,类似情况在湖北楚墓地中也有相应例证。江陵川店的双冢,封土形态现仍为方形,封土顶部遗存二级台阶;八岭山楚墓地中的落帽台、冯家冢、周家冢封土底部均为方形,有的还遗留有一、二级台阶。由此看来,上述楚墓的封土原形存在虽具有偶然性,但也有其客观性。因为楚贵族墓的墓圹和椁的形态大致均为方形,其封土也与之匹配,才达到封的效应。况且,楚人在制作具有密封功能的封土时不会不顾墓圹与椁的形制而另作它形。再说,楚墓室是墓主生前居室的移植形式,楚人生前居室皆为方形。而封土位于墓室的顶部,是屋顶的象征,也应该做成方形。

说白了,这种做法也不是楚人的独创,华夏各国的墓室都具有类似的特点。《礼记·檀弓上》记载:"孔子之丧。有自燕来观者,舍于子夏氏。子夏曰:'……昔者夫子言之曰:吾见封之若堂者矣……见若覆夏屋者矣,见若斧者矣。从若斧者焉,马鬣封之谓也。'"《水经注》卷二六云:"淄水又东迳四豪冢北,水南山下有四冢,方基圆坟,咸高七尺(按'尺'应为丈)。东西直列,是田氏四王冢也。"同卷引《从征记》云:"水西有桓公冢,甚高大。墓方七十余丈,高四丈,圆坟,围二十余丈。"对东周墓葬封土遗存的形态,黄展

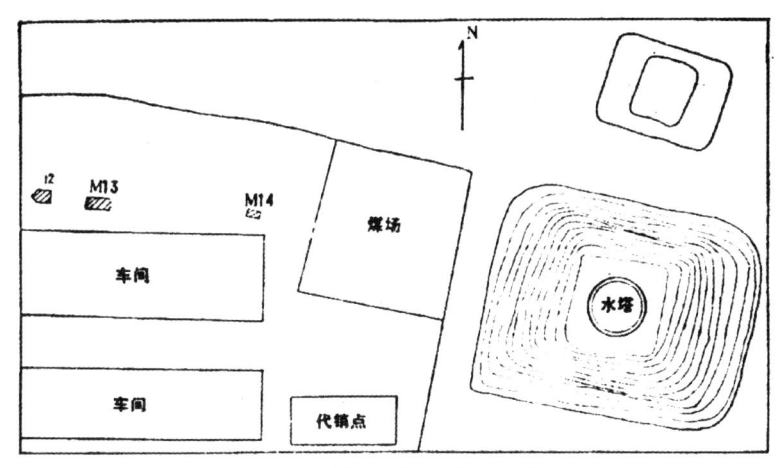

1. 湖南九里水塔包墓区示意图

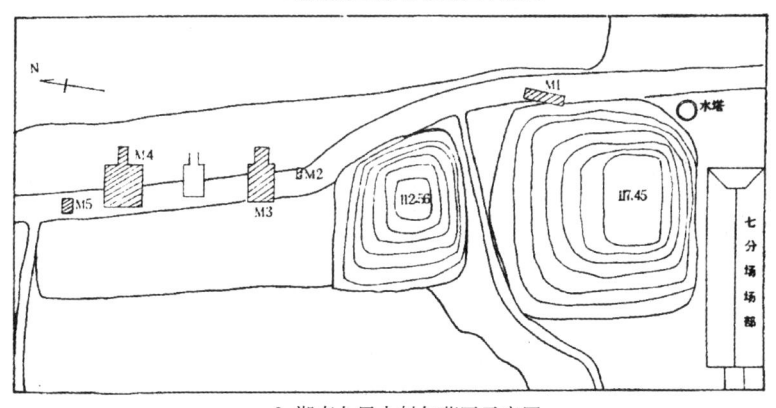

2. 湖南九里大封包墓区示意图

图二 湖南九里楚墓封土形制

岳先生认为现存的蔡侯墓、易县燕墓、邯郸赵墓、江陵楚墓,坟堆都作覆斗形⑩。具体还见于河北中山王陵之封土,形体为方,并设有台阶(图三)⑪。

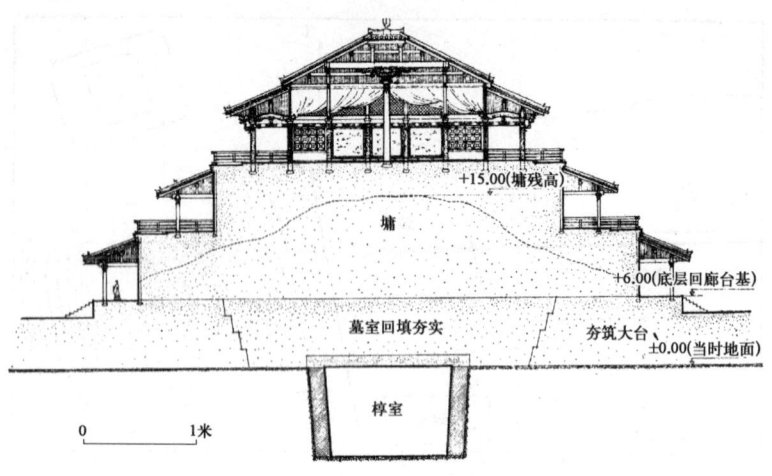

图三　河北中山王陵墓封土横剖面图

综观上述各地墓葬封土的"方"形或"方基圆坟"存在,反映出汉以后的文人对墓上封土形制的认识。或者说,当时的贵族墓上封土还遗留有较规则的方形。在墓坑排列形式上,还有"东西直列"者,似乎已暗地里指出楚国贵族墓的形制与墓室的分布特点;或者说,楚墓的建筑方式对北方诸侯各国影响较大。其影响,可能源于楚国方形层台累榭类的宫室建筑。

另外,荆州望山桥一号墓的封土中,"在西部封土边缘,发现一段挡土墙,长约5、宽约1.2米,横剖面呈三角形,应与封土的堆筑有关"。这一发现,为研究楚国墓葬形制与丧葬礼制提供了一项新线索。

有关方面的情况在考古材料中已有显示,除我们察觉到楚墓的封土为方形之外,还认识到楚墓封土之上或外围应具有其他类的建筑设施,望山桥一号墓封土中的"挡土墙"就是一例。今天讨论其作用问题,就在于我们今后在发掘楚墓时对封土中的遗迹现象要加以关注,才能如实还原楚墓上的原有设施。

"墙"在楚墓中出现,应是楚国贵族对生前宫室外围"宫城"垣的模拟,非作"挡土墙"用。楚墓封土外围设置土墙的遗迹,在湖北枣阳九连墩楚墓和安徽寿春楚墓封土上都有发现[12]。湖北九连墩一、二号墓的重大发现之一,是在墓的封土周围发现了茔城建筑遗迹。在一号墓的封土南侧、北侧及二号墓封土南侧,各发现一道夯土墙体。一号墓封土残高4.2米,南侧墙体宽约3.5米,残长28.7米。南、北两侧墙体均为褐色黏土夯筑,从墙体与封土的构筑关系看,墙体垂直打破并部分叠压在墓室封土的外缘,表明其封土的制作时间要早于外围墙体。墙体形制内侧面较直,外侧面为斜坡状。二号墓封土南、北两侧墙体宽约2.7米,残长18.6米,形制与一号墓封土南、北两侧墙体相似。二号墓封土的南侧墙体距离一号墓封土北侧墙体约7米,以示各自不同的墓室范围所在。

按一、二号墓墙体的走向看,九连墩一、二号墓墙体性质应为"茔城"类的建筑,和城垣一样皆为夯土主体。其总体平面为长方形,环绕墓室一周,以象征墓室的宫城。如果此推测无误,那么,当初的夯土墙头上还应覆盖有陶质板、筒瓦。这一点,安徽长丰杨公墓地茔城的夯土中已有相关遗物发现。再说,其夯土墙体量不是十分宽大,如果上部没有相应的物体遮盖,夯土墙就不能持久遭受风雨的侵蚀。再从一、二号墓各自构建的茔城现象看,两墓修建的间隔期较长。因为一、二号墓是并穴合葬的夫妻墓,照理说应该共享一个茔城。可是,二号墓的茔城基址压在一号墓的茔基之上,表明二号墓的下葬时间要晚于一号墓。墓室与茔城构筑先后与叠压关系显示,墓室封土构筑后,才构筑墓室周围的茔城。由此看来,此类"挡土墙"是不具挡土功能的,本意在于显示墓主的地位和身份,享有生前宫城的待遇。

此外,"茔城"类的建筑在楚墓中一直延续到战国晚期。安徽长丰杨公墓地中一、二、七、八、九、十号三组并穴而葬的夫妻墓地上,墓室呈南北向分布,相距20~30米。两墓的封土、墓圹及椁室规模都是南边大于北边。此外,每组墓中间还用白泥土筑成的茔城作为分界,宽30、深约1.5米。白土中含有零星的陶片。

从荆州望山一号墓西部的"挡土墙"看,体量上居于前者之间,分布的位置也相同。那么,当初楚人在修筑该墓的墙体时不是用来"挡土"的,应与上述诸墓外围墙体一样,是墓主生前宫室的宫墙在墓地上的反映。当初环绕墓的封土,后期由于损坏严重仅存局部。

关于"茔城"的设制,也有古文献为证。荆门包山二号墓第二组简文中记有"大兆"之词。据陈伟先生考证,古书中"兆"常指墓地[13]。《左传·哀公二年》记赵简子誓师时说:"若其有罪,绞缢以戮……素车朴马,无入于兆。"杜注:"兆,葬域。"《周礼·春官·小宗伯》云:"卜葬兆。"郑玄注:"兆,墓茔域。"河北中山王墓地出土的《兆域图》铭文云:"为逃乏阔狭小之口。"[14]"逃乏"即兆封,是指陵园和坟丘。这个意义上的"兆"可能是"姚"字的假借[15],《说文解字》云:"姚,畔也,为四畔界祭。《周礼》曰:'姚,五帝于四效。'"古代墓地祭祀的场所四周都标有界限,因而"兆"也可能指墓地或祭场。在中山国王陵的《兆域图》上当时人还特意标画出了"中宫垣"、"内宫垣"和"丘定"的设施分别,实际上其外围是中山国王陵中的两道茔城所在,即郭城和宫城的设制。楚墓封土外围的夯土墙遗存应为楚人的有意行为,是丧葬礼制中的"墓茔域"外围的"茔城"具现。

三、"山"字形遗迹

望山桥一号墓墓坑开口边沿处,在南北壁有对应的"山"字形遗迹,形体正规,痕迹清晰,表明当初下葬时该处安有固定性的设施。而且其设施是承重的,不然就不会下陷到如此深度,时过几千年有关遗迹仍然清晰可见。

按其位置所在,应是当时楚人在墓室开口部位的施工措施。这种现象,在其他楚贵族墓中尚未发现,值得重视。因具体资料发表不详,遗迹的具体数据不得而知,我们只能以其大致形态加以推测:两个方位的"山"形设施单独存在,不可能是相互连接的一个整体。两者相距32米,也没有如此大跨度的木料而为之。那么,当初每个遗迹上可能安有相对独立的榫接木构件,而且体量较大,具有抗压、耐拉的功能。如此推测,在于说明楚人用之施放椁材和棺木的一种措施。两边用大而长的引绳系住有关物体,在统一指挥下而坠落于墓坑。在"山"形支垫木和背后木桩的掌控下,则可达到安全而省力的施工效果。类似下葬的方式,笔者在小型楚汉墓的棺底曾经发现过藤、篾编织的引绳和墓口两边有对称缺口残存,显然是一种吊装下葬方式的遗迹。望山桥一号墓的大型椁材或棺木为何如此吊装,为何不从墓道口运送?值得更多的有关遗迹和文献加以说明。

据文献记载,当时人已使用"县窆"的葬式,或叫"县窆"法。不仅适合于小型楚墓棺木的下葬,而且也见于大夫以上的中、大型楚墓棺木的下葬,即"机封"方式。这两种下葬法的区别,可能用于埋葬不同等级的墓主。《礼记·丧大祭》说,天子用六绋四碑;君四绋二碑,大夫二绋二碑,庶人至碑,不得引绋下棺。其中的"绋",是下棺的"大索"。大索在不同场合和不同身份墓主的墓中使用,称呼也不一致⑯。如《礼记·缁衣》注:"绤,引棺索也。"又《礼记·杂记》:"升正柩,诸侯执绤五百人。"其注:"庙中曰绤,在途中曰引。"《左传》昭公三十年:"晋之丧事,敝邑之间,先君有所助执绋矣。"注:"绋,輓索也。礼,送葬必执绋。"综观有关文献记载,当棺木停住的时候,其绳则曰绋,若在途人輓而引之,则谓引。至圹,将窆曰绤。可知,绋、绤、引、绋的名称不同,但都是下葬时用的索。在下葬时还设有"碑",以"斫大木为之,形如碑,于椁前后而树之,穿于中间为辘轳(江陵天星观一号墓盗洞中有出土)。下棺从绋绕"(见《檀弓》注)。从中可领略到"碑"是用于固定辘轳的,辘轳上系有绋,绋的另一端与椁木或与棺材相连。通过碑上的辘轳运转收放"大索",使椁或棺木定向放入墓室。巧合的是,望山桥一号墓坑的北壁"山"字形遗迹外侧还存在"祭祀坑",应是当年立碑之穴所在,可见发掘者工作的仔细。

四、"两棺两椁"说

望山桥一号墓葬具为"两椁两棺"。"外椁"分盖板、纵横梁、隔板、分板、底板、垫木。之间采用纵、横向的平铺与垒砌方式,把椁内分为东、南、西、北、中五室。"外椁"用材与其他同等楚墓大体相同,均为方材。按报告者区分,认为中室隔板内(棺室)的外层也是椁,还称之为"内椁"(图四)。相比之下,"外椁"用材显然大于"内椁",材料形态也不相同,"外椁"为方材;"内椁"多为板材,从其截面一望可知。内椁用材却与其他楚墓外棺相同,如荆门包山二号墓的外棺材型可以为证,但其棺的层次要多于望山桥一号墓。

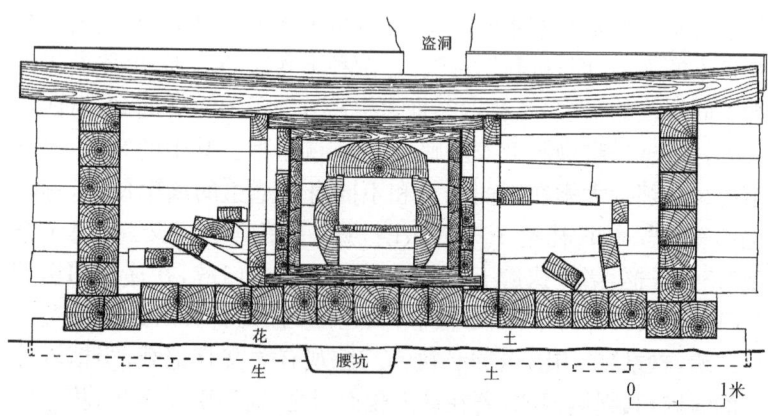

图四　荆州望山桥一号墓棺椁横剖面图

其对内椁的认识可能来源于湖北荆门包山二号墓的称呼。其"椁分外椁和内椁。外椁置于坑底中部，其内以隔板分为五室；内椁置于外椁中室内"。外椁，分别用垫木、底板、侧（纵）板、挡（横）板、隔板、分板、盖板组成，其"外椁"与"内椁"的材料形制与望山桥一号墓的内、外椁一模一样。各自的外椁与内椁用材也大不一样，表明当时人就已有意区别（图五）。

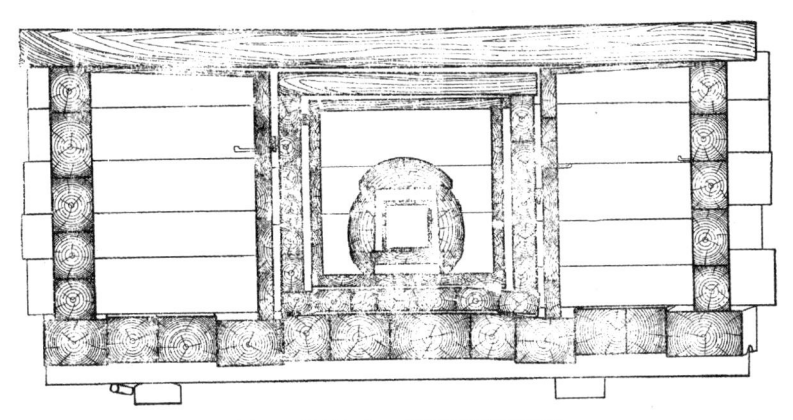

图五　荆门包山二号墓棺椁横剖面图

　　相关的遗迹表现，也不等同。望山桥一号墓外椁盖板上有四层竹席，与天星观一号墓椁盖上的载物相同；由外椁组成的椁室内的随葬品都是墓主用的各类生活用器，而"内椁"中却置的是棺；外棺上出有棺饰类的铜鱼、玉人和铜果核形器（可能为铜铃），显然与下葬的荒帷有关；荆门包山二号墓外椁组成的椁室内也放的是墓主生活用器，"内椁"中也置棺。此外，外椁与"内椁"用材有些虽是方木，但外椁材厚实，材料体形大；而"内椁"材小，且薄。

　　这些形体的不同，构成了椁与棺的区别。也就是说，椁内是盛放器皿与棺木的，其中分成多个椁室，甚至包括棺室在内，是主与次的分隔。按照楚墓室的行款，大多数（尤其是中上等楚贵族墓）

棺室居中。从这个意义上说,在楚国贵族墓中无论等级高低都只设有一层椁,不具"二椁"的用制。否则就会出现逻辑问题,混淆主次。正因为棺室是椁室的一部分,故在用材上有区别,以小、薄型材而多见。在作用上,也体现出外与内的区别用意。因此,楚国贵族墓有一至四层棺(仅目前的楚墓发掘资料而言)。鉴于如此,望山桥一号墓葬具应为一椁三棺;包山二号墓葬具应为一椁四棺。两墓椁室虽都为五室,但在棺的使用层数上却显示出多少的差别。据两墓中的简文记载,望山桥一号墓墓主生前为"中厩尹",比荆门包山二号墓墓主生前为"左尹"的官职要低。两者棺木等次的设制是合情合理的。

我们之所以对此探讨,就在于区分楚墓的棺椁是为了说明墓主所用棺层次的礼遇表达。目前,部分学者把部分楚国贵族墓中的棺椁认识为"二椁二棺"或"外椁"、"内椁"的名谓,认为楚墓中的椁有层次,似是把椁与棺的作用和所在部位给混淆了。纯属主观臆断,没有客观地区分、如实反映楚墓的棺椁形制与层次结构。更为重要者,对楚人设置棺椁的意图完全误解了,把棺、椁的不同作用给忽视了。楚墓中的棺椁设置不仅位置不同,且等次也不同。若对楚墓中的棺椁加以精准划分,大体可归纳为四个不同点:

(一)构筑方位上的不同

"外椁"建在墓圹正中并与墓圹底紧密结合,形成楚贵族墓室的基本外部结构。"内椁"都建在椁室内,有的处于正中,有的在一侧,是椁室的有机组成部分。再说,不同层次的棺与椁之间未有榫接关系;而"内椁"却与里层棺的关系密切,内棺(分一层或多层)套在"内椁"之中;除内层棺外,其他棺层次之间未有大的空间,并由不同大小的形体组成,形式上构成犹如鸡蛋的结构一般;形式上也构成了椁室中的一个独立体,它们的功能是维护内棺的完整性。此外,更重要的是墓主生前地位的象征、等级的界标。在面积上,"内椁"在椁室中只占一部分,多数墓还采用隔墙板或隔梁与门窗把"内椁"分隔,使之形成地位重要的室中之寝,使棺室与其他的椁室明显地分隔开来。除棺室占据椁室内的大部分面积外,其他椁室内还存放大量的各类随葬品。一般有礼乐用器、车马器、兵器、日用器等,并分室放置,这就是当时人在整个椁室内所作"堂"、"厢"或"寝"的原因。

(二)"外椁"与"内椁"的结构形式

两者在投入的材型和部分结构上,也有很大区别。"外椁"用材多为长方木,而"内椁"多用长方形薄木板。体量上,前者也大于后者。每方构件之间,各自只用榫卯相互结合(包括隔板和隔梁),战国时期的一部分楚墓的"内椁"上使用了铜、锡金属构件,显然是针对外棺的木材体量所施加的一种保护措施,所有大小楚墓椁板上都不见这种设置。基于此,"内椁"应名为棺室中的外棺。

(三)椁与棺的结构形态

一部分外棺虽用长方形薄木板制作,但形体均呈"口"形的盒状,而椁的结构则不然,平面多呈"Ⅱ"形,挡板的两端均伸出两侧椁墙板外。"回"字形和多边形的楚墓椁室是在前者的基础上而添加构件或结构上有变化的个别形态。另外,楚墓椁内多设有隔墙板或隔梁下端安装门窗(有的为彩画式),而楚墓中的"内椁"上都没有隔板与隔梁之类的构件,中间却套有层次与大小不同的棺木,并合为一体。鉴于诸方面的差异性,"内椁"也应名为外棺。

(四)文献上的棺、椁区分

《仪礼·士丧礼》谓椁曰:"井椁",胡培翚对此释云:"其形方,又空其中,以俟下棺,有似于井,故云'井椁'"(见《仪礼正义·士丧礼》);对于椁室的空间,《礼记·丧大记》还指出不同身份人的椁室规模有较大的区别:"棺椁之间,君容柷;大夫容壶,士容甒。"《礼记·檀弓上》对棺、椁所构置的部位及两者关系也明确指出:"是故衣足以饰身,棺周于衣,椁周于棺,土周于椁。"《仪礼·士丧礼》还记"既井椁"条下郑玄注:"匠人为椁,刊治其材。"胡培翚疏:"椁无饰,刊治之即成,故云:刊治其材。"(《仪礼正义》卷二八)其记载与楚墓的椁室建造特点完全吻合,即墓圹上立者;楚墓之椁无装饰、均为垒砌;椁在棺室之外;棺在椁室之中。《说文》还明确指出:"棺,关也,所以掩尸。"段玉裁注:"木椁者,以木为之,周于棺,如城之有郭也。"段氏之言,是说椁的形态犹如城墙内套有宫城一般。诸方文献记载与楚墓的椁棺室形制、所处的位置、结构方式和作用都不悖,甚或与楚墓的棺椁形体完全契合。

五、腰坑

荆州望山桥一号墓中设有一个腰坑,之上为椁底覆盖,大体位于墓主人腰部的正下方。坑为椭圆形,锅底状。东西长径1.03、南北短径0.98、深0.42米。坑内随葬羊一只,头在南,背向下,足向上。其迹象表明,殉物属于先杀后殉祭。同类遗迹,在荆门包山二号墓中也有发现。墓坑底部中间挖有一个东西向的椭圆形腰坑,长径0.5、短径0.4、深0.3米。坑为斜壁,弧底,坑壁光滑,坑内葬有一只幼年山羊。幼年山羊为侧置,头东尾西,脚朝北,在羊骨骼外还残留有羊毛和丝织物印痕(图六)。据遗迹显示,当初属于活殉祭。殉葬之时,羊身上可能还用丝织物包裹。

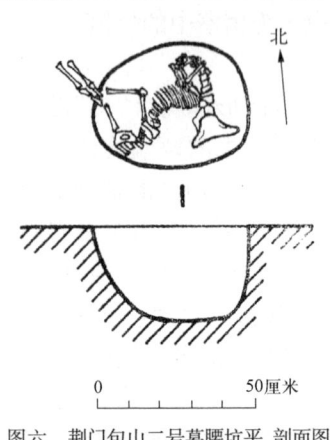

图六 荆门包山二号墓腰坑平、剖面图

可见,望山桥一号楚墓腰坑中用羊殉的行为,在楚国贵墓中并不是个别现象。目前虽只见两例,但用狗殉的迹象在楚墓中却较为多见。二者之区别,似乎有等级的划分。腰坑中殉羊和殉狗,可能都是楚人的一种葬俗,以表示祭祀的意图。

楚人自古就有"信鬼重祀"的习俗。楚地祭祀之风甚浓的情景在文献上多有记载。王逸《楚辞·章句》云:"昔楚国南郢之邑,沅湘之间,其俗信鬼而好祠,其祠必作歌乐鼓舞以乐诸神。"《楚辞·九歌》从头到尾,都表现为巫师酣歌恒舞的样子。《尚书·伊训》:"敢有恒舞于宫,酣歌于室,时谓巫风。"楚人这样作的目的,正如《国语·楚语下》云:"又能上下说于鬼神,顺道其欲恶,使神无有怨痛于楚国。"据学者们研究,《楚辞·招魂》为巫觋作法的唱词,要求将死去者"魂兮归来,返顾居些",即亡而复生;对不能复生者,一是修建墓室;二是在墓室内举行与墓主身份相应的各种祭祀仪式,达到祭祖安神,保佑子孙繁荣昌盛的目的。在其理念指导下,楚人采用了各种祭祀方式。据不完全统计,其祭祀行为有:燔祭、水祭、山祭、房祭、灶祭、墓祭等,就墓祭而言,也有多种,设物品于填土中、设祭品于棺椁四周或之上、在墓地和墓室中用人祭或狗祭、在棺椁之下的腰坑中用羊和狗祭。比较而言,楚人用腰坑祭祀较为多见。如《九店楚墓》中设腰坑的墓有 5 座[17];设腰坑的现象在湖南、安徽之地的楚墓中也较多发现,并不局限于某地区,说明它是楚墓建筑中的一个事项。

在方位上,腰坑与墓室相比属于墓主背部(后面),其祭祀对象可能是"后土"。古今人们都有"皇天后土"之称,指天地神祇。皇天,古代称天;后土,古代称地,泛指天地。旧时迷信天地能主持公道,主宰万物。《周书·武成》曰:"告于皇天后土。"蔡传:"句龙为后土。"

从现有楚墓资料看,楚国封君墓中殉鹿,可能与墓主身份有关,因为鹿在当时是战争胜利的象征;"左尹"和"厩中尹"墓主用羊殉,可能出于礼仪。羊在楚人食物中仅次于牛的地位,属少牢;殉狗者,应为墓主看家的。因此,楚国上层贵族(包括熊家冢墓,给狗建了一墓,并设一狗棺,见 M72)和庶民皆在墓中殉狗。总之,楚人用各类牲祭是有等级分别的,体现出一定的象征意义。

望山一号楚墓中存在的一些遗迹现象,虽然有些问题需要进一步讨论,但对于楚文化研究具有重要意义。从遗存的墓室形制看,墓主应属于楚国贵族的中级阶层。因此,在墓地分布上、墓圹形制上、棺椁等级上、椁室的数量上等众多方面都有相应表现。这些方面都为研究楚国贵族们的丧葬礼制又增添了新资料。

注释:

① 荆州博物馆:《湖北荆州望山桥一号墓发掘简报》,《文物》2017年第2期。
② 荆州博物馆:《湖北荆州熊家冢墓地2006~2007年发掘简报》,《文物》2009年第4期。
③ 河南省文物研究所等:《河南淮阳马鞍冢楚墓发掘简报》,《文物》1984年第10期。
④ 湖南省博物馆等:《临澧九里楚墓》,载《湖南考古辑刊(第3辑)》,岳麓书社,1986年,第87~109页。
⑤ 王红星:《湖北枣阳市九连墩楚墓》,《考古》2003年第7期。
⑥ 湖北省荆沙铁路考古队:《包山楚墓》,文物出版社,1991年。
⑦ 湖北省荆州地区博物馆:《江陵天星观1号楚墓》,《考古学报》1982年第1期。
⑧ 湖南省博物馆、怀化地区文物工作队:《湖南溆浦马田坪战国西汉墓发掘报告》,载《湖南考古辑刊(第2辑)》,岳麓书社,1984年,第39~52页。
⑨ 湖南省文物考古研究所:《临澧九里双峰包南包大墓发掘简报》,载《湖南考古辑刊(第6辑)》,岳麓书社,1994年,第97~111页。
⑩ 黄展岳:《说坟》,《文物》1981年第2期。
⑪ 杨鸿勋:《建筑考古学论文集》,文物出版社,1987年,第120~142页。
⑫ 刘国胜:《湖北枣阳九连墩楚墓获重大发现》,《江汉考古》2003年第2期;宫希成:《安徽楚墓概述》,载《楚文化研究论集(第四集)》,河南人民出版社,1994年,第331~332页。
⑬ 陈伟:《关于包山2号楚墓椁室的定名问题》,载《楚文化研究论集(第四集)》,河南人民出版社,1994年,第324~330页。
⑭ 河北省文物管理处:《河北省平山县战国时期中山国墓葬发掘简报》,《文物》1979年第1期。
⑮ 朱定声:《说文通训定声》,武汉古籍书店,1983年,第327页;高亨:《古字

通假会典》,齐鲁书社,1989年,第811页。
⑯ 吉林大学考古专业七三级工农兵学员纪烈敏、张柏忠、陈雍:《凤凰山一六七号墓所见汉初地主阶级丧葬礼俗》,《文物》1976年第10期。
⑰ 湖北省文物考古研究所:《江陵九店东周墓》,文物出版社,1995年。

楚都纪南城若干问题思考

闻 磊

(湖北省文物考古研究所 430077)

纪南城作为江汉地区目前发现的最大规模的楚都遗址,一直受楚文化研究者的高度关注。但近20年的考古工作缺位,使得对纪南城的研究基本停滞。2011年以来,随着"纪南城大遗址保护项目"的推进,城址核心区域的考古工作取得了一些新突破,也就给相关问题的研究提供了新线索。

一、城址概况及自然环境

纪南城遗址位于荆州市荆州区北部,地理坐标为东经112°09′~112°12′,北纬30°24′~30°26′,海拔28~33米。城址平面略近方形,东西长约4.5、南北宽约3.5千米,南垣东段凸出一块,城内面积约16平方千米,城垣周长约15 506米。城内南北较高,中间低,东南凤凰山一带、西北摩天岭一带,地势尤高。朱河、新桥河分别自南、北穿墙入城汇于城中偏西北处,再折向东形成龙桥河出东城墙连通城外自然水系,三条古河道将城内分为三个独立的区域:东南松柏区、东北纪城区和西部新桥—徐岗区。

城外北距纪山约11千米,自古有驿道连通中原;西距八岭山约4、距沮漳河约16千米;南临拍马山,距今荆州城约5、距长江约10千米;东临雨台山和海子湖,并可通过长湖进入长江。这些低山丘陵及河湖水道一方面给城址提供了良好的屏障,《管子·乘马》载:"凡立国都,非于大山之下,必于广川之上。高毋近旱而水用足,下毋近水而沟防省",有利于对北方中原国家和西部巴蜀等少数民族的防御;另一方面城内外水陆交通便捷,利于军事行动、经济活动及国家管理。以上二者是纪南城被选作郢都的首要原因。同时,纪南城三面环山,一面临水,坐北朝南的格局一定程度上抵挡了北风侵袭,也考虑到城址的整体风水和向阳,符合南方建筑特色。此外,该地区气候湿润,物产丰富,《史记·货殖列传》记载:"江陵故郢都,西通巫巴,东有云梦之饶。"这也是纪南城被选作都城的重要因素(图一)。

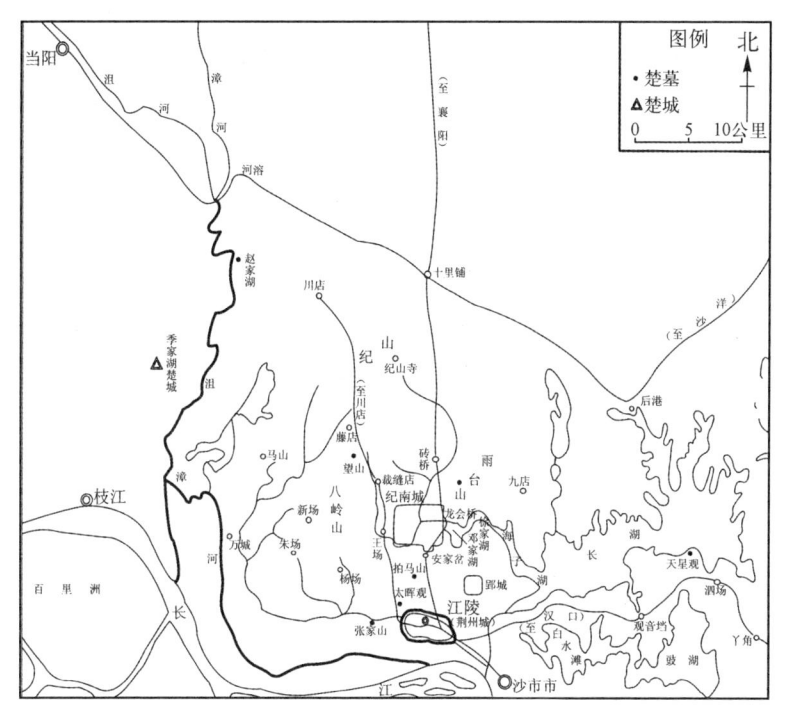

图一 纪南城遗址地理位置图
(据《楚都纪南城的勘察与发掘(上)》,1982年)

二、城址形制及布局特点分析

先秦都城建设,除了固有礼制外,很多时候也会根据本族信仰和自然形势进行灵活调整。纪南城的形制和布局就深受这种思想影响。

首先,楚人尚东。晏昌贵先生有所论述:"《楚辞·九歌》11篇,最尊之神'东皇太一',王逸注:'太一,星名,天之尊神。祠在楚东,以配东帝,故曰东皇。''太一'之名也见于郭店楚墓出土的竹简《太一生水》篇,为创世之大神。楚人以之配东帝,可见楚人对东方的重视。"[1]这就解释了纪南城在建设过程中多处倾于东方的原因。其次,纪南城内、外诸多水道、河湖、高地,要"依山川为之"[2]也就必然影响城垣走势及城内布局(图二),所谓"因天材,就地利,故城郭不必中规矩,道路不必中准绳"(《管子·乘马》)。

纪南城平面形制及城内布局有如下几个特点:

1. 城址方向北偏东约10°

首先,这是楚人尚东思想在纪南城的第一个体现。其次,造成这种偏向的主要原因是城西新桥河及城内东南凤凰山的走势。通过20世纪70年代的勘探可知,城西南角至南垣西边水门这一段护城河利用了新桥河古河道[3]。这样做一方面能减少开挖护城河的工作量,另一方面能沟通城内外水网,便于用水和交通。假设我们将纪南城的方向调正,那势必将那一段古河道纳入城内,不仅达不到上述两方面的益处,还一定程度侵占了城内面积。此外,城内东南凤凰山呈西南—东北走向,为了将凤凰山北段高地收入城内,就必然要将城垣方向稍作偏转。因此,纪南城整体向东偏10°也是楚人因地制宜建城的一个体现。

2. 城址南垣东段凸出

南垣凸出处东西长约589、南北宽约257米,面积约15万平方米。这片"凸"形区域不是无意造成,而是从城址防御角度特别规划的。首先,城东南凤凰山一带是城内制高点,海拔约35～42米,相对其北边的核心区域高差达3～10米,若不将这片高地

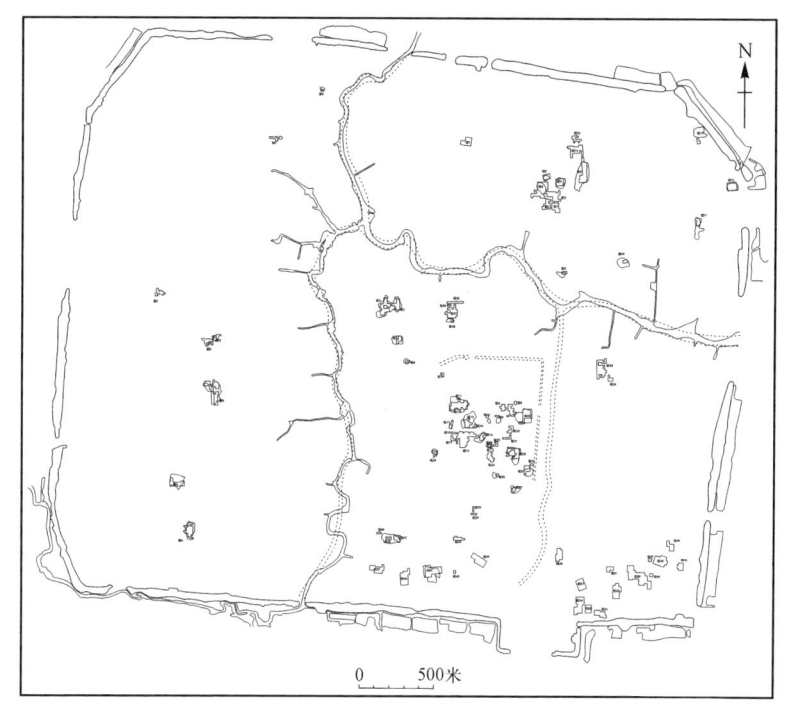

图二 纪南城遗址总平面图

（据《楚都纪南城的勘察与发掘（上）》，1982 年）

纳入城内，那必将对宫城的安全构成很大威胁。同时，如若将南垣整体南移，则又将新桥河古河道纳入了城内，这就造成了和城址不偏转一样的麻烦。所以，城垣在此处转折是最理想的方案。其次，南门应为整个城址的正门，其防御至关重要。此处城垣凸出一方面起到了消除视野死角的作用，类似于后世城墙上的"马面"，与烽火台相结合，可以起到很好的瞭望作用；另一方面整个"凸"形区域可作战略缓冲地带，屯兵布防更加从容，其作用相当于"瓮城"。

3. 部分城垣转角呈切角

纪南城外城垣东北、西北、西南角及宫墙西北角均呈切角,这样的构筑方式郭德维先生曾有研究:一方面是从防御角度考虑,"可以消除视觉死角,容易形成交叉火力"[4];另一方面与楚人信仰有关,古人认为四方均有神专管,各司其职,所谓"无相侵渎"、"四神相隔",这就意味着四方不能连起来,而将城垣转角做成切角就起到了这个功效。同时,郭先生认为南城垣凸出部分已将东、南隔开,故外城垣东南角可以直角相交[5]。但如何解释宫墙东北、东南的直角呢(图三、四)?因此,我们认为城垣筑成切角除郭先生提到的两点原因外,还另有他因。

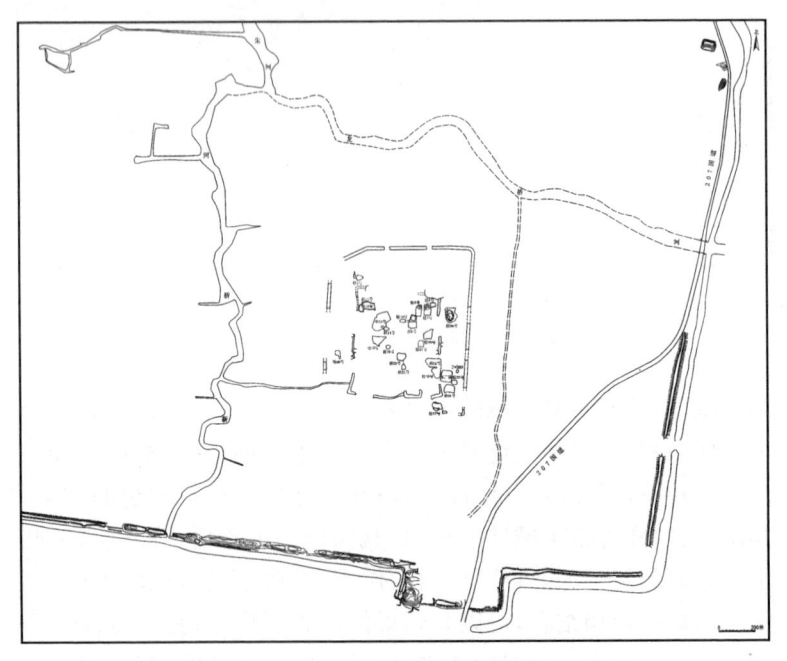

图三　纪南城宫城区全图
(据《2011~2015 年楚都纪南城考古工作报告》,2015 年)

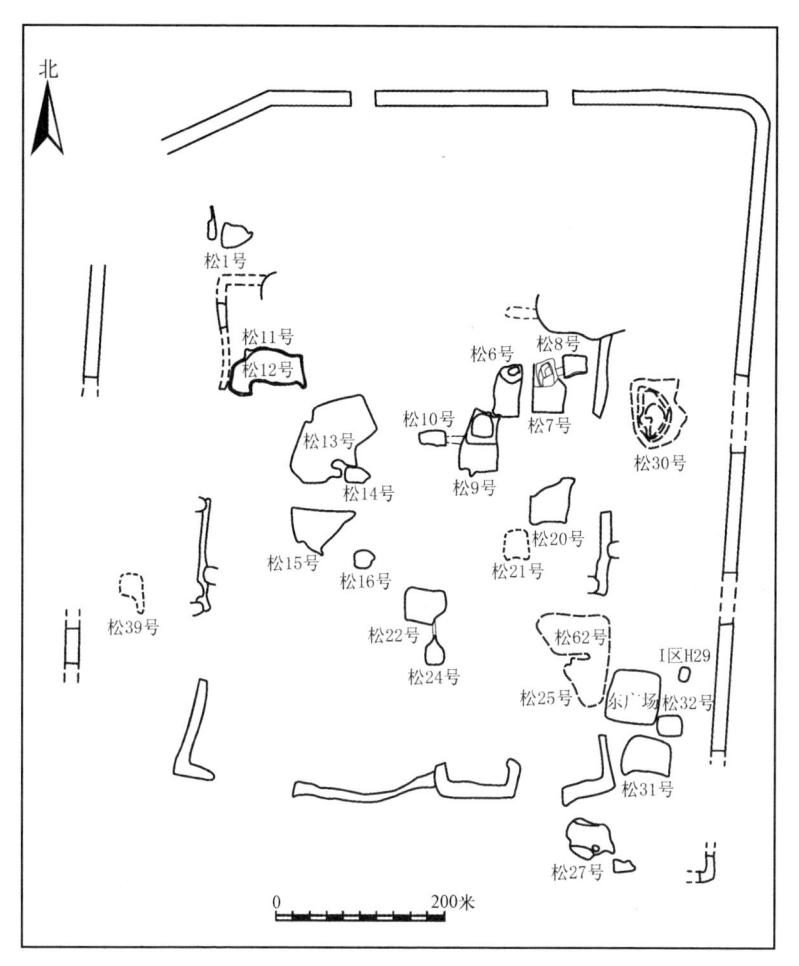

图四　纪南城宫城区遗迹分布图

据"江汉平原东部洪泛区全新世各时段平均洪水位曲线图",从距今2 500年开始,江汉平原东部洪水水位高涨⑥(图五)。这样的气候变化对位于江汉平原西部的纪南城有重要影响。同时,最新勘探结果显

55

示城内普遍存在一层淤积层,这说明纪南城可能曾遭受过大规模的洪水。因此,纪南城外城垣及宫城墙的切角很有可能是为避免洪水正面冲击而有意为之。选择西部和北部做成切角是由于这两个方向相对较高,洪水自此而来,城内河流的走向也证明了这一点。

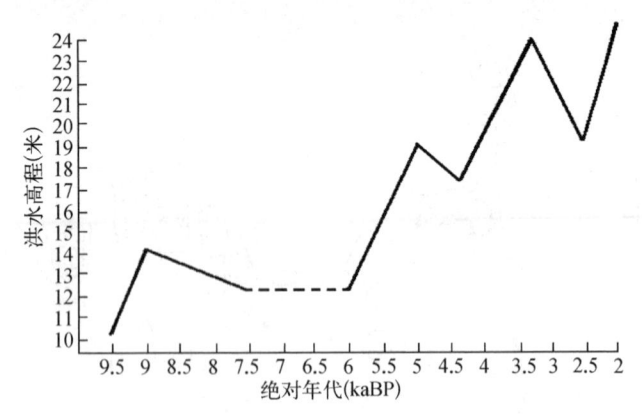

图五　江汉平原东部洪泛区全新世各时段平均洪水位曲线图
(据郭立新《长江中游地区初期社会复杂化研究》,2005年)

4. 城址布局"重东轻西"

从城内台基的分布可以看出:东部是整个城址的重点区域,台基数量众多、分布密集;西部台基数量极少,且分布极为分散,推测是整个城址的服务区域或平民居住区。这种"重东轻西"的格局是符合楚人一贯建都思想的,江陵九店东周墓出土竹简《日书·相宅篇》记载:"盖西南之寓,君子居之,幽悇不出……盖东[北](原简书'[南]',当为误释)之寓,□□□□,□大□□□□爽……盖西北之寓,亡长子……盖东南之寓,日以居,必有□出□。"[7]虽然简文有所缺失,但可得知楚人建筑时是看重东北、东南之地的,作为郢都的建设更需要遵循这一方位吉凶观念,它深刻体现在宫城区核心宫殿的布局上。

据纪南城宫城区最新考古发现,核心宫殿14个台基的分布具有较大规律性:分为三群,每群三组,各具功能。

西北群由松12(11)、松13(14)、松15(16)号组成,地势较高、面积较大,东向均有一片宽阔的缓坡状"殿前广场",组距较集中,便于同时或相继进行大规模活动。该处位于楚人方位信仰的"凶地",推测是宗庙所在地,用以镇压。传世文献显示楚人非常重视对神灵和祖先的祭祀,同时楚地以农业为主,楚国以农兴国,所以,楚国的祭祀对象主要是神灵、祖先和社稷,那么西北群三组台基是否分别代表祖庙、神庙和社庙呢?从松12、松13殿前广场朝向东边来看,楚王族是从东进入宗庙祭祀的,根据周礼"左祖右社"的礼制,松13位于正中应是神庙,松12位左,为祖庙,松15列其右,就是社庙。

东北群三组5个台基松6、7、8、9、10号,现地表能看出并经勘探确认的松7、8,松9、10,均有连廊相通,呈东西排列,并为一大一小,一高一低。松6东边被一座东汉墓破坏并在现代修筑有道路,也许在其东侧也有一个小台基与之相连。该群组距集中,便于近距离活动,推测是寝宫所在地:松9号位于最前且面积最大,应为王宫,松6、7号应为后宫;与之相连相对矮小的松10、8号则应是为王或后服务的侍从住所。

东南群三组6个台基呈"品字形"分布,包括松20、21、22、24、25、62号。其中,松22、24,松62、25均通过连廊南北向两两相通,高低大小基本相等;而松21被一座房屋叠压,无法勘探,1975年的勘探显示其夯土分布似乎与松20相连。该群组距适中,相互之间有一定的独立性,可供楚王及相关机构处理日常政务,故推测是朝堂。同样,我们关于东北、东南群的功能推测也符合周礼"前朝后寝"的礼制要求(图六)。

有意思的是,宫城区核心宫殿布局分为三群,每群又都为三组台基,这显然不是巧合,而是故意所为。但是,文献不曾有记载,也

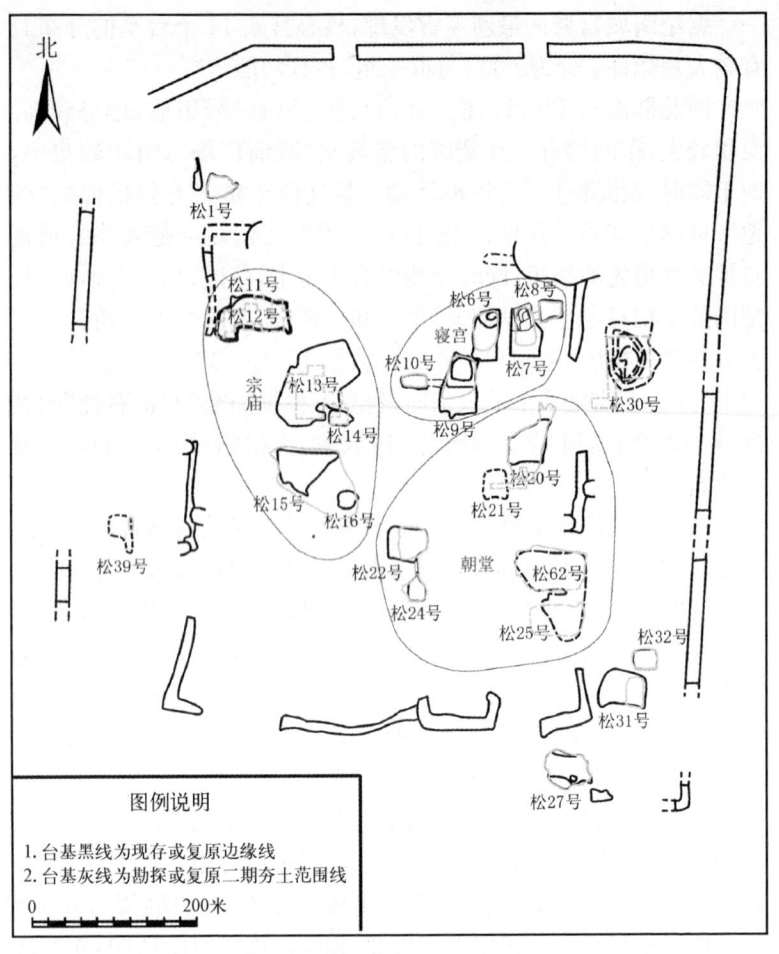

图六　宫殿区建筑台基功能示意图
（据《2011～2015年楚都纪南城考古工作报告》，2015年）

不见有学者就此类问题进行过论述，是否可以认为这与楚人某种宗教信仰有关？这种信仰应该与数字"3"有很大关系，好比古人对9、8有着某种特殊的崇拜意义一样。

5. 宫城区另类"择中而立"

古人"以中为尊",因此在都城建设过程中强调"择中立宫",但几乎所有的东周列国都城都没有做到这一点。统观城内地形,纪南城宫城区位于城内中部偏东南,基本处于城内东南部的中央位置,是一种变相的"择中而立",其成因有三:

首先,纪南城城内河网呈横"丁"字形汇于城内近中部,而宫城区不可能跨河构建,所以其势必不能占据城内中心。

其次,由《日书·相宅篇》可知,宫城区的选址只能在东部,而东南区域相对较大,更利于整个宫城的建设布局,不显促狭。有学者分析指出,纪南城东北部(纪城区)的 15 座台基规模较大,且周围覆盖着较厚的红烧土和红烧瓦砾层,可能是被火焚毁后的遗迹。不排除城址重心原在东北部,后遭火焚毁而转到东南部的可能性[⑧]。虽然目前纪城区的台基尚未开展工作,但笔者认为上述可能性不大:整个东北城垣没有发现陆上城门遗迹,仅有两座疑似水门,若宫城位于该处,出宫要跨越龙桥河,且距离城门过远,这显然不便于宫城区的人出入。

最后,结合地形数据,目前宫城区的所在地是城内最合适的区域。第一,现宫城区所在地平均高程约 32 米,其四周约 29～31 米,这近 1～3 米的高差突出了宫城的核心地位,而且宫城区整体北高南低的地形也符合《日书·相宅篇》的记载:"北方高,三方下,居之安寿,宜人民,土田骤得。"[⑨]第二,宫城内地势北部最高,东、南、西均略低,有利于环形界沟[⑩]通过地面径流排水,一定程度上弥补了其出水沟数量较少的不足,充分考虑了宫城的防洪安全。

此外,需要指出的是宫城区在整个东南区域也不是占据最中心的位置,东部略宽与西部。造成这一格局的主要原因是由于宫城区东侧龙凤沟的存在。有学者认为龙凤沟是人工河道,与其余几侧的龙桥河、新桥河共同构成"护宫河"[⑪]。但就现有材料分析,我们认为龙凤沟是自然河道的可能性极大,原因有二:第一,若龙凤沟是人工河道,那必然可以往东偏一段距离,这样可以使得宫城区居于"东南之中",但是显然它并没有,这意味着在修建宫城区之前龙凤沟就自然存在。第二,龙凤沟南端高程约32米,北端约28米,可以推测它就是一条沿凤凰山西麓流向龙桥河的冲沟,其南端弯曲的走向恰绕过了两片高地。

三、结语

纪南城作为楚都,其固有的使用人群和地理环境造就了它特殊的形制及布局。本文提及的楚人"尚东"信仰及方位吉凶观念,对分析所有楚文化聚落遗址的布局均有一定的指导意义。此外,纪南城因地制宜和基于防洪考虑而形成的另类形制也对分析类似城址形制特点有启发。作为一座体量巨大的都城遗址,纪南城值得研究的内容极其丰富,随着田野工作的深入,对其本身及周邻城址、墓葬等相关问题的思考也必须不断推进,我们拭目以待。

注释:

① 晏昌贵:《楚国都城制度再认识》,《社会科学》2008年第8期。
② 转引自杨宽:《中国古代都城制度史研究》,上海古籍出版社,1993年,第48页。
③ 湖北省博物馆:《楚都纪南城的勘察与发掘(上)》,《考古学报》1982年第3期。
④ 郭德维:《楚都纪南城复原研究》,文物出版社,1999年,第55页。
⑤ 郭德维:《楚都纪南城复原研究》,文物出版社,1999年,第99页。
⑥ 郭立新:《长江中游地区初期社会复杂化研究》,上海古籍出版社,2005年,第18页。
⑦⑨ 湖北省文物考古研究所、北京大学中文系:《九店楚简》,中华书局,2000年,第50~51页。
⑧ 晏昌贵、江霞:《楚国都城制度初探》,《江汉考古》2001年第4期。
⑩ 纪南城宫城区内新发现的一圈整体呈长方形的水沟系统,目前仅发现其向西有一条出水沟连通自然河道。
⑪ 郭德维:《楚都纪南城复原研究》,文物出版社,1999年,第58页。

从固厢墓地看楚文化对漯河一带西汉早期墓葬的影响

刘 晨

(漯河市文物考古研究所)

固厢墓地位于河南省临颍县固厢乡固厢村东。2012年12月～2013年7月,为配合南水北调配套工程建设,河南省文物考古研究院、漯河市文物考古研究所联合对工程管线征地范围内的墓葬进行了发掘。在Ⅰ、Ⅱ、Ⅲ三个区域内清理战国、秦汉和明等不同时期墓葬100多座,其中Ⅱ区23座西汉墓葬具有丰富的楚文化因素,现作简要介绍并分析如下。

一、墓地概况

(一)墓地概况

固厢墓地Ⅱ区位于固厢墓地中部固厢村与柿园王村之间的农田中,西约1.5、东南约5千米分别为省级文物保护单位城顶遗址和巨陵遗址。战国时魏曾在两遗址所在地分设城颍邑和大陵邑,城顶遗址曾是西汉初年(前201年)至隋大业四年(608年)期间的临颍县城所在地。经勘探,Ⅱ区东西长约120、南北宽约80米,发掘区位于中部,除23座西汉墓外,另清理战国墓102座和其他时期墓葬2座。西汉墓位于中部及偏北一带,其中9座打破战国墓葬。这里原地势较高,因20世纪90年代砖窑厂取土下挖1米多,已难以确定墓葬开口位置以及原来是否存在封土。

(二)西汉墓葬综述

除M57因盗扰墓葬形制和器物组合不明,本文不再论述外,其余保存较好的汉墓均为竖穴土坑墓,其中有1座(M48)为"刀形",其余为长方形。20座墓北向,在12°～356°,约占91%;2座西向,在273°～281°,约占9%。

墓室长2.56～3.94米,宽1.2～2.2米,深0.45～2米。墓室内填土为浅黄与深黄相杂的花土,土质结构疏松。直壁平底者18座,斜壁内收者5座。其中5座设有二层台,4座设有头箱,4座墓底有横向枕木槽。1座(M80)设有腰坑、脚坑。墓底有枕木槽的4座中,3座设2条、1座(M87)设3条。

葬具均为木质。在16座发现有葬具灰痕的墓中,一椁一棺者2座(M37、M149),单棺者14座;另有6座墓腐蚀严重,但根据墓葬规模和随葬品分析,原应有葬具。在可辨明的葬具中,1座(M116)棺平面形状呈"Ⅱ"形,其余棺椁均为长方形。葬式均为单人仰身直肢葬。

(三)墓葬举例

M37:长方形竖穴土坑墓,东南角打破一座战国墓(M42)。方向0°,墓口长3.95、宽2.00米,底长3.4、宽1.4～1.55米,深2.15米。设有生土二层台,墓壁由口至二层台向内斜收,二层台以下垂直,平底。葬具一椁一棺,均长方形。椁顶覆有12块木盖板。北部椁棺之间设一长方形头箱坑,长1.00、宽0.46、高0.20米,其内发现数块动物骨骼。墓主仰身直肢葬,头北向,面朝上,双手顺置于身体两侧。成年人,性别不详。随葬品15件。置于椁盖板东侧之上,自北向南分别为陶壶、陶鼎、陶杯、陶盒、陶罐、陶小壶、陶勺各2件,陶瓮1件。

M48:竖穴土坑墓,平面为"刀"形,方向12°,直壁平底。墓长2.55～3.10、宽1.10～1.50、深0.80米。葬具一棺,长方形。长2.00、宽0.64。墓主仰身直肢葬。头北向,面朝上,双手顺放于身体两侧。成年男性。随葬品16件,其中陶罐2、石钱范2、石杯1、铜镞1,锛和削等铁器10件。

M59：长方形竖穴土坑墓，打破战国墓葬 M60、M64。方向 3°，直壁平底。墓长 3.40、宽 1.90、深 0.45 米。墓底发现一些模糊的灰色朽痕，但形制不明，葬具不详。墓主仰身直肢葬。头北向，面朝上。男性，年龄 35 岁左右。随葬品 24 件，墓室北侧有陶马头 4 件、陶俑头 6 件，墓室东南侧集中放置陶鼎、钫、壶、盒、小壶、杯各 2 件，右下肢外及两下肢间各置蚌贝 1 件。

M78：长方形竖穴土坑墓，方向 273°，直壁平底。墓长 2.60、宽 1.20、深 0.80 米。一棺，长方形，长 2.40、宽 1.05 米。仰身直肢葬，头向西，面朝南，双手顺放于身体两侧。性别不详，年龄在 8~12 岁。随葬陶罐 3 件，均置于棺内西北侧。

二、随葬品

22 座墓葬均有随葬器物。随葬器物类型有陶、铜、铁、石、骨蚌等类别。陶器多为泥质灰陶，纹饰有弦纹、绳纹、兽面纹等，其中鼎、盒、壶、钫、杯、勺和陶俑陶马等器物施有彩绘，但多已脱落不清。器类除以上所述外，还有罐、钵、瓮等，按用途可分为仿铜陶礼器、日用陶器、陶俑陶马三大类，以下分类介绍。

（一）仿铜陶礼器

包括鼎、盒、壶、钫、小壶、杯、勺。

1. 鼎

29 件，出于 15 个墓中。除 M100 出土 1 件外，其他均成对出现。多为泥质灰陶，附耳、子母口，通高 12~21.8 厘米，根据腹、底等的差异，分为二型。

A 型　21 件。圜底，剖面呈椭圆形，盖为圆形弧顶，分二亚型。

Aa 型　13 件。浅腹，根据足部的变化可分为四式。器形演变趋势为：高→矮；腹：深→浅；足：较高，足尖外撇→较矮，足尖内聚；附耳：较高→较矮。

Ab 型　8 件。深腹，分三式。器形演变趋势为：较高→较矮；

足：高,稍外撇→矮,较直。

B型 8件。平底,分三式。器形演变趋势为：较高→较矮；盖：弧顶→平顶,足：高而外撇→矮而内聚。

2.盒

29件。出土于15个墓中,除M100发现1件外,均成对出现。子母口。通高9～18.8厘米,根据是否圜底,分二型。

A型 27件。假圈足、平底或平底稍内凹。出土于14个墓中。分五式。器形演变趋势为：器身：较高→渐矮→矮；子舌：长→渐短→近无；盖顶：圈足状捉手较高→捉手矮→平顶→弧顶。

B型 2件。圜底。均出于M77中,身盖近同大,扣合时呈椭圆形。

3.壶

26件。出于13个墓葬,均成对出现,其中4件无修复。除1件为泥质红陶,2件假圈足外,余均为泥质灰陶,圈足外撇,通高36.5～52厘米。分二型。

A型 12件。鼓腹。分三式。器形演变趋势为：鼓腹略耸肩→扁鼓腹→腹略下垂；最大径：肩部→腹中→稍下垂；盖顶：弧隆→圆隆→微隆；圈足：较高→高→较矮；盖子舌：长→短→近无。

B型 10件。球腹。分三式。器形演变趋势为：腹部近圆→略扁；最大径：中部略偏上→中部；盖顶：圆隆→微隆或平顶。

4.钫

8件。出土于4个墓葬,均成对出现。覆斗形盖,盖子口。器身方口外侈,方唇,颈内束,腹四壁外鼓,下腹缓收,圈足。通高44.8～62厘米。

5.小壶

25件。出土于13个墓葬,除M100仅1件外,其余出2件。

均泥质灰陶,假圈足或饼状足,通高9~18.8厘米。根据是否为扁腹,分二型。

A型 21件。鼓腹。分四式。器形演变趋势为:肩略耸→鼓腹;假圈足:较高→较矮→饼足;盖子舌:长→短→近无。

B型 4件。扁鼓腹,假圈足。器形演变趋势为:扁腹:较甚→稍轻;矮→较高→较矮。

6. 杯

26件。出土于14座墓,其中2座各出1件,其余12座均2件。泥质灰陶,高7.5~10.7厘米。根据底的差异可分二型。

A型 25件。杯壁近底部内收,饼足或圈足,分四式。器形演变趋势为:修长→宽矮;口:侈→直口→微敛;唇:尖圆→圆唇→方唇;壁:近斜直→近弧收;足:较薄→厚。

B型 1件。标本M102:10,敞口,斜壁,薄饼足。体宽矮,口径大于身高。

7. 勺

19件。出土于10个墓葬,除M100出1件外,其余各墓2件。均泥质灰陶,敞口,方唇,窄平沿,圜底,尾部有銎,通高1.2~5厘米。根据柄、銎及勺形的变化可分四式。勺形演变趋势为:圆角长方→近椭圆;柄:短→无;銎位置:高于勺体→勺尾部斜面→勺尾部平面。

(二) 日用陶器

1. 罐

27件。根据肩部的不同,分三型。

A型 11件。广折肩,高25.6~36厘米。分二亚型。

Aa型 6件。圜底,斜肩或肩略弧。分三式。器形演变趋势为:器形重心逐渐下移;口沿:下折→平折→侈口;肩:斜折→弧折;圜底:隆圆→平缓→近平。

未分式 1件。肩甚广,内弧略耸,圜底。

Ab 型 4 件。平底或平底微凹,分三式。口沿演变趋势为:盘口→沿下折→平折;肩:弧折肩→斜折肩;腹:略内弧→外弧→斜收。

B 型 11 件。折肩,均盘口或微盘口,束颈,弧腹近直,圜底或平底,肩部折棱明显,腹及底部饰绳纹。高 25.6~36 厘米。除 2 件无法修复外,分二亚型。

Ba 型 7 件。器形稍矮,分二式。圜底器形演变趋势为:较圆隆→较平缓;纹饰位置:中腹至底→下腹至底。

Bb 型 2 件。器形较高,分二式。圜底器形演变趋势为:较圆隆→平底;纹饰位置:下腹→近底部。

C 型罐 5 件。圆肩,高 11.8~22 厘米。分二式。器形演变趋势为:肩部近圆隆→弧折。

2. 瓮

3 件。出土于 2 座墓葬。分二型。

A 型 1 件。标本 M97:4,直口微侈,尖圆唇,矮领,耸肩,鼓腹斜收,平底微凹。

B 型 2 件。卷沿,斜方唇,折肩,腹近斜直外张,圜底,腹下部和底部有交织绳纹。

(三) 陶俑陶马

1. 陶俑

34 件。出土于 9 个墓葬中。除 14 件为泥质红陶或红褐陶外,其余均为泥质灰陶。头为前后合模制成,跽坐俑俑首与身分开模制后,通过圆形颈可插入胸腔内,套接形成一体。陶俑出土时,绝大多数原有彩绘,但多已脱落,图案不清。根据髻的差异,除 1 件俑头和 2 件立俑无法修复外可分为三型。

A 型 15 件。垂髻,分二亚型。

Aa 型 12 件。均脑后挽髻下垂,颈部有近椭圆形孔。根据脸部的变化可分为 3 式。脸部演变趋势为:整体倒三角形→脸下部三角形→整体椭圆近方形。

Ab 型　3 件。均垂髻于颈后呈近三角形。

B 型　9 件。髻稍上挽,有巾帻。以额部和髻的不同分二亚型。

Ba 型　8 件。出土于 4 座墓中。均头戴巾帻,脑后挽哑铃状低髻。分三式。额前巾帻演变趋势为：中分,两侧均呈半圆形→两侧均呈椭圆形,整体为横向亚腰形→两边连为一体,呈圆周形。

Bb 型　1 件。额部低矮,发拢于脑后部向稍上挽,发髻中间有一带系痕,下部近半月形。

C 型　7 件。发拢于脑后,发髻上折与头顶近平。分 4 式。演变趋势为：脸部整体呈倒三角形→脸下部呈三角形；前额发式中分变化趋势：近平,中间稍凹→左右相连,呈"人"字形→左右发髻相距较远,呈"八"字形。

立俑　2 件。上半身残缺,身着长裙,拖地呈喇叭状,裙摆后侧呈半弧形的上凹。

2. 陶马头

13 件。出土于 8 个墓中。有的有颈,有的无颈。泥质灰陶或泥质红褐陶,前后合模制成,口中有一贯穿的圆孔。除 1 件无法修复外,其余 12 件分两型。

A 型　8 件。分三式。口形演变趋势为：张→闭；眉弓：凸起呈半圆形→"人"字形→弧形；眼形：杏仁形→近椭圆形→水滴形。

B 型　4 件。均长颈,眉弓不明显,眼圆形,较小。

(四) 其他

1. 铜器

10 件,其中铜镞 1 件出于 M48,铜带钩 5 件分出于 5 座墓中。"半两"铜钱 4 枚,均出于 M99 中。

2. 铁器

23 件,有削、钩、带钩、镰、镞、锛、刀等,多出于 M48。

3. 石器

3件，其中石钱范2件、石杯1件，均出于M48。

4. 骨蚌器

3件，其中蚌贝2件、骨饰1件，分出于两个墓中。

三、分期与时代

Ⅱ区西汉墓葬中，仅有M98打破M150一例，另有9座墓打破战国秦墓。下面根据这一时期墓葬的随葬器物组合形式、发展序列及各墓葬出土器物与周边同时期墓葬的横向比较来推断各墓葬的期别与年代。

（一）随葬陶器器类组合分析

22座墓葬中，陶器保存基本完整，组合清楚。可分为以罐、瓮为核心的日用陶器组合，仿铜陶礼器组合，仿铜陶礼器与陶俑陶马头组合，仿铜陶礼器与日用陶器组合，仿铜陶礼器、陶俑陶马头与日用陶器组合，陶瓮与陶俑陶马头组合六类。除M111一座外，仿铜陶礼器组合在墓中均为成对出现。

1. 第一类组合

6座。以罐、瓮为核心的日用陶器组合，包括M44、M48、M50、M75、M78、M150，分6组。

A组　1座。广肩圜底罐、折肩罐、钵（M50）；

B组　1座。广肩圜底罐、壶形罐、钵（M44）；

C组　1座。广肩平底罐、折肩罐、壶形罐（M78）；

D组　1座。广肩平底罐、折肩罐（M48）；

E组　1座。广肩圜底罐、折肩罐（M75）；

F组　1座。广肩平底罐、折肩罐（M150）。

此类组合中部分墓葬还有铜、铁器参与，如M48伴出多件石钱范、石杯、铜镞和10多件铁器等。

2. 第二类组合

4座。以鼎、盒、壶、钫、小壶、杯、勺为核心的仿铜陶礼器组合形态,包括M81、M84、M87、M111,分3组。

A组　1座。鼎、盒、壶、钫、小壶、杯、勺(M81);

B组　2座。鼎、盒、钫、小壶、杯、勺(M84、M87);

C组　1座。鼎、盒、壶、小壶(M111)。

此类组合中器物基本为成对出现,除陶器外,部分墓葬还有铜、铁器参与,如M81同时出土铜带钩、铁钩、铁镞,M87同时出土铜带钩、铁削,M111同时出土铜带钩。

3. 第三类组合

4座。仿铜陶礼器与陶俑陶马头组合,包括M59、M77、M80、M116,分4组。

A组　1座。鼎、盒、壶、钫、小壶、杯、陶俑、陶马头(M59);

B组　1座。鼎、盒、壶、小壶、杯、勺、陶俑、陶马头(M116);

C组　1座。鼎、盒、壶、小壶、杯、勺、陶俑(M80);

D组　1座。鼎、盒、壶、小壶、杯、陶俑、陶马头(M77)。

此类组合中部分墓葬还有铜、铁器参与,如M59同时出土骨器,M77同时出土铁刀,M116同时出土铁带钩。

4. 第四类组合

3座。仿铜陶礼器与日用陶器组合,包括M37、M100、M97,分3组。

A组　1座。鼎、盒、壶、小壶、杯、勺广肩圜底罐、折肩罐、壶形罐(M37);

B组　1座。鼎、盒壶、小壶、杯、勺折肩罐(M100);

C组　1座。鼎、盒、壶、小壶、杯、勺、广肩平底罐、直口瓮(M97)。

5. 第五类组合

4座。仿铜陶礼器、陶俑陶马头与日用陶器组合,包括M99、M102、M82、M149,分四组。

A组　1座。鼎、盒、壶、小壶、杯、陶俑、陶马头、壶形罐

(M102);

B组　1座。鼎、盒、壶、小壶、杯、陶俑、陶马头、广肩圜底罐、折肩罐(M99);

C组　1座。鼎、盒、壶、小壶、杯、勺、陶俑、陶马头、折肩罐(M82);

D组　1座。鼎、盒、壶、小壶、杯、勺、陶俑、陶马头、广肩圜底罐(M149)。

此类组合中部分墓葬还有铜、铁器参与,如M82同时出土铜带钩,M77同时出土铁刀,M116同时出土铁带钩,M99同时出土半两钱。

6. 第六类组合

1座。陶瓮与陶俑陶马组合(M98)。

(二)随葬器物的演化序列

本文对本墓地西汉时期22座墓葬随葬器物演化序列的把握主要从以下几个方面入手:

1. 根据打破关系,这一时期有打破关系的墓葬相对较少,只有一组:M98打破M150,但M98出圜底瓮,M150出罐,对研究本期器物演化规律无法提供直接依据。

2. 钱币是墓葬断代的标准器类,出土铜钱的墓葬有M99,另M48出土有石钱范。

3. 通过对本地及周边地区已知同时期墓葬随葬器物中主要器类组合及形制演化规律的认识,来把握本墓地主要器类的演化规律,进而通过组合和共存关系弄清其他器类的演化规律。

就本墓地而言,首先,分析随葬有可辨认钱文铜钱、石钱范的墓葬。该类墓葬有M48、M99两座,根据各自出土铜钱、钱范的绝对年代得出相对由早到晚的序列为M48、M99。

其次,对照此前战国墓出土器物,分析本期墓葬随葬陶器中几个数量较多、变化较明显的主要器类,如Aa型鼎,A型盒、壶、杯、匀等,分别可得出含有此类陶器的墓葬的早晚序列。同时,利用不同型式陶器在墓葬中的共存关系,22座墓葬可分为5组。

第一组3座,M44、M50、M78。

此组墓葬的典型器物为AaⅠ、BaⅠ、CⅠ式陶罐和陶钵,AbⅠ式、Ba型、CⅡ式罐(M78)。陶器组合为罐、钵(M44、M50)和罐(M78)两种,随葬器物只有日用陶器,其中罐、钵组合为成对出现,钵作为罐的器盖出现。

第二组4座,M37、M59、M87、M102。

此组墓葬的典型陶器中仿铜陶礼器组合的器类有：AaⅠ、AbⅠ、BⅠ式陶鼎,AⅠ式盒,AⅠ式壶,陶钫,AⅠ、AⅡ式小壶,AaⅠ式、Ab型杯,Ⅰ、Ⅱ式勺。日用陶器有AaⅠ、BbⅠ、CⅠ、CⅡ式罐,AaⅠ式、Bb型、CⅠ式陶俑,AⅠ式陶马头。

第三组5座,M75、M84、M81、M111、M116。

此组墓葬的典型陶器中仿铜陶礼器组合的器类有：AbⅡ、BⅠ式陶鼎,AⅡ式盒,AⅡ、BⅠ式壶,陶钫,AⅡ、AaⅢ式小壶,AaⅠ、AaⅡ式杯,Ⅱ、Ⅲ式勺。日用陶器有AaⅡ、AaⅢ、BaⅠ式罐,Ab型陶俑,AⅡ式陶马头。

第四组8座,M48、M80、M82、M98、M99、M100、M149、M150。

此组墓葬的典型陶器中仿铜陶礼器组合的器类有：AaⅡ、AaⅢ、AbⅢ、BⅡ、BⅢ式陶鼎,AⅢ、AⅣ式与B型盒,AⅡ式、AⅢ、BⅡ、BⅢ式壶,AaⅣ、AbⅡ式小壶,AaⅡ、AaⅢ式杯,Ⅲ式勺。日用陶器有AaⅢ、AbⅡ、BaⅠ、BaⅡ、BbⅡ式罐,B型瓮,AaⅡ、AaⅢ、BaⅡ、CⅡ、CⅢ、CⅣ式陶俑,AbⅡ式与B型陶马头。随葬品包括陶器、铜器、铁器和石器,陶器中有仿铜陶礼器和日用陶器。其中M99伴出有"半两"铜钱,M48出土石钱范和10多件铁器和石杯等。

第五组2座,M77、M97。

仿铜陶礼器组合的器类有：AaⅣ式陶鼎、AⅤ型盒、BⅢ式壶、

71

AbⅢ式小壶、AaⅣ式杯、Ⅲ式勺。日用陶器有 AbⅢ式罐、AaⅠ瓮、BaⅢ式陶俑和陶立俑、AⅢ式陶马头。

（三）期别与年代

通过对西汉时期墓葬随葬器物组合和演化序列的梳理分析，并结合其出土的铜钱、石钱范，可将随葬器物器类、器形明确的 22 座墓葬按器物组合及演化序列归为四段。

一段，包括一、二组。

一组：M44、M50、M78。

除本墓地战国晚期墓外，圜底罐、钵组合还常见于其他战国晚期墓中，如郑州市南阳路家世界购物广场战国墓葬[①]、郑州市金水区廊桥水岸战国晚期秦墓[②]、新乡老道井墓地[③]。M44、M50 作为罐、钵组合与战国晚期墓有较多共同之处，时代当与之相近。但两墓均打破战墓，随葬的 AaⅠ式广折肩圜底罐器形似不见于战国和秦墓，而与河南许昌市仓库路战国和汉代墓地的汉墓Ⅶ式罐（M17:3）近似[④]。故 M44、M50 应略晚于战国，可定为西汉初期。

M78 所出的 AbⅠ式广折肩平底罐与新乡五陵村战国两汉墓地广肩罐（标本 M29:1）器形相近，新乡五陵村 M29 的时代为战国末至西汉初，M78 同出的 CⅡ式罐在器形上要晚于本组 M50 的 CⅠ式罐，因此，M78 可定为西汉初期。

综上，该组时代应为西汉初期。

二组：M37、M59、M87、M102。

鼎、盒、壶，这是战国晚期至西汉早期墓葬随葬陶器组合的一般规律[⑤]。

AⅠ式盒与南阳一中战国秦汉墓地战国末至西汉初 A 型盒[⑥]、荆州高台秦汉墓地西汉早期前段Ⅱ式盒相近[⑦]。AaⅠ式杯与潜山彭岭墓地战国晚期Ⅴ式杯（M32:10）[⑧]、荆州高台秦汉墓地秦墓Ⅰ式杯[⑨]，Ab 型杯与潜山彭岭墓地西汉早期Ⅵ式杯[⑩]相似。AaⅠ式勺与南阳一中战国秦汉墓地战国末至西汉初 Ab 型陶勺[⑪]、荆州高台秦汉墓地西汉早期前段BⅡ式铜勺[12]，以及西安北郊龙首村西汉墓地西汉早期Ⅰ式勺[13]器形相同或接近。AⅠ陶俑头顶宽而扁平，脸形呈倒三角形等特征与安徽潜山彭岭墓地战国晚期墓Ⅰ式木俑相同[14]。

本组M37、M102、M59均打破战国墓，伴出的陶俑陶马不见于本地区战国墓中，所出AaⅠ式广折肩圜底罐、CⅠ式壶形罐和第一组同类器相同。

根据以上比较分析，该组可定为西汉初期。

二段即三组：M75、M81、M84、M111、M116。

三组多数器物在型式上系直接从二组演变而来，如Ab型鼎、A型盒、Aa型小壶、Aa型杯、勺，以及日用陶器C型壶形罐、Aa型广折肩圜底罐等。与二组器物关系密切，脉络清晰，中间没有缺环。长颈、高圈足、覆斗形器盖的陶钫为西汉早期墓葬中常见器物之一。

综上分析，该段稍晚于一、二组，时代可定为西汉早期。

三段即四组：M48、M80、M82、M98、M99、M100、M149、M150共8座。本段墓葬最多，器类丰富。

本段鼎、盒、壶、小壶、杯、勺等陶器是二、三组器物的自然发展，三者前后衔接。钫和C型罐(壶形罐)消失，俑由二、三段的只见俑头发展为跽坐俑。其他器物种类增加，新出现了半两铜钱、石钱范和大量铁器等。

AaⅢ式鼎与新乡五陵村战国两汉墓地西汉早期墓Ⅴ式鼎相近[15]。M99陶俑与郑州西山河南艺术职业学院秦汉墓地西汉早期偏晚到西汉中期墓侍俑首的脸形相近[16]。M99出土的半两钱，其形制均为正背两面无郭，"两"字内由秦半两常见的"人人"结构嬗变为近"十"结构，标本M99：19字体与穿孔高低对应，而M99：17字体明显高于穿孔，且字形也不一致，钱体轻薄，重量不一。这一现象或与文帝解除盗铸令[17]而产生的品种繁杂不无关系。

M48陶广折肩平底罐与西安北郊龙首村西汉早期墓Ⅱ式罐[18]、圜底罐与安徽宿州市骑路埧堆罐（M1：13）形制相同[19]。两件钱范与山东博兴县辛张村出土的"榆荚"和"四铢半两"合体范中的"榆荚"和"四铢半两"钱范在石质、钱币造型和规格上均基本相同[20]。时间应在汉文帝五年（前175年）更铸"四铢半两"钱后不久。M98所出两圜底瓮与南阳一中战国秦汉墓地西汉早期后段A型大口瓮器形一致[21]。

该组时代可定为西汉早期后段的文景时期。

四段即五组：M77、M97。

虽然新出现了立俑、圜底盒，增加了直口瓮，但其陶器组合仍是以鼎、盒、壶、小壶、杯、勺等为主，多数器物较第四段只是形制稍有变化。此外，也有BⅢ式壶、AaⅣ式小壶、AaⅢ式杯、Ⅳ式勺等多种同式的器物在第三段墓葬中发现。从陶立俑残存的部分仍可看出，其与陕西扶风纸白西汉墓[22]、景帝阳陵陪葬陵园中小型墓葬中出土的同类器物下部特征相同[23]。AaⅠ式直口瓮、AbⅢ式广折肩罐分别与新乡五陵村汉代墓地M8所出的Ⅲ式大口罐（M8：1）、Ⅱ式广肩罐（M8：5）相同[24]。

除新乡五陵村M8时代定为西汉中期外，其他均在文景时期或稍后。因此，该段时代可定为西汉早中期之际（景帝后期至武帝元狩五年铸行五铢钱以前）。

综上所述，该墓地22座西汉墓葬有很多的相似性，前后相连。可分为四段三期，一段为一期（西汉初期）；二、三段为二期（西汉早期），其中二段为早期前段，三段为早期后段；四段为三期，时代为西汉早中期之际。

四、固厢西汉墓地的楚文化因素

该墓地竖穴土坑的墓葬形制、头向北的墓向、仰身直肢的葬式，陶礼器中的鼎、盒、壶组合形式，主要陶器的造型均与中原地区基本一致，相当一部分是对中原文化的继承。同时，在罐、钵器物组合等方面可以找到秦文化因素。但从以下几个方面，仍可看出楚文化对西汉墓葬产生了重要影响。

（一）陶器组合

进入西汉以后，本墓地战国中期前后常见的仿铜陶礼器鼎、豆、壶组合已经消失，自战国晚期出现的鼎、盒、壶组合继续沿用。鼎、盒、钫新组合出现，这种组合是西安龙首原西汉早期墓的基本陶礼器组合，是一种典型的西汉风格。鼎、盒、壶（钫）新组合中，不但许多器形较战国时期有较大变化，且增加了杯、勺，形成了鼎、盒、壶（钫）、杯、勺仿铜陶礼器组合。

杯、勺与其他仿铜陶礼器组合作为随葬品可追溯到豫南一带战国中期的楚系墓葬中。张鸿亮先生在《豫南地区楚系墓葬初步研究》一文中，曾对淮河上游地区楚系墓葬进行了分期，在属于战国中期的第五期第二、三组，以及战国晚期的第六期第二、三组陶器中均出现有杯、勺㉕。

本墓地在西汉初年新出现的鼎、盒、壶（钫）加杯、勺的仿铜陶礼器组合，不见于中原文化和典型秦文化墓葬中，但在皖南、鄂东、湘北等战国晚期秦文化尚未统治区域的楚墓中可找到源头。如安徽潜山彭岭战国西汉墓地中 M32 出现鼎 2、盒 2、钫 2、杯 4、勺 2 等陶器；M25 除铜镜外，随葬鼎、盒、钫、杯各 2 件，以上两墓报告中均定为战国晚期㉖。安徽潜山公山岗战国墓 M32、M53 中分别出现鼎、豆、壶、杯、勺，以及鼎、盒、钫、杯陶器等组合，其中 M32、M53 的时代分别定为战国晚期和战国末期㉗。安徽枞阳旗山沙河战国墓在随葬仿铜陶礼器鼎、豆（或盖豆）、壶（多为 2 套）时，往往将杯、勺作为明器中的一部分随葬㉘。本墓地仿铜陶礼器组合外加罐和俑的现象也与安徽潜山彭岭 M32 等楚墓相似。

《新中国的考古发现和研究》在论述楚墓时指出：东周时期的楚墓无论中小型的还是大型的，在随葬器物的组合形式上，都有与中原地区当时墓葬不同的特点。"江陵地区楚墓至迟在春秋晚期已开始出现仿铜陶礼器。……到战国时期普遍流行仿铜陶礼器。仿铜陶礼器的组合套数一般为偶数"[29]。楚墓中的随葬礼器,特别是鼎呈偶数组合,表现出与中原礼制的差异性[30]。

固厢墓地鼎、盒、壶(钫)加杯、勺的仿铜陶礼器组合,以及其组合的偶数形式,反映出了西汉时期楚文化对本地区的强大影响力。

值得注意的是,安徽、湖北等原楚地在进入秦汉以后,其随葬品组合中曾在一段时期内仍保留有豆。如湖北老河口九里山秦汉墓、荆州高台秦汉墓、安徽潜山彭岭战国西汉墓中,仿铜陶礼器中仍有豆的身影。而豆在固厢西汉墓中未发现,西汉时期豆可能在该地区已经绝迹。这说明,该墓地在随葬品方面既有浓厚的楚文化因素,同时也受中原文化的影响,具有一定的地方特色。

(二) 墓葬形制

本墓地在西汉初和早期继续沿用中原地区传统的埋葬方式:竖穴土坑墓,仰身直肢葬,墓向则仍以北向为主。战国至秦带头龛的墓葬形制在西汉墓中不再出现,西汉时期这一形制可能在该地区已经绝迹。未发现关中秦墓中常见的洞室墓,似乎受秦文化的影响不大。

战国时期的本墓地棺椁均为长方形,棺下为平底,无头厢现象。而进入西汉以后,出现"Ⅱ"形棺(1座M116)、棺前设头厢、棺椁下有垫木槽痕迹等新形式。中原东周墓地中"Ⅱ"形棺和头厢均极少见。"Ⅱ"形棺在新郑西亚斯等东周墓地虽偶有出现,但其四角呈放射状斜出,楚地"Ⅱ"形棺为前后挡板长于棺而向两侧伸出,本墓地与楚墓同。

"Ⅱ"形棺和头厢常见于楚墓,棺椁下的垫木槽痕迹更具浓郁的楚文化色彩。平底方棺一直是中原地区周文化墓葬的用棺形式,"而悬底弧棺则是楚地战国时期盛行的有自己特色的葬具形制"[31]。鄂、皖、湘等地战国楚墓流行棺盖为弧形、棺下垫枕木,使棺呈悬空状态的悬底弧棺埋葬习俗。固厢西汉墓地棺盖是否为弧形因棺木已朽而不明,但棺下有垫木槽的墓葬出现多处,表明本地存在棺呈悬底这种具有楚文化因素的埋葬现象。

(三)器物特征

本墓地处于中原腹地,随葬器物整体上具有浓厚的中原文化风格。如矮足鼎、圜底罐等为中原战国中晚期常见器物,郑州市岗杜、二里岗、郑州市南阳路家世界购物广场战国墓地、河南许昌市仓库路战国和汉代墓地均可见到以上器形。

相比墓葬形制上秦文化影响程度较小的状态,随葬器物上所反映的秦文化风格则要浓厚得多:最能体现秦文化的日用陶器在本墓地发现较多,使用时间较长。仿铜陶礼器往往伴出罐、瓮等,有五个墓中只出土罐、钵、瓮日用陶器或伴出陶俑陶马。Ab型广折肩罐似不见于中原中晚期战国墓中,在湖北云梦睡虎地秦墓、郑州金水区廊桥水岸战国晚期秦墓、陕县东周秦汉墓地中的秦墓中均为常见器物,称为缶(或小口罐、瓮等),为秦墓中的典型器。而钵(有的简报中称为碗)作为随葬品在战国晚期早段的凤翔县高庄秦墓中就已出现[32],其与罐的组合在洛阳地区秦墓[33]、郑州金水区廊桥水岸战国晚期秦墓[34]等多处秦墓中发现。张辛先生在对郑州地区的周秦墓研究中将Ab型广折肩罐、钵作为D型罐和碗分在辛组墓即秦人墓随葬陶器中[35]。

从随葬的器物来看,本墓地与楚墓出土器物也有很多相似之处。如本地战国墓中陶壶基本为平底,只有一例为圈足,不见假圈足,甚至整个中原地区的东周墓葬圈足或假圈足特别是高圈足的陶壶也不多见。进入西汉以后,本墓地陶壶平底消失,均为高圈足或假圈足,而高圈足或假圈足的陶壶普遍存在于战国楚墓中。仿铜陶礼器上基本均施有彩绘,而器物彩绘流行于楚地,如楚都陈城及其附近的墓葬等战国晚期楚墓陶器上就盛行彩绘[36]。在陶俑造型上,本墓地西汉初年的早期陶俑头部与战国晚楚墓随葬的木俑基本一致,如AⅠ式陶俑头顶宽而扁平,脸形呈倒三角形等特征与安徽潜山彭岭墓地战国晚期Ⅰ式木俑(M32∶11、M32∶3)近同㉜，其造型应是从楚地盛行的木俑借鉴而来。圜底的 B 型陶盒略呈敦形，这种由敦演变而来的盒没有出现在中原地区东周墓中，而多见于长沙及附近地区的战国末期楚墓，与湖南溆浦 M6∶6、湖北麻城 M∶12 楚墓陶盒近同㉝。

五、结语

固厢墓地Ⅱ区自战国中期至战国末期连续使用，在时间上没有明显缺环。战国墓葬分布密集，间距多为 0.4~2 米，但绝少有打破现象㉝。进入西汉以后，从西汉初年至早中期之际的汉墓出现在同一墓地，23 座墓中有 9 座打破战国墓葬，文化面貌也出现了重大变化。其仿铜陶礼器鼎、盒、壶(钫)、杯、勺呈偶数组合并加陶罐等器物形式，竖穴土坑、"Ⅱ"形棺、棺前设头厢、棺椁下有垫木的"悬棺"埋葬习俗，以及随葬器物的许多特点，均与鄂北、皖南特别是潜山一带等战国晚期楚墓相似，具有浓厚的楚文化色彩。本墓地的发掘再次表明，楚文化积淀深厚，具有强大的生命力。楚国灭亡后，它的很多因素依然存在，在历史上产生了深远影响，为以后繁荣昌盛的汉文化奠定了基础。

注释：

① 郑州市文物考古研究院：《郑州市南阳路家世界购物广场战国墓葬发掘简报》，《华夏考古》2006 第 2 期。
②㉞ 郑州市文物考古研究院：《郑州市金水区廊桥水岸战国晚期秦墓发掘简报》，《中原文物》2013 年第 4 期。
③ 郑州大学历史文化学院考古系等：《河南新乡老道井墓地战国墓发掘简报》，《华夏考古》2008 年第 4 期。
④ 许昌市文物工作队：《河南许昌市仓库路战国和汉代墓葬发掘简报》，《华夏考古》2010 年第 1 期。
⑤ 李如森：《汉代丧葬习俗》，沈阳出版社，2003 年，第 109 页。
⑥ 南阳市文物考古研究所：《南阳一中战国秦汉墓地》，文物出版社，2012

年,第 67 页。

⑦⑨ 湖北省荆州博物馆:《荆州高台秦汉墓地》,科学出版社,2000 年,第 243 页。

⑧⑩⑭㉖㊲ 安徽省文物考古研究所、潜山县文物管理所:《安徽潜山彭岭战国西汉墓》,《考古学报》2006 年第 2 期。

⑪ 南阳市文物考古研究所:《南阳一中战国秦汉墓地》,文物出版社,2012 年 12 月,第 109 页。

⑫ 湖北省荆州博物馆:《荆州高台秦汉墓地》,科学出版社,2000 年,第 244 页。

⑬⑱ 中国社会科学院考古研究所西安唐城工作队:《西安北郊龙首村西汉墓发掘简报》,《考古》2002 第 5 期。

⑮ 新乡市博物馆:《河南新乡五陵村战国两汉墓》,《考古学报》1990 年第 1 期。

⑯ 河南省文物考古研究所:《郑州西山河南艺术职业学院秦汉墓葬发掘简报》,《华夏考古》2011 年第 3 期。

⑰《汉书·平准书》记载:"至孝文时,荚钱益多,轻,乃更铸四铢钱,其文为'半两',令民纵得自铸。"

⑲ 安徽省文物考古研究所等:《安徽宿州市骑路堌堆汉墓发掘简报》,《华夏考古》2013 年第 4 期。

⑳ 李少南:《山东博兴县辛张村出土西汉钱范》,《考古》1996 年第 4 期。

㉑ 南阳市文物考古研究所:《南阳一中战国秦汉墓地》,文物出版社,2012 年,第 87 页。

㉒ 陕西省考古研究院:《陕西扶风纸白西汉墓发掘简报》,《文物》2012 第 10 期。

㉓ 陕西省考古研究所:《汉阳陵》,重庆出版社,2001 年。

㉔ 新乡市文物工作队:《河南省新乡市五陵村汉代墓葬》,《考古》2012 年第 10 期。

㉕ 张鸿亮:《豫南地区楚系墓葬初步研究》,郑州大学 2007 年硕士学位论文,第 38 页。

㉗ 安徽省文物考古研究所:《安徽潜山公山岗战国墓》,《考古学报》2002 年第 1 期。

㉘ 叶润清：《枞阳旗山沙河战国、西汉墓的发掘及初步认识》，载《楚文化研究论集（第八集）》，大象出版社，2009年，第258~267页。
㉙ 黄尚明：《东周楚、秦葬俗的简略比较》，《华中师范大学学报（人文社会科学版）》2003年第4期。
㉚ 李玉洁：《试论楚文化的墓葬特色》，《中原文物》1992年第2期。
㉛ 安徽省文物考古研究所：《潜山林新战国秦汉墓》，文物出版社，2013年，第189页。
㉜ 雍城考古工作队：《凤翔县高庄秦墓发掘简报》，《文物》1980第9期。
㉝ 刘建安：《洛阳地区秦墓探析》，《华夏考古》2010第1期。
㉟ 张辛：《郑州地区的周秦墓研究》，载《考古学研究（二）》，北京大学出版社，1994年，第174、187页。
㊱ 曹桂岑：《楚都陈城及其附近的墓葬》，载《楚文化研究论集（第十二集）》，上海古籍出版社，2017年，第20页。
㊳ 丁兰：《战国末期楚墓随葬陶器的区域特征》，《华夏考古》2004年第1期。
㊴ 参见河南省文物考古研究院等：《河南漯河固厢墓地战国墓发掘简报》，《文物》2015年第8期。

墓地Ⅱ区西汉墓地仿铜陶礼器分期图（一）

期	段	鼎			盒		钫
		A		B	A	B	
		Aa	Ab				
一	一	Ⅰ式 M102:5	Ⅰ式 M87:4	Ⅰ式 M116:5	Ⅰ式 M59:12		M59:15
二	二		Ⅱ式 M111:3		Ⅱ式 M84:8		M81:11

(续表)

鼎				盒		钫
A		B		A	B	
Aa	Ab					
Ⅱ式 M80:8	Ⅲ式 M149:5	Ⅱ式 M149:4		Ⅲ式 M149:7		
Ⅲ式 M82:4		Ⅲ式 M99:14		Ⅳ式 M99:16		
Ⅳ式 M97:5				Ⅴ式 M97:14	M77:12	

段	期
三	二
四	三

固雨墓地Ⅱ区西汉墓地仿铜陶礼器分期图（二）

期	段	壶 A	壶 B	小壶 A	小壶 B	杯 A	杯 B	勺
一	一	Ⅰ式 M37：1		Ⅰ式 M37：7		Ⅰ式 M37：14	M102：10	Ⅰ式 M37：5
二	二		Ⅰ式 M111：1	Ⅱ式 M84：9	Ⅰ式 M111：7	Ⅱ式 M84：11		Ⅱ式 M84：2
二	三	Ⅱ式 M149：1	Ⅱ式 80：5	Ⅲ式 M82：11	Ⅱ式 M149：8	Ⅱ式 M149：2		Ⅲ式 M82：17

83

(续表)

期	段	壶 A	壶 B	小壶 A	小壶 B	杯 A	杯 B	勺
二	三	Ⅱ式 M149:1	Ⅲ式 M99:2	Ⅳ式 100:5		Ⅲ式 100:5		
三	四	Ⅲ式 M77:11	Ⅲ式 M97:2		Ⅲ式 M97:11	Ⅳ式 M97:11		Ⅳ式 M97:7

固隞墓地Ⅱ区西汉墓地日用陶器分期图

期	段	罐 A(广折肩) Aa(圆底)	罐 A(广折肩) Ab(平底)	罐 B(折肩) Ba	罐 B(折肩) Bb	C(壶形)	瓮 A(平底)	瓮 B(圆底)
一	1	Ⅰ式 M50：1		Ⅰ式 M50：3	Ⅰ式 M37：15	Ⅰ式 M37：11		
二	2	Ⅱ式 M75：2	Ⅰ式 M78：1	Ⅰ式 M75：1		Ⅱ式 M78：3		
二	3	Ⅲ式 M150：1	Ⅱ式 M149：3	Ⅱ式 M82：18	Ⅱ式 M100：3			M98：1

85

(续表)

期	段	罐 A(广折肩) Aa(圆底)	罐 A(广折肩) Ab(平底)	罐 B(折肩) Ba	罐 B(折肩) Bb	C(壶形)	盒 A(平底)	盒 B(圆底)
二	三	Ⅱ式 M99:10	Ⅱ式 M48:1	Ⅱ式 48:2				
三	四		Ⅲ式 M97:3				M97:4	

固隔墓地Ⅱ区西汉墓地陶俑陶马分期图

期	段	陶俑 A(垂髻) Aa	陶俑 A(垂髻) Ab	陶俑 B(挽髻) Ba	陶俑 B(挽髻) Bb	陶俑 C(束髻上折)	陶马头 A	陶马头 B
一	一	Ⅰ式 M102:11		Ⅰ式 M59:5	M102:14	Ⅰ式 M102:13	Ⅰ式 M102:4	
二	二		M116:12				Ⅱ式 M116:9	
二	三	Ⅱ式 M149:12		Ⅱ式 M149:13		Ⅱ式 M149:17	Ⅱ式 M149:18	M98:3

87

(续表)

期	段	陶 俑					陶 马 头	
		A(垂髻)		B(挽髻)		C(束髻上折)	A	B
		Aa	Ab	Ba	Bb			
二	三	Ⅲ式 M99∶7				Ⅲ式 M82∶9		M99∶5
三	四	未分型 M77∶3		Ⅲ式 M77∶4			Ⅲ式 M77∶5	

附表　固雨墓地Ⅱ区西汉墓葬器物统计表

墓号	方向	墓室结构	墓葬尺寸（米）						随葬器物	时代	备 注
			墓口		墓底		墓深				
			长	宽	长	宽					
M37	0°	长方形竖穴土坑	3.94	2.00	3.58	1.80～1.60	1.55		BⅠ式鼎2、AⅠ式盒2、AⅠ式壶2、AaⅠ式小壶2、AaⅠ式杯2、Ⅰ式勺2、AaⅠ式罐、CⅠ式罐、BbⅠ式罐	一期一段	一椁一棺，设有头箱、二层台
M44	0°	长方形竖穴土坑	2.94	1.40	2.84	0.90	1.39		钵2、AaⅠ式罐、CⅠ式罐、骨饰	一期一段	单棺，设有二层台
M48	12°	"刀"形竖穴土坑	2.45～3.10	1.10～1.50	2.45～3.10	1.10～1.50	0.79		AbⅡ式罐、BaⅠ式罐、铜镞、石钱范2、石杯、铁钩、铁带钩、铁削、铁刀、铁棒、铁钩2、铁挂钩、不明铁器2	二期三段	
M50	3°	长方形竖穴土坑	3.00	1.60	3.00	1.60	2.00		AaⅠ式罐、BaⅠ式罐、钵2	一期一段	单棺，设有二层台、头箱

(续表)

墓号	方向	墓室结构	墓葬尺寸（米）						随葬器物	时代	备注
			墓口		墓底		墓深				
			长	宽	长	宽					
M57	358°	长方形竖穴土坑	3.10	1.36	3.10	1.36	0.90~1.10		1.壶1、2.盒1（均残破）	西汉早期	盗扰严重
M59	3°	长方形竖穴土坑	3.40	1.90	3.40	1.90	0.45		AaⅠ式鼎2、AⅠ式盒2、钫2AⅠ式壶2、AaⅠ式小壶2、AaⅠ式杯2、AⅠ4式马头、BaⅠ式俑6、骨贝2	一期一段	
M75	3°	长方形竖穴土坑	3.10	1.50	3.10	1.50	1.00		BaⅠ式罐、AaⅡ式罐	二期二段	单棺
M77	281°	长方形竖穴土坑	2.75	1.20	2.75	1.20	0.45		AaⅣ式鼎2、B型盒2、壶2（AⅢ式1、无法修复1）、AaⅣ式小壶2、BaⅢ式杯2、立俑2、AⅢ式马头、铁刀	三期四段	
M78	273°	长方形竖穴土坑	2.60	1.20	2.60	1.20	0.80		AbⅠ式罐、折肩罐、CⅡ式罐	一期一段	单棺

(续表)

墓号	方向	墓室结构	墓葬尺寸(米)					随葬器物	时代	备注
			墓口		墓底		墓深			
			长	宽	长	宽				
M80	3°	长方形竖穴土坑	3.50	1.50	3.30	1.30	1.05	AaⅡ式鼎2,AⅣ式盒2,壶2(AⅡ,BⅡ式各1),AⅣ式陶杯2,AaⅢ式甬2,Ⅲ式勺2,AaⅡ式俑2	二期三段	单棺,设腰坑,脚坑各1座
M81	8°	长方形竖穴土坑	3.70	1.90	3.50	1.70	0.85	AbⅡ式鼎2,AⅢ式盒2,壶2(AⅡ,BⅡ式各1),AaⅡ式甬2,AaⅡ式杯2,Ⅲ式勺2,铜带钩,铁钩,铁镞8	二期三段	单棺,设有二层台,头箱
M82	356°	长方形竖穴土坑	3.40	1.85	3.30	1.70	1.65	AaⅢ式鼎2,AⅢ式盒2,壶2(AⅡ式1,无法修复1),AaⅢ式甬2,Ⅲ式勺2,BaⅡ式俑头2,AaⅢ式甬2,BaⅡ式罐,B型马头,CⅢ式罐,铜带钩	二期三段	

91

(续表)

墓号	方向	墓室结构	墓葬尺寸(米)					随葬器物	时代	备注
			墓口		墓底		墓深			
			长	宽	长	宽				
M84	357°	长方形竖穴土坑	3.3	1.7	3.3	1.7	1	AbⅡ式鼎2,AⅡ式盒2,陶钫2,AaⅡ式小壶2,AaⅠ式杯2,Ⅱ式勺2	二期二段	
M87	0°	长方形竖穴土坑	3.8	2.2	3.6	2	1.6	鼎2(AbⅠ、BⅠ式各1),AⅠ式盒2,陶钫2,AaⅡ式小壶2,AaⅠ式杯2,Ⅱ式勺2,铁削,铜带钩	一期一段	单棺,墓底有横向枕木槽
M97	0°	长方形竖穴土坑	2.90	1.70	2.70	1.25	1.14	AbⅢ式罐2,A型瓮,AⅤ式盒2,BⅢ式壶2,小壶2(AbⅢ式和无法修复各1),AaⅣ式杯2,Ⅲ式勺2	三期四段	单棺,设有二层台
M98	10°	长方形竖穴土坑	3.30	1.50	3.30	1.50	0.50	B型瓮2,B型马头,CⅢ式俑,AaⅡ式俑,铜带钩	二期三段	单棺

（续表）

墓号	方向	墓室结构	墓葬尺寸（米）					随葬器物	时代	备注
			墓口		墓底		墓深			
			长	宽	长	宽				
M99	0°	长方形竖穴土坑	3.00	1.70	2.63	1.30	1.20	鼎2(AaⅢ、BⅢ式各1)、AⅣ式盒2、BⅢ式壶2、AaⅣ式小壶2、AaⅢ式杯2、B型马头5、AaⅢ式俑、BⅣ式俑、Aa型罐(异型)、BaⅡ式罐、半两铜线4	二期三段	单棺
M100	6°	长方形竖穴土坑	2.60	1.46	2.60	1.46	1.10	BⅢ式鼎、AⅣ式盒2、BⅡ式壶2、AaⅣ式小壶2、AaⅢ式杯、Ⅲ式勺、BaⅡ式罐、BbⅡ式罐	二期三段	单棺
M102	0°	长方形竖穴土坑	3.60	1.45	3.60	1.45	1.55	DⅡ式罐、AⅠ式鼎2、AⅠ式马头、AaⅠ式壶2、CⅠ式罐、Ab型陶杯、AaⅠ式俑、Bb型俑、CⅠ式俑、铁镰	一期一段	墓底有横向枕木槽
M111	2°	长方形竖穴土坑	3.10	1.40	3.10	1.40	0.65	AbⅡ式鼎2、AⅡ式盒2、BⅠ式壶2、AbⅠ式小壶2、铜带钩	二期三段	单棺，墓底有横向枕木槽

（续表）

墓号	方向	墓室结构	墓葬尺寸（米）						随葬器物	时代	备注
			墓口		墓底		墓深				
			长	宽	长	宽					
M116	5°	长方形竖穴土坑	3.40	1.60	3.40	1.60	0.65		BⅠ式鼎2、盒2（AⅡ式各修复者各1）、壶2（均无法修复）、AaⅢ式小壶2、AaⅠ式杯2、Ⅲ式勺2、Ab型俑3、AⅡ式马头、铁带钩	二期三段	单棺、墓底有横向枕木槽
M149	6°	长方形竖穴土坑	3.25	1.65	3.25	1.65	1.36		鼎2（BⅡ、AbⅢ式各1）、AⅢ式盒2、AⅡ式壶2、小壶2（AaⅣ和AbⅡ式各1）、AaⅡ式杯2、Ⅲ式勺2、AbⅡ式罐、俑6（AaⅡ3、BaⅡ、CⅡ式及无法修复者各1）、马头3（AⅡ式、B型、无法修复者各1）	二期三段	一椁一棺
M150	6°	长方形竖穴土坑	2.55	1.34	2.55	1.34	0.50		AaⅢ式罐、B型罐（无法修复）、BaⅠ式罐	二期三段	单棺

注：未标明质地者均为陶质，未标明数量者均为1件，未标明型式者，均为无法修复。

试从部分安徽地区楚文化遗存看"楚风东渐"

云　铮　张贵卿

(宿州市文物管理局)

楚文化这一学术概念最先出现于历史学研究之中,于20世纪80年代初期应用于考古学领域,并被学术界日渐认可,特别是在"中华文明探源工程"中将其作为中华文明多中心起源的一支重要文化来源,进一步肯定了其学术地位。通常所说的楚文化是指自商末周初至春秋战国时期以南方诸侯国楚国或楚人为代表的长江中游地区先民所创造的物质文化和精神文化的总称。它同夏文化、商文化、周文化等一样都是与历史上某一民族的文化和具体的考古学文化相联系,这种命名方式有别于新石器时期考古学文化的命名方式。

一、楚文化与江淮地区

楚文化的发现地域主要分布于河南、湖北、湖南、安徽四省,在这里特别值得一提的是,楚文化被人们所认识,或者说楚文化被发现和研究最先就是从安徽地区开始的。目前,有确切史料记载的安徽地区楚文化器物最早发现于东晋时期。据《宋书·符瑞志》记载:"永和元年(345年)三月,庐江太守路永上言,于春谷城北,见水岸边有紫赤光,取得金状如印。"文中所记"庐江"、"春谷城"均在今安徽省境内的江淮之间,虽然文中所说"金状如印"已难得见当时的实物,但据其描述应为楚国金币"郢爰"无疑。

但这并非是近现代考古学研究楚文化的发端,楚文化真正在学术的角度被人们所认识是在20世纪30年代。1933~1938年间,在寿县朱家集的李三孤堆[①]楚墓群多次被盗,出土大量文物,其中包括很多重要的青铜器,著名的"铸客大鼎"、"铸客升鼎"、"楚王盦悍鼎"等重要文物即从该墓出土。经勘探证实:该墓封土厚度在10米以上,墓口面积约1万平方米,墓口呈长方形,墓口与封土之间有白膏泥夹层,墓口以下有九级台阶,具有很明显的楚墓特征,后经考证为楚幽王墓。在当时体量如此巨大的楚王墓被发现,加之大量文物的面世,在学术界引发了一股研究热潮,楚文化研究就此发端。在这之后,特别是新中国成立以来,安徽境内大量的楚文化遗存被发现和挖掘,以楚国后期国都寿春(今寿县)为中心的晚期楚文化核心区的文化面貌逐步被学界所认识。加之安徽省在江淮地区考古工作的逐步开展,与楚文化同时期及之后一段时期的各类文化遗存的发现和挖掘,为研究楚文化在江淮地区的拓展和演变提供了翔实的资料。

二、春秋时期楚文化对江淮地区的影响

楚文化进入江淮地区,与楚国向江淮地区的扩张有着密不可分的关系。据文献记载,楚国受封于西周初年,周成王时,"封熊绎于楚蛮,封以子男之田,姓芈氏居丹阳"(《史记·楚世家》)。楚立国之初受封的丹阳位于今天的鄂西北地区,在西周初年被认为是远离文化高度发达的中原地区的"蛮荒之地",因而有"楚蛮"之称;受封以"子男之田"可见其爵位并不高,受封的领地有限。楚人就是在荆、睢山区之间"筚路蓝缕,以启山林"。经过近300年的发展,至楚武王熊通时始称王,可见此时楚国已发展成南方的一支重要政治力量。但这一时期楚国的扩张重点在江、汉之间,江淮地区虽然和楚国偶有联系,但总的来说楚文化对江淮地区的影响并不明显。

至楚成王时,楚国多次对中原诸侯国郑国用兵,已成为威胁中原安全的强国。楚国咄咄逼人的攻势,引起了当时中原霸主齐国的警惕,前656年,齐桓公在管仲的建议下,率多国联军,以"尊王攘夷"为号召,起兵攻楚,虽然双方没有发生战争,只在召陵会盟而还,但对楚国来说丧失了北上的战略时机。召陵会盟之后,楚国扩张的重心就由北上中原转向了东方的江淮地区。

1991年六安市北郊的九里沟窑厂取土时发现了三件青铜器,分别为鼎、盏、缶。通过对纹饰和器形的分析,得出了三件青铜器"与湖北公安石子滩春秋墓葬M1所出的三件同类器极为相似,时代当定在春秋中期"的结论②。这是目前所见的比较确切的安徽省境内春秋中期楚文化遗迹,但是这一考古发现仅为较单一的文化遗存痕迹,并没有对认识安徽境内的楚文化面貌产生重大影响。这些青铜器也并非由今六安的淮夷部族制造,而极可能是由东侵的楚人带来的。楚国在安徽江淮地区有计划的扩张应从春秋中后期算起。前646年,楚国灭掉了淮夷诸侯国英,可以说这是最早的楚国势力到达安徽江淮地区的记载。从考古成果来看,寿县蔡侯墓无疑是春秋时期楚文化影响江淮地区的有力佐证。

1955年寿县蔡侯申之墓的发掘③,出土青铜器486件,其中主要包括鼎18件、鬲8件、簠8件、簋4件、敦2件、豆2件、筲2件、壶2件、尊3件、尊缶4件、浴缶2件、鐎盉1件、钲1件、勺2件、鉴4件、盘4件、匜1件、盆3件、瓢4件、编钟21件、编镈8件以及大量的车马杂器。关于寿县蔡侯墓中青铜器的研究资料十分丰富,一般认为该墓随葬青铜器组合与中原地区类似,并伴有较深的淮夷地区的文化特征,但是其中的楚文化因素亦不容小觑。下面我们就寿县蔡侯墓青铜器同河南淅川下寺春秋楚墓④的青铜器组合做简要对比。

河南淅川下寺楚墓于1978发现,有大小墓葬20余座,依据地理位置可分为3组。其中甲组包括M7、M8、M36以及M8CH、M36CH两个车马坑;乙组包括M1、M2、M3、M4以及M2CH一个车马坑和散布在周围的十五座小墓;丙组包括M10、M11以及

M10CH、M11CH两个车马坑。在这里因蔡侯墓本身为春秋时期的诸侯墓葬,仅选取等级最高的乙组M2进行分析,来了解楚文化对江淮地区的影响。乙组的M2在淅川下寺楚墓中属中期典型墓葬。出土随葬青铜器略多于寿县蔡侯墓,共551件,其中包括鼎19件、簋2件、鬲2件、簠1件、俎1件、豆1件、禁1件、尊缶2件、浴缶2件、盘1件、匜1件、壶1件、盆1件、鉴1件、盏1件、斗1件、甬钟26件以及大量车马兵器等。

再对寿县蔡侯墓及淅川下寺M2青铜器组合做分组简要的介绍:

(一)寿县蔡侯墓青铜器组

此组器物中出土有鼎18件,其中有一套7件升鼎;另有其他11件鼎,其中6件成对,另外4件不成对,均依次递减变小,腹部较深,圜底,足部较高且细长。有盖,盖为浅盘状,较平,上有环钮及3个小足,剩余1件较6件成对的腹部较浅;小口罐形鼎1件,两耳立于肩上,略外侈,鼓腹,圜底,三蹄足。簋8件,形制大小均相同。为方座簋,盖鼎作莲瓣形,腹侧有两兽面形小耳,器底圈足下接一高方座。簠4件,形制大小类似。均作长方体,大口,直沿,斜腹,平底。簠盖口沿处有兽面形边卡6个,器盖及器身两端斜腹上各有半环状耳1个。豆2件,盖和盘组合成圆球形,盖上有4小足,腹一周有4个环耳,竹节状柄,圈足。尊缶4件,依据其形制不同,可分为两式:Ⅰ式,2件。圆形,长颈,腹有4兽耳,圆鼓腹,下有圈足。Ⅱ式,2件。方形,有盖,盖上有4环耳,器身四面肩部也有4环耳。浴缶2件,形式相同,大小不一。均有盖,盖顶正中有环状握手,其下有数根弯曲的铜柱支撑,兽首型耳。盖上有6个、肩上有8个圆饼饰。盘4件,依据形制不同可分为两式:Ⅰ式,2件。大口,方唇,圈足,腹部有2个环耳套环。Ⅱ式,2件。大口,圈足,腹部有4个兽形耳,作向上攀爬状。匜1件,敛口,腹壁俯视呈桃形,兽首状封顶流,卷唇张口。平底。编钟21件,依据形制可分为两式：Ⅰ式，甬钟12件。形制相同，大小递减。均长甬有鼻。Ⅱ式，钮钟9件。形制相同，大小依次递减。均长方形钮。编镈8件，形式相同，大小递减，均为空花扁钮。

（二）淅川下寺M2青铜器组

此组器物中也出土有鼎19件，其中有一套7件升鼎；鼎11件，形制相似，均有盖，盖顶略上鼓，沿外折，沿下有4个兽面形边卡，盖上正中有平环握手，其下有数根弯曲的立柱承托。长方形附耳。器身口沿外侈，口沿下有凸起的一周凸棱，颈微束，器身圜底，三蹄足较矮。小口罐形鼎1件，有盖，直口，圆肩，立耳，鼓腹，圜底，三蹄足较矮且外撇。簠1件，器身长方形，器盖及器身相同，大口，直沿，斜腹，平底，四矩形足中间有扁桃状缺口，盖口四边有兽首状边卡6个。器盖及器身两端斜腹上，各有半环状兽头耳1个。尊缶2件，形制大小完全相同。均有盖，小口，方唇，折沿，直领，弧肩，鼓腹，小平底，矮圈足。浴缶2件，形制大小基本相同，小口，直沿，低领。广肩，肩部两侧有对称的链环耳2个。鼓腹，有矮圈足。盘1件，环耳兽足，宽沿外折，盘口微敛，浅腹圜底，腹部四周有4个环耳，其中2个对称的环耳上又套一个大环，盘下附有小形兽首竖环足。匜1件，敛口，腹壁俯视呈桃形，兽首状封顶流，卷唇张口，匜后有半环形夔龙錾，平底。编钟一套28件。均为甬钟，形制相同，大小相次。钟身呈合瓦形，钟口大而尾部小，舞部正中有八棱状甬，甬上细下粗。

在以上的对比中我们不难发现：在青铜器组合上，寿县蔡侯墓是以鼎、鬲、簠、簋、敦、豆、壶、尊、尊缶、浴缶、盥（盂）、鉴、盘、匜、编钟、编镈作为随葬品的；而在淅川下寺M2中则是以鼎、簠、鬲、簋、俎、禁、尊缶、浴缶、盘、匜、壶、盆、甬钟等为基本的器物组合形式，再配之以豆、鉴等。特别是寿县蔡侯墓中出土的典型楚文化器物升鼎同淅川下寺M2中升鼎组合一样均为一套7件，另有许多同楚文化墓葬相同的随葬品，虽然在整体的器物组合上同楚墓有所区别。但在寿县蔡侯墓中楚文化墓葬常见的器物已有升鼎、尊缶、浴缶等,可以肯定的是寿县蔡侯墓中所表现的楚文化因素已经十分明显了,特别是在鼎这一类重要器物的组合中,寿县蔡侯墓中的升鼎和其他鼎无论是从器形外观看,还是器物组合其受楚文化影响已经很深。

另从与寿县蔡侯墓时间同为春秋中后期,位置相距不远的蚌埠双墩一号墓来看,在春秋中后期楚文化的影响业已抵达淮河下游。双墩一号春秋墓,于2006～2008年发掘,该墓为"钟离君柏"墓,出土有大量的随葬器物,其中有青铜器380余件,有钮钟9、鼎5、甗1、簠4、罍2、盉1、豆2、盘1、匜1、勺2、盒1、马衔8、车軎10、戟4、镞200多件,此外还有矛、剑、镖等27件。其器物组合由鼎、簠、甗、豆、罍、盉、盘、匜、钮钟、镈钟所构成,虽然在该处墓葬中未发现像寿县蔡侯墓中典型的一套7件的升鼎组合,但其鼎的形制与楚器类似,具有立耳、圆腹,腹底微圜的特征,特别是该墓中出土的匜的形制为平底,兽首封顶流,其形制与南方楚墓中出土的匜多有类似,如淅川下寺M2:53。

从寿县蔡侯墓和蚌埠双墩一号墓中楚文化影响的强弱,以及历史文献的记载可以看出:春秋时期,是楚国势力初步发展到安徽江淮地区的时期,这一时期楚文化在江淮地区的发展呈现着自西向东由强到弱的特点,这一文化分布的特征也是同楚国在江淮地区扩张的步伐相一致的。但随着楚国在江淮地区扩张的加速,特别是前646至前549年,楚国相继吞并了江淮间的一系列小国,英、六、群舒、萧等,楚文化已经开始成为江淮地区的主流文化。

三、战国时期楚文化成为江淮地区的主流文化

从春秋末期到战国早中期,楚国通过一系列的战争,并在同吴、越的战争中胜出,最终确定了楚国在江淮地区的统治地位。前278年,秦将白起率军攻破郢都,江汉平原尽入秦国。楚顷襄王迁都至陈城(今之河南淮阳),退守淮河与长江下游。江淮地区对楚

国的战略价值日渐重要。前272年,秦国在宛地设南阳郡,形成了对楚都的西面与西北面的两面包围之态,楚都陈城距离秦军太近而处于危险之中,因此楚国于考烈王十年(前253年)设钜阳为陪都,以作后路。关于钜阳的具体位置,学者认为是在"今安徽太和县东南、阜阳市西北……处于陈城与寿春之间"⑤。这样看,钜阳离秦之南阳郡并不是很远,因而,楚国又于楚考烈王二十二年(前241年)"东徙都于寿春,命曰郢"。寿春即原先之下蔡,考烈王曾于元年赐淮北的十二县作春申君的封邑,下蔡即为其一,春申君将其改名为寿春。春申君受封之后即着手建设寿春,十五年之后,春申君"并献淮北十二县,请封于江东"。寿春处于江淮腹地,江淮地区由此成为楚国后期的核心地带。

战国时期,楚国在江淮地区的统治已较为稳固,加之楚文化自身也已经数百年发展而不断成熟,而且渐趋鼎盛,江淮地区绝大部分区域都处于楚文化的覆盖之下,其影响甚至波及安徽北部、长江下游地区。楚文化,特别是晚期楚文化完全可以作为战国时期江淮地区主流文化的代名词。但是,虽然战国时期晚期楚文化在江淮地区达到高峰,楚文化的发展仍有着不同的特点。

从考古成果来看,这一时期安徽江淮地区楚墓随处可见,如淮北地区的寿县李三孤堆、蚌埠双墩三号墓⑥、淮南赵家孤堆蔡墓、长丰杨公楚墓⑦、六安城西窑厂凰嘴楚墓、舒城河口窑厂楚墓、舒城马厂楚墓、天长市三角圩楚墓、潜山彭岭楚墓等。据不完全统计,安徽境内发掘的楚墓数量已达500余座,在考古资料中发表的有200余座。其同湖北、湖南等省份相比有着自身的特点,一是大型楚墓较少,目前仅有李三孤堆楚幽王墓一座,多数为中小型墓葬;二是战国初期楚墓较少,多为战国中后期楚墓;三是分布地域相对集中,主要集中于六安、寿县为主的皖西地区。这三个特点也于楚国后期在江淮地区的发展历史相吻合。

中型以及中型偏小楚墓见诸发掘资料的不多,墓葬多呈"甲"

字型,代表性的有六安城西窑厂二号楚墓、城西窑厂五号墓,长丰杨公楚墓中的 M8、M9、M10、M11 和潜山公山岗战国墓葬 M25。其中六安城西窑厂 2 号楚墓,六安城北战国楚墓和长丰杨公战国楚墓 M9 为中型楚墓。

六安城西窑厂二号楚墓[⑧]平面呈"甲"字型,墓坑的东侧有一个阶梯式的墓道,结构为竖穴土坑木椁墓,木椁周围以及椁底均有青膏泥,残存的墓口和墓底均长 7.7、宽 7.2 米。葬具为重棺重椁,外椁长 5.2、高 1.9、宽 4.6 米,内椁居其中部,椁室没有分隔成厢,随葬品置于内椁的四周。外棺呈长方盒形,内棺及两具陪葬棺均为楚墓中常见的长方形悬底棺。出土随葬品 200 余件,包括铜器、陶器、兵器和车马器,其中陶器 40 余件,均为明器,分有仿铜礼器和仿铜乐器,器形有鼎、豆、簠、罍、编钟、镈钟、磬等。出土的铜器制作精致保存较好,有食器、兵器、车马器、工具,器形有鼎、敦、盘、匜、剑、匕首、戈、矛、弓环、镞、马冠、马衔、马镳、盖弓帽、斧、凿、锯、针等。出土器物均有楚器风格,其楚墓中殉人的现象在安徽也是首次发现。此墓的规模大,随葬品丰富精美,在葬俗上用殉葬习俗,这证明该墓主的身份较高,应是楚国贵族统治者。

六安城北楚墓[⑨]葬具为一椁重棺,其中椁长 4.8、宽 3.4、高 1.56 米,椁四周填充有白膏泥,椁室分为四部分,分别为棺室、头厢、脚厢和边厢。棺有内外二重棺,均为长方形。出土器物以铜器和陶器为主,铜器的组合为鼎、敦、勺、瓢,陶礼器的组合为鼎、豆、壶、钫。

长丰杨公 M9 葬具为重棺重椁,外椁长 5.55、宽 4.33、高 2.55 米,椁盖板横置,椁室分为头厢、脚厢、两边厢和内椁室四部分,椁墙板、挡板和横梁均用四块巨大的长方木叠成,底板纵列十一块,下面有两根方形垫木,外棺长 2.6、宽 1.35、高 1.5 米,棺盖和隔板均雕成凸弧形,挡板和底板平直,接缝采用凹凸榫。

中型偏小的楚墓有长丰杨公 M8、M10、M11 和潜山公山岗

M25。其中长丰杨公 M8,其椁室结构为一棺重椁,椁室被用纵横隔梁分成边厢、脚厢和棺室三个部分,脚厢与边厢相通,供放随葬器物。内外棺均作长方盒形,内棺长 2.1、宽 0.68、高 0.6 米,外棺长 2.66 米,宽、高均为 1.1 米,棺盖与墙板用子母口相合,合缝后又涂上一层漆,棺外用三道绳索捆缚,内棺人体下铺有木质透雕几何纹笭床,此种葬俗在湖南和湖北地区楚墓中较为常见。

小型楚墓在安徽地区发现较多,时代一般属于战国中晚期,多分布于六安、寿县、潜山、枞阳、舒城等皖西地区。小型楚墓绝大多数已无封土或者原本就没有封土,一般无墓道,墓坑多为窄长方形,有的有小型棺椁,有的仅有一棺,有的仅一土坑,多数葬具已朽,仅存痕迹。此类小型墓葬中有的有一个边厢或者两个边厢,有的在墓地一端挖有壁龛和头龛,有的有生土或熟土二层台。具有代表性的有以下墓葬,在此做简略叙述:舒城凤凰嘴战国墓 M1,长方形竖穴土坑墓,方向正东,墓坑有熟土二层台,葬具已朽,从痕迹上看为一棺一椁。舒城秦家桥三座土坑竖穴木椁墓,均为小型竖穴土坑木椁墓,葬具有一椁重棺和一椁一棺,出土随葬品 75 件,包括陶器、青铜器、漆木器、玉器以及丝织品等。值得注意的是该墓出土的部分器物上有铭文,为研究战国时期楚文化和文字书体的发展提供了很有价值的资料。六安城北楚墓群,多为中小型长方形竖穴土坑木椁墓,葬具有一椁重棺、一椁一棺和单棺三种类型,有的木棺悬底,在底部垫有两条枕木。

综上所述,从墓葬形制来看,小型墓多为长方形竖穴土坑墓,中型墓则呈"甲"字形,这和湖北等楚文化核心区发掘的楚墓形制完全相同。并且,部分墓葬在椁底使用青膏泥以及棺作悬底的做法为楚国特有的埋葬习俗,楚文化特征十分明显。随葬品方面,青铜器与陶器的基本组合与同期楚墓基本相同,并且器物的形制与纹饰均呈现出楚文化风格。战国中期的楚墓,尤其是中型楚墓,本身为楚国外迁皖境之贵族,埋葬时自然遵循故土墓葬之习俗,也从另一侧面呈现出楚文化风格。

四、结论

安徽境内的江淮地区,是传统上所说的"吴头楚尾"的地域,从地理空间上看与楚文化的核心区域江汉平原虽然紧密相连,但由于皖西鄂东山地阻隔,以致楚文化影响江淮地区的时间晚至春秋中后期,并且影响有限。但随着楚国不断向东扩张,楚文化在江淮地区逐渐流布开来。迟至战国时期,楚国统治中心先是于淮、陈之间迁徙,后定都寿春,江淮地区一跃而成晚期楚文化的中心,楚文化在江淮地区成为主流文化,进而影响深远。而梳理近年来安徽江淮地区的考古资料可以清晰看到,"楚风东渐"也正是同楚国向东扩张伴随始终的。

注释:

① 刘和惠:《关于寿县楚王墓的几个问题》,载《文物研究(第五辑)》,黄山书社,1989年。
② 方林、方雨瑞:《六安市出土的楚式青铜器》,载《文物研究(第十二辑)》黄山书社,2000年。
③ 安徽省博物馆:《寿县蔡侯墓出土遗物》,科学出版社,1956年。
④ 河南省文物研究所:《淅川下寺春秋楚墓》,文物出版社,1991年。
⑤ 徐少华:《楚都钜阳及其相关问题考辨》,载《九州(第三辑)》,商务印书馆,2003年。
⑥ 周群、钱仁发、阚绪杭:《安徽蚌埠市双墩三号战国墓》,《考古》2010年第9期。
⑦ 杨鸠霞:《长丰战国晚期楚墓》,载《文物研究(第四辑)》,黄山书社,1988年。
⑧ 许玲:《安徽六安县城西窑厂2号楚墓》,《考古》1995年第2期。
⑨ 褚金华:《安徽六安县城北楚墓》,《文物》1993年第1期。

寿春城遗址考古工作的新思路

蔡波涛 张钟云

（安徽省文物考古研究所 安徽博物院）

一、寿春城遗址的考古发现与工作回顾

寿春城遗址的考古工作从20世纪80年代初至今已有30余年的时间，几代考古人对寿春城遗址考古与研究工作的辛勤付出是取得已有丰硕成果的重要基础，而对以往工作进行适时的回顾与总结将有助于我们对今后工作的思考和探索。

历史文献对寿春城遗址的记载主要见诸《史记·楚世家》和《史记·春申君列传》等，核心认识是：楚自考烈王二十二年（前241年），与诸侯共伐秦，不利而去，楚东徙都寿春，命曰郢；后至楚王负刍五年（前223年），秦军破寿郢，楚国灭亡，寿春作为楚国最后一个都城，使用了19年。而有关楚国都城寿春的地理位置，则主要有三种说法[①]，一是今寿县县城附近；二为城西四十里；三说在城西南四十里的丰庄铺。

1964年，天津市收集到一件铭文曰"春申府鼎"的青铜鼎[②]，有学者根据此鼎铭文中称寿春而不称郢，认为该青铜器的铸造年代当不晚于楚考烈王二十二年[③]，而这另一方面也说明先秦时期"寿春"确已存在[④]。在李三孤堆楚王墓的发现揭开了楚文化研究的序幕之后，陆续在一些基建工程中又发现了"大之器"[⑤]、鄂君启节[⑥]、大量的金币郢爰[⑦]和部分青铜重器等高等级遗物，寿县地区的文物工作者还在调查中发现，寿县县城东南一带时常出土大量的板瓦、筒瓦和一些陶器碎片、水井等遗存。围绕着今寿县城，其东南方向的长丰、杨公一带经调查发现除李三孤堆墓以外还存在一批具有高大封土的墓葬,其中有 11 座大中型墓葬已经过发掘[⑧];其西南的双桥一带,也发现有相当数量的保存有较大封土堆的中等贵族墓葬[⑨];而北部的八公山南麓至东淝水一带则发现有大量的中小型战国晚期墓葬。上述材料的发现与研究,使得学界对寿春城遗址位于寿县县城一带的结论有了初步判断。

(一)寿春城遗址考古工作的第一阶段

真正意义上科学的、成规模的针对寿春城遗址开展的考古工作要从 1983 年春算起,一直到 1991 年,可作为学术史上寿春城遗址考古工作的第一阶段。

以丁邦钧先生为领队的寿春城考古工作组,自 1983 年春成立之后,将工作的重点放在了寿县东南部,开展了大量的调查工作,首要目的就是要确定作为楚都的寿春城的具体方位。通过实地踏查,工作组将东至东津渡、西至寿西湖、南至十里头和东、西九里沟一线、北至东淝水,东西长约 4 千米、南北长约 5 千米的区域作为寿春城遗址的范围[⑩]。随后工作组决定以寿县城东南部区域为重点,为进一步了解遗址的年代问题,分别在东关村的东岗、东津乡的邢家庄、吴家嘴、黄家庄等地点进行了小规模的试掘,并以寻找城垣为目的开展过部分钻探工作。

1985 年,因寿蔡公路拓宽,于东津渡西侧的柏家台南地点发现了相当丰富的铺地砖和建筑构件板瓦、筒瓦等遗物。工作组随即对该区域进行了抢救性考古发掘,揭露面积 680 平方米,清理出一座大型建筑基址。据后期钻探资料记载,该建筑基址修建在一处曲尺形夯土台基上,台基东西最大长 210 米,南北最宽约 130 米,残高 0.8～1 米;已发现的该处建筑基址位于台基的西南部,其面阔 53.5 米,进深约 42 米,总面积达 2 000 多平方米;建筑外围发现有内外两排石柱础,紧挨小石柱础内侧铺放两排槽形砖,第二排槽形砖之内铺放长方形素面地砖,建筑内部柱网结构不清,南面和西面中间各发现一处门道,东南部大石柱础外侧发现一处用完整筒瓦扣合而成的下水道遗迹。出土的遗物当中则以建筑材料为主,极少发现生活用品,瓦当主要出在槽形砖附近,多为圆瓦当,少数为半瓦当,纹饰有凤鸟纹、云纹、树云纹和四叶纹等。

上述工作主要集中在寿县城东南部,尤其是柏家台南大型建筑基址的发现,基本上可以视作这一带为战国晚期楚都寿春城位置所在地的重要证据[11]。

然而,由于迟迟未能发现城垣遗迹,导致无法最终确定楚都寿春城的具体范围。为此,1987年5月,寿春城遗址工作组与安徽省地质研究所遥感站合作,主要利用1954~1980年先后成像的6套航空照片或卫星影像资料对寿春城东南地区进行遥感考古研究。通过判读并结合实地调查,发现原定遗址南部外围存在着纵横交错的古水道,寿县城外围也有两周古水道,而后据此绘制了1∶10 000的遥感解译图,并发表了详细的工作报告[12],初步确定了外郭城、护城河及城外相关水系和城郭内的水道系统等信息。1988年前后,又采用对称四级电阻率法在双更楼一带古水道和古水道内侧可能为南城墙的位置进行了物探,以验证遥感考古的研判是否正确。此外,工作组通过对遥感解译图的进一步分析,决定在比较清晰的"西墙"和"南墙"部分区域开展小规模的考古勘探与试掘。据描述,在南城墙葛小圩东和西城墙中部各发现城门一座,其中南城门保存较好,分为三个门道,门道两侧发现有大型夯土台基。在遥感图的北部,工作组结合考古调查和钻探等手段,辨识出29座夯土台基,并推测这一区域可能为宫殿区。

至1991年,寿春城遗址的考古工作已取得显著成果,通过丁邦钧先生的论文阐述了工作组最终确定的楚都寿春城的范围[13],即:西墙从寿县城南门向南,经马家圩、小岗上至范河南250米,残长约4.85千米;南墙从范河南向东经葛小圩、小刘家圩至顾家寨一带,残存约3千米;由于东墙和北墙均未发现明显的迹象,但考虑到兴隆集和柏家台两处大型建筑以及 29 座夯土台基群应包括在寿春城之内,故工作组推测寿春城东西长约 6.2、南北宽约 4.25 千米,总面积约 26.35 平方千米。

(二)寿春城遗址考古工作的第二阶段

由于工作调动等多方面的原因,寿春城遗址的考古工作在 1988 年之后出现了中断,这一情况一直持续到 2000 年。自 2001 年开始,以张钟云先生为领队,安徽省文物考古研究所与北京大学考古文博学院合作,组成新的寿春城遗址考古工作队,继续开展寿春城遗址的考古发掘与研究工作[14],这次合作一直持续到 2003 年,可视为寿春城遗址考古工作的第二阶段。

由于前一阶段的成果和原始记录伴随着主要负责人的离世而无从查找[15],所以工作队在开始新阶段的工作之前,必须对前期工作进行梳理和整理资料信息并据此重新建立工作思路。

经过对前期资料的收集和整理,工作队发现 1987 年的遥感解译图得以较完整的保存,而这也是重新开始工作的重要基础。工作队"根据以往工作的结论,楚都寿春城是在较晚的时间内一次性规划修建的大型城址,使用时间不长,很少晚期遗迹,城址西、南、东北城垣已确定,城内水道系统清晰可辨"[16],认为该遗址具备开展城市考古的良好条件。因此,工作队制定了初步的研究计划,即:建立当地战国晚期到汉代的遗物编年和文化序列;验证城垣、城门、水道系统;验证宫殿、官署、贵族宅第区;寻找手工业作坊、市场及平民社区;追踪城内道路网络、给排水系统;最终串联起这些信息,总结出不同功能分区的布局,尽可能复原楚都寿春城的城市景观[17]。遗憾的是,安徽省地质研究所遥感站没有对当年的资料进行保存,而且从参与人员的回忆中也没有得到比遥感解译图更多的资料信息。所以,工作队必须面对的首要任务是对前期工作的成果进行实地考古验证。通过几个月的调查、验证,工作队遇到了最突出和严峻的问题,即:前期资料中描述的城垣、城门和重要的夯土台基等遗迹,在实地的田野工作中没有发现与之对应的相关迹象,这无疑造成了工作队对城墙具体位置的怀疑。基于这些意想不到的情况,工作队认为楚都寿春城的研究还是只能从调查遗址分布、判定遗址年代、寻找城垣等基础工作开始,原定计划的大部分内容必须在这些基础工作完成后方可开展。

针对不同的学术目的和工作诉求,工作队在这一阶段共开展过三次田野考古工作,分别是:

1. 2001年7月至9月,首先通过在柏家台村附近进行考古钻探以期寻找新的夯土建筑,最终发现了柏家台建筑基址西南约220米处的邢家庄北01F1[13];其次选取小宋家台北地点作为东北城垣考古验证的突破口进行试掘,原因是这里为解译图中描述的北墙自西向东穿越之处,而且这里有一处基本没有被改变过地貌特征的水塘可以作为相对稳定的参照点,工作队在此布设5×5米探方5个,探方从坡顶到半腰一字排开分布,为了将水塘到小宋家台村子之间的空地全部解剖,又增布20×2米的探沟一条,清理出明清时期房址1座、时代不明灰坑1处、西汉中期土坑墓3座和宋代墓葬1座,除此之外没有发现任何夯土或城墙基槽遗迹。

2. 2002年,通过对柏家台南至邢家庄北地区的考古钻探,进一步了解了1985年发现的柏家台大型建筑和邢家庄北01F1的形制和规模,结合一定的发掘工作,发现了和柏家台建筑基址相同的凤鸟纹瓦当,并新发现有两处地下夯土遗迹和两处白土条带遗迹;在试图寻找东北城垣无果的情况下,工作队将验证的方向转到了前期工作比较肯定的西墙和南墙,采用的工作方法是以沿古水道内侧为线索进行大范围的钻探为主,并选择在范河南(针对西城墙)、新塘村南和张家圩北(针对南城墙)等地点进行试掘。其中,在被认为是城墙西南角的范河南地点布设87×2米的探沟一条,结果发现这里的堆积只有非常简单的两层;在新塘村南布设的探沟为55×2米规格,这里地势较高,堆积较厚,在清理地层堆积的过程中始终伴有瓷片的发现,此处当地群众称之为庙台子,较厚的堆积应是庙宇废弃后形成的,除此以外,没有发现其他形态的堆积现象;在张家圩北也布设一条长58、宽2米的探沟,其具体位置位于1989年试掘地点以西约10米,其地层堆积状况与范河南的情况基本一致,都没有发现战国晚期堆积的现象。北城垣的工作由于西墙和南墙未被证实存在而被迫从验证改为寻找,通过对柏家台、邱家花园一带往北至淝水、往西至寿县城东门附近区域的钻探,没有发现此前推测的城墙遗迹,甚至于没有发现任何夯土遗迹。东城垣由于紧邻东淝水,由于长期受淝水的冲刷,多处地表被改造成鱼塘,工作队在邢家庄东侧土路至淝水大堤之间宽约七八百米的范围内,东西方向布设了南北相距80、孔距4~5米的两排探孔,也没有发现城垣迹象,仅在距大堤百米处发现有一片花白土,可能是一处建筑地基遗迹。

3. 2002年9月至2003年1月初,为第三次田野考古工作,主要目的是继续寻找可能存在的城垣遗迹,和希望通过对柏家台和邱家花园一带的重点钻探和试掘,寻找可供进行遗址年代学研究的层位学依据和实物材料;工作队选择分别在县城南面的牛尾岗、西岗和四斗塚试掘探沟4条,在南关汽车站布设探沟1条,在县城东南的邢家庄东南、王家台东和东门排灌站西南等地点发掘3个探方,还在何台、南关纸厂、南关大桥西北等地点清理了砖室墓2座和陶圈井1眼;在上述工作的间隙工作队还在县城西南的古城拐城址(西南小城)、寿县西北淮河沿岸和寿县东南淝水沿岸进行了田野调查和遗物采集工作[19]。其中,比较重要的发现是牛尾岗和西岗所发现的夯土墙基,这两段夯土墙基均直接建造在文化层之上,虽存在牛尾岗北部夯土质量较好而牛尾岗南部和西岗则为结构致密的堆土的差别,但考古队认为其应为城垣无疑;这三个地点墙基的包含物中最晚的遗物均为青白瓷片,故推测其始建年代不早于北宋。通过本次工作,工作队认为现存寿县城的轮廓是南宋时缩减南城垣后形成的,此前的南城垣就位于牛尾岗和西岗一线,其余三面的城垣则没有发生变化。

(三)寿春城遗址考古工作的第三阶段

2004年至2016年,随着寿县城市的发展建设,寿春城遗址的考古工作基本以配合基本建设而进行考古钻探和抢救性考古发掘为主,是为寿春城遗址考古工作的第三阶段。

2004年寿县官亭街改造项目的实施,揭开了寿县古城新发展格局的序幕。寿县古城的发展受制于现存明清城墙的掣肘,要想发展就必须进行新城区的建设。寿县城的地理位置和区位较为特殊,其北边的八公山是国家地质公园和国家森林公园,西边是国家农垦百家种子生产基地之一的寿西湖农场,东边是东淝水,其发展建设的方向只能向南。官亭街改造项目位于寿县城外东南部,北邻东、南护城河,西至由南门而出的通淝路,南至寿蔡路,东至东关变电站。范围涉及陈家岗、后圩、东岗和边家岗四个自然村,是官亭街遗址所在地,故称"官亭街改造项目"。配合该项目的建设而开展的抢救性考古钻探与发掘工作,获得了相当丰硕的考古材料,其中Ⅰ期项目发现灰坑21处、水井14眼、沟类遗迹2条、墓葬308座,遗存年代主要有战国中晚期、西汉早中期、唐宋时期和明代等;Ⅱ期发现有夯土墙基3段、河道3段、陶排水管道1处、灰坑12处、水井2眼、陶窑1处、墓葬10座,遗存年代与Ⅰ期基本相同。其中所发现的三段夯土墙基,从层位关系和包含遗物判断年代应为汉代。

由于寿县新城区的规划建设对寿春城遗址的文物保护工作造成了巨大挑战,安徽省文物考古研究所寿春城考古队及时制定应对策略。在省文物局和县文管所等单位的全力配合下,考古队争取到了将寿县新城区的所有建设项目均要纳入寿春城遗址文物保护工作的范畴内的方案,即:所有建设项目必须履行严格的报批手续、必须进行前期考古钻探工作,再根据实际情况来定是发掘后再进行建设还是不同意建设而进行原址保护。根据初步统计，自2003年寿县人民检察院新址建设项目起，截止到2016年，我们共计对79个建设项目进行了考古钻探工作。这些建设项目绝大多数均位于明珠大道以南的区域，明珠大道以北的区域本就是现代居民的集中居住区，仅有的几个建设项目也多属于旧房改造性质，另有几个项目位于定湖大道以西，靠近寿西湖农场，已基本超出了寿春城遗址的分布范围。通过十多年来配合基建的考古工作，考古队得出的一个基本认识是：寿县新城区明珠大道以南的区域仅散见有零星的战国晚期遗存，钻探和发掘获得的遗存年代主体为汉代和唐宋时期，另有数量众多的明清墓葬发现。

面对日益增长的基建考古工作，为切实做好寿春城遗址的文物保护，尽可能多的获取和保留寿春城遗址的资料信息，安徽省文物考古研究所联合北京大学考古文博学院、河北省古代建筑保护研究所共同制定的《寿春城遗址保护总体规划》，于2007年批准通过。自此，寿春城遗址的文物保护工作有了指导性、纲领性文件，考古工作也得以制度化、规范化和常态化。与此同时，为确保寿春城遗址有长期、稳定的考古队伍和业务力量在此开展工作，考古工作基地或考古工作站的筹建工作也紧锣密鼓地进行着。经过数年的努力协调和建设工作，安徽省文物考古研究所寿县中心工作站于2010年建成使用，工作站立足于寿县，以寿春城遗址的大遗址保护课题为核心要务，为寿春城遗址的考古工作提供坚实保障，此外还兼顾着皖北地区的基础考古业务。

这一阶段有助于推进楚都寿春城的研究与认识比较重要的考古工作，主要有两项：一是2009年寿县明珠大道车马坑的发现与发掘，经初步清理，该车马坑由坑室与坑道两部分组成，坑室方向北偏东85°、东西长20.6、南北宽3.7、深约2米，坑道为长方形斜坡式，位于坑室北壁东端，方向北偏西5°、宽2.6米；共清理出木车6辆、马15匹，东西向一字排列，出土铜车饰2件、木环10件；后经钻探在其北40米处发现一座大中型土坑木椁墓,方向与车马坑基本一致,推测可能是其主墓之所在;二是2011年为配合寿县西门复建工程,在对西门门洞及城台遗址进行发掘的同时,对西城墙进行了解剖性试掘。通过试掘,在②层下均为夯土堆积,夯土自上而下可划分为夯土-1至夯土-11等层次,在夯土-4与夯土-5之间有一路面遗迹,夯土-11中出土有可辨识器形的陶器,如盆、豆、罐、板瓦及筒瓦等遗物,从器物形制来看,应属战国晚期遗存[20]。

二、对以往考古工作的小结与述评

1. 以丁邦钧先生为首的工作组开展的第一阶段的考古工作,对寿春城遗址的研究而言,无疑是开创性的。就其研究主题来说主要有两个,一是确认寿春城遗址,二是探索寿春城的范围、城市布局等较深层次的问题。其采用的研究方法,是在梳理文献的基础上,通过实地田野考古调查、试掘和发掘工作,将文献与考古相印证,还采用了比较新颖的遥感、物探等科技手段与传统的方法相结合,这种依靠文献、考古与遥感分析三方论证开展研究的方法本身,也是一个不可多得的成功范例。这些最为基础的工作,一方面基本解决了遗址的年代问题,另一方面也得出了遗址的具体位置和空间分布的相关结论。然而,由于没有发现足够多可供类型学排比分析的生活类陶器资料,更缺乏比较明确的层位学依据,对寿春城遗址的遗物编年和文化序列研究在这一阶段没有能够解决;而不断扩大的研究内容很多已远远超出了实证的范围,所以得出的结论也多属推测;再者,工作组没有能够准确区分遗址和城址之间的差别,确认城址的直接证据是城垣,第一阶段的工作所推定的城址范围存在着将遗址混同于城址而造成的扩大化的问题;此外,在推定和论述寿春城遗址的地理形势、城市布局、城市变迁和遗址破坏的原因等问题时,过分依赖文献记载尤其是晚期文献甚至于借助现代地名进行推测,所得出的结论受文献诱导较大,可信度大打折扣;最后,这一阶段工作的最大遗憾是原始记录材料的遗失和详细完整的工作报告未能出版,导致后续的工作无法有效衔接。

2. 以张钟云先生为领队的寿春城遗址工作队开展的第二阶段工作,是以开展城市考古为课题引导的主动性考古工作。在充分考虑寿春城遗址的自身特点和前一阶段工作所取得的重要成果地前提下,制定了相当详细的研究计划,使得中断了10余年的寿春城遗址考古工作得以延续和发展。而当遇到对前期认识与成果产生怀疑、对城垣、城门等遗迹验证出现极大偏差的情况时,果断转变工作重点和工作思路,决心从最基础的田野调查、试掘和发掘工作开始,逐一对前期工作的认识进行再检验,如对西墙、南墙和东北城垣的钻探、试掘等。这种以田野考古材料为核心,以客观分析遗迹和遗物现象为原则,逐一对前期工作成果进行验证的研究方法,充分体现出考古学学科本身的实证性特点。工作队准确把握住寿春城遗址研究的重点和难点,通过对柏家台—邢家庄—邱家花园一带的重点勘探和试掘,不仅新发现有以邢家庄北01F1为代表的夯土建筑基址等遗迹,还通过对几座灰坑和地层清理所得的生活陶器材料进行类型学分析,初步建立起了寿春城遗址战国至西汉的遗物编年和文化序列。对牛尾岗与西岗的试掘,获得了弥足珍贵的夯土墙基和城垣遗迹,进而结合文献对寿春城城墙位置进行推定,思路较为新颖。虽然否定了前一阶段所认定的城墙,但工作队并没有怀疑寿春城在寿县县城及其东南一带这一基本观点,同时结合寿县县城的地理区位、楚国当时面临的政治环境背景和文献记载,得出了如下认识,即:今寿县城为楚都寿春城的宫城或内城,以柏家台—邢家庄—邱家花园一线为功能性大型建筑区,其周围分布有规模不一的散居点[21]。

可惜的是,这一阶段的工作持续的时间较短,更深入的主动性工作随着大规模的基建项目的展开而被迫中止,从寿春城遗址整体研究的角度来说缺乏工作的连续性;而对于寿春城城墙的推断也主要是建立在文献分析的基础上反推而得出的,缺乏相应的直接证据。尤其是对于遥感所认定的古河道的验证工作不够系统和全面,对关键的护城河及城内水道系统的解剖目的性不够明确,导致对前一阶段所认定的城垣遗迹无法完全证实或证伪,至今仍是一个谜题。

3. 第三阶段的工作主要是为配合寿县新城区建设而进行的抢救性考古钻探和发掘。绝大部分工作位于明珠大道以南的区域,发现的战国晚期楚国的遗迹遗物相当少,遗存的年代以汉代和唐宋时期为主。车马坑的发现和后续的钻探工作表明,西圈墓地为春秋晚期至战国早期重要的墓葬区,结合为配合定湖大道建设而发现的春秋晚期墓葬M6[22]以及1983年在该地区发现的墓葬[23]情况,进一步确认了西圈墓地为蔡国的一处重要墓葬区的观点。寿县西门发掘时对城墙解剖所发现的战国晚期遗存[24],则从侧面佐证了第二阶段的基本认识,即今寿县城很可能是楚都寿春城的宫城或内城。

但是,这一阶段的工作中有明确学术目的考古工作开展不多,对前一阶段的工作成果没有进行更深入的拓展,考古工作缺乏统一的部署和计划,《寿春城遗址保护总体规划》公布后,相关的保护区域内没有建立起统一协调的工作方式。对古城拐城址(西南小城)的进一步工作基本没有开展,除配合高速公路和高铁项目而对北山墓地进行过抢救性考古发掘工作之外,围绕寿春城遗址的三个墓葬区的深入工作开展较少。

三、寿春城遗址考古工作的新思路

寿春城遗址的发现与确认,一方面解决了多年来学界对于楚晚期都城位置的学术争论,另一方面也对开展寿春城遗址考古工作提出了更多的要求。通过对以往三个阶段考古工作的梳理和小结,可以说,目前寿春城遗址还有相当多的问题亟须解决,如城址的城垣问题一直缺乏足够的直接证据,城址的功能分区研究更是无从谈起,柏家台—邢家庄—邱家花园一带所发现的大型建筑基址、零散出土的青铜重器和金币等遗迹遗物的具体内涵还缺乏足够科学的认识,等等。鉴于这种情况,我们从2014年起开始着手编制《寿春城遗址考古工作计划》,以期为寿春城遗址的考古工作提供一个科学的时间表和工作进度考量,更好地做好大遗址保护的基础工作,并最终为考古遗址公园的申报与建设提供充分的材料支撑。我们对寿春城遗址今后的工作,主要的思路包括以下两个方面:

(一)继续坚持以田野考古为核心的工作原则

具体的工作目标有以下几个方面:

1. 楚都寿春城城墙的确认,仍需要继续进行大量的考古调查、钻探和发掘等基础工作,努力找到可以说明问题的确切证据。

2. 对县城东南部地区以柏家台—邢家庄—邱家花园为轴线一带,在前期钻探的基础上,继续补充和完善钻探资料,力争对该地区的钻探实现全覆盖,以期能够全面了解该地区的遗迹类型和文化内涵,并在此基础上选择重点的建筑基址实施大面积乃至于全面揭露,进而完整揭示这一大型夯土建筑基址群的布局、结构、性质和建筑方式的文化特征等问题。

3. 在现状条件下,通过收集和梳理以往的资料、开展全面细致的考古调查,尽可能多地了解现存寿县城墙以内战国晚期遗存的分布状况,在此基础上,对现在寿县城内所有具备钻探条件的空地进行考古钻探,摸清地下文物埋藏情况,重点探寻蔡侯墓附近区域是否还存在墓葬的附属设施或其他同时期墓葬或遗迹。

4. 由于此前西圈墓地所发掘清理的墓葬均较为零散,且多数严重被盗,目前我们对该墓地蔡国墓葬的形制、结构、布局、文化内涵和文化性质等问题依然比较模糊。从2017年起,我们计划开展有步骤的规模性发掘工作,一方面进一步厘清西圈墓地春秋晚期至战国早期蔡国墓葬的文化面貌和文化特征,另一方面也尝试通过探方发掘法进行较大规模的揭露,探索战国晚期遗址在该区域内的分布状况和遗迹类型。这一工作将有助于通过分析楚蔡关系的角度来侧面探讨寿春城遗址的相关问题。寿春城遗址的研究离不开对蔡国、吴国遗存的研究,理清楚、蔡、吴三者之间的关系对于寿春城遗址的研究具有重要意义。

5. 目前我们对古城拐城址(即:西南小城)的了解还处于相当基础的阶段,对其始建年代、废弃年代、城墙结构、城门分布、城内遗迹内涵、功能区布局以及与其相关的墓葬分布、等级规格等问题均不清楚。对该城址仍需要进行大量的考古调查和有针对性的考古试掘和发掘工作,探索上述仍不清楚的一系列问题,同时还要探讨其与楚都寿春城遗址的相互关系问题。

6. 墓葬和城址应该是一个有机整体,在今后的工作中,需要将二者统筹考虑,综合研究。对围绕楚都寿春城遗址为核心分布的三个墓葬区的工作也需要有计划地逐步开展,目前我们对淮南朱家集、长丰杨公一带的大型高等级贵族墓葬的分布情况已有基本了解,但对墓葬的具体形制、结构、年代、等级及其与之相配套的墓葬附属结构和设施均不清楚;对西南双桥一带中等贵族墓葬区的具体数量、封土状况和形制、结构、年代、等级等问题也不甚清楚,而其与古城拐城址(西南小城)的关系问题也值得探讨;北边八公山南麓小型墓葬区随着合淮阜高速公路、商合杭高铁和高铁寿县北站及其附属设施等项目的开展,我们对其进行了较大规模的发掘工作,但资料的整理和公布工作必须提上日程,尤其是战国晚期墓葬的材料。

7. 积极借鉴和学习其他古今城市叠压型遗址的研究方法和成果,不断尝试新的有益手段开展工作,通过多学科协作、多视角解读和研究来促进我们的工作科学化、多元化。

(二)解决寿县城市发展与文物保护之间矛盾的最好途径是建设考古遗址公园

作为"十二五"期间大遗址保护名录之一的寿春城遗址,其文物保护工作也因为诸多的现实原因而面临相当大的困难与挑战。

寿县长期以来就是国家级贫困县，也是国家历史文化名城，坐落于寿县县城附近的寿春城遗址在近些年的地方经济发展和城市建设的冲击下，文物保护与城市建设发展的矛盾已越发明显。

考古遗址公园是以重要大遗址为依托，在确保大遗址安全的基础上，科学展示遗址原貌及其历史文化内涵的公益性展示园区，是在有条件的地方经过一定的保护程序，把已经发现的文物遗存展示给公众，既能让发现的重要文物遗存得到特殊的保护，也能给当地经济带来一定的积极作用，同时，宣传文物价值，让公众对文物有更多的理解，发挥社会对文物保护的主观能动性。实践证明，考古遗址公园是大遗址保护利用最好的体现形式之一，对寿春城遗址而言更是最好的途径之一。

注释：

① 涂书田：《楚郢都寿春考》，载《楚文化研究论集（第一集）》，荆楚书社，1987年。

② 天津市文化局文物组：《天津市新收集的商周青铜器》，《文物》1964年第9期。

③ 郝本性：《试论楚国器铭中所见的府和铸造组织》，载《楚文化研究论集（第一集）》，荆楚书社，1987年。

④ 有学者认为先秦时期无"寿春"。参见刘和惠：《先秦无寿春》，载《楚文化研究论集（第五集）》，黄山书社，2003年。

⑤ 殷涤非：《安徽寿县发现的铜牛》，《文物》1959年第4期。

⑥ 殷涤非、罗长铭：《寿县出土的"鄂君启金节"》，《文物参考资料》1958年第4期。

⑦ 涂书田：《安徽省寿县出土一大批楚金币》，《文物》1980年第10期。

⑧ 安徽省文物工作队：《安徽长丰杨公发掘九座战国墓》，载《考古学集刊(2)》，中国社会科学出版社，1982年。

⑨ 马人权：《安徽寿县双桥发现战国墓》，《考古通讯》1956年第3期；寿县博物馆：《寿县双桥战国墓调查》，载《文物研究（第二辑）》，黄山书社，1986

年。这些墓葬的周边还发现有疑似陪葬墓的小型墓葬,见安徽省文物考古研究所:《安徽济祁高速寿县段战国——汉代墓群发掘简报》,载《文物研究(第二十二辑)》,科学出版社,2017年。

⑩ 楚都寿春城遗址调查小组:《1983年上半年楚寿春城址调查简报》,载《安徽省考古学会会刊(第七辑)》。

⑪ 丁邦钧:《楚都寿春城考古调查综述》,《东南文化》1987年第1期。

⑫ 杨则东、李立强:《应用遥感图像调查调查古寿春遗址》,《遥感地质》1988年第2期;杨则东:《安徽寿春城遗址遥感考古调查》,《华东师范大学学报》1998年第4期。

⑬ 丁邦钧:《寿春城考古的主要收获》,《东南文化》1991年第2期。

⑭ 张钟云:《安徽地区楚文化的研究与展望》,《东南文化》2001年第7期。

⑮ 丁邦钧先生不幸于1995年病逝,工作组在80年代所进行的调查、试掘和发掘的材料未能出版完整的田野考古报告,此外,由于种种原因,先生的部分原始记录也下落不明,当年采集的实物标本也比较散乱。

⑯ 孙华、曹大志:《寿县楚故城考古的回顾与展望》,载《楚文化研究论集(第五集)》,黄山书社,2003年。

⑰ 曹大志:《楚都寿春城的考古发现与初步研究》,北京大学2004年硕士学位论文。

⑱ 张钟云:《寿春城遗址的新发现》,载《楚文化研究论集(第七集)》,载岳麓书社,2007年。

⑲ 安徽省文物考古研究所寿春城考古队正在整理寿春城遗址2001年之后的发掘材料,报告编写工作接近尾声。

⑳ 以上材料均为寿春城考古队内部资料,整理工作均已基本结束,待刊。

㉑ 张钟云:《关于楚晚期都城寿春的几个问题》,《中国历史文物》2010年第6期。

㉒㉔ 安徽省文物考古研究所发掘资料,待刊。

㉓ 安徽省文物考古研究所、寿县文物局:《寿县西圈发现的墓葬》,《东南文化》2005年第6期。

皖地楚文化研究的瓶颈

徐凤芹

（合肥市文物管理处）

楚文化这一名称，不同于以典型遗址或最初发现的遗址地名命名的诸多史前文化，它属于考古学和历史学整合层面上提出的命名。在中国考古学中，对楚文化的研究历经两次契机，第一次是20世纪30年代安徽寿县朱家集李三孤堆楚幽王墓的盗掘，出土文物达数千件，其中的相当一部分青铜器有铭文，铜礼器组合相对齐全，基本包罗了楚文化晚期的所有形态，掀起了楚文化研究的第一个高潮。随后数十年，在湖南长沙、河南信阳、湖北江陵等地发现大量的楚墓和楚文物，为楚文化的研究积累了资料，同时也迎来了楚文化研究的第二个契机，1980年11月，中国考古学会第二次年会在武昌召开，会议主题为"楚文化研究"。1981年6月，湘鄂豫皖四省楚文化研究会成立，俞伟超作报告提出"楚文化"的概念，自此，楚文化研究在学会的指导下，以湖北、湖南、河南、安徽为主要阵地，如火如荼地开展起来。

皖地与楚文化相关的遗存发现较多，特别是李三孤堆墓、蔡侯墓、寿春城的发现，使得安徽在楚文化研究领域具有得天独厚的优势，地位亦举足轻重，近几年在配合基本建设的过程中，考古资料的积累达到一定的量，学者们试图通过对新材料的解构来廓清皖地楚文化的面貌，在过去研究中的瓶颈问题上取得突破，但收获不大。

本文通过对皖地楚文化研究过程中瓶颈问题的反思与总结，

给接下来的研究提供合理的建议。

一、楚"钜阳城"与"寿春城"的发现与研究

《史记·六国年表》载楚考烈王十年(前253年)"徙于钜阳";《史记·楚世家》载:"二十二年(前241年),与诸侯共伐秦,不利而去,楚东徙都寿春,命曰郢。"楚王负刍五年(前223年),秦军破楚,灭楚而置郡。

关于楚"徙于钜阳"一事,历来方家说法不一。泷川资言从考据学的角度,认为楚"无徙钜阳之事"[①];徐少华结合相关文献和当时的历史背景,提出钜阳一度作为楚之陪都,楚王曾在此起居活动,已至后来有学者误认为楚国曾经迁都钜阳[②];李天敏[③]、陈伟[④]、张正明[⑤]皆采信"陪都"之说,认为钜阳城只起"过渡地带的中转作用"。

关于"钜阳"的位置,学者们也有不同的看法。李天敏认为在安徽太和县东北的原墙集[⑥];张正明认为在今安徽太和县东[⑦];汪景辉从考古学的角度探讨,认为太和县宫集镇的殿顶子遗址即楚国迁都的钜阳城[⑧];杨玉彬认为阜阳城北20千米的苏集乡的腰庄古城遗址最有可能是钜阳城所在地,这一看法与谭其骧《中国历史地图集》所标钜阳城位置相一致[⑨];陈立柱认为楚"徙于钜阳"有充分的事实依据,钜阳的地理位置大略在今阜阳市北颍、泚二水间,正当郢陈南下江淮的冲要地带[⑩]。

楚徙钜阳是否确有其事及钜阳城的地望,众说纷纭,究其原因,最根本的还在于考古资料的匮乏,文献的梳理固然重要,但是年代久远,传抄误写及后代臆测的情况都有,若想有所突破,须借助考古调查和发掘手段。根据阜阳市第三次全国可移动文物普查材料[⑪],并结合文献的梳理,位于阜阳市北颍、泚二水之间的太和县赵庙镇新郪遗址、原墙镇细阳故城和万寿山遗址、宫集镇殿顶子遗址当为钜阳城位置的重点考察对象。

从文献记载来看,楚东徙寿春是没有疑义的。但关于寿春城

的地望,主要有县西四十里、县西南四十里之丰庄铺、今县治三说。20世纪80年代中晚期,安徽省文物考古研究所组成以丁邦钧先生为首的调查组,根据文献记载和出土文物提供的线索,在调查十多个战国、汉代遗址后,分析认为寿县城关镇东南,包括今县城一部分可能是楚寿春城遗址,通过对遗址范围的遥感勘测,划定出寿春城遗址的外廓城、宫城、夯土台基及古河道的位置[12]。2001年北京大学考古文博学院与安徽省文物考古研究所合作,展开寿春遗址的发掘与研究,通过对重点区域的勘探和试掘,对前期丁邦钧判断的城垣范围和位置提出质疑[13]。孙华先生根据文献记载和考古发现,认为今寿县城就是楚寿春城,今寿县城的城墙向南外推约300米,其城池范围基本就是楚寿春城的范围[14]。张钟云先生在比对多种资料的基础上,认为楚寿春城的宫城位于现寿县城墙基址范围内,现存南宋城墙是经过下蔡、楚都寿春、汉、唐、宋多年叠加形成的,外围发现的战国晚期建筑基址、重要青铜器等遗存地,应是楚寿春城宫城之外的散居点[15]。

近年来,为配合寿县南城区建设,安徽省文物考古研究所在寿春城遗址范围做了大量工作,特别是2011年为配合寿县西门(定湖门)的复建而对城墙的解剖,发现城墙的年代大致分为战国晚—西汉早、唐宋、明清三个时期[16],为寿春城遗址的研究提供了新的线索。

二、青铜器群的发现与研究

20世纪30年代寿县朱家集李三孤堆楚王墓盗掘出一大批青铜器,该墓铜器虽系盗掘出土,但铜礼器组合基本齐全,且相当一部分有铭文,是研究楚系青铜器的最重要材料之一。1955年寿县治淮工程取土过程中发现的蔡昭侯墓经发掘获得了大量青铜器[17],这批青铜器以礼乐器为主,种类繁多,填补了楚文化在春秋晚期研究的空白。上述两批青铜器群引来了学术界的关注,学者们分别从年代分期、器物组合、形制、纹饰、铭文和铸造工艺等方面展开深入的探讨,这两批青铜器群也逐渐成为同时期铜器断代的标准器。

随后在皖地出土的较有影响的青铜器群有长丰杨公楚墓[18]、舒城秦家桥楚墓[19]和舒城九里墩大墓[20]。这些铜器群有些是楚国青铜器,有些因具有强烈的楚文化特征而被纳入楚器的范畴来研究。

与此同时,安徽周边地区的楚系青铜器群出土地点越来越多,犹如满天星斗,密布于广袤的楚地,以湖北的江陵、襄阳、枣阳、随州,河南的淅川,湖南的长沙等地尤为突出[21]。学者们对这些铜器群展开了横向的比较研究和纵深的探讨,通过对铜器的形态学研究,并综合对铭文和纹饰的考察,基本建立起楚系青铜器的年代框架。但青铜器的研究内容庞杂,可涉及考古、古文字、古文献、历史地理、美术等多学科,与自然科学也关系密切,若要在这方面取得突破性进展,需多学科协作。对曾侯乙墓青铜器群的研究就是一个成功的典型案例。

三、楚墓的发现与研究

皖地楚墓主要分布在江淮地区西部的寿县、舒城、六安、潜山、长丰、枞阳等地,以六安城东、城北和寿县尤为集中,这一分布情况与楚国扩张及东迁的历史史实相符。

皖地楚墓分布相对集中、出现年代迟、延续时间短,绝大部分属于楚迁都寿春后至楚灭国间的墓葬,最早的六安城北楚墓和枞阳旗山楚墓,其年代上限也不会早于战国中晚期之交[22],这一特点决定了皖地楚墓在类型学和年代学研究上很难有所突破,只能往精细化的方向发展。当然,墓葬研究也不应囿于建立时代序列,也可对墓葬结构、单个器类等展开专题研究。

四、楚文化与皖地异国文化关系

据文献记载,西周以后,侯国林立,楚国逐鹿中原为晋所阻,转而东进,与吴越在安徽境内展开拉锯战,分布于安徽地区的蔡国及淮夷诸邦如六、英、桐、蓼、焦、徐、舒、巢、钟离等国或沦为楚的属国,或被楚所灭。战国末年,楚国迫于强秦的压力,渐次东移。楚与诸国在东进和东移中发生关系,这一点在很多出土器物上得到印证。寿县蔡昭侯墓出土的"大孟姬盘"、"蔡侯钟"上皆有铭文,反映了蔡、楚、吴为了各自利益在江淮之间反复修好和争战的关系。江淮西部出土的一批具有明显地域特征的青铜器,主要包括兽首鼎、瓿形盉、矩形钮盖鼎、小口鼎等,则被研究者称为"群舒青铜器"[23]。楚文化与皖地异国文化的关系虽渐趋明朗,但相关研究有待深入。

五、楚文化的流变

楚国从"土不过同"的偏隅小邦扩张为"中分天下"的泱泱大国,并在南方独领风骚数百年。楚国的扩张过程也就是楚文化的传播过程,皖地作为楚国最后的政治、经济、文化中心,至楚国灭亡后仍保留有浓郁的楚文化特征,到两汉之际,江淮之间楚文化的印记依然没有消退[24],这一点在皖地汉墓的构造方式、葬具、葬俗、出土器物的形态、纹饰和制作工艺上都能体现出来。但这一流变过程通常被研究者忽略或者简化。

六、皖地楚文化研究的切入点

皖地楚文化的研究,一直为学界重视,虽取得较大的成果,但在上述问题的研究上遭遇瓶颈。笔者以为相关研究可以从以下几个方面着手。

第一,通过整理和消化研究寿春城遗址数十年来的发掘成果,弄清楚寿春城的布局,采用调查、勘探和局部发掘的手段,确定"钜阳城"的地望,廓清城址的面貌和内涵,以都城研究带动其他各方面的研究;

第二,继续完善和补充青铜器、墓葬的年代学研究,同时多学科结合,开展专题研究;

第三,在课题的引导下,理清皖地异国文化的内涵,并展开楚文化与异国文化的比较研究；

第四，通过多层面的横向和纵向比较，理清楚文化因素的流与变。

注释：

① 泷川资言：《史记会注考证》卷一五，上海古籍出版社，1985年。
② 徐少华：《楚都钜阳及其相关问题考辨》，载《九州（第三辑）》，商务印书馆，2003年。
③⑥⑦ 李天敏：《钜阳考》，载《安徽文博（建馆三十周年特刊1956～1986）》，安徽省博物馆，1986年。
④ 陈伟：《楚"东国"地理研究》，武汉大学出版社，1992年，第157～158页。
⑤ 张正明：《楚史》，湖北人民出版社，1995年，第355页。
⑧ 汪景辉：《楚都钜阳城试探》，载《楚文化研究论集（第六集）》，湖北教育出版社，2004年。
⑨ 杨玉彬：《钜阳地望与钜阳楚都说探证》，载《文物研究（第十四辑）》，黄山书社，2005年。
⑩ 陈立柱：《楚考烈王"徙于钜阳"有充分事实根据》，《学术界》2012年第11期。
⑪ 阜阳市文物局、太和县博物馆提供。
⑫ 丁邦钧：《楚都寿春城考古调查综述》，《东南文化》1987年第1期；丁邦钧：《寿春城考古的主要收获》，《东南文化》1991年第2期。
⑬ 曹大志：《楚都寿春的考古发现与初步研究》，北京大学2004年硕士学位论文，第68～69页。
⑭ 孙华：《楚国国都地望三题》，《华中师范大学学报（人文社会科学版）》2005年第4期。
⑮ 张钟云：《关于楚晚期都城寿春的几个问题》，《中国历史文物》2010年第6期。
⑯ 安徽省文物考古研究所内部资料。
⑰ 安徽省文物管理委员会、安徽省博物馆：《寿县蔡侯墓出土遗物》，科学出版社，1956年。

⑱ 安徽省文物工作队:《安徽长丰杨公发掘九座战国墓》,载《考古学集刊(2)》,中国社会科学出版社,1982年;杨鸠霞:《长丰战国晚期楚墓》,载《文物研究(第四辑)》,黄山书社,1988年。
⑲ 舒城县文物管理所:《舒城县秦家桥战国楚墓清理简报》,载《文物研究(第六辑)》,黄山书社,1990年。
⑳ 安徽省文物工作队:《安徽舒城九里墩春秋墓》,《考古学报》1982年第2期。
㉑ 刘彬徽:《楚系青铜器研究》,湖北教育出版社,1995年。
㉒ 宫希成:《安徽楚墓概述》,载《楚文化研究论集(第四集)》,河南人民出版社,1994年。
㉓ 孙振:《群舒青铜器初步研究》,安徽大学2012年硕士学位论文。
㉔ 安徽省文物考古研究所、凤阳县文管所:《安徽省凤阳县搬井墓地M15、M54发掘简报》,《东南文化》2012年第5期。

熊家冢楚王陵北殉 M1 出土的铜礼器

蒋鲁敬

(荆州博物馆)

2016年3月,云南省博物馆和荆州博物馆在昆明联合举办了《南方霸主——庄蹻故国楚文物大展》,共展出文物200余件套,"选取了荆州博物馆收藏的最具特色的文物藏品以及近年来荆州考古的最新发现"[①]。如首次公布了2009年熊家冢楚王陵园北殉M1出土的两件铜鼎和两件铜壶[②]。在公布南殉墓、祭祀坑和车马坑资料之后[③],熊家冢北殉M1出土的铜礼器无疑是引人注目的重要发现。

一、熊家冢楚王陵位置

熊家冢楚王陵位于湖北省荆州市荆州区川店镇张场村三组和宗北村一组的西山岗上,西北与宜昌市河溶镇星火村接壤,东南距楚故都纪南城遗址约26千米,距荆州古城约34千米,东距纪山古墓群约14千米,南距八岭山古墓群约20千米,西北距沮漳河及赵家湖古墓群约4.5千米。

二、熊家冢楚王陵布局

熊家冢墓地是一处已探明并通过初步考古工作揭示出来的由主冢、祔冢、殉葬墓、祭祀坑、车马坑与附属建筑等构成的楚王陵园。主墓位于墓地中部偏北,是一座近正方形、带斜坡墓道的"甲"字形竖穴土坑木椁墓,方向96°。墓道在东侧,长36、宽6～35米。墓口东西长67、南北宽70米,椁室面积约400平方米。祔冢紧邻主墓东北,两者相距约 14 米,亦呈"甲"字形。墓道在东侧,长约 18、宽 4~11 米。墓口东西长约 36、南北宽约 30 米,方向与主墓基本一致。主墓的南边发现 4 列 24 排计 92 座殉葬墓,排列整齐,间距基本相等,大小、方向基本一致。南边殉葬墓已发掘 36 座,其中 35 座殉人,1 座殉犬。在祔冢以北勘探发现了 40 座殉葬墓,只发掘了 2 座[4],分布情况与主墓南边殉葬墓基本相同,但规模略小。在主冢和祔冢的西边发现车马坑 34 座,一号车马坑(编号 CHMK1)南北长 132.6、东西宽 11~12 米,其西南部因漳河水库二干渠建设而被破坏殆尽。在一号车马坑东边中部发现一座仅存车轮槽底部的车马坑(编号 CHMK2),在一号车马坑西边有两列 38 座小型车马坑(编号 CHMK3~CHMK40)呈南北向排列。祭祀坑主要分布在主墓南边、主墓与陪葬墓之间、主墓与车马坑之间以及车马坑北边。主墓南边的祭祀坑大体可分为 5 排,主墓与陪葬墓之间的祭祀坑可分为 3 排,主墓与车马坑之间的祭祀坑以及车马坑北边的祭祀坑则零星分布。发现的祭祀坑有 100 余座,多为圆形,少量为方形。在某些祭祀坑上或附近发现有柱洞遗存,可能是墓地的附属建筑,其分布规律不明。已发掘 5 座祭祀坑,其中在 2 座方形祭祀坑底部各出土 1 件玉璧,在 1 座刀把形祭祀坑中出土 1 件玉璧、2 件玉珩,在 2 座圆形祭祀坑的 1 座中发现少量木质器物[5]。

三、北殉墓特点

通过对熊家冢楚王陵、冯家冢墓地已有考古资料的研究[6],郭德维先生对楚王陵布局的主要因素和基本条件作了归纳:一般主墓(王墓,引者按,即主冢)在南,陪葬墓(王妃墓,引者按,即祔冢)在北,在主墓的南侧和主墓与陪葬墓之间以及陪葬墓的北侧还有超过 100 座以上的殉葬墓[7]。

与主冢南侧的殉葬墓相比,熊家冢祔冢北侧的殉葬墓不仅数量少,而且,已发掘的数量也有限。目前,仅发掘了 2 座,都是土坑竖穴墓,棺椁已朽,头向东,人骨仅存牙齿,都有玉器随葬,其中M1出土铜鼎、铜壶各两件⑧。因此,对于全面认识北殉墓的内涵还有一定的局限。

熊家冢主冢南侧已发掘的殉葬墓出土器物的特点:即距离主冢越近,出土的玉器越多,如第一排的4号殉葬墓出土玉器400多件,在第16排以南的殉葬墓,出土玉器明显减少,却偶尔出现兵器如青铜剑等,说明被殉者身份和职业有所不同⑨。

大概是受南殉墓出土器物与所殉者身份及职业特点认识的影响,或对熊家冢祔冢东北侧的北殉M1墓主作了推测:其地位并非显贵,却用如此精良的青铜礼器随葬,有可能是为了表示此人生前执掌王家膳食的特殊身份⑩。

2011年,通过对荆州八岭山冯家冢墓地的考古勘探,探明了墓地的内涵及其布局。在二号墓(引者按,即祔冢)封土的北侧已探明24座殉葬墓,呈东西向4行、南北向6列整齐排列。在殉葬墓的北侧还探明70座号称"七行冢"的殉葬墓,呈东西向10行、南北向7列整齐排列⑪。2011~2012年,对24座北殉墓中的4座(编号JBFBXM1、7、13、19)和70座"七行冢"中的3座(编号JBFQZM1、8、15)进行了考古发掘。每座墓中埋葬有人骨1具,头向东。7座墓内均有或多或少的玉器随葬。在BXM13的南壁东端的壁龛内出土仿铜陶礼器5件(鼎、敦、缶、盘、匜各1件)⑫。

通过对熊家冢楚王陵和冯家冢墓地已发掘北殉墓的比较分析,可以看出,楚王陵殉葬墓大概有以下三个特点:

(1)殉葬墓的墓主头向与祔冢的墓道方向基本一致,都向东;

(2)殉葬墓皆有玉器随葬;

(3)部分殉葬墓随葬铜礼器或仿铜陶礼器。

四、北殉M1出土铜鼎、铜壶

1. 卧牛钮铜鼎

带盖,隆起作圜顶,盖顶正中有一钮带环,盖上饰有两圈凸弦纹,盖外圈上有三卧牛。敛口,深腹,腹壁圆曲向底部内收,圜底。双耳外侈,三兽蹄足较长,足上部饰有卷云纹(图一)。

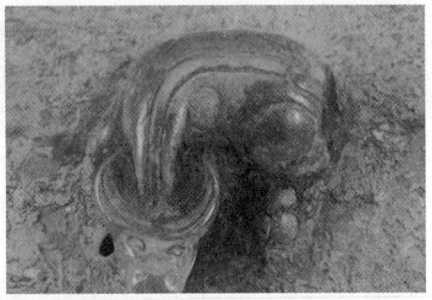

图一　熊家冢北殉 M1 出土的卧牛钮铜鼎及钮

2. 蟠螭钮铜鼎

圆腹,双附耳外侈,三兽蹄足,盖中心有一环钮,盖上有三小兽,耳内侧、器身布满蟠螭纹饰。通高 30.2、口径 30.3 厘米(图二)。

图二　熊家冢北殉 M1 出土的蟠螭钮铜鼎及钮

3. 嵌错云纹铜壶(两件)

口沿微侈,长颈,鼓腹,圈足,盖顶边缘有四个凸起状卷云纹装饰,中间饰几何纹饰,腹部有对称的铺首衔环,壶身嵌错云纹。通高 44.2、口径 12.8 厘米(图三)。

图三　熊家冢北殉 M1 出土的嵌错云纹铜壶

五、与相关楚墓铜鼎(卧牛钮)、壶的比较

1. 卧牛钮铜鼎

子母口铜鼎盖上钮的形制出现的分化,除了本文讨论的卧牛形钮,还有鹿钮、虎钮等。张闻捷先生认为不同卧兽钮鼎的功能区别尚待考察[13]。卧牛钮铜鼎还见于下列楚墓。

天星观 M2 南室出土 1 件子母口铜鼎(M2∶9),盖顶有一兽面桥形钮,钮内套一圆环,盖面有两道圆形凸棱,外圈凸棱上均匀分布着三个卧牛形钮,牛身满饰卷云纹。口径 34.5、通高 42 厘米(图四,2)[14]。

包山 M2 出土 4 件方耳卧牛钮铜鼎,弧盖,中部有个套环钮,盖面有三个卧牛钮,盖面有两周凸弦纹,上腹有一周凸弦纹。标本 M2∶105,卧牛钮上铸卷云纹,口径 20.8、通高 26.6 厘米[15]。

随州擂鼓墩 M2 出土 2 件子母口铜鼎(M2∶68、69)。弧盖,盖面为圆弧形,盖顶略隆起,其中心有一兽面半环形钮,钮内套一扁体圆形活环,盖面有二道圆形凸棱,外圈凸棱上均匀分布三个卧

1. 熊家冢北殉M1 　　　　　　2. 天星观M2:9

3. 新都战国墓 　　　　　　　4. 沙冢M1:28

图四　卧牛钮方耳鼎

式牛形钮，牛身满饰卷云纹。两长方形附耳外撇，腹下部外侧接有三个兽面高蹄形足。标本M2:68，口径26.5～27、通高28.2厘米。标本M2:69，口径26.6、通高29.3厘米[16]（图五）。

襄阳陈坡M10出土卧牛钮铜鼎18件，盖顶圆隆，顶部有双螭桥形衔环钮，盖缘部有三个卧牛钮，牛体作昂首侧卧状，盖面饰两道、腹部饰一道凸弦纹，牛体饰卷云纹。根据鼎的高度和大小分为

1. M2∶68　　　　　　　　2. M2∶69
图五　随州擂鼓墩 M2 出土的卧牛钮铜鼎

4组：第一套2件，标本M10E∶101，口径41.8、通高51厘米；第二套4件，标本M10E∶91，口径34、通高41.2厘米；第三套4件，标本M10E∶61，口径30.1、通高34.5厘米；第四套8件，标本M10E∶99，口径22.8、通高28.4厘米，标本M10E∶60，口径23.8、通高31.4厘米[17]（图六）。

四川新都战国墓出土的一件子母口卧牛钮铜鼎铭文为"昭之饲鼎"（《殷周金文集成》01980），口径22、通高26厘米[18]（图四,3）。

卧牛形钮饰除了见于上述铜鼎，还见于陶鼎。如沙冢M1出土的8件子母口陶鼎，其中2件形制相同（原报告B型Ⅳ式：M1∶8、M1∶28，M1∶8出于头箱，M1∶28出于边箱），盖顶较平，周边有3个卧牛形钮饰，蹄足上部的兽面纹较清晰。标本M1∶8，口径24、通高29.8厘米（图四,4）[19]。

卧牛钮除了见于方耳铜鼎，还见于环耳铜鼎。

包山M2出土环耳卧牛钮鼎2件。凸盖弧形，中部一套环钮，盖面有三个卧牛钮，盖上饰两周凸弦纹，上腹有一周凸弦纹。标本M2∶140，通高26.6、口径20.8厘米[20]。

望山M1头箱出土了8件子母口铜鼎，其中2件形制完全相同（原报告A型Ⅲ式），三蹄足较细高，足上部有兽面纹，腹部有

1. 第一套卧牛钮铜鼎

2. 第二套卧牛钮铜鼎

3. 第三套卧牛钮铜鼎

4. 第四套卧牛钮铜鼎

图六 襄阳陈坡 M10 出土的四套卧牛钮铜鼎

2个环形附耳,盖顶隆起,1个套环钮,周围3个卧牛钮。标本M1：T36,通高22.2、口径16.2厘米[21]。

通过对出土卧牛钮铜鼎楚墓的梳理,卧牛钮铜鼎在战国时期楚封君夫人(天星观 M2)、左尹(包山 M2)、大夫(襄阳陈坡 M10、望山 M1)以及属于曾侯级别的随州擂鼓墩 M2 等墓葬中皆有出现,可见,战国时期随葬卧牛钮铜鼎是比较流行的。

包山 M2 因有纪年竹简的出土,研究者据此考订其年代在前316 年。天星观 M2 的年代在前 350~前 330 年,襄阳陈坡 M10 的年代在前 300 年前后。擂鼓墩 M2 的年代在战国早期偏晚至中期偏早。熊家冢楚王陵北殉 M1 出土的卧牛钮铜鼎与擂鼓墩 M2 出土的卧牛钮铜鼎形制较接近,都是矮蹄形足,而与其他几座墓内的高蹄形足有一定的差别,为北殉 M1 具有战国早期特征的指向性提供了佐证,这也与殉葬墓出土的楚式玉器纹饰的时代性相吻合[22]。

2. 嵌错云纹铜壶

刘德银先生认为,北殉 M1 出土的铜壶上镶嵌的绿松石花纹,和同属战国早期的藤店一号墓铜壶花纹相似[23]。

北殉 M1 出土的两件铜壶与时代在战国早期的淅川徐家岭 M10 的两件侈口铜壶形制更接近。淅川徐家岭 M10 出土的两件侈口铜壶保存完整,形制、大小相同。有盖,侈口,方唇,束颈,鼓腹,上腹部有两个对称的铺首衔环,高圈足。盖隆起,其上有四个坏钮。标本 HXXM10：71,通高 36.5、口径 10.7、圈足径 15.1 厘米;标本 HXXM10：72,通高 36.5、口径 10.7、圈足径 15 厘米[24]。

小 结

由于熊家冢楚王陵北殉墓发掘数量较少,对其所获得的认识显然还有很大的局限性,本文仅就北殉 M1 出土的铜礼器,并结合南殉墓以及冯家冢北殉墓的部分资料,作了初步探索：

1. 通过对熊家冢楚王陵北殉 M1 出土铜礼器的分析,对比南殉葬墓以及冯家冢北殉墓出土器物，为丰富楚王陵殉葬墓的认识提供了一定的参考。

2. 熊家冢北殉 M1 出土的铜鼎、壶礼器组合，见于江陵雨台山楚墓中的 M203、M314、M323 三座墓葬，凸显了殉葬墓与一般楚墓随葬的礼器组合具有一致性。

3. 熊家冢北殉 M1 出土的卧牛钮铜鼎、镶错云纹铜壶分别与擂鼓墩 M2 的卧牛钮铜鼎、淅川徐家岭 M10 的铜壶形制接近，为北殉 M1 具有战国早期特征的指向性提供了佐证，这也与殉葬墓出土的楚式玉器纹饰的时代性相吻合。

4. 冯家冢北殉墓出土器物、熊家冢楚王陵北殉 M1 出土的铜礼器，对于认识殉葬墓墓主身份与执掌有一定的参考价值，尤其是对北殉 M1 墓主生前执掌王家膳食特殊身份的推测，也为认识卧牛钮铜鼎的功能提供了重要参照。

注释：

① 云南省博物馆、荆州博物馆：《南方霸主——庄蹻故国楚文物大展》，云南美术出版社，2016 年，第 15 页。

② 关于荆州熊家冢墓地性质的认识有一个过程，2006~2007 年的发掘简报认为是一处"规模宏大、布局完整、规划有序的东周楚国高等级大型墓地"。参看荆州博物馆：《湖北荆州熊家冢墓地 2006~2007 年发掘简报》，《文物》2009 年第 4 期。

③⑤ 荆州博物馆：《湖北荆州熊家冢墓地 2006~2007 年发掘简报》，《文物》2009 年第 4 期；荆州博物馆：《湖北荆州熊家冢墓地 2008 年发掘简报》，《文物》2011 年第 2 期。

④⑧ 贾汉清：《独具特色的殉葬墓地》，载《楚国王陵——熊家冢》，湖北美术出版社，第 15 页。

⑥ 荆州博物馆：《湖北荆州八岭山冯家冢墓地考古勘探简报》，《文物》2015 年第 2 期；荆州博物馆：《湖北荆州八岭山冯家冢楚墓 2011~2012 年发掘简报》，《文物》2015 年第 2 期；荆州博物馆：《湖北荆州八岭山冯家冢楚墓

祭祀坑 2013 年发掘简报》,《文物》2015 年第 2 期。

⑦ 郭德维:《楚王陵初论》,载《荆楚文物(第二辑)》,科学出版社,2015 年,第 11~12 页。

⑨ 张绪球:《熊家冢玉器鉴赏》,载《楚国王陵——熊家冢》,湖北美术出版社,第 25 页。

⑩ 云南省博物馆、荆州博物馆:《南方霸主——庄蹻故国楚文物大展》,云南美术出版社,2016 年,第 147 页。

⑪ 荆州博物馆:《湖北荆州八岭山冯家冢墓地考古勘探简报》,《文物》2015 年第 2 期。

⑫ 荆州博物馆:《湖北荆州八岭山冯家冢楚墓 2011~2012 年发掘简报》,《文物》2015 年第 2 期。

⑬ 张闻捷:《楚国青铜礼器制度研究》,厦门大学出版社,2015 年,第 34~35 页。

⑭ 湖北省荆州博物馆:《荆州天星观二号楚墓》,文物出版社,2003 年,第 37 页。

⑮⑳ 湖北省荆沙铁路考古队:《包山楚墓》,文物出版社,1991 年,第 101 页。

⑯ 随州市博物馆:《随州擂鼓墩二号墓》,文物出版社,2008 年,第 18~19 页。

⑰ 湖北省文物考古研究所、襄阳市文物考古研究所、襄阳市襄州区文物管理处:《襄阳陈坡》,科学出版社,2013 年。

⑱ 四川省博物馆、新都县文物管理所:《四川新都战国木椁墓》,《文物》1981 年第 6 期。

⑲ 湖北省文物考古研究所:《江陵望山沙冢楚墓》,文物出版社,1996 年,第 174 页。

㉑ 湖北省文物考古研究所:《江陵望山沙冢楚墓》,文物出版社,1996 年,第 44 页。

㉒ 张绪球:《熊家冢出土楚式玉器的纹饰》,载《荆楚文物(第一辑)》,科学出版社,2013 年,第 131~132 页。

㉓ 刘德银:《熊家冢楚王陵的墓主与年代》,载《楚国王陵——熊家冢》,湖北美术出版社,第 32 页。

㉔ 河南省文物考古研究所、南阳市文物考古研究所、淅川县博物馆:《淅川和尚岭与徐家岭楚墓》,大象出版社,2004 年,第 265 页。

荆州严家台遗址东周水井的发现与收获

——兼论楚国水井形制与水井供水原理

杜 峰 范江欧美

（咸宁市博物馆 武汉博物馆）

为配合南水北调中线的引江济汉工程，做好沿线的文物抢救发掘工作，受湖北省文物局的委托，2009年9月至2010年7月咸宁市博物馆对荆州区纪南镇拍马村严家台东周遗址进行了抢救性考古发掘。此次发掘，在揭露的3 000平方米的遗址范围内，共发现东周水井65座，并成功地将其中的32座水井清理到底，获得了一批宝贵的楚国水井资料。

严家台遗址位于湖北省荆州市荆州区纪南镇拍马村北部，属长江冲积平原的二级台地区域，现为树木苗圃、农田和鱼塘。北距楚都纪南城西南垣1.2千米，南距荆州古城约4千米。中心地理坐标：北纬30°23′47.2″，东经112°09′54.9″，海拔高程32米。遗址四周平坦，南北各有一小河由西向东流过；遗址的西部边缘是一处高出周边的低丘台地，高出遗址约2米，现为拍马村村委会和村小学。遗址南1.5千米是一处低平岗地，岗地高出周边区域约3米，为拍马楚墓群。

一、水井遗迹的结构特征

从严家台遗址发掘的水井形制结构看，水井构筑可分为本体结构和附属结构两部分。本体结构是指挖建井体本身的形制，该部分不含任何附属构件；附属结构是指在水井本体之外，为了延长水井本体的使用寿命和增强使用功能所附加的一系列附属构件。

（一）本体结构部分

本体结构部分为：井口、井身和进水管孔三部分。

1. 井口

由于遗址的破坏,严家台遗址的水井开口已不在原有的层面。从现开口层面的水井遗迹看,井口均为圆形,直径在0.8～1米。井口开口面较平,未发现井台和使用的操作面遗迹。井口遗迹分直口和喇叭形口两种形态。经过测量,严家台遗址井口高程在31.6～31.9米(现地面高程为32.2～32.6米)。

2. 井身

井身的形态有两种。一种为直筒形,在近底部的井壁上有对称的小圆孔洞4个,孔径0.08米,推测此孔为放置木支架用;另一种为上粗下细的两节式直筒形井身,这种是在井身下部或近底部处内收呈环形台状,上、下筒形井身直径相差0.10米。两种井身的井壁均较光滑,井体深在8米左右(井底面高程在23米左右),井底多平整。

3. 进水管孔

是本次发掘的一个重要发现,它直达地下水层上部,是井身与地下水层的连通器。进水管孔位于井底,呈漏斗形状,偏向井底的一侧。开口孔径为12～15厘米,向下孔径缩小至8厘米。进水管孔采用口部掏挖、清理和下部利用长杆逐步下探相结合的清理方式。绝大多数进水管孔下探至1米左右,最深的达2米多,均可见地下水涌出;但也有少数井的出水管孔被堵死而未能见地下水涌出的情况。

（二）附属结构部分

附属结构部分分为井地面和井内两部分。

1. 井台面的地面附件,由于遗址破坏严重,本次发掘未有收获。

2. 井内部分,主要有井圈和支护架等构件。井圈按质地分为竹、藤、木、陶四种。竹、藤类井圈为用细竹、藤条编织成圆筒状圈。此类井圈保存状况差，多见井壁部分附着有此类井圈遗迹和垮塌在井底的竹、藤条编织遗物。保存较好的完整附着在井壁的竹、藤条编织的井圈较少。木质井圈为大圆木对半凿开，挖凿成筒瓦形，对拼接成筒形状（严家台遗址北部区域发现一口，见文物报 2012 年 9 月 28 日《引江济汉工程荆州段发现多处古井群》）；陶井圈为短圆筒形陶圈，逐节垒叠于井体内。陶井圈直径以 76 厘米为多，少数达到 90 厘米，每节高多为 70 厘米，少数达到 90 厘米。

（三）水井内堆积特点

严家台遗址发现的东周时期的水井，井内堆积有几个特点，开口为原始井口的井（直筒形），其内堆积一般为二层：第 1 层为较纯净的黄褐花土，无包含物，厚度为 5~6 米；第 2 层上为青灰泥土，近底部为灰黑淤泥土，含较多粗颗粒沙土，器物均出自此层下部，厚度为 1.6~2 米。开口呈喇叭形的水井，井内堆积一般分为 3 层，第 1 层为锅状堆积，灰褐土，包含东周陶片，推测为井内填土经长时间沉陷后形成的堆积，厚度为 0.5~0.8 米；第 2 层为较纯净的黄褐色花土，堆积厚度为 5~5.5 米，少见包含物；第 3 层上为青灰泥土，近底部为灰黑淤泥土，含较多粗颗粒沙土，器物均出自此层下部黑淤泥土中，内包含大量生活遗物，主要有陶高领罐、陶长颈壶、陶瓮、陶盆等，堆积厚度为 1.6~2 米。

在清理的 32 口井中有个别井内堆积层为包含有少量文化遗物和夹有灰炭颗粒的土层，这类井往往缺较纯净黄褐花土层；还有个别的井上部井体出现坍塌、井体加粗的现象，这类井的填土内也没有纯净黄褐花土层。

综上，严家台遗址东周水井遗迹由本体结构和附属结构两部分构成。本体结构由井口及其操作面、筒形井身、井底和进水管孔组成。附属结构集中在筒形井身处，可分为有井圈和无井圈，有井圈的，依据材质的不同，又可分为植物编织（竹、藤）类井圈、木质类井圈和陶质类井圈。

二、井的类型划分与分布特点

(一)井的类型划分

按有无井圈和井圈的材质变化,我们将水井分为四种类型:

A型:无井圈井,我们将无井圈类井简称为土井,这类水井具有井的最原始的基本形态,此类形式井的变化主要体现在井壁上的细加工——拍紧、抹光滑等,此类井在严家台遗址发现较少;

B型:有井圈井。此型井依据井圈材质不同,可分为三个亚型。Ba型:竹、藤类植物编织成筒形井圈水井。竹、藤类井圈是指将竹、藤类植物编织成筒形井圈,并将其固定在井壁上,依靠植物编织物的张力,防止井壁土的脱落,以起到保护井壁的作用。其特点是成本较低,使用较普遍,但使用寿命较短。此型井在严家台遗址发现最多,个人认为,Ba型井的竹、藤类井圈是井圈的初级形态。Bb型:木质圆筒形井圈水井。该型井圈是井圈的特殊形态,用木筒支撑井壁,防止井壁土脱落。其特点是取材有较大局限性,使用寿命较竹、藤类长,但此类井发现极少;Bc型:陶质短筒形井圈水井。该型井圈是井圈的高级形态,对井壁加固最有效,使用寿命最长,但其投入成本略高,使用对象易受经济状况的局限,此类井在严家台发现较多。

(二)水井的分布与特点

严家台遗址 65 座水井的总体分布呈东西向排列,在南北 50 米宽的发掘区内,大致可将 65 口水井分为四排,每排井又可分为多个小井群,每个小井群的数量并不相等,少的 2 个一群,多的 5 个一群,3~5 个为一群的居多。井群间的间隔不等,有的距离较近,有的距离较远,一般在 8~15 米。各井群之间的分界不清晰。有的二个井群分布较近,分界不清晰,有的比较分散,有个别井与本井群分得相对较开。

值得一提的是,井群数量在 2~3 个的小井群中,必有一个 Bc

型井,且数量一般只有1个(有2个的极少)。这样的井群的井数量多达5个,数量多达5个井的井群,一般没有Bc型井,而井群数量在2～3个的小井群,一定会有一个陶井圈井。

三、水井的供水机理

水井是为开采地下水而构筑的物体,以竖向挖掘为主。可用于生活取水、农业灌溉,也可用于贮存食物等。水井出现前,人类逐水而居,只能生活在有地表水或泉水的地方,水井的发明极大地扩大了人类的活动范围。

我们根据严家台遗址水井遗迹的形态特征和构造原理,试图更加科学地解析古代水井各部位的形态与功能。1. 井口与操作面部分,井口均为圆形,与地面平行。井口直径一般在0.8～1米。我们推测,井口应有承载水井操作的附件、安全件与保护井寿命相关的防护设施。由于此次发掘未发现井台遗迹,只在井内发现有少量木构件,不足为据,在此不作进一步论述。2. 井身部分。井身均为圆筒状,是井的存水腔,井体最初形态为A型,但是,由于A型很快就被Ba型井所取代,所以我们在发掘过程中看到大部分井的井壁上残存有竹、藤类植物的痕迹,井底可见大量的竹、藤井圈的腐烂堆积。Ba型井,井身直径在0.7～0.9米,深8米,井体的主要功能是存水器,将地下水容存入筒形井体内。所谓存水器就应具备储水所应有的特性,即足够体量的容腔和不透水的特质,这就决定了水井体只能挖筑于地下的隔水层中,确保井水的水质与水量的稳定,所以井体不能太浅也不能太深。3. 进水管孔部分。所谓进水管孔,是在筒形井体底部向下开凿一个管状孔至地下承水层,将地下水层的水引入到井体内,进水管孔开口处呈漏斗状,开口径为12～15厘米,下部为圆形管状孔,孔径为6～8厘米。

此次发掘的重要收获是,我们发现严家台遗址的水井底部都有进水管孔这一结构,在这之前的水井遗迹发掘中尚未见到此类遗迹现象的报道。

为什么井底要挖掘一段进水管孔呢？了解了一些地质结构知识后，我们就能够较好的理解和认知此遗迹存在的原因。地下水层的分布是有地质学规律的，不同地区的地质结构不同，所以水层分布也不相同；它分别分布在不同的地下层位中，地质学上称之为地下水层。地下水层有深浅之分，离地表较浅的被称为浅层地下水；离地表较深的被称为深层地下水。距离地表越深，地下的压力也会越大。这就是我们经常看到的，现代打井技术里面，打到了深水层，地下水喷涌而出，产生犹如喷泉的现象。古人受生产力水平的限制，无法做到像今天的人们用机械挖掘，自己不用下到井底。古人打井，要承受较大的风险，首先要保证挖井人的自身安全。古人挖水井不可能将井体直接挖掘到地下水层，因为地下水层是有承压力的，如果打破这种平衡，水会喷涌而出，这会危及挖井人的生命。经过长期摸索，古人总结出挖到接近地下水层的深度后，采用管形工具向下打管状孔，将管孔一直打到地下含水层，利用地下水的承压力让水通过进水孔管道进入井体内。地下水是缓缓上升的，不会对挖井人造成安全威胁。水井井体作为储水器，在水盛达到一定水位时，井体内水的压力与地下水的承压力相等时，井内存水的水位就会达到相对高度的稳定和平衡，也成为人们取水的理想高度，也是人们可以从井体内不断取水而不绝的物理学原理。

进水孔管道的发现，是我们这次考古发掘的重大发现和收获，让我们第一次真实而又正确认识到古代水井的完整结构和供水机理，这个遗迹的发现解答了以往认识中的一些疑惑，可纠正以前对水井内堆积层认识上的一些错误，让我们能够更加全面清晰地了解古人打井的技术及智慧。

四、纪南区的地质结构与水层

纪南城周边地区的水井形制特点与该地区的地质结构是有关系的，也就是说地质结构与地下水层的分布状况与水井的形制结构是相关联的。

(一)地貌概况

荆州区境内西北部岗岭蜿蜒，属荆山余脉，自北端川店区入境，逶迤南下，西支为八岭山，东支为纪山。一直延伸到县城荆州镇西北，形成岭冲相间的丘陵地带。东南部平坦低洼，河网交织，系长期受江河冲积和沼泽沉积形成的冲积和湖积平原。泥沙主要来自长江，沿江一带淤积层较厚，地势较高，距江渐远，淤积层较薄，而地势渐低。

西北部的川店、马山、纪南三个区，以及红旗林场、太湖农场八岭分场、八岭山林场和八岭山茶场均属低丘岗地，海拔高程大部分为35～45米，少部分在60米以上，相对高差约为10～25米，坡角多在2～10度。最高点是八岭山主峰换帽冢，为103.29米，是境内地势最高的地带。

南部沿江两岸的区和镇、农场，皆为沿江冲积平原，海拔高程大部分在30.1～44.5米，相对高差小于14.5米。地面由江堤向内侧倾斜1度左右。

东部和东南部属于四湖区域，属于滨湖平原，与沿江冲积平原成带状并列，在其北部有小面积的平岗低冲相连的过渡地段。海拔高程为25.7～30米，相对高差小于4.3米，地面坡角1、2度。

(二)纪南区地貌介绍

全区3种地貌中，按不同区域的形貌差异可分为8个小区地貌。其中低丘地带分为低丘丘岗和低丘平岗两种，沿江平原分为洲滩平地、淤沙平地、中间平地和高旷平地四种，滨湖平原分为低湿平地和滨湖平地两种。

纪南区的杨场乡一部分属低丘丘岗地貌。地表形态被沟蚀切割，起伏较大，海拔高程多为56～80米，相对高差多数在20米以上，坡角10度左右。坡面多呈凹形，上陡下缓；也有少数凸形的，上缓下陡。丘岗与沟谷平行排列，在丘岗至平岗的过渡地带，有一些长岗嵌插其间。

纪南区大部属低丘平岗地貌,地表呈微波状起伏,间有成片的平坦地势,伸向东南部的冲积平原。地面海拔高程在35~55米,相对高差小于20米,坡角多为2~5度。严家台遗址地貌形态属于低丘平岗地貌与高旷平地过渡区。

(三)纪南区地下水分布情况

纪南区主要位于长江二级阶地砂和砂砾石孔隙承压水层地带,属中位和深位地下水。含水层上部为灰褐、灰白、黄棕和紫红色黏土,有的夹有淤泥质亚黏土,厚度为14~22米;下部为细砂层,有的底部有砂砾石层,厚度为13~40米。

据我们收集到的地质勘探部门在遗址北部5米处钻探的地层数据可知,遗址区的细砂层和砂砾石层在距地表的15~20米处。上部为洪积层,主要是灰黑色亚黏土、粉质黏土及薄层粉细砂;中部为湖积淤泥质黏土、粉质黏土;下部为黄色粉质黏土、灰色细砂,局部为砾砂,沙层厚5~10米。整个层位厚10~40米。开采层位主要为第四系松散岩类孔隙水、上第三系裂隙孔隙水、碳酸盐岩类裂隙岩溶水,开采深度10~160米。

这个含水层所承压力不大,水位距地面一般为2~5米,钻孔出水量一昼夜为1 000~5 000吨。水源主要靠上游地下径流补给,也能得到下层的地下水补给。水化学类型为重碳酸钙型和重碳酸钙镁型,矿化度小于1克/升,属低矿化淡水。铁离子含量低于一级阶地,水质相对较好。

从纪南区的地质地貌特征可以看出,纪南城周边人们可饮用的地下水属中位和深位地下水。纪南城周边区域水层分布在15~25米处的中位的含水层,其水质好易于开采,下部有细砂层和砂砾石层,即我们俗称的地下河,而且距地表最浅在15米多。这种地质结构和水层分布就决定了纪南区东周水井的现有形态。井径0.7~1米,井体深在8米左右,出水孔深应在6~10米,在距地表深15~18米处就可以将中水层的水引入井体中。

五、纪南区的东周水井相关问题的探讨

由于水井遗迹的发掘清理存在诸多困难,尤其在南方地区,地下水位较高,土质松软,因此,将水井遗迹清到底的报道并不多见,就更谈不上将成片分布的水井遗迹进行系统发掘的记录了。为此,留下了20世纪60年代纪南城内发现280座战国水井群的考古疑团至今无人释译。这些水井是做什么的,它们之间有什么内在的联系,形成井群的原因是什么?严家台东周遗址的发掘成果或许能帮助我们解开了这一考古学上疑问,为我们认识楚国的社会经济提供了新材料。

(一)楚都纪南城地区井圈演变与年代的关系

从发掘的井下近底部堆积现象我们可知,导致一口水井废弃的关键是大量的泥土、陶罐和石块等遗物堵塞了出水孔,而其中最致命的是泥土块落入井底。为延长水井的使用寿命,由此而产生了井圈,井圈与井的使用寿命息息相关。

造成井出水孔堵塞的泥土主要来自井壁的脱落,其一,可能是因人们打水过程中会造成水的荡动和打水器具与井壁的碰撞使井壁土发生脱落;其二,则可能是由于水井壁长期浸泡在水中,对井壁浸泡侵蚀造成井壁土松动脱落;其三,可能是来自然的风沙尘土从井口进入,长期沉淀堆积;这三种现象再加上打水器具和异物的落入,造成进水管孔的堵塞,进水受到阻碍,从而出水困难。这些因素中,前两种因素是主要原因。在长期生产与生活实践中人们意识到,要延长水井的使用寿命,防护井壁崩塌至关重要。人们开始探索在井壁上布设保护体,这种防护体就是我们见到的各类质地的井圈。最早井圈从生产、生活器具中借鉴而来,这就是竹、藤类植物编织的筒形物(Ba型井圈)成为最早的加固井壁器具的原因。使用了段时间之后,人们发现这种井圈的缺点,就是容易腐坏而且会影响水质。在此基础上人们不断探索更牢固耐用的井圈,于是出现了凿树木为木筒的木质井圈(Bb型井圈)。到了战国中期,由于生产力水平和制陶工艺的提高,人们开始烧制和使用陶井圈(Bc型井圈)。这

种井圈坚固耐用,对水质没有影响,很快得到了普及。

从出现年代上说,A 型井出现年代最早,其次是 Ba 型井,出现最晚的是 Bc 型井。然而,这三种井的使用年代就没有它们出现时所呈现的那么简单。

从三类水井内近底部遗物的年代看,我们发现,土井的使用年代下限跨度超过井圈出现的上限,也就是说,当竹、藤类植物编织的筒形井圈出现后,仍然还有部分人使用土井;当陶井圈出现后,竹、藤类植物编织的筒形井圈也没退出历史舞台;这就是说土井与另两类有井圈的井会在同一地区同一时段同时使用,而不是直接取代的简单逻辑关系。尤其是竹、藤类植物编织的筒形井圈井和陶制井圈井在使用年代上并行时间更长。这种现象的出现,我们认为与使用井的家庭经济条件有极大关系。因为,使用井圈,特别是陶制井圈需要增加经济投入,对于贫困或不太富足的家庭来说有个承受能力的问题,所以说,我们认为三种类型的水井同时使用的原因是贫富差别。

(二)楚都纪南地区水井的寿命与水井群形成的原因

纪南地区东周水井寿命有多长,按上述三类水井我们作简要解析。从我们现在掌握的考古发掘资料看,小井群分三种组合形态,第一种是土井与竹、藤类植物编织的筒形井圈井共存一体的井群;第二种是多个竹、藤类植物编织的筒形井圈井为一体的井群;第三是 1~2 个竹、藤类植物编织的筒形井圈井与 1 个陶井圈井共存一体的井群。土井与竹、藤类植物编织的筒形井圈井共存一体的小井群数有 5 个,通过我们对井内出土遗物的分析,其年代跨度为战国早期晚段至战国晚期晚段,约 200 年,则每一口井的平均使用寿命只有 40 年左右。

我们搞清水井结构和出水原理,让我们认识到井圈出现的必然性和演变的规律性。我们从井体结构可知,井体的寿命主要依靠进水管孔的通畅,一旦进水管孔堵塞导致进水不畅,人们在打水后井内的水位得不到恢复,井里的盛水位便会逐渐下降,最后致使人们不易打到水,这时井底的水也没有完全干枯,所以不便于人们下井进行清理,这时这口水井就等于是一口废井。于是,人们采取更简便的方法,在旧井旁边重新打一口新井,用挖新井的土将原来的井回填起来,如此以往,一家一户的小井群遗迹就这样形成了。

(三)楚都纪南地区水井文化性质

从上述论证可以看出,纪南城内外发现的大量东周水井,是民用生活用井,水井群是以家庭院落为单位形成的遗迹现象。不同家庭单元在旧水井出水量达不到使用水量时,就在旧井周边重新开挖一口新井,同时将新挖井的土回填旧井。这就是小井群形成的过程。一个小井群就是一户居民在不同时间段挖掘新井同时废弃回填旧井的写照,一个大村落就会形成若干个这样的小井群,井群数量可反映村落户数的多少。由此推测,聚集的家族居住区和村落就会出现多个小井群组成的大井群,这就可以解释村落遗址和城址的居住场所遗留下来的多井群现象。

每一个小井群内的各个水井并非同时期的水井,而是延续并不间断使用中的水井系列,小井群各井的关系应是环链连接的纵向年代关系。

从井的结构分析,严家台的东周水井由筒形井体作为盛水载体;进水孔是井体连接地下水层的管道,人们在挖筑井时要让井水处在一定的水位高度,以保证人们取水的方便与安全。所以井体的直径、深浅、进水孔的大小与地下水的承压力有密切关系。井体挖多深、井径挖多大、进水孔直径多少才能保证水井内水位达到理想的高度,人们在挖筑水井时摸索积累出的经验,根据本区域地下水层水的承压力总结出来的三者的比例关系,而后被普遍采用。

叶家山曾国墓地族属的讨论回顾及思考*

田成方　夏孝言

（郑州大学历史学院）

叶家山墓地位于湖北随州淅河镇蒋寨村，涢水支流——漂水南岸的椭圆形岗地上，南距庙台子遗址约1千米。该岗地南北长约400、东西宽约100米。湖北省文物考古研究所近年在此进行了两次大规模发掘，2011年1月至6月的第一次发掘和2013年3月至7月的第二次发掘，共清理墓葬140座，马坑7座，包括M65、M28、M111等大型墓葬，出土陶器、铜器、漆木器、玉器、原始瓷器等共约2 100件(套)[1]。叶家山墓地是近几十年来西周考古的最重要发现之一，相关讨论亦随发掘资料的陆续披露而有序展开。其中学界探讨最为热烈者，也是最有争议者，是该墓地的族属性质问题。

一、两次专家笔谈和一次国际研讨会

在叶家山族属的研讨过程中，两次专家笔谈和一次国际研讨会起了十分重要的推动作用。叶家山墓地第一次发掘工作结束后，《文物》杂志即邀请李学勤、李伯谦等八位先生进行了一次专家笔谈[2]。关于叶家山墓地的族属，李伯谦先生首倡"非姬姓说"，认

---

* 本文系国家社科基金重大项目"周代汉淮地区列国青铜器和历史、地理综合整理与研究"(15ZDB032)的阶段性成果，并得到郑州大学中原历史文化特色学科资助。

为"有可以否定其为姬姓的线索",其依据是"商和西周早期的曾应属同一个曾国",以及器铭所见数例日名人称。张昌平先生观察到"叶家山墓地周文化特征颇为典型",但又指出"周文化的性质并不等同于其族群也是周人",认为出土多件日名铭文的 M1 墓主"应该不是姬姓"。朱凤瀚先生也观察到"叶家山墓地中的贵族墓基本上亦是遵从此一时期周人的礼器制度的",但顾虑到其中有较多商人器物,以及墓葬的东西向特征,谨慎地认为"尚不能确证此曾侯属姬姓",似倾向于姬姓说。王占奎先生指出"其中的'毁兵'现象明显属于周文化的特征,但是也看到一些非姬姓文化的因素",亦认为不能确定它与东周姬姓之曾是否一脉相承。未参加"两谈一会"的杨升南先生,则认为叶家山铜铭之曾侯应是从夏代延续下来的姒姓诸侯[3]。由于此时仅有 M1、M2、M27、M65 等简报刊布,可资参考的材料尚有局限,关于叶家山族属的讨论始肇其端。尽管发掘者认为"可排除"叶家山之曾与东周姬姓曾国不是一国的疑虑[4],但不少学者对"姬姓说"仍游移不定,"非姬姓说"亦颇有拥护者。

2013 年 7 月,叶家山墓地第二次发掘期间,湖北省博物馆召开"随州叶家山西周墓地考古研讨会",部分发言由《江汉考古》编辑部整理为第二次发掘笔谈,刊布了李伯谦、徐少华等五位学者的发言稿[5]。从这次研讨会综述和笔谈记录看,叶家山墓地族属的讨论渐趋激烈。发掘整理者坚持主张"姬姓说",得到王占奎、张懋镕等先生明确支持[6]。而首倡非姬姓说的李伯谦先生,又提出另一种可能,即周人灭了商代的曾之后,分封了一支姬姓贵族到此,但依然"倾向认为叶家山西周早期曾国不是姬姓,而是由商时曾国延续下来"[7]。笪浩波先生加入"非姬姓说"的阵营,提出该墓地诸多文化因素有别于周人[8]。此一阶段,两派说法各执一词,僵持不下。

第二次发掘结束以后,湖北博物馆旋即于当年 12 月举办叶家山西周墓地国际学术研讨会,对叶家山墓地考古发现作全面总结、探讨,其中墓地的族属问题仍是焦点。此次会议上,"大部分学者较赞同非姬姓说"⑨。张昌平先生说:"叶家山墓地 M1 的腰坑、日名、东西向墓向以及商文化风格陶器等多重现象,暗示叶家山墓地的曾国应为非姬姓。"⑩李零、孙华等先生亦赞成"非姬姓说",后者还提出"国族姓氏并非一成不变",或有"改易姓氏"的可能。

综合"两谈一会"的情况看,以黄凤春为代表的一批学者,认为叶家山之曾与东周时期的曾国一脉相承,亦属姬姓周人,支持此论者有方勤、方辉、黄铭崇、张懋镕、王恩田等⑪,主要论据是:叶家山曾国受封与周初周人势力在汉东地区的布局有关;从周初"分器"角度看叶家山曾国为姬姓的可能性高;葬制、葬俗及随葬器物的主要特征,属姬周文化系统;族属的延续性上,东周曾国为姬姓,西周曾国是姬姓的可能性更大;带族徽青铜器多为酒器,族徽种类多且分散,墓主与族徽间应无直接关联,大量带族徽(氏)铜器应是周初分器所得等。

相较之下,主张叶家山之曾为非姬姓者占据多数,如李伯谦、杨升南、李零、孙华、张昌平、笪浩波等先生,他们将叶家山墓地之曾国与东周时期姬姓曾国视为不同的国族,主要论据有:叶家山墓地墓葬均为东西向,墓主头向东;个别墓有腰坑殉狗,如 M1、M3;铜器铭文中有数量不少的商代族徽和日名称谓;叶家山 M27 出土的双耳簋、尊等仿铜陶礼器,是殷墟文化陶器的延续,基本不见于关中等⑫。

二、新材料的公布与族属讨论的转折

就在学界围绕叶家山墓地族属热烈讨论、"非姬姓说"逐渐占据上风之际,两件有铭青铜器的公布,彻底改变了这场讨论的走向。

(一)犺簋

2014 年,黄凤春、胡刚先生发表《说西周金文中的"南公"——

兼论随州叶家山西周曾国墓地的族属》一文,公布了叶家山第二阶段 M111 出土的一件有铭方座簋(M111：67),铭文作:"犺作刺(烈)考南公宝尊彝。"[13] M111 是叶家山墓地规模最大的一座,出土多件"曾侯犺作宝尊彝"铜器,证明曾侯犺很可能是墓主。簋铭中的"烈考南公",当是曾侯犺之父。既然曾侯犺是南公之子,则厘清犺簋"南公"之身份,就成为解决叶家山族属的关键。一般认为,犺簋中的"南公"即商周之际的重要人物南宫括[14]。南宫括最早见于《尚书·君奭》,曾辅佐文、武、成三王,参与灭殷之战,是周朝的开国元勋。"南公"的称谓,还见于大盂鼎(《集成》02837)、南宫乎钟(《集成》0181)等。

关于南宫氏的族属和族姓,黄凤春、李学勤等先生通过梳理南宫铜器及新见曾侯舆钟铭文,指出为姬姓周人[15]。韩巍先生后来又结合南公姬簋(《铭图》04464)、南宫佣姬簋(《铭图》04603)、南姬盉(《铭图》14685)等,就南宫氏(或省作南氏)为姬姓作了更细密的论证[16]。总之,大多数学者认为犺簋之"南公"即南宫括,南宫氏为姬姓。既然曾侯犺是南公括之子,则叶家山曾国墓地的族属显系姬姓。

(二)曾侯舆钟

同样在 2014 年,《随州文峰塔 M1(曾侯舆墓)、M2 发掘简报》刊布[17]。文峰塔 M1 出土的曾侯舆编钟,铭文内容丰富,不仅解决了曾即随的关系问题,而且有助于厘清曾国的始封和族源[18]。M1：1 号甬钟铭文作(宽式隶定):

> 唯王正月,吉日甲午,曾侯舆曰:伯适上庸,左右文武。挞殷之命,抚定天下。王遣命南公,营宅汭土,君此淮夷,临有江夏……

M1：3 号甬钟铭文作:

> 唯王十月,吉日庚午,曾侯舆曰:余稷之玄孙……

曾侯與墓的年代为春秋末年,所出曾侯與钟亦是春秋晚期晚段的标准器。器主曾侯與乃春秋晚期的曾国国君,自称"稷之玄孙",表明他与姬姓周人一样,奉后稷为始祖。1号钟铭以曾侯與追叙曾国始封开篇,所言"伯适",当即南宫括。南宫括因"左右文武"、"挞殷之命",被分封在"江夏",是为曾国的始封之君。曾侯與钟记载的南公"伯适",与犺簋之"南公"同属一人,证明叶家山墓地代表的西周早期曾国,在血缘上与东周时期的姬姓曾国是一脉相承的,均以"南公"为先祖。汉东曾国是南宫括的封国,西周早期即侯于此,直到战国中期亡国绝祀[19]。曾侯自称"稷之玄孙",却未具体言明出自周之哪位先公或先王,暗示了南宫氏的立族,很可能远在周文王以前,是为周人的同姓庶族。

犺簋和曾侯與钟的发现,不仅解决了西周早期曾国与东周时期曾国的关系问题,也为叶家山之曾为姬姓的看法提供了最直接、最有力的证据。过去认为或倾向认为叶家山墓地为非姬姓的学者,开始逐渐接受这样的认识,即西周曾国与东周之曾是一脉相承的,汉东之曾为周初名臣南宫括(适)的封国,曾国与周人都是"稷之玄孙"。

三、"赐姓说"简评

上引韩巍关于曾国为姬姓的论述,可谓严密细致,但他认为南宫之姬姓为周王赐姓的说法,却值得商榷。白川静等学者早就提出南宫氏为东方系氏族的说法,韩先生更进一步说:"南宫、召、荣三族是周初赐姓说的典型例证,他们的祖先都是具有东方背景、深受商文化影响的族群,在文王东向扩展过程中成为其得力助手,被'赐予'姬姓,视为周之同姓。对于南宫氏,周人建国之初,为了吸纳这一来自东方的重要家族而'赐予'其姬姓,建立一种'拟血缘关系'。"[20]为了证明南宫氏为异姓氏族,韩文举出三条传世文献:

《尚书·君奭》:惟文王尚克修和我有夏,亦惟有若虢叔,有若闳夭,有若散宜生,有若泰颠,有若南宫括。

《尚书大传》：散宜生、南宫括、闳夭三子相与学讼于太公，四子遂见西伯于羑里。

《帝王世纪》：文王昌……敬老慈幼，晏朝不食，以延四方之士。……是以泰颠、闳夭、散宜生、南宫适之属咸至，是为四臣。

所举后两则文献与第一则文献，时间跨度颇大，不易轻信。《尚书大传》所谓文王"四子"，《帝王世纪》文王"四臣"，当本自《君奭》"武王惟兹四人"，《墨子·尚贤下》又作"武王有闳夭、泰颠、南宫括、散宜生"。反观《君奭》等早期文本所载辅佐文王的贤臣，数量不止"四子"，既有泰颠、闳夭、散宜生等异族㉑，还包括"王季之穆"虢仲、虢叔等同姓（见《左传》僖公五年）。又据清华简叁《良臣》记载：

文王有闳夭、有泰颠、有散宜生、有南宫适、有南宫夭、有芮伯、有伯适、有师尚父、有虢叔。㉒

与《君奭》相比，这张清单所列文王贤臣更加齐备，至少反映出两方面的情况：

（一）《良臣》所载文王贤士众多，与《国语·晋语四》言文王"询于八虞而咨于二虢"、《论语·微子》所谓"周有八士"的说法较为接近。其中异姓、同姓杂陈，表明文王既受周族内部的爱戴，又善于处理与外族的关系，得到归附异族的拥护。

（二）《良臣》中的伯适当是上引曾侯與钟铭"左右文武"之伯适，亦即南宫括，简文误分为二㉓。南宫夭大概是南宫括的兄弟或子侄。南宫氏与姬姓芮伯、虢叔都在良臣之列，代表了周族内部支持周文王的势力。

对比早期文献记载来看，汉晋儒家所言归附文王的四方异族，所谓"四臣"或"四子"，不过是为塑造周文王圣人形象所作之构拟，并非历史的实际。采信这类汉晋时期的构拟资料，来证明南宫适为归周之异族，无疑是不可靠的。

韩文的另一项证据是叶家山曾国铜器有使用族徽和日名的现象，如叶家山M27出土的白生盉（M27：15）将族名"曾"放在铭文末，M111出土的曾侯作父乙方鼎（M111：85）使用日名，有殷商和其他东方系族群的文化传统。然而，"周人不用族徽日名说"倡导者张懋镕先生，近来陆续发文指出姬周贵族并非绝对不用族徽、日名，只是在使用时间和地域范围上十分有限㉔。平顶山应国墓地M8出土的应公鼎，铭文作："应公作尊彝簠鼎，珷帝日丁子子孙孙永宝。"㉕"珷帝日丁"，一般认为指周武王。应国是武王之穆的封国，故祭祀之。"日丁"是武王的日名，说明周王也有日名。现在看来，将是否使用族徽、日名作为绝对标尺，用来判定周代贵族，特别是周初贵族的族属性质，本质上混淆了商文化传统与商文化影响的区别，是比较危险的做法。

文王时期归附的异姓贵族，如师尚父等，非但未因功勋被赐予姬姓，反而作为异姓功臣的代表，加封田土人民，世代与周人联姻。周王何以单单"吸纳"南宫、召而赐之姬姓，而未赐予功劳更大的师尚父为姬姓？此为赐姓说难以释解的又一问题。若南宫氏果在西周初年被赐姬姓，由异姓改变为姬姓，将直接面临祖先祭祀、婚媾选配等方面的被动调整，即使在各项礼制尚在初创的西周早期，也是难以令人置信的。血缘身份是周人订立各项制度的基础，也是处理不同政治群体间诸多关系的依据，而族姓又是血缘身份的最重要表征。"天子建德，因生以赐姓"（《左传》隐公八年众仲语），"姓"是与生俱来的，周人所谓的"赐"只是申命和确认，并非改变过往姓族的血统及其标识。事实上，就有周一代而言，目前尚无一例周王授予改姓的确凿证据㉖。在当时的历史情景之下，"改姓"意味着宗族血统的丧失，无异于"坠命亡氏"，此非秦汉以下将统治者"赐姓"（实为赐氏）视为荣耀之事可相比附。

四、关于族属认定标尺的思考

如何界定族属，是较为复杂的学术问题。近期翻译出版的英国考古学家希安·琼斯《族属的考古——构建古今的身份》一书（上海古籍出版社，2017年），对西方学界关于族属界定的讨论进行了系统梳理和反思，足见此问题之艰巨、复杂。针对我国商周时期族群的具体情况，关于此一时段族群属性的判定，我们认为可以从三个层次展开：自我的族属界定、同时代之他者的认识、考古学文化的主要属性。

（一）自我的族属界定

上引曾侯與钟铭表明，曾侯是以"稷之玄孙"自居的。曾国贵族自报家门的铜器，过去也有发现。1979年，随州义地岗季氏梁墓葬出土一组铜器，其中两件春秋中期铜戈均有铭文，一件戈铭为（《集成》11309）："周王孙季怡，孔臧元武，元用戈。"另一件戈铭作（《集成》11365）："穆侯之子、西宫之孙，曾大攻尹季怡之用。"[21] 器主曾大攻尹季怡，身份是"穆侯之子、西宫之孙"，出自曾国公室，又自称"周王孙"，表明曾国公族与周王族的血统关系。季怡戈和曾侯與钟都是曾人自作铜器，他们关于自身血统的追叙，除了世世代代的血缘记忆外，还应该有国家谱牒档案作为基础。《国语·楚语上》讲申叔时向楚庄王谏言如何教育太子时说，"教之训典，使知族类，行比义焉"。可知诵习"训典"，知其族类，是当时贵族教育的重要内容。从这个层面上讲，曾国公族关于自身族属的界定，应是判定其族属来源的最根本依据。李学勤先生曾说："曾的确是周朝分封的同姓国，并且和王室有较近的血缘关系。"[22] 就主要是从曾人自我族属界定的层面申论的。

（二）同时代之他者的认识

在当时人的论述中，随（曾）也被视为"周之子孙"。《左传》定公四年（前506年）载吴师入郢时说：

> 斗辛与其弟巢以（楚昭）王奔随。吴人从之，谓随人曰：周之子孙在汉川者，楚实尽之。天诱其衷，致罚于楚，而君又

窜之。周室何罪？君若顾报周室，施及寡人，以奖天衷，君之惠也。汉阳之田，君实有之。

"周之子孙在汉川者"，当然也包括随（曾）国，所以吴人才会宣扬"顾报周室"的言论。如若随（曾）之姬姓是周初所赐，则作为"他者"的吴人，定不会以此口吻来劝导、说服随人，随（曾）亦不必承担"顾报周室"的义务。作为西周早期就侯于江夏的姬姓国族，随（曾）国肩负捍卫南土、藩屏周室的重任。所谓"顾报周室"，实出于此意。

（三）考古学文化的主要属性

在族属的考古学研究中，遗存的文化因素是相当关键的标尺。商周时期家族墓地的文化因素，往往是多元形态的媾和，不能只看一座或少数几座墓葬的个别文化因素，尽管这些因素往往是某一族属的标志性特征。比较踏实的做法是，综合、全面梳理墓地的诸多文化要素，"看看什么是这片墓地的主流文化"[29]。只有这样，才不会陷入盲人摸象的尴尬。

根据目前公布的叶家山墓葬资料，学界对该墓地的文化属性已有相当多的观察和论述，无须逐一展开。叶家山墓葬形制、随葬器类、组合、形制及纹饰特征等，所反映的主流文化特征，无疑属于姬周系统。"叶家山墓地周文化特征颇为典型"[30]，这是较为一致的看法。分门别类而言，叶家山青铜器的器类、组合、形制和纹饰，"一般说来与王朝传统并无二致"[31]。叶家山车马器的形制及随葬情况，吴晓筠先生指出为典型周式[32]。已发表的日用陶器，如陶瓿、圆腹陶鬲等，"体现出强烈的周文化因素"[33]。叶家山西周墓地呈现出的主要文化特征，与其说是判定叶家山墓地族属的标尺，倒不如说是由其血统身份决定和造成的。

应当看到，叶家山墓地文化因素非常复杂，既有周文化的（主体），有本地传统的，有殷商的，又有周边文化交流的。这些文化因素共见于叶家山墓地,反映出这个区域在当时历史背景下的社会活跃程度。叶家山墓地的族属为姬姓周人,但这并不排除其间夹杂个别非姬姓的墓葬。叶家山M1和M3都有腰坑且殉狗,说明墓主和商文化可能存在某种联系。朱凤瀚先生在第一次座谈会时就提出叶家山M1墓主为商遗民[34],后来张礼艳先生亦论证叶家山M1主人可能系灭商前居住在当地的广义的殷遗民,或随南公就封的殷遗民[35]。张昌平先生指出叶家山一些青铜器的铸造技术有别于周文化中心区,"应该是在本地生产"[36]。此外,叶家山M27出土的双耳簋、尊等仿铜陶礼器,是殷墟文化陶器的延续,基本不见于关中[37],部分日用陶器则包含了本地因素和商文化因素[38]。叶家山M50出土的一件腹部饰方格纹、三足外撇的陶鼎(M50:6),与湖南望城高砂脊同类鼎相近[39]。这些文化因素,很显然在叶家山整个墓地的文化面貌中不占据主流位置,在周初特定的历史背景和随枣走廊特殊的地理环境之下,当然不能作为判定叶家山族属性质的主要考虑。

希安·琼斯在《族属的考古——构建古今的身份》一书中说:"一般认为,考古材料的分布不能以一种简单的方式等同于族群,因为在这种框架里,考古组合的功能差异很可能会被错误地解释成族群之间的差异。"[40]在商周考古实践中,面对纷繁复杂的墓葬材料,提取其文化因素的核心成分,合理审视次要的部分,是正确判断墓葬族属性质的基础和关键。纵观叶家山墓地族属一波三折的整个讨论脉络,充分说明了考古学研究中族属判定问题的重要性和复杂性。作为族属考古的典型案例,总结叶家山墓地族属的认识过程,反思其中的得与失,应该比结论本身的对与错更为有意义。

注释:

① 第一次发掘,由于受现代民居影响,M25和M28未发掘,实际发掘63座墓

葬和 1 座马坑,M1、M2、M27 及 M65 的资料已于前期公布,参湖北省文物考古研究所、随州市博物馆:《湖北随州叶家山西周墓地发掘简报》,《文物》2011 年第 11 期;湖北省文物考古研究所、随州市博物馆:《湖北随州叶家山 M65 发掘简报》,《江汉考古》2011 年第 3 期;湖北省文物考古研究所、随州市博物馆:《湖北随州市叶家山西周墓地》,《考古》2012 年第 7 期。第二次发掘共揭露 77 座墓葬和 6 座马坑,文物约 1 300 余件(套),参湖北省文物考古研究所、随州市博物馆:《随州叶家山西周墓地第二次考古发掘的主要收获》,《江汉考古》2013 年第 3 期。此外,叶家山 M28、M111、M50、M55 及个别墓的材料也有一些公布,参湖北省博物馆等:《随州叶家山——西周早期曾国墓地》,文物出版社,2013 年。湖北省文物考古研究所、随州市博物馆:《湖北随州叶家山 M28 发掘简报》,《江汉考古》2013 年第 4 期;湖北省文物考古研究所、随州市博物馆:《湖北随州叶家山 M107 发掘简报》,《江汉考古》2016 年第 3 期。

② ㉞ ㊱ 李学勤等:《湖北随州叶家山墓地笔谈》,《文物》2011 年第 11 期。

③ 杨升南:《叶家山曾侯家族墓地曾国的族属》,《中国文物报》2011 年 11 月 2 日第 3 版。

④ 黄凤春等:《湖北随州叶家山新出西周曾国铜器及相关问题》,《文物》2011 年第 11 期。

⑤ 李伯谦等:《随州叶家山西周墓地第二次发掘笔谈》,《江汉考古》2013 年第 4 期。

⑥ 本刊编辑部:《随州叶家山西周墓地考古研讨会综述》,《江汉考古》2013 年第 3 期。张懋镕先生的观点又见《谈随州叶家山西周曾国墓地》,载《出土文献(第三辑)》,中西书局,2012 年。

⑦ 李伯谦:《西周早期考古的重大发现》,载《随州叶家山——西周早期曾国墓地》,文物出版社,2013 年,第 286 页。

⑧ 本刊编辑部:《随州叶家山西周墓地考古研讨会综述》,《江汉考古》2013 年第 3 期。

⑨ ㉛ ㉜ 段姝杉、陈丽新:《叶家山西周墓地国际学术研讨会综述》,《江汉考古》2014 年第 1 期。

⑩ 段姝杉、陈丽新:《叶家山西周墓地国际学术研讨会综述》,《江汉考古》2014 年第 1 期。张先生关于非姬姓说的展开论述,详参氏文:《叶家山墓

地相关问题研究》,载《随州叶家山——西周早期曾国墓地》,文物出版社,2013年,第282～284页。

⑪ 黄凤春等:《湖北随州叶家山新出西周曾国铜器及相关问题》,《文物》2011年第11期;黄凤春、黄建勋:《论叶家山西周曾国墓地》,载《随州叶家山——西周早期曾国墓地》,文物出版社,2013年,第262～269页;黄凤春:《试述湖北随州叶家山西周墓地所见族氏和方国》,载《两周封国论衡——陕西韩城出土芮国文物暨周代封国考古学研究国际学术研讨会论文集》,上海古籍出版社,2014年,第488～493页;张懋镕:《谈随州叶家山西周曾国墓地》,载《出土文献(第三辑)》,中西书局,2012年,第122～128页;段姝杉、陈丽新:《叶家山西周墓地国际学术研讨会综述》,《江汉考古》2014年第1期;王恩田:《随州叶家山西周曾国墓地的族属》,《江汉考古》2014年第3期;方勤:《曾国历史的考古学观察》,《江汉考古》2014年第4期。

⑫㉛ 张昌平:《论随州叶家山墓地M1等几座墓葬的年代以及墓地布局》,《中国国家博物馆馆刊》2012年第8期。

⑬ 黄凤春、胡刚:《说西周金文中的"南公"——兼论随州叶家山西周曾国墓地的族属》,《江汉考古》2014年第2期。

⑭ 黄凤春、胡刚:《再说西周金文中的"南公"——二论叶家山西周曾国墓地的族属》,《江汉考古》2014年第5期;韩巍:《从叶家山墓地看西周南宫氏与曾国——兼论"周初赐姓说"》,载《青铜器与金文(第一辑)》,上海古籍出版社,2017年,第98～118页。但也有学者认为犺簋和曾侯舆钟铭之"南公",均为南宫毛,参沈长云:《谈曾侯铜器铭文中的"南公"——兼论成康时期周人对南土的经营》,《中国史研究》2017年第1期。

⑮ 黄凤春、胡刚:《再说西周金文中的"南公"——二论叶家山西周曾国墓地的族属》,《江汉考古》2014年第5期;李学勤:《试说南公与南宫氏》,载《出土文献(第六辑)》,中西书局,2015年,第6～10页。

⑯ 韩巍:《从叶家山墓地看西周南宫氏与曾国——兼论"周初赐姓说"》,载《青铜器与金文(第一辑)》,上海古籍出版社,2017年,第98～118页。

⑰ 湖北省文物考古研究所、随州市博物馆:《随州文峰塔M1(曾侯舆墓)、M2发掘简报》,《江汉考古》2014年第4期。

⑱⑲ 徐少华:《论随州文峰塔一号墓的年代及其学术价值》,《江汉考古》2014

年第 4 期。
⑳ 韩巍：《从叶家山墓地看西周南宫氏与曾国——兼论"周初赐姓说"》，载《青铜器与金文(第一辑)》，上海古籍出版社，2017 年，第 106～109 页。
㉑ 泰颠、闳夭为周之异族向无异议，而散氏族属的争议颇大，最近陈颖飞先生有系统梳理，不过她认为散氏为姬姓，与笔者看法不同，参氏文：《清华简〈良臣〉散宜生与西周金文中的散氏》，载《出土文献(第九辑)》，中西书局，2016 年，第 73～88 页。
㉒ 清华大学出土文献研究与保护中心编、李学勤主编：《清华大学藏战国竹简(叁)》，中西书局，2012 年，第 157 页。
㉓ 韩巍：《从叶家山墓地看西周南宫氏与曾国——兼论"周初赐姓说"》，载《青铜器与金文(第一辑)》，上海古籍出版社，2017 年，第 101～102 页。
㉔ 张懋镕：《谈随州叶家山西周曾国墓地》，载《出土文献(第三辑)》，中西书局，2012 年，第 122～128 页；张懋镕、王静：《周人不用族徽、日名说的考古学意义——从随州叶家山西周曾国墓地谈起》，《四川文物》2014 年第 4 期。
㉕ 河南省文物考古研究所、平顶山市文物管理局：《河南平顶山应国墓地八号墓发掘简报》，《华夏考古》2007 年第 1 期。
㉖ 周代之赐姓对象既有姬姓子弟，也有异姓亲戚与功臣，但没有将异姓赐为姬姓的情况，参陈絜：《商周姓氏制度研究》，商务印书馆，2007 年，第 238～255 页。
㉗ 随县博物馆：《湖北随县城郊发现春秋墓葬和铜器》，《文物》1980 年第 1 期。
㉘ 李学勤：《论汉淮间的春秋青铜器》(初刊《文物》1980 年第 1 期)，后收入《新出青铜器研究(增订本)》，人民美术出版社，2016 年，第 131 页；李学勤：《试说南公与南宫氏》，载《出土文献(第六辑)》，中西书局，2015 年，第 6～10 页。
㉙ 张懋镕：《谈随州叶家山西周曾国墓地》，载《出土文献(第三辑)》，中西书局，2012 年，第 123 页。
㉚ 张昌平先生之语，参李学勤等：《湖北随州叶家山墓地笔谈》，《文物》2011 年第 11 期。
㉝ 何晓琳：《随州叶家山西周墓葬出土日用陶器浅析》，《江汉考古》2014 年

第 2 期。
㉟ 张礼艳:《随州叶家山西周曾国墓地 M1 墓主族属辨析》,《东北师大学报(哲学社会科学版)》2016 年第 5 期。
㊳ 何晓琳:《随州叶家山西周墓葬出土日用陶器浅析》,《江汉考古》2014 年第 2 期。关于叶家山陶器的文化构成分析,另参张昌平:《叶家山墓地相关问题研究》,载《随州叶家山——西周早期曾国墓地》,文物出版社,2013 年,第 270~284 页。
㊴ 湖北省博物馆等:《随州叶家山——西周早期曾国墓地》,文物出版社,2013 年,第 261 页。
㊵ 希安·琼斯著,陈淳、沈辛成译:《族属的考古——构建古今的身份》,上海古籍出版社,2017 年,第 137 页。

枣阳郭家庙墓地早期
被盗问题蠡测*

王先福

(湖北省文物考古研究所)

枣阳郭家庙墓地是近年来曾国考古的重要发现,对研究周代曾国历史和曾与周边诸侯国,特别是与楚国的关系具有重要意义。遗憾的是,该墓地的墓葬大部分被盗掘,难以完整地反映墓地的整体面貌,也留下了诸多疑问。不过,墓地的被盗也为我们提供了多条新的信息,对这个问题的研究将有助于探讨当时的曾楚关系及相关问题。

一、墓地被盗概况

郭家庙墓地分为郭家庙、曹门湾两个墓区,在正式考古发掘之前,曹门湾墓区先后四次出土青铜器。1972年秋,村民在曹门湾自然村北坡地取土时发现铜鼎2件,簋2件,但墓葬情况不明[1];1982年底,村民在同一坡地翻地时发现1件青铜戈,有六字铭文"曾侯絴白秉戈"[2],未发现其他迹象;1983年元月,村民在距1972年出土地点20米(方位不明)处发现一组青铜器,有鼎、壶各1件,簋2件,经清理确认出自一座墓葬,但墓葬已被扰乱,是否早期被盗,情况不明[3];1983年4月,在1982年出土铜器以北200米处,

---

* 本文为国家社科基金重大项目"周代汉淮地区列国青铜器和历史、地理综合整理与研究"(15ZDB032)和一般项目"周代邓国考古学文化研究"(18BKG019)的阶段性成果。

一座墓葬被破坏,出土铜鼎1件,罐2件[④],由于墓葬基本被破坏殆尽,其盗掘情况也不明。

2002年至2016年,因基本建设和进一步防止现代盗墓的需要,经国家文物局批准,省、市考古所对郭家庙墓地进行了三次正式发掘。

2002年9月至2003年1月,为配合孝(感)襄(阳)高速公路建设,襄阳市文物考古研究所在枣阳市吴店镇东赵湖村发现并发掘了郭家庙墓地,此次发掘位于前四次发现青铜器地点以北,其间间隔一条小冲沟,是为郭家庙墓区。此次清理土坑竖穴墓25座,车坑2座,车马坑1座[⑤]。

本次发掘的墓葬中,2座为一椁重棺墓(GM17、GM21),22座为一椁一棺墓(GM1～GM9、GM11～GM16、GM18～GM20、GM22～GM25),1座为无椁无棺墓(GM10)。可以确认未被盗的墓葬有5座(GM6、GM10、GM11、GM19、GM24);无法确定是否被盗的墓葬2座(GM1、GM25),二墓在近年平整土地时仅存墓底及局部。其余18座墓葬均在早年被盗,其中规模最大的一椁重棺墓GM21在墓坑东南、西北部各有一个盗洞深入椁室;其他墓葬中,除一椁一棺铜器墓GM8、一椁一棺陶器墓GM23在墓葬东北部卡墓坑壁挖一圆形盗洞外,均在墓坑内东部挖圆形、椭圆形盗洞,包括一椁重棺墓GM17,一椁一棺铜器墓GM2～GM5、GM7、GM13、GM16、GM20、GM22、GM25等10座,一椁一棺陶器墓GM9、GM12、GM14、GM15、GM18等5座。所有盗洞均直入椁室,有的椁室内全部或大部被扰乱,有的东部(一般为头箱)被扰乱。该批墓葬中,GM14、GM21盗洞填土中发现有零星或大量的黑炭屑,应是火把照明留下的痕迹;GM17盗洞内距墓口1.8米深处有一残陶罐底,推测是当时盗墓留下的。

从18座墓被盗后残存的随葬器物看,一椁重棺墓GM17除未被盗扰的附葬箱内随葬完整的2件鼎、1件鬲、2件壶等5件铜容器外,仅在椁室内发现1件杯和1件鼎足等2件铜容器或残件;GM21虽出土了大量铜兵器、车马器,但只有1组7件乐器铜铃钟和少量器足、耳,不见1件完整的铜容器。一椁一棺铜器墓中,除GM8发现1件铜匜为容器外,其余仅3座墓葬(GM4、GM7、GM20)发现可能属于容器的足、壁等残件和个别乐器铜铃,但均发现了工具、兵器、车马器等铜器。而一椁一棺陶器墓中,均发现有鼎、壶、鬲、罐之一至三类陶容器,同类器物最多2件,其中GM9未见伴出玉器,其余墓葬均出土有玉器。

本次发掘的带墓道的GM17、GM21规格等级高,无疑随葬有大量的铜容器。而通过未被盗扰的4座墓葬的随葬器物(GM10无随葬品)看,上述被盗的一椁一棺铜器墓中,至少有部分墓葬,尤其是伴出相对较多的铜兵器、车马器的墓葬应随葬有铜容器;一椁一棺陶器墓中,也不排除原随葬有铜容器的可能。

2014年10月至2015年1月,因墓地被盗严重,湖北省文物考古研究所组织对郭家庙墓地曹门湾墓区进行考古发掘,清理春秋早期墓葬29座,车坑1座,马坑2座,车马坑1座。本次发掘的墓葬中,仅6座保存完整,其他墓葬均被盗扰,尤其是大、中型墓葬⑥。

2015年7月至2016年1月,湖北省文物考古研究所继续组织对郭家庙墓地曹门湾、郭家庙两个墓区进行考古发掘,清理墓葬87座,车马坑1座。本次发掘的墓葬中,也仅6座墓葬未被盗扰⑦。

第二、三次发掘的墓葬中,均以早期盗掘为主,其盗掘方式与第一次相同。其中,这两次发掘的墓葬可能包括1972、1982年曹门湾两次发现青铜器的墓葬,只是无法准确对应。

该墓地先后共发掘墓葬141座,车坑3座,马坑2座,车马坑3座,出土了大量随葬品,包括较多的带"曾"字铭文青铜器,证实该墓地为西周晚期至春秋早期的曾国公墓地,且极有可能存在三代曾侯。

从出土青铜器的纹饰判断，墓葬中时代最晚者为 GM8，该墓出土 1 件铜匜，器身饰粗疏蟠螭纹，与河南光山黄君孟夫妇墓出土的 G2：A13 铜匜之口外、器壁纹饰几乎完全相同，黄君孟夫妇墓出土铜器的纹饰属春秋早期向春秋中期的过渡型，其时代下限为黄国被灭亡的前 648 年⑧。而 GCHK1：15、16 铜毂饰上的方块状蟠螭纹在本墓地出现较少，应是处于向方块状蟠螭纹大量流行的过渡阶段。此类纹饰与沈岗 M1022 之铜鼎、缶、勾鑃、车軎等多件器物的主体纹饰相同，沈岗 M1022 出土的铜器组合与形制、纹饰具有春秋早期向中期的过渡特征，时代下限为春秋中期中段⑨。由此可见，本墓地的废弃年代不晚于春秋中期中段。其中，方块状蟠螭纹正是春秋中晚期楚式青铜器流行的纹饰，这或许表明，该地纳入楚国统治区域后，墓地仍在继续使用，只是时间很短而已。

二、墓地被盗时间

第一次发掘中，发掘者认为："无论是大、小墓葬几乎全部被盗，只是被盗的程度不同而已。盗洞的痕迹清楚，一般位于墓坑的东部，为椭圆形或近圆形，即使因取土施工仅存部分墓底的墓葬亦能看出被盗的迹象。从盗洞的位置、形制大致相同和盗洞的填土与墓坑填土土质硬度较接近等方面推测，应是早年惨遭有组织、有专业人员参加的大规模盗劫。"⑩

第二次发掘后，发掘者也认为："一些被早期盗扰过的墓葬的共同特点是盗洞贴近墓室东侧，然后深入到椁室内部，椁室内铜礼器被劫掠一空，陶器被打碎，有的棺内人骨架被拖出，在盗洞底部到处可见，因此我们怀疑曹门湾墓地在历史上遭到过一次洗劫。"⑪

也就是说，在郭家庙墓地的郭家庙、曹门湾两个墓区中，都曾经历过一次早期大规模集中盗掘的"灾难"。我们认为，从盗墓的方式上看，这两个墓区在内的整个墓地的集中被盗应该是在同一时间内完成的,具有明显的共时性特征。

由于第二、三次发掘被盗墓葬的盗洞具体情况未予报道,我们主要依据第一次公开报道的墓葬盗洞资料来分析墓葬被盗的具体时间。从上述有关墓地的废弃时间并结合时代最晚的 GM8 已被盗的情况分析,此次集中盗掘应该是在墓地废弃之后。

第一次发掘确认被盗的 18 座墓葬中,GM14、GM21 的盗洞填土中发现有零星或大量的黑炭屑,很可能是火把照明留下的痕迹,除此外没有其他可资证明盗掘时间的信息。鉴于未发现现代盗墓者留下的遗物,至少表明,该墓并非现代被盗。而 GM17 盗洞内距墓口 1.8 米深处发现 1 件残陶罐底,该罐底为火候较高的泥质灰陶实用器,这与 GM17 残存的随葬陶器为泥质红陶明器有很大不同,由此推测该罐底为盗墓者所遗留。该罐底斜腹内收,平底,底径较大,下腹及底满饰绳纹,风格与郭家庙墓地东部不远的周台遗址 A 型 II 式罐(M1∶1,F2∶2)基本一致[12],后者时代为春秋晚期或战国早期。

鉴于该墓地是西周晚期至春秋早期曾国的公族墓地,墓地出土的多件铭文青铜器特别是包括"曾伯陭"钺、"曾侯絴白"戈、"曾侯作季汤芈"鼎在内的"曾"国器物的出土,表明该墓地是以曾侯为中心的曾国高等贵族墓地。而按照一般规律,大型墓地不远处就有墓地所在的中心聚落。实际上,在 2002 年郭家庙墓地发掘前,襄樊市考古队即在墓地东部紧邻的一条岗地上发现并发掘了一处规模较大的遗址——周台遗址,该遗址时代为西周晚期至战国中期。其西周晚期至春秋早期的文化遗存具有较为典型的中原周文化风格,而自春秋中期开始就成为较典型的楚文化遗存。遗址发掘出了春秋早期的大型回廊式建筑遗迹 F3,还在面积不大的范围内发现了四口春秋早中期的水井[13]。2015 年在开展第一次全国可移动文物普查时,襄阳市文物考古研究所的工作人员整理周台遗址出土遗物时,发现了部分春秋早期的炼炉壁、铜炼渣等铸造青铜器的遗物。2016年秋,湖北省文物考古研究所对周台遗址再次发掘时,清理出了一口边长13、深10余米的春秋早期水井,很可能是大型铸造用井。种种迹象表明,周台遗址应该就是郭家庙墓地主人生前的中心聚落。

重要的是,周台遗址在2002年发掘时于东南部清理出了一座西周晚期的长方形岩坑墓M3,其随葬品特征表明,该墓葬为本遗址最早的遗迹单位,并且比郭家庙墓地的所有墓葬时代均早。该墓开口于春秋晚期的③B层下,还被同时期的H21、J2打破。方向175度。墓口西北侧残存2.5米见方,约0.15米厚的封土。墓口长4.44～4.60、宽2.46米,墓底长3.20、宽1.82～2.00米,深3.14～3.34米。有二层台。葬具为一椁一棺。墓坑底中部有一长方形腰坑。随葬器物共7件,有陶盆、罐各2件,铜铃和铅块各1件[14],从随葬器物的特征看,属典型的中原姬周文化,与郭家庙墓地随葬陶器风格一致,但时代更早。推测在周台遗址发展初期,M3所在小岗地原本是作为墓地出现的,但由于此时居址发展的需要,不久就将墓地重新选择到了西侧600米左右、郭家庙所在的岗地上,因此该处就只有这1座最早的墓葬存在。打破该墓的J2靠西侧一半正好打在墓室东北部,井底略高于墓底,井底与椁室东北部相连,椁室东北部被扰乱的填土与椁室内扰土一致,棺室和头箱中部被扰乱,仅在头箱东、西两端发现了部分随葬器物。由此分析,该水井实为M3的盗洞。这也为该水井仅出土个别可复原的陶罐、不同于其他3口井出土较多的可复原陶器所证明。从地层关系分析,J2又打破了春秋晚期的地层③B层,被战国早期的F2所打破[15],则M3被盗的时代不早于春秋晚期,又不晚于战国早期。

M3随葬器物中有1件铅块,体扁薄,中部略厚,平面近圆角方形。长6.5、宽5.8、最厚0.5厘米,重约180克。由于铅是青铜冶炼的主要金属之一,铅块的随葬很可能与随州叶家山西周早期曾国墓地M28随葬铜锭的性质相同,为原材料[16]。按照葬具分析,墓主人的身份至少为元士一级的低等贵族。而M3随葬铅原料,但重量较轻,与叶家山M28墓主为曾侯谏相比似乎低了很多,或许墓主为铸造青铜器的管理者。作为打破M3盗洞的J2,其形制及打盗洞的方式与郭家庙墓地最晚墓葬GM8的盗洞一致,这并非巧合,应该表明,这两者被盗的时间是一致的。

而周台遗址2002年发掘过程中共清理了3座墓葬,除M3为西周晚期曾国墓葬外,M1、M2均为春秋晚期墓葬,其埋葬在遗址内,开口于③A层下,打破③B层,同时M1还被战国早期的H6打破[17]。两墓的下葬时间与M3被盗的时间基本一致,很可能表明,周台遗址作为郭家庙墓地的生前聚落在春秋晚期经过一次较大规模的洗劫,郭家庙墓地也同时被盗掘,即郭家庙墓地被盗时间为春秋晚期。

三、盗墓者何人

如前所述,郭家庙墓地可能葬有西周晚期至春秋早期三代或以上的曾侯及其陪葬墓。该墓地作为公墓地,一般应该有专人管理。《周礼·春官·冢人》:"冢人掌公墓之地,辨其兆域而为之图,先王之葬居中,以昭穆为左右。凡诸侯居左右以前,卿大夫士居后,各以其族。凡死于兵者,不入兆域。凡有功者居前。"从所发掘墓葬以三组高规格墓葬为中心布局的情况分析,当时的郭家庙墓地按照墓主人的身份等级分葬,且有"冢人"管理。再结合周台遗址M3有封土的情况看,郭家庙墓地的墓葬大部分也应有封土,只是因为后来的土地平整、耕种等原因全部被破坏,这也是盗墓者当时可以确定墓葬位置信息的一个原因。

同时,在该墓地东侧不远处有从西周晚期遗址延续至战国中期的周台遗址。该遗址在西周晚期至春秋早期应是曾国的政治中心,为郭家庙墓地主人生前居所。自春秋中期开始,遗址出土陶器的楚文化特色十分明显,表明该遗址已纳入楚国的统治范围,此后至战国中期,周台遗址面积不断扩大,聚落得到进一步发展,成为楚国的一处重要聚落。同时，从簋、折肩盆等陶器一直沿用到遗址废弃时的情况看，遗址又保留了不少曾文化的传统，这或许表明，本遗址的居民全部或者部分是曾国的遗民，他们也肩负有看护郭家庙墓地的责任。

郭家庙墓地三次发掘的141墓葬中，被盗墓葬达到124座，很显然，这是一次集中的明目张胆的有组织性的大规模破坏行为。那么这种短时间内能组织如此规模的盗墓行为，是谁有此能力和胆量呢？

春秋晚期，这里是楚国的辖境，而由于墓地是曾国高等级贵族墓地，楚人是否为了形成对曾国的强大心理压力，实施了盗掘行为呢？

根据最新考古资料和研究成果，出土文物中的曾国就是文献记载中的随国[⑬]。《左传》《史记》等文献记载，楚曾（随）之间从春秋早期开始接触，并发生战争。楚武王三次伐随。《左传》桓公六年："楚武王侵随。"因随大夫季梁在，"随侯惧而修政，楚不敢伐。"《左传》庄公四年："春，王三月。楚武王荆尸，授师孑焉，以伐随。""王遂行，卒于樠木之下。令尹斗祁、莫敖屈重除道梁溠，营军临随。随人惧，行成。莫敖以王命入盟随侯，且请为会于汉汭而还。济汉而后发丧。"《史记·楚世家》："（武王）三十五年，楚伐随。随曰：'我无罪。'楚曰：'我蛮夷也。今诸侯皆为叛相侵，或相杀。我有敝甲，欲以观中国之政，请王室尊吾号。'随人为之周，请尊楚，王室不听，还报。三十七年，楚熊通怒曰：'吾先鬻熊，文王之师也，早终。成王举我先公，乃以子男田令居楚，蛮夷皆率服，而王不加位，我自尊耳。'乃自立，为武王，与随人盟而去。……五十一年，周召随侯，数以立楚为王。楚怒，以随背己，伐随。武王卒师中而兵罢。"从楚武王五十一年开始，随国与楚国议和，从此成为楚国的附庸国。其后直至前640年，随国再次因"叛楚"被楚国打败而求和。《左传》僖公十五年："随以汉东诸侯叛楚。冬，楚斗穀于菟帅师伐随,取成而还。"之后,随国就一直是楚国的附庸之国。其再见于历史则是100多年后的前525年(《左传》昭公十七年),随军参与楚、吴"长岸之战","楚使随人守舟"。而到了前506年(《左传》定公四年),吴楚之战、吴军占领郢都后,楚昭王奔随。吴国使者到随国索取楚昭王,被随侯拒绝,从而保护了楚昭王。《左传》定公四年:"以随之辟小,而密迩于楚,楚实存之。世有盟誓,至于今未改。若难而弃之,何以事君?执事之患,不唯一人。若鸠楚竟,敢不听命?"清楚地表明了随国久已成为楚国附庸国地位的史实。直到战国早期的前433年,曾(随)侯乙去世时,楚惠王铸镈钟赠送,并被安置在了曾侯乙编钟下层最中心的位置⑬,可见曾(随)楚关系依然良好。既然其时楚、随关系密切,楚国应该没有盗掘曾(随)国高等级贵族墓地的必要。实际上,在楚武王三次伐随期间,楚、随(曾)还处于敌对的状态,随(曾)实力还较强,楚国更有理由在进攻曾(随)国过程中盗掘曾(随)国高等级贵族墓地,但楚人没有这样做,到春秋晚期时,楚人就更没有必要了。

当然,楚武王在位最后一年伐随时,"令尹斗祁、莫敖屈重除道梁溠",应该表明随国中心已在溠水以东了,周台遗址即已丧失了曾国政治中心的地位,但此时的郭家庙墓地仍在继续沿用,楚人很可能对曾(随)人保持着应有的附庸国礼遇,其所葬之人应该是居住在周台遗址的曾国遗民,鉴于其看护郭家庙墓地的特殊身份,其具有一定的等级就不奇怪了。而GCHK1∶15、16铜毂饰上的方块状蟠虺纹正是自春秋中期开始的楚文化铜器的典型纹饰,是其受到楚文化强烈影响的证明。

如果郭家庙墓地不是楚人组织的大规模盗掘,那么就还有另外一种可能,盗掘者或许是吴国军队。

前506年,吴国军队联合蔡、唐军进攻楚国,攻下郢都,楚昭王奔随,楚国几乎灭国。次年,楚国在秦国军队的援助下,迅速复国。这段历史成为春秋时期的一件大事,大量的历史文献都有记载,其至出土资料也有反映。清华简《系年》第十五章曰:"景平王即世,昭王即位。伍员为吴太宰,是教吴人反楚邦之诸侯,以败楚师于柏举,遂入郢。昭王归随,与吴人战于析。吴王子晨将起祸于吴,吴王阖闾乃归,昭王焉复邦。"⑳随州文峰塔一号墓出土的一号铜甬钟铭文也提到了该段史实:"周室之既卑(卑),(吾)用燮谲楚。吴恃有众庶行乱,西征南伐,乃加于楚。荆邦既艕(扁),而天命将误。有严曾侯,业业厥圣,亲搏武攻(功)。楚命是静,复定楚王。"㉑但关于吴军进军、撤军路线,近现代学者则有多种不同的研究成果。石泉先生在对传统观点进行梳理的基础上,得出了新的结论,那就是:"吴师深入楚境的道途,是溯淮西上,在蔡境登陆,会蔡师,共同西进,通过楚'方城'南段的隘口,进入南阳盆地,到达唐国,会合唐师,转西南,至豫章大陂,由此进至襄樊附近的汉水北岸,在这一带进行了柏举决战,大败楚师,'五战及郢',直下楚都。""吴师撤退回国的道途,同入郢时的来路大致相同"。其中,居于行军路线关键点的唐国地望"当不出今唐河县南境,自县城南至湖阳镇之间的唐河以东地"㉒。徐少华先生也认为唐国在今河南唐河县一带㉓。不过,吴军到达唐国、会合唐军后至汉水北岸"豫章大陂"间的路线则有待细化。

唐国地望正位于桐柏山的西端边缘,从这里沿桐柏山边缘南下,地势较为平坦,经过约50千米就是位于滚河边的周台遗址。此时周台已是楚国一处重要聚落,吴军便采取了打击的策略,对周台遗址进行了洗劫,并出于报前525年楚、随联军进攻吴国之仇,集中盗掘了位于周台遗址西侧的郭家庙曾国高级贵族墓地,这也许是吴军追击楚昭王到随国、要求随侯交出楚王而不得的另外一个原因。之后,吴军西进,到达汉水北岸与楚军夹汉对峙。上述文峰塔一号墓出土一号铜甬钟铭文中的吴军"西征南伐,乃加于楚"也正是这条路线的很好注解。

当然,关于唐国地望还有其他几种说法,或位于汉春陵县(晋安昌县)之东南[24],或位于今枣阳市东南150里[25],或位于今随县西北唐县镇[26]。1977年在枣阳王城杜家庄发现了8件青铜器,时代为西周晚期,可能出自墓葬。其中5件有铭文,2件簋铭文均为:孟姬冶自作簋追孝其先祖武公,2件簋盖和1件匜则为"阳食生"自作器[27]。关于"阳",黄锡全先生释为"唐"[28],而唐国又为姬姓[29],结合这批青铜器之簋至少有4件的情况看,如果其出自墓葬,则该墓的规格应较高,至少是大夫级墓葬,或许说明西周晚期的唐国就在王城附近,这里正位于汉春陵县(晋安昌县)之东南。即使西周晚期的唐国在此,其后地域是否发生变化也需要新的考古证据来证明。但不管怎样,这三者均处周台遗址(郭家庙墓地)不远处,吴军联合唐军后更容易袭击周台遗址,盗掘郭家庙墓地。

同时,我们也看到,由于楚昭王奔随,吴军找随侯索要楚昭王经历了一段时间,周台遗址(郭家庙墓地)距离随都不远,本地又是楚境,且西去不远过汉江就是楚国的腹心地区,吴军必然在附近布设重兵,因此也不排除吴军因索要楚昭王不得而洗劫了周台遗址,并盗掘了郭家庙墓地。

但要确定郭家庙墓地为吴人盗掘,就绕不开吴为"周后"即吴源于"吴太伯奔吴"的问题,若此,则吴与曾(随)同姓、且均为周王室后裔,那么吴人就不可能盗挖曾(随)国的高级贵族墓地。关于吴的来源,有诸多学者开展研究,结论不一,其中张敏先生通过吴王自称、王名、礼制、通婚等大量文献梳理后认为,吴为"周后"是吴王夫差在黄池会盟(前482年)时才首次出现的"冒荫"现象;并结合考古资料论证了吴文化的直接源头是淮河东部的湖熟文化,与先周文化无关[30]。其观点颇有见地。吴人集中盗挖曾(随)国高等级贵族墓地或许也证明了吴人非"周后"的史实。

总之,郭家庙墓地的早期被盗在为我们留下遗憾的同时,也为我们传递了较多的历史信息,为我们解决一些重大历史问题提供了线索。

注释：

① 湖北省博物馆：《湖北枣阳县发现曾国墓葬》，《考古》1975年第4期。

②③ 田海峰：《湖北枣阳县又发现曾国铜器》，《江汉考古》1983年第3期。

④ 徐正国：《枣阳东赵湖再次出土青铜器》，《江汉考古》1984年第1期。

⑤⑩ 襄樊市考古队等：《枣阳郭家庙曾国墓地》，科学出版社，2005年。

⑥ 方勤、胡刚：《枣阳郭家庙曾国墓地曹门湾墓区考古主要收获》，《江汉考古》2015年第3期；湖北省文物考古研究所等：《湖北枣阳郭家庙墓地曹门湾墓区(2014)M10、M13、M22发掘简报》，《江汉考古》2016年第5期；武汉大学历史学院等：《湖北枣阳郭家庙墓地曹门湾墓区(2015)M43发掘简报》，《江汉考古》2016年第5期。

⑦ 方勤：《郭家庙曾国墓地的性质》，《江汉考古》2016年第5期。

⑧ 河南信阳地区文管会、光山县文管会：《春秋早期黄君孟夫妇墓发掘报告》，《考古》1984年第4期。

⑨ 襄阳市文物考古研究所：《湖北襄阳沈岗墓地M1022发掘简报》，《文物》2013年第7期。

⑪ 湖北省文物考古研究所等：《湖北枣阳郭家庙墓地曹门湾墓区(2014)M10、M13、M22发掘简报》，《江汉考古》2016年第5期。

⑫~⑮、⑰ 襄樊市考古队等：《湖北枣阳周台遗址发掘报告》，载《襄樊考古文集(第一辑)》，科学出版社，2007年，第34~101页。

⑯ 湖北省文物考古研究所、随州市博物馆：《湖北随州叶家山M28发掘报告》，《江汉考古》2013年第4期。

⑱㉑ 湖北省文物考古研究所、随州市博物馆：《随州文峰塔M1(曾侯與墓)、M2发掘简报》，《江汉考古》2014年第4期；徐少华：《论随州文峰塔一号墓的年代及其学术价值》，《江汉考古》2014年第4期。

⑲ 湖北省博物馆：《曾侯乙墓》，文物出版社，1989年，第87页。

⑳ 清华大学出土文献研究与保护中心编、李学勤主编：《清华大学藏战国竹简(贰)》，中西书局，2011年，放大图版，第80~81页；释文注释，第170~173页。

㉒ 石泉：《从春秋吴师入郢之役看古代荆楚地理》，载《古代荆楚地理新探》，武汉大学出版社，1988年，第355~416页。

㉓ 徐少华：《周代南土历史地理与文化》，武汉大学出版社，1994年，第59~

61页。
㉔《水经·沔水注》"洞水"条。
㉕《史记·楚世家》正义引《括地志》。
㉖《读史方舆纪要》卷七七德安府随州"唐城"条;《大清一统志》卷二六七德安府古迹"古唐城"条。
㉗ 襄樊市博物馆:《湖北谷城、枣阳出土周代青铜器》,《考古》1987年第5期。
㉘ 黄锡全:《湖北出土商周文字辑证》,武汉大学出版社,1992年,第116页。
㉙《国语·郑语》韦昭注:"应、蔡、随、唐,皆姬姓也。"《史记·楚世家》正义引《世本》曰:"唐,姬姓之国也。"
㉚ 张敏:《吴越文化比较研究》,南京出版社,2018年,第25～35、94～121页。

周口楚都陈郢相关墓葬初议

高礼祥　杨苗蒲

（周口市文物管理所）

陈，妫姓，西周初立国。《史记索隐》引《左传》曰："武王以元女太姬配虞胡公而封之陈，以备三恪。"《史记·陈杞世家》："陈胡公满者，虞帝舜之后也。……至周武王克殷纣，乃复求舜后，得妫满，封之于陈……"武王封陈，使之成为西周的东南屏障。春秋以降，楚国为了北上中原，开拓疆域，多次对陈用兵，灭而又复、复而又灭。前478年，楚灭陈，设陈县。前278年，秦将白起拔郢，楚顷襄王兵败，徙都于陈，仍沿用"陈"名。一般认为，历史上淮阳只称"陈"，未叫过"郢"，郢是楚国都城的通称，《越绝书·吴内传》曰："郢者何？楚王治所。""惟楚人自文王由丹阳徙郢后凡四迁，每迁新都，亦必以郢名。……则其迁居新地，仍以故地名之者，便于管理安排。楚人喜保其故习。"因此，江陵纪南城为"郢"或"南郢"，宜城楚皇城称之"鄢郢"，安徽寿春谓之"郢"、"寿郢"。楚都徙陈，自应谓之"郢"。《史记·秦始皇本纪》曰："二十三年，秦王复召王翦，强起之，使将击荆。取陈以南至平舆，虏荆王。秦王游至郢陈。"《资治通鉴地理今释·秦纪二》："郢，河南陈州府。"因此，楚顷襄王迁都于陈，亦应称"郢"、"郢陈"、"陈郢"[①]。

一、楚都陈郢

前278年，楚顷襄王迁都陈，至前241年（楚考烈王二十三年），迫于秦的军事威胁，楚考烈王迁都寿春（今安徽寿县），命曰"郢"、"寿郢"。至此，楚都陈38年。

经考查实测,今淮阳县城,城址平面为方形,与史书记载的"九里十三步"相吻合,因此内城即为今淮阳县城。1980年五六月间,原河南省博物馆在县城城墙东南角进行试掘,结果表明:该城始建于春秋。楚灭陈后,曾对陈城进行过两次大规模的修复。第一次是前478年至前467年。据《太平寰宇记》载,楚惠王已筑陈城。第二次修复,在战国晚期楚顷襄王都陈之后,约在前278年至前241年。当时,战争频繁,秦强楚弱,为防秦入侵,以倾国之力重修[②]。因此,陈楚故城的历史得到了证实,陈楚故城即为战国晚期的楚都"陈郢"。1987年2月,河南省人民政府公布其为省级文物保护单位。1989年古城淮阳被批准为省级历史文化名城。

二、墓葬及葬俗

(一)楚大型墓葬——顷襄王墓及其陪葬坑、车马坑

位于淮阳县城东南5千米处,瓦房庄西,墓南北相连,因状如马鞍而得名为马鞍冢。东西长70余米,南北宽50多米,(笔者少年记忆)封土堆高20余米,北高南低,顶平而下椭圆,四周从上至下为阶梯状,荆棘丛生。听老人传说为马援、马良之墓。由于"文革"时期群众烧窑取土及两千多年的风雨侵蚀,发掘时封土尚存10余米。

1981年至1983年,河南省文物研究所对此冢进行了考古发掘,证实为战国晚期楚墓。南墓平面呈"中"字形,墓室平面呈正方形,内筑五级台阶,从遗留的迹象看有1椁和8个边箱。墓室东、西部各有一斜坡墓道,东墓道较宽,为主墓道,两侧镶有壶形铜片,墓道底部铺编织物;西墓道较窄。北墓平面呈"甲"字形,墓室平面呈正方形,内筑七级台阶,东部有斜坡墓道,墓道的两侧镶壶形铜片并插有旗杆(已朽)。两墓于东汉末年、隋朝末年曾被盗。但两墓西侧50米远处,有各自相对应的车马陪葬坑,保存完整。

南车马坑南北长40米,东西宽3.70米,东侧有一斜坡通道。内葬泥马20余匹,车23辆,旌旗6面。车的种类大部分为战车,

其中1辆车厢周围安装铜片数十块,错金、银龙首铜车辕头1件,造型庄重,形象逼真,为其他墓所未见,好似今天的装甲车。有一面旌旗上镶嵌梅花形的贝壳,极为壮观。

北车马坑南北长35米,东西宽4.72米,西侧有2个斜坡通道。南部葬有肩舆(轿)和泥质陶器,中部葬马24匹,车8辆,猎狗2只。坑内西北角埋有鼎、敦、钫、簠、盘、盒、壶、高柄壶、盆、箕等陶器皿。陶鼎高大而精美。8辆车木质已朽,但仍可见其形,每辆车的金属构件齐全。车架上有铜车辖、铁轴承(大小铁杠);车棚上有轵、盖弓帽;车辕上有衡、环等。从排列顺序及车辕看,车的种类有安车、轺车、猎车。马是宰杀后摆放在坑内的。每辆车配的马数有1匹、2匹、4匹。马旁的狗颈上佩贝形玉饰[3]。

马鞍冢及其陪葬车马坑的发掘,是目前考古发现形制最大、埋藏马匹最多、随葬品较为丰富的战国晚期楚国的王室大墓。楚顷襄王横,为怀王之子,于前278年迁都陈郢,于前263年(顷襄王三十六年)病死陈地,且葬于陈。据《史记·楚世家》记载:"(楚顷襄王)三十六年,顷襄王病,太子亡归。秋,顷襄王卒,太子熊元代立,是为考烈王。"《资治通鉴·卷五》云:"楚顷襄王疾病。……秋,顷襄王薨。"依据马鞍冢随葬品的特征来看,马鞍冢应为楚顷襄王夫妻异穴合葬墓。至于墓主的身份,从其车马坑的出土物及墓葬的形制而言,南墓主可能应是楚顷襄王,而北墓主可能为楚顷襄王夫人之墓[4]。

(二)中型墓葬

平粮台,位于淮阳县城东4.5千米的大朱村西南,东距马鞍冢楚顷襄王合葬墓1千米许,中间有蔡河从北向南流。据《淮阳县志》称之为"贮粮台"、"平粮台"。1979年至1985年,在此发掘平面呈"甲"字形的楚墓7座,墓向皆向东,墓室平面均为长方形。葬具为木棺椁。无台阶(十六号墓六个台阶),无封冢,无车马陪葬,下仅以4号、16号楚墓为例加以介绍。

4号墓位于平粮台的东部,墓口东西长3.64米,南北宽2.32米,深3.74米,墓底长3.56米,宽2.00米,墓室内四周筑熟土二层台。有长方形斜坡墓道,居墓室东端,东西长6.94米。墓内填土经过夯打,有圆形平底夯窝。葬具为棺椁,头向东,仰身直肢葬。随葬器物放置于死者的北、东、南部,玉器置于棺内。出土陶器10件,中有鼎、壶、高柄壶;铜器26件,分别为剑、鼎、镜、带钩、环饰、蚁鼻钱等。其中一把越王剑最为珍贵,剑首有错银鸟篆铭文9字。"工人工口工人工人门",剑格正面4字,"王越越王",背面字为"惟匠门"⑤。

16号墓位于平粮台的东北部,墓口东西长14.2米,南北宽10.32米,深7.10米,墓内筑6层台阶。墓内填土经过夯打,墓室东部有长方斜坡墓道,长11.7米,宽4.20米,深3.26米,葬具为棺椁,头向东,仰身直肢葬。随葬器物放置于边箱、头箱及墓主人的身上,有陶编钟、编磬、鼎、簠、罐、壶、钫、敦、盒、高柄壶、铜镜、玻璃料珠、铜金饼、玉璧、玉璜、玉佩、玉环、玉管等⑥。

(三)小型墓葬

平粮台小型墓葬多为长方形竖穴土坑墓,已发掘20余座。墓内填土均经夯打,有圆形平底夯窝,有熟土二层台。死者多向东,少数向南。少数墓有壁龛,壁龛设在头部,墓壁上有脚窝。多数有棺无椁,少数有棺椁,但棺椁已朽。葬式仰身直肢。墓口长2.60～3.64米,宽0.92～1.5米,深1.56～7.20米。随葬品多为陶器,并有少量的铜器、玉器。其中铜器有剑、矛、镞、镜、带钩、蚁鼻钱等;玉器有璧、璜、佩等;陶器以鼎、壶、敦、高柄壶比较普遍,有的墓有盒无敦、罐、盆、盘、罍、尊也有发现。随葬品多放置于头部,个别的置于一侧或头龛⑦。

为配合淮阳南环路(原双漯公路改线工程)建设工程,周口市文物考古管理所于2003年5月至6月,在淮阳县城南王店乡西杨庄西侧发掘清理了楚国小型墓葬8座,墓葬皆为南北向长方形竖穴土坑墓,墓内填土皆行夯,为青灰色黏花土,墓室内四周均筑熟土二层台,死者头向多数向南,少数向北,葬具皆为一棺椁,已朽。葬式为仰身直肢葬。墓口长 2.6～3.70 米,宽 1.3～2.20 米,深 1.10～3.10 米。随葬器物大部分为陶器,并有少量的铜器、玉器、骨饰、琥珀等。其中铜器有:剑、矛、匕、镞、铜饰件等;玉器有璧、玉饰件等;陶器以鼎、豆、壶、钫、高柄壶为主,个别发现有盒、盆、罐,且鼎、壶外施红褐彩绘;钫外施绿彩绘。陶器松软易碎。随葬器物大多放置于墓主人的头部、东侧或西侧。

综上所述,陈郢楚墓可分大、中、小三类。大型楚墓:皆有封土冢,墓室夯筑而成,有五至七个台阶,一至两个墓道。墓向东,呈"中"或"甲"字形。墓室平面为方形,墓室内设多层棺椁,构置多个边箱、头箱、脚箱。墓道底部铺编织物,墓道壁上镶壶形铜饰或插有旗杆,并有车马坑陪葬。

中型墓葬:平面皆为"甲"字形,墓道向东,无封土冢。墓内填土用圆形平夯夯实,墓室呈长方形,室内很少构筑台阶,葬具为木质棺椁,多构筑边箱、头箱,以放置随葬品,葬式仰身直肢,无车马坑陪葬⑧。

小型墓葬:均为长方形竖穴土坑墓,口大底小,墓内填土经圆形平夯夯实,墓室内筑熟土二层台,葬具为木质棺椁,葬式仰身直肢。平粮台墓葬死者头多向东,少数向南,少数有壁龛,设于头部。随葬器物以鼎、敦、壶、高柄壶最为普遍,随葬器物置于头部,个别放置于一侧或头龛内。西杨庄西侧的墓葬皆为南北向长方形竖穴土坑墓。墓内填土皆为青灰黏花土(通过文物勘探,发现此地区地下未见青灰色地层,笔者认为:青灰色黏土应从别处运至混合后回填墓内,以应楚族葬俗,使用青膏泥、白膏泥)。葬具为一棺一椁,头多向南,少数向北,随葬器物以鼎、豆、壶、钫、高柄壶为主,个别发现有盒、盆、罐。壶、鼎、钫器表施红褐彩绘和绿彩绘。

总之,从陈郢楚墓所出的陶器及器物的组合看,大部分为泥质陶,烧造火候较低,松软易碎,多为明器,部分器表施红褐彩绘或绿彩绘。显而易见,这一方面反映了战国晚期楚国当时经济萧条、文化衰颓的社会景象;而另一方面也显现出楚文化与中原文化相互融合、相互影响的特征。

三、陈郢墓地的地望

楚都"陈郢"即今河南淮阳县城,位于黄河冲积扇南沿的颍水中游。据《淮阳县志》记载:城南有"……早期冲积的淮阳岗……","淮阳岗:西由老运河以东,南自七里河以北,东、北至县界……"从而证实了淮阳县城东南、南为淮阳岗的一部分,是远古时期的丘陵地带。《淮阳县志》记载:"储粮台,在城东南五里,俗称平粮冢……"《尔雅》记载:"天下有名丘五。""陈有宛丘"。《晋书·地道志》载:"陈城南道东有宛丘,渐欲平。"朱熹释《宛丘》说:"丘上之丘。""四方高,中央下,曰宛丘"。1979年至1985年,河南省文物研究所在"平粮台古城址"的考古发掘中,证实了平粮台即为古"宛丘"。"宛丘城"是建在自然的丘陵之上的,宛丘荒废后,即为高台地上的高台。

《后汉书·桓荣传》:"荣卒,赐冢茔于首山之阳。"《穀梁传》僖公二十八年:"水北为阴,山南为阳。"《后汉书·冯衍传》:"先将军(衍曾祖奉世)葬渭陵,哀帝之崩也,营之以为园。于是以新丰之东,鸿门之上,寿安之中,地势高敞,四通广大,南望郦山,北属泾渭,东瞰河华,龙门之阳,三晋之路……遂定茔焉。"从而说明古人的埋葬地大都选择背山、地势高敞和面向阳光的地方,贵族择茔更要选优[9]。楚人选择墓地也不例外。目前,据现有的发掘调查及周口市自1987年开展文物勘探工作以来的资料看,淮阳县城的东南部,至今尚有许多墓冢。从地面上尚看到的有马鞍冢、双冢、貉黄冢等。貉黄冢,墓道向东,现已显露。这些楚国的王室贵族大墓,距离楚都陈郢稍远;而无封土冢的下级官吏和士的墓地大都在平粮台及城南的西杨庄一带,相应的离城较近。这一点与湖北江陵楚墓的分布情况相似。所不同的是江陵的楚国大墓位于纪南城西北方的丘陵上⑩,而淮阳楚国大墓及楚人葬地则位于陈城的东南部、南部的七里河以北、张庄以东、小吴庄以西的古淮阳岗上。

注释:

① 马世之:《中原楚文化研究》,湖北教育出版社,1995年。
② 曹桂岑:《楚都陈城考》,《中原文物》1981年特刊。
③ 河南省文物研究所、周口地区文化局:《河南淮阳马鞍冢楚墓发掘简报》,《文物》1984年第10期。
④ 马全:《马鞍冢楚墓墓主考》,载《楚文化研究论集(第一集)》,荆楚书社,1987年。
⑤ 曹桂岑、骆崇礼、张志华:《淮阳平粮台四号墓发掘简报》,《河南文博通讯》1980年第1期。
⑥ 河南省文物研究所、淮阳县文物保管所:《河南淮阳平粮台十六号楚墓发掘简报》,《文物》1984年第10期。
⑦⑧⑩ 曹桂岑:《战国晚期楚国的埋藏习俗》,载《楚文化觅踪》,中州古籍出版社,1986年。
⑨ 李如森:《汉代丧葬礼俗》,沈阳出版社,2003年。

万福垴遗址初探*

笪浩波

（湖北省文物考古研究所）

2012年6月，宜昌市白洋工业园区在万福垴进行厢涵工程施工时意外挖出了一批青铜器，随后宜昌市博物馆去现场进行了清理，在出铜器点的大致位置发现3个灰坑（H1~3），故确认其为一处周代遗址。此次出土的青铜器计有12件甬钟和1件铜鼎[1]。其中1件甬钟上因有"楚季宝钟/厥孙乃献于公/公其万年受厥福"的铭文，而在楚学界引起轰动，这是第一次在楚国腹地出土有铭"楚"的西周铜器，它无疑为目前萎靡不振的楚学界注入了一针兴奋剂。遗憾的是因为工程机械施工，埋藏环境遭到破坏，这批铜器何时、因何原因埋藏于此则成了一个谜，铜器与遗址是否有关联也缺乏较充分的证据。尽管如此，学者们还是对其年代进行了探讨。因为无出土单位，学者们只能就铜器及同出的陶器本身的特征来推断年代，自是各持己见，有西周中晚期说[2]，也有西周早中期说[3]。为了解决以上几个谜题，湖北省文物考古研究所于2013~2015年对该遗址进行了勘探和发掘，取得了一批极有价值的材料，对于遗址的生成时代、铜器群的埋藏年代及背景提供了很好的注脚，遗憾的是发掘者并没有意识到这点，本文则对此加以阐述，不妥之处还望方家指正。

---

* 本文系国家社科基金项目《清华简〈楚居〉与楚国都城研究》（项目编号：14BZS069）的阶段性研究成果。

一、万福垴遗址的地层学及类型学分析

遗址发掘区分为西部和中部,西部地层共4层,中部地层共5层,发掘区主要在中部,出土铜器群的地点也在中部,发掘者还特意将出铜器群的H1纳入布方之中,这有利于解决铜器群与遗址的关系。这次发掘面积达605平方米,发掘清理灰坑30个,灰沟2条,窑1座,出土了较丰富的铜、石、陶器,对于认识遗址的文化内涵和性质提供了极为充分的材料。可能是要编考古报告之故,发掘者此次披露了极少部分材料[④],但这些材料仍能说明问题。

发掘者此次只发表了H1、H4、G2、Y1及中部TN05E20第5层的材料,而没有其他层位的材料,但通过这些单位的叠压打破关系仍能推断遗址的早晚关系。

H1位于中部,开口于第②层之下,打破生土;H4位于西部,开口于第④层下,打破生土;G2位于中部,开口于第②层下,打破第③层;Y1位于中部,开口于第④层下,打破第⑤层,则其早晚层位关系为:

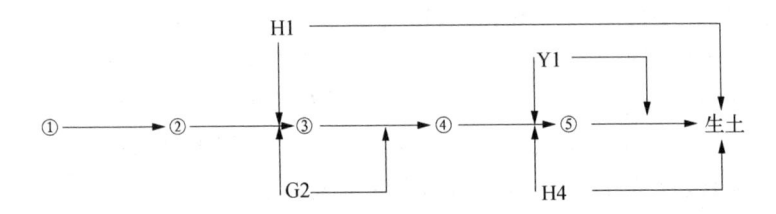

```
                    H1                     Y1
                    ↓                      ↓
  ① → ② →         ③    →   ④    →        ⑤    →  生土
                    ↑                      ↑
                    G2                     H4
```

H1和G2开口于第②层下,但第②层属扰乱层,故可以将H1和G2作为未被扰乱的第②层;H4和Y1早于第④层,晚于第⑤层,可以归入第④层,则简报对第③层的材料未予披露。H1分为2层,但从简报的介绍看,报道的是第②层的器物;G2及Y1均分为3层,皆有器物出土。

鉴于简报未对陶器进行类型学分析,故下面先对出土的主要陶器进行型式划分(附表)。

附表 万福垴遗址典型陶器分期

期别	年代	鬲 A型	鬲 B型	豆 A型	豆 B型	长颈罐
一	一段	Ⅰ式(TN05E20⑤:1)			Ⅰ式(TN05E20⑤:4)	Ⅰ式(TN05E20⑤:3)
二	二段		Ⅰ式(H4:1)		Ⅱ式(H4:3)	Ⅱ式(H4:2)
三	三段	Ⅱ式(Y1③:5)	Ⅱ式(Y1③:4)	Ⅰ式(Y1③:6)	Ⅲ式(Y1③:11)	Ⅲ式(Y1③:2)
三	四段		Ⅲ式(Y1②:7)	Ⅱ式(Y1②:9)	Ⅳ式(Y1②:14)	

(续表)

期别	年代	鬲		豆		长颈罐
		A型	B型	A型	B型	
四	五段	Ⅲ式(G2②:5)	Ⅳ式(G2②:6) Ⅴ式(H1:3) Ⅵ式(H1:8)	Ⅲ式(G2③:23)	Ⅴ式(G2③:18) Ⅵ式(G2①:12) Ⅷ式(H1:12)	Ⅳ式(G2②:33) Ⅴ式(H1:10)

期别	年代	簋		釜	鼎
		A型	B型	C型	
一	一段			Ⅰ式(TN05E20⑤:6)	(TN05E20⑤:5)

186

(续表)

期别	年代	簋 A型	簋 B型	簋 C型	釜	鼎
二	二段		Ⅰ式(Y1③:8)		Ⅰ式(H4:2)	
三	三段	Ⅰ式(Y1③:3)	Ⅱ式(Y1①:13)		Ⅱ式(Y1③:9)	
三	四段		Ⅲ式(G2③:16)		Ⅲ式(Y1①:7)	
四	五段	Ⅱ式(G2③:14) Ⅲ式(H1:1)	Ⅳ式(G2①:12)	Ⅱ式(G2③:15)	Ⅳ式(G2②:46)	

187

鬲 按口径与腹径的比值分为A、B两型。

A型鬲：大口鬲，口径大于或等于腹径，分三式。

Ⅰ式：侈口，卷沿，尖唇，束颈，肩不显，弧腹较扁，瘪弧裆，柱足，平根，足窝较浅，有刀削痕迹。TN05E20⑤：1，夹细砂红褐陶。有一条拍印条状绳纹。腹饰竖绳纹，肩部饰二道凹弦纹。口径23.2、腹径23.2、通高19.8厘米。

Ⅱ式：侈口，卷沿，沿面较宽，方唇内斜，沿下有勾槽，束颈，肩微弧，颈、肩分界不明显，直腹，下腹弧收，柱足，内侧有刀削痕迹，足窝较深，平根。Y1③：5，夹细砂黑褐陶。颈部饰细竖线暗纹，腹部饰三道凹弦纹间断绳纹，裆自腹中部第二道凹弦纹处开始内瘪。口径16.2、腹径14.8、高13.2厘米。

Ⅲ式：侈口，折沿，圆方唇，束颈，鼓腹，瘪裆，柱足内敛，足窝较浅，有刀削痕迹。G2②：5，夹细砂褐陶。颈下饰一道凹弦纹，腹部贴附一乳钉（不明显）。口径10.2、腹径10、通高10.8厘米。

A型鬲的演变规律是器身由宽到长，裆部由弧到平，腿由矮到高，最大腹径由中部移到肩部，颈部由不显到显，沿由卷沿尖唇到卷沿斜方唇再到折沿圆方唇。

B型：小口鬲，口径小于腹径，分六式。

Ⅰ式：直口，卷沿，尖圆唇，直颈，弧腹，瘪裆至上腹部，柱状足略外撇，平根。H4：1，夹砂灰黑陶，褐胎。器表饰竖绳纹，颈部绳纹被抹平，肩饰两道凹弦纹。口径16.2、腹径17.6、高16.8厘米。

Ⅱ式：直口，折沿，斜方唇内凹，束颈，溜肩，弧腹，高瘪裆向内斜收，柱足，足窝较浅，有刀削痕迹。Y1③：4，夹细砂褐陶。唇下饰一道凸弦纹，颈部绳纹被抹平，颈部以下、足部以上均饰绳纹，肩部有间断凹弦纹，弦纹下开始内瘪，裆部绳纹交错，且有按压痕迹。口径20.8、腹径22.0、通高21.8厘米。

Ⅲ式：折沿，圆方唇，束颈，鼓肩，颈下肩部开始内瘪。Y1②：

7,夹细砂褐陶。肩部以下残。颈部绳纹被抹平,并饰竖线暗纹。肩部饰绳纹并贴附泥饼。口径16、腹径16.4、残高7.8厘米。

Ⅳ式:直口,折沿,方唇,高颈,微鼓腹,瘪裆,柱足,平根,略外撇,有刀削痕迹。G2②:6,夹细砂褐陶。颈、腹饰竖绳纹,肩部饰三道凹弦纹。口径18、腹径20、通高21.6厘米。

Ⅴ式:直口,仰折沿,圆方唇,高直颈,圆肩,圆腹,瘪裆至上腹部,三柱足略外撇。H1:3,夹细砂黑皮陶,红胎,足部直接露出红褐色。上腹部饰以间断绳纹,以三道凹弦纹隔开。下腹至裆部均饰绳纹。足身素面,有刀削修整痕迹。口径18.8、腹径20、通高21.4厘米。

Ⅵ式:仰折沿,圆唇,高颈,肩微鼓。H1:8,夹砂红褐陶。颈部饰有较浅的竖线条纹,肩部饰以间断绳纹,肩以下残。口径12.8、腹径14.8、残高8.8厘米。

B型鬲的演变规律是沿由卷沿尖唇到折沿斜方唇再到折沿方唇,肩部由不显到显,颈有短到长,腹由浅到深,裆由拱弧到圆弧,足由直到外撇。

豆 按镂孔有无分为A、B两型。

A型:有镂孔豆,分三式。

Ⅰ式:敞口,圆唇,弧壁,盘略深,矮柄较直,中空及盘底,喇叭形座,座沿凹折。Y1③:6,泥质灰胎黑皮陶。盘内饰放射状暗纹(模糊),盘心刻划有近"+"形符号,柄部及柄座连接处共饰三道凹弦纹,间以三组六个长条形镂孔,两两对称,上下两组位置对应,中间第二组与其相间。口径19.2、底径13.2、高13.2厘米。

Ⅱ式:柄粗短,束腰中空,喇叭形座,座缘弧鼓,座沿弧凸。Y1②:9,泥质灰胎黑皮陶。残存豆底,柄饰两道凹弦纹间以三组长条形镂孔,每组三个,间距相同,下部第三组残存两个,上部第一组与第三组位置相同,中部第二组与其错位。残高8厘米。

Ⅲ式：直柄较长，小喇叭座，凹弧，座沿弧凸。G2③：23，泥质褐陶，略磨光。柄下部饰两道一组凹弦纹，柄座连接处亦饰一道，间以倒三角形镂孔，仅残存两个。底径12、残高14厘米。

A型豆的演变规律是柄由矮柄到高柄，座沿内凹到外凸。

B型：无镂孔豆，分六式。

Ⅰ式：敞口，尖唇，弧壁，浅盘，底微凹，矮柄较粗，中空，喇叭形座，座沿凹折。TN05E20⑤：4，泥质褐胎黑皮陶。口径19.6、座径12.8、通高13.1厘米。

Ⅱ式：敞口，圆唇，弧腹较浅，直柄。H4：3，泥质灰陶，褐胎。盘内饰放射状暗纹，沿部磨光。盘径17.2、深3.4、残高5.2厘米。

Ⅲ式：敞口，圆唇，弧壁，浅盘，平底。下接柄中空及底，以下残。Y1③：11，夹细砂褐陶。盘内饰放射状细线暗纹，盘外有一道细凹弦纹。口径17.6、残高6.2厘米。

Ⅳ式：敞口，方唇外斜，弧壁，浅盘，底微凹。Y1②：14，夹细砂褐胎黑皮陶，下接柄、座均残，唇面及唇下盘外均有一道凹弦纹，盘心饰卷云暗纹（类S形或C形），向外饰放射状暗纹，近口部饰几何图案暗纹。盘外似亦有几何暗纹，但模糊不清。口径16、残高3.6厘米。

Ⅴ式：敞口近直，弧壁，盘略浅，平底，柄中空及盘底，柄、座均残。G2③：18，泥质灰陶。口径12.4、残高3.8厘米。G2③：22，泥质褐胎黑陶。直口，尖唇，圆弧壁，浅盘，底及以下均残。口径14、残高3厘米。

Ⅵ式：敞口，尖圆唇，弧壁，盘较浅，底近平，喇叭形座，柄细长，中空及盘底，座凸弧，座沿斜平。G2①：22，泥质红陶。盘中心一圆窝，柄较长，上细下粗，座残。柄中部饰两道凹弦纹。口径12、残高17.6厘米。G2②：64，泥质灰褐胎黑皮陶。柄饰三道凹弦纹，如竹状，座饰两道。底径11.2、残高17.4厘米。

Ⅶ式：喇叭形柄，柄中部较细。H1：12，泥质黑皮陶，红胎。

仅剩豆柄上部。残高9厘米。

B型豆的演变规律是柄由短变长,座沿内凹到外凸。

簋　依形状分A、B、C三型。

A型:豆形簋,分二式。

Ⅰ式:深钵形,敛口,尖唇,鼓肩,腹弧收,圜底凹凸不平,喇叭形座。Y1③:3,夹细砂褐胎黑皮陶。弧壁外敞,最大径在肩部。口径11.2、底径7.4、通高13.8厘米。

Ⅱ式:深钵形,直口,尖唇,弧腹,圜底,喇叭形座,座斜壁外敞。G2③:14,夹细砂灰陶。口径13.6、腹径13.8、座径8.8、通高14.4厘米。

Ⅲ式:敛口,圆唇,深弧腹、下腹内收,喇叭形座。H1:1,泥质褐陶。底残。口径16.4、腹径18.4、残高11.8厘米。

A型簋的演变规律是口由敛口到直口再到敛口,腹由折到圆。

B型:盆形簋,分四式。

Ⅰ式:口略敞,方唇,上腹内弧,壁较直。Y1③:8,夹细砂灰胎黑皮陶。下腹及以下残缺。上腹饰两道凹弦纹间以细竖线暗纹及网格暗纹。口径18、残高6.2厘米。

Ⅱ式:敞口,仰折沿,方唇,上腹壁较直,下腹折收。Y1①:13,夹细砂红胎黑皮陶,外部及内部口沿均磨光。腹以下底及座均残。折腹以上饰两道凹弦纹间以细竖线暗纹及网格暗纹。口径18、残高7厘米。

Ⅲ式:侈口,口沿加厚,微卷,尖唇,直颈,扁鼓腹。G2③:16,泥质灰胎黑皮陶。腹以下均残。颈部饰细竖线暗纹,数道一组,颈下及鼓腹处各饰一道凹弦纹,间以模糊的右斜线暗纹。口径16、残高6厘米。G2②:56,夹细砂褐胎黑陶,胎较厚。腹以下均残。口径22、腹径18.4、残高7.2厘米。

Ⅳ式:直口,仰折沿,尖唇,直颈,折鼓腹。G2②:51,夹细砂褐陶。腹以下均残。口径12、腹径11.6、残高5厘米。

B型簋的演变规律是腹由深腹到浅腹，腹壁由直到斜直再到外鼓折。

C型：钵形簋。

Ⅰ式：侈口，仰折沿，尖圆唇，浅折腹。TN05E20⑤：6，泥质灰白陶，有黑斑块。底、柄残。通体饰六道凹弦纹。口径22、残高5.0厘米。

Ⅱ式：敞口，仰折沿，尖唇，上腹斜直，下腹外折起棱，弧收。G2③：15，泥质黑灰胎黑皮陶。底、座均残。可见底部有几何暗纹。口径18、残高6厘米。

C型簋的演变规律是腹壁由直到斜，腹由圆折到凸折。

长颈罐 分四式。

Ⅰ式：侈口，卷沿，方唇，高领内弧，溜肩，折鼓腹，平底。TN05E20⑤：3，泥质灰褐胎灰皮陶。肩以下残。颈肩交接处饰二道凹弦纹。口径16.8、残高9.4厘米。

Ⅱ式：侈口，卷沿，方唇，斜颈较高，折肩，腹弧内收。H4：2，泥质灰陶，褐胎底残。肩上部饰竖条暗纹，下部饰网状暗纹，以两道凹弦纹间断，下腹饰交错绳纹。口径17.6、腹径31.2、残高31.4厘米。

Ⅲ式：直口，折沿微卷，圆唇，高领，斜肩较宽，上鼓腹，下腹弧收，圜底内凹。Y1③：2，泥质灰黑陶。颈下有一道凹弦纹，肩部和上腹部饰竖绳纹，以五道凹弦纹间断，下腹至底部均饰网格纹。口径21.2、腹径33.6、底径10.2、通高33.2厘米。

Ⅳ式：敞口，宽沿微折，圆唇，颈内斜，弧肩折收呈直腹。G2②：32，泥质黑灰胎黑皮陶，腹及以下残。颈部饰细竖线暗纹，局部残，颈、肩交接处饰一道凸弦纹，弦纹两侧内凹，肩部饰三道凹弦纹，分别间以细竖线、左斜线、右斜线暗纹。残存上腹部素面无纹，仅内壁有两道旋纹。口径19.6、腹径19.6、残高15.4厘米。

Ⅴ式：敞口，折沿，圆唇，下缘敦厚，高颈，肩较广。H1：10，磨光黑皮陶。以下残。肩部可见稀疏的竖线条暗纹。口径18.8、残高8.8厘米。

长颈罐的演变规律沿由卷沿到折沿,颈内弧斜到直斜,器身由高到矮。

釜　分四式。

Ⅰ式:卷沿,圆唇,溜肩,弧腹。H4:10,夹细砂黑胎褐陶,器表不平。拍印网格纹。口径24、腹径31.6、残高12.8厘米。

Ⅱ式:侈口,卷沿,沿面较宽,尖唇,束颈极短,斜腹,腹壁较直,Y1③:9,夹粗砂灰陶。下腹及底残。颈部绳纹被抹平,颈部以下饰网格纹。口径30、残高11.2厘米。Y1②:8,颈部绳纹被抹平,颈部以下饰网格纹。口径32、残高14.4厘米。

Ⅲ式:折沿上仰,沿面较宽且内凹,斜方唇。Y1①:7,夹砂红褐陶。沿下饰网格纹。口径30、残高3.4厘米。

Ⅳ式:敞口,宽折沿,方唇,无颈,斜肩。G2③:13,夹细砂灰陶。沿面有一道凹弦纹,肩部饰网格纹。口径29.8、残高7.6厘米。

釜的演变规律是沿由卷沿圆唇到折沿方唇。

根据型式及组合关系可以将陶器分为以下几组:

一组:AⅠ式鬲、CⅠ式簋、Ⅰ式长颈罐、BⅠ式豆。一组对应的是第5层。

二组:BⅠ式鬲、Ⅱ式长颈罐、BⅡ式豆、Ⅰ式釜。二组对应的是H4。

三组:AⅡ、BⅡ式鬲,AⅠ、BⅠ式簋,AⅠ、BⅢ式豆、Ⅲ式长颈罐、Ⅱ式釜。三组对应的是Y1第3层。

四组:BⅡ、Ⅲ式鬲,BⅡ式簋,AⅡ、BⅣ式豆、Ⅱ式、Ⅲ式釜。四组对应的是Y1第1、2层。

五组:AⅢ、BⅣ、Ⅴ、Ⅵ式鬲,AⅡ、AⅢ式、BⅢ、Ⅳ式簋,Ⅳ、Ⅴ式长颈罐,AⅢ、BⅤ、Ⅵ式、Ⅶ式豆,Ⅳ式釜。五组对应的是

G2、H1。

鉴于Y1和G2的出土器物较多，与其他地区可资对比，故以此两个单位的器物作为分期标准，其他的单位与之先后排序。

Y1的器物归为两组，第③层为第三组，第①、②层为第四组。先看第三组，AⅡ式鬲扁宽体、弓弧裆、柱状足的造型属周式鬲的典型特征，将其与关中地区西周陶鬲相比，同于张家坡的CⅢ式[5]，张家坡的CⅢ式鬲出现于第三期，一直到第五期皆有；近于北吕的EⅡ式[6]，北吕的定为第6期，属西周中期；近于少陵原的CbⅣ式[7]，少陵原的归入西周中期后段；近于洛阳北窑西周中期的连裆Ⅱ式鬲[8]。BⅡ式鬲作器风格近于洛阳北窑的西周晚期的长腿鬲，只是足没北窑的高，裆也比北窑的弧，显早；近于蕲春毛家嘴的直壁实足式鬲[9]，只是腿比毛家嘴的高直，腹浅，显晚；毛家嘴的可定为西周早期。AⅠ式簋的作器风格近于洛阳北窑西周中期的M139：28的无柄豆，只是器体变高；BⅠ式簋无论是器形还是装饰风格都近于蕲春毛家嘴的簋和张家坡BⅣa式簋，蕲春毛家嘴的属西周早期，张家坡的定在昭穆时期；Ⅲ式长颈罐同于张家坡的BⅧ式，张家坡属昭穆时期；近于北窑西周中期的M146：2的圆肩斜腹罐；近于齐家的M4的罍[10]，齐家M4定为西周早期偏晚；综合以上分析，可将第三组定在西周中期前段。

再看第四组，第四组沿用第三组的BⅡ式鬲的同时，出现了折沿方唇的BⅢ式鬲，豆座沿由凹足变为凸足，流行第三期出现的B型盆形簋，但腹已开始斜收，唇也由折沿尖唇变为折沿方唇。BⅡ式簋的器形近于齐家M1的簋[11]，齐家M1定为西周中期偏早；同于张家坡的BⅤ式簋，张家坡的定为西周中期偏早阶段。故可将第四组定在西周中期后段。

第二组的BⅠ式鬲卷沿、尖唇，折肩罐溜肩、长身，釜卷沿、溜肩，这些形态特征早于第三组的同类器，豆座座沿仍同于第一组的凹足，但豆盘则由外翻沿变为直口圆唇，但长颈罐的直颈特征同于第三组。故可将第二组定在西周早中期之际。

再看第一组,AⅠ式鬲同于张家坡的CⅡb式[12],张家坡的出现于第1期,第2期仍见,属西周早期;近于少陵原的CdⅡ式[13],少陵原的归入西周早期后段;近于毛家嘴的浅腹袋足式鬲[14],毛家嘴的属西周早期;近于叶家山M65的鬲,但比其宽扁,足内聚没其甚,显晚,叶家山的为成康时期[15]。又CⅠ式簋盘同于毛家嘴的盘,鼎的圆腹也是西周早期的形态。综合以上比照,可将第一组定在西周早期后段。

G2、H1的器物归为第五组,AⅢ式鬲的造型近于齐家M26的仿铜鬲[17],但器体比其高长,腹深,显晚,齐家的属西周中期晚段;近于荆南寺T3③:31鬲[18],只是腹浅、裆弧、肩鼓、足高,显晚,荆南寺可定在西周中期;近于真武山的AⅢ式鬲[19],真武山的可定在西周晚期。BⅢ式簋近于齐家M7的周式簋[20],齐家的定在西周晚期前段;BⅣ式簋同于齐家M3、19、27、38、41的周式簋[21],齐家的皆定在西周晚期;直口斜腹罐的造型近于湖南宁乡炭河里的L型罐[22],炭河里的属西周时期。此外,还有近于洛阳北窑西周晚期M403:2的大口尊(盆)。另,G2出土的一柄青铜剑的剑形及剑身饰风格见于宝鸡强国墓地的青铜剑[23],但剑茎、身分界明显的形制特点晚于宝鸡茹家庄M1,宝鸡茹家庄M1的年代为西周中期。综合考虑,可将第5组定在西周晚期。

综合以上分析分期段如下:

第一期一段:西周早期后段,以第⑤层为代表。

第二期二段:西周早中期之际,以H4为代表。

第三期三段:西周中期前段,以Y1③层为代表。

第三期四段:西周中期后段,以Y1②层为代表。

第四期五段:西周晚期,以G2、H1为代表。

在这四期中,第一期出现的A型鬲、长颈罐具有典型周文化的特征,而釜形鼎、B型豆、C型簋则是本地特征。第二期出现的B型鬲不见于关中的周文化,应属改良后的周式鬲,釜则为本地特色。第三期中周文化的因素虽有加强,如新出现了周式的B型簋,但新出现的带镂孔的A型豆、A型簋则是本地的器物。总的来看,第三、四期的文化共同性多一点,如都流行A、B型鬲,A、B型豆,A、B型簋等,豆柄上的刻槽及高长柄,鬲、簋上的竖条暗纹、网格纹等装饰也多见于长江沿岸。也就是说,从第三期开始,本地特点逐渐增强。但第四期也有一些变化,如亚腰形的周式豆开始出现,还出现了类似尊的深腹盆。总的看,万福垴遗址属于周文化系统的一个地域文化类型。

二、与周边同期文化的比较

（一）荆汉地区

本文所称荆汉地区指的是荆山与汉水环围的区域,包括襄阳市襄州区的一部分、钟祥市的西北、宜城市、南漳县、保康县及房县的东南部。

这一区域西周中、晚期的陶器组合主要为鬲、盂、豆、罐,鬲多为短颈、深腹、矮柱足;豆有斜壁和折壁两种,西周晚期则流行矮喇叭足上带箍;罐为长颈折肩罐;盂则近盆形。总的看,风格与关中的周文化相同,只是柱足鬲为主流器种,少见或不见关中地区的锥足鬲和袋足鬲(图一)。

（二）江汉地区

本文所称江汉地区指荆山以南、沮漳河、汉水及长江环围的区域,包括远安、当阳、枝江、江陵、荆门、潜江、仙桃、武汉等县市。

这一区域西周时期的陶器组合主要为鬲、盆、豆、罐,鬲多为长颈、深腹、高柱足,还有一种尖锥形实足的鼎式鬲;豆为浅盘、矮粗柄或有镂孔,罐为长颈鼓肩,盆近盂形。总的看,风格近于荆汉地区,但长柱足及尖锥形实足鬲较有特色(图二)。

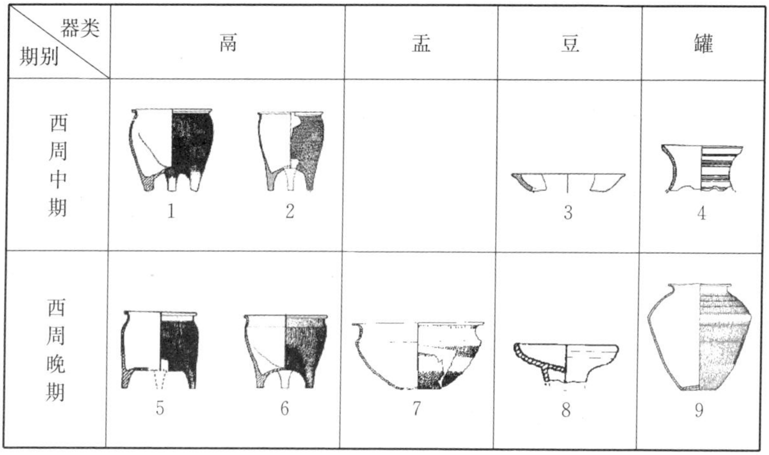

期别\器类	鬲		盂	豆	罐
西周中期	1	2		3	4
西周晚期	5	6	7	8	9

图一 荆汉地区周代器类组合

1、2、5、6. 鬲(H36∶3、H6∶7、H81∶16、H81∶15) 3、8. 豆(T1④∶13、H39∶15) 4、9. 罐(T0④∶7、H66∶1) 7. 盂(H81∶18)
1、5～8 为真武山遗址出土,2、3、4 为孙家坪遗址出土[23],9 为郭家岗遗址出土。

期别\器类	鬲		盂(盆)	豆		罐
西周中期	1	2	3	4	5	6
西周晚期	7	8	9	10	11	12

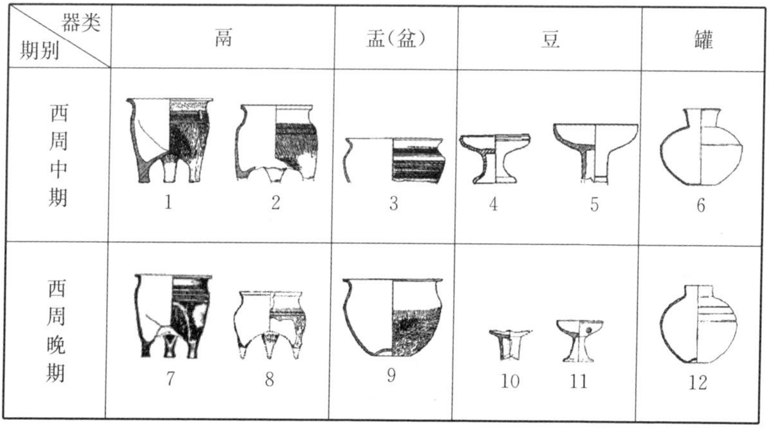

图二 江汉地区周代器类组合

1、2、7、8. 鬲(G2∶1、T45③A∶7、T3③C∶25、标本 80∶03) 3、9. 盆(65WFH2∶7、H73∶1) 4、5、10、11. 豆(65WFH2∶21、H75∶3、T2⑥∶238、T1⑤∶125) 6、12. 罐(H176∶2、T1⑥∶270)
1、2、5、6、9 为荆南寺遗址出土,3、4 为武昌放鹰台出土[25],7 为江陵梅槐桥遗址出土[26],8、10～12 为当阳磨盘山遗址出土[27]。

197

(三) 峡江地区

本文所称峡江地区指宜昌市至巴东县之间的长江沿岸，包括宜昌市、秭归县、巴东县、长阳县等地。

这一区域西周时期的陶器组合主要为鬲、簋、豆、罐、钵、釜等，鬲同于江汉地区的鬲，流行方格纹，簋为盂形、高足，豆为浅盘、长柄或有镂孔，罐为长颈（图三）。

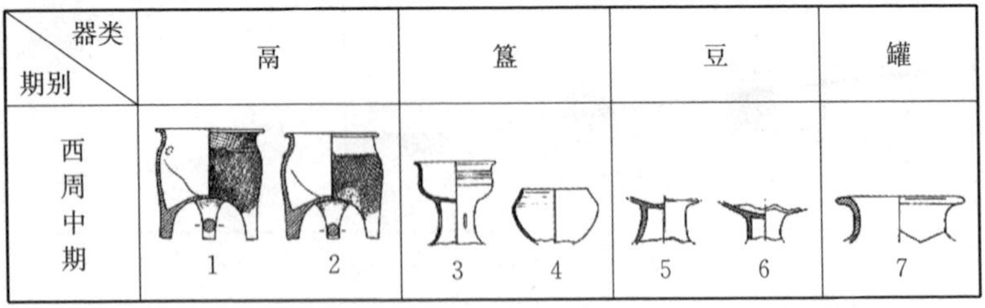

期别 \ 器类	鬲		簋		豆		罐
西周中期	1	2	3	4	5	6	7

图三　峡江地区周代器类组合

1、2. 鬲(H7①：1，H7②：2)　3、4. 簋(T25⑥：3，T25⑥：65)　5、6. 豆(H7①：8，T25⑥：80)　7. 罐(T25⑥：12)
以上为秭归庙坪遗址出土。

(四) 洞庭湖北区

本文所称洞庭湖北区指湖北的宜都、松滋、监利、公安及湖南的岳阳、临澧、华容、澧县等市县。

这一区域西周晚期的陶器组合主要为鬲、豆、盆、罐，鬲、罐的形制同于江汉地区，豆为长柄，近于峡江地区；盆近似盂。总的看，风格接近于江汉地区的文化特色（图四）。

(五) 丹淅地区

本文所称的丹淅地区指丹江流域沿线，包括陕西的商丹盆地，河南的淅川、湖北的丹江口至郧县一带。

这一区域西周晚期的陶器组合主要为鬲、盆、豆、罐、三足瓮，鬲为长体、短颈、矮足，有分裆和联裆两种；豆为深盘、折壁，罐为长颈、折肩，瓮为三空锥足。总的看，器形风格接近关中地区，但以柱足鬲为主流则同于荆汉地区（图五）。

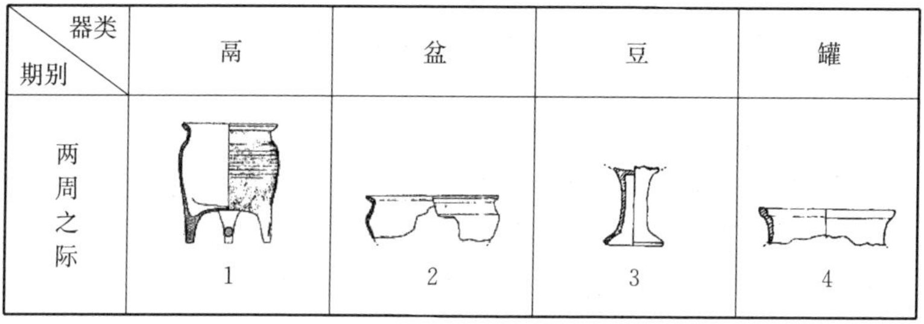

器类期别	鬲	盆	豆	罐
两周之际	1	2	3	4

图四 洞庭湖北区周代器类组合

1.鬲(H16④:1) 2.盆(H16④:34) 3.豆(H16④:56) 4.罐(H16④:10)
以上为岳阳毛家堰—阎家山遗址出土㉖。

器类期别	鬲	盆(盂)	豆	罐	三足瓮
西周晚期	1,2	3	4,5	6	7

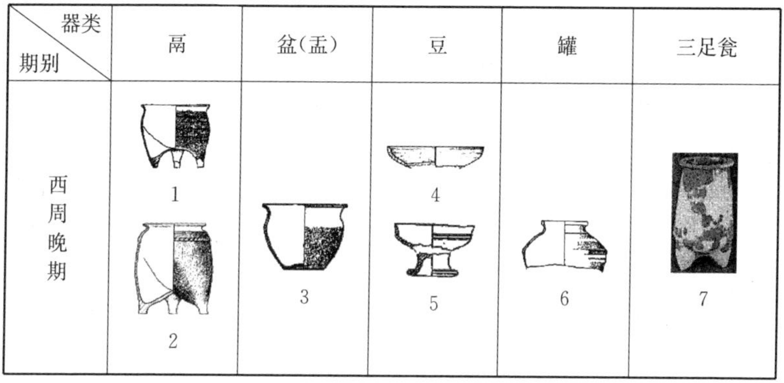

图五 丹淅地区周代器类组合

1、2.鬲(T92④B:6、H90:1) 3.盆(T13⑧A:8) 4、5.豆(H137:5、T92B④:5、T15③B:13) 6.罐(F1东侧) 7.三足瓮(F2:4)
1、3、5为均县朱家台遗址出土,2、4为下王岗遗址出土㉙,6为淅川双河遗址出土㉚,7为过风楼遗址出土㉛。

将万福垴遗址的陶器与以上区域相比,西周中期,无论是鬲、簋、豆、罐、釜的组合还是鬲、簋、豆、罐、釜的形制特点都同于峡江地区,鬲长颈、高柱足的特点又与江汉地区西周中、晚期的同类器相似,器物上的暗纹、镂孔等都是长江中游地区沿岸周代文化装饰风格,如江陵荆南寺㉜、秭归庙坪㉝、巴东谭家岭㉞、阳新和尚垴㉟等遗址都有发现,故其与江汉地区及峡江地区文化存在一定的关联。

199

从年代上看，西周遗存年代同于江汉地区而早于峡江地区的同期遗存。

三、余论

楚季宝钟铜器群的出土，使得万福垴遗址与早期楚国有了交集，其文化特色与楚文化存在千丝万缕的联系。学界对于早期楚文化的认识一直很模糊，万福垴遗址的发现使得早期楚文化的影子逐渐清晰。铜器群出土于H1，H1的年代为西周晚期。H1出有自铭楚季宝钟的器物，则H1为楚国人所为，故H1中出土的陶器一定具有楚文化的元素，遗址第四期的文化特色应该就是早期楚文化的体现。我们看到，第四期除了典型周文化风格的A型大口鬲、B型盆形簋、亚腰形豆和长颈折肩罐，B型小口鬲则继承了上几期的传统，这种小口、高颈、弧裆、高柱足的鬲不同于关中地区的周式鬲，而广泛流行于江汉地区，应该是本地的一种特有器物。又A、C型簋、镂孔豆、釜也是与前几期一脉相承，而不见于关中地区。由此看，早期楚文化应该是周文化与江汉地区土著文化相结合的产物。这支楚文化来到万福垴后，对当地土著文化采取兼收并蓄的方式，这种文化演变特色也预示了楚文化的形成具有同样的历程。

注释：

① 宜昌博物馆：《宜昌万福垴编钟出土及遗址初步勘探》，《中国文物报》2012年9月28日第8版。

② 李学勤：《试谈楚季编钟》，《中国文物报》2012年12月7日第6版；郭德维：《楚季宝钟之我见》，《江汉论坛》2012年第11期；张昌平：《吉金类系——楚公豢钟》，《南方文物》2012年第3期；武家璧：《"楚季"其人与"楚季钟"的年代》，简帛网，2012年8月22日。

③ 刘彬徽：《楚季编钟及其他新见楚铭铜器研究》，载《湖南省博物馆馆刊（第9辑）》，岳麓书社，2013年。

④ 湖北省文物考古研究所、武汉大学历史学院考古系、宜昌博物馆：《湖北宜

昌万福垴遗址发掘简报》，《江汉考古》2016年第4期。
⑤⑫ 中国社会科学院考古研究所：《张家坡西周墓地》，中国大百科全书出版社，1999年。
⑥ 宝鸡市周原博物馆：《北吕周人墓地》，西北大学出版社，1995年。
⑦⑬ 陕西省考古研究院：《少陵原西周墓地》，科学出版社，2009年。
⑧ 洛阳市文物工作队：《洛阳北窑西周墓》，文物出版社，2002年。
⑨⑭ 中国科学院考古研究所湖北发掘队：《湖北蕲春毛家嘴西周木构建筑》，《考古》1962年第1期。
⑩⑪⑰⑳㉑ 陕西省考古研究院、北京大学考古文博学院、中国社会科学院考古研究所：《周原——2002年度齐家制玦作坊和礼村遗址考古发掘报告》（下），科学出版社，2010年。
⑯ 湖北省文物考古研究所、随州市博物馆：《湖北随州叶家山M65发掘简报》，《江汉考古》2011年第3期。
⑱㉜ 荆州博物馆：《荆州荆南寺》，文物出版社，2009年。
⑲ 湖北省文物考古研究所、襄樊市博物馆：《湖北襄樊真武山周代遗址》，载《考古学集刊(9)》，科学出版社，1995年。
㉒ 湖南省文物考古研究所、长沙市考古研究所、宁乡文物管理所：《湖南宁乡炭河里西周城址与墓葬发掘简报》，《文物》2006年第6期。
㉓ 宝鸡市博物馆：《宝鸡强国墓地》，文物出版社，1988年。
㉔ 湖北省文物考古研究所：《湖北房县孙家坪遗址发掘简报》，《江汉考古》2013年第3期。
㉕ 湖北省文物考古研究所：《武昌放鹰台》，文物出版社，2003年。
㉖ 湖北荆州地区博物馆、北京大学考古系：《湖北江陵梅槐桥遗址发掘简报》，《考古》1990年第9期。
㉗ 宜昌地区博物馆：《当阳磨盘山西周遗址试掘简报》，《江汉考古》1984年第2期。
㉘ 岳阳市文物工作队：《湖南省岳阳市郊毛家堰—阎家山周代遗址发掘简报》，《文物》1993年第1期。
㉙ 河南省文物考古研究所、长江流域规划办公室考古队河南分队：《淅川下王岗》，文物出版社，1989年。
㉚ 北京大学考古学系、南阳市文物考古研究所：《河南省淅川双河镇遗址发

掘简报》,《考古与文物增刊(先秦考古)》2002年,第13~38页。

㉛ 武汉大学考古与博物馆学系、湖北省文物局南水北调办公室:《湖北郧县辽瓦店子遗址东周遗存的发掘》,《考古》2008年第4期。

㉝ 湖北省文物事业管理局、湖北省三峡工程移民局:《秭归庙坪》,科学出版社,2003年。

㉞ 国务院三峡工程建设委员会办公室、国家文物局:《巴东谭家岭与宋家榜》,科学出版社,2014年。

㉟ 咸宁地区博物馆、阳新县博物馆:《阳新县和尚垴遗址调查简报》,《江汉考古》1984年第4期。

"鸠杖"再议

秦让平

(安徽省文物考古研究所)

"鸠杖"作为中国古代一种具有特殊文化涵义的器物,其发端及流变已经有学者进行了充分研究。笔者在近年进行的考古发掘中,有幸先后两次发现汉代具鸟形装饰的器物,其一为杖首,其二为铜戈,故对此类器物产生了进一步了解的兴趣。通过对以往学者所发表的关于"鸠杖"的文章的梳理和学习,笔者决定从厘清名称入手,并运用考古类型学对出土实物进行重新分析,试图从不同角度探讨它的发展脉络,并提出一点个人的看法。不当之处,敬请指正。

一、何为鸠鸟

鸠鸟即鸠,关于"鸠"的定义可从两个方面去探讨。

一是现代生物学意义上的鸠。《汉语大辞典》中"鸠"的词条解释如下:鸠,鸠鸽科的鸟的泛称。《简明生物学词典》中这样解释:"鸠,鸟纲。鸠鸽科部分种类的通称。我国有绿鸠(Treron)、皇鸠(Ducula)、鹃鸠(Macropygia)和斑鸠(Streptopelia)等"[①](图一)。其中最为常见的斑鸠,又包括了灰斑鸠、山斑鸠、珠颈斑鸠、火斑鸠等等(图二)。以上鸠类的共同特征即为体型较小,中长喙略下弯钩、小头、圆腹、直尾。

二是历史文献中有关"鸠"的记载。文献中记载的也可分为两类,一类是古人对"鸠"字的解释和定义,另一类是引用了"鸠"这一概念的文献。《尔雅释诂》中这样定义:"鸠,聚也。"在这里的鸠是

图一　鸠的分类
1. 绿鸠　2. 南鸠　3. 鹃鸠　4. 斑鸠

作为通假字,通"勼",有聚集之意,大概是取自鸠鸟群居的习性,但与鸠鸟本身没有多大关系。《说文》曰:"鸠,鹘鸠也。"除此之外,《左传》昭公十七年中一段昭公和郯子的对话更全面地包括了古人认为的几种鸠鸟种类:"郯子曰:'吾祖也……祝鸠氏,司徒也;鴡鸠氏,司马也;鸤鸠氏,司空也;爽鸠氏,司寇也;鹘鸠氏,司事也。五鸠,鸠民者也。'"古人认为的鸠包括了以上五类,并且在一些注疏中,以上几类鸠是包括了鹰的。据《大戴礼》记载:"正月,鹰则为

图二 斑鸠的分类
1. 灰斑鸠　2. 山斑鸠　3. 珠颈斑鸠　4. 火斑鸠

鸠,鹰也者,其杀之时也,鸠也者,非其杀之时也。善变而之仁也,故其言之也曰'则',尽其辞也。鸠为鹰,变而之不仁也,故不尽其辞。"有研究者认为,通过以上记载,并结合神话、宗教等内容,鹰和鸠是可以互相转化的,故考古发掘中大部分鸟类雕塑都可以称之为鸠[②]。

文献中引用"鸠"的有《诗经·国风·关雎》:"关关雎鸠,在河之洲";《诗经·召南》:"维鹊有巢,维鸠居之";《禽经》:"拙者莫如鸠,不能为巢。"以上记载间接指出了鸠的习性。而将鸠与杖结合又有明确记载的,是出土于甘肃武威磨嘴子东汉墓中的《王杖十简》,其文曰:"制昭丞相、御史:高皇帝以来至本二年,胜(朕)甚哀老、小,高年受王杖,上有鸠,使百姓望见之,比于节。"《后汉书·礼仪志》:"仲秋之月,县道皆案户比民,年始七十者,授之以玉杖,哺之糜粥。八十九十,礼有加赐。玉杖长(九)尺,端以鸠鸟为饰。鸠者不噎之鸟也,欲老人不噎。"至于杖端所饰鸠鸟的形象如何,《水经注·赤水》所引《风俗通义》中这样记载:"俗说高祖与项羽战于京索,遁于薄中,羽追求之,时鸠止鸣其上,追之者以为必无人,遂得脱。及即位,异此鸠,故作鸠杖以扶老。"虽然只是传说,但通过这段描述,能够轻易使追兵相信其下无人隐匿的鸠鸟,依照常理必然是娇小温顺的鸠鸽。

综上,我们可以为"鸠"总结出一个基本特征。从记载中可以明确得知,先秦时候古人所描写和认为的鸠,其含义是比较丰富的,既包括了今天所指的鸠鸽科鸟类,也包括了一些类似于鹰的猛禽。然而自汉代以后,由于鸠杖制度的确立,鸠的形象也相对固化为现代生物学意义上的鸠鸟了。

二、从鸟形雕塑到鸟形杖首

鸟的形象在人类文明史上一直占据着重要的地位,新石器时期发现了大量刻画鸟类的图案和符号。考古发现的鸟形雕塑自新石器时期就已经普遍存在,红山、良渚、凌家滩等新石器晚期文化的玉器中都有较为明确的形象,石家河文化发现的陶塑鸟形器更是丰富而生动(图三)③。新石器时期的鸟形雕塑,既有如石家河文化般写实的雕塑,也有如凌家滩文化般具备神秘宗教气息的符号化表现。鸟形雕塑历商周至秦汉,墓葬中也有较多发现,其载体或为玉,或为铜,或为陶,此不赘述。

杖的使用也是随着人类文明和礼仪的发展而兴起的。权杖作为一种礼仪用具,由具有一定身份和社会地位的人所秉持,体现着某种威仪。《周礼·秋官·伊耆氏》载:"伊耆氏,掌国之大祭祀,共其杖咸,军旅,授有爵者杖,共王之齿杖。"杖首的装饰各有不同,如上海青浦福泉山良渚文化墓地出土的玉杖首,就有靴形、船形、马鞍形等各种形状④。

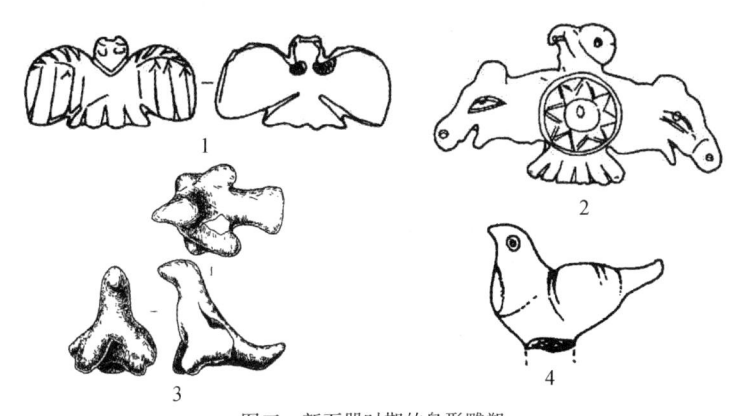

图三 新石器时期的鸟形雕塑
1. 胡头沟红山文化玉鸟　2. 凌家滩文化玉鹰
3. 邓家湾石家河文化陶鸟　4. 福泉山良渚文化玉鸟

青海省湟源县发现了迄今最早的两件鸟形杖首,为距今约3 000年的卡约文化墓葬所出[5],发掘简报将其称为"鸠首牛犬铜杖首"。据简报:"銎为圆筒形,上为鸠头,圆眼,眼下一周联珠,长嘴,嘴端承托一犬,鸠首承托一母牛,牛下一小牛正在吃奶。"其后则是分别发现于浙江绍兴和江苏丹徒的两件春秋时期的鸟形铜杖首[6],这两件铜杖首形制相仿,均由杖首末端的鸟形雕塑与其下较长的青铜銎组成,銎外侧均饰一道三角形凸棱及半圆形凸棱,间饰云雷纹、蝉翅纹、蟠虺纹等。

至此,鸟形雕塑与杖开始结合,形成了鸟形杖首这一特征鲜明的历史遗物。

三、鸟形杖首类型学分析

目前考古发现的鸟形杖首并不多见,笔者就已搜集到的进行类型学分析。依照杖首总体形象可分为两类(图四)。

甲类:5件。鸟首形杖首。均为铜质,可依形状分为两型。

A型:2件。长喙,扁首,长直颈。青海湟源M87:1,鸟颈与鸟喙近垂直呈曲尺形,颈部中空为銎,喙末端有长条形穿孔,头部

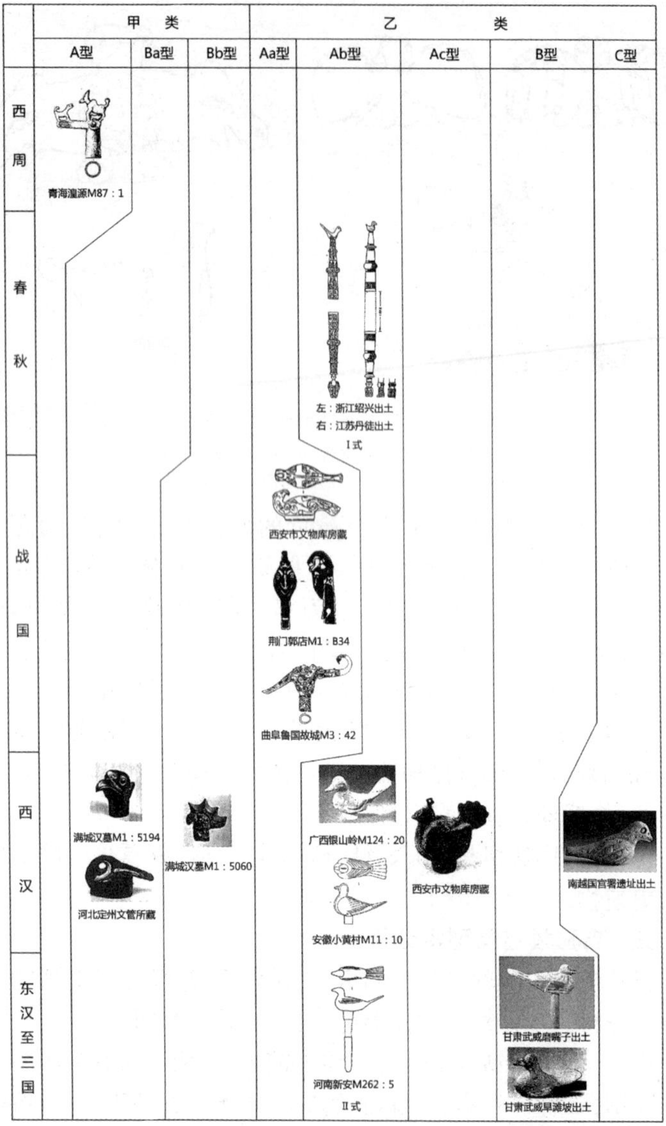

图四 鸟形杖首类型分析图

有圆形凸出的眼珠,眼珠下有半圈联珠状装饰;上方平,鸟首正上方承托母牛及吃奶的小牛,喙端承托一仰首向牛吠叫的犬。该杖首仅可从眼睛及长喙看出为鸟首形,并不十分形象,造型含有夸张写意的成分[7]。

B型:3件。短喙,喙尖下弯钩,圆首,短直颈。又可分为两个亚型。

Ba型:2件。头顶无冠。满城汉墓M1:5194,鸟喙下弯钩,喙粗壮,圆首,双目圆睁,短直颈[8]。定州文管所藏鸟首形杖首,圆首,双目贯穿,喙扁平略直,短直颈[9]。

Bb型:1件。头顶有冠。满城汉墓M1:5060,鸟喙短而下弯钩甚,双眼突出,鸟首上方着四尖冠状饰,若鸡冠,短直颈[10]。

乙类:19件。鸟形杖首。可依质地分为三型。

A型:12件。铜质。依鸟的姿态可分为三个亚型。

Aa型:5件。曲颈回首型。西安市文物库房所藏2件错金银鸟形杖首,曲颈回首,粗短喙尖下弯钩,脑后两侧有耳状装饰,身体圆鼓,尾羽下垂,腹下有穿孔,并有椭圆形銎[11]。荆门郭店一号楚墓M1:B34、B36,形制相同,杖首鸟形呈卧状,圆眼,勾喙,曲颈回首,喙紧啄背部,通体饰错金银羽状纹及卷云纹,底座两端平,中部微凹,中有一圆形小孔,内塞一钉,尾部一孔[12]。曲阜鲁国故城战国墓M3:42,总体看去似为回首鸟形,但鸟身部分为龙形兽盘曲,鸟首及鸟尾均为盘绕在龙形兽上的蛇形兽口所含,造型瑰丽奇特,为鸟形杖首中的精品[13]。

Ab型:6件。直颈前望无冠型。可分为两式。

Ⅰ式:2件。长銎。浙江绍兴发现鸟形杖首,鸟形呈站立状,短喙,通身羽纹,昂首翘尾,展翅欲飞,鸟下为上细下粗的长銎,其外饰两道凸棱,分别为三角形及半圆形,间饰双线水波纹、蝉翅纹、云纹、蟠螭纹等[14]。江苏丹徒出土的鸟形杖首与前一件形制基本相同,仅杖首端的鸟体型较小[15]。两件杖首均配有下端装饰跪坐人物形象的镦。

Ⅱ式：4件。短直銎。西安市文物库房藏鸟形杖首,中长直尖喙,小首,圆腹,尾端上翘,通体阴线刻画眼睛、羽毛、翅膀等[16]。广西平乐银山岭汉墓M124：20,中长直尖喙,小首,圆腹,尾端上翘[17]。河南新安M262：5,杖首鸟形短尖喙,圆腹,尾端上翘[18]。安徽肥东小黄村M11：10,短喙略下弯钩,昂首,鼓腹,尾端上翘,周身阴线刻画翅膀及尾羽,双足卧于短圆柱中空的銎上[19]。

Ac型：1件。直颈前望带冠型。西安市文物库房藏,短尖喙,头顶小冠,身体浑圆,尾端上翘[20]。

B型：6件。木质。甘肃武威磨嘴子汉墓出土3件,圆木杖,杖首鸟形呈蹲卧状,缩首,短直喙微张,尾上翘,表面以墨线勾画翅膀及尾羽[21]。武威旱滩坡汉墓出土的杖首,鸟作蹲伏状,张口含食,鼓腹,尾略上翘,通体以白粉涂饰后再用墨线勾绘,出土后粉墨剥落,腹下凿一小方孔,以纳杖杆[22]。江苏连云港市海州区的霍贺墓及侍其繇墓各出土木质鸟形杖首1件,无图[23]。

C型：1件。陶质。南越国宫署遗址出土,保存完好,整体呈鸽状,蹲卧,形态逼真;短直喙,口微张,头部棱角明显,双目圆睁,正视前方;颈粗壮较短,前胸开扩,体态饱满,双翅合抱,尾部并拢,自然后伸,尾端齐平;腹下有一圆形印洞,深入腹内[24]。

四、再议"鸠杖"

通过对鸟形杖首的类型学分析,可以大致看出这类器物的发展脉络。西周时期,虽然出现了鸟形雕塑和杖的结合,但鸟形雕塑并不占据特别突出的地位,青海出土的杖首中,鸟首形象粗糙简单,仅仅起承托牛与犬的作用。至春秋时期,鸟形雕塑在杖首成为唯一的表现对象,但是其下繁复且发达的銎的造型,以及镦末跪坐人形的刻画,冲淡了鸟形在杖首的地位。战国时期的鸟形杖首以错金银为主,多曲颈回首,也受时代影响,加进其他因素,体现出精美高超的铸造技艺。

战国之前的鸟形杖首均发现于等级较高的墓葬中,持有人的社会地位也相对较高。自汉以降,这种情形发生了变化。汉代以后出现的鸟形杖首,从出土墓葬等级来看,王侯陵墓和普通墓葬均有发现;就质地而言,既有精美的铸铜,也有一般的薄胎铜质,更有陶质鸟形杖首出现,江苏连云港市海州区两座西汉墓葬、甘肃武威的东汉墓葬均出土有木质鸟形杖首;从形态而言,等级较高的墓葬中鸟首造型略有夸张,其他则趋向写实,并且将体型娇小的鸠鸽形象固定下来,直至东汉三国。

这种变化反映了我国古代赐杖制度的发展。有研究者指出,汉代"七十赐杖"的制度起源于汉高祖⑤。先秦时期的赐杖制度,《周礼》《礼记》等古籍中均有记载,真正意义上明确"杖首有鸠"的记载始于汉代。虽然说先民认为鸠包括鹰,且二者可以相互转化,如此将大部分具备鹰的特征的鸟形雕塑称为"鸠"似乎也无可厚非。但笔者通过梳理发现,"鸠杖"这一叫法似有泛化之嫌,通过考古发现的实物可以看出,汉代以前的鸟形杖首或造型多变,或未体现鸟形的主体地位,是否都可笼统称为"鸠杖"有待商榷。

多数研究者认为鸠杖制度是敬老、孝文化的重要体现,汉代统治者提倡以孝治天下,自高祖刘邦始就有为了尽孝而将故里依原状搬迁至长安的举动。传世文献及出土文献均明确记载汉代赐老人的杖为"鸠杖",加之有高祖刘邦获救于鸠鸟的传说加持,结合出土鸟形杖首在汉代固定为鸠鸽科形象的事实,我们有理由得出结论:"鸠杖"这一说法始于西汉。在我们的描述中,汉代以前的应当仍旧称之为"鸟形杖首"为妥。

五、其他

"鸠杖"制度作为敬老制度的重要组成,在汉代以孝治理天下的历史进程中发挥了一定的作用。通过出土文献记载,鸠杖制度不仅仅是尊敬老人而已,统治者还赋予了持杖人一些特权。

据《王杖十简》和《王杖诏令册》记载,持杖人可以自由出入官府、郎第，在驰道旁行走，经商免税("市卖，复毋所与")，免除善待持杖人的"旁人"的赋税("有旁人养谨者常养扶持，复除之")，犯罪从轻处理等[⑧]。这些特权体现了国家对老人的优待，对于提升整个社会敬老爱老的风气是有积极意义的。然而这项制度也存在一些消极的因素，如《王杖十简》记载："有敢妄骂詈殴之者，比逆不道。"也就是说，对持杖人的任何冒犯都是大逆不道的。简书同时记载了一些因侮辱、殴打持杖者而被处以极刑的案例，以今人的眼光来看，持杖人获得了一些对冒犯者过于严苛的法外之权，似乎有些矫枉过正了。

重新审视两千多年前的敬老政策，对于解决当今存在的一些与老人群体相关的社会问题，建立起基于平等和互相尊敬基础上的对老人的持续关爱机制等，无疑大有裨益。

注释：

① 冯德培等：《简明生物学词典》，上海辞书出版社，1982年。
② 孙章峰、徐昭峰：《鸠·鸠杖·鸠车》，《华夏考古》2006年第3期。
③ 赵慧群：《我国史前玉鸟饰管窥》，《江汉考古》2005年第4期；黄厚明：《良渚文化鸟形玉器的宗教文化功能》，《中国历史文物》2006年第4期。
④ 上海市文物保管委员会：《上海青浦福泉山良渚文化墓地》，《文物》1986年第10期。
⑤⑦ 青海省湟源县博物馆、青海省文物考古队、青海省社会科学院历史研究室：《青海湟源县大华中庄卡约文化墓地发掘简报》，《考古与文物》1985年第5期。
⑥ 蔡晓黎：《浙江绍兴发现春秋时代青铜鸠杖》，《东南文化》1990年第4期；江苏省丹徒考古队：《江苏丹徒北山顶春秋墓发掘报告》，《东南文化》1988年第3期。
⑧⑩ 中国社会科学院考古研究所、河北省文物管理处：《满城汉墓发掘报告》，文物出版社，1980年。
⑨ 狄云兰：《定州市文管所藏鸠首杖》，《文物春秋》2011年第3期。

⑪⑯⑳ 王长启：《西安地区发现春秋战国秦汉时期的青铜器》，《考古与文物》1992年第5期。

⑫ 湖北省荆门市博物馆：《荆门郭店一号楚墓》，《文物》1997年第7期。

⑬ 山东省文物考古研究所、山东省博物馆、济宁地区文物组、曲阜县文管会：《曲阜鲁国故城》，齐鲁书社，1982年。

⑭ 蔡晓黎：《浙江绍兴发现春秋时代青铜鸠杖》，《东南文化》1990年第4期。

⑮ 江苏省丹徒考古队：《江苏丹徒北山顶春秋墓发掘报告》，《东南文化》1988年第3期。

⑰ 广西壮族自治区文物工作队：《平乐银山岭汉墓》，《考古学报》1978年第4期。

⑱ 洛阳市文物工作队：《河南新安西晋墓(C12M262)发掘简报》，《文物》2004年第12期。

⑲ 资料尚未发表。

㉑ 甘肃省博物馆：《甘肃武威磨嘴子汉墓发掘》，《考古》1960年第9期。图片来源于袁春霞：《南越国宫署遗址出土陶鸠杖首刍议》，《文物鉴定与鉴赏》2014年第4期。

㉒ 武威地区博物馆：《甘肃武威旱滩坡东汉墓》，《文物》1993年第10期。

㉓ 南京博物院、连云港市博物馆：《海州西汉霍贺墓清理简报》，《考古》1974年第3期；南波：《江苏连云港市海州西汉侍其繇墓》，《考古》1975年第3期。

㉔ 袁春霞：《南越国宫署遗址出土陶鸠杖首刍议》，《文物鉴定与鉴赏》2014年第4期。

㉕㉖ 朱红林：《汉代"七十赐杖"制度及相关问题考辨》，《东南文化》2006年第4期。

楚墓青铜礼器组合探讨*

王乐文

（黑龙江大学历史文化旅游学院考古学系）

要搞清楚楚墓中礼器组合问题，要首先做一件事：就是回到当时贵族祭祀时的现实场景，看贵族祭祀时到底需要哪些礼器，又是如何使用这些礼器的？

做这件事，要借助记载礼的书。《仪礼》有《聘礼》、《公食大夫礼》、《特牲馈食礼》、《少牢馈食礼》、《士丧礼》和《既夕礼》等多篇专门记录，描述细致，清楚展现了贵族行礼的情景。虽然该书的成书年代尚有争议，但能反映东周以来的"实际行为或见解"[①]。这些礼仪非常繁琐，过程漫长，环节也十分多，但与我们讨论的问题有关的就是礼器的摆放与使用。下面以士岁祭之礼——特牲馈食礼为例，简要说明一下礼仪的主要场景：

> 祭日，主人一早起来，于门外东边察视杀祭豕。主妇则于西堂下观看炊黍稷，然后于门外东边烹煮豕、鱼、兔腊。烹煮完毕，盛于鼎中，陈设于门外。酒壶设于室户之东，玄酒之壶在西边（按：壶共有二）。将干肉、肉酱、菜羹等盛于豆、笾、铏中，陈设在房中。诸执事之俎陈设在东西两阶之间，自北而南分为两排，以北为上。盛黍、稷于两只敦中，陈设在西堂，敦下垫以细苇。几和席亦陈设在西堂，其位和先前相同。"尸"盥

---

* 本文为国家社科基金项目《长江以水地区楚墓研究》（批准号：14BKG008）的成果。

洗之水盛于匜中,匜又置于盥盘之中;"尸"拭手之巾放在箪中,凡此皆设在门内右边。祝设祭祀用席、几于室中西南隅,正面朝东。一切准备就绪。主人拜宾,就位。主人和祝登堂,祝及主人先后从入,立于室内。主妇在房中洗手,继献两豆,一豆盛葵菹,一豆盛蜗酱,盛蜗酱之豆放在北边。……主人下堂,和宾客之长洗手,出门。众人把牲鼎、鱼鼎和兽鼎抬入,设俎于鼎西,加匕于俎上,用匕将牲体从鼎中升出,载于俎上。接着,将豕俎从东阶拿进室中,设在豆的东边。鱼俎拿进来后依于豕俎的东边而设,兽俎则特别设在豕俎、鱼俎的北边。主妇则将盛有黍和稷的两只敦设在俎的南边;又将盛肉羹和菜羹的两铏设在豆的南边,依于豆而向南陈放。祝清洗酒爵、酒觯,斟上酒后,陈放在铏的南边,接着命佐食启开敦盖。佐食遵命启开敦盖,仰置于敦的南边。准备完毕,礼仪正式开始。[2]

从中可以看出铜礼器从功能上可分成三类:一是炊煮之器,二是升献之器,三是盛设之器(图一)。据文献记载,用于炊煮的有爨[3](即灶)和鼎。升献就是升献牲肉之属(包括鱼、腊等),也就是把牲

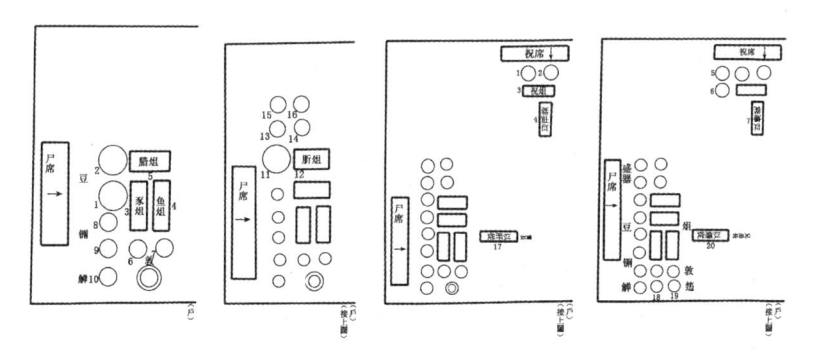

图一 《仪礼·特牲馈食礼》祭品席前排设顺序图

(采自吴达荟:《仪礼·特牲少牢有司彻祭品研究》,台北中华书局,1986年,第50~53页)

肉抬上来,然后转移到俎上("载俎")。升献时也是用鼎,郑玄说"在鼎曰升",故称为升鼎。相比之下,盛设用具就比较多了。文献记载的盛器种类非常多,主要有盛羹酱的"豆"、"铏",盛饭食的"簋"、"敦",盛放果脯的"笾"以及盛"饮酒"和"浆饮"的瓶等。这些盛器,除了笾,其他的都应当是青铜器。当然,在实际应用中,有以漆器代替的情况,尤其是在东周晚期。

对于炊煮器,在周代墓葬中从未发现过爨(灶),只有鼎。用于炊煮的鼎,文献称为镬。但专门的镬鼎在考古中发现较少,也不易识别。学者多认为自名为甗的就是(详下文)。另外,根据文献的描述看,升鼎往往是兼作镬鼎的[④]。升鼎往往形制相若,大小相次或相近,考古上称之为列鼎,铜器铭文中自名带"历"的鼎即是。用于盛设食物的鼎及簋等器物也是如此,皆可以列器称之,例如"列簋"、"列壶"等[⑤]。礼器如此排设,是为了使礼更加整齐有序,保证礼的严整和庄严[⑥]。行礼时,牲和鱼、腊的数目皆是一、三、五、七、九等奇数,所以升献所用的升鼎和盛设所用的俎都相应为奇数。而其他的盛器则都是偶数,因为它们所盛设的羹酱果脯诸物皆是以偶数单位出现的。如此奇偶搭配是为阴阳调和[⑦],因为在古人的观念中,牲是动物,属阳,而"笾豆之实,水土之品也"[⑧],是植物,属阴。

鉴此,我们在考察楚墓青铜礼器组合时就要从两个方面入手:一是奇数的成系列的鼎;二是偶数的鼎、簋、敦、壶。它们各自成组,共同构成贵族的礼器组合。此外,考古中还发现以奇数出现的成组小鬲,其功能应该与奇数的鼎相同,属于升献之器,或可称为"列鬲"。这样的话,偶数礼器组合就不再如以往很多学者所认为的是楚人自创的特色了,事实上,楚以外的地区也有偶数的礼器组合形式,这一点早就为林沄先生所指出。而这也正说明了前面分析的正确性。

这里需要特别说明一下偶数的鼎,对此文献中很少直接提到。

《仪礼·既夕礼》记载士的随葬器物中有"两杅",林沄先生曾结合铜器铭文提出这就是鑊,是作为炊器随葬的,并进一步指出,"大量春秋晚期以后的一鼎墓和二鼎墓中的鼎,都是鑊而不是升鼎"。此外,在各种礼仪中都不可或缺的"铏",大家对其到底是考古发现的何种器物莫衷一是,俞伟超先生说铏就是羞鼎,也就是陪鼎⑨。林沄先生不同意将铏等同于羞鼎,但也不否认铏也是鼎形的,并提出在分析墓中出土的全部鼎时,应当考虑四类,其中"应当是偶数"的就是铏。而从考古发现与礼书的记载对比可以看出,礼书中的器物名称与考古发现并不能做到一一对应,礼书中的某类器物可能在现实中对应功能相似的某一类甚至几类器物。最具代表性的就是盛黍稷的器物,文献中有"簋"、"敦",考古发现并命名的有"簋"、"敦""盏"、"簠"等等。这说明文献中的器物名称只是一种统称,在具体使用时,各地有不同的对应器物,并且随时代的变化还有所改变。因此,上述偶数礼器组中出现的鼎(或称为列鼎),最有可能是文献中的"铏",在偶数礼器组中的作用是盛装和菜的肉羹("芼")。当然,铜鼎的功能往往是多样的,其中底有烟炱或自名为"甗"的可能也兼作炊器。这样的话,礼仪中的鑊,在考古发现中,可能由升鼎或偶数鼎组中的鼎兼任,也有可能是不在上述两种组合中而散出的鼎,在数目上也"奇偶不定"。因此,也最不易辨识。

在以往对楚墓青铜礼器组合的研究中,刘彬徽先生把楚墓青铜礼器组合分为甲、乙、丙三类组合形式。甲类组合是一种复合形式,不仅食、酒、水(盥)、乐器俱全,而且每类中往往不止一个品种。具体来说,食器要有烹饪器(鼎、鬲、甗等)和盛食器(簋、簠、豆、敦等);酒器要包括壶、尊缶、勺等;水器则有鉴、浴缶、盘、匜等;乐器有甬钟、钮钟、镈钟等。乙类组合形式,烹饪器中只有一种鼎,盛食器、酒器和水器分别有其中的一或两种,乐器基本没有。此类组合虽较甲类组合单一一些,但食、酒和水各器类皆有,是一种比较完整的基本礼器组合形式。丙类组合形式是乙类组合的简化,一般组合不全,基本的组合只有鼎和另外一种器物。有时只有铜鼎一种器类,或者辅以陶礼器⑩。应该说,其思路是十分正确的。但在分类时只注重了种类因素,忽略了每类器物的数量,尤其是没能从功能的角度区分升献之器和盛设之器。如果考虑到铜礼器的功能区分,目前已发现的楚墓青铜礼器组合形式主要可分为三类：A类是完整形式。食器中既有成组的升献之器,又有成组的盛设之器,可能还另有不成系列的若干鼎。以此所构成的完整食器组合为核心,同时还配有成套的盥器——盘、匜、浴缶等,有时还有饮酒器釦;B类是基本形式。在食器中简省了升献之器,只有成组的以偶数(数量多为2件)配列出现的盛设之器——列鼎、列簋、列敦、列壶等,同时也多配有盘、匜等盥器;C类是简省形式,或在器种上有缺,或各器类以单数出现,是B类组合的进一步简化。总体上,其组合方式大致相当于刘彬徽先生所定的丙类组合形式。

注释:

① 杨天宇认为"今本《仪礼》最初是由孔子在春秋末年编定的"。(参见氏著《仪礼译注》,上海古籍出版社,2005年。"前言"第8页);李玉洁则认为成书于孔子之后(参见《中原文物》1990年2期李文)林沄先生在论述周代用鼎制度时强调,先秦文献中有关用鼎制度的记载,多有相互矛盾、片面和不确定性,不能用以解释周初的情况。同时也表明,"因为这些记载几乎全是晚周甚至更晚的作品,所以只能反映东周以降的实际行为或见解"。见林沄:《周代用鼎制度商榷》,载《林沄学术论文集》,中国大百科全书出版社,1998年,第194页。
② 此段译文参考李景林等:《仪礼译注》,吉林文史出版社,1995年。
③ 《仪礼·士昏礼》:"大羹湆在爨。"《仪礼·少牢馈食礼》:"雍人概鼎、匕、俎于雍爨,雍爨在门东南,北上。廪人概甑、甗、匕与敦于廪爨,廪爨在雍爨之北。"
④ 据《仪礼·公食大夫礼》记载,公即位,属吏陈放食物、食器时说:"羹定,甸人陈鼎七",意为"生肉煮熟的时候,甸人将七只鼎陈放(在庙门外)"。宴

会开始前,"卒盥,序进,南面匕。载者西面。鱼腊饪。载体进奏",意为大夫盥毕,依次进到鼎的北边,面朝南用匕从鼎中取食物。甸人面朝西用俎承接大夫从鼎中取出的食物。这时鼎中的干鱼和干兽肉也都已煮熟,从鼎中取出的牲体在俎上的放法,都是使骨的跟端朝前。这里两处皆未有从别处取肉入鼎的步骤,可见牲肉是直接在鼎中煮熟的。《仪礼》的记述多是如此,考虑到周代基本不见灶的实物,偶见于礼书的"爨"可能是后人添加进去的。此处译文参考杨天宇:《仪礼译注》,上海古籍出版社,2005年。第270页。

⑤ 林沄:《周代用鼎制度商榷》,《史学集刊》1990年第3期。又见《林沄学术文集》,中国大百科全书出版社,1998年,第197~198页。

⑥ 古人对此非常重视,是礼的重要内容。《仪礼·士冠礼》宾向冠者第二次行醮礼时致祝辞曰:"旨酒既渹,嘉荐伊脯。乃申尔服,礼仪有序。"第三次行醮礼时祝辞曰:"旨酒令芳,笾豆有楚。……承天之庆,受福无疆。""笾豆有楚"与"令酒"、"嘉脯"同等,是礼仪有序的重要体现。

⑦⑧《礼记·郊特牲》:"鼎俎奇而笾豆偶,阴阳之义也。"

⑨ 俞伟超、高明:《周代用鼎制度研究》,《北京大学学报(哲学社会科学版)》1978年第1期,第84~98页;1978年第2期,第84~97页;1979年第1期,第83~96页。收入俞伟超《先秦两汉考古学论集》,文物出版社,1985年,第62~94页。

⑩ 刘彬徽:《楚系青铜器研究》,湖北教育出版社,1995年,第83~92、493~501页。杨宝成先生也有类似的认识,见氏著《楚国青铜礼器组合研究》,《华夏考古》2000年第2期。

楚墓"铜凤鸟首形饰"考

陈 程

(荆州博物馆)

一、器物概况

目前出土这种凤鸟首形器物的楚墓屈指可数，见于发表的有江陵九店257号墓[1]、荆州天星观2号墓[2]、江陵雨台山526号墓[3]、荆州黄山18号墓[4]、荆州包山5号墓[5]、江陵望山2号墓[6]以及黄冈曹家岗5号墓[7]。

江陵九店257号墓出土"凤首饰"2件，形制大小完全一样。嘴尖，首高冠后仰，长颈呈圆銎状，首下为一圆环（已腐）。通高10.8厘米，銎径2.8厘米（图一，1）。

荆州天星观2号墓出土"凤鸟首饰"2件，形制及大小完全一致。尖嘴合拢，首高冠后仰，两圆眼外鼓，颈长且细，呈弯曲状。通高14.5厘米，銎径2.85厘米。中部有两个对称梯形小孔（图一，2）。

江陵雨台山526号墓出土"鸟首饰"1件。棱形尖嘴，圆首筒状长颈，高冠后仰，通高11厘米，颈径2.8厘米。头上有冠，颈下一圆形钮，内套两圆环（图一，3）。

荆州黄山18号墓出土"铜凤鸟首形饰"2件，形制尺寸一致。尖嘴合拢，首高冠上翘，两圆眼外鼓，颈长且细，颈下一圆钮，内套两圆环。通高13厘米，銎径3厘米（图一，4）。

荆州包山5号墓出土"鸟饰"2件。扁首圆颈，内空，颚下环钮套铜环。首部饰变形云纹及圆点纹，颈部饰变形三角云纹。通高13.2厘米，下端銎径2.7厘米（图一，5）。

图一 凤鸟首形器物

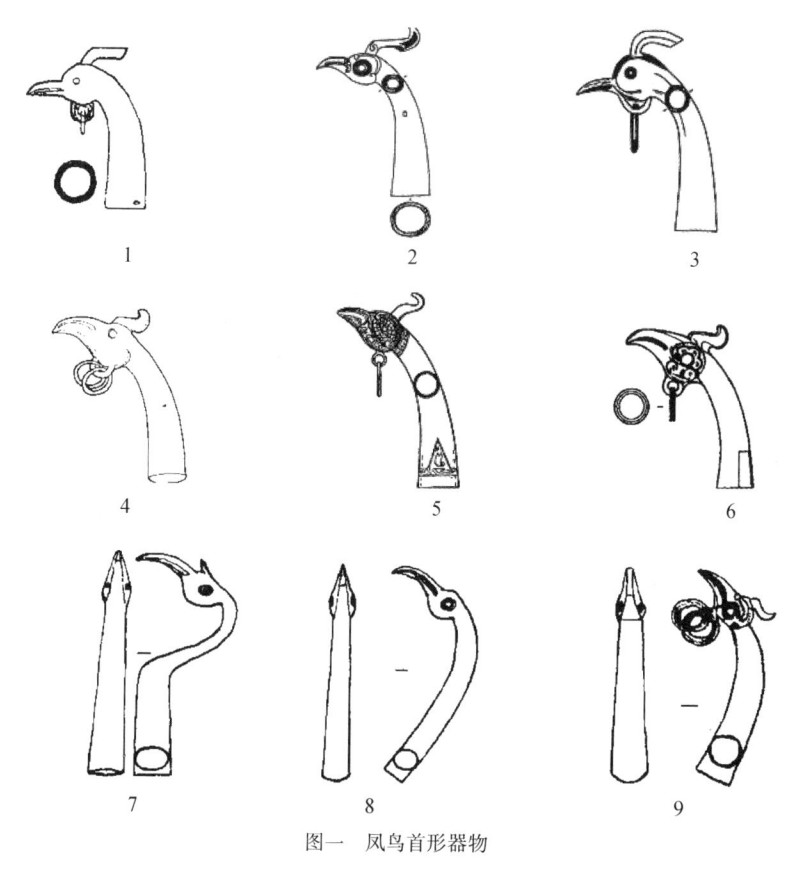

江陵望山 2 号墓出土"鸟头行饰"2 件,形制相同。尖嘴长颈,颚下半环钮套两铜圆环,鸟颈中空,中部有对穿小孔。通高 12.5 厘米,颈銎径 2.8 厘米(图一,6)。

黄冈曹家岗 5 号楚墓中出土"鸟首饰件"共 8 件,分为三型。

Ⅰ型 4 件,鸟首长尖喙,双目圆鼓,前段为冠扁平,曲项,后段为圆柱直筒。通高 22.5 厘米,銎径 2.4 厘米(图一,7)。

Ⅱ型 2 件,鸟首长尖喙,双目圆鼓,无冠,曲项,圆柱直筒。

通高20厘米,銎径2厘米(图一,8)。

Ⅲ型　2件　鸟首尖喙,双目圆鼓,首高冠上翘,面额两侧饰卷云纹,颈长且细,颈下一圆钮,内套两圆环。(图一,9)

通过初步整理可知,这种"铜凤鸟首形饰",有以下几个典型特征:第一,为典型的凤(鸟)首形,带有典型的楚文化崇凤特征。第二,大多成对共出,而且两件形制完全一致。第三,两件尺寸大小一致。相关考古发掘报告对这种器物有"凤首饰"、"凤鸟首饰"、"鸟首饰"、"铜凤鸟首形饰"、"鸟首饰件"等几种不同的命名。根据这种器物的基本特征看,将此类器物定名为"铜凤鸟首形饰"应是较为完整而合理的。

二、器物考辨

此类"铜凤鸟首形饰",有的归为车马器类,有的归为杂器类,或模糊定为铜器类。那么,此类器物究竟当属何种器物、有何功能是需要解决的首要问题。

从器物出土情况看,这种"铜凤鸟首形饰"多存在与车马器共出的情况。江陵九店257号墓中与之共出的有铜铃、铜环等铜器。天星观2号楚墓中与之共出的车马器有铜车铃、车盖立叉、车軎、车軓、车篷构件、盖弓帽等十一种。有学者根据其与车马器共出的情况,推断此器"可能是一种车饰件"[⑧]。从这些墓葬皆有车马器与此器共出的情况看,"铜凤鸟首形饰"为车马器说法是可信的。

从器物形态看,"铜凤鸟首形饰"具备成为车衡饰的可能性。上文提到这种"铜凤鸟首形饰"为一种车马器。此类器物在形态上具有几个典型的特征,一是"成对共出",且两件尺寸大小一致;二是,圆銎便于其插于木柄之上,且中部或有对称梯形小孔,以便用于插销钉加以固定;三是,此类器物的管筒銎径非常接近,在2~3厘米。商周时期车以单辕车为主,且辕的直径较大。根据研究统计,商周车子辕首直径一般在10厘米左右,辕饰最小径也在5厘米以上。而车衡径一般在5厘米左右,部分车马坑衡末饰径在2~

3厘米⑨。所以应排除该器物成为辕饰的可能性,而銎径在2～3厘米,则与商周车衡末径大小吻合。四是,此器首部或有固定的铜环,这种铜环在形态大小上与车马器上的铜环扣一致,用于穿车马器物或辔绳。

从文献记载看,《释名·释车》:"衡,横也,横马颈上也。"《诗经·小雅·采芑》:"约軝错衡,八鸾玱玱。"毛传:"错衡,文衡也。"即指具有纹饰的金属车衡。毛公鼎铭文中所记车器的物品清单中,错衡与金甬、金踵等金属制品归为一类,说明这种错衡是装配有金属零件的车衡。因此,这种铜车饰很可能就是金属质地的"错衡"饰。

从考古发掘的相关器物看,琉璃河西周燕国墓地出土"兽首衡末饰"与"铜凤鸟首形饰"在形态尺寸上高度一致。琉璃河西周燕国墓地出土兽首衡末饰,根据兽首类别差异可分为二型。

Ⅰ型 马首形。兽首为马头形状。根据整体形状可细分为二亚型。

Ⅰⅰ型 整体呈C形。马首形铜衡末饰(琉璃河M202CH:10)⑩,整体呈现圆弧形,背有鬃毛。通长16.6厘米,銎径1.3厘米,后部为管状(图二,1)。另一件马首形(琉璃河M1015:1),形制与此类似,"作马首形,背有鬃毛,颈部细长,后半部为管状,出土时插于车衡两端。通长18.5厘米"⑪(图二,2)。

Ⅰⅱ型 整体呈S形。2件(琉璃河M253:51、52)⑫,上端为竖双耳马首形,颈部细长,下部分为圆弧形管状,近銎口处有钉孔。通长20厘米,銎径2.4厘米(图二,3)。

Ⅱ型 禽兽首形。首部为双耳猛禽兽首(琉璃河M202CH:13)⑬,管状,下部残缺,近銎口处有穿孔。通长12.3厘米(图二,4)。

将琉璃河西周燕国墓地出土"兽首衡末饰"与楚墓出土"铜凤鸟首形饰"进行对比统计,不难发现,二者在器物质地、尺寸、整体形状等方面高度一致,这说明二者在器物的类型上应该是一致的。

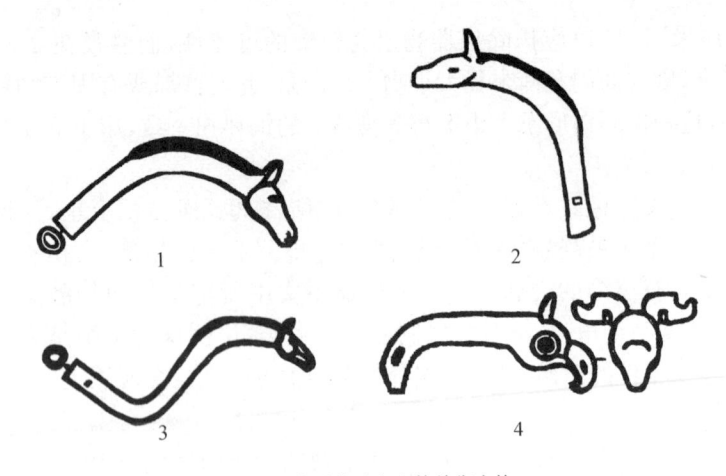

图二　燕国墓地出土兽首衡末饰

综上可知,这种"铜凤鸟首形饰"应是楚墓中特有的一种车衡末饰器。这类"兽首"衡末饰的兽首特征存在明显差别,兽首意象分为马、猛禽、凤鸟三类,根据北方与南方区域的不同,分为 A、B 两型(表一)。西周早期马首和猛禽衡末端出现在中原文化,而战国凤首衡末饰出现在楚文化,很明显,这种兽首部动物意象不同与地域文化差异有着紧密的关联,体现出北方中原文化和南方楚文化元素的差异。从时间上看,中原地区在西周早期就出现这类兽首衡末饰,而楚文化出土凤首衡末饰是在东周时期,那么,楚文化凤首衡末饰的运用,很可能是吸收中原车制形式并加以改造形成的。

表一　兽首衡末饰分型表

分　　类		特　　点	年代	简　图	出土地点
A 型	Aa 型 1	整体呈 C 字马首形	西周		琉璃河西周燕国墓地
	Aa 型 2		西周		琉璃河西周燕国墓地

(续表)

分类		特点	年代	简图	出土地点
A 型	Ab 型	整体呈 S 字马首形	西周		琉璃河西周燕国墓地
	Ac 型	禽兽首形	西周		琉璃河西周燕国墓地
B 型	Ba 型 1	稍曲凤首带铜环	东周		江陵九店东周墓
	Ba 型 2		战国		江陵雨台山 526 号墓
	Ba 型 3		战国		荆州黄山 18 号墓
	Ba 型 4		战国		荆州包山 5 号墓
	Ba 型 5		战国		江陵望山 2 号墓
	Ba 型 6		东周		曹家岗 5 号墓
	Bb 型 1	稍曲凤首无铜环	战国		天星观 2 号墓
	Bb 型 2		东周		曹家岗 5 号墓
	Bc 型	大曲度凤首无铜环	东周		曹家岗 5 号墓

三、装备方式

衡是古马车衔接车与马的中枢构件，是车马"曳引系统"[14]的重要组成部分，有平衡马力的重要作用。商代和西周时期中原的马车衡分为曲衡与直衡两种形式，曲衡作为一种特殊的车衡在春秋中期之后的中原地区逐渐消失。而在楚地有所不同，"淅川下寺春秋楚墓车马坑 M36CH 两辆马车、宜城罗岗战国中期楚墓车马坑 M1CH 四号车的车衡两端均向后弯曲呈弓形，与中原文化的曲衡相似。这说明，曲衡确实在东周时期的楚地仍有使用"[15]。

直衡在形制上以直木为主，形制较为简单，曲衡则更为复杂。那么楚地曲衡结构如何呢？从楚墓已有的考古发掘马车痕迹看，楚车衡"当分为直、曲二型，曲衡两端上翘，通体近弓背之形"[16]。可知，楚曲衡具有两个最基本的特点：一是两端上翘，二是整体呈弓背形。这种曲衡在尺寸上与中原商周时期的曲衡是一致的。从淅川下寺春秋楚墓和淮阳马鞍冢车马坑出土车衡看，衡末径在2～3厘米，衡径最大可达10厘米。一般情况下，车衡径为中间大、两端小，这与车的种类和车衡中间需装备更多车构件有关[17]。张长寿先生在《殷周车制略说》中对商周车衡铜饰尺寸进行过简单统计（表二），其衡末饰径在2.2～3.2厘米。衡末的直径尺寸一致，就说明车衡末饰径在大小上是相同的。

表二　车衡铜饰登记表　　　　　单位(厘米)

器　号	衡内饰长	衡内饰径	衡外饰长	衡外饰径	衡末饰长	衡末饰径	衡末饰间距	形式
客省庄车马坑					20.9	3.2	158	直衡
下堌村 M154：5					22	2.7		直衡
张家坡 M167：25					20.8		240	曲衡
张家坡 M168					23		210	曲衡

(续表)

器　号	衡内饰长	衡内饰径	衡外饰长	衡外饰径	衡末饰长	衡末饰径	衡末饰间距	形式
辛村 M3：177、176、183	15	3.4~4.5	12.45	2.1~2.6	12.3	2.2		曲衡

根据装备的方式,这种曲衡所对应的曲衡末饰主要分为两种。第一种是两端直衡木配S形衡末饰。这种装备方式的衡末饰在张家坡西周墓地(图三)和上文所提琉璃河西周燕国墓地均有出土。张家坡西周墓地曲衡饰是连接直衡木与衡上部分的车马器,器形呈S形,两端为管状,下銎径大,上銎径小,两端互不相通,中间夹有范芯。这种曲衡饰装备方式将大径套在衡直木上,上翘部分内装小衡木,外端接衡饰构件⑬。琉璃河西周燕国墓地曲衡末饰,一端为马首形衡末,一端为管銎,很显然,在装备时,直接将管銎套在直衡木上,用小销钉插入管末端钉孔加以固定。

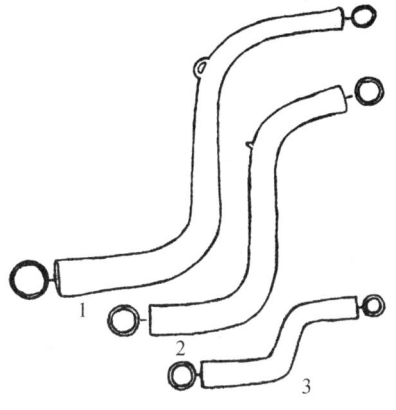

图三　张家坡西周墓地曲衡饰

另一种是两端曲衡木配直形或稍曲形铜衡末饰。这种衡木两端弯曲翘起,末端接铜质衡末饰。衡中部需要接辕和靷钮等构件,比两端粗。这种形制的曲衡,衡木本身弯曲,衡末饰曲度较小。如长安张家坡西周2号车马坑出土2号车子曲衡装备组合方式为典型的曲衡木配直形铜衡末饰(图四)。这种车多为单辕车,一衡二轭,缚在一起,衡两端细,断面呈圆形;中间因需装备车马构件尺寸较粗,断面呈椭圆形。衡的两端有铜质衡头,衡头内侧各缚系一枚铜铃。根据形制和大小看,楚墓中凤鸟首形衡末饰形制稍曲,鸟首形衡末饰首部或有固定的铜环,这种固定铜环的作用可能与车马上铜环或游环功能一致,供穿辔绳或为系铜铃部件。

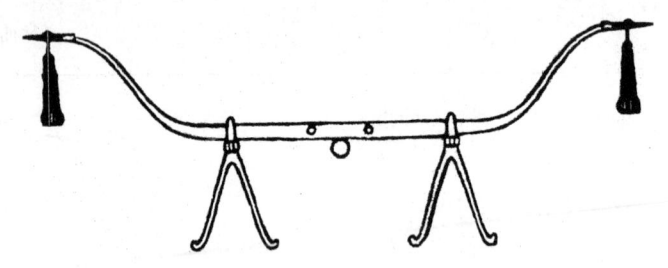

图四　长安张家坡出土西周曲衡装备

因此,从已发掘的曲衡装备方式看,一类是在直衡木的两端加设曲状衡饰构件,使之弯曲上翘,另一类是曲衡木自身就是上翘呈曲形向外延伸构成弓背之形的曲衡[⑩]。根据前文所述,从楚墓"鸟首形衡末饰"形制和结构看,其装备方式为曲衡木配铜凤鸟首衡末饰(图五)。

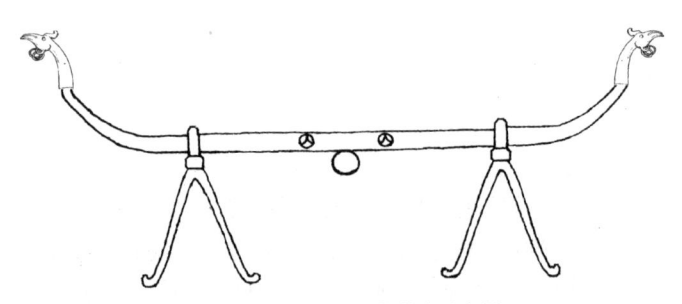

图五　凤鸟首形衡末饰装备示意图

四、余论

上文中所论"马首为北方装饰风格的一种"。"琉璃河出土的马首衡末饰应为西周有銎衡末饰与北方装饰器物风格的融合"。

"长耳猛禽怪兽首衡末饰应该取材于北方文化"[20]。凤鸟在楚文化中寓意深刻,是楚族的崇拜图腾、祥瑞神灵、百鸟之王,是权利与力量、吉祥与美好、道德与和平的象征。与北方文化兽首衡饰相对应,楚墓的"铜凤鸟首衡末饰"为典型的凤首形象,是楚文化的主要元素之一。

从墓主人身份等级看,中原"用兽首形衡饰的车子应是等级比较高的贵族"[21]。从出土有"凤鸟首形衡末饰"的楚墓看,能确定墓主身份的有天星观2号楚墓墓主——封君级别,江陵望山2号墓墓主——下大夫级别,曹家岗5号楚墓墓主——下大夫级别。东周时期,铜作为一种重要的金属资源,对于诸侯国来说是一种重要的战略资源;对于个人来说,是身份地位的象征。这种铜质凤鸟首形衡末饰带有典型的楚文化崇凤特征,其使用者应为具有一定地位的楚国贵族群体。

那么从这个意义上说,这种"凤鸟首形衡末饰"的功能并不单一。从整体形制看,器物本身作为一种楚凤鸟首形衡末饰具有装饰、美观的效果。金属曲衡末饰的种类很多,包括圆帽状衡末饰、铜矛状衡末饰、三角形衡末饰以及兽首形衡末饰。不同衡末饰所对应的车子也不尽相同,如铜矛状衡末饰很显然是战车上的部件。从已有研究看,楚国的车子按照功能种类分为兵车、运输车和出行车三大类,兵车又具体分为攻车、正车、卫车、冲车、阙车、楼车、巢车、守车和辎重车等;运输车分为大车、蜃车等;出行车包括安车、轺车、祥车、女乘等。[22]从出土情况看,凤鸟首形衡末饰在楚墓中出土数量较少,虽有车铜铃、车軎、马衔、车泡、车篷、车盖等车马器共出,却不及战车的出土规模及数量。战车为满足坚固度的需要,在衡径尺寸上要远大于2~3厘米,且战车所用衡末饰或车軎末端多有带攻击性的铜矛。在运输车中,大车是民间专门运输重大货物的车辆,显然没有装配"凤鸟首形衡末饰"的可能。蜃车即"遣车",是一种专门运输棺材的丧葬用车。《仪礼·既夕礼》郑玄注:"其车之舆,状如床,中央有辕,前后出。"可见屦车是一种大舆车,其整体形制较大。而从天星观楚墓、江陵九店楚墓以及雨台山楚墓车马器及相关出土情况看,车的形制并不大,车舆也不符合运输棺材的要求。凤鸟在楚文化中寓意吉祥,或在丧葬活动中具有葬魂引魂的作用,"凤鸟首形衡末饰"为礼车或小型丧葬车器的可能性较大,具体是何种车还需考古发掘的进一步证实。

注释:

① 湖北省文物考古研究所:《江陵九店东周墓》,科学出版社,1995年,第256～257页。
② 湖北省荆州博物馆:《荆州天星观二号楚墓》,文物出版社,2003年,第100～101页。
③ 湖北省荆州地区博物馆:《江陵雨台山楚墓》,文物出版社,1984年,第90页。
④⑧ 云南省博物馆,荆州博物馆:《南方霸主——庄蹻故国楚文物大展》,云南美术出版社,2016年,第112页。
⑤ 湖北省荆沙铁路考古队:《包山楚墓》,文物出版社,1991年,第325页。
⑥ 湖北省文物考古研究所:《江陵望山沙冢楚墓》,文物出版社,1996年,第141页。
⑦ 吴晓松、洪刚:《湖北黄冈两座中型楚墓》,《考古学报》2000年第2期。
⑨ 张长寿等:《殷周车制略说》,载《中国考古学研究》,文物出版社,1986年,第243～251页。
⑩ 北京市文物研究所:《琉璃河西周燕国墓地(1973～1977)》,文物出版社,1995年,第218页。
⑪⑫⑬ 王巍、黄秀纯:《1981～1983年琉璃河西周燕国墓地发掘简报》,《考古》1984年第5期。
⑭⑮ 冯好:《先秦时期楚文化车制探略》,《江汉考古》2007年第4期。
⑯ 江苏琴:《楚简中所见车马器研究》,安徽大学2011年硕士学位论文,第35页。
⑰ 郭德维:《楚车考索》,《东南文化》1993年第5期。

⑱ 中国社会科学院考古研究所：《张家坡西周墓地》，中国大百科全书出版社，1999年，第202页。
⑲ 马永强：《商周时期车子衡末饰研究》，《考古》2010年第12期。
⑳ 韩金秋：《夏商西周中原的北方系青铜器研究》，上海古籍出版社，2015年，第155页。
㉑ 马永强：《论商周时期的车衡》，西北大学2005年硕士学位论文，第21页。
㉒ 黄凤春、黄婧：《楚器名物研究》，湖北教育出版社，2012年，第120～129页。

襄阳菜越陶楼所见早期佛教与楚巫文化的融合

傅 玥 尤 悦

(华中师范大学历史文化学院)

对于早期佛教的研究,学界目前主要从佛教遗迹、造像、钱树等方面入手。2008年10月,襄阳市樊城区菜越三国墓中出土了一件黄褐釉陶楼模型(M1:128)[①],被认为是考古发现中最早的浮屠祠的实证[②];是汉末重楼式浮图祠的标准器[③];也是中国楼阁式佛塔的起源[④],文化内涵十分丰富,为研究早期佛教传播提供了新的思路。本文从襄阳菜越陶楼着手,从出土空间与陶楼装饰的角度,对其体现的楚地早期佛教传播过程中与楚巫文化的结合问题进行初步的探讨。

一、陶楼的基本特征

陶楼以彩陶制成,由门楼、长方形的院墙和两层楼阁三部分组成,通高104厘米。院墙的平面呈长方形,进深31、宽33厘米。左、右、后三墙较前墙低,墙顶盖双坡式檐瓦。前墙较高,上承双面坡屋顶,前坡下有两根八边形廊柱相承,廊柱和前墙以两横梁相连,后坡檐搭于左、右围墙上,形成门楼。两廊柱下有熊形柱础,内侧有两根拴马桩。

前墙中部开一大门,两扇可开合门扉,门扇上部门枢装在门内部横额两端的圆孔中,下部门枢安在臼座内,门之相合处呈斜面,门下部有门限,每扇门扉上堆塑二身合十站立的羽人和一衔环铺兽。大门右侧开一单扇小门,门扉上也堆塑一羽人。大门左侧的墙下部有一个上为圆形、下为三角形的孔洞,大门右侧前墙上开有一"井"字花窗,花窗下有一熊。

院内有两层楼阁,底层四周为墙体,左、右侧墙上方各有一长方形窗,五脊四注式腰檐,正脊和垂脊末端有叶形鸱尾,其上以四熊托起平座,平座四周有勾栏。平座上承第二层楼阁,四壁装有百叶窗,五脊四注式屋顶,脊端有叶形鸱尾。

顶部正中立有七层相轮,底座镂空,近半球形,镂刻出母子熊斗虎图案,上为重层覆豆状,顶立一月牙形兽。屋顶有瓦垄,瓦垄末端模印圆形云纹瓦当。

将襄阳菜越陶楼与这一时期湖北省出土的其他陶楼进行对比(表一),我们会发现它有如下几点特殊之处:

其一,体量巨大,制作精良。襄阳菜越陶楼通高超过一米,陶楼以彩陶制成,表面涂一层薄釉。整座楼飞檐高挑,雕梁画栋,门可开合,窗户镂空,各种花纹、装饰一应俱全,雕刻十分精致。

其二,结构复杂,造型奇特。陶楼形制为古印度"窣堵波"与汉代重楼的结合。陶楼由门楼、院墙和两层楼阁组成,在楼阁顶部并未设汉代常见的柱表或立鸟鸣禽,而设七层相轮,再上塑月牙形兽。

其三,装饰复杂,含义深厚。整座塔一共有 12 只熊,5 个合十羽人,菩提叶式鸱尾与相轮塔刹、合十羽人相结合,体现出早期佛教的意蕴。

二、墓葬形制与陶楼的出土空间

襄阳黄褐釉相轮陶楼出土于襄阳市樊城区菜越居委会的一座竖穴土坑砖室墓中(发掘编号为樊城菜越 M1)。襄阳市地处汉水中游,自古为南北交通要道,北方的中原文化、南方楚文化、楚巫文化以及源自古印度的佛教文化均在此地交汇融合。

墓葬由石门、甬道、前后室和东西过道组成(图一)。虽出土了永初二年(108 年)纪年铜盘,但根据墓葬形制、结构和随葬器品推

表一 湖北省出土东汉陶楼汇总表

名　称	图　片	出土墓葬	组　成	大　小	资料出处
襄阳菜越陶楼		樊城菜越墓M1	由门楼、院墙、两层阁楼组成，楼顶有相轮塔刹	通高104厘米，院墙进深31、宽33厘米	襄樊市文物考古研究所：《湖北襄樊樊城菜越三国墓发掘简报》，《文物》2010年第9期
襄阳绿釉红陶楼		襄阳伙牌公社张元大队发现的东汉砖室墓	由两层楼加曲尺形庭院组成	通高56、宽28厘米	张光忠：《襄阳出土汉绿釉陶楼》，《文物》1979年第2期
绿釉舞乐人物陶楼		襄阳高新区贾巷墓地	三层楼阁	高87厘米	张靖、安富斌：《见证襄汉盛世的陶楼》，《襄樊日报》2008年7月11日
随州绿釉陶楼		随州市西城区戒烟堂古城垣南垣中段墓M1	由楼阁（前四层后三层）、前院、配院组成	楼通高67、进深9.5、面阔23.5厘米。前院进深13.1、面阔14厘米，侧室进深8.5、面阔13.1厘米	王善才、王世振：《湖北随州西城区东汉墓发掘报告》，《文物》1993年第7期

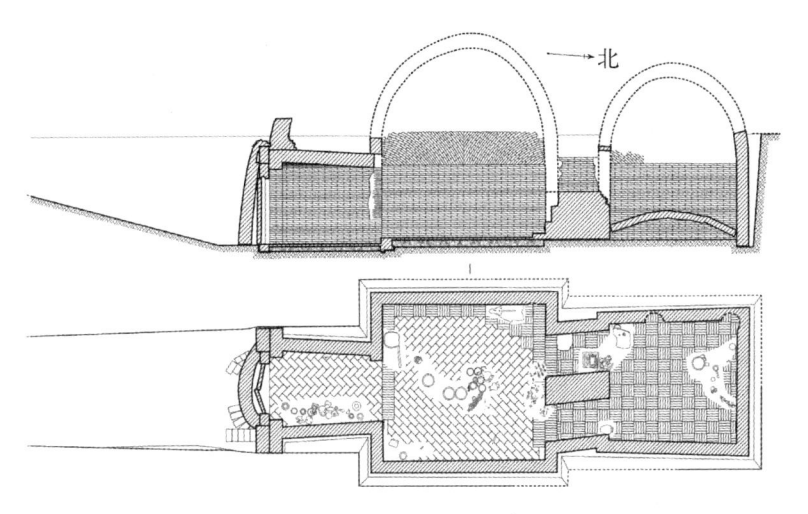

图一　襄阳菜越 M1 平面示意图
（襄阳市文物考古研究所提供）

测，其为东汉晚期或三国早期较列侯一级略低的将军夫妇合葬墓。陶楼出土于西过道，正对男主人西棺，东西过道之间壁面上涂有朱砂。

汉墓中建筑明器的摆放位置是有一定规律的，黄晓芬注意到仓、灶、井多摆放在玄门附近，或侧室入口处，陶厕（常与猪圈联体制作）基本放置于木棺一侧，或棺的后方一隅[5]。李思思进一步提出，建筑明器的空间摆放可能在设计墓葬时就考虑到了，甚至影响了墓葬的结构。比如焦作白庄41号墓、焦作白庄6号墓以及广州汉墓似专为仓楼、陶屋辟出壁龛或小室[6]。

虽然菜越 M1 墓葬中的并列双过道的设计，就汉末三国考古而言很少见，而墓葬形制、区域和保存情况的不同，都对探讨器物空间造成一定的难度。但总结下来，早期宗教类器物的分布似乎也有一定的规律，这些器物较多发现于墓道和甬道，且方向以西侧居多。鄂州石山乡东吴墓（M4）出土的一尊佛坐像以及两侧胁侍

235

的侍立陶俑，均位于由前堂通往后室的甬道西侧[7]。河南省灵宝县张湾5号墓铅人出土于中室与后室的甬道间[8]。四川省麻浩、乐山柿子湾崖墓出土的三尊佛像均放置在樔堂墓道入口处的上方[9]。一些高楼类的建筑明器也多出土于西侧，河南洛宁东汉塔式陶楼出土于墓室西北角[10]，河南荥阳七层陶楼被置于西壁[11]，河南焦作七层陶仓楼被置于墓室西端[12]等等。关于陶楼出土在西侧方位的原因有待进一步的研究，但宗教类器物出土位置与甬道、墓道的关联，联系到巫鸿曾将门框上装饰有云中白鹤图像的墓门视为通向不朽世界的入口[13]，推测在过道中放置宗教类的器物也出于此意。

《礼记·郊特性》曰："魂气归于天，形魄归于地。"在楚人看来，人死后，精神升天，形骸归土，升天者为"神"，归土者为"鬼"，鬼神是人在死后世界的精神延续与活力存在[14]。他们笃信灵魂的存在，并希望死后魂有所归，自战国开始，招魂、辟邪、引魂升天等巫术便在楚地盛行。因此楚墓中出土了大量的帛画、镇墓兽、虎座飞鸟和鹿骨等巫物法器。

襄阳菜越陶楼在形制上是窣堵波与汉代高楼的结合，窣堵波在古印度象征着涅槃与宇宙，汉代高楼又与"求仙"有关，不管是归于涅槃还是飞升，同是为了墓主人死后的归宿。菜越 M1 墓葬还在东西过道之间的壁面涂上朱砂，朱砂色彩鲜红，在远古就因为近血的颜色而成为灵异的象征。楚人尚赤，红色亦与巫术有关，朱砂转化蒸发时仿佛"飞升"的状态，也使得其与引魂升天有很大关联[15]。河北迁安于家村一号汉墓出土的陶楼也是放置在两层四块大红砖铺砌的地面上，墓室其他部分用的是青砖[16]。由上可见，陶楼、过道、朱砂三者均与羽化飞升有关，三者的结合使得甬道成为墓主人死后飞升的绝佳场所。

三、月牙形刹尖

襄阳菜越陶楼的一大特征就是楼顶上的由平头熊虎覆钵形座、七层相轮和月牙形兽组成的塔刹（图二）。

塔刹本身也是一个小塔,分为刹座、刹身和刹顶三部分,内用刹杆直贯串联。相轮,是指套贯在刹杆上的圆环,也称为金盘或承露盘。佛教经典《术语》上说:"相轮,塔上之九轮也。相者,表相。表相高出,谓之相。"《行事钞》上说:"人仰视之,故云相。"总的来说,相轮是塔的一种仰望的标志,起敬佛礼佛的作用[17]。有学者提出,相轮的大小和数目多可表示塔的等级和高低大小[18],若此论得以确定,根据菜越陶楼七层的相轮以及巨大的体量,可判断其属较高等级。

图二　襄阳菜越陶楼塔刹
(襄阳市博物馆:《三国遗韵——襄阳樊城大型三国墓出土文物》,科学出版社,2016年,第27页)

襄阳菜越陶楼塔刹上的月形兽刹尖十分特殊,在传统的窣堵波上找到还未发现过,却发现于罽宾道上的悬度国(今巴基斯坦吉拉斯地区)岩画上。契拉斯2号岩画的礼拜覆钵塔摩崖刻画(图三,1),塔间栏楯方围左右角柱上刻有新月状物,僧人手中也高擎着带底座的新月状物。在斯卡(Skardu)以及沙约克(Shayok)河旁的岩画上的窣堵波塔刹顶端也发现了此类新月状物(图三,2、3)[19]。

在中国北方,敦煌428窟北周时期所绘的金刚宝座塔、辽代所建的应县木塔以及清代顺治年间所建的北京北海白塔上的新月状物(图四,1～3),吴庆洲称其为仰月,并认为其是我国塔刹特有之物[20]。但根据现有的研究推测,这种仰月应与窣堵波一同传入中国,通过北方丝绸之路传入北方。

在南方现仅发现菜越陶楼月形兽一例,但其文化内涵不限于此,发掘报告中称其为月牙形兽,细看来其有首、有尾、有鳍,对比荆

1. 契拉斯2号岩画　　　2. 斯卡岩画上的　　　3. 沙约克岩画上
　　　　　　　　　　　窣堵波塔刹　　　　　的窣堵波塔刹

图三　巴基斯坦吉拉斯地区岩画上的月形兽塔尖

(1. 晁华山：《佛陀之光：印度与中亚佛教胜迹》,文物出版社,2001年,第168页；2. Muhammad Arif, *Study of Petroglyphs of Buddhist Period Along the Silk Road Between Shatial and Khunjerab Pass*, Northern Areas of Pakistan, PhD Thesis, University of Karachi, 2001, p.140. 3. Muhammad Arif, *Study of Petroglyphs of Buddhist Period Along the Silk Road Between Shatial and Khunjerab Pass*, Northern Areas of Pakistan, PhD Thesis, University of Karachi, 2001, p.141)

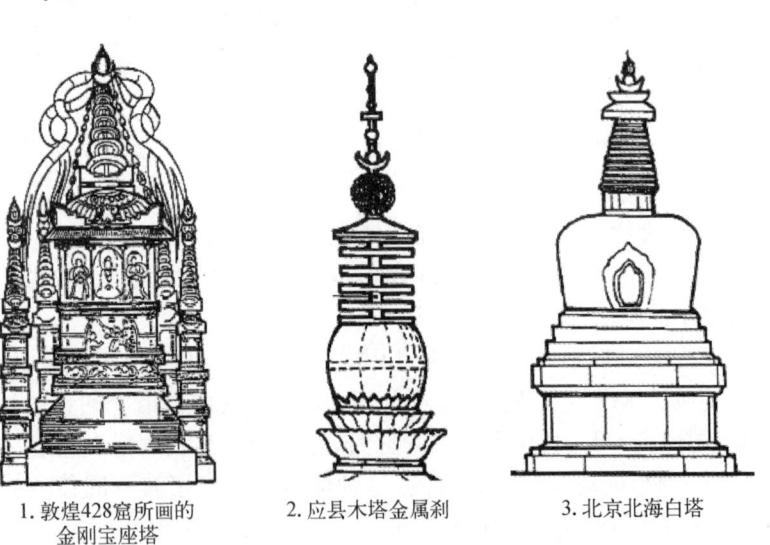

1. 敦煌428窟所画的　　2. 应县木塔金属刹　　3. 北京北海白塔
　　金刚宝座塔

[吴庆洲：《佛塔的源流及中国塔刹形制研究(续)》,《华中建筑》2000年第1期,第134页]

图四　中国北方的塔刹

1. 菜越陶楼刹尖月形兽 　　　2. 龙首龙形玉佩

图五　中国南方月牙形兽与龙形玉

（1. 襄阳市博物馆：《三国遗韵——襄阳樊城大型三国墓出土文物》，科学出版社，2016年，第 27 页；2. 赵晓斌、田勇、金陵：《荆州院墙湾楚墓幸存的龙形玉佩》，《收藏》2011 年第 4 期，第 72 页图 1）

州院墙湾楚墓出土的龙形玉佩，可发现二者十分相像（图五，2）。

汉代的建筑明器楼顶正脊之上也常塑有动物，多为鸟雀，比如襄阳绿釉舞乐人物陶楼（图六，1）、张湾汉墓Ⅰ型陶楼（图六，2）、洛宁塔式陶楼（图六，3）等。它们既使得屋顶具有向上的腾飞之感，又增加了一份神秘升仙的力量。

而众所周知，在古代传说中龙能够飞升上天，沟通天地，威力巨大。《说文解字》中说，龙"能幽能明，能巨能细，能短能长""能兴云雨，利万物"，"注雨以济苍生"，龙也是通天的理想运载工具或仙人的乘骑，《史记·封禅书》中记载："黄帝采首山铜铸鼎于荆门下，鼎既成，有龙垂胡髯下迎黄帝，黄帝上骑。"在楚地，龙沟通人神的作用被进一步放大，一方面成为巫觋引魂升天的工具，另一方面被视为镇邪的神灵，保卫墓主人灵魂的安宁。

由上述推测，月牙形刹尖从悬度国传入楚地，在浓厚的巫术氛围下与汉代龙形相结合，形成月牙形兽置于浮屠祠塔刹之上，而北方的月牙刹尖与此变化不大。

1. 襄阳绿釉舞乐人物陶楼　　2. 张湾汉墓I型陶楼　　3. 洛宁塔式陶楼

(1. 张靖、安富斌:《见证襄汉盛世的陶楼》,《襄樊日报》2008年7月11日;2. 河南省博物馆:《灵宝张湾汉墓》,《文物》1975年第11期,第94页图版13-3;3. 张怀银:《河南洛宁东汉墓清理简报》,《文物》1987年第1期,第40页图4)

图六　陶楼上的动物形象

四、有翼童子

襄阳菜越陶楼一共有5个有翼童子,童子呈立式,头大而圆,颈短而粗,颈与手腕均佩戴串珠。臂后生出羽翼,双手合十于胸,腿短而粗(图七,1)。2008年襄阳市樊城区王寨居委会贾巷自然村M29三国砖室墓(图七,2)、1955年西安十里铺M162中也出土了类似的裸体童子(图七,3)。贾巷童子颈部与手腕上的串珠,有专家认为是佛珠,羽人性别为女性,生殖器三角外突的夸张源于印度佛教的生殖巫术和原始农业巫术,[21]西安十里铺铜人也被认为是来自西域的佛教文化交流的产物[22]。由此推测,陶楼上的有翼童子与佛教也密切相关。

进一步搜集这类小铜人,还在洛阳城城南太学遗址第二层[23]、汉魏洛阳故城龙虎滩[24]、许昌汉代辟雍泮宫[25]、楼兰古城[26]等地有发

1. 襄阳菜越陶楼裸体童子　　2. 贾巷M29铜人　　3. 西安十里铺铜人

（1. 襄樊市文物考古研究所：《湖北襄樊樊城菜越三国墓发掘简报》，《文物》2010年第9期；2. 邹琪：《襄樊出土国内最小羽人铜像》，《楚天都市报》2010年1月5日；3. 雒忠如：《西安十里铺东汉墓清理简报》，《考古通讯》1957年第4期）

图七　裸体童子

现。根据以上资料可发现小铜人多发现于北方地区，新疆、甘肃、陕西、河南的出土地点难免让人联系到北方丝绸之路，而上述童子的特征与西域的有翼童子以及希腊式的厄洛斯也十分类似（图八）。推测有翼童人是通过北方丝路影响到南北交界的襄阳地区。

1. 舍利盒龟兹乐舞图　　2. 米兰的有翼天使壁画　　3. 手持弓箭的厄洛斯雕像

（1. 穆舜英等编：《中国新疆古代艺术》，新疆美术摄影出版社，1994年，第82页图版202；2. 孙大卫、周菁葆、曾安军编著：《中国新疆古代艺术宝典：绘画卷3》，新疆人民出版社，2006年，第6页图4；3. 卢浮宫博物馆等：《卢浮宫珍藏展：古典希腊艺术》，文物出版社，2007年，第198页）

图八　中国西域的有翼童子和希腊式厄洛斯雕像

这种童人仅在襄阳地区发现于门扉上，且位于铺首衔环的上方。在汉代画像石中，这一位置经常出现的是神仙瑞兽，用于引领亡灵脱离黄泉进而升天（图九）。这一替代的过程在一定程度上是佛教因素影响的结果，同时也是对于楚地有翼羽人引魂升天的传统的吸收。

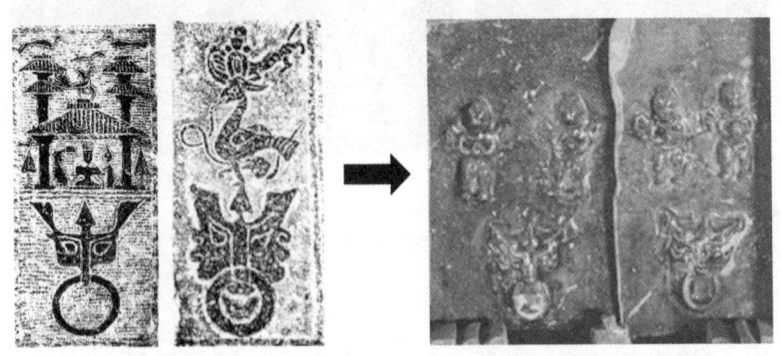

1. 门扉画像石　　　　　2. 菜越陶楼大门门扉局部

图九　画像石和陶楼门扉上的童子

(1. 汪小洋：《汉墓绘画宗教思想研究》，上海大学出版社，2010年，第30页；阳桂平：《论中国古代铺兽》，南京艺术学院2015年硕士学位论文，第17页；2. 襄樊市文物考古研究所：《湖北襄樊樊城菜越三国墓发掘简报》，《文物》2010年第9期)

楚羽人和龙一样也是巫觋引魂升天的工具之一。1957年河南信阳长台关一号战国中期墓出土的漆绘锦瑟左侧立墙上，绘有一着宽袖长袍、双手曲举握缰，并牵着两条巨龙的人，岳山内侧画一戴冠长袍人物，两手平伸抓住两条升龙，二人形貌衣着相似，结合长沙子弹库楚墓出土的《人物御龙帛画》以及洛阳卜千秋的墓顶壁画，御龙人物应是墓主人，苍龙是助其升天之物。其前后云气间所绘着戴冠着袍、手执羽葆之人，应是引导墓主灵魂升天的方士，右边另一残片上，绘一人面鸟身的羽人，接引护卫墓主灵魂升天。湖北随县擂鼓墩曾侯乙墓出土的漆棺左右侧板以及头挡上也绘有羽人形象。头着两尖饰物，两翅舒展，一手握戈，腹部绘鳞纹，两腿叉开，有扇形尾翼，造型十分夸张。荆门车桥出土的大武铜戚的羽人也与之类似。

综合以上,可发现菜越陶楼上的有翼童子,应源自北方丝路受希腊式的厄洛斯、西域有翼童子的影响,并在襄阳地区在楚羽人引魂升天的功用的影响下代替神仙瑞兽塑于门扉之上。襄阳地区的地理位置为这种多文化的融合提供了条件。

五、结语

楚地巫风浓郁,在《吕氏春秋·侈乐》《淮南子·人间训》《汉书·艺文志》《列子·说符》等典籍中都有关于楚人信巫鬼重淫祀的记载。楚巫往往通过一些巫物法器来满足驱鬼辟邪、招魂复魄、引魂升天等目的。

伴随佛教传入中国的窣堵波和佛像,在楚地与巫术相结合,产生了襄阳菜越陶楼丰富的文化特征。首先,在功用上,襄阳菜越陶楼不仅仅是最早的浮图祠,即单纯的作为佛塔而存在,同时还是引导墓主人引魂升天的器具,陶楼、甬道和朱砂的结合更是加强了这一功能;其次,在装饰方面,襄阳菜越陶楼吸收了楚地巫术中龙与羽人的文化内涵,将源自悬度国的月牙形兽与汉代龙形玉结合,形成特殊的月牙形兽;同时,源自西域的有翼童子也在此地吸收楚羽人引魂升仙的功用代替神仙瑞兽塑于门扉之上。

总之,早期佛教在初传中国的过程中,为了获得人们的接受,往往主动融入当地的信仰与习俗寻求发展,也是在种种主动改变与融合的过程中,早期佛教逐渐在中国扎根立足。

附记:本文在《荆楚学刊》2017年第5期发表的《从襄阳菜越陶楼看早期佛教与楚巫文化的融合》上有所修改,中山大学姚崇新老师、小铜人收藏家赵阳老师曾提出过修改建议,谨致谢忱!

注释:

① 襄樊市文物考古研究所:《湖北襄樊樊城菜越三国墓发掘简报》,《文物》2010年第9期。

② 汪海波:《中国最早的佛寺:"浮屠祠"——襄樊出土"陶楼"模型辨析》,《佛教文化》2010 年第 4 期。
③ 张鹏飞:《东汉襄乡浮图考》,《文史哲》2016 年第 4 期。
④ 何志国:《从襄樊出土东汉佛塔模型谈中国楼阁式佛塔起源》,《民族艺术》2012 年第 2 期。
⑤ 黄晓芬:《汉墓的考古学研究》,岳麓书社,2003 年,第 217 页。
⑥ 李思思:《汉代建筑明器研究》,中央美术学院 2012 年硕士学位论文,第 18~19 页。
⑦ 湖北省文物考古研究所等:《湖北鄂州市塘角头六朝墓》,《考古》1996 年 11 期。
⑧ 河南省博物馆:《灵宝张湾汉墓》,《文物》1975 年第 11 期。
⑨ 阮荣春:《佛教南传之路》,湖南美术出版社,2000 年,第 21 页。
⑩ 洛阳地区文化局文物工作队:《河南洛宁东汉墓清理简报》,《文物》1987 年 1 期。
⑪ 张松林:《荥阳魏河村汉代七层陶楼的发现和研究》,《中原文物》1987 年第 4 期。
⑫ 索全星:《河南焦作白庄 6 号东汉墓》,《考古》1995 年第 5 期。
⑬ 巫鸿:《黄泉下的美术——宏观中国古代墓葬》,生活·读书·新知三联书店,2013 年,第 61 页。
⑭ 王祖龙:《楚美术观念与形态》,巴蜀书社,2008 年,第 133 页。
⑮ 王译敏:《中国艺术史上的朱砂与色彩文化》,载《中国艺术人类学学会会议论文集》,2010 年,第 320 页。
⑯ 迁安县文物保管所:《河北迁安于家村一号汉墓清理》,《文物》1996 年第 10 期。
⑰ 罗哲文:《中国古塔》,青年出版社,1985 年,第 64~65 页。
⑱ 刘录中:《中国历史文物知识简编》,湖南美术出版社,1996 年,第 190 页。
⑲ Muhammad Arif, *Study of Petroglyphs of Buddhist Period Along the Silk Road Between Shatial and Khunjerab Pass*, Northern Areas of Pakistan, PhD Thesis, University of Karachi, 2001, pp.140-141.
⑳ 吴庆洲:《佛塔的源流及中国塔刹形制研究(续)》,《华中建筑》2000 年第 2 期,第 125 页。

㉑ 陈千万:《襄阳出土的铜羽人与楚地巫术》,载《楚文化研究论集(第十集)》,湖北美术出版社,2011年,第409页。
㉒ 孙机:《汉代物质文化资料图说》,文物出版社,1991年,第449页。
㉓ 段鹏琦:《从北魏通西域说到北魏洛阳城》,载《洛阳——丝绸之路的起点》,中州古籍出版社,1992年,第353页。
㉔ 中国社会科学院考古研究所编:《汉魏洛阳故城南郊礼制建筑遗址》,文物出版社,2010年,第272页。
㉕ 赵阳:《"襄樊铜人"引发的质疑》,《收藏投资导刊》2010年第11期。
㉖ 王炳华:《楼兰考古百年》,《光明日报》2000年4月14日。

河南南阳夏响铺鄂国贵族墓地 M1 所出养器的几点认识

王 巍

(南阳市文物考古研究所)

夏响铺墓地位于河南省南阳市区新店乡夏响铺村北。为配合南水北调工程,考古工作者从 2012 年 6 月开始对该墓地分三期进行文物钻探和考古发掘,共清理西周晚期至春秋早期墓葬 90 余座,出土了一大批珍贵的青铜器等文物。根据墓葬形制及出土有铭文铜器等判断,该墓地至少有四代鄂侯及夫人在此埋葬。其中 M1 出土 6 件铭"鄂侯作夫人行鼎"(图一)铜鼎,2 件铭"鄂侯作夫人行簋"(图二)铜簋盖,3 件铭"鄂侯作夫人行鬲"(图三)铜鬲,由此我们推断 M1 应为鄂侯夫人墓。在 M1 鄂侯夫人墓中发现铭有"养伯□"铜方壶盖 2 件,这是近年来"养器"的又一重要发现。尤其值得我们注意的是,在一个方国贵族墓地中发现另一个方国的器物本身就不多见,由于两周之际"鄂国"和"养国"的历史文献记载匮乏,所以 M1 中出土的"养器"有助于我们进一步研究和揭示"鄂

图一 "鄂侯夫人"鼎

国"和"养国"的文化面貌。现就M1中出土的"养器"谈谈个人的几点看法。

图二 "鄂侯夫人"簋 　　　图三 "鄂侯夫人"鬲

一、"养器"的相对年代

由于M1所出"鄂侯夫人"器物群,无论形制还是纹样,都与平顶山应国M1[①]、M8[②]以及三门峡上村岭虢国墓地M1810[③]等出土的相关器物相近,我们认为M1的相对年代应为春秋早期偏晚阶段。那么,M1发现的两件"养器"方壶盖的相对年代应该不晚于墓主的下葬年代,至于有可能早于"鄂侯夫人"器物群的年代。再者,从"养器"方壶盖器物本身的形态特征来分析比较:从形制看,方壶盖盖顶作圈足状,盖腹甚深,郭沫若先生曾就此类壶盖形制而言其功用曰:"古代之壶盖可倒置,倒之即成杯,颇如今之热水瓶,故铭往往在盖唇之缘而倒刻之。"这与三门峡上村岭虢国墓地

M2001：90④方壶盖相似。从纹样看，器盖顶饰 S 形凸目窃曲纹，握手周围饰兽面状垂鳞纹，这与三门峡上村岭虢国 SG：052⑤相对应部分纹样相似（图四）。盖缘部分饰 S 形平目窃曲纹，这也与三门峡上村岭 M2011：63⑥方壶颈部纹样相同。从铭文布局和字体看，M1 中"养器"具有西周晚期铭文的一些特征，即"铭文布局工整规范，横成排，竖成列，普遍作长方形，字形大小相近同，笔道绝大多数为细劲均匀的线条。字形典雅，排列整齐，总体上显得庄重、肃穆"⑦。尤其，铭文中"其万年"、"永宝用"等字与周夷王时期的史颂鼎（图五）铭文相似。由于春秋早期接近西周晚期，故此时列国金文皆有不同程度的保留有西周晚期金文的一些特征，体现在文字结构及书体上⑧：虽然"其"字下面没有附加底基座，但是"享"字上部作三角形，下部椭圆形基座内有一短横，这具有春秋早

图四 "养伯"壶盖纹样

图五 史颂鼎　　　　　　　图六 匽公匜

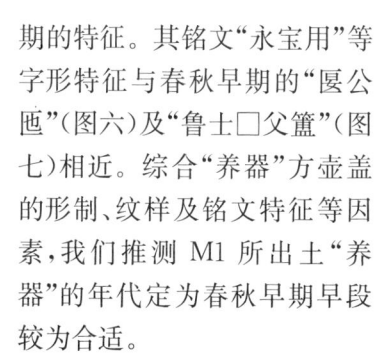

期的特征。其铭文"永宝用"等字形特征与春秋早期的"匽公匜"(图六)及"鲁士□父簠"(图七)相近。综合"养器"方壶盖的形制、纹样及铭文特征等因素,我们推测 M1 所出土"养器"的年代定为春秋早期早段较为合适。

二、"养器"的性质问题

两件"养器"方壶盖盖唇外缘倒刻相同的铭文,整齐排列 2

图七 鲁士□父簠

249

行，共15字，内容为："养伯□作宝壶，其万年子孙永宝用享。"(图八)第一个字，"永"字左上方附加一个"O"，个人认同董全生、张晓军先生的观点："O"应是"邑"的简写，从"邑"、"羕"声，应释为永。金文中，带"邑"字边和不带"邑"字边是同一个字，永羕可以互用，"羕"为金文"养"的写法⑨，故第一个字应释为养，按器铭行文惯例，第一字应是国名或族名。"伯"字古代有多种解释，从称谓上说，既有行辈之义，也可作为爵称，刘彬徽先生曾指出，"某伯"之称谓既可指诸侯，又可指某氏之伯⑩。不论是在铜铭文中还是文献中，两者的区别在于，前者在私名之前，后者在国名之后，即"养"为国名，"伯"应为爵称。从1970年江陵岳山出土的春秋中期"养伯簠"铭文中可知，养伯应为嬴姓，古代有姓者必为"君"，卿大夫只能称氏⑪，所以，在春秋早期，养国国君也应以"伯"自称。第三个字右边从车，左边没有词例，故不能确定为何字，但从金文行文惯例可推测，此字应为养伯的名。

图八 "养伯"壶

至于养器出现在其他国家的例子如下：1970年江陵岳山大队发掘一座春秋中期的楚墓，出土的铜簠有铭文4行26字："养伯受用其吉金，作其元妹叔嬴为心媵芈簠，子子孙孙其永用之。"⑫从铭文看，此簠应是养国国君受为其长妹外嫁所作的媵器，"叔嬴"媵器出于楚，应该是其夫国所在。养伯簠应为养国所铸，可能当时养国与楚联姻，故媵器入楚便合情合理⑬。《春秋公羊传》庄公十九年：

"媵者何？诸侯娶一国，则二国往媵之，以侄娣从。"表明周代存在媵婚制。媵器则是为嫁女而作的青铜器，周代王室诸侯及其他贵族的女子出嫁时，其父母兄长等要为该女子铸造青铜器，供该女子在夫家作祭祀或生活用器。铸器时往往会在器物上铭刻文字，一般都是记下作器者的身份称谓、出嫁女的称谓、所铸器的器类名称以及祝福的话语[14]。在考古资料中，一国器物出现在另一国家中并且是父亲或者本家长辈以自己的器物当成陪嫁媵器的例子如下：

其一，1933年春山东滕县东北安上村郳国故地出土铭文簋4件，其中2件铭文为"孟喢父作宝簋，其万年子子孙永宝用"，这两件应为"孟喢父"自己的器物，另2件簋铭文为"孟喢父作幻伯妊媵簋八，其万年子孙永宝用"，同出者还有"郳义伯鼎"2件[15]。由此可推知"郳义伯"可能是"幻伯妊"的丈夫，"孟喢父"器物群应该是"幻伯妊"嫁入郳国的媵器，这样就可以判断"孟喢父"自作的器物是以媵器的性质流入到郳国的。

其二，1957年三门峡上村岭虢国墓地M1820出土"虢侄□盘"，铭文为"虢侄□作宝盘，其子子孙孙永宝用"。同墓中还出土有"苏貉簋"，铭文为"苏貉作簋"。[16]由于有传世"苏夫人作侄改襄媵盘"、"苏夫人作侄改襄媵匜"、现藏上海博物馆的"虢仲作虢改尊鬲"及出土于上村岭虢国墓地M2009的"虢仲作虢改宝盘"可证，虢国应与改姓苏国通婚。"苏貉簋"与"虢侄□盘"同出于M1820中，可间接推测"虢侄□盘"器主是来自苏国的女子[17]，那么在虢国墓地中出现其母家男性长辈器物"苏貉簋"的性质便可解释得通，即"苏貉簋"应是墓主从其母家苏国带来的陪嫁品。

以上所举两例，虽然有些器物铭文既没有"媵"字，也没有出嫁女的名字，但是通过与共出器比较，或参考有出土记录的相关资料，可间接推测出，这些器物具有媵器的性质。这表明两周时期女子出嫁的时候，有时出嫁女子的母家长辈可能以自有的器物作为嫁妆或者礼物赠予⑱。这些长辈的器物并不是为嫁女特别制作的,而是自己的器物。通过以上例子,我们对照 M1 中的两件养器:M1 确定为鄂侯夫人墓,但从其器物群中并没有发现其母家姓氏,也没发现带有"媵"字的铭文铜器,同时更无传世器或者相关文献记载鄂、养两国曾有通婚记录。纵观整个夏响铺鄂国贵族墓地,两件养器作为孤品存在于 M1 鄂侯夫人墓中,就目前所掌握的信息来看,不足以证明 M1 中的两件"养伯"方壶是以媵器的性质陪嫁到鄂国的,养器或许是鄂国通过战争掠夺而来抑或是两国友好往来"养伯"赠予。"养伯"器物在鄂国贵族墓地的发现,可以表明,在春秋早期,鄂、养两国互动可能比较频繁,至于是通过和平往来还是战争的手段,还需要更多的考古资料来证实。

三、两周之际"鄂""养"两国的地望

关于西周鄂国的地望问题,学界说法不一,主要有西鄂说和东鄂说。大多数学者根据传世铜器禹鼎及鄂侯驭方鼎等铭文内容记载,西周晚期,周厉王南征班师途中,鄂侯主动迎接周王,周王举行射礼欢迎鄂侯,并赏赐他很多礼物。但是过后不久,鄂侯驭方率南淮夷、东夷等反叛,周天子派武公讨伐鄂国,"无遗寿幼",传统观点认为鄂国就此被周王所灭⑲。但是,南阳夏响铺鄂国贵族墓地的发现,证明西周晚期鄂族并没有被彻底灭亡,而是被迁徙到南阳盆地,纳入周王朝统治范围内。夏响铺鄂国贵族墓地位于南阳市东北约 10 千米,与文献记载中西汉之西鄂县位置相符。该墓地发现至少有四代鄂侯及夫人埋葬于此,时间从西周晚期延续到春秋早期,并且从该墓地出土的铜器铭文中有姜姓鄂侯夫人可知,当时周天子对鄂族采用恩威并施的手段,周宣王一边改封姜姓申、吕国于南阳盆地监视鄂族,同时允许他们互相通婚,并保留了鄂侯的爵位。故夏响铺鄂国贵族墓地的发现,表明两周之际,鄂国中心活动区域在今南阳市周边无疑。

关于养国的地望问题,学界争议较大。主要有三种观点:一为养国在河南沈丘以东、界首、临泉杨桥这一带。主要引证《左传》,鲁昭公三十年"吴子使徐人执掩余,使钟吾人执烛庸,二公子奔楚,楚子大封而定其徙,使监马尹大心逆吴公子,使居养"。即楚子使吴二公子烛庸、掩余所居之"养"邑。又引《读史方舆纪要》卷四七陈州沈丘县"养城"条曰:在县东北,春秋时楚邑。昭公三十年吴二公子掩余、烛庸奔楚,楚使居养,取城父、胡田以与之。盖其地近今亳、颍二州界[20]。二为河南宝丰说,认为养国在今河南襄城鲁山北、郏县西南的宝丰县境,即《后汉书·郡国志》所记颍川郡下"襄有养阴里"。三为河南桐柏说,即位于桐柏县月河镇左庄墓地附近。个人认为,关于古养国的地望问题,虽然传世文献中有零散记载,但多为后代推断,未必确实[21]。从考古资料出发,近些年来在河南桐柏县附近发现较多养器,如:1964年桐柏月河左庄出土春秋早期养伯庸器物群[22]、1975年桐柏城郊钟鼓堂出土养仲无龙器物群[23]、1980年河南泌阳马谷田郭岗出土养仲□器物群[24]、1993年桐柏月河左庄出土春秋晚期偏早阶段的养伯受器物群[25]及2001年底对月河墓地第二次发掘[26]等,大量养器在桐柏月河的发现表明,春秋时期,这一带应为古养国的中心活动区域。鄂国的活动区域在南阳市周边,而桐柏月河在南阳市以东约百千米处,鄂、养应该是邻国,鄂国贵族墓地M1发现春秋早期的养器,说明两国互动或许较紧密,进一步佐证养国的地望即在今桐柏一带,这也符合相邻方国间往来便利的合理性。

注释:

① 河南省文物研究所、平顶山文管会:《平顶山市北滍村两周墓地一号墓发掘简报》,《华夏考古》1988年第1期。

② 河南省文物考古研究所、平顶山市文物管理局:《河南平顶山应国墓地八号墓发掘简报》,《华夏考古》2007年第1期。

③⑯ 中国科学院考古研究所:《上村岭虢国墓地》,科学出版社,1959年。

④~⑥ 河南省文物考古研究所、三门峡市文物工作队：《三门峡虢国墓（第一卷）》，文物出版社，1999年。

⑦⑧ 朱凤瀚：《中国青铜器综论》，上海古籍出版社，2009，第634~637页。

⑨ 董全生、张晓军：《从金文羕、永看古代的养国》，《中原文物》1996年第3期。

⑩ 刘彬徽：《楚系青铜器研究》，湖北教育出版社，1995年，第103页。

⑪ 何浩：《羕器、养国与楚国养县》，《江汉考古》1989年第2期。

⑫ 荆州地区博物馆：《江陵岳山大队出土一批春秋铜器》，《文物》1982年第10期。

⑬ 雷英：《小议养器与养国》，《中原文物》2007年第1期。

⑭ 曹兆兰：《从金文看周代媵妾婚制》，《深圳大学学报（人文社会科学版）》，2001年第6期。

⑮ 曾毅公：《山东金文集存》，齐鲁大学国学研究所，1940年，第2~5页。

⑰ 俞伟超：《上村岭虢国墓地新发现所揭示的几个问题》，《中国文物报》1992年2月3日。

⑱ 陈昭容：《两周婚姻关系中的"媵"与"媵器"——青铜器铭文中的性别、身份与角色研究之二》，载《"中研院史语所"集刊》第77本2分，2006年，第193~278页。

⑲ 徐少华：《鄂国青铜器及其历史地理综考》，《考古与文物》1994年第2期。

⑳ 顾祖禹：《读史方舆纪要》卷四七，中华书局，2000年。

㉑ 徐少华：《羕国铜器及其历史地理探析》，《考古学报》2008年第4期。

㉒ 王儒林：《河南桐柏发现周代铜器》，《考古》1965年第7期。

㉓ 南阳地区文物工作队：《河南桐柏县发现一批春秋铜器》，《考古》1983年第8期。

㉔ 李芳芝、张金瑞：《河南泌阳发现春秋铜器》，载《文物资料丛刊(6)》，文物出版社，1992年，第169~171页。

㉕ 南阳市文物研究所、桐柏县文管办：《桐柏月河一号春秋墓葬发掘简报》，《中原文物》1997年第4期。

㉖ 河南省文物考古研究所、桐柏县文物管理委员会：《河南桐柏月河墓地第二次发掘》，《文物》2005年第8期。

传世曾伯漆簠铭研究的回顾与再论*

陈颖飞

（清华大学出土文献研究与保护中心）

传世春秋铜器中，曾伯漆簠是颇有名的一件，郭沫若撰写《两周金文辞大系》时便以这件器作为鄘器之首。簠铭字数较多，包括合文达九十二字，内容又非常重要，长期以来受到学者关注，但多有论争，本文回顾以往曾伯漆簠铭的研究，记述有争议的国属、年代、铭文等问题，以便厘清相关问题，为更深入研究曾国及曾器提供参考。

一

传世的曾伯漆簠，器、盖分离。器为阮元旧藏，后毁于火。盖系周小崖、陈介祺原藏，现藏中国国家博物馆。器、盖同铭，器铭的"皇且（祖）文考"、"曾白（伯）雭（漆）叚（逗）不黄耇"二语，盖铭漏"且（祖）"、"白（伯）"二字，显然器铭更优[①]。器铭释文如下：

隹（唯）王九月初吉庚午。
曾白（伯）雭（漆）悊（神）圣元₌武₌（元武，元武）孔
黹。克狄（逖）潍（淮）尸（夷），卬（抑）燮鄹（繁）

---

* 本文为"出土文献与中国古代文明研究协同创新中心"和教育部人文社会科学重点研究基地"清华大学出土文献与中国古代文明研究中心"研究成果之一。

> 汤(阳)。金衔(道)鎘(锡)行,具既卑(俾)
> 方。余羁(择)其吉金黄镛,
> 余用自乍(作)旅匿(簠)。吕(以)征
> 吕(以)行,用盛稻梁。用养(孝)
> 用高(享)于我皇且(祖)文考,
> 天赐(锡)之福。曾白(伯)枭(漆)殳(遐)
> 不黄耇,儒(万)年髻(眉)寿无
> 疆(疆)。子=(子子)孙=(孙孙),永宝用之高(享)。

前人的研究,以"曾"的国属与作器时代争论最为激烈。

"曾"的国属,是山东姒姓的鄫国,还是湖北姬姓的曾国,一直是论争的焦点。

阮元《积古斋钟鼎彝器款识》最早著录器铭,指出"曾"即"鄫","夏之后"[2]。尽管没有加以讨论,但"夏之后"有姒姓鄫国,他实质是以这件器作为山东姒姓鄫国之器。这一看法得到后来的学者认同并深化,长期以来是学界主流观点。

陈介祺《簠斋吉金录》著录盖铭,并于《簠斋金文题识》中明确指出,曾即鄫,铭文所记事件即《左传》僖公十六年"会于淮,谋鄫,且东略也"及《鲁颂·泮水》"狄彼东南",作器恰是因为"鄫以鲁与诸侯力伐淮夷而作器"[3]。其他清人的观点多相近,徐同柏《从古堂款识学》也提到《左传》僖公十六年伐淮夷的事件,但并未说簠铭即这一事件,而吴式芬《攗古录金文》所引张石匏的观点则明确说就是此事[4]。

郭沫若也将这件器作为鄫国器,与清人不同的是,他并没有将这件器的器铭与《左传》所记鲁僖公伐淮夷的事件相结合,而是认为曾伯漆簠与晋姜鼎同时,晋姜鼎铭的"征繁汤原",即曾伯漆簠铭的"印燮繁汤","盖晋人与曾同伐淮夷"[5],从而将作器年代由清人普遍认为的春秋中期提前到了"春秋初年"。

无论是清人的与鲁国共伐淮夷说,还是郭沫若的与晋国同伐淮夷说,都以曾伯漆簠为山东鄫国器。整理山东金文的学者,吸收了这一观点。1940年出版的曾毅公所编《山东金文集存》,曾伯漆簠便属于其中⑥。

考古新发现的介入,使曾伯漆簠铭的研究有了新的突破。20世纪二三十年代,安徽寿县铜器群的大发现,为学界所瞩目。在研究这些楚器的同时,曾伯漆簠也得到了关注。1935年,刘节《寿县所出楚器考释》一文发表,指出曾伯漆簠等器"与楚国之关系显而易见"。他认为"曾国有二",其一是鄫国,姒姓,"其在山东,附庸于齐",另一与楚国有关系的"在河南"、"附庸于郑",姬姓,而曾伯漆即属于后者,并认为"征淮夷之役,曾伯漆与于其事,因率其族人南徙于楚,是以有楚国之曾"⑦。"楚国之曾"说,成为后来湖北学者提出的有三个曾国而湖北曾国为其一的先声。

刘节的这一观点并没有得到学界的充分认同,不仅曾毅公《山东金文集存》等未采取姬曾说,后来的学者也多不取此说。

1962年,屈万里发表《曾伯桼簠考释》一文,详尽考辨了这件器。他引用刘节的观点,同意应该还有一个姬姓的曾国,但否定簠铭的曾伯为姬姓之曾,他说:"召穆公未平定江汉之域以前,姬姓之鄫还没有立国,自无从往伐淮夷,而又铸器铭功。等到附庸于楚之后,更不会以么么小国,远到东方,去伐和楚国素无怨恨的淮夷,可知此器的曾,是姒姓之鄫。"他吸收了清人的观点,认为曾伯漆铭文的伐淮夷即《左传》僖公十六年的鲁伐淮夷,不同的是,他强调器非当时所作,而是事后两年内作,并根据历日,定为僖公十八年(前642年)器⑧。

20世纪六七十年代,随枣走廊等地出土一系列有"曾"铭的青铜器,尤其是1966年京山苏家垄曾侯铭墓、1978年曾侯乙墓的发现,大大推动了曾国与曾器的研究。1972年,湖北学者发表《湖北京山发现曾国铜器》,发展刘节的观点,提出曾国有三个,而湖北境内有姬姓曾国⑨。1976年,李学勤研究盘龙城与商代南土,论及西周重要铜器"安州六器"铭中的"曾"即曾国,地望在"随州以南"、"汉水流域"⑩。1978年,湖北随州发现曾侯乙墓,李学勤便提出曾国即是随国⑪,石泉同意此说且认为曾国都城在安居附近⑫,曾随之谜成为学界热点,引发长期讨论⑬。与此相关,如何看待曾伯漆簠,也引起学者关注。

1980年,曾昭岷、李瑾发表《曾国和曾国铜器综考》,否定了曾随一国说,同意有三个曾国,但认为三个曾都是姒姓,两个在河南,一个在山东,而曾伯漆簠的曾在河南"汝、颖之间"⑭。同时期同一问题,李先登得出不同论断。1980年的中国考古学会年会上,李先登提交《曾国铜器的初步分析》一文,梳理曾国铜器,认为有湖北的曾国和山东的鄫国,并试图区别二国之器,而曾伯漆簠则是山东鄫的标准器⑮。

1986年刘彬徽发表《金文试释二则》,其中一则论曾伯漆簠⑯。他驳斥了鄫国说以及非姬姓说,同意曾随一国,曾伯漆簠即"豫鄂间"姬姓曾国器,并指出:

> 这个曾(随)国在前640年还能"以汉东诸侯叛楚"(《左传》僖公二十年),可知其时它还是汉东诸侯之首领呢。在此之前,它有征伐淮夷取得成功之举也就不难理解了。其时的淮夷包括了汉淮间一些小国,它并不是"远到东方"去征伐,说不定正因为它征服了淮夷中较强的方国,才成为汉东诸侯之首呢。

随着曾国铜器发现的增多,湖北有曾国遂为定论,而曾伯漆簠的归属仍未能达成一致意见,尤其是湖北、山东学者皆以其为己地器。张昌平《曾国青铜器研究》将其归入湖北曾国器⑰。但刘彬徽《楚系金文汇编》,虽将曾国划入楚系,收录了大量曾国铜器,但未收这件器⑱。山东博物馆编的《山东金文集成》收录此器,仍认为是山东姒姓鄫国器[19]。

概而言之,曾伯漆簠自清人著录以来,便作为山东鄫国器,而考古新发现则带来了新的观点,寿县楚墓的发现使刘节考虑到其与楚地楚器的关系,随枣走廊等地曾器的大量出现则促使刘彬徽等湖北学者归其为"豫鄂间"姬姓曾国器,之后仍意见不一。这一论争的过程,既是曾伯漆簠研究的轨迹,也在一定程度上反映了对曾国及曾器研究的进展。

近日随州新发现了曾伯漆簠[20],铭文与传世器不同,但曾伯漆簠是湖北姬姓曾国器,已为论定。

二

曾伯漆簠作器时代的判定,历来观点也很不统一。判断方法主要有两种,一是根据器铭所记"克狄淮夷",另一是依据器的形制纹饰。主要有七种观点,以下依据年代排列。

1. 周宣王时期。吴其昌认为这次伐淮夷即宣王元年事,又据其历谱,定为周宣王九年器。刘节说"曾伯霥簠远在晋姜鼎之前",应是暗指这一时期。

2. 春秋初年,与晋姜鼎同时。郭沫若《大系》提出此说,马承源等《铭文选》也相呼应。

3. 鲁僖公十六年(前644年)。陈介祺、张石匏等清代学者首创此说,是主流说法。

4. 鲁僖公十八年(前642年)。屈万里《曾伯霥簠考释》同意前说的基础上修订。

5. 春秋早期中段,与枝江百里州铜器约略同时,约前700年前后。刘彬徽《金文试释二则》提出的说法。

6. 春秋早期偏晚至春秋中期偏早。张昌平《曾国青铜器研究》通过将其纹饰与曾孟姬谏盆、曾孙史夷簠与光山黄君器等的纹饰对比得出此说[21]。

7. 春秋中期说。马承源《戎生钟铭文的探讨》一文从簠的纹饰的形制、铭文和纹饰角度，指出"时代至少晚于春秋初世晋文侯在位之年"、"折壁直缘的簠出现于春秋中期，春秋早期无此形制，曾伯霥簠的年代置于春秋中期为宜"㉒。

这七种观点中，前四种观点以器铭"克狄淮夷"与传世或出土文献所记伐淮夷事件结合而论断其绝对年代，所据都不足。其中，前两说与纹饰不合，器所饰的纠结在一起的龙纹（早期蟠魑纹），早不到西周晚期或春秋初年。后两说，即鲁僖公十六、十八年，以曾为山东姒姓鄫国为前提，不能成立。以目前的材料，恐难以断定曾伯漆簠的绝对年代，器铭所记这次伐淮夷的战争可能是一次新的征伐。尽管如此，京山苏家垄新发现的曾伯漆器群，补充了更多实例，对于平息传世曾伯漆簠时代的论证很有意义。结合这些新材料，张昌平提出的春秋早期偏晚至春秋中期偏早说是可信的。

三

传世曾伯漆簠的铭文，也多有争论，以下就争议较多的字词结合新近研究简要汇释。

器主人名霥。阮元引用吴侃如说，释为从雨从黎。刘心源《奇觚》释为从雨从柔，认为就是柔字。方濬益《缀遗》隶为从雨从秂，指出或是古秂字的籀文。屈万里等学者皆从方说，应是合适的。霥，当如方说，是古秂字，即今漆字。

赿圣。赿，金文中有多例，清人及郭沫若等皆读为哲，赿圣即哲圣，意为聪明睿智，文献中多作"圣哲"。陈剑释"赿"为"慎"字，蔡伟从陈说，读为神。《左传》昭公二十六年（前516年）形容周灵王"王甚神圣"，便是用"神圣"一语夸赞国君。陈、蔡之说可从，这也是近年来文字考释的新进展。

元武孔黹。黹，阮元释为业，孙诒让释为黹，孙说是正确的，后人皆从。但对于黹字的读法，分歧较多。孙诒让读为希，杨树达③、唐兰同意此说。郭沫若读为"堂皇之堂",训为"高也,盛也"。马承源读为"致",训为"极也"。屈万里读为"黼",训为"彰"。1978年随州季氏梁墓出土周王孙季梁戈,有铭"孔臧元武",与曾伯漆簠铭"元武孔黹"同义,李家浩据此将"臧"读为"壮","黹"读为"鸷"㉔。"臧"读为"壮"是合适的,但"黹"似宜读为"至"。与曾国关系密切、时代稍晚楚国的王孙诰钟铭"肃恝臧(壮)哉(武)"、王孙遗者钟铭"肃恝圣武"之语,应即簠铭"恝圣元武",壮武、圣武、元武同义,都是形容武力之强大,而簠铭紧随的"元武孔黹"系再度铺陈武力之至大,"黹"应读为"至",训为"极",与"孔"为同义连用。

克狄淮夷。"狄",方濬益认为指"北狄"㉕,郭沫若读为"遏",屈万里等都从郭说。郭说是正确的,狄,即遏、逖、剔,意为惩治。文献中,狄或写作"遏"、"逖",《诗·泮水》:"狄彼东南。"《诗·大雅》:"用遏蛮方。"《左传》僖公二十八年:"纠逖王慝。"杨伯峻注《左传》便引用惠栋《补注》:"《鲁颂》'狄彼东南',郑《笺》云:'狄当为剔。剔,治也。'此传当训为治也",并指出"纠逖为义近词连用。"

印(抑)燮繁汤。印,徐同柏释为印,读为抑,训为"按"。刘心源同意徐说,指出"古文无正反",实是以印、抑为一字。屈万里说印"当是抑的本字",但训为"安"。燮,意见基本一致,从《书·洪范》"燮友柔克"孔传、《诗·大明》"燮伐大商"毛传,训为"和"。繁汤,刘心源认为是繁、汤两地。吴闿生《吉金文录》说"繁汤皆淮夷地",实质也认为是两地。郭沫若不仅认为是两地,而且推定晋姜鼎的"征繁、汤、原"与曾伯漆簠的"印燮繁、汤",是晋人与曾国同伐淮夷,作器时间亦同在九月。刘节则持不同看法,认为繁汤即繁阳。此说得到学者的普遍支持,但与晋姜鼎铭文所记是否是同一次战争,仍有争论。屈万里认为不是同一次战争,陈连庆则认为"晋、曾合力对付淮夷的说法并不牵强"㉖。戎生钟发表后,铭有"征繁汤",学者多结合晋姜鼎、曾伯漆簠铭文讨论其中的战争。马承源、裘锡圭认为三者不是同一次战争㉗。李学勤则认为"晋姜鼎

261

与戎生钟铭都记述遣卤积这同一件事","应该属于同一年",即是将二器铭文所记征伐看作同一次战争。他联系曾伯漆簠铭文论述繁阳,强调"其地与铜锡的来源大有关系","是南方铜锡北运的会聚地点",而未将其与戎生钟铭的战争系联,应是不认为是同一次战争。

金道锡行。金道,吴闿生已指出是"产金之地","行"亦即"道"。郭沫若也指出,"金道锡行"是指"以金锡入贡或交易之路"。陈公柔梳理了"金道锡行"的研究史[㉒]。

黄镛。刘心源据《说文》膚的籀文作臚,已指出"膚盧同字",并认为"此黄镛当是金名"。郭沫若则认为是"以铜所为之鑪(今言火盆),言销毁之以为铸器也"。屈万里以郏公华钟铭"玄镠赤膚"、邵钟"玄镠镛铝"等例子,否定郭说,认为"可能是铜的一种"。后说可信。需要补充的是,镛(膚)、镠(翏)都有美、好的含义。《诗·狼跋》:"公孙硕膚。"毛传:"膚,美也。"翏金戈铭"翏金良金",翏金与良金并举,都指好的铜。铭文中习见的镛、镠,皆指良铜,近于铭文常见的"吉金"、"良金"。

以征以行。屈万里认为征、行并用,"似乎是征伐的意思"。近年,张闻捷对金文中的相关语句进行综合考察,认为这些是"行器",用于行师征伐,而"宗庙祭祀之器也常被拿来作为出征远行之用"[㉓]。

经过学者的不断研究,曾伯漆簠铭文字词考释已有许多进展,意见渐趋一致,但不排除个别字词,如"惩"、"淛"等字,仍有学者持不同看法。

余论

近年来,曾国国君及贵族墓地大量发现,尤其是叶家山曾国墓地以及文峰塔曾侯与墓地材料的发表,使我们对于曾国有了重新认识。将这些新材料,与传世曾伯漆簠铭"克狄淮夷,抑燮繁汤,金道锡行"相结合,使我们对曾国自西周以来在南土的作用,尤其是克逖淮夷的作用有了更深入的认识。西周初期,至迟成王时期,便分封南宫氏到随州,建立曾(随)国,这正是曾侯与铭文所言的"王遣命南公,营宅汭土",目的也正是"君庇淮夷,临有江湏"。曾伯漆簠铭"克狄淮夷"恰是"君庇淮夷"这一责任的继续。换言之,曾国对淮夷的征伐抵御至迟延续到了曾伯漆时期。随着楚国的强大及进一步扩张,曾国沦为楚国附庸后,这一作用便为楚国所替代。

最后,需要提及的是,曾伯漆能够"克狄淮夷,抑燮繁汤",而铭文并未记录这一征伐受到当时曾侯的命令,从这一方面来看,曾伯漆很有可能是一代曾侯。而且,铭文的语气也符合曾侯的身份。

注释:
① 器铭录于《殷周金文集成》4632,盖铭见于4631。
② 阮元:《积古斋钟鼎彝器款识》卷七。
③ 陈介祺:《簠斋金文题识》,文物出版社,2005年。
④ 吴式芬:《攈古录金文》三之二。
⑤ 郭沫若:《两周金文辞大系图录考释》,上海书店出版社,1999年。
⑥ 曾毅公:《山东金文集存》,齐鲁大学国学研究所,1940年。
⑦ 刘节:《寿县所出楚器考释》,北平图书馆,1935年。
⑧ 屈万里:《曾伯黍簠考释》,载《"中研院史语所"集刊》第三十三本,1962年。
⑨ 湖北博物馆:《湖北京山发现曾国铜器》,《文物》1972年第2期。
⑩ 江鸿:《盘龙城与商朝的南土》,《文物》1976年第2期。
⑪ 1980年,李学勤又据随州义地岗新出季氏梁戈铭,曾大工尹季怡是"周王孙",再论曾国即是随国,姬姓,"前400年前后仍然存在"。参看李学勤:《曾国之谜》,《光明日报》1978年10月4日;李学勤:《论汉淮间的春秋青铜器》,《文物》1980年第1期。
⑫ 石泉:《古代曾国——随国地望初探》,《武汉大学学报(哲学社会科学版)》1979年第1期。
⑬ 虽然争论长达30余年,但2010年随州叶家山曾国墓地发现,2014年随州文峰塔M1曾侯與编钟铭文发表,随着这些材料的陆续公布以及相关学术

会议的召开,目前除个别学者外,学界观点基本统一,认为曾随一国,曾为姬姓。曾国之谜相关论文颇多,参看:1. 于豪亮:《为什么随县出土曾侯墓》,载《古文字研究(第一辑)》,中华书局,1979年;2. 徐扬杰:《关于曾国问题的一点看法》,《江汉论坛》1979年第3期;3. 曾昭岷、李瑾:《曾国和曾国铜器综考》,《江汉考古》1980年第1期;4. 杨宽、钱林书:《曾国之谜试探》,《复旦学报(社会科学版)》1980年第3期;5. 周永珍:《曾国与曾国铜器》,《考古》1980年第5期;6. 顾铁符:《随国、曾国的奥秘》,载《楚文化新探》,湖北人民出版社,1981年;7. 舒之梅、刘彬徽:《论汉东曾国为土著姬姓随国》,《江汉论坛》1982年第1期;8. 徐少华:《曾即随及其历史渊源》,《江汉论坛》1986年第4期;9. 刘先枚:《"曾国之谜"的猜想》,《湖北大学学报(哲学社会科学版)》1989年第1期;10. 李学勤:《续论曾国之谜》,《楚学论丛——江汉论坛专刊》1990年9月;11. 张昌平:《曾国为鄫——随说》,《江汉考古》1994年第4期;12. 甘露:《"曾国之谜"探微》,《佳木斯大学社会科学学报》2006年第1期;13. 吴良宝:《再说曾国之谜》,载《新果记:庆祝林沄七十华诞论文集》,科学出版社,2008年;14. 祝军:《缯、鄫、曾与随国关系论考》,《江汉论坛》2010年第10期;15. 曹锦炎:《"曾"、"随"二国的证据——论新发现的随仲嬭加鼎》,《江汉考古》2011年第4期;16. 李学勤、李伯谦等:《湖北随州叶家山西周墓地笔谈》,《文物》2011年第11期;17. 李学勤:《新见楚王鼎与"曾国之谜"》,载《青铜器入门》,商务印书馆,2013年;18. 董珊:《从出土文献谈曾分为三》,载《出土文献与古文字研究(第五辑)》,上海古籍出版社,2013年;19. 江汉考古编辑部:《"随州文峰塔曾侯與墓"专家座谈会纪要》,《江汉考古》2014年第4期;20. 张昌平:《曾随之谜再检视》,《国家博物馆馆刊》2015年第11期。

⑭ 曾昭岷、李瑾:《曾国和曾国铜器综考》,《江汉考古》1980年第1期。
⑮ 李先登:《曾国铜器的初步分析》,《中国历史博物馆馆刊》1986年第9期。
⑯ 宾晖:《金文试释二则》,《江汉考古》1985年第1期。
⑰㉑ 张昌平:《曾国青铜器研究》,文物出版社,2009年。
⑱ 刘彬徽:《楚系金文汇编》,湖北教育出版社,2009年。
⑲ 山东博物馆编:《山东金文集成》,齐鲁书社,2007年。
⑳ 方勤等:《湖北京山苏家垄遗址考古收获》,《江汉考古》2017年第6期。

㉒ 马承源:《戎生钟铭文的探讨》,载《保利藏金——保利艺术博物馆精品选》,岭南美术出版社,1999年。
㉓ 杨树达:《积微居金文说(增订本)》,科学出版社,1959年。
㉔ 李家浩:《攻敔王光剑铭文考释》,《文物》1990年第2期
㉕ 陈公柔:《〈曾伯霥簠〉铭中的"金道锡行"及相关问题》,载《中国考古学论丛》,科学出版社,1993年。
㉖㉘ 陈连庆:《晋姜鼎铭新释》,载《古文字研究》第十三辑,中华书局,1986年。
㉗ 马承源:《戎生钟铭文的探讨》;裘锡圭:《戎生编钟铭文考释》,均载《保利藏金——保利艺术博物馆精品选》,岭南美术出版社,1999年。
㉙ 张闻捷:《楚国青铜礼器制度研究》,厦门大学出版社,2015年。

从楚系贵族墓出土漆器审度春秋战国漆工艺的传承与发展

聂 菲

(湖南省博物馆)

早在20世纪30年代长沙楚漆器[①]面世后,楚漆器艺术那种崇尚自由的文化精神和恢诡谲怪的艺术风格,便使"世界看到是一种与中国后期封建社会艺术中那些冷漠超然、高蹈远引的艺术表现决然不同的艺术风格"[②],以至于英国著名艺术史学者迈克尔·苏立文(Michael Sullivan)无比激动地感叹道:"我们不禁会想,若前223年楚国战胜秦国,中国文化又会以怎样的面目出现在我们面前?"[③]事实上,楚漆器是中国悠悠七千年漆工艺史上一颗璀璨的明珠,它所处的东周是历史上一个风云突变的时代,是中国社会的转型时代,是华夏文脉的奠基和拓进时代,是思想和学术高扬的黄金时代,是中国文化的"元典"和"轴心"时代[④]。楚漆器就是在这诸子争鸣的文化环境中应时而生,带着远古南中国特有的激情与浪漫,承续着古老传统并赋予新意,造就了一种独特的艺术风格,体现了楚人特有的文化精神和审美理念。

东周社会转型的背景之下,却有出人意料的生动从地下透露出来,自20世纪初在长沙楚墓发现漆器以来,不断有新的考古成果呈现。发掘资料表明,楚漆器出土情况呈现两大倾向:一是由于地处南方,有漆源的地利,或由于地下水丰富,有保存的条件,目前所出漆木器实物遗存,主要出自楚文化地域墓葬。二是在制作方法和使用流行上有一定的地域范围和时代限定[⑤],造型、纹饰、色彩独具特色,自成一系,它代表了东周时期漆器发展的总体水平,是形成我国漆工艺体系的主要源头。基于这二点,本文将从大量考古证据中筛选出楚系典型墓,从文化发展的深层面,对楚墓所出漆器的形制功能、装饰艺术及制作工艺发展过程中的传承与发展及其原因进行较全面的论述,力争对当时楚漆器艺术所达到的水平有一个较为全面客观的认识。

一、出土地点

东周时期楚墓,在当时的楚国疆域都有发现,如湖北、湖南、河南、安徽等四省楚国中心地域均有大量发现,在江苏、上海、江西、浙江、广西、重庆等地也有发现。由于春秋中期楚国才逐渐强大起来,故春秋楚墓所出漆器甚少,有湖北当阳楚墓[6]。战国楚墓出土漆器相当普遍,有曾侯乙墓[7]、天星观楚墓[8]、望山楚墓[9]、包山楚墓[10]、九连墩楚墓[11]、马山楚墓[12]、雨台山楚墓[13]、信阳楚墓[14]、浏城桥楚墓[15]、九里楚墓[16]、牛形山楚墓[17]、德山寨子岭楚墓[18]、杨家湾楚墓[19]等,所出漆器数量大、品种多、造型美、髹饰精,代表着这个时期漆器工艺发展的最高水平。

从统计数字看,春秋楚墓所出漆器很少,只有零星发现。进入战国以后,漆器的数量和种类逐渐增多,以战国中期尤为突出,且已形成了独特的艺术风格。这些漆器多见于大夫、上卿诸侯之列的高级贵族墓内,流行地区皆以楚都江陵为中心,主要分布在湖北江汉平原楚国心腹地带,北到河南南部,南至湖南中部。这个时期漆器呈现出飞跃发展的态势,开始步入中国古代漆器发展的新纪元。

二、传承与发展

起源于新石器时代并绵延至东周时期的漆器工艺,在中国传统文化环境中,经历了龙飞凤舞的远古图腾时代,"受天有天命"等级森严的青铜时代,儒道互补、"天人合一"的春秋战国时代和与之相交织的荆楚浪漫时代。至此,远古巫术宗教观念在迅速褪色,理性的个人独立意识日渐增强。就审美观念来说,以孔子为代表的儒家美学,以庄子为代表的道家美学和具有深奥哲学思想的《周易》美学成为贯穿这一时期的总思潮,由此奠定了中华民族文化的心理结构和审美趣味,成就了"形而上者谓之道,形而下者谓之器"[20]的传统制器之道。楚漆器就是在这百家争鸣的文化环境中以漆器文化的自律性,以奇特造型、鲜艳色彩、流畅线条勾画出楚人浪漫奔放的精神世界,造就了一种楚文化独特的艺术风格。毋庸置疑,楚漆器艺术就是在中华文脉的延续中不断完善和发展的。

诚然,历史上社会转型期与意识形态领域的变革密切相关,楚漆器产生的历史背景,正好处于先秦的重要转折时期。当我们对这批东周时期区域性漆器资料进行研究时,不难发现与这一历史转折时期相适应的漆工艺,同样经历了承上启下、继往开来的发展与变化过程,既有商、西周漆器艺术遗风的传承,又显现了其受外界环境诸多因素影响而发生的变化。这一文化现象倒是与托马斯·哈定的文化进化论观点一致[21]。的确,一种文化在调整或适应过程中,由于惯性和自律限制,不可避免地产生相对的文化稳定性,即文化的传承性,维系稳定过程中起适应性作用的,是中华文脉发展的延续。春秋楚漆工艺的传承正是在这种稳定化机制因素引导下的产物,它在继承商、西周漆工艺传统上不断发展,在艺术风格上更多地带有仿青铜器、陶器的痕迹。

但是,从文化发展的历史进程来看,稳定化过程中还潜在超机体的环境因素,它必然导致文化的持续变化,与文化稳定性并存,从而形成文化变异。进入礼崩乐坏、激情迸发的战国时代,社会经历了更加跌宕起伏的变革,"礼崩"的物质文化现象随处可见,"以人为本"成为当时社会各个领域的重要特征,新的审美理念与艺术创造应时而生。当时社会结构、观念意识等发生的巨变属于超机体环境因素,它使得这一时期的漆工艺相应地产生变异。这一时期楚漆器流行于贵族阶层,并有取代青铜之势,早期仿青铜礼器的特点,反映了"礼"制的存在,后期漆器向轻巧实用方向发展。器形由厚重而轻灵,造型由严正而奇巧,纹饰由程式神秘而飞扬灵动,呈现出摒弃陈俗、追求个性表达与抒发浪漫情怀的造物风尚,这也是新的审美追求与艺术趣味的反映。

诚然,某种文化在社会大的转型时期所显现出的传承与变异性更加突出。楚墓所出众多精美漆器,使我们获得了许多可供分析的个案,也使我们有可能对这一历史转折时期漆器艺术的发展与变化进行客观的评价和探索。具体说来,楚漆器在这一历史转折时期所体现出来的传承与变化,主要在功能、制作工艺与装饰艺术等方面,现分别予以讨论。

(一)功能的传承与发展

所谓漆器的功能,是指其所发挥的有利作用或效用,它表达了使用者的目的和愿望,是漆器工艺的主要因素之一。楚漆器在楚国社会活动中扮演了重要角色。楚漆器的早期品类兼有礼器功能,中晚期以后,礼崩乐坏日趋严重,漆器的功能开始向轻便实用方向发展,"礼"的含义逐渐退却,且实用器具日益增多。故此,在讨论东周楚漆器功能传承与发展时,将从最能体现漆器功能的器类和器形两个因素来加以考察。

1. 漆礼器品类与数量渐减,实用器增多

西周时期器服制度的一个最大特点是,各阶层的人们都要按礼制的规定来执行,并规定了一套专门的器具作为礼仪用器,由于"礼"制无所不在,造成了漆器的等级格局。于是乎,作为漆礼器的某些器具在早期一直代代相因,但到了晚期开始逐渐退出历史舞台,并被实用器具所替代。

春秋时期楚漆器的品类,无论形式或规制都具有青铜礼器的特点,目前发现俎、簠、豆、方壶、瓒、耳杯、绕线棒、瑟、镇墓兽、木俑、兵器和棺椁等10余种,其中俎、簠、豆、方壶具有明显仿青铜礼器的痕迹,且一物多用,主要兼有礼器职能,有些漆礼器一直延续到战国中期，但功能有所变化。诸如用俎之制，先秦礼制中有严格限制。俎是先秦贵族祭祀、宴享时陈载牲体的置物器具，载牲陈于堂，是为礼俎。"周制礼俎数同于正鼎数"[22]，天子、诸侯之礼大牢九鼎九俎，上大夫之礼七鼎七俎，下大夫五鼎五俎，士礼三鼎三俎。早期楚俎处在发展阶段，恪守周礼，俎数依奇数递差。当阳春秋楚墓属中等以下贵族墓，用俎数不超过5件，成一、三、五奇数组合。长沙浏城桥战国早期楚墓，属大夫级墓葬，出土七俎与所葬七鼎六簋相配，合"鼎俎奇"之数[23]。战国中期以后僭风日炽，楚贵族用俎之制僭越礼制，用俎数近十件，多则数十件，如临澧九里1号墓木俎19件，用俎成了炫耀虚誉的象征。晚期楚墓中根本不见俎。

禁是先秦时期贵族祭祖、宴享时陈置酒器、食器的案形家具，亦为礼器。先秦时漆禁和铜禁几乎全部出自楚文化地域墓葬，难怪有学者提出东周时代"唯楚有禁"[24]之说。如曾侯乙墓承双壶铜禁、透雕木禁，天星观楚墓木禁漆绘出两个台面，做出置双壶形制。从这些组合看，"这与古代礼仪多用双酒器有关。楚墓中成对随葬壶、尊缶，并配置承两壶的禁，还附双勺，正是楚人用壶（禁）制度最好注脚，说明楚人在礼仪活动中是遵从周制的。"[25]这些遵从周制的繁琐陈设礼制，包含了楚人维系上下有序的统治秩序、称霸中原和南统越人的政治目的。战国中期以后，楚墓再没有出土过禁。再如豆，在先秦时是放置腌菜、干果和肉酱等食物的器皿，《尔雅·释器》郭璞注："豆，礼器也。"《礼记·郊特牲》："鼎俎奇而笾豆偶，阴阳之义也。"漆豆是漆器中出现的最早品类之一，陶寺新石器遗址便出土了漆豆[26]。东周楚墓所出漆豆基本符合礼制，当阳赵巷楚墓漆豆为6件，望山楚墓无盖豆为8件[27]，战国晚期楚贵族墓中不见豆。此外，楚墓中所出盥洗之器常为匜、盘同出，这种漆器组合也仍有"沃盥之礼"的含义。

总之，楚墓中习见的俎、禁、豆等漆礼器，在经历了百家争鸣、社会动乱的冲击后，至战国晚期似乎再没有得以延续。此外，楚墓中常见的漆木虎座飞鸟、漆鹿等同样不见于战国晚期的楚墓之中。先秦时的许多礼器也随之退出历史舞台,漆礼器被更加实用的漆木器所替代。

与早期楚漆器以礼器为主形成鲜明对比的是,战国中晚期某些器具虽仍兼有礼器职能,但实用器具日益增多。这一时期许多漆器品类已从礼器的圈子里跳出来而广泛应用于日常生活的各个方面,有多达60多种,且更加精致,新型器皿不断涌现,成为这一时期漆器品类变化的一大特点。笔者在整理长沙楚墓所出近千余件漆木器时,发现主要出自中晚期楚墓之中,且品类齐全、工艺精湛[㉘]。这一时期漆器的品类包括礼器、乐器、兵器、葬具以及各种生活日用品和杂物玩具。其一,生活用具:饮食器具有鼎、簠、食具盒、酒具盒、耳杯、双连杯、带流杯、攒、豆、卮、樽、盘、壶、勺;盥洗器皿有盘、匜;梳妆用具有便携式妆盒、奁、梳篦;家具杂项有床、枕、禁、案、几、架、俎、虎子、箱、扇、笥、盒、毛笔、削刀鞘;其二,娱乐用具:编钟、编磬、虎座鸟架悬鼓、瑟、琴、建鼓、鼓、槌、排箫、籥、笙、竽等;其三,丧葬用具:棺、椁、笭床、镇墓兽、杖、鹿座飞鸟、卧虎、羽人、虎座立凤、神树、俑等;以及髹漆兵器和车马器等。其中便携式猪形盒、便携式酒具盒、便携式妆盒、木雕虎子等均为早期楚墓所未见的新产品。这一时期楚墓出土的漆器数量大,且生活器皿占大多数。春秋楚墓出土的漆器数量少,浏城桥战国早期楚墓漆器只有10多件,信阳楚墓有69件漆器及残片。战国中期以后,随葬的漆器数量大增,如天星观2号墓有188件,牛形山1号墓有约167件,包山2号墓有306件,杨家湾6号墓有约93件及残片,其中耳杯20件。统计数据表明,战国时期漆器的品类有较大的增减变化,主要趋势是生活实用器具不断增多,漆礼器逐渐减少。

2. 器形演变日趋世俗化

一种器形的演变与器物功能紧密相连,不可否认,器物形态的演变与变异，主要是取决于人们的生产、生活需要，但意识形态方面的影响仍是不可忽视的因素。战国中期以后，器形的变化与当时漆器的礼器功能减退、实用性功能不断加强相适应的。以匕为例，先秦时用匕解牲有严格的礼制规定，《仪礼·士昏礼》郑注："匕，所以别出牲体也。"用匕自鼎中取出牲体置于俎，以备进飨，即所谓享馔、升鼎、载俎。因为肉块大，匕兼有在俎上切肉的功能。商和西周时期匕体呈桃叶形，叶边比较薄、锋利，下寺 2 号春秋楚墓出土的Ⅰ、Ⅲ式匕与其形相同[⑫]。随着宗法制社会解体，用鼎制度式微，匕的功能也向实用化转变，匕叶凹度逐渐加深。如九连墩楚墓的 10 件漆匕，9 件与漆豆放置一起，为食匕[⑬]，匕面呈椭圆扁平形，形似匙状。至马王堆汉墓的漆匕，匕面作簸箕形，类似现在的匙。

为了实用功能的需要，工匠们常将过去的漆木器进行改装使之更加实用。以妆奁为例，战国早期妆奁为单层圆形，如长沙左家公山 15 号墓单层圆形漆奁，内置铜镜。至战国中晚期，九连墩楚墓出土了便携式漆木梳妆盒。这是一件设计巧妙且实用的妆盒，盒内相应部位凿空以放置铜镜、木梳、刮刀、脂粉盒，上下各装可伸缩的支撑架，以便使用时承镜。它出自男性墓中，说明当时的贵族无论男女都越来越注重面容修饰之日常礼仪。这些漆器无论造型还是纹饰都突破了对青铜器的简单模仿，表明漆器制作向实用方向发展，器形日趋世俗化成为总的发展趋势。

（二）制作工艺与装饰艺术的传承与发展

东周时期，随着礼崩乐坏和标新立异的社会发展，艺术领域也发生了激烈的动荡。楚漆器艺术在这种文化背景下应运而生。楚人很早就有制器的传统，秉承成器之道，并将复杂的文化情感投射到不同的器形中去；楚人力求把工艺制作要素达到最高值，将装饰艺术提升到更高的水平。在这种审美观念的推动下，楚漆器工艺通过自我调节，在原有文化圈内部呈延续性、自我完善的发展。特别是战国中期以后,社会动乱加剧,然而楚漆器工艺正处于这个"'变'而寓'序'、'乱'而趋'新'的时代"[31],呈现出更多新因素,使得制漆工艺在传承中发生了某种变化。这一时期老庄"顺物自然"的工艺思想,屈子夸张想象的浪漫情怀,对楚人的思想观念、社会生活产生了深远的影响,因此追求自然美、奇巧美成为楚漆器艺术的主要表现形式。此时楚漆器艺术逐渐走出青铜器造型及装饰风格的窠臼,强调艺术对生活的美化功能,呈现出脱离礼制规范、自由舒展变化的趋势。基于对祖先崇拜的传统风俗奠定了尚赤崇黑的鲜丽主调,道学与巫风的融会孕育出恢诡谲怪的造型及飘逸生动的图案,良工利器促使漆工艺装饰出现了跨时代进步,夹纻胎、卷木胎、各种彩绘、金属釦、雕镂镶嵌等新工艺不断涌现,表现出楚人对木质材料的深刻感悟和非凡巧工,漆器工艺成为最能展现楚人浪漫情怀和艺术风韵的物质载体。这一时期漆器工艺和装饰艺术的传承与发展主要体现在以下几方面。

1. 制胎的变化

楚人对漆的偏爱源于道法自然的古老哲学思想,这种从漆树上割取的液汁,不能单独成器,而要将它刷涂在器物上。未经涂过的器物俗称胎骨,制胎是制作漆器的关键步骤。楚漆器的胎骨以木胎为主,兼有夹纻胎、竹胎、陶胎、皮革胎、铜胎、骨胎、角胎等,其中以木胎为多,夹纻胎最具特色。好的工具是制作漆器的首要条件,孔子曰:"工欲善其事,必先利其器。"(《论语》)楚墓出土了很多先进的木工工具,如信阳楚墓出土有笔、铜刻刀、铜锥、铜锛,包山楚墓出土有钢针,尤其是左家公山楚墓出土了迄今为止最早的毛笔,有精良工具才能制作出精美漆器。

其一,木胎,是一种有古老传统的胎骨。早期厚木胎较多,沿用前代斫、雕、挖、凿制成器的方法,如当阳赵巷4号墓方壶,系两块整木雕凿拼接而成,木胎厚实,造型仿铜器。中期以后,一方面继承传统制作方法,如勺、俎、案、几等用斫制,盒、耳杯、樽、卮等用挖制，卧鹿、虎座鸟架悬鼓等雕刻而成。江陵雨台山楚墓出土蟠蛇卮，采用斫制、挖制和雕刻多种方法制作而成。后世常用明榫、暗榫、透榫、半榫和燕尾榫等都已出现。另一方面，由于铁工具的使用，出现了卷木制胎的新工艺，其做法用薄木板卷曲成型粘接而成，这种工艺需要高超的技术，反映了楚国制漆技术的高超水平。至战国晚期采用简易木制旋床（慢轮旋削）加工成型。

为了搞清楚漆器的用材情况，我们曾对湘乡牛形山楚墓、马王堆汉墓的漆器树种进行鉴定，湘乡牛形山楚墓属战国中期墓葬，为前380年左右，马王堆汉墓属汉初墓葬，相隔近200年，检测结果为桦木、楠木、麻栎、青檀和杨木等。这些树木结构细腻，质地适中，富有弹性，切面光滑，具有不变形、耐腐蚀等特点。说明楚国在这二百年间气候温暖，树木生长茂盛；并在一定程度上反映了战国中期以来楚国树木砍伐、使用和流通的状况；说明楚人充分发挥了楚地多竹木、多漆源的自然条件优势，使得楚漆器工艺兴旺发达，并在发展中形成了独特风格。

其二，夹纻胎。战国中期以来，漆器制作的总趋势是由厚胎向薄胎发展，胎变薄后虽轻巧但不结实，易开裂，为了耐用，楚人在薄胎上，甚至于皮革胎上蘸漆液，贴上层层麻布，再刮灰、打磨、髹饰，使之成为传统意义上的夹纻胎漆器。最具代表性是包山2号墓彩绘人物纹奁为革制夹纻胎漆器，马山1号墓夹纻胎盘为麻布胎漆器。夹纻胎漆器从它诞生的那天起，就以其胎质体轻、结实耐用、很少变形、不易开裂等特点而优于其他漆器。它的出现无疑是漆器制胎史上一次巨大的技术革命。

其三，竹胎。战国早期出现了少量竹胎漆器，用于兵器制作，用材考究，以竹筒锯、斫制为主制作而成。如长沙浏城桥1号墓出土竹弓至今仍不变形，"积竹"戟杆到现在还有弹性。战国中期以后，楚墓常出土席、扇、箱等竹胎日常漆器，以涂红、黑漆的竹篾片编织而成。如马山1号墓髹漆竹扇，竹篾片薄，红黑相映，花纹优美,编织精致,是我国迄今发现年代最早的彩漆竹器。

其四,皮革胎。战国中期出现了皮革胎漆器,制作精湛华丽。如长沙五里牌406号墓出土龙凤纹错银饰革制盾,镶嵌有铜盾鼻,两端有错银铜饰,两面均髹黑漆,用赭、黄色漆绘龙凤纹和云纹,构成了流云飞动、龙飞凤舞的生动图案,造型纤巧细致,很可能是用于乐舞的舞具,是研究早期皮革胎漆器工艺的珍贵实物。

2. 装饰工艺的发展

胎骨制好后,要进行装饰。用漆漆物谓之"髹",寓纹饰之意谓之"饰",合为"髹饰",即漆器装饰。"髹饰"一词最早见于《周礼·春官·巾车》:"駹车,萑蔽,然𫄨,髹饰。"郑玄注:"髹赤多黑少之色韦也。"漆器具有色泽明亮、光彩夺目、防腐、耐酸和耐碱等特性,兼具实用价值与审美价值。髹漆木器埋藏在水土中,也不易腐蚀。因为漆的良好而独特的性能,楚国先民们很早就发现了它,并利用它来髹涂器物。楚漆器装饰手法有髹涂、描绘、堆饰、锥画、雕镂、填嵌等多种工艺。春秋时期髹饰工艺单一,以漆绘为主,战国时期漆饰在继承髹涂、描绘传统装饰的基础上,出现堆饰、锥画、雕镂、填嵌等新工艺。

(1) 继承传统漆绘艺术,推陈出新

漆绘是春秋时期漆器装饰的主要方法,也是一种古老的髹饰技法。此时髹饰较单一,只有黑、红二色。如当阳赵巷4号春秋墓方壶和簋,沿袭了商、西周时期的漆绘方法,以黑漆为地朱绘纹饰,纹饰仿青铜饕餮纹。战国以后,漆器装饰工艺有了长足发展,一改春秋漆器以单色漆为主的风格,用生漆制成半透明的漆液并拌入各种颜料,或用油彩(可能为桐油料)描绘于髹涂过的器物上。如楚墓中常见的长条形彩绘漆案,案面以红漆为地,用红、黄、黑色漆绘圆涡纹,图案排列有序,每个圆涡纹又打破成行的平衡式装饰,使其达到对称中有变化、变化中有规律的艺术效果。九连墩2号墓彩绘云鸟纹簋,以褐色漆为地,再用朱、黄、灰白等多色绘制纹饰,所绘纹饰与青铜器纹样相似,但仔细辨识又发现云鸟纹等隐含的新元素。这种扑朔迷离的装饰效果,无疑会引发人们新奇的审美感受,标志着楚漆器逐渐摆脱了对青铜艺术的单纯模仿,开始寻求新的艺术表现和刻画手法。

(2) 雕镂工艺显露特色

战国早期楚漆器沿用商代以来的雕刻技法,其艺术风格仍带有仿青铜礼器特点,以单色漆为主,如长沙浏城桥楚墓雕花漆几,几面浅刻云纹,两端浮雕饕餮兽面纹,雕刻技法娴熟。曾侯乙墓木雕豆,由盖和身组成,盖顶浮雕相互盘绕的龙纹装饰,在彩绘云凤纹的映衬下,盖顶盘错的龙身宛如游走于云凤之间,若隐若现、呼之欲出。曾侯乙墓透雕禁,禁面阴刻云纹加朱绘,四角浮雕龙纹,四腿雕成兽形,堪称早期漆工艺佳作。战国中期以来,木雕漆器逐渐摆脱了对青铜艺术的单纯模仿,如马山1号木雕漆兽,这是我国最早的根雕艺术珍品。它利用树根的天然形态雕成瑞兽游走的神态,集多种动物原型为一体,表现手法可谓出神入化。此类器物常见于战国楚墓中,最初人们认为它是趋吉辟邪的丧葬用器,笔者考证此为供人席地而坐时伏肘倚靠的凭几②。望山1号墓座屏,以透雕、圆雕和浮雕相结合的手法,刻画出凤、鹿、蛇、蛙、兽等55只形态各异的动物。这组雕像在极为有限的空间内,高度浓缩了自然界万类相竞、生生不息的壮观场面,其中凤鸟战胜毒蛇的主题被表现得淋漓尽致,反映了楚人崇善抑恶的理性追求,堪称楚人雕刻艺术的瑰宝。此座屏常见于楚墓,以往人们称为小座屏,直到九连墩2号墓小座屏放置于琴瑟下,才知其是用于放置琴瑟支架的。

楚墓中常见雕刻彩绘的漆豆,如天星观2号墓凤鸟莲花形豆,盖面雕刻龙、蛇纹,豆盘为十四瓣莲花状,豆柄为一只凤鸟曲颈昂首,喙衔莲花,展翅蹬足,爪攫蟠蛇,可谓造型奇特,雕刻精巧。九连墩1号墓彩绘龙蛇花瓣形豆,豆盘由16片花瓣雕刻而成,柄、座用整木雕刻成龙、蛇纠结状,龙头为支撑点,前爪托盘、后爪攫蛇,龙口衔蛇,以浪漫手法展现龙、蛇相竞的奇诡画面,是楚人雕刻艺术的代表作品。江陵雨台山 427 号墓彩绘鸳鸯纹木雕漆豆,是一件巧夺天工的盛食器,由鸟身、鸟足雕刻接榫而成。神鸟盘颈侧视,双翅收合,蜷足翘尾,形象生动逼真。头身为精细的半浮雕,身上满绘金灿灿的羽毛,鸟尾两侧绘有回首立凤,是一件仿生造型器物中的艺术精品。

(3) 镶嵌工艺崭露新风

镶嵌漆器最早可上溯到商代,春秋时期镶嵌漆器不多见。战国早期信阳楚墓出土了嵌玉石几,为先秦文献所载"玉几"。包山楚墓出土了嵌玉石俎,两立板外侧各镶石英石子 4 颗,足板镶石英石子 2 颗。九连墩 2 号墓出土嵌玉石俎,侧边镶嵌方形玉饰,足板镶嵌 3 件玉饰。《诗·鲁颂·閟宫》:"笾豆大房。"郑笺:"大房,玉饰俎也。"楚高级贵族墓常见这类镶嵌玉、石之俎,简文记为"大房"或"瑼石之(室)",故知镶嵌玉、石之俎,即房俎。

(4) 釦器工艺初露风采

进入战国中期以后,楚漆器开始与金工相结合。究其源,战国中期以后,漆器胎骨朝轻薄方向发展,为了加强牢度,开始在器物口沿、底部边缘加上金属箍,称为釦器,既起加固防护作用,又具有特殊的装饰效果,使漆器显得富丽堂皇,釦器的出现是漆器工艺的一个重大进步。如长沙颜家岭乙 35 号墓彩绘狩猎纹樽,采用卷木胎工艺制作而成,底有三个小铜质蹄釦器,这类卷木胎釦器常见于战国晚期的长沙楚墓中。还有的在案形器四角包铜,加饰铜蹄足与铜铺首衔环。如九连墩 2 号墓漆匜、漆盘器外壁均镶有环形钮饰,以方便人们提携。漆器与金工结合一方面加强了实用性,另一方面又增加了观赏性。

(5) 针刻工艺初显端倪

针刻工艺是一种古老的漆器装饰技法,用金属锥在尚未完全干透的漆膜上镌刻各种阴线花纹。考古资料表明,至迟到战国晚期楚人就已发明了针刻工艺。它的发明或许源于战国漆器上的"物勒工名",由在漆器上刻字转而在漆器上刻纹[33]。如现藏旧金山亚洲艺术博物馆的1941年长沙黄土岭楚墓出土的"廿九年"樽,湖南常德德山寨子岭1号墓出土的"十七年盒",其上都有很长的针刻铭文。针刻工艺是楚漆器艺术中一种非常重要的艺术形式。学界以往多称之为"针刻",直到马王堆汉墓出土了"锥画"简文,人们才得知古代有"锥画"漆工艺。马王堆汉墓属汉初墓葬,又出土于楚旧地湖南,其葬制、随葬器物及其艺术风格、思想观念等都深受楚文化影响,所出"锥画"漆器带有明显的楚漆器艺术风格,成为那段漆工艺技术创新的见证。

3. 传承尚赤崇黑的色彩风格

河姆渡新石器遗址出土了目前所知最早的红色漆碗。这里所谓的"红"色,主要蕴含着特定的巫术礼仪用意,是将人的观念凝结在漆器这种物体上。这种观念往往大于审美含义。楚漆器仍保留着绚丽的远古遗风,楚人尚红色,以红色为贵,以赤帝为尊,奠定了楚漆器尚赤的鲜明基调。春秋时期楚漆器用色单一,用色以黑、红二色为主。战国以后,楚人袭用了早期尚赤崇黑的习俗,以黑色发亮的漆为底色,上施楚人最喜爱的以红色为主的纹饰,再辅以其他色彩,对比鲜明。后来楚漆器还发展为用青、黄、白、绿、灰、金和银等多彩作画。这些色漆用丹砂、石黄、雄黄、红土和铅粉等矿物颜料与漆或油调制而成。如包山楚墓彩绘人物故事奁,颜色有红、黑、褐、灰黑、金、黄等,采用平涂、堆彩多种方法。湘乡牛形山楚墓漆几用金色填云雷纹。长沙仰天湖26号墓彩绘雕花笭床大量运用了金银描绘技法[34]。临澧九里1号墓金箔贴花漆器,为汉代金银钿漆器的发展奠定了基础[35]。从楚漆器描金银、金箔贴花工艺看,说明当时工匠已熟练地掌握了使用金、银彩绘的工艺。

4. 纹饰风格的传承与发展

楚漆器纹样主要有动物纹、神兽纹、植物纹、自然景观和人物故事纹、神话传说和几何纹等类,其装饰方法既保留了商代中心对称单独适合纹样和西周二方连续图案的装饰方法,还产生以重叠缠绕、上下穿插、四面延展为典型的四方连续图案,这种绘画方法给人以扑朔迷离的感觉,在楚漆器艺术中得到广泛运用。如俎、几、案等边缘多用二方连续纹饰表一定方向性,案面、几面多装饰四方连续图案。楚漆器纹饰发展的变化规律大约如下:

(1)春秋时期楚漆器主要模仿商、西周的青铜与陶器纹饰,多采用先雕刻再髹黑漆的装饰手法,也有红黑相间的纹饰,有两大特点,其一,出现了少量动物纹和神兽纹。多雕刻龙纹,朱绘变形凤鸟纹,兽面纹与青铜器饕餮纹、蟠螭纹相似,图案墨守成规;其二,几何形纹饰较单一。云雷纹常与兽面纹结合,以黑漆为主,朱绘窃曲纹、涡纹、勾云雷纹、网纹、菱形纹和绹纹等,纹饰中规中矩。

(2)战国以后,僭越之举比比皆是,器物中"礼"的内涵渐减,取而代之的是轻盈华丽的外表修饰。楚漆器繁缛灵动、怪异新奇的艺术趣味正好契合了当时趋情致美的审美理念。纹饰风格由古拙趋向于清丽,一改早期仿青铜艺术风格,色彩丰富,纹饰奇诡,表现夸张,纹饰逐渐图案化,浮雕阴刻纹极少见,仿铜器、陶器的纹饰基本消失。

其一,动物纹和神兽纹开始流行。动物纹有鹤纹、虎纹、马纹、鹿纹、牛纹、犬纹、蛇纹、鳞纹等,生动逼真。神兽纹有龙纹、凤纹、兽面纹、蟠螭纹等,各具特色。其中尤以凤鸟纹最具特色,出于对凤的崇拜,纹饰中常以凤为创作主体,是楚漆器的代表性纹样。凤鸟纹常介于具象与抽象之间,春秋晚期出现了具象和抽象凤鸟纹交替的现象。战国中期以后,具象凤鸟纹优美别致,凤鸟的头、眼、嘴、冠、足、尾、翅和羽毛等飞禽要素一应俱全,或昂首阔步,或宛如天仙,表现出生机勃勃的活力。如马山1号墓彩绘对凤纹耳杯,用朱、黄、金粉彩绘首尾相连的双凤,十分具象,图案华丽。虎座凤架鼓在战国楚墓中出土20多件,这类凤鸟形象十分写实,凤鸟翘首张喙,极具代表性。变形凤鸟也各具特色,是一种不具备凤鸟整体形象、只有象征性凤鸟造型的变形纹样,诸如变化多端的几何三角形凤鸟纹,扑朔迷离的旋涡形云凤纹,形制规整的几何鸟头纹等。九里楚墓凤鸟纹,采用四方连续手法,将写实凤鸟与变形云纹、几何纹混为一体,似将凤鸟的目、羽、爪之类拆开变形后重新组合的一种新图案,以抽象的手法,不受任何约束,自由地表达意境,达到理想的装饰效果,体现了楚漆器浪漫的艺术风格。真实与想象交织、具象与抽象结合,这种亦真亦幻的艺术手法就是楚漆器独有的气质。

其二,植物纹与自然景观纹增多。植物纹以花瓣纹、树纹和草叶纹为漆器上的辅助纹样,自然景观纹尤以云气纹为楚漆器主流纹饰。云纹与变形云纹在战国中期以后就已流行,至战国晚期,青铜器也采用了流云纹样,究其因,或许是对天人关系的态度发生转变所致,春秋以前那种"畏天命"的意识渐为"天人相与"(孟子)、"天人合一"(庄子)、"天人相分"(荀子)的观念所替代,人的思想空前解放。楚人信巫好祀,漆器上的云气纹成为楚人抒发激情的最好载体。尤其战国中期以后,云气纹得到了更大的张扬,如云气纹、卷云纹、云凤纹、云龙纹、勾连云纹、几何云纹等。这一时期云气纹与龙凤纹交织在一起,成为楚漆器装饰中最常见的一种纹饰,比战国早期更加图案化。可以说楚漆器上常常是云与龙凤幻为一体的世界,变体云纹勾连交错,像凤的冠、翎、翅,又像龙的首、爪、尾。如湘乡牛形山楚墓龙凤纹几,云纹与龙凤纹互相幻化,龙纹尾部演变成了凤爪,连续的卷云纹,烘托出龙纹的洒脱与凤纹的飘逸。长沙左家公山楚墓龙凤纹耳杯,龙凤纹以S形与云纹组合,极富运动感。长沙杨家湾6号楚墓耳杯上龙身弯曲成S形,龙爪似云,龙尾也似云,一副随云摇曳的姿态。这些云龙、云凤纹构形奇特,或点线结合,或疏密有致,为楚漆器典型纹样。据统计,楚漆器上的云龙、云凤纹有十几种之多,各种云气纹犹如行云流水,流云飞动的龙凤纹成为楚漆器装饰的标志性特征。

其三,人物故事类纹崭露新风。早期此类题材往往与神话传说相结合,如曾侯乙墓内棺彩绘两扉小门,绘手执双戈戟的人头兽身、人头鸟身和兽头人身的守门神。黑漆衣箱盖红漆彩绘扶桑树与太阳、搭弓射箭神人、金乌中箭坠下等图案,应为后羿射日的神话故事。鸳鸯纹漆盒两侧朱绘舞乐图,画师选择了钟、磬和建鼓等最能代表墓主身份的乐器,兽首人身的乐人击钟、敲鼓,戴冠佩剑的巫师穿插其中,一幅人神共舞的壮观场面。"如果说巫神漆画带有原始文明特质的话,那么依附于各类日用品上的人物漆画则具有新的时代风格"⑬,战国中晚期以来,人们更加追求"轴心时代"所产生的世俗倾向,在艺术创作上出现了偏重世俗情致的新题材,诸如贵族巡游、车马出行、狩猎攻战等内容。如长沙颜家岭楚墓狩猎纹樽,反映了猎人勇斗野牛的情景,图案排列有序,纹饰构图生动活泼,故事情节紧张激烈,给人以一种惊心动魄的视觉冲击效果。狩猎纹最早出现于春秋晚期铜器上,流行于北方地区,在南方楚地十分罕见,故弥足珍贵。包山楚墓的人物车马奁,在直径28厘米的奁盖外壁上绘人物、车马、树木、飞禽走兽等50多个形态各异的个体,车马首尾相连,人物神态生动,翠柳轻轻垂拂,鹰鹤飞翔长空,犬豕欢快相逐,天空与大地包罗其间,飞禽走兽与车马人物融为一体,堪称先秦漆画中的艺术珍品。这类新兴的装饰题材富有强烈的时代感,世俗生活情趣盎然,艺术观赏趣味极强,具有清新活泼的艺术特质。

其四,几何纹明显增加,有雷纹、弦纹、绚纹、菱形纹、方连纹、三角形纹、S形纹、方格纹、方块纹、矩纹、点格纹、弧形纹、涡纹、圆圈纹、圆点纹等不同纹样,多与云纹相结合,线条勾勒交错,图案清新流畅。

(3)纹饰演进及相关问题的思考

梳理楚漆器的纹饰风格,目的是通过比较,希冀从中找出楚漆器纹饰发展的大致趋势,了解其变化规律。早期的漆器纹饰主要是模仿艺术,如当阳春秋楚墓、浏城桥战国早期楚墓所出木俎,在造型和纹饰上均脱胎于青铜器,其造型当是从商、西周青铜俎的装饰形制演变而来[37],"当阳赵巷漆俎中鹿和凤鸟的图案组成,是以饕餮为主题商代艺术中一种有趣转换"[38]。楚漆器艺术的全新变化直到战国中期才出现,这一点被大量考古材料所证实。这一时期楚漆器纹饰的特征表现为传统与创新并存,或者摒弃浮华而求务实,或者偏好时尚而满足享乐。但是,认为楚漆器艺术风格发展是一种直线性演进关系,或者认为这一方法适应于所有地区楚漆器纹饰的发展规律,将是一种误解。

其一,讨论楚漆器艺术发展变化,不可忽视不同区域文化发展的不匀衡性。由于楚人开疆拓土的历程不同,各区域内所出漆器多寡不一,所呈现的漆器文化特征不尽相同,各地区发现的楚漆器造型、制作工艺、装饰纹样等方面既有差异又有共性[39]。究其因,第一,楚人进入各区域的时间不一致,楚国施于各区域内的统治方式也不尽相同,楚文化影响程度不同,使得各个区域内漆器工艺呈现出的艺术风格整体上有差异;第二,各区域内漆工艺基础不一样,各地区商品经济发展不平衡,特别是铁工具使用有先后,使得制漆工艺发展水平不一致;第三,区域内原住民生活习俗的影响也不同。以南楚为例,楚漆器与各地区古代文化的关系较为复杂。如湘西北地区的"荆蛮"和"百濮",湘东南、湘中地区的"杨越"的早期文化背景有差异,使漆器艺术风格呈现出较为复杂的区域性特征和多元化特点。以笭床为例,主要流行于楚文化分布中心区域的两湖地区,共出土 50 多件,可分为"凤鸟图案系统"、"龙纹图案系统"、"龙凤图案混合系统"。凤鸟图案主要出自江陵一带,而 13 件龙纹图案中有 10 件出土于湖南楚墓,7 件龙凤纹出自长沙楚墓[40]。江陵楚墓以凤鸟纹笭床为主,而长沙楚墓则以龙纹笭床为多,这与长沙楚墓"人物龙凤帛画"、"人物御龙帛画"中龙与凤地位相当有异曲同工之妙。龙纹笭床多出土于战国晚期长沙楚墓,说明楚文化在南渐过程中,与不同文化融合,逐渐形成了南楚地方特色。

其二,探讨楚漆器艺术纹样繁简变化,不能用简单写实到抽象的方式来解释。以凤鸟纹为例,它是一种五彩的怪鸟,是龙、虎、蛇、燕、鹳、鸡等飞禽走兽的复合体,是一切优美禽兽纹样中最典型的代表。这类纹样不仅在过去的青铜文化中大量存在,更在楚文化装饰艺术中得到了充分体现。从美学角度看,艺术装饰的任何形式都是一种"有意味的形式"或"表现性的形式",它与人们的内心情感在结构上是具有一致性的[41]。凤鸟纹之所以得到楚人钟爱,与楚人崇风传统有关。楚地处南国,道学与巫风的融会孕育出了楚人的浪漫情调,楚地流传着各种有关凤鸟的神话传说,如《庄子·逍遥游》记载鲲鹏展翅,扶摇直上。通观楚漆器上的凤鸟纹,千姿百态,变化万端,较之青铜时代的凤鸟图形更为活泼、自由和奔放,展现出一个划时代的新风格。流行于战国中期的云纹开始与凤鸟纹结合,加之楚人好鬼神,俊逸潇洒,依附于漆器的云气加凤鸟纹正好成为楚人抒发浪漫豪情的对象。至迟战国以后,漆器上的凤鸟纹就在具象和抽象之间反复演进,或具象凤鸟纹,或变形云凤纹,既包含了自然形象的美,又包含了理性抽象的美,形成一种既现实又浪漫的艺术风格,为楚人所喜闻乐见。故此,有学者认为"在文明艺术史发展中,把写实纹样的增减作为漆器艺术发展的尺度在艺术理论上实在没有道理……最好据其时代等氛围和所表现出的审美价值予以评定"[42]。显而易见,楚漆器的凤鸟纹、变形凤鸟纹,不仅仅是一个用继承或借鉴关系来解释的问题,用写实到抽象的解释也显然欠妥,关键是"无论是考古学家还是艺术史学者都应该更多地把握每件艺术品本身的趣味以及所表现出来的情感"[43]。毋庸置疑,楚漆器上的各种纹饰都有确切的含义,都承载着制器者的想法,学界达成共识的是:"每一个文明或文化的艺作品都有其独自的特点、功能、含义和社会背景"⁶⁴,遗憾的是,"我们不能像人类学家在美洲、澳洲所做的工作那样,——把各类几何纹样的象征意义完全弄清楚"⑥。换言之,在楚漆器艺术史研究和探索的道路上,吾辈仍任重而道远。

5. 铭文变化与制地问题

楚漆器铭文的书写方式有烙印、刻画等形式,从内容看主要分为制造者标记和物主标记两大类。其一,制造者标记包括作坊标志、物勒工名等。早期漆器没有发现铭文,战国中晚期漆器铭文渐多。出现了作坊标志漆器,如长沙楚墓出土耳杯刻有"䓕里"、"壮里㷳"和"舆里周",长沙沙湖桥19号楚墓出土漆耳杯背面漆书文字"□玉㸚","里"字前面文字是漆器作坊所在地里名,"里"字后面的文字是制器工匠名字。"里"在战国秦汉时期是最小的行政单位,如同今天农村的"村"和城市的"小区"。出现了物勒工名和制作年号的漆器,如杨家湾六号楚墓出土的20件耳杯底部有"市攻"二字圆形戳印,"市攻"即"市工",意即市所属的工官或工匠。长沙楚墓所出"廿九年"樽和常德德山寨子岭1号楚墓所出"十七年"盒,分别刻有制造者、工官、制作年号等铭文。其二,战国晚期楚漆器上出现了物主标记,如长沙杨家湾6号墓所出奁刻"王二",可能是物主姓名,或是工匠名。

楚漆器铭文的书写方式为篆书或篆隶。篆书是大篆、小篆的统称。大篆指甲骨文、金文、籀文和六国文字,它们保存了古代象形文字的特点。小篆也称"秦篆",是大篆的简化字体和向隶书的过渡字体,篆隶保留着较多的篆书形体结构,但多用隶书的笔意书写构形。如湖南楚墓出土的受楚文化影响的秦制漆器铭文采用楚人的书写习惯,如"廿九年"樽针刻文字小如粟米,外面刻有周正的长方框,内刻铭文四行;而"十七年"盒器底有一锥刻长方形框,内刻铭文四行,如同西汉中期以后出现的印章式制造标记。从楚墓出土标有明确产地的漆器烙印铭文看,至迟在战国时期,楚地已有漆工,有完备的生产与管理系统。凡此,可推定楚地是当时的制漆中心之一。

总之,楚漆器艺术的面世,瑰丽纷陈,折射出东周时期漆工艺的变化,映照出这一时期漆工艺制作所取得的辉煌成就,为解读中国传统艺术和视觉文化在东周转型时期的传承与发展提供了鲜活的形象史料。

注释:

① 商承祚:《长沙古物闻见记》,金陵大学中国文化研究所,1939年。
②㊳ 皮道坚:《楚艺术史》,湖北教育出版社,1995年。
③ [英]迈克尔·苏立文:《中国艺术史》,南天书局,1999年。
④ 西方学者亚斯贝尔斯将这一时代称之为"轴心时代",[德]雅斯贝尔斯:《历史的起源与目标》,华夏出版社,1989;中国学者冯天瑜称之为"元典时代",载《中华元典精神》,武汉大学出版社,2006年。
⑤ 张吟午:《楚式家具概述》,载《楚文化研究论集(第四集)》,河南人民出版社,1994年。
⑥ 湖北省宜昌地区博物馆:《当阳赵家湖楚墓》,文物出版社,1992年;高应勤、王家德:《当阳金家山九号春秋楚墓》,《文物》1982年第4期;湖北省宜昌地区博物馆:《当阳金家山春秋楚墓发掘简报》,《文物》1989年第11期;宜昌地区博物馆:《湖北当阳赵巷4号春秋墓发掘简报》,《文物》1990年第10期。
⑦ 湖北省博物馆:《随县曾侯乙墓》,文物出版社,1980年。
⑧ 湖北省荆州地区博物馆:《江陵天星观1号楚墓》,《考古学报》1982年第1期;湖北省荆州博物馆:《荆州市天星观二号楚墓》,文物出版社,2003年。
⑨㉗ 湖北省文物考古研究所:《江陵望山沙冢楚墓》,文物出版社,1996年。
⑩ 湖北省荆沙铁路考古队:《包山楚墓》,文物出版社,1991年。
⑪ 湖北省文物考古研究所:《湖北枣阳市九连墩楚墓》,《考古》2003年第7期。
⑫ 湖北省荆州地区博物馆:《江陵马山一号楚墓》,文物出版社,1985年。
⑬ 湖北省荆州工区博物馆:《江陵雨台山楚墓》,文物出版社,1984年。

⑭ 河南省文物研究所:《信阳楚墓》,文物出版社,1983年;河南省文物考古研究所等:《河南信阳长台关七号楚墓发掘简报》,《文物》2004第3期。
⑮ 湖南省博物馆:《长沙浏城桥一号墓》,《考古学报》1972年第1期。
⑯ 湖南省博物馆、常德地区文物工作队:《临澧九里楚墓发掘报告》,载《湖南考古辑刊(第三集)》,岳麓书社,1986年。
⑰ 湖南省博物馆:《湖南湘乡牛形山一、二号大型战国木椁墓》,载《文物资料丛刊(3)》文物出版社,1980年。
⑱ 常德市文物处:《湖南常德寨子岭一号楚墓》,载《湖南考古(2002)》,岳麓书社,2004年。
⑲ 湖南省文物管理委员会:《长沙杨家湾M006号墓清理简报》,《文物参考资料》1954年第12期。
⑳ 《周易·系辞上传》。
㉑ [美]托马斯·哈定在《文化与进化》中说道:"文化是人类的适应方式。它是人类为攫取自然能量,对自然界的适应而造就一种文化的技术,以及相应的社会结构和意识方法。"[美]托马斯·哈定等著,韩建军、商戈令译:《文化与进化》,浙江人民出版社,1987年。
㉒ 张吟午:《先秦楚系礼俎考述》,《考古》2005年第12期。
㉓㉕ 高崇文:《楚器使用礼制考》,载《楚文化研究论集(第四集)》,河南人民出版社,1994年。
㉔ 刘彬徽:《楚系青铜器研究》,湖北教育出版社,1995年。
㉖ 中国社会科学院考古研究所山西工作队等:《1978～1980年山西襄汾陶寺墓地发掘简报》,《考古》1983年第1期;高天麟、张岱海、高炜:《龙山文化陶寺类型的年代与分期》,《史前研究》1984年第3期;高炜:《陶寺龙山文化木器的初步研究》,载《中国考古学研究》,科学出版社,1986年。
㉘ 聂菲:《湖南楚汉漆木器研究》,岳麓书社,2013年;湖南省博物馆等:《长沙楚墓》,文物出版社,2000年。笔者承担其中漆木竹器的整理与研究。
㉙ 河南省文物研究所:《淅川下寺春秋楚墓》,文物出版社,1991年。
㉚ 胡雅丽先生提供资料。
㉛ 白效咏:《春秋战国礼崩乐坏下的大裂变》,浙江文艺出版社,2012年。
㉜㊲ 聂菲:《楚式俎研究》,《文物》1998年第5期。
㉝ 洪石:《略论马王堆汉墓出土的锥画漆器》,载《纪念马王堆汉墓发掘四十

周国际学术讨论会论文集》,岳麓书社,2016年。
㉞ 湖南省博物馆:《湖南省文物图录》,湖南人民出版社,1964年。
㉟ 熊传薪:《临澧县发掘一座大型战国木椁墓》,《湖南日报》1980年12月13日。
㊱ 吴海广:《楚漆器艺术的审美意蕴》,《湖北社会科学》2010年第12期。
㊳ 聂菲:《湖南楚墓出土漆器分区及相关问题探讨》,载《湖南省博物馆馆刊(第6辑)》,岳麓书社,2010年。
㊵ 贺刚:《楚墓出土"笭床"研究》,载《楚文化研究论文集(第三集)》,湖北人民出版社,1994年。
㊶ [美]弗朗兹·博厄斯著,金辉译:《原始艺术》,上海文艺出版社,1989年。
㊷㊸㊺ 王纪潮:《论战国秦汉漆器在中国艺术史上的地位》,《美术史论》1995年第3、4期。
㊹ [美]杨晓能:《另一种古史》,生活·读书·新知三联书店,2008年。

历史文化研究

楚国西周时期历法刍议

易德生

(湖北省社科院楚文化研究所
北京科技大学科技史博士后)

先秦时期,历法的制定无疑是科技发达的体现之一。历法的发达,意味着对天文、数学及物候等知识有了较高的认识。楚国作为西周时期的一个偏远的诸侯国,其历法自然应以宗主国——西周王朝为模板。鉴于楚国先人自五帝及夏商以来,一直有担任专业天文历法最高官员(即所谓的"火正")的传统[1],再加上长江中游本地深厚的文化传统,楚国的历法应有自己的特色[2]。关于楚国西周时期的历法资料几乎没有。我们只能根据被公认为西周时期楚国青铜器物上的铭文和东周时期历法的情况,再辅以西周王朝本身的历法加以推测。

一、商晚至西周初期楚国历法可能是以十月为岁首的"古颛顼历"

迄今出土的楚国西周铜器很少,且记载有月份和日期的铜器更少。此类铜器包括:一是晋国墓地发掘出土的6件楚公逆编钟,这6件编钟的铭文几乎相同[3]。另一件是传世的楚公逆镈[4]。

楚公逆编钟铭文为:"唯八月甲午,楚公逆祀厥先高祖考……永宝。"[5]

楚公逆镈铭文为:"唯八月甲申,楚公逆自作大雷镈(钟)……孙子其永宝。"[6]

学界对于编钟和镈的铭文有不同断句和看法,但是,对于"楚公逆"、"八月甲午"和"八月甲申"的看法一致。这表明,西周时期,楚国的"八月"是数字月名,不像东周时期,楚国历法中的大部分月名是用特定的名词表示。

楚国的文献中有"荆尸"这个名词,它始见于《左传》庄公四年(前690年):"春,王三月,楚武王荆尸,授师孑焉,以伐随";复见于《左传》宣公十二年(前597年),晋随武子称楚庄王"荆尸而举"。杜注前条云:"尸,陈也,荆亦楚也,更为楚陈兵之法。"之后,"荆尸"为楚兵阵法之说,几成定论。后来,由于秦、楚竹简的出土,曾宪通考证出战国楚简及秦简中所载月名"䎗㞋"(或有楚简作"䎗尸"、"刑夷"、"刑尸")即文献所载"荆尸"[⑦]。曾氏之说在楚史学界得到了肯定。

再来看看战国时期的月名。根据战国出土楚简和秦简,可以看出,战国时期楚国月名颇为特殊。除了用数字来记月份外,主要是用特定名词来描述月份,如表一。

根据包山楚简整理者的研究,认为战国时期楚国历法建丑,即第1个月"冬柰"为夏历十二月[⑧]。有学者认同这种月序,也以冬柰为年首,但认为冬柰为夏历的十月,楚国历法是建亥[⑨]。有学者赞成以"荆㞋"为年首,这样的话,第1个月为"荆㞋",第2个月为"夏㞋",依次顺推,第5个月为"八月",……第12个月为"远柰"[⑩]。另外,有学者虽然认为"荆㞋"为年首,但是孟春不是"荆㞋",而是"荆㞋"之后的月份"夏㞋",不同于先秦任何古历,实质上并不同于夏历[⑪]。

上面讲到,西周时期楚国的铜器有"八月"这个月份出现,战国楚简中也有"八月"出现。因此,很可能八、九、十这三个月从西周起就一直是数字月名,不像其他月名用特定名词来表示[⑫]。如果这样的话,按照月份顺序,则只有以战国竹简中的"冬柰"为岁首,八、九、十这三个月的顺序才正好符合。然而如果以"荆㞋"为岁首的话,则第五个月称为"八月",显然有些别扭。所以,以"冬柰"为

表一 战国时期楚国历法月份表

月序	第1月	第2月	第3月	第4月	第5月	第6月	第7月	第8月	第9月	第10月	第11月	第12月
月名	冬柰（冬夕、中夕）	屈柰（屈夕）	远柰（远夕）	刑层（刑夷、刑尸）	夏层（夏夷、夏尸）	享月（纺月）	夏柰（七月、夏夕）	八月	九月	十月	复月（爨）	献马
建正（夏历月份）	十一月	十二月	正月	二月	三月	四月	五月	六月	七月	八月	九月	十月
	十月	十一月	十二月	正月	二月	三月	四月	五月	六月	七月	八月	九月

据包山楚墓出土的楚简和云梦睡虎地秦简中的楚历秦简综合而成，括号内是睡虎地秦简中的月份名①。

292

岁首的楚历似乎更有可能。如果这样的话,那么现在的问题是,"冬柰"到底是夏历十二月份还是十月份?根据睡虎地秦简《日书》中的楚秦月份对照表和"日夕表","冬柰"为夏历十月、楚历中的"八月"为夏历五月(即夏至之月)的可能性更大些[14]。

基于上面的月序,我们认为商代晚期至西周早期,楚人的历法可能传承了晚商时期历法的某些特点,其中一个重要特点就是以夏历十月为岁首。这种以夏历十月为年首的历法,在晚商可能实行过。有学者研究,殷人主祀大火星,因此对大火星的观察十分重视。根据岁差原理,殷商时期,夏历十月左右,大火星早晨呈与太阳同升状态(所谓"携日升"),这种独特的天文现象对于授时历法非常理想,因此推断殷人以大火星的朝觌,也即早晨大火星东升的月份作为确定岁首的标志。也就是说,殷历岁首约当夏历十月[15]。这种观点值得重视。实际上,大火星早晨携日升的现象文献屡有记载,且表明这种现象的确具有授时特点。如《国语·周语中》:"火朝觌矣,道弗可行。"韦昭注曰:"火,心星也。觌,见也……朝见,谓夏正十月,晨见于辰也。"《左传》庄公二十九年:"火见而致用。"杜预《集解》云:"大火,心星,次角、亢见者。"孔颖达疏:"十月之初,心星次角、亢之后而晨见东方也。"

另外,至少战国中期之后,秦国实行的所谓"颛顼历"也以夏历十月为岁首[16],但是正月(一月)和季节的顺序仍按夏历,实质上该历法只是夏历的变种。之所以叫"颛顼历",是因为秦人的先祖为颛顼[17]。秦人以十月为首,而不以九月或其他月为首,是否表明以十月为年首的历法在夏商时期曾经有过而被称为更古老的"颛顼历"?楚国和秦国一样,同样称颛顼为直系祖先[18],那么,楚人先祖在夏商时期也许和秦一样,也曾实行过十月为首的历法。秦楚两国战国时期皆以十月为岁首也许不应当视为巧合,而是在其祖先的遥远时期,曾有以十月为年首的传统。

可能正是这种传统,在夏商时期担任过司历或火正的楚先人也有以十月为岁首的传统。这种以十月为岁首的历法我们暂且称之为"古颛顼历",以与战国时期楚国和秦国所用的夏历的变种——"颛顼历"相区别。这种古颛顼历在观察大火星的同时,对立春时节的参星、对夏历十一月份即冬至月份的天象也应格外重视,必须进行观测。这样才能更好地制定历法。如果十月份之后的月份不是冬至,则意味着十月份之后要加一个闰月或者在年末加闰月。不但如此,商及西周早期,很有可能楚国有自己的一套独特的月名,正如战国时期所呈现的独特月名一样。我们暂时借用其战国时期夏历十月的月名——"冬柰(冬夕)"作为年首。

综上,我们认为,在先楚时期(西周早期以前),楚人可能实行过以夏历十月为年首的历法。只有这样,月序的第八个月才能真正被称为"八月",这样月序才更顺畅。

二、楚国西周时期的历法推测

在谈楚国西周时期的历法之前,需要先对西周的历法做一考察。由于记载缺失,关于西周历法的详情已经不可得知。自秦汉以来,一直有历法家或历史学者对西周的历法做推测和复原。近代以来,随着西方天文学的传入和大量刻有历日铭文的铜器出土,学界一直在尝试利用金文和天文学的知识来研究和复原西周历法[19],但是复原西周历法具有很大的难度。至今仍然还是意见多元,充满争论[20]。尽管如此,对于西周历法,在某些方面也有大致一致的看法,具体如下。

西周历法建立在殷商历法的基础之上,为阴阳合历。大、小月相间,大月30日、小月29日,经过若干个月设置一连大月,以符合月相的实际状况。平年12个月。闰年13个月,闰月置于年终。关于西周历法的建正或者岁首问题,争议较大。以夏历十一月(冬至所在之月)为年首的"建子说"者占主流。但也有不少学者认为应建丑(冬至所在月的次月),不可能建子[21]。总体来看,正如"夏商周断代工程"报告所述,西周历法多为建子或建丑,但存在建亥或建寅的摆动[22]。对于月首和月相问题,争议也较大[23]。一般认为,西周前期月首的应为朏,即新月初见,在初二或初三。可能从西周中后期,发生了从新月到"朔"的重大改革,实现了从较多依赖月相观测向较多进行推步的转移,较成熟的推步历法逐渐成为主导[24]。

总体而言,西周历法是一种推步(数学推算)历法,但同时,必须用观察天象(尤其是月相和冬至日)的方法来对推步历法进行校正,是推步和观测同时进行的历法。这意味着推步还不是很精确,很多时候需要观测天象来进行纠错。

我们前面提到,楚人在被西周分封之前,可能用的是先祖从殷商传下来的,以十月为年首的"古颛顼历"。这种历法,如上所述,月份顺序为:冬夕、屈夕、远夕、荆尸、夏屎、亯月(享月或纺月)、夏夕、八月、九月、十月、炱月、献马。到熊绎之时,楚国被西周正式分封为诸侯国,为适应宗主国的历法,其历法——"古颛顼历"可能开始改变。

西周历法如上所述,年首以建子和建丑为最常见。如果历法是建子的话,即所谓"天正",则以夏历十一月为月首,则楚国的月序改为:屈夕、远夕、荆尸、夏屎、亯月、夏夕、八月、九月、十月、炱月、献马、冬夕。这种月序,夏屎和夏夕都带有"夏"字,刚好符合周正夏季所在月份;另外,最后一个月冬夕,带有"冬"字,也符合周正冬季月份。可见,如果建子的话,月名比较符合周正季节的特点。所以有学者认为,这套特殊的楚月名可能本属于一种使用周正的历法,这种周正历法是楚国遵奉周王朝正朔的产物[25]。虽然岁首改为建子,但是这种改法并没有实质性改变每个月的寒热、物候等季节特性,只是月序和季节顺序上有所改变。比如,以十月为年首的历法,它的第八个月,如果年首改为建子的话,月序上则变为第七个月;但是,从夏历来看,实质上都是夏历五月。

上面对楚国西周时期的历法做了推测,初步结论是:历法应以建子为主,即以夏历十一月为月首,楚国的月序为:屈柰、远柰、荆尸、夏尸、亯月、夏柰、八月、九月、十月、臬月、献马、冬柰。但由于当时历法不精,存在失闰或加闰现象,因此,有时年首必然会在建丑或建亥间摆动。如果是建丑(夏历十二月)的话,则月序为:远柰、荆尸、夏尸、亯月、夏柰、八月、九月、十月、臬月、献马、冬柰、屈柰。如果西周时期楚国历法以建子为基准,我们试推算下楚国传世及出土的西周铜器的年代问题。

表二　楚公逆镈、钟铸造年代推测

公前纪年	周宣王纪年	熊鄂纪年	周正七月(夏历五月)		
			朔　日	甲申(镈)	甲午(编钟)
799	29	1	丙午	×	×
798	30	2	庚午	√	√
797	31	3	甲子	√	×
796	32	4	戊子	×	√
795	33	5	癸未	√	√
794	34	6	丁丑	√	√
793	35	7	辛丑	×	×
792	36	8	乙未	×	×
791	37	9	己丑	×	√

"×"表示无此干支,"√"表示有;干支据张培瑜:《中国先秦史历表》,齐鲁书社,1987年,第60～61页。

传世的楚公逆镈和出土的楚公逆编钟,其铭文中的"楚公逆"首先由孙诒让考证为熊鄂[20],学界无异议。熊鄂为西周晚期楚君,据《史记·楚世家》,在位时间为前799～791年[21]。有学者根据周正建子来推算"八月甲申"及"八月甲午"可能是哪一年。他们根据"八月"即第八个月来推算,结果是前799、前796、前793、前792及前791这5年中,八月有甲申;前799、前797及前792这3年中八月有甲午㉘。

如果以我们上面的论述,楚国历法以建子为主,那么楚历的八月,按周正实质上是第7个月(如果丑正,则实质上是第6个月),这样来推算的话,有甲申及甲午干支的纪年如表二。

其中,如果该月同时有甲申和甲午的话,甲申比甲午要早十天。镈和编钟同年铸造的可能性比较大。这样,铸造年代可能在前798年、前795或者前794年。根据铭文内容,熊鄂二年即前798年铸造的可能性最大。因为刚即位第二年,适合祭祀祖先,铸造时间也较充足。

注释:

① 《史记·楚世家》载:"楚之先祖出自帝颛顼高阳。高阳者,黄帝之孙,昌意之子也。高阳生称,称生卷章(即出土楚简中的'老童'),卷章生重、黎。重、黎为帝喾高辛居火正,甚有功,能光融天下,帝喾命曰祝融。共工氏作乱,帝喾使重、黎诛之而不尽。帝乃以庚寅日诛重、黎,而以其弟吴回为重、黎后,复居火正,为祝融。"《史记·天官书》云:"昔之传天数者:高辛之前,重、黎;于唐、虞,羲、和;有夏,昆吾。"
② 无论从夏商还是从春秋战国,楚人及楚国的天文历法都独树一帜,在很多方面为中国天文及历法做出了重要贡献,详见王胜利:《楚国天文学探索》,湖北人民出版社,2007年。
③ 山西省考古研究所、北京大学考古学系:《天马——曲村遗址北赵晋侯墓地第四次发掘》,《文物》1994年第8期。
④ 阮元:《积古斋钟鼎彝器款识》第3卷,载《丛书集成初编》第4册,商务印书馆,1937年。另外,此器物清代阮元首先释为"镈",今学者多认为实质上是"钟",如高至喜等(见氏著:《论商周铜镈》,载《湖南考古辑刊(第3辑)》,岳麓书社,1986年),这里为方便,仍以旧称。
⑤ 山西省考古研究所、北京大学考古学系:《天马——曲村遗址北赵晋侯墓地第四次发掘》,《文物》1994年第8期;李学勤:《试论楚公逆编钟》,《文

物》1995年第2期;黄锡全、于炳文:《山西晋侯墓地所出楚公逆钟铭文初释》,《考古》1995年第2期。

⑥ 阮元:《积古斋钟鼎彝器款识》第3卷;李零:《楚公逆镈》,《江汉考古》1983年第2期。中国社会科学院考古研究所编:《殷周金文集成》第一册第106号,中华书局,1984年。黄锡全:《楚公逆镈铭文新释》,《武汉大学学报》1991年第4期。

⑦ 曾宪通:《楚月名初探》,《中山大学学报(社会科学版)》1980年第1期。

⑧ 见前揭王红星和刘彬徽之文。

⑨ 王胜利:《关于楚国历法的建正问题》,《中国史研究》1988年第2期;王胜利:《再谈楚国历法的建正问题》,《文物》1990年第3期。

⑩ 曾宪通:《楚月名初探》,《中山大学学报》1980年第1期;张闻玉:《试论楚历非亥正》,《贵州社会科学》1990年第8期;蒋南华:《楚历辨正》,《贵州社会科学》2000年第1期;李家浩:《九店楚简释文与考释》,载《九店楚简》,中华书局,2000年,第62~63页;晏昌贵:《〈简帛日书〉岁篇合证》,《武汉大学学报(哲社版)》2003年第1期;宋华强:《从楚简"卒岁"的词义谈到战国楚历的岁首》,《古汉语研究》2009年第4期。

⑪ 陈伟:《包山楚简初探》第一章第一节,武汉大学出版社,1996年。

⑫ 实际上,月名不用数字,而是用特有名称的传统由来已久。正如《尔雅·释天》的月份名称分别为:陬、如……辜、涂等等。另外,在《诗经》中有一些月名也不用数字表示。这些月名或与物候现象紧密相连,是一种物候月名,或与特定月份的祭祀相联系。根据楚国月名来看,应与之类似。

⑬ 包山楚简中有11个月名,仅缺"献马"。整理者根据"献马"这一月名见于天星观、望山等楚简,补上献马这一月名。见王红星:《包山简牍所反映的楚国历法问题》,载《包山楚墓》附录20,文物出版社,1991年;刘彬徽:《从包山楚简纪时材料论及楚国纪年于楚历》,载《包山楚墓》附录21;睡虎地秦墓竹简整理小组:《睡虎地秦墓竹简》,文物出版社,1990年。

⑭ 王胜利:《再谈楚国历法的建正问题》,《文物》1990年第3期。

⑮ 冯时:《殷历岁首研究》,《考古学报》1990年第1期。

⑯ 据《汉书律历志》,有黄帝历、颛顼历、夏历、殷历、周历、鲁历等所谓"古六历"。古六历中的"颛顼历",实质上是战国时人根据"四分历"而推算来的。但是,既然提到"颛顼历"等古六历,至少反映了在远古时期,应有不

同建正的各种历法的可能性。

⑰《史记·秦本纪》第一句话说:"秦之先,帝颛顼之苗裔。"

⑱《史记·楚世家》说:"楚之先祖出自帝颛顼高阳。"屈原在《楚辞·离骚》中,自称是"帝高阳之苗裔"。

⑲ 主要文章可参考:张培瑜:《西周年代历法与金文月相纪日》,《中原文物》1997年第1期;景冰《西周金文中纪时术语——初吉、既望、既生霸、既死霸的研究》,《自然科学史研究》1999年第1期。陈美东:《鲁国历谱及春秋、西周历法》,《自然科学史研究》2002年第2期;王胜利:《西周历法的观象历属性》,《殷都学刊》2004年第4期;李勇:《用月龄历谱法求解西周既望历日及其年代》,《天文学报》2002年第3期;张闻玉:《铜器历日研究》,贵州人民出版社,1999年;刘启益:《西周纪年》,广东教育出版社,2002年;何幼琦:《西周编年史复原》,湖北人民出版社,2003年。

⑳ 20世纪末,国家开始实施"夏商周断代工程",该项目的一个最主要的目的,就是对西周历法及王朝的王年有个相对科学的认识。这使西周历法的研究达到了一个高潮。虽然该项目及其研究结论伴随着诸多争议和批评,其关于西周历法的观点也只是一种观点,但是该项目联合多学科学者(包含考古、科技考古及历史学学者等)进行协同攻关的方法还是值得充分肯定的。

㉑ 王胜利:《西周历法的月首、年首和记日词语新探》,《自然科学史研究》1990年第1期。

㉒ 夏商周断代工程专家组:《夏商周断代工程1996～2000年阶段成果报告(简本)》,世界图书公司,2000年,第19页。

㉓ 月相的争论主要集中在"定点说"和"四分说"。由于问题比较复杂,这里暂略。

㉔ 朔是指每月的第一天,是没有月光可见的,这个日子一定是由推算而来的。《诗经·十月之交》云:"十月之交,朔日辛卯,日有食之。"这记载了一次发生于辛卯朔日的日食。虽然对这次日食发生的具体时间有幽王(前781、前776年)、平王(前735年)时期等不同意见,但这是出现在前8世纪时的一次日食,且在十月辛卯朔日这一天,学界没有异议。这清楚表明,至少西周后期,推步历法已经成为主导。

㉕ 可参考王胜利《关于楚国历法的建正问题》及何幼琦:《论楚国之历》(《江

汉论坛》1985第10期）。有学者甚至认为，西周及东周时期，楚国一直沿用周正历法（见潘啸龙：《从"秦楚月名对照表"看屈原的生辰用历》，《江汉论坛》1988年第2期）。

㉖ 孙诒让：《古籀拾遗》，中华书局，1989年，第19～20页。

㉗《史记·楚世家》载："熊霜元年，周宣王初立（即前827年）。熊霜六年，卒……熊徇十六年，郑桓公初封于郑。二十二年，熊徇卒，子熊咢立。熊咢九年，卒，子熊仪立，是为若敖。"

㉘ 黄锡全、于炳文：《山西晋侯墓地所出楚公逆钟铭文初释》，《考古》1995年第2期；段渝《楚公逆编钟与周宣王伐楚》，《社会科学研究》2004年第2期。

楚西陵邑小考*

尹弘兵

（湖北省社会科学院楚文化研究所）

楚西陵邑，屡见于先秦文献所记前279至前278年的白起攻楚之役。《史记·楚世家》记楚顷襄王二十年："秦将白起拔我西陵。"次年，即楚顷襄王二十一年，"秦将白起遂拔我郢，烧先王墓夷陵"①。《史记·六国年表》楚顷襄王二十年则记曰："秦拔鄢、西陵。"秦昭襄王二十九年："白起击楚，拔郢，更东至竟陵，以为南郡。"②《战国策·秦策四》："顷襄王二十年，秦白起拔楚西陵。或拔鄢、郢、夷陵，烧先王之墓。"③此事在《史记·秦本纪》中记为："（秦昭襄王）二十八年，大良造白起攻楚，取鄢、邓，赦罪人迁之。二十九年，大良造白起攻楚，取郢为南郡。"④《史记·白起列传》则记曰："白起攻楚，拔鄢、邓五城。其明年，攻楚，拔郢，烧夷陵。"⑤

此次白起攻楚之役，《史记》记为秦昭襄王二十八年、二十九年，楚顷襄王二十年，二十一年，即前279、前278年。按《史记》所叙，此次战役发动于前279年（秦昭襄王二十八年、楚顷襄王二十年）。次年，即前278年（秦昭襄王二十九年、楚顷襄王二十一年），白起拔郢。然云梦秦简《叶书》（旧题为《编年记》）所记则为："廿七年，攻邓。廿八年，攻鄢。廿九年，攻安陆。"⑥与《史记》略有异。

---

* 国家社科基金一般项目"《楚居》、早期楚国与早期楚文化研究"（13BZS080）及国家社科基金重大招标项目"周代汉淮地区列国青铜器和历史、地理综合整理与研究"（15ZBD032）系列成果。

按《史记》所记战国史事,因秦火之故,六国史籍多毁,以致讹误颇多,由《枼书》所记来看,此次攻楚之役,应是在秦昭襄王二十七年(前280年)开始发动,较《史记》所载早一年,次年(秦昭襄王二十八年、楚顷襄王二十年,前279年)才攻下邓地,邓为今襄阳邓城遗址,同年又攻鄢,鄢在今宜城附近。故《史记》所记白起攻楚事,或系概略而言,以故皆系于秦昭襄王二十八年下。

一、楚西陵地望的早期探讨

楚西陵邑所在,旧注皆谓在江夏。南朝裴骃《集解》引徐广曰:"属江夏。"唐张守节《正义》引《括地志》:"西陵故城在黄州黄山西二里。"⑦江夏,汉郡,《汉书·地理志》:"江夏郡,高帝置。属荆州。"清王先谦《汉书补注》引《沔水注》曰:"高帝六年置。"⑧然王国维、周振鹤力驳之,谓高帝时不得有江夏郡,汉江夏郡当置于武帝元狩二年⑨。元狩元年,衡山、淮南二国除为衡山郡、九江郡,次年,江都国除为广陵郡,武帝乘机对郡境作了大调整,割衡山郡西部和南郡东部置江夏郡,领十四县,辖区大致在今湖北东部、以武汉为中心的地区。汉江夏郡首县即为西陵县,治今湖北武汉市新洲区西,除徐广、张守节外,郦道元亦谓此江夏郡西陵县即楚西陵邑⑩。

然楚西陵邑在江夏之说,与白起攻楚的地理形势明显不合,白起攻楚,是先攻邓、克鄢,然后拔郢,邓在今襄阳北,鄢在今宜城附近,郢在今荆州纪南城遗址,所以白起攻楚之役,基本上是由襄至荆,大致沿荆襄大道南下,一路势如破竹,最后拔郢,楚失郢都后,东北保于陈。因此白起攻楚,不得远至江夏。清程恩泽《国策地名考》卷六即云:"案《楚世家》:顷襄王二十年,秦将白起拔我西陵。徐广曰:属江夏。《汉志》:江夏郡有西陵县,在今黄州府黄冈县西二里。《水经注》以为即白起所拔之西陵。《正义》引《括地志》主之。非也。《策》云拔鄢、郢、东至竟陵,竟陵为今天门县。则当时秦兵所及亦仅至安陆而止,未尝越汉阳、武昌而至黄州也。"钱穆亦明确指出:"《六国表》明云'鄢、西陵',不得在江夏。"[11]于是对白起攻楚时所经之楚西陵邑,不少学者便另作探求,提出湖北宜昌说,因今湖北宜昌亦有西陵之名,故清人王先谦、近人杨守敬、日人泷川资言均谓此宜昌之西陵为楚西陵邑[12]。

然谓西陵即宜昌,在地理上亦难以解释。白起拔鄢,基本上是沿荆襄大道展开,绕道至江陵以西的宜昌,亦难以想象。另据郭德维研究,白起攻楚,其具体的进军路线,是先攻邓、次克鄢,襄宜平原为秦所占,此时楚都在鄢,在荆襄之间尚有一隘道,即荆门,于是楚集主力于宜城以南,依托宜城、荆门之间的山地防守,但白起并未直接南下硬攻,而是绕道汉东,从邓向东,沿随枣走廊东下攻随,由随南下至安陆(今云梦),再由安陆攻郢[13]。这样秦军就避开了楚军在郢都以北依托荆门山区的重兵防线,一举攻下郢都。就此战地理形势和秦军的进军路线而论,秦军无论如何到不了武汉以东,故江夏郡西陵县,不可能在秦军攻楚的路线上,而宜昌之西陵,亦与此战无关。

由于西陵在白起攻楚路线上,从文献记载看,与鄢、邓两地有关,不得远在江夏,亦难以西偏至宜昌。于是童书业据白起攻楚之地理相关性提出:"'西陵'似即邓。邓者,《史记正义》云'鄢、邓二城,并在襄州。'今襄阳东北二十里有邓城,即其地。'西陵'盖以山名,其地所包范围或甚广,今襄阳、宜城一带山地皆谓之'西陵'。"[14]冯永轩谓此说合乎实际[15],吴郁芳亦谓楚西陵邑当在宜城西山中[16]。蔡万进则认为是在黄河以南、淮河一线以北的河南境内[17]。

二、北大藏秦水陆里程简中的西陵

但以上研究,虽已对西陵地望有所推进,但因无直接证据,仍以推测为主。2010年,北京大学入藏一批海外回归的秦简牍,其中有一篇《道里书》,记载江汉地区的水陆交通路线和里程,是目前关于战国末期至秦代江汉地区行政区划和交通状况最为翔尽的记录,对于长江中游历史地理的研究具有极高的史料价值[18]。这批简牍虽未正式发表,但辛德勇先生已对之作了初步研究,并将其更名为《秦水陆里程简》[19],使得我们得以了解这批宝贵的简牍资料。在这批材料中,提供了楚西陵的详细资料:

> 淯口至西陵十二里。【04-231】
> 宛宜民庚行淯水到西陵四百五十里,庄道三百六十里【04-202】
> 宛梁门下行淯到邓西陵四百九十一里。【04-203】
> 武庚到邓西陵四百八十里二百步。【04-200】

上述材料提供了关于楚西陵邑的明确信息。

"宛宜民庚行淯水到西陵"、"宛梁门下行淯到邓西陵",这两条材料表明可从宛经淯水到西陵。宛,即今河南南阳。淯水,即今白河,流经南阳,在今襄阳汇入汉水。宛宜民庚、宛梁门下,为南阳附近地名,且均在淯水边。而简文中的"邓西陵"则明白无误地表明,西陵属邓县。而"淯口至西陵十二里"这一条材料更明确了楚西陵邑的具体方位,淯口即淯水入汉之河口,即白河口,楚西陵邑则在距古淯水入汉水处约十二里之地。由此可以确知:楚西陵邑在楚汉时期的邓县附近。这与童书业先生的推断正相合,辛德勇据此指出:"邓县的治所,应该就在西陵附近,所以《史记》等文献中才会出现以'西陵'和'邓县'相互替代的情况,此亦足以证实童书业的见解确凿无误。"[20]

西陵在邓附近,就需首先确定邓之地望。邓本为中原古族,夏商以前邓部族就在黄河流域有广泛的活动[21]。邓国地望,旧说在今河南邓县[22],不确,据石泉先生考证,周代邓国当在今襄樊市西北10余里的古邓城遗址[23],此说证据确凿,令人信服。邓城城址面积约60万平方米,至今保存较好,城址尚未发掘,但近年来,襄樊市博物馆在邓城以东的沈岗墓地发现了一座西周墓葬,所出陶器组合为簋、豆、罐,共8件,均为泥质红陶,年代为西周中期晚段㉔;在城址北部的韩岗遗址发现了春秋早期以来的遗迹和遗物㉕;在邓城以北15千米处的黄集镇小马家遗址,发现有三个西周时期的灰坑,其中的H3可早至西周早期后段的康王时期,H1不晚于西周中期偏早阶段,大致相当于昭、穆王时期,H2为西周中期偏晚阶段,大致相当于共、懿、孝王时期㉖;邓城以东不到1千米处的黄家村遗址亦发现西周晚期至战国早期的遗存,并发现有西周中期的遗物,考古界据此推测,邓城至少从西周中期开始就是邓国都城之所在㉗。另据北宋时所出的"安州六器"中的《中甗》铭文,周昭王南征时,事先曾派大臣"中"到"方、邓"等地视察,唐兰先生认为此邓即邓国㉘,与《左传》所记詹桓伯之言相合。楚文王十二年(前678年),楚灭邓,置邓县,秦汉因之。

邓之故地即明,则西陵当在邓城附近,距洎口十二里处。

但以上信息尚需进一步明确,西陵究在洎口汉水上游还是汉水下游或洎水上游?因为洎口距邓不远,因此洎口下游亦可谓在邓城附近。因此尚需对此进一步缩小范围。

北大水陆里程简内其实对西陵的具体所在有更多的信息,可作更进一步的推定。据水陆里程简记载,在西周邓国,楚、秦、汉邓县附近,不仅有楚西陵邑,还有攀渚、新邓津两地,均去洎口不远:

杨口到匩津丰(七十)里。【04-059】

匩津到销容螯乡九十里。【04-060】

容螯到乩水口百九十里。【04-072】

乩水口到鄢墼阳乡丰(七十)里。【04-085】

巩阳乡到离津卅里。【04-089】

离津到瓯津六十里。【04-088】

瓯津到莪陵津六十里。【04-235】

莪陵到邨乡丰(七十)里。【04-234】

邔乡到鄢路卢津廿里。【04-218】

路卢到邓新邓津卄(七十)里。【04-217】

新邓津到育(淯)口廿里。【04-216】

淯口到邓攀渚十四里。【04-215】

凡杨口到西陵七百卄(七十)四里。【04-214】

邓攀渚,其意应为邓地之攀渚,邓新邓津,亦同此意,简【04-216】即直云:"新邓津",两地均在淯口不远。这一部分简文是记从杨口(杨水入汉河口)溯流而上至攀渚的路线及里程。由于简文所记路线是从汉水下游往上游,故可知新邓津在淯口下二十里,攀渚则在淯口上十四里。

不仅如此,以上由杨口到邓之"攀渚"的逐段里程,合计七百七十四里,而简【04-214】则对此段里程有总结性的表述:"凡杨口到西陵七百(七十)四里",辛德勇据此指出:"'攀渚'与西陵应大体在同一地点。或即水侧山丘而言,则为'西陵';就滨水崖涘而言,乃为'攀渚'。"㉓前已述攀渚应在淯口上游,由此可知:西陵必在淯口上游,具体而言在淯口与邓城之间。按邓城距汉水尚有一段距离,并不直接滨汉水,故攀渚应在邓城以南或东南方向的汉水边,距淯口十四里,西陵则在淯口与邓城之间,距淯口十二里。

由此我们可以初步确定邓、西陵、淯口、攀渚、新邓津的相对位置:邓在邓城遗址,西陵在邓城与淯口与之间、距淯口十二秦里,攀渚在邓城以南的汉水边上、淯口上游、距淯口十四秦里,新邓津在淯口下游、距淯口二十秦里。

三、淯口的定位

以上分析确定了各地点的相对位置,但以上各点,只有邓城的位置是确定的,要进一步确定西陵、攀渚和新邓津的具体位置,还需对淯口进行明确的定位。

古淯水即今之白河,白河在今襄阳市张湾镇入汉,但此处并非古淯水入汉处。清咸丰十一年(1861年),白河(按白河接纳唐河后其下游又称为唐白河)改道,白河口因此有所变化。据襄阳地方文献记载,咸丰十一年之前,白河是在新打洪入汉:"新打洪,距城十里,唐白河、滚河、清河之水,向由此至白河嘴入汉,往来行舟,夹岸停泊,商贾云集。"但"咸丰十一年,合镇皆毁于贼,至今未复。河亦改道龙坑。""龙坑,距城十五里,旧有深潭。唐白河向自新打洪入汉。坑与汉隔二里许,每小涨辄溢。咸丰十一年忽溃决成河,水径入汉,旧洪淤塞不可复开"[30]。以上诸地点:新打洪位于今襄阳市樊城区,大约位于今清河口一带;龙坑为张湾村南的深潭,有小沟与唐白河相通,涨水时,溢流注入汉水,它当时并不直接面临大河道,只是一个很普通的村落,但咸丰十一年唐白河改道让其变成了唐白河与汉水汇合处,此后发展成商贾云集的著名集镇。

由此可知,今天位于襄阳市张湾镇的白河口,并非是古淯水入汉之口,古淯水入汉处,应在新打洪附近,应即今之清河口。

《水经》对淯水的记载及郦道元注、杨守敬疏,可用来考订古淯水入汉处。《水经·淯水》云:"又西南过邓县东,南入于沔。"沔水即汉水。郦道元注曰:"县故邓侯吾离之国也,楚文王灭之,秦以为县。淯水右合浊水,俗谓之弱沟。水上承白水于朝阳县,东南流迳邓县故城南。习凿齿《襄阳记》曰:'楚王至邓之浊水,去襄阳二十里。'即此水也。浊水又东迳邓塞北,即邓城东南小山也,方俗名之为邓塞,昔孙文台破黄祖于其下。浊水东流注于淯。淯水又南迳邓塞东。"杨守敬疏:"今有清河出襄阳城北界,即浊水也。"[31]是古淯水在流经邓城东时,其右岸(按,淯水南流,则右岸即白河西侧)有浊水来合,此浊水即今之清河。古浊水本为淯水支流,在接近淯口处汇入淯水,但由于咸丰十一年的白河改道,白河口改至今之张湾镇,清河遂独流入汉,原淯水下游入汉处的河道遂变为今之清河下游,是故今之清河口即古淯口。

又,今之汉水襄阳河段呈鹅颈式弯曲分汊型,汉江主泓在今之白沙洲南,径从襄阳城东折往南流,白沙洲西、北、东三面则是汉江分汊河道,清河口与白河口均在汊河上,并不直接临主泓。但至少在《水经》的时代,汉江襄阳段并非如此,《水经·沔水》云:"又东过襄阳县北。又从县东屈西南,淯水从北来注之。"㉜张修桂指出,《水经》的时代,沔水襄阳段的流路形态呈"7"字形㉝。即今之绕鱼梁洲西、北、东三面的北汉河,实为当时的汉江主泓。郦道元又注曰:"襄阳城东有东白沙,白沙北有三洲,东北有宛口,即淯水所入也。"㉞宛口即淯口,因淯水又名宛水。宛口在襄阳城东的东白沙东北方向,大致与今清河口相当。虽然襄阳附近汉水河道古今会有所不同,今汉江襄阳段北汉河或较秦汉时汉江主河道弯曲更甚,但就河道形态而论,与《水经》所记"又从县东屈西南"高度吻合,另当时的淯水是纳清河之后入汉的,因此清河河道决定了古淯口去今之清河口不会太远。

可知古淯口,大致在今清河口附近。

四、西陵、攀渚、新邓津故址

淯口、邓两地已明,则可据此进一步确定西陵、攀渚、新邓津故址所在。

据北大藏水陆里程简【04-231】:"淯口至西陵十二里。"此为秦里,需换算成今制。这里涉及古今里制的换算问题。按对于古代里制,一般据尺长来换算,《穀梁传》宣公十五年:"古者,三百步一里,名曰井田。"是古代一里合三百步,另据《汉书·食货制》:"理民之道,地著为本。故必建步立亩,正其经界。六尺为步,步百为亩,亩百为夫,夫三为屋,屋三为升,井方一里,是为九夫。"可知一步六尺,则一里三百步合1800尺。周秦汉时期的尺,出土已有不少,实测一般为23.1厘米㉟,杨生民据此推算周秦汉时期一里合公制415.8米㊱。但具体到秦代,传世战国尺多非出土品,因此唯一可靠的仍是从商鞅铜量测算而来,称商鞅量尺,据唐兰1935年实测,商鞅量尺长度为23.1厘米㊲。后丘光明用精密的数学方法对商鞅铜量作实测,测算出商鞅量尺实长为23.2厘米,但丘光明考虑到两数据相差不大,且与东周尺同长,为保持数据的一贯性,故战国尺长仍取23.1厘米为宜[38]。黄盛璋亦以为古代里制较粗,不可按尺度苛求[39],故黄盛璋所取秦里长度为415米。但本文所讨论的为小区域内的地理问题,为力求精确,以丘光明实测秦尺长23.2厘米为准,换算秦里长为公制417.6米,则秦十二里当为公制5 011.2米。据此以今清河口为起点,以五千米为准,查询襄阳市内清河口至邓城范围内遗迹,则楚西陵邑应为今之襄阳彭岗遗址。

彭岗遗址位于襄樊市(今襄阳市)区北约0.5千米的高新区团山镇彭岗村西南侧,西靠樊魏公路,座落在襄北一低矮岗地南段,岗地呈南北走向,长约3、宽约1.5千米,高于地面2～3米,中部最高处高出周围地面约4米,外围为汉水及其支流冲积而成的平原,现存面积约2万平方米。此岗地为一东周秦汉时期的遗址和墓地,1996年8月,襄樊市考古队为配合基建在此地进行勘探时发现了遗址和墓地,1996年12月至1997年1月在此进行了发掘[40]。发掘情况表明,彭岗遗址是一处东周遗址,出土有大量东周晚期的石器、铜器、铁器、陶器等遗物,从发掘情况看,该遗址堆积不厚,地层简单,各单位出土陶器的陶系,纹饰及器类和器物形制相差不大,其延续时间当不会太久。发掘简报将遗存分为三期:第一期的年代为战国中期早段或战国早期晚段,第二期的年代为战国中期晚段或略早,第三期的年代为战国晚期早段或稍晚,其下限年代在白起拔郢前后。在彭岗遗址附近,还有与其相配套的墓地,亦分布在彭岗岗地上,具体在彭岗村的南侧,此墓地曾经多次发掘,发现有大量东周墓,年代从春秋中期至战国晚期[41]。此墓地亦有汉墓,年代在西汉中期和西汉晚期[42]。

彭岗遗址的年代为战国中晚期,配套的墓地年代略长,上限至春秋中期,下限至西汉中晚期,这一年代正与楚西陵邑的年代相合。在地理上,从地图上测得彭岗遗址距清河口直线距离约4.5

千米左右,西距邓城直线距离约 2.5 千米左右。4.5 千米的实测距离与里程简所记十二秦里(合公制 5 011.2 米)相比,已极为接近,考虑到道路会有弯曲,并非笔直,因此里程简所记距离与实测距离可视为高度吻合。由此可以断定,楚西陵邑即今襄阳市彭岗遗址。

攀渚,里程简中又称为邓攀渚,表明其属于邓县,渚为水边之意。邓城在汉江北岸,距汉江尚有一段距离,则攀渚应为邓城遗址南边汉江边上的一处遗址。经查襄阳市文物遗迹,在樊城区汉江街办高庄街,有一东周至汉代的高庄街遗址,面积约 4 万平方米,文化层厚 0.5～0.8 米[43]。遗址位于襄阳市樊城区汉江街道办事处高庄社区高庄街与人民路交汇处东北侧,2003 年 11 月襄樊市考古队对襄樊棉纺厂在该地建设住宅楼区域勘探时发现文化层堆积,后经发掘。布 5×5 米探方 1 个,文化层厚 0.5～0.8 米,分两层;直接清理灰坑 4 座,平面形状一般呈圆形或椭圆形,弧壁,锅底,填深灰色土,夹少量炭屑、红烧土颗粒。出土遗物有豆、甑、罐、盆等日用陶器和筒瓦、板瓦、瓦当等建筑材料残片。其时代分属战国、汉代两个时期[44],其年代与里程简所记之攀渚相合。另,据里程简记载,从洧口至邓攀渚里程为二十秦里,合公制约 5846.4 米,今从地图测量,从清河口至高庄街遗址,直线距离为 4.8 千米,考虑到此为水路,河流会有弯曲且弯曲度较大,因此此数据与里程简所记之二十秦里(合 5.8 千米)是相符的。可证攀渚应为襄阳市高庄街遗址。

新邓津位于洧口下游,距洧口约二十里,换算成公制为 8 352 米。在清河口下游东岸,襄阳市襄州区东津镇陈坡村东北,有一战国至汉代的陈坡遗址,旧称洪山头遗址,年代跨新石器、周、汉[45]。遗址呈长方形分布,东西长约 600 米,南北宽约 300 米,面积约 1.8 万平方米,第三次全国文物普查时,发现地表暴露遗物较多,以汉代为主,多为泥质灰陶,陶片以绳纹装饰,有盆口沿、罐口沿、板瓦等器物。其中还有少量的新石器遗物,多为泥质红陶,少量夹砂橙黄陶及泥质黑陶[46]。洪山头遗址于1998年发掘了遗址东北边缘部分,发现有战国和汉代的文化遗存[47]。2005、2006年,湖北省文物考古研究所对陈坡遗址进行了两次勘探、调查和发掘,发现该遗址南北长约700米,东西宽约580米,总面积约40.6万平方米,此次发掘发现陈坡遗址延续时间很长,包含有新石器、周、汉、唐、宋、明、清各代的文化遗存,主体文化遗存始于西周中期,延续到东汉早期,西汉晚期略有间断[48]。从地图上测量得知,从陈坡村沿汉江襄阳段北汉道至清河口,其距离约8.1千米,与里程简所记之二十秦里(合公制8 352米)几乎相同。与文献所载可知里程简所言之新邓津,应为陈坡遗址。

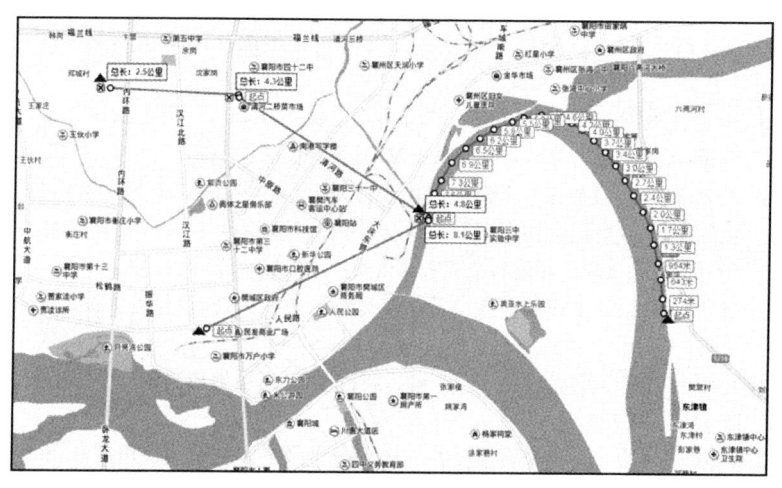

楚西陵及相关地点位置示意图

附记:在实地调查及写作过程中得到湖北文理学院叶植教授,湖北省博物馆副馆长王先福研究员的大力支持和帮助,谨此致谢!

注释：

① 《史记》卷四〇《楚世家》，中华书局，1982年，第1735页。
② 《史记》卷一五《六国年表》楚栏"楚顷襄王二十年"、秦栏"秦昭襄王二十九年"，中华书局，1982年，第742页。
③ 《战国策》卷六《秦策四》"顷襄王二十年"章，上海古籍出版社，1998年，第241页。
④ 《史记》卷五《秦本纪》，中华书局，1982年，第213页。
⑤ 《史记》卷七三《白起王翦列传》，中华书局，1982年，第2331页。
⑥ 陈伟主编：《秦简牍合集》壹，武汉大学出版社，2014年，第9页。
⑦ 《史记》卷四〇《楚世家》"秦将白起拔我西陵"句下南朝裴骃《集解》、唐张守节《正义》，中华书局，1982年，第1735页。
⑧ 王先谦：《汉书补注》，上海古籍出版社，2012年，第2346、2347页。
⑨ 周振鹤编著：《汉书地理志汇释》，安徽教育出版社，2006年，第139～140页。
⑩ 杨守敬、熊会贞：《水经注疏》，江苏古籍出版社，1989年，第2921页。
⑪ 钱穆：《史记地名考》，商务印书馆，2001年，第551页。
⑫ 王先谦：《汉书补注》，上海古籍出版社，2012年，第2346～2347页；[日]泷川资言：《史记会注考证》，北岳文艺出版社，1999年，第2549页；杨守敬、熊会贞：《水经注疏》，江苏古籍出版社，1989年，第2921页。
⑬ 郭德维：《试论秦拔郢之战——兼探夷陵之所在》，《江汉论坛》1992年第5期。
⑭ 童书业：《楚王酓章钟铭"西旸"解》，载《童书业历史地理论集》，中华书局，2004年，第224页。
⑮ 冯永轩：《史记楚世家会注校补》，载《冯永轩文存》，江苏人民出版社，2014年，第238页。
⑯ 吴郁芳：《楚西陵与夷陵》，《江汉考古》1993年第4期。
⑰ 蔡万进：《简牍所见西陵、西平考》，《中州学刊》2008年第5期。
⑱ 北京大学出土文献研究所：《北京大学藏秦简牍概述》，《文物》2012年第6期。
⑲ 辛德勇：《北京大学藏秦水陆里程简初步研究》，载《出土文献（第四辑）》，中西书局，2013年。

⑳ 辛德勇:《北京大学藏秦水陆里程简初步研究》,载《出土文献(第四辑)》,中西书局,2013年,第244页。
㉑ 徐少华:《周代南土历史地理与文化》,武汉大学出版社,1994年,第10页。
㉒《读史方舆纪要》卷五一《河南六》"邓州"条,中华书局,2005年,第2414页。
㉓ 石泉:《古邓国、邓县考》,载《古代荆楚地理新探》,武汉大学出版社,2004年。
㉔㉖ 襄樊市文物考古研究所:《襄樊沈岗西周墓发掘简报》,载《襄樊考古文集》第一辑,科学出版社,2007年。
㉕ 湖北省文物考古研究所:《湖北襄阳邓城韩岗遗址发掘报告》,《江汉考古》2002年第2期;襄樊市博物馆:《湖北省襄樊市邓城遗址试掘简报》,《江汉考古》2004年第2期。
㉗ 王先福:《邓城——樊城演进历程考》,《襄樊学院学报》2007年第1期。
㉘ 唐兰:《论周昭王时代的青铜器铭刻》,载《古文字研究(第二辑)》,中华书局,1981年,第88页。
㉙ 辛德勇:《北京大学藏秦水陆里程简册初步研究》,载《出土文献(第四辑)》,中西书局,2013年,第220页。
㉚ 杨宗时:《襄阳县志》,江苏古籍出版社,2001年,第34页。
㉛ 杨守敬、熊会贞:《水经注疏》,江苏古籍出版社,1989年,第2620～2622页。
㉜ 杨守敬、熊会贞:《水经注疏》,江苏古籍出版社,1989年,第2367、2676页。
㉝ 张修桂:《〈水经·沔水注〉襄樊——武汉河段校注与复原(上篇)》,载《历史地理(第二十五辑)》,上海人民出版社,2011年。
㉞ 杨守敬、熊会贞:《水经注疏》,江苏古籍出版社,1989年,第2376～2377页。
㉟ 梁方仲:《中国历代户口、田地、田赋统计》,上海人民出版社,1980年,第540页。
㊱ 杨生民:《中国里的长度演变考》,《中国经济史研究》2005年第1期。
㊲ 唐兰:《"商鞅量"与"商鞅量尺"》,北京大学《国学季刊》第五卷第四号,1936年。

㊳ 丘光明：《中国历代度量衡考》，科学出版社，1992年，第10、11页。
㊴ 黄盛璋：《历代度量衡里亩制度的演变和数值换算（续二）》，《历史教学》1983年第3期。
㊵ 襄樊市博物馆：《襄樊市彭岗东周遗址发掘简报》，《江汉考古》2000年第2期。
㊶ 襄樊市文物管理处、襄樊市博物馆：《襄樊彭岗东周墓地第一次发掘简报》，《江汉考古》1999年第4期；湖北省文物考古研究所、襄樊市博物馆：《湖北襄樊市彭岗东周墓群第三次发掘》，《考古》1997年第8期。
㊷ 襄樊市考古队：《襄樊彭岗汉墓群发掘简报》，《江汉考古》2000年第2期。
㊸ 襄阳市第三次全国文物普查领导小组办公室编著：《襄阳史迹扫描》，湖北人民出版社，2013年，第191页。
㊹㊻ 第三次全国文物普查资料。
㊺ 襄阳市第三次全国文物普查领导小组办公室编著：《襄阳史迹扫描》，湖北人民出版社，2013年，第179页。
㊼ 襄樊市考古队、襄樊县文物管理处：《襄阳东津洪山头遗址发掘简报》，《江汉考古》1999年第4期。
㊽ 湖北省文物考古研究所、襄阳市文物考古研究所、襄阳市襄州区文物管理处：《襄阳陈坡》，科学出版社，2013年。

乐堤城小考

王琢玺

(武汉大学历史学院历史地理研究所)

乐堤城是战国秦汉时期江汉地区的重要城址,以形制规整、规模较大著称。依据同治《钟祥县志》的说法,传统认为乐堤城即汉代蓝水城[1]。近年又有学者提出乐堤城可能是东汉至三国时期的石城[2]。乐堤城性质的确定将为江汉地区城市地理、交通地理的研究打下重要的基础。下面我们拟在梳理传世文献,主要是早期史志和《水经注》等文献的基础上,结合出土文献与考古资料,推定乐堤城的性质,以期对江汉地区城市地理的研究有所推进。

一、乐堤城概况

乐堤城位于湖北省钟祥市石牌镇西侧,隶属乐堤、荆台二村。2016年12月29日我们前往乐堤城进行了考察[3]。乐堤城东距汉江3 100米,南距竹皮河5 080米,绝对位置为北纬30°59′26.73″,东经112°29′25.58″。乐堤城的海拔,东南角为42米,西南角为42米,西北角为48米,东北角为47米,基本为北高南低,东北部最高,平均海拔47米,西南部最低,平均海拔40米。乐堤城呈北偏西18°,东墙称为"熊堤",长1 638米,南墙称为"南堤",长1 758米,西墙称为"乐堤",长1 745,北墙部分压在X001县道下,长1 790米,合计周长6 931,面积约3平方千米(图一)。

除西南部外,乐堤城基本处在41米等高线以上。这条线以东为汉江冲积平原,以西为丘陵地貌。从整个钟祥市西南部范围看,乐堤城——石牌镇所在的位置为丘陵地貌向汉江平原突出的地

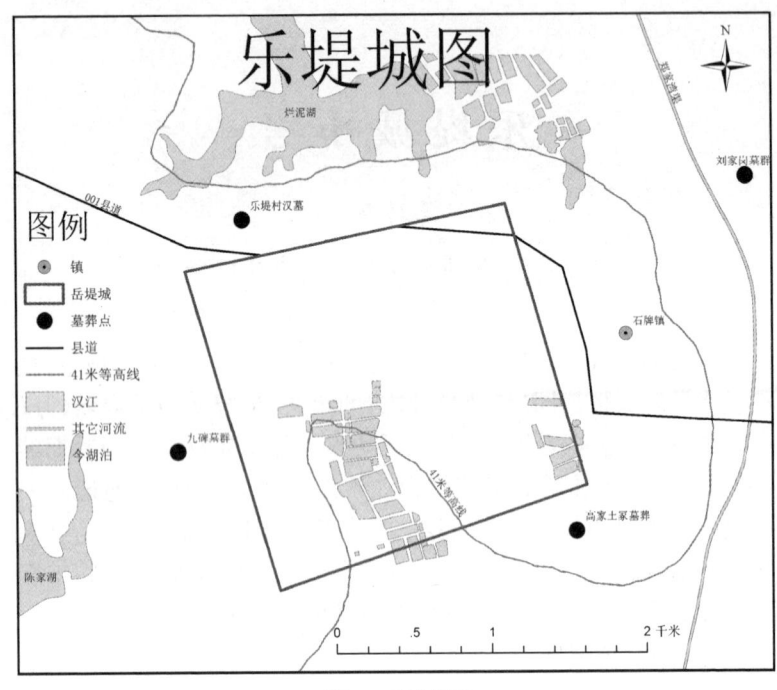

图一　乐堤城图

方,是丘陵地貌最为接近汉江和南部竹皮河的地方。这说明乐堤城和石牌镇的选址是颇为讲究的,体现了管子所谓"凡立国都,非于大山之下,必于广川之上。高毋近旱而水用足,下毋近水而沟防省"④的思想。

我们在乐堤城西墙北段的上部发现有晚期堆积,东墙北段发现几处战国、秦汉时期的陶片。城址内部未发现早期遗迹遗物。另据报道,20世纪80年代曾于城内发现大型楚墓一座⑤。

乐堤城周围早期墓葬有汉代的乐堤村荆台刘家巷墓群,面积约1万平方米;乐堤村汉墓,封土底径约12米,残高3米左右,曾暴露出几何纹、绳纹墓砖;还有时代不详的高家土冢墓葬,封土底径约16米,残高4米左右;九碑墓群,现存九座封土堆,其中一座底径约9米,残高4米,另八座底径均约7米,残高3米左右。封土周围有圆形土垣遗迹。乐堤城西北、西南偏远处有石岗墓群、长岗岭墓群、肖家冢墓群。石岗墓群位于贺集乡石岗村,时代为战国,面积约1万平方米,曾暴露出竖穴土坑墓,采集有铜戈、匕等。长岗岭墓群亦位于贺集乡石岗村,面积约1 000平方米,曾清理一座竖穴土坑墓,墓口长11米,宽8米,有五层台阶,出土有玉璧、铜带钩、车軎、陶鼎、敦、壶、鬲、豆等。肖家冢墓群位于石牌镇洪山观村,时代为战国,面积约1万平方米,曾暴露一座竖穴土坑墓,采集有青铜剑等[⑥]。

李登勤先生将乐堤城定为汉代城址。结合发现的战国秦汉陶片、城内楚墓以及城周围的战国秦汉墓葬来看,将乐堤城定为战国、秦汉时期是较为合适的。

二、《北京大学藏秦水陆里程简册》所见秦容氅乡与容氅津

乐堤城所在的位置,目前最早可上溯至秦代。《北京大学藏秦水陆里程简册》(以下简称为《简册》)主要记录了秦代江汉地区的水陆里程,是研究荆楚地理的重要文献。辛德勇先生2013年在《北京大学藏秦水陆里程简册初步研究》中首次公布了简册内容,并做了初步的研究[⑦]。我们就利用这批材料来探讨与乐堤城相关的容氅乡与容氅津

《简册》中记载杨口溯汉水北上所经的地点及其相互之间的里程:

　　杨口到匩津丰(七十)里。(04-059)
　　匩津到销容氅乡九十里。(04-060)
　　容氅到氹水口百九十里。(04-072)[⑧]

《简册》中对销县城、容氅乡以及容氅乡的津渡另有记载:

　　销到容氅乡丰(七十)九里,乡到津五里,凡八十四里。

(04－057)⑨

《简册》中记载销县分出的道路有：

容氂津东到都乡卅(七十)九里。(04－058)
都乡到竞陵卅(七十)六里。(04－059)⑩

秦汉销县故址即今荆门市子陵岗遗址⑪。今测得乐堤城址至子陵岗遗址距离为34.6千米⑫。子陵岗遗址至马良镇距离为50.3千米。石牌镇至马良镇距离为13.2千米。石牌镇至沙洋县距离为44千米⑬。石牌镇至沙洋县北侧的沙堡村距离为37.4千米。石牌镇至磷矿镇距离为53.2千米。石牌镇至钟祥市的距离为33.5千米⑭。《简册》载销至容氂乡79里,合今32.8千米;匡津到销容氂乡九十里,合今37.4千米;容氂到巇水口百九十里,合今79.0千米。

销至容氂乡合今32.8千米。今测得子陵岗遗址与乐堤城址距离为34.6千米。二者里距较为接近,容氂乡可能在今乐堤城。如前所述,乐堤城除西南部外,基本处在41米等高线以上。这条线以东为汉江冲积平原,易受汉江洪水威胁;这条线以西为丘陵地貌,地势较高,免于一般洪水威胁。在今钟祥市西南部地区,除今石牌镇一带外,其他接近汉江的海拔相对冲积平原较高的地带只有文集镇东南和沙洋马良镇一带。若容氂乡在今马良镇一带,则距离销县过远;若容氂乡在今石牌镇以北,则容氂乡东距都乡、竞陵距离亦过远。综合来看,容氂乡在今乐堤城一带最为合适。

结合古今里程比对与地形差异,我们认为《简册》记载的"容氂乡"在今钟祥市石牌镇乐堤城址一带。

三、三国荆城

秦汉以后,钟祥市西南部见于记载的城有荆城或汉城。荆城始见于《三国志》卷一八《文聘传》：

(聘)又攻羽辎重于汉津,烧其船于荆城。[15]

关于荆城地望,《水经注》卷二八《沔水》另有详细记载:

(经文)又东过荆城东

(注文)沔水自荆城东南流,迳当阳县之章山东,山上有故城,太尉陶侃伐杜曾所筑也。《禹贡》所谓内方至于大别者也。既滨带沔流,寔会《尚书》之文矣。沔水又东,右会权口。水出章山,东南流迳权城北,古之权国也。《春秋》鲁庄公十八年,楚武王克权,权叛,围而杀之,迁权于那处是也。东南有那口城。权水又东入于沔。[16]

一般认为章山即今沙洋县马良镇之马良山,权水即今源自荆门市,注入汉江的竹皮河,则位于章山、权水之北汉水西侧的荆城当在今石牌镇一带[17]。唯《水经注》所述章山与权水位置关系与今不合:《水经注》谓沔水先经章山东,再汇合源自章山的权水;今日汉江先汇竹皮河,再经马良镇之马良山。《读史方舆纪要》卷七七《湖广三》荆门州"权水"条载:"权水,在州北。志云:'权水出西蒙诸山,东北流经太子冈会流为曹将军港……下流迳内方山西,又东南迳古权国城,又东入于沔。'"[18]杨守敬据此认为西蒙山为章山所蔓延[19]。若如杨守敬所解,将西蒙诸山解释为章山之蔓延,则《水经注》所谓沔水先经章山,再汇源自章山的权水亦可通。然章山上太尉陶侃所筑故城显系在今马良山上,与《水经注》原文不合。但无论如何,荆城在北,章山在南,权城位于权水(今竹皮河)南岸,这一格局是没有问题的。

关于那口城,《春秋经传集解》庄公十八年:"初,楚武王克权,使斗缗尹之。以叛,围而杀之。迁权于那处,使阎敖尹之。"杜预注:"权,国名,南郡当阳县东南有权城。""那处,楚地,南郡编县东南有那口城。"[20]《水经注》"东南有那口城"一句当是郦道元节引《左传》杜预注之文,杜预注那口城在西晋编县东南,而汉晋编县一般认为在今荆门市仙居镇一带。故那口城不在权水流域,而在今利河流域的磷矿镇一带。东周时期的那处,至两汉称为"蓝口聚"。《后汉书·郡国四》"南郡"条:"编有蓝口聚。"刘昭注:"下江兵所据。《左传》斗缗以权叛,楚迁于那处,杜预曰:'县东南有那口城'。"㉑刘昭意东汉蓝口聚即西晋那口城。"那"上古音泥钮歌部,"蓝"来钮谈部,"那"、"蓝"二者为旁钮,韵部可通转,古音接近。至西魏原蓝口聚附近又置有蓝水县。《隋书》卷三一《地理下》荆州"竟陵郡"条:"蓝水,宋侨立冯翊郡、莲勺县。西魏改郡为汉东,县为蓝水。又宋置高陆县,西魏改曰潎陂。开皇初郡废,大业初省潎陂入焉。"㉒至唐贞观元年(627年)蓝水县省废。《旧唐书》卷三九《地理二》山南道"郢州"条:"贞观元年,省蓝水入长寿。"㉓东周那处、两汉蓝口聚、西晋那口城和北魏至唐初的蓝水县当都在今钟祥市西北利河入汉江之口磷矿镇一带。

四、隋代荆台县

梁至隋代,乐堤城附近设有荆台县等。

《隋书》卷三一《地理下》荆州"南郡"条:"当阳……梁又置安居县,开皇十八年改曰昭丘,大业初改曰荆台,寻废入。"㉔顾祖禹据此认为荆门州东六十里有荆台城㉕。今石牌镇距荆门市区即30千米左右,与顾祖禹所说六十里相合。

另外今乐堤城东即荆台村,荆台村有崇果寺,乾隆《钟祥县志》卷六《古迹》"崇果寺"条:"在县西南五十里石牌。创于唐,盛于宋。仁宗皇祐辛卯浴佛日凤凰集此……"㉖乾隆《重修凤台寺前后佛殿碑记》云:"荆台为四镇之冠,汉水潆洄,方山耸翠,水陆舟车辐辏云集,一带烟火迷离,不下数千户,而崇果寺前后二殿巍然高踞于凤台之巅,盖古刹也。寺兴于唐宋,历元迄明,屈指千有余岁……"㉗凤台寺所在地称"荆台",而凤台寺"兴于唐宋",时代与隋荆台县也接近。关于"荆台"的涵义,据《湖北省钟祥县地名志》,荆台即取荆城、凤台首尾改名㉘。

《隋书》所载"荆台"与顾祖禹所说"荆台城"当在今荆台村一带,或是沿用三国荆城,或是在荆城东侧另立县城。至于荆台县的前身梁安居县、隋开皇年间的昭丘县,从仅仅改名看,也当在今荆台村一带,但也不排除县址曾经迁移过。

五、宋以来汉城

关于荆城地望,《舆地纪胜》卷八四京西南路《郢州》古迹栏"汉城基"条另有记载:

> 汉城基,在长寿县南七十里,濒大江。旧传关羽尝屯兵于此。㉙

与此相关的还有《郢州》景物下栏"内方山"条:

> 内方山,在长寿县南一百三十五里,又名章山。西魏尝立章山郡。㉚

"汉城基"、"汉城"即荆城的通俗说法。《大明一统志》卷六六《安陆州》古迹栏"汉城"条:"在州城南七十里,滨大江。旧传蜀汉将关羽尝屯兵于此。"㉛康熙《安陆府志》卷三《方舆志》古迹"汉城"条:"汉城,在汉滨,关将军常屯兵其中。"㉜乾隆《钟祥县志》卷六《古迹》"汉城"条:"在县南七十里,滨汉水。三国时汉寿亭侯屯兵之处。"㉝"汉城基"与"汉城"的里距和故事相同,明清总志、方志中的"汉城"当即《舆地纪胜》"汉城基"之省称。另同治《钟祥县志》卷三《古迹》"汉东城"条云:"在府南七十里。《隋志》:'后齐侨置上蔡县及齐兴郡,后周郡废,隋开皇十八年改县曰汉东。大业末废。'今名'汉城',《志》云以城滨汉水而名。相传为关壮缪屯兵处。"㉞齐侨置的上蔡县及齐兴郡及隋汉东县一般认为在今钟祥市北。同治《钟祥县志》当是将汉东县与长寿县南七十里的汉城相混淆。

内方山即今章山,长寿县治今钟祥市区。通过比较内方山至

321

长寿县的距离与汉城基至长寿县的距离,知汉城基地处长寿县与内方山之中间稍偏内方山一侧,这里只有石牌镇附近的乐堤城符合这一位置条件。

《大清一统志》(以下简称《一统志》)卷三四二《安陆府》"古迹"条记载钟祥市西南有五座城:基州故城、权城、荆城、李家市城、新郢城。

> 基州故城,在钟祥县南。《隋书·地理志》:西魏置基州及章山郡,开皇七年郡废,大业初州废。《旧唐书·地理志》江陵府长林,武德四年于县东北百二十里置基州及章山县,七年废基州,以章山属郢州,八年省入长林。《府志》基州故城在荆门州东一百二十里,明嘉靖中改入钟祥。
>
> 权城,在钟祥县西南。《左传》庄公十八年:初,楚武王克权,使斗缗尹之,以叛,围而杀之,迁权于那处。注:南郡当阳县东南有权城,南郡编县东南有那口城。《水经注》:权水东南流径权城北,古之权国也,东南有那口城。《府志》旧属荆门州,明嘉靖中改属钟祥。
>
> 荆城,在钟祥县西南。《魏志·文聘传》聘攻关某辎重于汉津,烧其船于荆城。《水经注》:沔水自荆城东南流。《舆地纪胜》:荆城在长寿县南七十里,滨汉江。
>
> 李家市城,在钟祥县西南。相传五代时高氏筑。
>
> 新郢城,在钟祥县西南,宋末筑。《宋元通鉴》:咸淳十年,张世杰将兵屯郢,郢在汉北,新郢在汉南,横铁絙锁战舰,凡要津皆施杙,设攻具。⑤

关于基州故城,一般认为西魏至隋基州及章山郡在今马良镇一带,唐基州及章山县在今荆门市北。《一统志》所说钟祥县南的基州故城当即西魏至隋位于今马良镇一带之基州。关于权城,一般认为在今竹皮河南岸。李家市城、新郢城时代为五代宋元,与汉城时代无关。

《一统志》解释荆城时，在引《三国志》、《水经注》之荆城后，又引《舆地纪胜》之"荆城"。刻于道光二十九年（1849年）的惧盈斋本《舆地纪胜》作"汉城基"。惧盈斋本《舆地纪胜》底本文选楼影宋钞本的主本于嘉庆四年（1799年）藏于内府。若《大清一统志》纂修者未见《舆地纪胜》文选楼影宋钞本的主本，则《一统志》引《舆地纪胜》作"荆城"当有所本；若见过《舆地纪胜》文选楼影宋钞本的主本，则作"荆城"是经过纂修者考虑过的。我们单纯从里距来讲赞同《大清一统志》的看法，《舆地纪胜》的"汉城"即《三国志》、《水经注》所载的"荆城"。"汉城基"、"汉城"为宋元以来对于石牌镇西侧乐堤城这一战国秦汉城址的通俗称谓，尤其是"汉城基"，准确地描述了乐堤城的时代与保存状况。

六、结语

结合传世文献、考古资料与实地考察，我们基本理清了乐堤城的性质和人们对乐堤城认识的演变：乐堤城所在地早在战国时期即为一重要聚落，秦代为容蓼乡，两汉三国时期为军事重镇荆城，南北朝及隋或曾设置荆台县，宋以来人们又称其为"汉城"、"汉城基"。至今这里称为荆台村。

由于未做过系统调查和发掘，对于城垣建筑的具体时代以及城内的布局有待将来的工作（图二）。作为港口，乐堤城——石牌镇的演变也很有意思，今日石牌镇刚好就在乐堤城址东侧，这与港口城市的演变规律正相符合，即港口城市沿着靠近港口的方向发展。作为交通要道，乐堤城及其前身秦容蓼乡与容蓼津是汉江中下游重要节点，还连接着江汉平原与汉西丘陵平原地带的交通。以鄀、容蓼乡为基点一步步复原战国秦汉时期的荆楚地区交通地理是今后一个重要的研究领域。

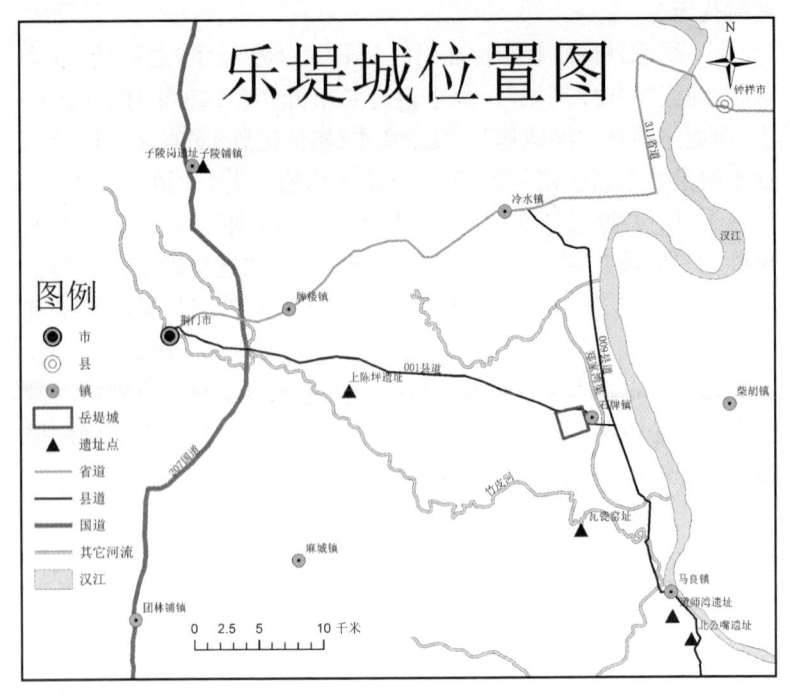

图二　乐堤城位置图

注释：

① 孙福海等纂修：同治《钟祥县志》卷三《古迹》"蓝水城"条，清同治六年刻本，江苏古籍出版社，2001年影印，第56页。杨义杰、周桂、宁新生：《乐堤村里看汉风遗韵》，《荆门日报》2016年10月11日。

② 刘森淼编著：《荆楚古城风貌》，武汉出版社，2012年，第140页。

③ 参与考察的有国家社会科学基金重大项目"周代汉淮地区列国青铜器和历史、地理综合整理与研究"子课题"汉淮地区周代遗址、墓葬与地理环境调查分析"负责人叶植以及尹弘兵、靳进、王琢玺、王小雨。

④ 姜涛：《管子新注》，齐鲁书社，2006年，第32页。

⑤ 李登勤:《钟祥县文物复查新发现》,《江汉考古》1983年第2期。
⑥ 国家文物局主编:《中国文物地图集·湖北分册(下)》,西安地图出版社,2002年,第399～402页。
⑦ 辛德勇:《北京大学藏秦水陆里程简册初步研究》,载《出土文献(第四辑)》,中西书局,2013年。
⑧ 辛德勇:《北京大学藏秦水陆里程简册初步研究》,载《出土文献(第四辑)》,中西书局,2013年,第220页。
⑨ 辛德勇:《北京大学藏秦水陆里程简册初步研究》,载《出土文献(第四辑)》,中西书局,2013年,第222页。
⑩ 辛德勇:《北京大学藏秦水陆里程简册初步研究》,载《出土文献(第四辑)》,中西书局,2013年,第235页。
⑪ 参见拙文《秦汉销县小考》,《中国历史地理论丛》2014年第3期。
⑫ 本文现代里距俱用谷歌地图查询或测量得知。乐堤城址至子陵岗遗址,由乐堤城北墙中部起算,沿X001县道转S311省道,再转G207国道至子陵岗遗址。
⑬ 石牌镇至沙洋县距离,由沙洋县汉江江面起算,沿汉江江面中心至石牌镇汉江江面。
⑭ 石牌镇至钟祥市距离,由石牌镇余家窝起算,沿X009县道转入S311省道,乘轮渡过汉江至阳春大街与东街交叉口。
⑮ 陈寿撰,裴松之注:《三国志》,中华书局,1959年,第539页。
⑯ 陈桥驿校证:《水经注校证》,中华书局,2007年,第669页。
⑰ 谭其骧主编《中国历史地图集》第3册三国吴"荆州"幅(中国地图出版社,1982年)将荆城定在今马良镇一带。张修桂先生根据权水流路以及沔水自荆城东南流经章山之东,并参考《舆地纪胜》所载里数分析,认为荆城当在今钟祥市石牌镇以南、竹皮河口以北、汉江以西的张家岭村附近。(见张修桂:《〈水经·沔水注〉襄樊—武汉河段校注与复原——附:〈夏水注〉校注与复原(下篇)》,《历史地理》第26辑)我们认为不能仅据《舆地纪胜》一条记载来定荆城位置,因为《舆地纪胜》记载内方山在长寿县南一百三十五里,不能简单拿南宋里距与今里距比附。
⑱ 顾祖禹撰,贺次君、施和金点校:《读史方舆纪要》,中华书局,2005年,第3596页。

⑲ 杨守敬、熊会贞:《水经注疏》,江苏古籍出版社,1989年,第2403页。
⑳ 左丘明撰,杜预集解:《春秋经传集解》,上海古籍出版社,1997年,第171页。
㉑ 范晔撰,李贤等注:《后汉书》,中华书局,1965年,第3480~3481页。
㉒ 魏征等撰:《隋书》,中华书局,1973年,第889页。
㉓ 刘昫等撰:《旧唐书》,中华书局,1975年,第1568页。
㉔ 魏征等撰:《隋书》,中华书局,1973年,第888页。
㉕ 顾祖禹撰,贺次君、施和金点校:《读史方舆纪要》卷七七《湖广三》承天府荆门州"编县城"条,中华书局,2005年,第3594页。
㉖ 张琴修,杜光德纂:乾隆《钟祥县志》,清乾隆六十年刻本,江苏古籍出版社,2001年影印,第46页。
㉗ 任海清主编:《历史文化名镇——石牌》。
㉘ 钟祥县地名领导小组办公室编:《湖北省钟祥县地名志》,钟祥县印刷厂,1982年,第403页。
㉙ 王象之撰:《舆地纪胜》,中华书局,1992年影印本,第2737页。
㉚ 王象之撰:《舆地纪胜》,中华书局,1992年影印本,第2733页。
㉛ 李贤等撰:《大明一统志》,三秦出版社,1990年,第1019页。
㉜ 张尊德修,王吉人、谭篆纂:康熙《安陆府志》,清康熙八年刻本,江苏古籍出版社,2001年,第77页。
㉝ 张琴修,杜光德纂:乾隆《钟祥县志》,清乾隆六十年刻本,江苏古籍出版社,2001年影印,第29页。
㉞ 孙福海等纂修:同治《钟祥县志》,清同治六年刻本,江苏古籍出版社,2001年影印,第27页。
㉟ 穆彰阿、潘锡恩等纂修:《大清一统志(八)》,四部丛刊续编本,上海古籍出版社,2007年,第175~176页。

试论早期楚国中心区域的变迁

胡 刚 黄 婧

(湖北省文物考古研究所)(辛亥革命武昌起义纪念馆)

自20世纪80年代楚文化研究会成立至今,早期楚国中心区域的相关研究都是以楚"丹阳"地望为前提的[①],因传世文献寥寥可数,且说法又不尽一致,使得在认识上出现分歧[②],意见难以统一。本文从《楚居》出发,结合考古发现情况,对这一问题进行探讨,若有不足之处,还请方家指正。

一、《楚居》所载早期楚人居地地望探析

根据清华简《楚居》记载,鬻熊至庄敖共经历17代24世,居地十二处[③]。这十二处居地可分为三个时期:一是商末周初,楚先公鬻熊、子丽季、孙酓狂以"京宗"为居地;二是西周时期,即"夷屯"、"发渐"、"旁屽"、"乔多",共四处;三是春秋早期,即"郜"(鄀郢),"焚","宵","免"(疆郢、福丘)、湫郢、樊郢、为郢等,共七处。

这十二处居地中,"发渐"、"旁屽"、"乔多"、"焚"在文献上没有可信的材料佐证,其他八处中,"京宗"(《山海经·中山经·中次八经》之荆山或荆山之首曰景山[④])、"郜"(《汉书·地理志》所云秦置之南郡若县[⑤])、"宵"(与秦汉简牍中的"销"县有关)、"湫郢"(前675年楚文王"伐黄"后所返回的"湫"地[⑥]);"氅(樊)郢"(湖北襄阳樊城[⑦])等五处已无疑问,其余三处(夷屯、疆郢、为郢)尚有讨论的余地。

(一)夷屯

"夷屯"为熊绎与屈紃卜居之地,地望在学术界分歧最大,主要是将"夷屯"与"丹阳"、"夷陵"、"夷陵县"混为一谈。一是《史记·

楚世家》所载熊绎"居丹阳"⑧的史料真实性是需要进一步考证的⑨。而秦汉"夷陵县"非郦道元所说的秦将白起所拔之楚"夷陵"⑩。"夷陵县"在今湖北省宜昌市区东南一带⑪，此处离楚国的政治中心太远，这一带也未发现规模较大的周代遗址和墓地，因此不可能是楚王"夷陵"所在。在西距湖北省宜昌市区东南约25千米的沮漳河下游有两处墓群，分别是湖北枝江市青山—问安墓群和当阳县赵家湖墓群，面积均达数十平方千米⑫，这两处墓群的东边是湖北荆州市川店墓群，其中有封土的大墓达20余处，有一些是王侯级别墓葬⑬，如2006~2007年发掘的荆州熊家冢墓地⑭，所陪葬的车马坑数量之多、规模之大，在全国东周墓葬中罕见，极可能是春秋晚期的楚昭王之墓⑮，秦将白起所烧楚先王墓"夷陵"可能就在沮漳河下游。

从"夷屯"的字形、声韵看，确实与楚先王陵墓"夷陵"有些联系。据《左传》昭公十二年记载，前530年，右尹子革答楚灵王语："昔我先王熊绎辟在荆山，筚路蓝缕以处草莽，跋涉山林以事天子，唯是桃弧、棘矢以共御王事。"⑯子革回忆熊绎的事迹，仍将之与"荆山"联系起来，这说明熊绎所徙居的"夷屯"仍在荆山的范围内，而此"荆山"可能是泛指。若从沮漳河流域考古发现情况看，中游的当阳县东南分布着大量的西周时期遗址，如朱家山遗址、仕家垄遗址、磨盘山遗址，面积都达10万平方米以上⑰，这一带正好在广义的荆山范围内，又能和下游的楚先王墓"夷陵"联系起来。

（二）疆郢（免）

"疆郢"是楚武王的居地，是在"免"基础上的扩充。"溃疆涅之陂"，即先放去"疆涅"之水，然后筑台，这种做法在现今的湖北江汉平原一带仍能见到。从居住环境而言，"免"的周围原有大面积的自然湖泊或者沼泽地。

《左传》庄公四年记载，前690年楚武王伐随后，"济汉而后发丧"⑱，可知楚武王的居地在汉水南岸。

《左传》桓公十三年记载楚伐罗之事,也有助于我们分析楚武王时期的居地。前699年,莫敖屈瑕伐罗,"及鄢,乱次以济。遂无次,且不设备。及罗,罗与卢戎两军之"[19]。此条史料提到的"鄢",杜注认为是"鄢水"[20]。北魏郦道元《水经注》一说是"鄢水",但又认为莫敖所济的是宜城县南三十里的"淇水",至于这样解释的缘由,郦在注中并没有交代,杨守敬认为"鄢为地名,其字从邑,则不得云别有鄢水"[21],此说甚是。莫敖先至鄢邑,而后渡"淇水",这样郦注中的矛盾就得到了解决。今南漳县清凉河与蛮河交汇处之南的胡营镇临沮岗村,有一处叫临沮城的遗址,面积达60万平方米,传为汉代县城[22],是否与此鄢邑有关呢?楚伐罗之役,楚师大败,"莫敖缢于荒谷,群帅囚于冶父以听刑"[23]。盛弘之《荆州记》曰:"长谷即《左传》之荒谷也。"《水经注·沔水中》曰:"夷水又东注于沔,昔白起攻楚,引西山长谷水,即是水也。"[24]因此,推测楚师是由东往西进发,先到达"鄢地",渡"淇水",然后到达罗国地界,兵败后,莫敖自缢于西山长谷。

楚武王在位期间,楚国与东面和西北面的国家都有过大规模的战争。前706年、前704年、前690年,楚国三次大规模伐随[25]。前703年,楚国与巴国联合伐邓[26]。前701年,楚国伐郧[27]。前700年,楚国伐绞[28]。前699年,楚国伐罗和卢戎[29]。以这些国家的地理位置而言,随国、邓国、郧国在汉东,绞国在彭水流域,罗和卢戎在蛮水上游[30],此皆位于汉水中游,这说明楚国的势力已经进入这里。

前文对楚伐罗之役的分析,可见楚国是在罗国的东边,而罗国在蛮水的上游,今蛮河中下游的宜城平原一带为楚武王所徙居之"疆郢"的可能性最大,这里地势开阔,河网密织,小型湖泊星罗棋布,故而"溃疆浧之陂"而为"疆郢"。

(三)为郢

"为郢"是楚文王晚年居地,也是最重要的楚王居所之一。《楚居》记载自文王开始,穆王、庄王、共王、康王、嗣子王郏敖、昭王、惠王先后居于此地[31]，粗略估计“为郢”作为楚王居地达 90 年之久，主要集中在春秋中期、春秋晚期晚段，因此作为都邑名，毫不夸张。下面略分析如下。

《楚居》记载，楚庄王先是从“同宫之北”徙居到“蒸之野”，再迁居至“为郢”的，在徙居“同宫之北”后，若敖氏发生了叛乱[32]。这次叛乱事件在《左传》宣公四年中记载得很详细：前 606 年，楚庄王侵郑，若敖氏乘机起兵叛乱，杀司马蔿贾而自立于“蒸野”，楚庄王以三子作为人质交换，若敖氏不纳。次年秋天，楚庄王大军与若敖氏战于“皋浒”，“遂灭若敖氏”[33]。此次战役发生在楚庄王侵郑途中，历经一年时间，因此，“同宫之北”应该是楚庄王伐郑的临时居所，可能就是《左传》庄公二十八年“郑人将奔桐丘”之“桐丘”，其位置在今河南扶沟县西部[34]。“蒸野”即“蒸之野”，沈钦韩注释云：“此即南阳府之新野县。”[35]谭其骧在《中国历史地图集》第一册(春秋)“楚吴越”疆域中，也将“蒸野”的地理位置标注在新野附近[36]。楚庄王第一次伐郑未遂，于是在居住“蒸野”期间，又第二次讨伐了郑国[37]，之后回到了“为郢”。因此，楚庄王是从河南新野返回楚国故地的，“为郢”距离楚庄王的第一个居地“樊郢”较近。

《左传》襄公二十九年记载，在郏敖居“为郢”的第一年中，即前 544 年，楚康王病故，“(鲁襄)公及陈侯、郑伯、许男送葬，至于西门之外。诸侯之大夫皆至于墓”[38]。这条文献简短交代了楚康王葬礼的整个过程。从各国封侯参加葬礼行走的路线看，“为郢”的西面可能有楚王陵墓。

楚昭王居“为郢”期间，“阖庐入郢”，即前 506 年吴师入郢之事。《左传》定公四年对此事记载得十分详细，其中楚昭王逃跑线路是“涉睢济江，入于云中”[39]。“睢”即古沮水，“江”是指长江，沮河东南流入长江，说明“为郢”是在沮水的东北。

前 479 年，在楚惠王居“为郢”期间，“白公起祸”。《左传》哀公十六年对此有详细记载，大致过程是白公挟持惠王于朝，叶公自

"蔡"入方城之内,先及"北门",而后进城,与国人共攻白公,"白公奔山而缢"[40]。从这次事件发生的地点看,肯定是在"为郢"城内,其中有两点很关键,一是"为郢"有北门,二是"为郢"附近有山。

综上所述,"为郢"周围的地理环境大致是紧邻"樊郢",有城门,附近有山,其西面可能有楚王陵墓,西南面有一条流入长江的沮水。今湖北宜城市郑集镇东100米处为楚皇城遗址,面积达2.2平方千米,有城墙和城门,北距樊城不远,其西面就是西山,附近朱市镇与南漳县武安镇之间是安乐堰东周高等级墓群,在山岗上分布着数百处封土堆,其西南是发源于荆山的沮、漳水,故而宜城楚皇城遗址即是"为郢"[41]。

二、楚国早期的中心区域变迁

一般认为,一处地名可能会因时代变迁、读音的讹化而发生改变,但即使地名变更了,其原地之处也一定会遗留下与之相关的信息。作为楚君居地的区域,其周围一定会存在大量的文化遗存,比如居住址、水井、墓葬、灰坑、作坊遗址等。若从聚落考古学的角度看,这些构成了一个比较完整的聚落单位,而从等级上而言,聚落与聚落之间会有规模大小的差别。它一般分为一般聚落、大型聚落、特大型聚落(城邑)。因此,如果将这样一个带有等级差别的聚落组合在一起的话,就构成了一个庞大的聚落群体,而规模最大的聚落(城邑),往往也就是该聚落群的政治文化中心。因此,只要地面上有遗迹,从聚落考古学角度可以大致确定一个族群文化的中心区域。

根据《中国文物地图册·湖北分册》[42],本文对湖北宜昌市、荆州市、荆门市和襄阳市的西周至春秋时期遗址、墓葬分别进行了统计。

其中西周时期文物点的统计情况是(表一):(1)宜昌市的10市县区当中,当阳、枝江和远安三市县的文物点占总数的54%,大型遗址和墓葬分布在枝江和当阳;(2)荆州市的8个市县区当中,荆州区、沙市区的文物点占总数的1/3多,大型遗址和墓葬分布在荆州区;(3)襄阳市的8市县区(枣阳除外)当中,宜城市、襄州区与市区的文物点最多,大型遗址分布在宜城市与南漳市;(4)荆门市的4个市县区当中,文物点最少,均分布在钟祥市的汉水两岸。

表一 湖北宜昌市、荆州市、荆门市和襄阳市西周文物点统计表

类型\文物点\地级市	一般遗址 (10平方米下)	大型遗址 (10平方米上)	一般墓葬 (10平方米下)	大型墓葬 (10平方米上)	总数
宜昌市	101	6	1	1	109
荆州市	30	1	1		32
襄阳市	13	3			16
荆门市	11	4			13

其中对春秋时期文物点的统计情况是(表二):(1)宜昌市仍以枝江和当阳二市县文物点最多,大型遗址和墓葬主要分布在枝江和当阳;(2)荆州市仍以荆州区和沙市区文物点最多,尤其是大型遗址和墓葬均分布在荆州区;(3)襄阳市仍以宜城、襄阳与市区的文物点最多,大型遗址和墓葬主要分布在宜城市和南漳县;(4)荆门市文物点以钟祥市和宝东区文物点最多,大型遗址和墓葬主要分布在钟祥市汉水西岸和宝东区。

表二 湖北宜昌市、荆州市、荆门市和襄阳市春秋文物点统计表

类型\文物点\地级市	一般遗址 (10平方米下)	大型遗址 (10平方米上)	一般墓葬 (10平方米下)	大型墓葬 (10平方米上)	总数
宜昌市	172	7	31	3	213
荆州市	177	10	228	5	420
襄阳市	67	22	7	6	102
荆门市	30	3	36	5	74

从四市西周文物点的分布情况看,遗址、墓葬集中在两个区域:第一个区域是漳、沮河中下游及其与长江的交汇口。这个区域的聚落分布特点是密集,呈块状分布,在河流所经过的开阔处构成了三处规模较大的聚落群,每个聚落群有2到3个规模超过10万平方米以上的大型聚落,以大型聚落为中心,四周分布着10至20处不等的一般性聚落,在聚落群周边一般都有墓葬分布[43]。第二个区域是汉水中游及其支流蛮河、丰乐河流域。相比第一个区域,此区域文物点数量较少,聚落群分布特点是沿河流两岸呈线状分布,大型聚落一般位于河流的交汇处[44]。因此,漳沮河流域聚落群不仅数量多、规模大,而且分布十分密集,等级也更明显,而汉水中游聚落则分布较为分散,中心聚落不明显,看不出等级差别。基于上述分析,西周时期漳沮河流域作为楚国的中心区域较为合适(图一)。

从以上四市春秋文物点分布情况看,其遗址、墓葬构成了3个呈块状分布的超级聚落群。第一个超级聚落群位于沮漳河流域,以当阳季家湖城址为中心,东部菱角湖周围密集分布30余处规模不等的遗址和一些有夯土台基的房址,北部为当阳赵家湖楚墓群,西部和南部为问安—青山墓群,这两处墓群的面积都达数平方千米。此外,在荆州区川店镇南北向分布20处有封土的大墓[45]。第二个超级聚落群位于江汉平原西部,以江陵纪南城遗址为中心,东部为雨台山墓群,北部为纪山墓群和十里墓群,西部为八岭山墓群,这三个墓群的面积在10千米左右,城址南部为遗址分布区[46]。第三个超级聚落群位于宜城平原及附近地区,以宜城楚皇城为中心,西部和南部分布30余处面积在1万至100万平方米之间的聚落,在最外围的西部和南部,是大型墓葬群,如安乐堰墓葬群、凤凰山墓葬群和罗山墓群[47]。

从时代上看,以纪南城为中心的超大型聚落群的时代最晚,其城垣是春秋晚期或战国早期形成的[48],周围墓群中墓葬最密集的

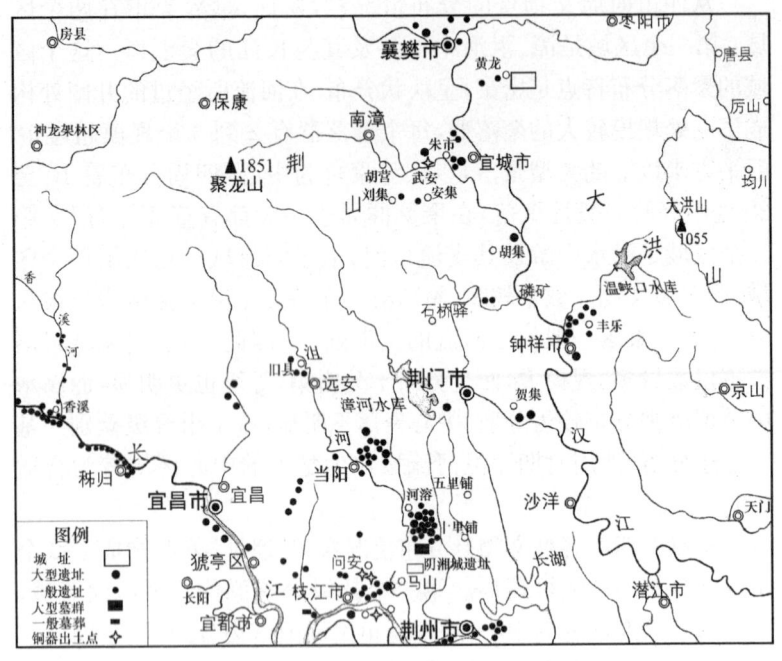

图一　湖北西部西周时期聚落分布示意图

时代是战国早中期，因此，一般认为纪南城址是战国时期的楚国都城[49]。以当阳赵家湖城址和宜城楚皇城为中心的超大型聚落群的使用年代都可早到春秋早期[50]，但从墓葬级别看，当阳赵家湖楚墓多为小型竖穴土坑墓，身份为士一级的甲类墓葬共17座，数量还不到墓葬总数的1/10，其中8座出土青铜礼器，而绝大多数出仿铜陶礼器[51]；而楚皇城以西的朱市镇与南漳县武安县一带的安乐堰墓群，为高级贵族墓葬，已经发现了"蔡侯朱之缶"、"蔡大膳夫鼎"等，都属于蔡国君王或贵族的青铜器[52]，在山岗上分布的数百处封土堆墓葬，也表明这处墓群的级别之高。同时，从文化中心区遗址规模上讲，当阳赵家湖城址周围聚落遗址面积较小，而宜城楚皇城周围聚落遗址面积有在100万平方米以上的。因此,以宜城楚皇城遗址为中心的大型聚落群是春秋时期楚国的中心区域。

因此,从聚落考古学角度看,楚国早期的中心区域是发生了变化的:西周时期,楚国中心区域在沮漳河流域,春秋时期楚国中心区在宜城平原及附近区域。而由《楚居》可知,楚国早期中心区域在不断变动当中,商末周初,在荆山附近;周成王至周平王东迁之前,在沮漳河流域;春秋早期,在汉江中游沿岸。

三、楚国早期中心区域变迁的原因

《楚居》记载熊绎使"郚人卜居",进而决定从荆山迁徙至沮漳河流域,这是一次以芈姓楚上层贵族为主的族群迁徙活动,而这次大规模的迁徙,正处于成康之世封建亲戚的时代,与周王朝对楚人的分封不无关系。

这次分封的情况,在《史记》中记载明确。《楚世家》云:"熊绎当周成王之时,举文、武勤劳之后嗣,而封熊绎于楚蛮,封以子男之田,姓芈氏,居丹阳。楚子熊绎与鲁公伯禽、卫康叔子牟、晋侯燮、齐太公子吕伋俱事成王。"㊳《孔子世家》楚令尹子西云:"且楚之祖封于周,号为子男五十里。"㊴《十二诸侯年表》云:"齐、晋、秦、楚,其在成周微甚,封或百里,或五十里。"㊵通过周天子的册封,熊绎有了自己的封地和姓氏。

西周分封的内容一般包括赐姓、胙土、命氏三个方面㊶。赐姓即赐与人民,胙土是分配所居之地,命氏则包括赐予国号、告诫的文辞及各种象征性服饰礼器,其中最关键的是赐姓。许倬云认为:"至少在周初,分封制度甫开始发展时,诸侯封建'封人'的性格强于'封土'的性格,诸侯的地着性还不强固。周初各国每多迁移,也正反映了分封性似不必地着某一地点,而是以人群为本体的性格。"㊷熊绎主动徙居到沮漳河流域,与"楚蛮"融合的过程,正是这种特点的写照。这种因受封而迁徙别处的情况,顾栋高《春秋大事表》就曾列举了19例,陈槃又对顾表中不云迁而实迁,且因分封而远徙他乡的国家进行了统计,共达71例[58]。

熊绎受封之后,周楚关系甚为密切。《左传》昭公十二年右尹子革答楚灵王语:"昔我先王熊绎辟在荆山,筚路蓝缕以处草莽,跋涉山林以事天子,唯是桃弧、棘矢以共御王事。"[59]《史记·鲁周公世家第三》:"及成王用事,人或谮周公,周公奔楚。"[60]楚人在周朝为官的事情,《国语·晋语八》也有记载:"昔成王盟诸侯于岐阳,楚为荆蛮,置茅蕝,设望表,与鲜牟守燎,故不与盟。"[61] 1977年陕西岐山凤雏村甲组宫殿基址一窖穴中出土的祭祀类甲骨文字也有类似记载,H11:4曰:"其微、楚乎燹,师氏受燹。"[62]"微"是参加武王伐纣国家之一,它和楚以守燎的身份参加周朝的燎祭之礼。此外,还有两片卜告类的甲骨,H11:14:"楚白(伯)乞今厥(秋)来从于王其则(侧)";H11:83:"……曰,今厥(秋)楚子来告父后哉。"[63]"楚伯"与"楚子"皆指熊绎[64]。熊绎来朝拜周天子,并请求册封其父熊狂之后嗣。

周朝将楚人分封到沮漳河流域,是为了南下经营江上的需要,以之作为前站。《左传》昭公九年王使詹桓伯辞于晋曰:"及武王克商……巴、濮、楚、邓吾南土也。"[65]尽管詹桓伯所说未必是当时周朝南方疆界所至[66],但也说明了西周初期楚国臣服于周朝的事实,楚人受封,当和汉阳诸姬一样,负有屏周的义务。《左传》昭公二十六年:"昔武王克殷,成王靖四方,康王息民,并建母弟,以蕃屏周。"[67]正是因为此,原位于江汉一带的殷商遗民以及某些土著势力纷纷南下,以逃离周王朝的讨伐。如位于湘河流域的炭里河西周城址和宁乡铜器群,向桃初认为均与商遗民南下有关[68]。

然而,周天子对楚国的分封并没有如周朝所愿,楚人反而很快与楚蛮融为一体。周夷王之时,熊渠自称"我蛮夷也,不与中国之号谥"[69];前706年,楚武王也自称"蛮夷",并说道:"成王举我先公,乃以子男田令居楚,蛮夷皆率服。"[70]楚国的尾大不掉,影响了周王朝对南土的控制,招致周昭王多次大规模征伐。此事见于《史记·周本纪第四》[71]、《左传》僖公四年[72],也屡见于周昭王时期的铜器铭刻中,如《作册夨令簋》[73]、《过伯簋》[74]、《鸿叔簋》[75]、《䚄簋》[76]《墙盘》[77]等,这里不作进一步探讨。周昭王南征,丧六师于江上,自己也殒命于江汉之间。此后,楚国的发展则一发不可收拾。

周穆王时期,周朝甚至借用楚国之兵才平定徐戎之乱。今本《竹书纪年》曰:"穆王十四年,王帅楚子伐徐戎,克之。"《后汉书·东夷列传》也记载了这次战争:"穆王后得骥騄之乘,乃使造父御以告楚,令伐徐,一日而至。于是楚文王大举兵而灭之。"[78]楚文王与周穆王是不同时期的人物,《后汉书·东夷列传》显然带有一定的神话传说性质,这里不去追究伐徐的楚王到底是谁了,但从楚助周朝伐徐之事来看,也可略知此时楚国势力已经很强大了。至周夷王之时,熊渠"甚得江汉间民和"[79],楚国开始一步步蚕食江汉间的各弱小国家和部族。因此,楚国自身实力的不断壮大,使得楚人有了进一步向汉水中游一带发展的野心。而此时的周朝因西北边患不断,正忙于应付北方的戎人和西方的狁狁部落的侵袭,本已无力再去经营南土了。周厉王时期,与周朝有联姻关系的鄂侯驭方反叛,周朝不惜动用了西六师、殷八师,这场大动乱进一步削减了周朝在南面的控制力[80]。平王东迁以后,周朝的实力进一步削弱,而各方诸侯纷纷崛起。因此,一方面楚国自身实力不断壮大;另一方面,周朝在汉水流域的控制能力减弱,这两点为春秋初年楚人迁徙汉水中游创造了有利形势。

此外,楚国政治中心的北移也与两周之际至春秋早期楚国的军事斗争直接相关。至少在两周之际,鄀国已被楚国消灭[81]。前文已经分析楚武王时期用兵对象主要是汉东的随、邓、鄢以及汉水中游西部的绞、罗、庐戎;楚文王时期,则进一步向北方发展,灭掉了汉北的邓国以及淮上息国,蔡哀侯也一度被俘虏到郢都为人质[82]。因此,为了方便军事斗争,北上争霸中原,从郢敖开始,楚国中心区域开始北移到汉水中游。

四、结语

本文结合考古发现,考辨了《楚居》记载的三处楚人先公先王居地情况,探讨了早期楚国中心区域的变迁,可以认为早期楚国中心区域曾有过两次大的变动:西周早期,从湖北荆山附近南移到漳、沮河流域;两周之际,又向东北移动到汉水中游。这种变化与早期楚人的迁徙流动是相关的,第一次变动与周天子的分封不无关系,第二次变动是在西周王朝的衰落和楚国自身实力的不断壮大背景下发生的,是为了方便楚国对汉水中游各国的用兵,以及北上争霸中原的需要。

注释:

① 关于早期楚国疆域研究,参见杨宽:《西周时期的楚国》,《江汉论坛》1981年第5期;段渝:《西周时期楚国疆域的几个问题》,《中国史研究》1997年第4期;王红星:《楚都探索的考古学观察》,《文物》2006年第8期。

② 关于"丹阳"地望的各种说法,参见刘彬徽:《试论楚都丹阳和郢都的地望与年代》,《江汉考古》1980年第1期;石泉、徐德宽:《楚都丹阳地望新探》,《江汉论坛》1982年第8期;宗德生:《楚熊绎所居丹阳应在枝江说》,《江汉考古》1980年第2期;徐少华:《楚丹阳地望及其考古学分析》,载《文物考古文集》,武汉大学出版社,1997年,第192~199页。

③ 清华大学出土文献研究与保护中心编、李学勤主编:《清华大学藏战国竹简(一)》,中西书局,2011年,第193页。

④ 清华大学出土文献研究与保护中心编、李学勤主编:《清华大学藏战国竹简(一)》,中本书局,2011年,第183页;宋华强:《清华简〈楚居〉1~2号释读》,武汉大学简帛研究中心网站,2011年1月15日。

⑤ 班固:《汉书·地理志》,中华书局,1962年,第1566页。

⑥ 杨伯峻著:《春秋左传注》,中华书局,1981年,第210页。本书以下引用较多,仅注书名和页码。

⑦ 清华大学出土文献研究与保护中心编、李学勤主编:《清华大学藏战国竹简(一)》,中西书局,2011年,第188页。

⑧ 司马迁:《史记·楚世家》,中华书局,1959年,第1692页。

⑨ [日]藤田胜久著,曹峰、[日]广濑薰雄译:《对〈史记·楚世家〉的史料考察》,载《〈史记〉战国史料研究》,上海古籍出版社,2008年,第375页。
⑩ 杨守敬、熊会贞:《水经注疏·江水二》,江苏古籍出版社,1989年,第2847页。
⑪ 谭其骧主编:《中国历史地图集》第2册,中国地图出版社,1982年,第22~23页。
⑫ 国家文物局主编:《中国文物地图集·湖北分册》下册,西安地图出版社,2002年,第140~160页。
⑬ 国家文物局主编:《中国文物地图集·湖北分册》下册,西安地图出版社,2002年,第240~260页。
⑭ 荆州博物馆:《湖北荆州熊家冢墓地2006~2007年发掘简报》,《文物》2009年第4期。
⑮ 徐文武:《熊家冢楚墓墓主身份蠡测》,《江汉论坛》,2010年第3期。
⑯㊿《春秋左传注》,第1339页。
⑰ 国家文物局主编:《中国文物地图集·湖北分册》下册,西安地图出版社,2002年,第150~151页。
⑱《春秋左传注》,第163~165页。
⑲《春秋左传注》,第136~138页。
⑳ 杜预注:《春秋左传集解》,上海人民出版社,1977年,第113页。
㉑ 杨守敬、熊会贞:《水经注疏·江水一》,江苏古籍出版社,1989年,第2394~2395页。
㉒ 国家文物局主编:《中国文物地图集·湖北分册》下册,西安地图出版社,2002年,第81页。
㉓《春秋左传注》,第138页。
㉔ 杨守敬、熊会贞:《水经注疏·沔水中》,江苏古籍出版社,1989年,第2395页。
㉕《春秋左传注》,第109~112页;第121~122页;第163~165页。
㉖《春秋左传注》,第124~126页。
㉗《春秋左传注》,第130~131页。
㉘《春秋左传注》,第134~135页。
㉙《春秋左传注》,第136~138页。

㉚ 谭其骧主编：《中国历史地图集》第1册，中国地图出版社，1982年，第29～30页。
㉛ 清华大学出土文献研究与保护中心编、李学勤主编：《清华大学藏战国竹简（一）》，中西书局，2011年，第117～124（图版）、181～192页（释文及注释）。
㉜ 清华大学出土文献研究与保护中心编、李学勤主编：《清华大学藏战国竹简（一）》，中西书局，2011年，第117～124（图版）、181～182页（释文）。
㉝《春秋左传注》，第679～682页。
㉞《春秋左传注》，第242页。
㉟ 沈钦韩：《春秋左氏传地名补注》，《丛书集成（初编）》第3048册，商务印书馆，1936年，第60页。
㊱ 谭其骧主编：《中国历史地图集》第1册，中国地图出版社，1982年，第29～30页。
㊲《春秋左传注》，第677页。
㊳《春秋左传注》，第1155页。
㊴《春秋左传注》，第1534～1548页。
㊵《春秋左传注》，第1700～1706页。
㊶ 关于楚皇城遗址与郢都的关系，参见石泉：《从春秋吴师入郢之役看古代荆楚地理》，载《古代荆楚地理新探》，武汉大学出版社，1988年，第355～416页；徐少华：《从南漳宜城出土的几批蔡器谈春秋楚郢都地望》，载《楚文化研究论集（第六集）》，湖北教育出版社，2005年，第157～167页。
㊷ 国家文物局主编：《中国文物地图集·湖北分册》（上下册），西安地图出版社，2002年。
㊸ 国家文物局主编：《中国文物地图集·湖北分册》（上册），西安地图出版社，2002年，第173～174页；第174～175页。
㊹ 国家文物局主编：《中国文物地图集·湖北分册》（上册），西安地图出版社，2002年，第140～141页；第146～147页；第206～207页。
㊺ 国家文物局主编：《中国文物地图集·湖北分册》（上册），西安地图出版社，2002年，第173～174页；第174～175页；第148～149页。
㊻ 国家文物局主编：《中国文物地图集·湖北分册》（上册），西安地图出版社，2002年，第148～151页。

㊼ 国家文物局主编：《中国文物地图集·湖北分册》（上册），西安地图出版社，2002 年，第 140～141 页；第 146～147 页；第 206～207 页。

㊽ 湖北省博物馆：《楚都纪南城的勘查与发掘》（上、下），《考古学报》1982 年第 3、4 期。

㊾ 郭维德：《楚郢都辨疑》，《江汉考古》1997 年第 4 期；尹弘兵：《纪南城与楚郢都》，《考古》2010 年第 9 期。

㊿ 湖北省博物馆：《当阳季家湖楚城址》，《文物》1980 年第 10 期；楚皇城考古发掘队：《湖北宜城楚皇城勘察简报》，《考古》1980 年第 2 期。

(51) 湖北省宜城地区博物馆、北京大学考古系：《当阳赵家湖楚墓》，文物出版社，1992 年，第 216～221 页。

(52) 襄樊市博物馆：《湖北宜昌出土蔡国青铜器》，《考古》1989 年第 11 期。

(53) 司马迁：《史记·楚世家》，中华书局，1959 年，第 1691～1692 页。

(54) 司马迁：《史记·孔子世家》，中华书局，1959 年，第 1932 页。

(55) 司马迁：《史记·十二诸侯年表》，中华书局，第 509 页

(56) 杨希枚：《先秦赐姓制度理论的商榷》，载《"中研院史语所"集刊》第二十六本，1955 年，第 189～226 页。

(57) 许倬云著：《西周史》，生活·读书·新知三联书店，1994 年，第 150 页。

(58) 陈槃：《春秋大事表列国爵姓及存灭表撰异》，上海古籍出版社，2009 年，第 31～33 页。

(60) 司马迁：《史记·鲁周公世家》，中华书局，1959 年，第 1520 页。

(61) 徐元诰撰，王树民、沈长云点校：《国语集解》，中华书局，2002 年，第 430 页。

(62) 周原考古队：《陕西岐山凤雏村发现周初甲骨文》，《文物》1979 年第 10 期。

(63) 陕西周原考古队：《岐山凤雏村两次发现周初甲骨文》，《考古与文物》1982 年第 3 期。

(64) "楚伯"、"楚子"的身份，有"鬻熊说"和"熊绎说"，这里赞同"熊绎说"，参见李学勤、王宇信：《周原卜辞选释》，载《古文字研究（第四辑）》，1980 年，第 254～255 页；陈全方等：《西周甲文注》，学林出版社，2003 年，第 60～61 页。

(65)《春秋左传注》，第 1308 页。

㊅ 胡渭著,邹逸麟整理:《禹贡锥指》,上海古籍出版社,第 696 页。
㊆ 《春秋左传注》,第 1475 页。
㊇ 向桃初:《炭河里城址的发现与宁乡铜器群再研究》,《文物》2006 年第 8 期。
㊈ 司马迁:《史记·楚世家》,中华书局,1959 年,第 1692 页。
㊉ 司马迁:《史记·楚世家》,中华书局,1959 年,第 1695 页。
㉛ 司马迁:《史记·周本纪》,中华书局,1959 年,第 134 页。
㉜ 《春秋左传注》,第 1475 页。
㉝ 中国社会科学院考古研究所编:《殷周金文集成释文》,香港中文大学出版社,第 426~427 页。
㉞ 中国社会科学院考古研究所编:《殷周金文集成释文》,香港中文大学出版社,第 196 页。
㉟ 中国社会科学院考古研究所编:《殷周金文集成释文》,香港中文大学出版社,第 208 页。
㊱ 中国社会科学院考古研究所编:《殷周金文集成释文》,香港中文大学出版社,第 145 页。
㊲ 中国社会科学院考古研究所编:《殷周金文集成释文》,香港中文大学出版社,第 132~133 页。
㊳ 班固:《后汉书·东夷列传》,中华书局,1965 年,第 2808 页。
㊴ 司马迁:《史记·楚世家》,中华书局,1959 年,第 1692 页。
㊵ 中国社会科学院考古研究所编:《殷周金文集成释文》,香港中文大学出版社,第 403~405 页。
㊶ 清华大学出土文献研究与保护中心编、李学勤主编:《清华大学藏战国竹简(一)》,中西书局,2011 年,第 181 页(释文)。
㊷ 《春秋左传注》,第 184 页;第 198~199 页。

河南楚长城再探

衡云花

(河南省文物考古研究院)

楚长城在河南境内的线路已经调查清楚：分为西线、北线、东线三部分。河南楚长城的西线，在调查了大量的山寨，以及多个城址、烽燧后，长城墙体分布线路还需进一步的调查和考古发掘资料的补充和核实。河南楚长城的北线、东线两条分布线路比较清晰。北、东两条线路总长300余千米。河南楚长城北线和东线的建筑特点：楚长城的人工建筑墙体是因地制宜，就地取材，有土用土，无土用石。河南楚长城的北线、东线的建筑结构特点：在不同海拔高度、不同地势的地段各有不同。河南楚长城的防御体系：以人工修筑的墙体连以山险、关堡为主体工程，加以附属建筑烽燧、城址、兵营、古道路、古河流等组成一个庞大的战略性军事防御体系。河南楚长城的建置年代：考古发掘的实物资料证明河南楚长城的建置年代不晚于战国时期。

自"楚长城"在学界被提出和发现以来，对楚长城的分布、走向、建置时代、建筑方式、建筑意义等认识多有纷争。为全面弄清河南楚长城资源现状，根据国家文物局的部署，于2008年10月～2010年12月，河南省文物考古研究院组成两个调查队，对豫西南地区的楚长城进行了科学、翔实、全面的资源调查工作，并对相关地点进行了发掘。本人全程参与楚长城北线和东线的调查与局部发掘工作。拙作《河南楚长城初探》(《楚文化研究论集(第八集)》，大象出版社，2009年)对楚长城分布概况、主要遗存、建筑特点等提出了一些肤浅的认识。根据实地调查和科学发掘资料有必要对河南楚长城原有认识进行补充和完善。

一、河南长城资源调查概况及楚长城资源调查成果

河南省长城资源调查以河南省文物考古研究院和河南古代建筑保护研究所为主体调查单位，以县为单元，调有长城经过的各市县文化文物部门中有一定文物基础的人员参与长城调查工作，采用培训、试点、后分组进行的方式徒步考察、测量。2008年8月26日~9月3日，由河南省文物局组织对来自河南省文物考古研究院、河南省古代建筑保护研究所及全省长城沿线各市县的长城资源调查人员共40余人在南召县进行了长城资源调查工作培训。2008年10月，由河南省文物考古研究院、河南古代建筑保护研究所、南阳市文物局、方城县文物队的相关调查人员共同组成河南长城资源调查队，在南阳市方城县对方城县境内大关口遗存进行试点调查。之后，河南省文物考古研究院、河南古代建筑保护研究所分别成立豫西南"楚长城资源调查队"和豫北"赵长城资源调查队"，分别组队开展调查工作。2009年3月，河南省文物考古研究院"楚长城资源调查队"又分成一、二两队分别与相关市县有关人员组队分段开始正式调查工作。一队由楚长城资源调查领队杨树刚带队负责南阳和信阳地区的楚长城资源调查，二队由李一丕带队负责调查平顶山和驻马店地区的楚长城资源，笔者为二队队员。

楚长城资源调查队经过近两年的调查工作，徒步行走854千米，调查残存长城墙体30.51千米，被历代破坏而消失或掩埋于地下的墙体约25.37千米，山险200多千米，关堡6个、寨堡105个、调查确认的烽燧37个、古代道路8条，长城沿线及附近的冶铁遗址7个、城址18座、兵营1处；采用仪器测量与人工测绘相结合，野外调查与室内作业相结合。运用GPS定点、全站仪定位等科学手段，获取了较为准确、翔实的科学资料。摸清了长城主体及相关遗迹分布、规模、实际尺寸、结构、材质、保存现状、环境状况、建置

时代等信息；建立了长城资源数据库。此次调查是历年最全面的一次由文物部门对河南楚长城资源的调查，为长城保护总体规划和保护维修方案的编制提供了可靠的依据。调查中还在楚长城沿线墙体上利用墙体自然断面做了10个剖面，了解了不同材质、不同地段、不同方位楚长城的建筑结构及特点。同时，经国家文物局批准，在平顶山舞钢市平岭长城段、驻马店泌阳县象河关、南阳方城县焦庄烽火台进行了局部的考古发掘工作，发掘出土了较为珍贵的实物资料，断定了楚长城主墙体以及关堡、烽燧的年代，摸清了楚长城的修造方法及建筑程序、结构、特点等，弥补了调查中缺乏科学证据的不足。此外，对楚长城敌台、兵营遗址、烽燧等附属建筑和相关遗存的调查、确认和研究，尤其对楚长城烽燧的进一步研究，对确定楚长城的防御体系和防御框架具有十分重要的作用。

二、河南楚长城分布线路及保存现状

河南楚长城在各个地区的名称不同，大致有长城、土龙、石筋、地气等几个相似的称谓。其大致位置也有据可考。《水经注·汝水》记载："春秋昭公十五年，许迁于叶者也，楚盛周衰，控霸南土，欲争强中国，多筑列城于北方，以逼华夏，故号此城为万城，或作方字。"南召县乔端镇野牛岭上，曾有"楚界"碑一通（《南召县志》有记载），说明楚国的最北边界在南召县。唐李泰的《括地志》载："故长城在邓州内乡县东七十五里，南入穰县（今邓州市），北连翼望山，无土之处，累石以固。"根据文献记载，河南楚长城的西头从今天湖北的竹山县，跨汉水辗转至河南南阳市的邓县、内乡县、南召县，再向东北经平顶山市的鲁山县、叶县，往南经舞钢市跨过沙河直达驻马店市泌阳县。目前调查的楚长城在河南境内的线路分为西线、北线、东线三部分。

调查队在河南楚长城的西线调查了大量的山寨，以及西峡县县城东北的白羽城、丁河乡邵地都国故城、二郎坪乡汉王城等城址；还对南阳邓州市城郊的望花楼、内乡县望火楼寨的望火楼、镇平县高丘镇唐沟村九组望火楼自然村的望火楼、南召县崔庄乡塔寺村龙凤山望火楼、南召县乔瑞镇小干沟西北望花楼等进行了调查。但长城墙体分布线路还需进一步的调查和考古发掘资料的补充和核实①。

河南楚长城的北线、东线两条分布线路比较清晰。北、东两条线路总长 300 余千米②。

河南楚长城的北线：自伏牛山主峰尧山循南阳盆地北沿的伏牛山支脉向东，大体沿今天的平顶山市鲁山县、叶县与南阳市南召县、方城县四县交界处，经平顶山市叶县夏李乡椅子圈村高楼山，叶县保安镇五里坡、花山头、茅茅山等，再向东过甘江河（瀙水），经叶县辛店乡七棵树村土龙岗、龙头山、鹨山，延伸至叶县辛店乡刘文祥村小梁沟一带，穿过南阳市方城县杨楼乡，经擦擦石山、关坡一带进入平顶山舞钢市境内，蜿蜒盘踞在舞钢市牛头山、平岭村北的西山、银凤山、阳坡、荞麦山、转山、磨石山南坡至马鞍山垭口一线，再向东南经东、西火山、苏山至舞钢市石漫滩水库东端大坝处。

河南楚长城的东线：由平顶山舞钢市石漫滩水库东端大坝处折转向南，分布于驻马店市泌阳县东部的五峰山、塔山、白云山、铜山一线。

由于历史悠久，久经风雨侵蚀，加上历史上曾发生的战争，不仅使该地人口反复迁徙，环境有了改变，而且致使原来适宜繁衍生存的各种动物也逐渐灭绝或迁徙。尤其是最近几十年，企业的异军突起，使楚长城遗存周围的大气和地下水污染非常严重，大大影响了楚长城附近的环境风貌。建桥修路、开垦农田、植树造林、不合理利用等，都使楚长城遭到重创。

保存现状：不同地段自然或人为的破坏程度不同，楚长城墙体保存情况也有不同，现存高矮、宽窄不一。经过调查，北线、东线楚长城石墙总体地面以上残存上宽约 0.2～7 米，下宽约 0.2～17 米，高约 0.1～2 米。高山陡崖、树木茂盛、人迹罕至的地方楚长城墙体保存相对较好,其原始的面貌清晰可见。土石混筑的部分地段墙体或长期经雨水冲刷造成中部冲沟,或人为踩踏顶部凹陷成路,或上部墙体被推平,仅留微高出地面的墙脊,有些墙体几乎无存或消失殆尽。纯土堆筑的或被人为推土破坏,或被雨水冲刷成沟、坑。石砌墙体,久经侵蚀,人畜踩踏,或坍塌,或粉碎缺失。

三、河南楚长城北线、东线建筑特点及建筑结构

河南楚长城依据地形修筑,呈带状密集型分布。

(一)北线、东线楚长城建筑特点

1. 因地制宜,就地取材

楚长城的人工建筑墙体因地制宜,就地取材,有土用土,无土用石。多为土石混筑,也有纯土筑的,个别地段见有石块砌筑墙体。这些人工墙体大多紧贴山体或山间垭口北侧的崖边修建。建筑比较原始、单调、粗糙、古朴。

土石混筑墙体:现存墙体横截面为梯形,上窄下宽,土石混杂堆筑而成,利用自然山体为基础依山坡修建,因长期人畜踩踏、风雨侵蚀,或表层石块散乱裸露成一条微微凸起的岭脊,或凹陷为一条小路,地平面以上残存高约0.1～2米。人工墙体多有基槽,填土夯筑,混杂碎石,内外修有护坡。修筑比较规范、规整。以舞钢市杨楼乡五座窑行政村平岭自然村村北垭口处西段楚长城墙体为例:平岭自然村村北垭口处西段楚长城墙体位于舞钢市西北,杨庄乡五座窑行政村平岭自然村村北,杨庄乡和庙街乡分界处。遗址地表为一条土石结合的东西向土垄,当地老百姓俗称为"土龙"。西端起自平岭西山东坡,东至马头崖山西北坡,中部被杨八公路(舞钢市杨庄乡至八台镇)南北穿过。

经国家文物局批准,2009年6～9月,河南省文物考古研究院对舞钢市杨楼乡五座窑行政村平岭自然村村北垭口处西段楚长城墙体进行了发掘[③]。此次发掘区位于平岭西山东坡和杨八公路之间,发掘揭露面积1 500平方米。该段长城墙体系夯筑而成,夯层

厚约3～7厘米。从夯窝推测，似为大块石头平夯。夯筑的石头为不带棱角的圆形石头，底部稍圜，直径约23厘米。其顶部暴露于地表之上，而墙体南侧见有地层叠压。叠压长城墙体南侧的地层可分两层，并出有少量陶片：①层深灰色，厚约5～20厘米，所出陶片时代皆为宋元以后；②层浅灰色，厚约10～55厘米，既出有饰布纹的汉代瓦片，又出有饰细绳纹的东周时期陶片。长城墙体之下不见叠压有早期遗迹。发掘的大部分陶片出自长城墙体内。墙体内所出陶片大部分饰有细绳纹，个别绳纹稍粗，少量素面，可辨器形有鬲、盆、盂、杯、壶、豆、筒瓦等。此外，墙体内还出三棱状铜镞1枚，墙体上层出有铁镂铧3件。墙体内所出遗物大部分为春秋时期，少量为战国早期，未见晚于战国时期的遗物。因此，此次发掘的平岭长城年代下限不晚于战国时期。

该段墙体底基残宽10～16.1米，残高1.56米。部分地段见有墙体向北倒塌的现象。以TG6西壁为例，长城墙体可分6层：C①层深黄色，厚约14～20厘米；C②层黄色，厚约15～56厘米；C③浅黄色，厚约10～93厘米；C④层深红色，厚约16～88厘米；C⑤鲜红色，厚约26～74厘米；C⑥层为炭化的木棍层，厚约5～28厘米。C①-C③层土壤黏性较大，多呈块状。这三层堆积层皆呈北高南低的倾斜状。C④-C⑤层采用当地的原生红土夯筑而成。

不同地段的长城墙体底基的处理是不一样的。发掘区西部地势较高处，则是将自然山体稍加平整后，直接在平整的地面上向南北两侧各修建一条东西向的石砌墙体，形成基槽。北侧石砌墙体上下都比较规整，宽约2.25～2.35米，残高约1.15米。南侧石砌墙体下部比较规整，上部的石头已凌乱，但这些凌乱的石头存在的高度皆不超过C②层。南侧石砌墙体下部宽约1.85米，残高约74厘米。南北两道石砌墙体形成的基槽宽约4.9米。基槽内，底部见铺垫有炭化的粗细不同的木棍。炭化木棍的摆放痕迹清晰可见，南北向放置。炭化的木棍上被红色土层叠压。红色土层可分两层。下层红土多成团状,较硬,颜色较鲜亮;上层红土则黏性大,颜色较深,软硬均匀。两层红土皆在基槽内的北侧铺垫较厚,南侧较薄。南、北石砌墙体的外侧采用夯筑的黄土作为南、北护坡。北侧护坡稍陡,南侧护坡稍缓。这种护坡较小,修建在墙基的根部,起加固石砌墙体底基的作用。

发掘区中部偏西部位的长城墙体底基则是在自然山体(即生土)上,直接挖建基槽,形成生土基槽。基槽挖建成后,再在基槽内南、北两侧,贴基槽壁修建两道石砌墙体。石砌墙体修成后,在北侧石砌墙体的外侧(即北侧)根部,夯筑黄土修建了小型护坡。南侧石砌墙体的石头已凌乱,且城墙上层亦直接倾斜到基槽内南边缘与当时地面相接,其南侧不见像北侧石砌墙体外侧的小型护坡。南侧石砌墙体凌乱的石头存在高度亦不超过C②层。发掘区中部偏西部位挖建的基槽,北侧深约50厘米,南侧深约25厘米,宽约8.1米。北侧石砌墙体宽度及残存的高度与发掘区西部相同。

发掘区中部的长城墙体底基是将自然山体稍加平整后,在地表上,先夯筑一层黄土。黄土层残留的厚度约16~48厘米。再将该黄土层偏南侧的部分挖去,留下北侧夯筑的黄土作为活土基槽。向下挖的时候,除挖去事先夯筑的黄土外,还将夯筑黄土之下的自然山体(即生土)挖去了一定深度,形成生土基槽。然后再在基槽内,贴基槽壁修建石砌墙体。北侧石砌墙体与北侧基槽壁之间则见另外的填土,并进行夯筑。南侧部分地方见有南侧石砌墙体与南侧基槽壁之间亦填土,但夯筑与否,情况不明。在城墙南侧,城墙上层直接倾斜到基槽内南边缘与当时地面相接。城墙南侧不见护坡现象。南、北石砌墙体之间,最底层亦见红土层和炭化的木棍层。部分地方发现炭化木棍下的石头有被烧烤的痕迹。

发掘区东部长城墙体底基与西部稍有不同。发掘区东部的底基也有南、北两道东西向的石砌墙体。北侧石砌墙体比较明显,宽约2米,残高约85厘米。南侧亦是在长城墙体内,靠南边缘的地带自上至下多凌乱的石头。这些石头存在高度亦不超过C②层。可能是南侧石砌墙体倒塌所致。发掘区东部由于地势较低,南、北两道石砌墙体形成的基槽内,则是先铺垫厚约40～85厘米的石头层,然后再在石头层上铺垫红土。石头层自上至下都掺有粗细、长短不同的炭化木棍。石砌墙体北侧根部的小型护坡比较明显,而南侧部分地段存在同样的护坡,部分地段则未发现护坡。

从整个发掘区看,底基修成以后,再在红土之上夯筑数层颜色深浅不同的黄土层。红土之上夯筑的数层黄土紧贴北侧石砌墙体的南壁,向南呈倾斜状堆积。北侧石砌墙体贴在黄土堆积层的北侧(即外侧),随着墙体加高而加高,起加固和防御作用。南侧石砌墙体不超过各探沟的C②层。部分地段,在南侧石砌墙体的南侧,即护坡处,见有用碎石摆砌成的,北高南低的长条形附属建筑。

纯土修筑的:在地势平坦的地段,现存墙体横截面为梯形,上窄下宽,红黄色纯土层层堆筑而成,土层较密较硬。因没有解剖发掘,尚不知是否经过夯筑。

砌筑石墙:在楚长城北段、东段的调查中,砌筑石墙的墙体很少,仅在五峰山东南坡发现一段,墙体以大石块砌筑,中间填以小块石头。石块都经过人工整边,或者原始边比较平直,层层垒砌,虽然久经风化,但墙体保存还比较规整,墙体截面为长方形,残存墙体宽约0.6米,高约0.5～1.0米。

2. 利用自然障碍

利用山河之险,在高山险阻和江河为堑难以通行的地段,利用峭壁悬崖,深谷大堑等自然障碍,构筑防线。或稍加人工修理,或不再修筑长城设施,省了许多工料,以能够达到防御目的为度,充分体现了"用险制塞"的原则。所以楚长城是因山为壁,临水为堑,连山相接。

(二)北线、东线的建筑结构

楚长城的建筑结构在不同海拔高度、不同地势的地段各有不同[④]。

1. *海拔330米以下的区域*

地势海拔多在330米以下的区域加强了人工设施的修筑,修筑绵延几十千米的人工墙体。平顶山市鲁山县、叶县与南阳市南召县、方城县交界处,经叶县夏李乡椅子圈村高楼山,保安镇五里坡、花山头、茅茅山;平顶山舞钢市境内,经舞钢市平岭村、凤凰山,至舞钢市垭口一线。这两处楚长城墙体都是人工修筑的土石结合的长城墙体。

2. *海拔330~400米的区域*

地势海拔多在330米~400米的区域则是山险和人工墙体相结合,仅在遇到山间垭口、古道、要冲处,沿两侧山势而下,修筑一段人工墙体扼守。叶县辛店乡七棵树村土龙岗、龙头山、鹞山,延伸至叶县辛店乡刘文祥村小梁沟一带,穿南阳市方城县杨楼乡而过,至摞摞石山、关坡一带进入平顶山舞钢市境内。这一带长城结构为人工土石墙体和山险共同组成,体现了依山而筑、用险制塞的建筑结构。

3. *海拔400米以上的区域*

地势海拔多在400米以上的区域以山险为主,连以关堡、城址扼守古道、要冲。在叶县辛店乡的龙头山、鹞山,舞钢市的五峰山等处主要以山险为主。这几处山势高耸,陡壁峭立,无需筑墙,也能达到无墙而御的效果。

四、河南楚长城的防御体系

通过调查,河南楚长城以人工修筑的墙体连以山险、关堡为主体工程,加以附属建筑烽燧、城址、兵营、古道路、古河流等组成一个庞大的战略性军事防御体系。

经国家文物局批准,对河南楚长城沿线的关堡、烽燧、兵营、古城遗存进行了调查、解剖、发掘。下面简介一下各类遗存的情况。

(一) 关堡

调查的关堡有6个,关堡的关墙有纯石砌的,亦有纯土质或土石混筑的。其中南阳市方城县独树镇大关口、驻马店市泌阳县象河乡象河关最有代表性。经国家文物局批准,对驻马店市泌阳县象河乡象河关遗址、南阳市方城县独树镇大关口遗址进行了发掘。以驻马店泌阳县象河关为例说明关堡的情况⑤。

据明、清《泌阳县志》记载,象河城垣遗址南北约4 500米,东西约3 000米。城垣东为桐柏山脉的五峰山,西为伏牛山脉的关山,现在尚能看到断续的土陵一直伸展到五峰山和关山的山巅。土陵的基座宽约12米,残垣高1～3米,附近另有若干烽燧遗存。

象河关遗址位于驻马店市泌阳县象河乡乡政府所在地及其以北的地区,北有界牌河,南有溵水河,东、西分别有五峰山、关山等山。由关墙和壕沟组成的防御设施略呈向北敞口的弧形,东西横亘于关山和五峰山之间,省道S234从中部南北穿越。S234在此间和一条古道重合。其中S234以东有人工修筑的关墙,长约1.1千米。经过解剖,象河关关墙底基残宽32.5米,残高约2米。关墙分内、外护坡和主墙体三部分。其中内护坡即南侧护坡可分两期,两期基础部分为夯筑,上部为堆筑。主墙体为夯筑。外侧护坡为堆筑。紧贴关墙北侧有壕沟。经过钻探,壕沟宽约23米。S234以西仅有壕沟,未发现关墙痕迹。S234以西的壕沟宽约15～20米,深约1.5～2米,长约1.9千米。古道和关墙交汇处今名五里堡。五里堡原有土台一座,今已被毁。五里堡向南5里左右,即今象河乡乡政府一带,溵水河北岸为大型东周时期遗址。该遗址面积约182万平方米。遗址中心区和边缘区地表均可见到东周时期的绳纹陶罐、陶豆、陶盆、板瓦、筒瓦等遗物。此外,象河关关墙和壕沟的北侧,有两个烽燧东西对称分布于两端的山脚下。北侧有烽燧对称分布,南侧有大型的东周遗址,守南攻北的特征明显。

叠压象河关关墙的淤土层内出土的遗物全部为东周时期；关墙之下叠压着龙山时代的文化层和遗迹。关墙之内出土的遗物时代不晚于战国中期。

《吕氏春秋·下贤》记载：魏文侯"南胜荆于连堤，东胜齐于长城"。杨宽《战国史》中认为楚方城"利用山脉高地连接溴水和沘水的堤防筑成，所以方城也称连堤"⑥。据考证，溴水，亦称沙河、南汝河，源于泌阳县境黄山口、象河关交界之韭菜皮诸山，为汝河干流。沘水既今泌阳河，沘水源出河南泌阳县东白云山，西南流经泌阳县南，又西南流经沘源县（即今唐河县）北，与北来之赵河相会，后称唐河。如果楚长城东段的连堤之说成立，那么泌阳象河关正是连堤之处。从发掘解剖的情况看，象河关关墙底部确有绵延向西的白膏泥样的河底淤泥存在，具体情况还有待于考古发掘资料的支持。

（二）烽燧

楚长城沿线及内外皆有烽燧分布，调查确认的烽燧有37个。楚长城烽燧当地俗称望火楼、望花楼、万花楼、看花楼、看河楼、玩火炉、王和楼等等，亦有名叫烽火台、狼烟洞。烽燧分布位置的海拔高度因地形、地势而不同，有的烽燧海拔高度仅157米，但多在250~300米，亦有达400米以上者。烽燧与烽燧的距离亦根据需要而不同。如泌阳县境内的烽燧与烽燧的距离可达4千米，当接近关、城的时候烽燧与烽燧之间的距离缩小至2.5千米以下。方城县四里店乡的烽燧，相邻两者间的距离为2~2.5千米。烽燧往往分布在关口的左右两侧，遥相呼应。此外，烽燧也往往用来联结关与关或关与城。

这些烽燧大多仅残留有土台一座。土台外表近似圆形覆锅状，少数则呈上小底大的圆形覆斗状。多数土台中间堆积大量红烧土。红烧土里边多钻探出木炭。从断面上可以看出，部分土台为堆筑，部分土台则为夯筑。个别土台地表发现有较多的筒瓦、板瓦。

以南阳方城县四里店乡米家河村南望火楼为例[7]：

经国家文物局批准,2011年3月～6月,河南省文物考古研究院对南阳方城县四里店乡米家河村南望火楼进行了发掘。通过发掘,该望火楼土台呈方形,夯筑而成。土台顶部挖建一个圆角近方形的半地穴式房子。该房子东西长约4.1米,南北宽约3.85米,深0.57～1.1米。门道位于东南角,凸出于房子之外。以门道为准,房子方向为187°。地穴壁上涂抹一层厚约0.5～0.8厘米的草拌泥,并经过烘烤。紧贴地穴的东壁中部偏北处,有南北三个灶并列分布。其中南侧的Z1、Z2烟囱外围被一块完整的板瓦包裹。在Z1的灶内,发现陶鬲残片一块。房子周围有柱洞20个。柱洞直径粗者约40厘米,细者约10厘米。

该半地穴式房子开口于表土层下。房子所在的人工土台未解剖,但房内填土出有陶鬲、高领罐、盆、甑、铁铤铜镞及较多的筒瓦和板瓦等。房内出土的典型器物的时代皆不晚于战国中期。这表明至少在战国中期时,该房子仍然在使用。其年代下限与楚长城的时代下限一致。

该房子内发掘出土的建筑材料有筒瓦、板瓦、土坯等。此外,房子内还发掘出土有草拌泥。部分草拌泥上有木棍等建筑材料的印痕,部分草拌泥上则有竹片或木条的印痕。房内填土里还见有少量木炭。

（三）兵营

2010年10月,调查队在平顶山叶县保安镇花山头、马头山山顶上,楚长城墙体附近发现兵营遗址1处[8]。兵营遗址的灰土堆积面积近30万平方米。在村民挖山采石的石头坑上,随处可捡到东周的绳纹陶片。调查队对该遗址进行了解剖清理。通过解剖发现,灰土堆积共分3层,厚40余厘米。此次清理,所出遗物有铁甀、铜镞、铜樽柄部的青铜构件、陶豆及一些绳纹陶片。这些遗物的时代皆不晚于战国中期。

（四）城址⑨

此次还对南阳盆地北沿、东沿楚长城沿线及其内外两侧，尤其是长城沿线及外侧附近的18座城址进行了调查。此次调查的楚长城沿线城址有平顶山市叶县保安镇的前古城、驻马店市泌阳县的付庄古城、沙河店古城、牛蹄古城等。从此次重点调查和解剖的情况看，付庄古城和沙河店古城皆为东周时期的城址。

楚长城外围近处，围绕南阳盆地盆沿自西向东，再向南，依次调查了绕角城、犨城、叶邑故城、柏国故城、吴房故城、道国故城及信阳市境内的东周城址等。除此之外，既往的考古调查和发掘表明，楚长城外围更远处还有大量作为屏障的城址。南阳盆地北、东北、东、东南，有多重城址环绕在楚长城外围，起拱卫和屏障作用。

五、河南楚长城建置时代

《史记·秦本纪》中提到楚怀王三十年（前299年）"齐使章子、魏使公孙喜、韩使暴鸢共攻楚方城"。"方城"无疑是楚国的军事防御工程。楚国有"方城"的记载，最早见于《左传》，书中讲楚成王十六年（前656年）齐桓公率诸侯伐楚，楚国派使者屈完劝齐桓公退兵说："君若以德绥诸侯，谁敢不服。君若以力，楚国方城以为城，汉水以为池，虽众无所用之。"而北魏郦道元著的《水经注》注释道："楚盛周衰，控霸南土，欲争强中国，多筑列城于北方，以逼华夏，故号此城为万城，或作方字"；又说"盛宏之云：叶东界有故城……南北数百里，号为方城。一谓之长城"。《汉书·地理志》也记载："叶，楚叶公邑。有长城，号曰方城。"这样就把楚长城的始筑年推到了前656年前。与《管子》中所记的齐长城的始筑年代不相伯仲。因此有人认定最早的长城出现在春秋时期。

经过2008～2010年近两年的考古工作，以科学发掘的手段解析了楚长城的建筑方法、建筑结构、建造程序等，并依据出土层位的实物资料,首次断定了楚长城的建置时代。

2009年6~9月,对舞钢市杨楼乡五座窑行政村平岭自然村村北垭口处西段楚长城墙体进行了发掘。墙体内所出陶片大部分饰有细绳纹,个别绳纹稍粗,少量素面,可辨器形有鬲、盆、盂、杯、壶、豆、筒瓦等。此外,墙体内还出三棱状铜镞1枚、墙体上层出有铁镂铧3件。墙体内所出遗物大部分为春秋时期,少量为战国早期,这次发掘出土的遗物皆为战国中期以前。

2010年3~5月对象河关关墙进行了解剖,叠压象河关关墙的淤土层内出土遗物的时代全部为东周时期;关墙之下叠压着龙山时代的文化层和遗迹。关墙之内出土遗物的时代不晚于战国中期。

2010年10月,调查队解剖平顶山叶县保安镇花山头、马头山山顶上,楚长城墙体附近的兵营遗址1处。兵营遗址的灰土堆积面积近30万平方米。共分3层,厚40余厘米。清理所出遗物有铁甾、铜镞、铜樽柄部的青铜构件、陶豆及一些绳纹陶片。这些遗物的时代皆不晚于战国中期。

通过调查和发掘,河南楚长城遗址范围内未见晚于战国时期的遗物。考古发掘的实物资料证明了河南楚长城的建置时代不晚于战国时期。

附记:此文拙成,感谢河南省文物局、河南省文物考古研究院的领导及参加河南省楚长城资源调查辛苦工作的河南省、市、县的40多位队员!在此致以诚挚的谢意!

注释:
①②④⑨ 李一丕、杨树刚、衡云花、郭亮:《豫西南地区楚长城资源调查、发掘与研究》,载《楚文化论文集(第十集)》,湖北美术出版社,2011年。
③ 李一丕、杨树刚、孙清远、李洪涛:《豫西南地区楚长城资源调查与试掘》,

《中国文物报》2010年5月21日第4版。
⑤⑦⑧ 李一丕、杨树刚、衡云花、陈峰、谢辰、孙清远、花原:《豫西南地区楚长城资源调查与发掘取得突破》,《中国文物报》2011年9月30日第5版。
⑥ 杨宽:《战国史》,上海人民出版社,1998年,第320页。

河南楚长城研究中存在的一些问题探讨

马 骥 王玉林 马澍寰

(河南省南阳市文物考古研究所)

2008年以来,国家文物局委托河南省相关文物部门进行楚长城资源调查。2011年,河南省楚长城资源调查成果通过国家文物局验收。2012年,国家文物局对河南楚长城调查成果进行了认定并进行了批复——《关于河南省长城认定的批复》(文物保函[2012]945号)。此次调查是史上第一次系统地大规模地进行楚长城考古调查,采用考古依据和文献依据相结合,尤其注重考古依据的二重证据法原则,以强有力的证据初步回答了学界所关心的文献记载的楚方城即楚长城是否真的存在及其分布位置、建筑结构、建造方法、修筑时代等问题,取得了一系列阶段性成果。正如已故我国长城界的泰斗,著名古建专家罗哲文先生所说:"学界对楚长城是否存在一直颇有争议。……2008年(以来),国家文物局委托河南文物考古研究所调查楚长城并进行考古发掘,大量的文物资料重见天日。这也为楚长城的存在提供了足够的证据,让很多人疑虑顿消。"[①]

但毋庸讳言,此次调查成果仅为楚长城研究中的阶段性成果。楚长城研究还有许多问题需要我们持续关注和研究。此外,目前河南楚长城研究中尚有某些问题需要澄清。本人在此抛砖引玉,请方家关注和探讨,以利于推动今后楚长城持续、深入的研究。

一、关于河南南阳盆地西部及信阳地区的楚长城问题

依据国家文物局《关于河南省长城认定的批复》材料及河南省楚长城资源调查成果的研究文章看,目前南阳盆地北沿、东沿楚长城的分布线路比较清晰。自伏牛山主峰尧山循南阳盆地北沿的伏牛山支脉向东,大体沿今天的平顶山市鲁山县、叶县与南阳市南召县、方城县交界处,经叶县夏李乡椅子圈村高楼山,保安镇五里坡、花山头、茅茅山等,再向东过甘江河(滍水),经叶县辛店乡七棵树村土龙岗、龙头山、鹞山,延伸至叶县辛店乡刘文祥村小梁沟一带,穿南阳市方城县杨楼乡而过,至擦擦石山、关坡一带进入平顶山舞钢市境内,经舞钢市平岭村、舞钢市垭口,再向东经东、西火山、苏山至舞钢市石漫滩水库东端大坝处,折转向南,沿驻马店市泌阳县东部的五峰山、塔山、白云山、铜山一线绵延,直达桐柏山主峰太白顶。整个线路绵延300余千米。

通过上述文献可知,目前河南省长城资源调查并经国家文物局认定的仅仅是南阳盆地北沿和东沿的楚长城。南阳盆地西部及信阳地区的楚长城分布情况尚不甚清楚。

据文献记载,南阳盆地西部是有楚长城分布的。《水经注》卷三一"滍水"条下引盛弘之的话:"云郦县有故城一面,未详里数,号为长城,即此城之西隅。"据清康熙《内乡县志》记载,郦县故城在今南阳市内乡县西北二十里(一说十二里)郦城堡。《史记·正义》引《括地志》云:"故长城在内乡县东七十五里,南入穰县,北连翼望山。"有研究者认为翼望山是南阳市内乡县西北,西峡县东部的纱帽岭,亦有研究者认为翼望山应是南阳市内乡县七里坪与南召县板山坪交界处的翼夹湖和望山的综合称谓。穰县县治在今南阳邓州市县城一带。据文献记载,沿翼望山至今邓州市一线有"故城一面",为楚长城的西线。谭其骧先生在《中国历史地图集》中亦明确标注沿湍河东岸直达邓州穰县分布着楚长城的西线。

河南省楚长城资源调查队在南阳西部的调查中发现了一些重

要线索。据有关材料显示，河南省楚长城资源调查中，除了调查大量山寨外，还对西峡县县城东北的白羽城、丁河乡邪地都国故城、二郎坪乡汉王城等城址进行了调查。尤其是对汉王城的调查表明该城可能始建于东周，汉代被重新利用。该城位于一南北向的峡谷中间，扼守南北通道。此外，还对南阳邓州市城郊的望花楼、内乡县望火楼寨的望火楼、镇平县高丘镇唐沟村九组望火楼自然村的望火楼、南召县崔庄乡塔寺村龙凤山望火楼、南召县乔瑞镇小干沟西北望花楼等进行了调查。调查队也认为南阳盆地西部更大范围的城址和望火楼烽燧等的调查、发掘和确认对寻找楚长城的西线具有重要的意义[②]。

亦有文献记载，河南信阳地区也是有楚长城分布的。清代姚鼐《左传补注》："楚所指方城，居地甚远，居淮之南，江、汉之北，西踰桐柏，东越光黄，止是一山。其间通南北道之大者，唯有义阳三关，故定四年《传》之城口。《淮南子》：棉之以方城。凡申、息、陈、蔡、东及城父，皆为方城之外，然则方城连岭可达七八百里矣。"杨伯峻先生的《春秋左传注》对上述姚说进行了评价："说方城者甚多，唯姚说最为有据。"

综上所述，除了由河南省楚长城资源调查队调查，经国家文物局认定的南阳盆地北沿和南沿的楚长城外，南阳盆地西部以及信阳地区也是有楚长城分布的。楚长城的整体分布线路应呈"几"字形。今后在楚长城研究上应多关注南阳盆地西部及信阳地区的楚长城，以使楚长城的分布线路勾画得更加完整。

二、关于山寨与楚长城的关系问题

"山寨为楚长城"的学说诞生于20世纪90年代末至本世纪初，对楚长城研究的影响较大。乃至今天河南南阳市、信阳市、驻马店市、平顶山市的许多县区以及洛阳市的嵩县、汝阳，三门峡市的卢氏等地依然在不同程度、不同方式地宣传山寨就是楚长城。

该说自诞生开始，重感性认识，而不重实物证据，有失学术研究的严谨性,误导楚长城研究的正确方向、方法,对楚长城研究干扰较大。因此,该说自诞生之初,就遭到了专家们不同程度的批判。已故我国长城界的泰斗、著名古建专家罗哲文先生在考察了南召周家寨后发表了看法:"我对楚长城虽然梦绕情牵五十年,但未曾做过深入的考察和研究,更不能做出论断。我的三首诗,虽然表达了我对南召以及楚长城极盼的心情,但绝没有认定所见就是楚长城的意思,这从诗文表达中可以看出。"还说:"达山顶之后,见城塞建筑甚新,建筑方式与凿做工艺恐非 2600 多年的遗存,也没有发现早期遗物,因此不敢肯定为楚长城。"③

河南省楚长城调查队的李一丕先生在谈及山寨问题时,表达得更加客观、透彻:"河南境内,这种山上的古山寨北到许昌禹州,南到大别山均有较多山寨分布。在湖北省境内也有大量的山寨分布。省楚长城调查队在地方文物部门配合下,共计考察过 100 多座这种古山寨,均未找到与楚长城同一时代的遗物。其中,还对几座山寨进行了发掘,出土遗物均较晚。湖北省同样在山寨这种古遗址上,也没有找到早期遗物。虽然不排除东周楚国在构筑楚长城的时候,存在围山筑寨的可能性,但均没找到早期遗物,或者说找到的遗物等依据均较晚的情况下,是无法认定为楚长城的。再者,从理论上讲,河南在黄河以南地区,如此多的山寨不可能都是东周的,不可能都与楚长城有关吧。大部分应该还是晚期的。"④

国家文物局在长城认定中对山寨问题也持谨慎态度。河南及湖北两省在楚长城资源调查中所调查的山寨因为缺乏确切依据而均未得到国家文物局的认定。需要强调的是国家文物局《关于河南省南阳市南召县长城认定的批复》(文物保函〔2015〕88 号)所批复的内容也仅仅是将南阳南召县与平顶山鲁山县交界处的山险认定为南召县和鲁山县共有,而非认定的是南召县境域内的山寨。

李一丕先生还为楚长城遗迹的判定指出了正确的方法和方向。李先生说:"楚长城遗迹的判定是一种学术研究。学术研究是一种科学行为。它有自身的原则和规则。文物遗迹的判定的方法原则就是二重证据法的原则,即考古依据和文献依据相结合。考古依据是第一位的,至关重要的;文献依据居于次要的,辅助地位的。两者发生矛盾,应以考古依据为主。这种方法最早萌芽于宋代,明清时期得到发展,1925年由大师王国维先生总结提出,被学术界公认的行之有效的学术研究的方法。目前河南境内的古山寨没有一处能找到考古依据的。"⑤

这种客观事实求是的态度为我们指明了楚长城研究的正确方法、方向,即二重证据法的标准。一些地方把名人、专家的题字,甚至是领导的拍板等主观的表态作为楚长城遗迹判定的标准显然是错误的。也有一些地方在没有客观依据的情况下,反复在报纸、电台、网络上宣传某山寨是楚长城。这只能叫文化宣传,而非科学的学术研究,在没有客观依据的情况下,宣传得再多,也不能得到学界的承认。

需要强调的是,这里没有否定山寨就一定不是楚长城,诚如李一丕先生所说"不排除东周楚国在构筑楚长城的时候,存在围山筑寨的可能性",但关键是采用科学的学术研究的方法,找到实实在在的客观依据。各地不能一窝蜂地只重感性认识,不重实据、不加甄别地把所有山寨就人为地"认定"、宣传为楚长城。

三、其他问题

(一)方城塞的问题

众所周知,文献记载中的楚长城名"方城"。方城塞是楚方城上最重要、最核心的关塞,号称天下九塞之一。《吕氏春秋·有始》:"何谓九塞?大汾、冥厄、荆阮、方城、崤、井、令疵、句注、居庸。"

关于方城小城及方城塞的位置,《水经注》卷三一"潕水"条下有明确记载:"潕水又东北,澧水注之。水出雉衡山,东南迳建城东,建,当为卷,字读误耳。《郡国志》云:叶县有卷城。其水又东流入于滍。滍水东北迳于东山西,西流入滍。滍水之左即黄城山也。有溪水出黄城山,东北迳方城。"从此段文献"滍水又东北"的记载可知,滍水在此间的流向大体为西南—东北向。"滍水东北迳于东山西",即滍水向东北流经于东山的西边,于东山位于滍水的东岸。"滍水之左即黄城山也",滍水由西南向东北流,滍水之左,当为滍水之西,即黄城山位于滍水西岸。滍水流经黄城山东,于东山西,两山之间,呈西南—东北流向。依据"水出雉衡山,东南迳建城东,建,当为卷,字读误耳。……其水又东流入于滍"可知,卷城当位于滍水西岸;"有溪水出黄城山,东北迳方城",黄城山在滍水之西,方城(方城小城)亦当位于滍水之西。基于上述文献中"滍水又东北……建城(卷城)……滍水东北……"的基本地理逻辑,并结合滍水大体呈西南—东北的流向等因素判断。卷城和方城小城不但皆位于滍水西岸,而且卷城和方城小城一个在西南,一个在东北,大体呈西南—东北向分布。综合上述文献记载,相关的地理相对位置、环境分布等情况是清楚的,明了的。

《水经注》卷三一"滍水"条下引郭仲产语:"苦菜、于东之间有小城,名方城,东临溪水。寻此城致号之由,当因山以表名也。苦菜即黄城也,及于东,通为方城矣。世谓之方城山水,东流注滍水。"此段文献说明方城小城位于苦菜山即黄城山与于东山之间的山间通道上。"苦菜即黄城也,及于东,通为方城矣",其中的"通"表明了距离和范围。即黄城山与于东山之间的整个山间通道,内涵上不但包含黄城山、于东山及两山之间的方城小城,当然也应包含将方城小城和黄城山、于东山东西两座山联结起来的防御设施了。因此,"苦菜即黄城也,及于东,通为方城矣"显然说的就是方城塞的意思了。

此外,《水经注》卷三一"滍水"条下还引用了一系列的文献做参照,以证方城小城、方城塞的地理位置。如引《圣贤冢墓记》曰:"南阳叶邑方城西,有黄城山,是长沮、桀溺耦耕之所,有东流水,则子路问津处。"《尸子》曰:"楚狂接舆耕于方城,盖于此也。"《郡国志》曰:"叶县有长山曰方城,指此城也。"此外,还引盛弘之的话云:"叶东界有故城,始犨县东,至濊水,达比阳界,南北联联数百里,号为方城,一谓之长城,云郦县有故城一面,未详里数,号为长城,即此城之西隅,其间相去六百里,北面虽无基筑,皆连山相接,而汉水流其南,故屈完答齐桓公云:楚国,方城以为城,汉水以为池。"应引起学界注意的是盛弘之的这段话在提到叶东界的"故城"的时候,强调"号为方城",在提到郦县的"故城"的时候,强调"号为长城"。耐人寻味的是同一个人,在上下相连的一段话中,却说叶东界这段长城"号为方城",郦县这一段长城"号为长城"。这充分说明方城小城及方城塞应在叶东界的这段长城上。

2007年,河南省文物考古研究院等单位曾在甘江河(濊水)的东岸,叶县保安镇前古城村发现一座东周时代的古城。发掘者认为这座古城即为东周时代楚国的"卷城"。近些年来,河南省楚长城资源调查队又在前古城所在的"方城凹口"一带,发现自凹口中部向两侧山体延伸有两道墙体。在山体上,两道墙体之间,还分布有兵营遗址。这都为学界寻找方城塞,甚至是方城小城的位置提供了重要线索。

然后遗憾的是时至今日,方城小城的确切位置及方城塞的完整体系还不能给学界一个满意的答复。这不能不说是楚方城即楚长城研究上的一件令人无法回避的憾事。

(二)文献记载的楚长城东线、北线位置问题

文献记载楚长城分为东线、西线和北线。对于前文所引盛弘之的话,学术界一般认为,"犨县"县城即今平顶山市鲁山县东南四十里张官营镇前城村;"濊水"即纵贯南阳市方城县东部、平顶山市叶县东部的甘江河;"瀙水"即发源于今天驻马店市泌阳县象河乡的瀙水河;"比阳"即今驻马店市泌阳。由此可知,始自平顶山市鲁山县东部、东南部,途经叶县旧县乡(古叶邑)东部、东南部,跨甘江

河（氵匡水），直达驻马店市泌阳县溱水河沿岸的长城为楚长城的东线。前文提到了楚长城的西线，西线和东线之间的区域，大体为平顶山市鲁山县与南阳市南召县交界处为楚长城的北线⑥。

依据上述分析可知，文献记载的楚长城东线始自平顶山市鲁山县东部、东南部，途经叶县旧县乡（古叶邑）东部、东南部，跨甘江河（氵匡水），直达驻马店市泌阳县溱水河沿岸。从地理位置看，楚长城的东线分布在南阳盆地的北沿东段及东沿上；文献记载的楚长城北线大体分布在平顶山市鲁山县与南阳市南召县交界处。从地理位置看，楚长城的北线分布在南阳盆地的北沿西段。目前，河南省楚长城资源调查队所调查并经国家文物局认定的楚长城分布线路主要位于南阳盆地的北沿和东沿上，但文献记载的楚长城北线和东线的分布位置不能和地理上的南阳盆地北沿和东沿简单地直接对应。

一些研究者没有很好地对相关文献记载及有关研究文章进行科学地解读，而人为地认为楚长城北线自伏牛山主峰尧山沿着南阳盆地北部伏牛山余脉向东延伸，大致沿今天平顶山市鲁山县、叶县与南阳市南召县、方城县交界处，经叶县夏李乡、保安镇等地，向东越甘江河（氵匡水），经叶县辛店乡七棵树村、刘文祥村一带，入南阳市方城县，经杨楼乡，至擦擦石山、关坡一带复入平顶山舞钢市，经舞钢市平岭村、垭口一带，再向东经东、西火山、苏山至舞钢市石漫滩水库东端龙头处。东线自舞钢市石漫滩水库东端龙头，向南延伸，大体沿驻马店市泌阳县东部的五峰山、塔山、白云山、铜山一线分布⑦。从地图上不难看，该观点所认为的楚长城北线的分布位置即自伏牛山主峰尧山沿着南阳盆地北部伏牛山余脉向东延伸，直至舞钢市石漫滩水库东端，相当于地理上的南阳盆地北沿；该观点所认为的楚长城东线的分布位置即自舞钢市石漫滩水库东端向南大体分布于五峰山、塔山、白云山、铜山一线，相当于地理上的南阳盆地东沿。这种认识观点显然是主观地将地理上南阳盆地的北沿与文献记载的楚长城北线的位置对应,将地理上南阳盆地的东沿与文献记载的楚长城东线的位置对应。

注释:
① 唐红丽:《楚长城:开启人类长城工程的先河——访中国文物学会名誉会长、中国长城学会名誉会长罗哲文》,《中国社会科学报》2012年2月20日。
② 李一丕、杨树刚、衡云花、陈峰、谢辰、孙清远、花原:《豫西南地区楚长城资源调查与发掘取得突破》,《中国文物报》2011年9月30日第5版。
③ 罗哲文:《访南召楚长城三首(并序)》,《中国文物报》2002年8月30日。
④⑤ 李一丕:《从〈存世古迹尴尬落寞最是楚长城〉谈起》,《中国长城博物馆》2016年第1期。
⑥ 李一丕:《河南楚长城分布及防御体系研究》,《中原文物》2014年第5期。
⑦ 张超华:《楚长城研究综述》,《荆楚学刊》2016年第2期。

二十年来南阳地区楚文化的考古发现与研究

燕 睿

1992年,李陈广先生曾对南阳地区楚文化的发现和研究做了全面的总结、归纳[①]。近二十多年来,南阳地区楚文化考古有了不少新的发现与收获。下面对这些新的发现与收获进行整理,以期能使各位专家学者对南阳地区楚文化有更加全面、深入的了解。

一、墓葬

(一)南阳市商业公司楚墓和商贸中心楚墓(属于同一墓地)

1988年,在南阳市商业公司工地发掘了3座春秋楚墓和3座车马坑。该地旧称"五顷四"(一块五百四十亩地的台地),是古代墓葬埋葬较多的区域。3座墓大致呈南北平行排列,均为长方形竖穴土坑墓,方向朝东。墓内填土均经夯实。墓底都有一椭圆形腰坑,腰坑内未发现随葬器物。墓内都有熟土二层台。椁外有一层青膏泥。葬具均为一棺一椁,但皆腐朽无存,仅有棺灰和朱红漆皮痕迹。椁室均由棺室、头箱、边箱三部分组成。棺、椁上下均有朱砂。一号墓长390、宽250、深300厘米。3座墓内随葬铜器较丰富,玉、石器次之,陶器甚少。陶器火候低,可辨认出为壶、罐两类。陶器与铜器组成了鼎、簠、壶或鼎、罐、壶组合。一号墓出土铜鼎1、铜簠2、铜提梁盉1、铜盘1、铜戈1、铜马衔镳3套、铜车害辖2套、铜銮铃2、环2、管形玉玦2、石珠1、陶壶1。M22出土铜鼎1、铜簠2、铜戈1、铜镞3、铜车害辖1套、铜马衔镳2套、玉璜1。M40出土铜鼎1、铜簠2、铜镢1、铜锸1、铜车害辖1套、铜矛1、铜戈1、铜镞16、铜环首刀1、铜环2、铜饰件2、铜马衔镳4套、铜合页3、铜泡1、玉璜1、虎形玉佩1、玉饰2、陶壶1、陶罐1。

3座车马坑在三座墓西侧8～11米的距离内,也是南北排列,和三座墓相对应。一号车马坑较完整,近方形,东西长325、南北宽260～323厘米,深190厘米。内埋一车二马,马头向西。22号墓属春秋中期偏晚,1号墓和40号墓为春秋晚期。墓主人可能为士或下大夫一级。从地理位置及墓葬形制、随葬品特征等方面看,这三座墓可能是楚灭申后所置申县的贵族墓。三墓出土的器物既有楚文化特征,又呈现出一些中原文化特征,为研究楚文化与中原文化的关系提供了新资料[②]。

2008年以来,在彭氏家族墓地东南不足100米处的南阳市金汉丰公司(楚屈喜墓)、南阳市九中、南阳市梅溪大修厂、南阳市商贸中心等发掘了一批春秋墓。共发现春秋时期贵族墓30余座,车马坑10余座。墓主人头向全部朝东。墓葬保存完好,大多数为中小型贵族墓,墓主人身份相对较低,大多数为一鼎墓,少数为三鼎墓。随葬器物组合清晰,主要铜器组合为鼎、簋或鼎、敦以及浴缶、盘、匜。这些墓葬自西向东一字排列,大部分墓葬西侧陪葬有车马坑。车马坑也呈竖长方形,车竖列放置,马或马头分置于车辕两侧。车马上的金属构件多置于墓葬之中。这种车马坑的埋葬方式与彭氏家族墓比较相似,但与淅川下寺楚墓、和尚岭楚墓车马坑的埋葬方式不同。这批墓葬的时代从春秋中期到春秋晚期偏晚。随葬遗物以铜器为主,有少量陶器。随葬有青铜器的墓葬中,大都有剑、戈、矛、镞等兵器,玉器较少。通过初步鉴定,墓主人均为男性。其中,在"楚屈喜"墓的陪葬马车上还发现一件铜钺。综合以上情况,推断这些车为小型战车。这批墓葬出有大量的兵器剑、戈和镞等,有些兵器为战争缴获的兵器。如其中一座墓葬(战国早期)中出土一件错金的"蔡侯班"戈,这不但印证了《史记·管蔡世家》所载"(蔡灵侯)十二年,楚灵王以灵侯弑其父,诱蔡灵侯于申,伏甲饮之,醉而杀之"这一历史事件,而且也从另一方面反映出这批墓葬墓主人特殊的身份——申县的阵亡将士。这种现象与淅川县丹江口水库东岸的吉冈楚国墓地有相似之处,根据推断那里是一处秦楚丹阳大战时楚国阵亡军士的公共墓地。因此,推测这个墓地也应为一处春秋中晚期的楚申县阵亡将士的墓地。

春秋时代,楚国的三军,中军是王族,左军是县师,右军是附庸。论战斗力,中军最强,左军次强,右军较弱。左军的师徒多数取自申县,少数取自息县。申、息之师是楚在申县、息县的地方军队,在楚军中起重要作用,是楚王对付北方各国的主要力量。因此,楚申县阵亡将士的墓地就是"申之师"的将士们的墓地。③

(二)南阳彭营砖瓦厂楚墓

1988年,南阳市卧龙乡彭营砖瓦厂在推土中发现古墓一座。此墓为长方形竖穴土坑木椁墓,墓口南北长5.5米,宽5.1米,残深1.6米。方向76°。椁盖板上及椁的四周有一层5～10厘米的青膏泥。墓底南、北、西三面皆有生土台,大部分陶器均放置台上。一椁一棺。共出土器物50余件,有陶器、铜器、玉器、铁器、漆器。陶器有鼎9、小口鼎1、敦2、壶4、壶形器4、盉1、罍1、豆1、盘2、匜2;铜器有鼎4、壶2、熏杯1、铜盖1、盘2、匜2、铲3、圆筒形器4、镜1、车軎辖2套、铺首衔环2、鎏金带钩1、环4、弧形铜饰2;玉器有玉璧2、双龙玉璧1、玉鱼2;铁器有带钩1。漆器残损严重,但从痕迹观察,有奁、盘、耳杯等。

从墓葬形制和出土器物看,这座墓与湖北江陵等地楚墓相似,因此这是一座战国中期或偏晚阶段的楚墓④。

(三)淅川和尚岭与徐家岭墓地

1990～1991年,对淅川丹江口水库库区的和尚岭及徐家岭楚墓进行了发掘。和尚岭与徐家岭楚墓是继下寺楚墓之后在河南发现的最大一批春秋战国时期楚国贵族墓群,墓内出土了大批精美的青铜器,其中许多都铸有铭文。

和尚岭北距下寺岭仅 400 米,发掘楚墓 2 座。

M1 方向 68°,其上未见封土。墓室平面近正方形,墓口大于墓底,四壁向下内收,呈斗状。墓长 6.8、宽 6.44、深 3.78 米,一椁一棺。椁室底部近南北两端有两条东西向垫木槽。出土随葬品有克黄升鼎 2、曾太师奠鼎 1、卷云纹填漆鼎 2、蟠螭纹鼎 1、铺首衔环 2、簠片、虎形饰 1、铜花饰 1、车軎 4、合页 4、钮器 3、马衔 3、环 6、马络饰 42、戈 2、矛 2、殳 1、玛瑙环 1、玉条形饰 1、玉棒 1、石编磬 9、海贝 160。

M2 方向 70°,其上未见封土。墓室平面近正方形,墓口大于墓底,四壁向下内收,呈斗状。墓口长 7.48、宽 7.36、深 4.3 米。一椁重棺。椁室底部近南北两端有两条东西向垫木槽。出土随葬品有䣄尹朕鼎 1、鸟嘴兽纹鼎 2、蟠虺纹鼎 1、蝉纹鼎 2、蟠螭纹鼎 1、簠 2、仲姬敦 1、画像壶 2、浴缶 1、盘 1、匜 1、斗 1、勺 1、伽(薳)子受钮钟 9、伽(薳)子受镈钟 8、车軎 6、钮器 8、马衔 6、曾仲伽(薳)㤕䚟镇墓兽座 1、棺钉 7、玉环 2、玛瑙环 3、玉珩 1、玉觿 2、玉牌 6、玉条形饰 1、石圭 1、石编磬 12、石贝 310、海贝 15、蚌贝 25 和铅器等。

M1、M2 是夫妇异穴合葬墓,M1 的墓主是春秋中晚期楚国的大夫级贵族克黄,M2 是克黄夫人仲姬的墓。

M1 出土的克黄升鼎、曾太师奠鼎、卷云纹填漆鼎,M2 出土的鸟嘴兽纹鼎、画像铜壶、仲姬敦、镇墓兽座等都属于文物精品。尤其是克黄升鼎,造型古朴,是目前发现最早的楚式升鼎,可作为春秋中期楚式升鼎的标形器。和尚岭 M2 出土的钮钟和镈钟上有纪年铭文。

M1 出土有铭铜器 3 件。

克黄升鼎,2 件,铭文:克黄之盥。

曾太师奠鼎,1 件,铭文:曾太师奠之胆(厨)鼎。

M2 出土有铭铜器 20 件。

䣄尹朕鼎,1 件,铭文:䣄尹朕之䐑鼎。

仲姬敦,1件,铭文:中(仲)姬□之盏。

曾仲伽(薳)巠膣镇墓兽座,1件,铭文:曾中(仲)伽(薳)巠膣之且(诅)觐。

伽(薳)子受钮钟,9件,钲部均有铭文,左鼓、右鼓大部分有铭文。铭文由两钟、三钟或四钟组成一篇,每篇28字,共3篇。铭文:隹(惟)十丑(又)四年,参(三)月。(月,月)隹(惟)戊申,亡攸(作)昧昹(爽),伽(薳)子受乍(作)鼉鑠(彝)訶(歌)锺,其永配芈(厥)休。

伽(薳)子受镈钟,8件。钲部及左、右鼓部有铭文。铭文由一钟或两钟组成一篇,每篇28字,共6篇。每篇阴文铭文行款、内容、字数相同,且与伽(薳)子受钮钟同。

和尚岭北3千米是徐家岭,发掘楚墓10座。M1、M10为"甲"字形墓,其余均为长方形竖穴土坑木椁墓。墓向均向东,方向在78°～105°。其中M7被盗一空。

M9是墓地的主墓,方向90°,未见封土。墓口长14.10、宽12、墓深12米,一椁三棺。其西北部有一座大型车马坑,被破坏严重,仍可以看出有5辆车,18匹马。车舆在东,马头朝西。其中有二马一车者3乘,四马一车者1乘,六马一车者1乘。

M10保存较好,出土随葬器物丰富,铜礼器组合为鼎、鬲、簠、簋、敦、豆、壶、浴缶、尊缶、鉴、盘、匜,还有铜钮钟、铜镈钟、石编磬、铜车马器、兵器和玉器。

徐家岭楚墓中有殉人现象。从殉人的有棺、无棺可以推断出殉人存在身份、等级差别。这一现象不仅反映了春秋战国时期楚国还存在殉人的习俗,也说明有殉人或殉人多的墓葬的墓主身份较高。在这批墓葬中出土有铜兵器的,兵器往往被有意折断,说明还存在折兵葬俗。这批墓葬的时代在春秋晚期到战国中期,墓主人身份为大夫级和士级不等。

在徐家岭楚墓众多的遗物中,以青铜鼓架——神兽、画像敦和许多带铭文的青铜器最为重要。

M1出土有铭铜器1件。

伽(蓮)子孟青嫺簠,1件,铭文:伽(蓮)子孟青嫺之飤匡。

M3出土有铭铜器4件。

伽(蓮)子孟升嫺鼎,1件,铭文:伽(蓮)子孟升嫺之飤鼎。

伽(蓮)子受戟,2件,铭文:伽(蓮)子受之用戓(戟)。

伽(蓮)子辛戈,1件,铭文:[伽(蓮)]子辛睪(擇)氒(厥)吉金專(鏞)皇,自作用戈。

M9出土有铭铜器5件。

伽(蓮)子受升鼎,2件,铭文:伽(蓮)子受之鹽盠(升)。

伽(蓮)子受鬲,1件,铭文:伽(蓮)子受之鹽鬲。

曾姪孀朱姬簠,1件,铭文:穆=(穆穆)曾姪孀朱(邾)姬之畤(持)。

许公戈,1件,铭文:䜭(许)公之戈。

M10出土有铭铜器9件。

伽(蓮)子炅鼎,2件,铭文:伽(蓮)子炅(炅)之飤(鼎)。

酓祢想簠,1件,铭文:酓祢想之飤匡。

玄镠戟,6件,铭文:玄镠之用戓(戟)。⑤

干福熹、承焕生等先生研究了河南省淅川徐家岭出土的属战国早期的蜻蜓眼玻璃珠。利用质子激发X光荧光技术(PIXE)和X光衍射技术(XRD)等无损分析方法测定了这批蜻蜓眼玻璃珠的结构和化学成分,确定了蜻蜓眼珠的基质为玻璃态物质,其化学成分表明该玻璃属于钠钙硅酸盐系统(Na_2O-CaO-SiO_2)。通过与古代(古巴比伦和古埃及)的蜻蜓眼玻璃珠的纹饰和化学成分的对比,认为徐家岭出土的这批玻璃珠可能从西方传入⑥。

2006年11月~2007年1月,南阳市文物考古研究所对徐家岭3座被盗的楚墓进行了清理。其中M11尤为重要。该墓为一座"甲"字形墓,由墓道和墓室两部分组成,总长18.7米。方向

90°。墓口东西长11.5米,南北宽10米。口大底小,墓深10.5米。墓口至墓底有三级生土台阶。墓底四周有熟土二层台。一椁重棺。棺下有一腰坑,坑内有动物骨骼。墓底有两根垫木槽。出土随葬品有青铜器、玉石器、陶器、骨器、角器、木器、铅器等300余件。青铜器有鼎5件、簠3件、浴缶1件、壶2件、戈4件、矛1件、车軎辖12套、马衔8件、编钟11件;玉石器有石编磬13件、玉珩7件、环8件、璧5件;陶器有豆8件、罐2件。发现铭文铜器2件,内容涉及薳夫人及岁星纪年等。因此,初步分析墓主为薳夫人,身份应相当于大夫级贵族。

M11是一座战国早期楚墓。它位于1991年发掘的M10南侧约6米,南北并列。它们形制、方向相同,均为"甲"字形墓。初步分析M11与M10关系密切,时代相近[7]。

王长丰、乔保同先生对徐家岭M11出土的倗夫人嬭鼎上的铭文进行了释读和研究。倗夫人嬭鼎形制一般称小口鼎,从器形时代特征看,应为春秋晚期器,其制作年代要早于墓葬下葬的年代。

倗夫人嬭鼎肩部有两周阴刻篆书铭文49字:隹(唯)正月初吉,貳(岁)才(在)欹(涒)灘(滩),孟屯(春)才(在)奎之遷(际),倗夫人嬭择丌(其)古(吉)金,乍(作)盥(铸)迅鼎,曰(以)和御湯(汤),长賸(媵)丌(其)吉,永寿无彊(疆),倗大尹(君)嬴乍(作)之,後民勿惶(忘)。

铭文"貳(岁)才(在)欹(涒)灘(滩),孟屯(春)才(在)奎之遷(际)"是一种太岁、岁星混合纪年法,这为春秋战国之际历法曾使用过太岁与岁星纪年提供了坚实的证据,也是我们目前所见最早记载太岁、岁星纪年的出土资料,这对我国古代天文历法研究具有重大学术意义[8]。

在淅川和尚岭、徐家岭已发掘的12座楚墓中,出土了薳子受、薳子孟青嬭、薳子辛、薳子昃等薳氏贵族青铜器,在距和尚岭楚墓群仅400米的下寺楚墓群中,也发现了7件薳氏有铭铜器,这充分

373

说明这一带是薳氏家族墓地。

(四)淅川吉岗楚墓

1991年5月,在丹江水库东岸的白岗岭上发掘墓葬5座,皆为长方形竖穴土坑墓,有的墓底两侧设生土二层台,有的墓底四周设生土二层台。墓向向东。均口大底小,四壁平滑规整。墓底铺一层青膏泥。墓口尺寸有3.5×3、3.85×2.3、3.6×2米等几种,墓深有1.8、2、1.55米等几种。随葬品多为陶器,多数墓中还随葬有铜剑。陶器的基本组合为鼎、豆、壶、敦或鼎、壶、敦,有些墓中还出土有镳壶和浴缶。这5座墓均为战国中期或战国中晚期之际的小型楚墓。在长达1.5千米左右的东西向的白岗岭岗脊上呈一条直线排列着75座墓,这些墓葬皆为东西向,等距离分布,非常有规律。这75座墓中包括以上发掘的5座墓。这些墓皆为小型陶器墓,且大多数墓中随葬有铜剑,随葬品皆为明器,墓中没有发现棺痕及人骨架痕迹。通过分析,认为这些可能是秦楚之战中阵亡的楚军军士的埋葬地[9]。

胡永庆先生根据文献记载记述的战国中晚期之际秦楚丹阳大战的情况,论证了丹阳的地望在丹淅汇合处,进而认为丹江口东岸的吉岗楚墓就是秦楚丹阳大战时楚国阵亡军士的墓地[10]。

(五)淅川大石头山楚墓

大石头山位于丹江水库西岸,向南5千米内为徐家岭、和尚岭及下寺春秋楚墓群。1992年在此地发掘了保存完整的15座楚墓。均为竖穴土坑墓,仰身直肢葬,单棺。头向西南。较大的墓墓口为3.4×2米,较小的墓墓口为2.48×1.32米,墓葬深度0.4~1.80米。墓室从结构上可分为无二层台、熟土二层台、生土二层台三类。出土陶器有鼎、豆、壶、敦、盘、匜、缶,铜器有剑、镞,还有两座墓放置有鹿角。陶器组合有三种:一是鼎、豆、壶、敦,二是鼎、豆、壶,三是鼎、敦、壶。大石头山楚墓出土文物的共同特征是以素面为主,只有简单的凹线纹,个别器物饰水波纹和麻点纹。作为战国中晚期陶壶、陶缶上的铺首衔环,在此都没发现,反倒是以无耳、无环及壶盖、鼎盖、豆盖多数无钮为主,仅个别器物有简单的乳钉,这些现象都是较早器物的特征。通过分析,目前已发掘的15座墓的时代应在春秋末到战国初期。这批出土器物质地粗劣,可能与当时动荡的社会形势有关。另外根据观察,大石头山墓群应是按照不同的家族或者不同的时期而分成不同范围埋葬的[11]。

(六)桐柏月河养国墓地

1993年,在桐柏县月河镇左庄村北发现大型墓葬一座。月河一号春秋墓为一大型竖穴土坑木椁墓。墓向朝东。封土残高2米,经过夯打。全墓由中部主室和南北衬葬坑组成。墓口南北长10.50米,东西宽8.80米,深11米。墓底南北长10.10、东西宽8米。墓壁经过夯打,墓内填土也经过夯实。墓底四周有熟土二层台。

主室内葬具为重棺重椁。外椁是方木构筑,椁外有青膏泥。内椁也是方木构筑。外棺用木板构筑,棺板间以榫卯加以连接,表面髹黑漆,之上再以红漆勾绘云纹和勾连纹。内棺也用木板构筑,板间有榫卯结构,顶板和底板均铺有朱砂,底板上朱砂厚约2厘米,朱砂之上放置大量玉器。内棺通体髹黑漆。

南北衬葬坑内皆为用一木板构筑的器物厢,上部用青膏泥密封。南坑内放置青铜器和木漆器。北坑内放置兵器、玉器、炭化了的皮甲。

主室内出土玉石器近400件,青铜兵器8件(戈2镞6),另有一铜盂。南衬葬坑出土铜器9件、木漆器4件。北衬葬坑出土各类器物30余件。

出土遗物情况如下:

1. 铜器总计29件,有鼎2、浴缶2、盘1、匜1、方壶2、盂1、铎2、筒杯1、削3、剑2、戈3、铍2、镞5、匕首2。其中1件铜铎上有"渼子白受止铎"铭文。

2. 玉石器有瑷 2、璋 2、玉琮 1、玉环 13、玉璜 11、玉戈 1、玉玦 11、玉圭 4、玉矛 1、玉钺 3、虎形佩饰 8、牌饰 54、扁条形玉器 15、圆形管饰 2、玉觿 14、玉刀 1、玉人 1、玉鹿 1。

3. 木漆器有簠形器 2、木勺 2。

4. 还有皮甲若干。

墓葬时代为春秋晚期前段,墓主人可能为养国国君受。月河墓的发掘为研究周代淮河流域小国诸侯的埋葬制度、方国史及玉雕史和音乐史等提供了新资料[12]。

董全生、赵成甫先生在《桐柏月河一号春秋墓相关问题研究》一文中,探讨了墓主人身份、墓葬文化性质、养国的建立及灭亡、养国的地望、出土玉器的特点等问题,认为桐柏县月河镇左庄附近,春秋时期应为养国墓地,月河一号墓应为养国国君墓,墓主人应为养国国君受。月河一号墓是一座带有地域文化特点,但深受楚文化影响的养国国君墓。养国至迟在西周时期已经立国,楚之灭养在春秋后段的前 559～538 年。养国的地望应在今桐柏及其附近地区。月河墓出土玉器的一个显著特点,是大量玉质礼器的发现;同时,玉器的制作工艺方面呈现出选料、设计恰当,细部刻画生动传神的特点;还出土了明显不属于这一时期的玉器,如牙璋[13]。

赵成甫、董全生先生认为,月河牙璋具有始发期神木牙璋的文化因素,又有发展期牙璋的某些特点。月河牙璋属于始发期到发展期之间的一种过渡形态。具体来说,月河牙璋的时代应晚于大汶口二期,早于二里头三期。牙璋是一种礼玉,也是用于敛葬的葬玉。月河墓中留有夏代的遗物,这是早期器物在晚期墓葬中出现的又一例子,实属正常。月河牙璋的出土,是此类器物在中原地区春秋墓中发现的首例,使稍晚一些的香港南丫岛大湾牙璋的发现不致成为孤立的现象。这对牙璋延续使用的时间,对中原与东南沿海地区在春秋战国及前后的文化面貌共同性等问题的研究都具有十分重要的意义[14]。

月河墓出土玉器的风格方面，石荣传做了比较细致的研究。她认为，春秋时期，地处河南桐柏的养国处于南北文化交汇的要冲，成为各种强势文化的寄生体，形成多元文化共生或变异的现象。桐柏月河一号墓玉器风格多样，明显受到多种文化因素的影响，如楚、吴、越、东夷等。

楚式玉器：春秋晚期，楚日渐壮大，凭借优越的地理位置向四方扩张。政治上的强势总是会引发文化的急剧膨胀，春秋战国时期南北墓葬中出现的大量楚式器物可以证明这一点。

吴式玉器：春秋时期，吴、越是我国东南土著中与中原较为接近的两个政权。相对越来说，吴因为地理位置的原因，与中原更为密切。先周时期"太伯奔吴"的传说，更是从侧面说明吴与中原周王室的渊源颇深。吴极力吸取中原以礼制为主的传统文化。另外，春秋时期，吴多与齐、晋、楚争战或交好，所辖地域上也是你进我退，这种情况下，吴文化表现出很大的兼容性，不仅有中原传统文明，其他地域先进文化也囊括在内，如吴地出土的玉器上就兼带周及其他地域的特色。文化传播与交流是双向互动的，吴文化所到之处也留下了足迹，如陕西宝鸡益门村二号墓出土的玉器上很多带有吴式玉器风格。

越式玉器：与养国毗邻的楚与越壤土相连，声气相闻，此时扬越等政权已被楚所灭，楚治下很多古越人与楚人交互杂居在一起，所以，楚、越文化自然会融合，而楚国强权下的养国自然带有或多或少的越文化特征。月河一号墓的玉器，不仅受春秋时期越政权之"于越"风格影响，有些器形是受更远的东南沿海其他百越文化影响，究其原因：如前所述，楚与百越毗邻而居，如楚国丹阳，就是百越与楚人杂居之地；而国君"熊渠甚得江汉间民和，乃兴兵伐庸、杨粤，至于鄂"。

东夷式玉石器：大多为几何形纹饰或素面，质地多为滑石质等。滑石器应是东夷玉石文化的一大特点。养国为嬴姓，与秦、黄、薛、莒等同属东夷后人,所表现出的东夷文化因素可能属于传统文化的遗传与继承,在其心理意识上是一种无意识的表现。

另外,月河一号墓玉器受越式、夷式玉器影响较深,而楚式风格较淡的原因:楚在政治上的强势,随时威胁着养国的存亡。从心理上来说,强权之下的文化入侵远比不上潜移默化的文化渗透来得全面,即政治上的弱势使养国人民从意识上对楚文化有所抵触与排斥,这或许可以解释月河一号墓中楚式风格淡薄的原因[15]。

(七)南阳烟草专卖局墓葬

1993年底,在南阳市烟草专卖局工地清理春秋墓一座。竖穴土坑墓,墓向朝南。长2.5、宽1.1、深1.2米。方向175°。随葬品有铜鼎1、铜簠1、玉玦1。其中铜鼎、铜簠的相同造型曾在淅川、信阳、湖北及尉氏等地发现,经对比可知,该墓的时代以定在春秋晚期为宜[16]。

(八)南阳一中墓地战国墓

南阳一中位于南阳市宛城区东部,东滨白河。发掘工作从2001年2月至2001年11月,共发掘墓葬447座,其中战国末至西汉早期墓有5座。南阳一中墓地出土的随葬器物中,陶双耳罐东周以来在河南南阳、湖北各地广泛流行,湖南、安徽等地也有所见。但从分布范围的集中情况分析,鄂西北地区应该是其中心区。其属于东周楚文化范畴内的地方文化因子。南阳一中墓地出土的A型陶壶与湖北江陵九店战国楚墓、淅川徐家岭楚墓M6所出陶壶形态近似,因此A型的壶渊源是楚文化[17]。

(九)南阳丰泰墓地战国墓

南阳丰泰墓地位于建设东路路南,西北与南阳市永泰住宅小区(市拆迁办)相邻,东北与罗庄变电站相邻。发掘工作从2002年7月至12月,共发掘墓葬387座。其中战国晚期墓葬40座。南阳丰泰墓地出土随葬器物中,陶双耳罐属于楚文化范畴。Ba型壶与襄阳王坡墓地、湖南长沙楚墓中所出陶壶形态相似,因此,其源于战国楚文化。A 型壶与湖北江陵九店战国晚期墓、淅川徐家岭 M6 中所出陶壶形态接近，其渊源应是楚文化[18]。

(十)中建七局南阳设备公司材料库 M1

2004 年 12 月，在南阳市城区西部的麒麟岗中建七局南阳设备公司材料库工地发掘一座墓葬及车马坑。M1 为"甲"字形，由墓道、墓室两部分组成。方向向东。墓道长 9.2 米。墓室近正方形，东西残长 15.20 米，宽 13.15 米，口大底小，墓室深 5 米。墓口至墓底有 5 级生土台阶，墓壁及台阶面均用白膏泥涂抹。墓底有熟土台。一棺一椁。出土器物仅存铜盖弓帽 1、铜环 2、铜蹄形足 1、玉璧 1，还有一些残陶片，器形有鼎、壶、盆。墓室西 10 米处有一长方形车马坑。南北长 8.30 米，宽 4.20 米，深 1.50 米。方向向东。共埋葬两辆车，南北并列放置，由北向南依次编号为一号车、二号车。一号车车轴两侧各殉葬一匹马，二号车则没有殉葬马。车马坑内出土的铜车饰有铜衡末 2、铜轭首 1、铜辕首 2、铜环 2、铜舆饰 18、铜车害 2。从墓葬形制和随葬器物分析，该墓应为楚墓。车马坑内精美的错银铜车饰显示了墓主人的尊贵，其身份应当是楚国的大夫级人物。根据出土越式璧、铜盖弓帽及鼎足的形制推断，这座墓的时代当在战国中期晚段[19]。

(十一)南阳彭氏家族墓

1. 彭宇墓

1975 年，南阳市西关煤场施工中发现一座古墓，经清理，从残存的部分看为竖穴土坑墓，葬具已腐朽，仅存棺灰及漆皮痕迹。墓室有朱砂铺底。另外出土牙齿十一枚，有小孩牙四枚，成年牙七枚。出土的随葬品有铜器、玉器和漆器。漆器因破碎较甚看不出器形。铜器有鼎 3、壶 2、簠 2、戈 3、削 1、镞 5、马衔 7、马镳 8 对、节约 19、辔饰 610、环 2、车饰 2。玉器有玉玦 2、玉饰 1、玉坠 1、玉耳勺 1。铜簠底内有铭文："唯正(王)十又一月辛子钟公彭宇自乍(作)淄簠宇其眉寿万年无疆子子孙孙永宝用之。"

《左传》哀公十六年记载:"彭仲爽,申俘也,文王以为令尹,实县申、息,朝陈、蔡,封畛于汝。"杜注:"楚文王灭申、息以为县。""钟公彭宇",查无史料记载。但从这座墓出土的三鼎、二壶、二簋的随葬品看,彭宇应属士大夫一级,由此可以推测彭宇可能是彭仲爽的后裔。墓葬时代为春秋早期,最迟也不会晚于中期[①]。

彭宇墓中出有铜壶两件,一件完整,一件缺盖(后在南阳地区废品公司拣选出壶盖)。壶平唇,口外侈,竖颈,斜肩,鼓腹,最大腹径靠下,圜底,圈足。颈部两侧饰牺首套环耳,环断面为长方形,上饰窃曲纹。口上承盖,盖仅存高5.3厘米的子口和折起的少部分沿。颈上部饰波曲纹,下部饰窃曲纹,腹部饰瓦纹,圈足部饰垂鳞纹。口径15.5、最大腹径28、残高50厘米。残盖上有铭文4行,15字:"彭白(伯)自乍(作)醴壶其子子孙孙永宝用之。"壶颈内也有铭文,2行10字,为:"壶其子子孙孙永宝用之。"铭文前有明显的刮锉痕迹,可能第一行铭文被刮锉掉了。另一件铜壶上的铭文与这件类似,也是前部分被刮锉掉了。根据彭伯壶的形制、纹饰和铭文推测,彭伯壶应早于同墓出土的其他铜器,时代为西周晚期或春秋早期。彭伯壶上的"彭伯"与"彭宇"不是同一个人。彭伯壶当是楚灭彭以后,将掠夺的彭国重器赠与彭宇,以笼络和威慑故申国贵族[①]。

2. 彭无所墓

2003年,南阳市物资城发掘了一座春秋时期的铜器墓,出土鼒鼎5、汤鼎1、簋4、盘1、匜1、缶2、敦1等。2件铜鼎、4件铜簋上有珍贵的铭文。

汤鼎器盖铭文:彭公之孙无所自作汤鼎眉寿无期永宝用之。

4件铜簋的铭文:彭公之孙无所自作食簋永宝用之。

鼒鼎内的铭文:申公之孙无所自作鼒鼎。

随葬的青铜兵器有匕首2、戟1、戈1、剑1、镞5等[②]。

3. 彭射墓

2008年,南阳市八一路与工业路交叉口西北部的住宅小区基建工地发掘春秋晚期墓葬一座M38。长方形竖穴土坑墓,方向175°。口略大于底,墓口南北长7、宽5米,墓深5米。熟土二层台,一椁两棺。椁下有两垫木槽,墓底中部有一浅腰坑。两棺东西并列于墓室北部,为悬底棺。东棺为主棺,从人骨架痕迹来看,头向南,棺内随葬有金箔片、玉器、铁援铜戈、铜镞、铜钺,棺底满铺朱砂。西棺仅随葬残玉器一件,棺底有零星朱砂。随葬器物主要放置在椁底南部,铜器有鼎5、簠4、盏1、尊缶2、盘1、匜1、漏斗2、汤鼎1、斗1、浴缶2、钺1、戈4、殳1、戟1、矛3、镞15、车軎辖4套、马衔15、马镳22、节约8、马络饰302、斤4、锁1、合页6、刻刀2。还有皮甲295片、鹿角若干、玉牌6、玉饰10、玉兽2、石髓管2、玉环3、玉管状玦1、砺石1。部分随葬礼器上覆盖漆皮甲。

盂鼎盖内铭文:申公之孙彭子射儿择其吉金自乍(作)饲盂眉寿无期永保用之。

繁鼎盖内铭文:彭子射之行繁。

簠盖内铭文:彭子射儿自乍(作)饲盬(簠)其眉寿无期永宝用之。

尊缶盖内铭文:彭射之酉关。

盘底铭文:彭子射之行盘。

匜底铭文:彭子射之行□曳(匜)。

汤鼎盖内铭文:彭子射之汤鼎。

浴缶盖内铭文:彭子射之御缶。

长柲戈胡部铭文:射之用。

戟戈胡部铭文:射之用。

墓主人为彭射,是大夫级楚国贵族。墓葬时代在春秋晚期早段。从此墓出土铜器上的铭文可以确定"盂鼎"、"繁鼎"、"汤鼎"的名称。汤鼎、浴缶、斗等楚文化特有器类的出土,证明这是一座楚墓。这座墓中还发现了时代较早的铜铁复合兵器——铁援铜戈[㉓]。

4. 彭寿墓

该墓所出青铜礼器主要有鼎5、簠4、浴缶2、错金钫壶2、盘1、匜1等,另有不少车马器和兵器。现已发现的珍贵铭文在4件簠及盘匜之上。其中2件簠盖的背面和腹内底面铭文为:"彭子寿择其吉金,自作饲簠,其眉寿无期,永保用之。"另2件簠盖的背面和腹内底面铭文为:"申公寿择其吉金,自作饲簠,其眉寿无期,永保用之。"盘内底面上的铭文为:"寿之朕盘。"匜内底面上的铭文为:"寿之会与(匜)。"

从铭文可见,"彭子寿"和"申公寿"应是同一个人。该墓墓主人姓彭,名寿。至于为什么既称"彭子寿"又称"申公寿",是因为楚国在春秋时期对所灭的诸侯国设置大夫一级的"公"来管理该地的一切事务,即县公,如"邓公""息公""陈公""叶公"等。彭子寿这个人肯定做过申县县公,申县就作为他的封邑,由他管理。所以自称为"申公"。

《左传》哀公十七年载楚太师子谷追忆楚之旧事云:"彭仲爽,申俘也。文王以为令尹,实县申、息,朝陈、蔡,封畛于汝。"显然,彭仲爽是申国人,做了楚国的俘虏,因有能力后被楚文王发现并重用。学者们一直认为彭宇、彭无所都可能是彭仲爽的后人,理由是彭仲爽对楚灭申有大功,他的同辈或其后人被封为申县县公,祖祖辈辈享受这个爵位和俸禄,这是很可能的。所以笔者也认同申公寿是彭仲爽的后人,因为祖上功勋卓著,后辈勤勉谨慎,彭氏家族世代得到楚王室的信任。

棺内有朱砂铺底,随身陪葬有剑及玉玦、玉璜、玉璧等玉器。这都和大夫级别的县公相吻合。从出土器物看,鼎为深腹圜底,蹄形足外撇;簠为盖底同大;钫通身为错金纹;盘、匜也较为简单。这些也都符合春秋晚期晚段楚国铜器的特征。根据出土资料并结合文献记载的哀公四年事(春秋晚期晚段),推测申公寿可能是典籍中的申公寿馀。

申公寿墓发现的重要意义是：

第一，南阳申公寿墓内出土了不少青铜礼器、兵器、车马器和玉器，为研究楚国历史文化、经济技术、埋葬制度提供了丰富的实物资料，特别是出土了精美的兵器和玉器，为楚文化的深入研究提供了新的材料。

第二，申公寿墓的发现丰富了楚国历史的内涵，为我们研究申县、申公源流提供了珍贵的实物资料。从《左传》、《国语》等典籍中，我们能查到的楚灭申后的县公有：申公斗班、申公子仪、申公巫臣、申公子牟、申公子亹、申公寿馀等。1975年3月南阳市西关煤场发现申公彭宇墓，如果申公寿和申公寿馀是一个人，那么史料和出土文物得到了相互印证。这就更丰富了楚文化的历史内涵。

第三，充实了南阳市该地附近是楚申县彭氏家族墓地的实证，同时为研究彭国历史提供了资料。该墓地发掘过带铭文铜器（如"彭伯"、"申公彭宇"、"彭无所"、"申公彭子寿"、"申公之孙彭子射"、"彭启"）的彭氏家族墓五座，为研究彭国的地望和历史提供了弥足珍贵的实物资料。

第四，为研究两周时期楚国与申国、楚国与彭国、楚国与蔡国、申国与彭国之间的关系及申国、彭国、蔡国灭国后延续情况提供了可靠的信息。申公彭宇墓内有彭伯壶，彭氏家族墓内出土有蔡侯申簠，彭无所既称申公之孙又称彭公之孙，申公寿自称彭子寿又称申公寿。这些信息为我们研究楚、彭、申、蔡各国之间的关系提供了新的材料和新的思路[24]。

5. 彭子寿妻墓

2008年，在彭子寿墓以西约7米处，发掘墓葬一座M44。因该墓被严重破坏，仅知为长方形竖穴土坑墓，深4.6米。随葬器物仅存铜鼎2、簠2、敦2、玉牌2及部分串珠。

两件铜簠底中部均刻有铭文：蔡侯申之饲簠。

从随葬器物中未见兵器以及与彭子寿墓的相对位置初步判

断,墓主人为女性,与彭子寿为夫妻异穴合葬。根据随葬青铜鼎、簠及墓葬形制分析,墓主人为士大夫级贵族。墓葬时代为春秋晚期。

从1955年在安徽寿县发现的蔡昭侯墓的情况看,其出土的器物组合与器形特征均带有楚文化风格。其中4件蔡侯申簠的形制、铭文同南阳市八一路M44出土的蔡侯申簠完全相同。这反映了春秋晚期蔡楚关系的密切。从史籍中可以发现,在楚申县举行的多次聚会都与蔡国有关,说明蔡国与申县的关系也十分密切。尤其是2005年在M44东侧约300米处又发现一座出土有蔡国、养国、许国铭文铜器的春秋晚期墓葬㉕,更说明了蔡国与申县的密切交往。南阳出土的蔡侯申簠是蔡国与楚申县联姻的媵器,是蔡昭侯赠送给蔡女的陪嫁礼物。M44墓主人为蔡国之女,也就是说申公的后人彭子寿娶了蔡女为妻㉖。

6. 彭启夫妇墓

彭启夫妇墓位于彭子寿墓西南约30米处。彭启墓(编号M1)墓口长方形,南北长5.8、东西宽4.3、墓室深5.2米,墓壁陡直。墓室填土经夯实。一椁重棺。椁为长方形,南北长4.8、东西宽3.2米。椁室四周有熟土二层台。从痕迹看,椁顶板为东西摆放,椁底板为南北摆放。椁底中部偏北置两棺,西侧置一殉葬棺,北侧为一主棺,两棺均为悬底棺,两棺底距墓底约0.4米。椁底西侧散放有大量皮甲。皮甲有长方形、梯形、正方形和三角形等各种形状,皮甲上有彩绘及贴金箔的圆形铜饰件,皮甲周边有圆形穿孔。

随葬器物主要放置于椁室南端。主要铜器有鼎5、簠4、尊缶2、方形盖豆1、浴缶2、勺1、盘1、匜1。西南有编钟17件,其中钮钟9件、镈钟8件,出土时整齐地摆放在一起。从出土情况看,这套编钟原来挂在木质的钟架之上。中部有编磬13件。东西两侧出土有部分车马器、玉环以及大量的骨贝等。棺室位置的东西边厢出土有部分兵器、车马器等。

通过初步清洗,在两铜戈上发现铭文。其中一戈出土于椁室西侧,出土时可以看出有木柄痕迹,木柄髹红漆。胡正面有篆书铭文一行四字:彭启之戈。另一戈出土于椁室东侧,出土时可以看出有木柄痕迹,木柄髹红漆。短援较宽,锋尖无收刹,有脊。胡正面有错金鸟书铭文二行四字,字迹清晰完整:玄镠之用。

该墓墓主人头向南,有1殉人。从随葬兵器与2号墓葬相对位置判断为男性。根据随葬青铜鼎5件、簋4件及墓葬形制分析,墓主为大夫级贵族。墓葬时代为春秋晚期。

在1号墓葬的北部发现有两座陪葬坑。根据1号墓规模、时代、位置等综合分析,这两座陪葬坑应为1号墓的陪葬马坑和车马坑。1号墓北侧略偏东为陪葬车马坑,方向同1号墓,车马坑为长方形,南北长13.8、宽3.3、距地表1.6米,其中北边和南边分别被三座汉墓所打破。中南部保存有两乘车,从残存痕迹看车辕均朝北,每车4匹马,马头向北,马背相对。但根据该车马坑的长度以及北部残存马骨情况看,推测北侧应还有1乘车,被汉墓所破坏。另外,在车马坑北边约0.6米有一陪葬马坑。马坑平面为长方形,南北长3.3、东西宽2.6、距地表1.6米。坑内陪葬两匹马,头向北,马背相对。

2号墓位于墓地的南端,位于M1西7.2米。墓口长方形,南北长5.8、东西宽4.3米。墓底长4、宽3米,墓室深5.2米。墓壁陡直。墓室填土经夯实。随葬器物主要放置于椁室南端。随葬品主要有铜鼎3、簋2、尊缶2、敦1、浴缶1、勺1、盘1、匜1件;棺室内出土部分玉器,主要有玉牌、环形饰、玻璃管状饰及大量串珠等。该墓墓主人头南向,从随葬器物中未见兵器以及与1号墓葬相对位置判断其为女性。根据随葬青铜鼎、簋及墓葬形制分析,墓主人为士级贵族。墓葬时代为春秋晚期。1号墓和2号墓应为夫妇并穴合葬[①]。

牛沛利用电感耦合等离子体发射光谱对彭氏家族墓地出土部

分青铜器样品的示踪微量元素含量进行检测分析,在此基础上,与已发表的各矿冶遗址冶炼产品微量元素数据进行聚类分析,并结合文献和考古资料,初步探讨了彭氏家族墓出土青铜器的矿料来源。其研究结果表明,彭氏家族墓地出土青铜器的铜料可能来自长江中下游铜矿带㉘。

(十二)南阳市近年出土的4件春秋有铭铜器

近年来,在南阳市八一路与工业路交叉口附近的工地出土了4件春秋有铭铜器。分别是:

1. 养子曰鼎

时代上属春秋晚期,是一件深受楚文化影响的养国青铜器。铭文为:"隹正月初吉丁亥,养子曰自作饲鯀,其眉寿无期子孙永保用之。"它的出土说明关于桐柏月河墓是养国国君墓、养国地望在今河南南阳桐柏一带的推断是有一定道理的。

2. 许子敦

时代上属春秋晚期,是一件深受楚文化影响的许国青铜器。铭文为:"许子□之盏盂。"早期许国建都在今河南省许昌一带,后因郑、楚多次侵凌而迁徙。根据文献记载,南阳为许从叶迁析必经之地。许子敦出于此地可能和许国迁析有关。

3. 彭无所簠

时代上属春秋晚期,铭文为:"彭公之孙无所自作饲簠,其眉寿万年无期,永保用之。"彭无所可能是楚灭申国后所置申县县尹的后代。

4. 屈喜戈

时代上属春秋晚期,铭文为:"楚屈喜之用"。屈氏是楚国的四大世族之一,楚灭申国后设申县,有申公巫臣。屈喜墓与申公彭宇墓、申公之孙无所墓相距不远,同属楚申县贵族墓葬区,推测屈喜与申公巫臣当有一定渊源。

这4件有铭青铜器时代上皆属春秋晚期,尽管国别不同,但都可归入楚系青铜器范畴。它们的出土对研究养国、许国特别是楚国的历史、文化、艺术以及楚文化对中原文化的影响等提供了重要的实物资料[29]。

（十三）南阳万家园 M181 和 M124

2005 年，在南阳市独山大道与光武路交叉口的万家园新征地进行的考古发掘中，清理了一座铜器墓，编号为 M181。长方形竖穴土坑墓，墓向朝东。长 430、宽 300 厘米，残深 90 厘米。墓口底同大，四边有熟土二层台。单椁重棺。出土有铜鼎 3、簠 2、铃 8、軎辖 2、洗 1、衔 1、兽尊 1、镞 3、盏 1、浴缶 1、盘 1、匜 1、戈 1、带钩 1、环首刀 1。另外还有陶鬲 1、铅饰若干、玉饰 3 件。时代为春秋中期晚段，下限不晚于春秋晚期早段。墓主人是士大夫一级的贵族。M181 体现出既有中原器物又具有楚墓形制的文化共存现象，是当时楚文化和中原文化并存交融的具体例证[30]。

2005 年 3 月，南阳市文物考古研究所对万家园华鑫苑住宅小区进行了考古发掘。其中 M124 为一座长方形竖穴土坑墓，方向 18°。墓口南北长 3.4、东西宽 1.6 米，墓葬残深 0.9 米。出土随葬品 16 件，包括陶、铜、玉，铜器 12 件，有鼎 2、簠 2、盏 1、舟 1、戈 1、匕首 1、軎辖 2、铜衔镳 2，灰陶鬲 1 件，长条形玉饰件 2、残玉片 1，从出土的兵器、车马器看，该墓主人为男性，身份应为不低于士大夫一级的贵族。出土的随葬品与淅川下寺春秋楚墓和湖北郧县乔家院春秋殉人墓出土器物相似，因此墓葬年代应属于春秋晚期早段[31]。

（十四）南阳李八庙春秋楚墓

2004 年，南阳市李八庙村砖瓦窑场在取土时发现一座古墓葬 M1，随葬器物被取出。因墓葬被破坏殆尽，仅可知其为长方形竖穴土坑墓，方向 119°。墓底长 3.1、宽 0.98、深 3.12 米。出土器物经收缴，均为铜器。礼器 7 件，鼎 2、浴缶 1、甗 1、盘 1、匜 1、盏 1；兵器 20 件，环首刀 1、镞 19。

1件铜鼎内铸有铭文：隹正月初吉丁亥番子择其吉金自作饲鼎眉寿无疆子子孙孙永保用之。

M1出土的器物组合及特点与淅川下寺春秋中晚期墓的铜器接近。因此推断M1时代为春秋中期偏晚或晚期偏早，是一座楚墓，墓主人可能是士大夫以上的贵族。番子鼎可能是番国国君送与M1墓主人的，或者是战利品。因为在南阳市发掘的楚墓中，多次发现有关周边方国国君的铭文铜器，是当时强大的楚国不断加强与周边其他诸侯国的联系与交流，甚至吞并其他诸侯国的历史现象的实物反映。番子鼎内铸造的铭文兼有阴文和阳文两种铸造方式，这在古代铜器铭文中十分少见②。

（十五）淅川阎杆岭墓地

2005年6月至2006年12月，为配合南水北调中线丹江口水利枢纽加高工程，河南省文物考古研究所对淅川县阎杆岭墓群进行了发掘，共发掘墓葬209座，其中楚墓30余座。

30余座楚墓中，除2座为"甲"字形墓，其余均为长方形竖穴土坑墓。墓坑四壁平整光滑，只有少数墓的墓壁不太平整。墓口大于墓底，墓壁近直，有个别墓葬由于受四周压力的作用，墓壁向下外张或中部内鼓。有生土二层台或熟土二层台。墓口长1.9～3.2、宽0.7～1.7米，墓底长1.62～2.35、宽0.65～1.65米，墓坑深0.8～3.42米。填土有黄褐色五花土和黏性较强的青灰泥两种。有的仅填五花土，有的先填青灰泥，后填五花土。填青灰泥者仅填在棺或椁的四周。另外，位于墓地一区南部的几座墓葬的填土，由于含灰白色沙土较多，填土结构致密、坚硬，非常难挖。有壁龛的墓共5座，皆为单棺墓，墓葬规模较小。其中壁龛设在头向一端的壁上者4座（3座高于墓底，1座与墓底持平），设在头向一端侧壁上者1座。葬具均已腐朽，仅能根据痕迹判断有无葬具或葬具的多少。按棺椁的有无、多少可分为无棺无椁、单棺、双棺、一椁一棺四种。有的墓内没有发现人骨架痕，有的仅存少量牙齿或肢骨，有的人骨架散乱,有的虽然保存了人骨架的大体轮廓,但腐朽严重,一触即碎,但尚能看出其葬式。可看出葬式的皆为仰身直肢葬,墓主人双手交叉于腹部或胸部。有椁室的墓,随葬的陶器多放置在墓主人一侧的棺椁之间,有的在左侧,有的在右侧;随葬器物多者两侧皆放置有,少者或近头端,或近足端。随葬铜铃形器的墓,铜铃形器位于墓主人颈部周围。出土石环的墓,石环置于墓主人头顶。有壁龛的墓,随葬品均放置在壁龛内。这些墓葬皆为楚国的小型平民墓,随葬品多为陶器,仅个别墓出土有铜铃和玉器。陶器主要有鬲、罐、盂、鼎、豆、壶、敦、盘、匜,基本组合主要为鼎、敦、壶、豆(或加盘、匜)和鬲、盂、高领罐、豆(个别或缺豆、鬲,或缺鬲、盂)。墓葬的时代从春秋晚期到战国中期。

这批墓葬的发掘,为研究丹江流域楚国小型墓葬的葬制、葬俗等问题提供了珍贵资料[33]。

(十六)南阳镇平程庄墓地

镇平程庄墓地位于程庄与安子营两村之间的农田中,是镇平县文物保护单位。2006年7月,郑州大学历史学院考古系对墓地进行了考古发掘。共发掘东周、汉、唐及明清墓葬212座,其中东周时期墓葬121座,时代有春秋中期、春秋晚期至战国初年、战国早期偏晚至战国中期。墓葬形制有两类,一类是带墓道的竖穴土坑墓,一类是不带墓道的竖穴土坑墓。墓室长160～270、宽32～197厘米,墓深6～190厘米。随葬品以陶器为大宗,另有少量铜饰件和小件铁器。陶器有鬲、盂、豆、罐、壶、敦、鼎、盘、匜、小口鼎、盉、罍、壶形豆等。葬具有一棺一椁、单棺、单椁三种,还有一些墓未发现葬具痕迹。这批墓葬的随葬品与淅川毛坪、大石头山、徐家岭等墓地出土的同类器物有很多相似之处,可见这批墓葬深受楚文化的影响。总体来看,程庄墓地东周墓葬的随葬品以陶器为主,不见铜礼器、兵器等,葬具最多也只是一棺一椁,缺乏高等级的墓葬,其性质应为一处平民墓地[34]。

（十七）淅川东沟长岭楚墓

2006年8月～12月，在丹江水库西岸龙山由西向东南延伸的长岭上发掘了一批战国墓和汉墓。其中战国楚墓42座、车马坑5座。这批楚墓的特点有：

1. 墓主人头向多朝东，带墓道的墓葬一般墓道在东。

2. 规模较大的墓葬墓口长7.5～7.8、宽5米、深6米左右，墓壁向下内收，有一到四级生土台阶，再向下内收至椁室，出现熟土台。椁室底部有垫木槽。中型墓葬墓口长3.5～4.6、宽2.4～3.3米、深2.9～4.2米，规模较小的墓葬墓口长2～3.3、宽0.6～3米、深0.1～3米。

3. 可以看出骨架形状的全部为仰身直肢葬。

4. 一般规模相对较大的甲字形墓，西侧约6米处陪葬有车马坑，马头向西。车马坑有一车两马、二车四马（两车并列放置）两种。它们两侧多有小型墓。

5. 随葬品中的陶器多为仿铜陶礼器，不见日用陶器。陶器组合为鼎、敦、豆、壶、盘、匜；鼎、敦、壶、盘、匜；鼎、豆、壶。其中大部分还有小口鼎、浴缶、提梁盉等。另有少部分铜器、玉器、鹿角，如铜剑、铜戈、铜车軎、铜车辖、玉璧、玉珩等。

6. 随葬品的摆放有一定规律，全部在棺椁之间。

7. 大部分葬具为一椁一棺。

墓葬的年代约为战国早期偏晚至战国中期，从墓葬规模看，应属于中小型墓葬。这批墓葬在墓葬形制结构和埋葬习俗方面最接近于丹江流域的郧县北泰山庙楚墓及淅川毛坪、大石头山、徐家岭楚墓等，与商洛地区的丹凤古城楚墓也较相似，而与江陵、当阳、长沙等地楚墓差异稍大。墓地的分布主要以4座规模较大的甲字形墓葬和它们西侧的车马坑为核心，周围分布有规模相对较小的长方形土坑墓。根据以上情况，再结合棺椁结构和出土器物组合及用鼎数量分析，这是一处士级或士级以下阶层的家族墓地[⑤]。

(十八)淅川县马川墓地

马川村隶属淅川县盛湾镇,南距盛湾镇政府约3千米,东北距县城约35千米。马川村有两处文物分布点,分别是马川遗址和马川墓地。墓地周围分布有众多古代遗迹,东与下王岗新石器时代遗址及全寨子墓群相距不到2千米,且与焦皮洼、全岗新石器时代遗址基本相连,西与马山根遗址、南河遗址和单岗遗址隔黄水河相望。

共清理东周时期墓葬208座,可分为四期六段,分别是春秋晚期早段、春秋晚期晚段、战国早期早段、战国早期晚段、战国中期、战国晚期早段。

墓葬可分为四个等级:

第一等级,均有较长的墓道,墓坑四周留有2~4个生土台阶,年代均属战国中期,陶器组合为鼎、敦、壶、豆、盘和匜。M118墓室长7、宽6.4米,一椁三棺,随葬有较多陶器、青铜兵器、铜铃以及料器。M332墓室长4.1、宽3.1米,一椁一棺,随葬有陶器和青铜兵器。

第二等级,墓室长3、宽1.5米以上,一棺一椁。部分墓坑四周留有1~2个生土台阶,其中有的有墓道。出土器物主要为陶器,部分随葬有青铜兵器剑、矛、戈或匕首。陶器组合为鼎、敦、壶、豆、盘和匜,其中鼎、敦、壶、豆多为两件,也有单件和无盘、匜的。时代为战国中期和战国晚期早段。

第三等级,无墓道,墓室长2.5、宽1米左右,一棺一椁或一棺无椁,部分有壁龛。陶器组合为鬲、盂、豆、罐,鬲、盂、豆、壶等几种。个别墓葬出土有青铜兵器。

第四等级,无墓道,墓室长2、宽1米以下,单棺或无,部分有壁龛。大部分未发现随葬品。出土有陶器的组合为鬲、盂、罐、豆等,无铜器出土。

马川墓地东周楚墓虽然可分为四个等级,但均未发现青铜礼器,表明墓主等级并不高,应为中下层官员、士或普通百姓。

这批墓葬属于中小型墓葬,将这批墓葬与周边地区同类楚墓作比较可看出他们之间的共同之处有:

1. 墓葬形制与墓向基本相同;
2. 墓葬的使用情况及其结构大体一致;
3. 以鬲、盂、罐和鼎、敦、壶为主的陶器组合形式完全相同;
4. 绝大多数同类器物的形制相同或者相似;
5. 普遍随葬青铜兵器。

不同点有:

1. 在周围春秋晚期至战国墓葬中,均普遍发现有陶簋,并且还有一定数量的陶罍、陶斗、陶勺和陶匕,但以上器形均未见于马川墓地;
2. 在陶器组合方面,马川墓地尚未发现鼎和鬲同出;
3. 马川墓地未发现有随葬鹿角的;
4. 在某些同类器物的形制方面存在一定差异[36]。

(十九) 淅川吴营遗址春秋墓

吴营遗址位于淅川县西南丹江水库区东岸。2008年7～8月,郑州大学历史学院考古系对该遗址进行了发掘,清理出春秋时期墓葬6座。均为长方形竖穴土圹墓,墓向大致东向。葬具为单棺或一棺一椁,腐朽严重。人骨朽蚀严重,几乎不存。随葬品一般置于墓室东部,主要是陶器,组合有鬲、盆、罐,鬲、盆、豆和鬲、盆、豆、罐三种,有的墓中还有铜戈、玉饰品或绿松石,个别墓中没有发现随葬品。上述陶器组合是西周晚期到春秋中期中原地区中小型墓葬的典型陶器组合,陶豆和盆的形式接近中原地区,但陶鬲与楚式鬲的特征相似。吴营遗址这几座墓的年代属于西周晚至春秋早期。在这一时期内又可分为早、晚两段。淅川地区位于陕、豫、鄂交界处,西周后为楚国属地,因又地近中原,所以墓葬特征既有中原周文化因素,又有在周文化基础上发展起来的楚文化特征。楚地器物组合起初承继了周文化因素,进入春秋时期以后,器物特征的演变逐渐显现出楚文化的风格㊼。

（二十）淅川刘家沟口墓地

刘家沟口墓群位于丹江南岸的二级台地上,属于淅川县滔河乡罗山村,东南为下寨遗址,西北有梁庄墓群。2008 年 9～12 月,以复旦大学文物与博物馆学系为主的考古队对墓群进行了钻探和发掘,共发掘各类墓葬 81 座。其中东周时期墓葬 39 座,时代从春秋晚期延续至战国中期,无论是墓葬结构还是随葬品均体现了强烈的楚文化风格。墓葬结构方面均为长方形竖穴土坑墓,大墓带墓道、小墓无墓道,或有壁龛,与襄阳王坡、江陵雨台山等楚墓一致。随葬品方面,主要为鬲、盂、豆、罐和鼎、敦、壶、豆的组合,也与传统楚地所出相同。根据出土陶器的情况,这些墓葬可以分为春秋晚期、战国早期和战国中期。

这批墓葬可以分为四个等级:

第一等级,均有墓道,墓室长 4、宽 3.5 米以上,一棺一椁。有较多的铜车马器具和兵器。有的墓中还发现陪葬棺。

第二等级,无墓道,墓室长 3 米、宽 1.5 米以上,一棺一椁。无铜器出土。

第三等级,无墓道,墓室长 2.5、宽 1 米左右,一棺无椁。无铜器出土,有壁龛。

第四等级,无墓道,墓室长 2、宽 1 米以下,单棺或无。基本未发现随葬品。刘家沟口墓地东周墓虽然可分为四个等级,但均未发现青铜礼器,表明墓主等级并不高,应为下层官员、士或普通百姓㊽。

（二十一）淅川全寨子墓地

全寨子墓地位于淅川县西丹江南岸的丘陵地带,东北距下王岗遗址约 500 米,西南不远有全岗遗址、马川遗址、马山根遗址。2010 年 10 月～2011 年 5 月,共发掘墓葬 151 座,其中战国墓 7

座。战国墓出土器物有陶壶、瓿、钵、釜、鼎、盒、钫、瓮、罐、鍪等,既有秦的特征又有当地楚文化因素[38]。

(二十二)淅川新四队墓地

新四队墓葬群位于淅川县仓房镇党子口村新四队自然村西南部,磨子岭西侧的岗丘地带,东依磨子岭,南、西、北三面环水。2010～2011年,南开大学考古学与博物馆学系对新四队墓葬群进行了考古发掘。共发掘墓葬48座,其中战国秦汉墓葬43座,元明清墓葬5座。战国晚期至西汉时期的墓葬在墓葬形制上受楚俗影响较大。墓葬形制为土(石)坑竖穴木棺墓和土(石)坑竖穴木椁木棺墓。出土器物组合以陶鼎、盒、壶为核心,均为2套,较早阶段的鼎还保留有楚墓器物特征。有的墓葬还出有钫、罐、豆、钵、盆、盘、仓、灶、井、磨、釜甑、瓶等,另外还有铜镜、铜釜、铜带钩、铁环首刀、铁削、铁釜、漆耳杯等。整个墓葬群可分为5个家族墓地。墓主人身份较高者为低级官吏或中小地主,身份较低者为一般平民[40]。

(二十三)淅川申明铺M25

申明铺墓地位于河南省淅川县滔河乡。2011年,武汉大学历史学院考古系对墓地进行了发掘,共发现东周两汉时期墓葬45座,其中东周墓葬保存较好,出土了一批陶器、铜器和玉器等,对豫西南地区楚文化研究具有重要的学术价值。墓葬中M25保存完好,是一座较标准的长方形竖穴土坑木椁墓。方向15°,长3.2、宽1.8、深2.3米,口底同大。一椁重棺。随葬遗物共52件,陶器10件,组玉佩构件42件。陶器有鼎、敦、壶、豆各2件,盘、匜各1件。组玉佩以玉环和玉珩为中心,有珩4件、环18件、珠4件、管饰14件和角觿2件。

M25为土坑竖穴木椁墓,葬具为木质一椁重棺,墓葬结构均具有战国楚墓的特征。随葬陶器组合为鼎、敦、壶、豆、盘、匜,为战国楚墓基本的陶器组合。M25所出陶器具有战国中期器物的特征。墓主人可能属于士级别中等级偏低者。M25随葬的组玉佩为研究战国时期组玉佩的使用情况提供了珍贵资料[41]。

(二十四)淅川熊家岭墓地

熊家岭墓地位于丹江口水库西岸的一级台地上,北、东、南三面被丹江口水库所环绕。墓地西北距淅川县城约60千米,西南距仓房镇近10千米,西南不远处为著名的徐家岭楚墓群。2010年10月至2011年6月,三门峡市文物考古研究所承担了熊家岭墓地的钻探和考古发掘工作。

熊家岭墓地共发现67座战国墓。时间从战国早期前段到战国中期后段,这一时期也正是楚文化由繁盛逐渐走向衰落的历史时期。

熊家岭墓地的战国墓葬均为中小型竖穴土坑木椁墓,极个别墓葬有长方形斜坡墓道。大多数方向朝东,多为仰身直肢葬。随葬品组合大多出仿铜陶礼器,较少日用陶器。随葬器物组合主要为陶礼器鼎、豆、壶或鼎、豆、壶、敦、盘、匜,少数墓葬在此基础上又增加了小口鼎、盉、浴缶等,随葬日用陶器的组合形式为鬲、罐、盂或鬲、罐以及罐、纺轮等。随葬品的摆放有明显规律,均位于墓底棺外或棺椁之间。在墓葬形制结构和埋葬习俗方面最接近于丹江流域的淅川毛坪、大石头山、徐家岭、东沟长岭等地的楚墓。

熊家岭战国墓地是一处士级或士级以下低级贵族阶层的墓地,其中一些墓葬为庶民墓,个别墓葬等级可能较高些。熊家岭墓地的楚墓之间无打破关系,且墓葬排列有序,由此可以断定该墓地在战国时期是有专人负责管理的邦墓墓地。战国墓葬中随葬陶礼器组合是本墓地的主要文化特征,但组合器类一般不见在一座墓中全出者,组合形式上多常见三件或四件器物同出[42]。

二、遗址

(一)楚长城西线

柴中庆先生通过对文献资料的分析,认为南阳西部的长城亦是楚长城。楚长城西段约在西峡县东南的袁店附近,此处距西峡县城 30 多千米，楚长城西段大约沿今内乡、西峡两县交界的南北线上修筑。楚长城西段北起翼望山之汉王城，沿其西部的山岭南下至八里岗或八里岗稍南。八里岗及长城河北的红石山梁上有土之处原来应有城墙，无土之处累石为固。楚长城西段的修筑完全是为了防御强秦的进攻。其始筑于楚顷襄王初年。根据地形、传说、文献资料，楚长城西段应始筑于前 298 年，终止于前 292 年。南阳境内的楚长城不是一次修成，而是因事在不同地点不同时间陆续修筑。楚长城西段是楚长城修筑最晚的一段长城[43]。

（二）西峡汉王城

汉王城位于西峡县二郎坪乡东南 3 千米的汉王城村。1984 年对该城进行了实测，并采集了部分器物标本，对城址的时代和性质有不少新的认识。汉王城三面环山，一面临水，地理位置非常重要。城址平面基本呈梯形，东垣长约 490 米，南垣长约 358 米，西垣长 521 米，北垣长 250 米，周长约 1619 米，面积约 0.14 平方千米。东北城垣残高 3.4 米，残存城垣宽 1.5～4 米，底宽 10～18 米。夯层平整、清晰。夯窝为平底圆夯。城垣基本依山势、地形而筑，且大部分筑在山体的基岩或裸露出基岩的小山脊上。城四面各有一门，东、北两条溪水是天然的护城河。文化遗物有筒瓦、板瓦、铜镞、陶豆等。汉王城位于深山区，完全依自然地势所筑，四周崇山峻岭，地形险要。战国、秦汉时人口更少或基本无人居住，因此受后人影响较小，其使用时间不会很长，因而城内保留下来的遗物应是与该城同时代的。出土的筒瓦、板瓦与湖北宜城楚皇城、鄂王城同类物相近；瓦内泥条盘筑痕迹与洛阳中州路东周瓦相同；瓦外饰较直的粗绳纹也是较早瓦的特点；夯层的厚度、夯窝的大小与陕西大荔、华阴魏长城、湖北宜城楚皇城相近。因此，汉王城的时代应为战国。根据文献记载和地理位置分析，其应是楚长城西段北端的军事要塞。根据文献记载、地名和石碑记述推断，汉王城的始筑时间和使用时间应在前 298 至前 292 年。从历史事实分析，汉王城之名应是讹传形成的,与刘邦无关㊹。

(三)淅川龙山岗遗址西周遗存

龙山岗遗址位于豫西南丹江下游。河南省文物考古研究院为配合南水北调中线工程建设,于2008年5月至2012年10月对遗址进行了抢救性考古发掘。这次发掘不仅发现有丰富的新石器时代遗存,还发现有西周等时期遗存。西周遗迹主要有灰坑、沟、墓葬等,出土的典型器物主要为陶鬲。从器物特征看,遗存的年代涵盖了西周早期、中期和晚期。西周早期的陶鬲,颇具商文化特征;西周早中期之际的陶鬲,表现出了强烈的地域文化特征,如陶系为夹砂红陶,鬲足为柱状等;西周中期后段以后,出现了明显为"二次包制"的柱形鬲足,属"楚式鬲"的典型特征。这些发现为早期楚文化相关研究提供了重要线索㊺。

(四)淅川下王岗遗址西周遗存

下王岗遗址位于南阳市淅川县盛湾镇河扒村东北,东北距淅川县城35千米。该遗址现处于丹江水库库区内,东、北、西三面为丹江环绕。1971～1974年,河南省博物馆文物工作队、长江流域规划办公室文物考古队河南分队对下王岗遗址进行了大规模的发掘,发掘面积2 309平方米,发现了仰韶文化、屈家岭文化、龙山文化、二里头文化等不同时期丰富的考古学文化遗存。2008年8月,中国社会科学院考古研究所山西队承担了河南省南水北调文物保护项目淅川下王岗遗址的钻探与发掘任务。经调查钻探,发现下王岗遗址现存面积约10 000平方米。第一季度发掘从2008年9月底开始,至12月底告一段落。发掘地点选在20世纪70年代发掘区的南北两侧,其中在北侧布10×10米探方6个,在南侧布10×10米探方5个,揭露面积共计1 100平方米。地层堆积是:1A层,现代耕土层。1B层,20世纪70年代发掘时翻上来的未回填的堆土。2层,近代耕土层。3层,汉魏时期地层。4A层,西周时期地层。4B层,西周时期地层。5层,二里头文化层。清理灰坑

48个。出土陶器器形有陶鬲、高领罐、直腹盆、小口罐、瓮、大口罐、圆腹罐、折腹盆、豆等。

下王岗遗址文化堆积厚,延续时间长,文化内涵丰富。本次发掘取得了许多新发现与新收获。

其一,下王岗遗址西周时期遗存十分丰富,遍及整个遗址。不仅有地层堆积,而且还有许多层位关系明确又互有打破关系的灰坑,为研究该遗址乃至丹淅地区西周时期文化提供了十分丰富的考古资料。

其二,下王岗遗址西周时期遗存分为三期五段,即西周早期(分为早、晚段)、西周中期(分为早、晚段)、西周晚期偏早。陶器演变序列清晰,早、中、晚延续,一脉相承。其中鬲是最常见的器类,数量和种类多,形制演变最明显,是最具代表性的陶器。卷沿方唇Ab型鬲变化轨迹明显,微束颈、鼓肩或广肩的特征逐渐出现,Ad型束颈鬲大体从第二期即西周中期也已出现,而这些都是楚文化自身的特点,不同于姬周文化。此外,从鬲足看,由尖锥形足,经截尖锥形足或纵剖面呈倒梯形的柱形足,至较高的柱形足以及略呈蹄足的演变脉络较为清楚,而后者是楚式鬲的特点。可见,下王岗遗址西周早期文化遗存中姬周文化特征占主流,而进入中、晚期后,陶鬲等器物逐渐带有楚文化特点。因此,下王岗遗址西周中、晚期遗存已是较为典型的楚文化遗存,而其西周早期遗存应是最早的楚文化遗存。本次发掘的下王岗遗址西周时期遗存为探讨早期楚文化的特征、来源及分布等提供了非常重要的线索。

其三,江汉平原基本不见西周早期楚文化的踪影,西周中期出现楚文化遗存,江汉平原楚文化应来源于丹淅一带。楚国最早的都城丹阳在丹淅之会,恐非空穴来风。大约是在西周末期,楚武王称霸江汉地区,楚文化才从丹淅一带扩张到江汉平原[46]。

(五)淅川县马川遗址

2008年10~12月,郑州大学历史学院对马川遗址进行了勘探和发掘。马川遗址位于淅川县盛湾镇马川村北。遗址区面积约20万平方米,共布设探方21个,发掘面积2 050平方米。发现了一批战国、汉代、唐宋等时期的墓葬、灰坑等遗存。战国时期遗存有墓葬2座,均为竖穴土坑墓,葬具为一棺一椁。其中M32保存较好,方向195°。平面长方形,直壁,平底。墓口长220、宽160厘米,墓底距墓口280厘米。出土随葬品10件,其中陶豆2件、陶壶2件、陶敦2件、陶鼎2件、陶盘1件、陶匜1件。M32出土的鼎、敦、豆、壶、盘、匜组合为战国时期墓葬常见器物组合。这些器物与同一墓地战国早期M159、南阳程庄战国早期M9中出土的同类器物形制接近。故其年代不会晚于战国中期[⑰]。

(六)楚长城资源调查、发掘与研究

为了配合国家文物局长城资源调查项目,2008年10~12月,以河南省文物考古研究所为主的河南省楚长城调查队在南阳市方城县进行了试点调查。2009年3月,调查队开始正式调查工作。调查队徒步行走854千米,调查长城墙体30.51千米,被历代破坏而消失或掩埋于地下的长城墙体约25.37千米、山险200多千米、关堡6个、寨堡105个,调查确认的烽燧37个、古代道路8条、长城沿线及附近的冶铁遗址7个、城址18座。在调查的同时,还做了些试掘或发掘工作。

南阳盆地北沿、东沿楚长城的分布线路是:自伏牛山主峰尧山循南阳盆地北沿的伏牛山支脉向东,沿今天的平顶山市鲁山县、叶县与南阳市南召县、方城县交界处,经叶县夏李乡椅子圈村高楼山,保安镇五里坡、花山头、茅茅山等,再向东过甘江河,经叶县辛店乡七棵树村土龙岗、龙头山、鹞山,延伸至叶县辛店乡刘文祥村小梁沟一带,穿南阳市方城县杨楼乡而过,至擦擦石山、关坡一带进入平顶山舞钢市境内,经舞钢市平岭村、舞钢市垭口办事处,再向东经东、西火山、苏山至舞钢市石漫滩水库东端大坝处,转而向南,沿驻马店市泌阳县东部的五峰山、塔山、白云山、铜山一线。整个线路绵延约 300 余千米。

经过调查,平顶山市叶县保安镇、辛店乡与南阳市方城县杨楼乡的墙体是连绵不断的;向东进入平顶山舞钢市境内,一直到石漫滩水库东端大坝处,楚长城的防御呈现出山险和人工墙体相结合的特点。在此间,楚长城利用了一条绵延较长的山脊,在山脊脊顶上无墙体修筑,仅在遇到山间垭口时,顺山势修建人工墙体。舞钢境内,石漫滩水库以北的楚长城人工墙体可分为 15 段;进入驻马店市泌阳县东部,楚长城则是以山险为主,以关、城扼守山间通道。此外,平顶山市叶县西部、鲁山县东部、东南部与南阳市方城县北部、西北部的独树镇、拐河镇、四里店乡交界处的楚长城亦呈现出山险和人工墙体或关堡相结合的特点,再向西,在平顶山市鲁山县与南阳市南召县交界处则呈现以山险为主,以关堡扼守山间通道的特点。

楚长城北线、东线的人工墙体多为土石混筑。然而,南阳市方城县西北部和平顶山市叶县偏西部交界处,青山西侧交界岭垭口处有长约 45 米的墙体为毛石干垒的石砌墙体,也有纯土筑的人工墙体。楚长城具有防御北方的浓厚军事色彩,豫北长城则主要考虑农牧分界,这是二者的显著区别。

通过对舞钢市杨楼乡五座窑行政村平岭自然村村北垭口处西段楚长城墙体的发掘,发现长城墙体的结构是:先将自然山体平整,再在平整过的山体上东西向修建两道南北平行的石砌墙体。北侧石砌墙体较宽,南侧较窄,两道墙体之间距离约 4.9 米。整个墙体残宽 10~16.1 米,残高 1.56 米。两道石砌墙体之间,地势较低处先堆积一层石块层,石块层里面掺杂有炭化的木棍。其他区域则是在两道石砌墙体之间,将炭化的木棍直接堆积在自然山体上。然后再在上面堆积当地的原生红土,红土层之上呈北高南低倾斜堆积数层黄土层。墙体基础部分的炭化木棍应该是有意堆积或掺杂在石块层里面的。这种现象在中国古代城池史和建筑史上是不多见的。叠压长城墙体的地层可分为宋元以后、东周到汉代两个时期,长城墙体之下不见叠压有早期的遗迹。长城墙体内所出遗物的时代不晚于战国中期,以楚文化风格为主,同时受到了郑韩文化因素的影响。

调查的关堡有北线上的分水岭、鲁阳关,东线上的方城县大关口、泌阳县象河关、虹桥关等。关墙有纯石砌的,也有纯土质或土石混筑的。通过对象河关遗址的发掘,发现其由关墙和壕沟组成,关墙底基残宽32.5米,残高约2米。关墙分内、外护坡和主墙体三部分。紧贴关墙北侧有壕沟,壕沟宽约23米。关墙向南约5里左右,有一大型东周遗址。遗址地表所见遗物为东周时期。在关墙和壕沟的北侧,有两个土台东西对称分布于两端的山脚下,可能是象河关的烽燧。关墙之内出土的遗物与南侧大型东周遗址所见遗物的时代一致。北侧有烽燧对称分布,南侧有大型的东周遗址,守南攻北的特征明显。综合起来看,象河关应是一个集关墙、壕沟、相关联的大型东周遗址、烽燧、古道及山险和自然河道组成的防御屏障于一体的系统完备的楚长城防御体系上的一处重要关口。

在平顶山叶县保安镇花山头、马头山山顶上楚长城墙体附近发现有大面积灰土堆积,经过发掘,推测可能是与楚长城防守相关的兵营遗址。

烽燧分布在楚长城之外、楚长城沿线和楚长城之内,大多近似圆形覆锅状,多数烽燧中间堆积大量红烧土,红烧土里边多钻探出有木炭。个别烽燧地表发现有较多的筒瓦、板瓦,这反映了烽燧顶部原来可能有建筑。通过对南阳方城县四里店乡米家河村南望火楼的发掘,发现其选择在一个高岗上,先在最高处夯筑一个方形土台,再在土台顶部挖建一个圆角近方形的半地穴式房子。房子方向187°。地穴壁上涂抹一层草拌泥,并经过烘烤。地穴内有三个灶,灶上的烟囱均为上细下粗的喇叭筒状,烟囱外围包裹一块完整的板瓦。房子地穴周围有柱洞20个。房子内填土出土的遗物时代上限可到春秋,下限不晚于战国中期。这个年代下限与楚长城的时代下限一致。房子内发掘出土的建筑材料有筒瓦、板瓦、土坯等,还有草拌泥。部分草拌泥上有木棍印痕,有的则有竹片或木条印痕。房子内填土里还见有少量木炭。综合来看,楚长城烽燧分布位置的海拔高度因地形地势而不同。烽燧之间的距离亦根据需要而不同,如泌阳县境内的烽燧之间的距离可达4千米,当接近关、城的时候烽燧之间的距离缩小至2.5千米以下。烽燧往往分布在关口的左右两侧,遥相呼应。烽燧也往往用来连结关与关或关与城。

楚长城北线、东线沿线及其内外两侧的城址有:平顶山市叶县保安镇前古城、驻马店市泌阳县付庄古城、沙河店古城、牛蹄古城。楚长城北线、东线外围近处有绕角城、犨城、叶邑故城、吴房故城、道国故城及信阳市境内的东周城址。南阳盆地北、东北、东、东南,有多重城址环绕在楚长城外围,起拱卫和屏障作用。

在长城资源调查中,对100余座山寨及与其相关的附属建筑进行了调查,因为均没有出土早期遗物,所以山寨与楚长城的关系难以确定。

在楚长城西线的调查中,除了调查大量的山寨外,对西峡县县城东北的白羽城、丁河乡邪地郡国故城、二郎坪乡汉王城等城址进行了调查。尤其是对汉王城的调查表明该城可能确实是楚长城西线上的一座城址,其居于峡谷之间,扼守交通要道。根据南阳西部地势的情况,并结合南阳盆地北部、东北部、东部楚长城防御形式的规律及特点看,南阳盆地西部的楚长城很可能也是以山险为主,以关堡、城址扼守古道、要冲构成的一条防御带。

这次调查表明,楚长城是由人工修筑的绵延较长的墙体、关堡、城址、烽燧、山险、古道等共同构成的有机统一的防御体系。楚长城不是边墙,亦不是界墙,外围有多重城址环绕和拱卫,是有相当纵深的一个军事防御体系。

这次大规模的实地调查在两千多年的楚长城研究中是一个突破,具有十分重要的意义[39]。

(七)桐柏县古台寺遗址

古台寺遗址位于桐柏县东部偏南、月河镇西约1千米处,东距淮河支流月河约0.5千米,东南去唐城村0.5千米左右,南面紧邻小城村。淮河在遗址以南约1千米处,傍桐柏山北麓自西南向东北流。月河西岸的阶地,地势平坦开阔,土地肥沃。遗址所在为三级台地,南北长150米左右,东西宽约100米,高出地面3~5米。台地东侧有残沟一段,疑似古代城壕遗留,南、西、北三面受耕地破坏严重。台地西侧二级、三级台阶之间的断面上有较多绳纹瓦片和鬲、罐等陶器残片,其余部分的地表遗物不多。通过走访小城村居民得知,在20世纪六七十年代,这块台地上多次出土三足陶器,推测可能是陶鼎或者陶鬲。因被学校建筑和操场覆盖,在古台寺遗址采集到的陶片不多,器形主要有鬲、罐、缸等。

古台寺遗址采集陶片较少,且较为零碎,器形不完整,就陶质、纹饰和器物形态分析,其时代为东周,没有发现更早的遗物。从采集到的一件陶鬲足来看,其特征为锥足,足腔较浅。锥足鬲为中原地区的作风,与之邻近的湖北地区东周时期则流行柱足。古台寺遗址东北不远即是月河养国墓地,月河墓地的年代为春秋早期至春秋晚期,少量为战国,古台寺遗址的年代当与墓地大体同时。

古台寺遗址所在台地东面有一条残壕沟,附近有地名唐城大队、唐城村。根据古音读法,"唐城"或即"羕城"之音转。但古台寺遗址现存面积仅有1.5万平方米左右,较之同期的列国都城规模相差甚远,如息国、鄀国故城面积约35万平方米,邓国故城规模更在50万平方米以上,但都邑中亦有规模较小者,如赖国故城含城壕仅2.5万平方米。由此推测,古台寺遗址可能是养国都邑的一部分,或仅是其中的宫殿基址[40]。

（八）淅川单岗遗址

2011年，郑州大学历史文化遗产保护研究中心对单岗遗址进行了发掘，出土了比较丰富的周代遗存和遗物，遗存主要有房址、陶窑、灰坑（沟）等，遗物以陶器、石器、骨器和少量铜工具等为主，陶器既有鬲、甗、鼎、盆、盂、罐、瓮、豆和钵等日用陶器，也有少量敦、壶和盖豆等仿铜陶礼器。这批遗存可分为五期，大致从西周晚期延续至战国早期，为构建豫西南及邻近地区的文化序列，探索楚文化的形成与发展提供了重要资料[59]。

三、其他

南阳市博物馆收藏的铜器属于楚文化的有：

1. 弃疾簠

1970年，南阳市西关汽车发动机厂出土。铜簠仅存盖部，浅腹，腹壁下收，腹部两侧附有二个对称的兽形耳，四周口沿之外附有六个对称的边卡，腹底之下有长方形圈足，圈足微外撇，其四周正中均留有缺口，通体饰细密的蟠虺纹。口长28、宽21、器高9厘米。底内有铭文二行：楚子弃择其吉金自乍（作）飤簠。时代为春秋。

2. 丁儿鼎盖

南阳地区废品公司拣选。仅存盖部，口径32、高6.5厘米。中心有圆环形握手，握手上饰绹纹，盖饰蟠虺纹中界以二周弦纹，中心饰卷曲龙纹。口沿界以三个等距离的兽面边卡与器扣合。盖内有铭文三行：隹正十月初吉壬午，应侯止孙丁儿择其吉金玄镠铝铉，自乍（作）飤簠，眉寿无裓（期），永保用止。时代为春秋中晚期，属于春秋时期的应侯之器。从鼎盖的造型和铭文的字体风格看，带着浓厚的楚器风格。

3. 铭文铜敦

南阳市博物馆征集，出土地点不详。铜敦有盖，子母口，深腹，圜底，腹内侧有对称环耳，三蹄足。通体素面无纹。盖顶似有三钮,盖和器身合在一起呈圆球形。口径15.5、通高15厘米。器盖和器身内各有铭文30字,内容相同。器身铭文为:朕宋右币(师)延隹嬴嬴昷昷(盟,明)易(扬)天恻昏(骏)共(恭)天尚(常)乍(作)盨粱薬(饔)器天亓(其)乍(作)市(袚)于朕身永永有庆。时代为春秋晚期。

4. 铭文铜戈

南阳市西关汽车发动机厂出土。长13、胡长9厘米。前锋作弧形尖削,前锋部微大于援之中段,下刃在援末和胡相接处作斜缓的曲线,内长方形,后下角有不明显的小刺。长胡三穿。下阑残缺。援的脊线明显,呈弧状。胡上有铭文四字:䣉繇(繇)止哀。时代为春秋[⑪]。

本文在写作过程中,得到南阳市文物考古研究所王凤剑先生对选题的指导和帮助,在此致以真诚的谢意!

注释:
① 李陈广:《南阳地区楚文化的发现和研究》,《中原文物》1992年第2期。
② 南阳市文物工作队:《南阳市西关三座春秋楚墓发掘简报》,《中原文物》1992年第2期。
③ 乔保同:《南阳八一路楚申县贵族墓地埋葬制度初探》,载《楚文化研究论集(第九集)》,上海古籍出版社,2011年。
④ 南阳市文物工作队:《南阳市彭营砖瓦厂战国楚墓》,《中原文物》1994年第1期。
⑤ 河南省文物考古研究所、南阳市文物考古研究所、淅川县博物馆:《淅川和尚岭与徐家岭楚墓》,大象出版社,2004年。
⑥ 干福熹、承焕生、胡永庆、马波、顾冬红:《河南淅川徐家岭出土中国最早的蜻蜓眼玻璃珠的研究》,《中国科学(E辑:技术科学)》2009年第4期。
⑦ 河南省文物管理局南水北调文物保护办公室、河南省南阳市文物考古研究所:《河南淅川县徐家岭11号楚墓》,《考古》2008年第5期。

⑧ 王长丰、乔保同：《河南南阳徐家岭 M11 新出㒰夫人嬭鼎》《中原文物》2009 年第 3 期。
⑨ 河南省文物研究所、南阳地区文物研究所、淅川县博物馆：《河南淅川吉岗楚墓发掘简报》，《华夏考古》1993 年第 3 期。
⑩ 胡永庆：《秦楚丹阳大战与淅川吉岗楚墓》，《中原文物》2003 年第 4 期。
⑪ 河南省文物研究所、淅川县博物馆：《河南淅川大石头山楚墓发掘报告》，《华夏考古》1993 年第 3 期。
⑫ 南阳市文物研究所、桐柏县文管办：《桐柏月河一号春秋墓发掘简报》，《中原文物》1997 年第 4 期。
⑬ 董全生、赵成甫：《桐柏月河一号春秋墓相关问题研究》，《中原文物》1997 年第 4 期。
⑭ 赵成甫、董全生：《试论桐柏月河春秋墓出土的牙璋》，《中原文物》1997 年第 4 期。
⑮ 石荣传：《桐柏月河一号墓玉器与东周文化交流》，《东南文化》2010 年第 5 期。
⑯ 南阳市古代建筑保护研究所：《南阳市烟草专卖局春秋、西汉墓葬的发掘》，《华夏考古》1999 年第 3 期。
⑰ 南阳市文物考古研究所：《南阳一中战国秦汉墓》，文物出版社，2012 年。
⑱ 河南省南阳市文物考古研究所、武汉大学历史学院考古系：《南阳丰泰墓地》，科学出版社，2011 年。
⑲ 南阳市文物考古研究所：《中建七局南阳设备公司材料库 M1 发掘简报》，《中原文物》2007 年第 5 期。
⑳ 王儒林、崔庆明：《南阳市西关出土一批春秋青铜器》，《中原文物》1982 年第 1 期。
㉑ 尹俊敏：《出土的彭伯壶》，《文物》1997 年第 12 期；尹俊敏：《南阳市西关出土一批春秋青铜器(补记)》，《华夏考古》1999 年第 3 期。
㉒ 董全生、李长周：《南阳市物资城一号墓及其相关问题》，《中原文物》2004 年第 2 期。
㉓ 南阳市文物考古研究所：《河南南阳春秋楚彭射墓发掘简报》，《文物》2011 年第 3 期。
㉔ 李长周：《从南阳申公寿墓的铭文说起》，《中国文物报》2012 年 12 月 7 日。

㉕㉙ 林丽霞、王凤剑：《南阳市近年出土的四件春秋有铭铜器》,《中原文物》2006年第5期。
㉖ 乔保同、李长周：《南阳发现蔡侯申簠》,《中原文物》2009年第2期。
㉗ 乔保同、柴中庆、王凤剑：《河南南阳楚墓发掘工作取得重大收获》,《中国文物报》2008年8月29日；柴中庆、乔保同、王凤剑：《南阳市新发现春秋楚国贵族墓》,《中国文物报》2009年5月15日。
㉘ 牛沛：《楚国申县彭氏家族墓地出土青铜器矿料来源的初步研究》,载《东方博物》第49辑,浙江大学出版社,2013年。
㉚ 南阳市文物考古研究所：《南阳市万家园M181发掘简报》,《中原文物》2009年第1期。
㉛ 南阳市文物考古研究所、南阳知府衙门博物馆：《河南南阳市华鑫苑小区M124发掘简报》《华夏考古》2015年第3期。
㉜ 南阳市文物考古研究所：《河南南阳李八庙春秋楚墓清理简报》,《文物》2012年第4期。
㉝ 河南省文物考古研究院、河南省文物局南水北调文物保护办公室：《河南淅川县阎杆岭楚墓发掘简报》,《华夏考古》2014年第4期。
㉞ 河南省文物局：《南阳镇平程庄墓地》,科学出版社,2011年。
㉟ 河南省文物局：《东沟长岭楚汉墓》,科学出版社,2011年。
㊱ 河南省文物局：《淅川马川墓地东周楚墓》,科学出版社,2016年。
㊲ 郑州大学历史学院考古系、河南省文物管理局南水北调文物保护办公室：《淅川吴营遗址春秋墓发掘简报》,《中原文物》2011年第3期。
㊳ 河南省文物局：《淅川刘家沟口墓地》,科学出版社,2011年。
㊴ 河南省文物局：《淅川全寨子墓地》,科学出版社,2016年。
㊵ 河南省文物局：《淅川新四队墓地》,科学出版社,2015年。
㊶ 何晓琳等：《河南淅川县申明铺墓地25号战国墓》,《考古》2015年第5期。
㊷ 河南省文物局：《淅川熊家岭墓地》,科学出版社,2016年。
㊸ 柴中庆：《楚长城西段考》,载《楚文化研究论集（第四集）》,河南人民出版社,1994年。
㊹ 柴中庆：《西峡"汉王城"调查简报》,载《河南文物考古论集》,大象出版社,1996年。
㊺ 河南省文物考古研究院、河南省文物局南水北调文物保护办公室：《河南

淅川龙山岗遗址西周遗存发掘简报》,《中国国家博物馆馆刊》2015 年第 7 期。

㊻ 中国社会科学院考古研究所山西队、河南省文物局南水北调办公室：《河南淅川县下王岗遗址西周遗存发掘简报》,《考古》2010 年第 7 期。

㊼ 郑州大学历史学院、河南省文物考古研究所、河南省文物局南水北调文物保护办公室：《河南淅川县马川遗址发掘简报》,《中原文物》2013 年第 2 期。

㊽ 李一丕、杨树刚、衡云花、郭亮：《豫西南地区楚长城资源调查、发掘与研究》,载《楚文化研究论集(第十集)》,湖北美术出版社,2011 年。

㊾ 武汉大学历史地理研究所、南阳市文物考古研究所：《桐柏县几处古文化遗址调查简报》《江汉考古》2009 年第 3 期。

㊿ 郑州大学历史文化遗产保护研究中心、河南省文物局南水北调文物保护管理办公室：《河南淅川单岗遗址 2011 年度周代遗存发掘简报》,《江汉考古》2015 年第 4 期。

㊑ 尹俊敏、刘富亭：《南阳市博物馆藏两周铭文铜器介绍》,《中原文物》1992 年第 2 期。

吴起"南平百越"与五岭道的拓辟

蒋响元

(湖南省交通运输厅)

战国时期,魏文侯(前445~前396年)是最早推行变法的君主,魏国也因此最先崛起。前409年,魏文侯攻占秦国西河地区(今陕西洛河、黄河与渭河间的三角地带),设立西河郡,任命吴起为大将,主持西河防务。《吴子·图国》载:"文侯身自布席,夫人捧觞,醮吴起于庙,立为大将,守西河。"后来,吴起与各诸侯国大战76次,全胜64次,其余12次也未分胜负。魏国"辟土四面,拓地千里,皆起之功也"。

周安王六年(前396年),魏文侯卒。魏武侯继位后,吴起受排挤,被迫奔楚。楚悼王(前401~前381年)先命吴起为宛(今河南南阳)守,防御韩、魏,后又升其为令尹,主持变法。吴起变法后,楚国空前强盛,"于是南平百越,北并陈蔡,却三晋,西伐秦。诸侯患楚之强"(《史记·吴起列传》)。其中,"南平百越"是继楚平王"舟师伐濮"后,楚国在江南的又一次大规模军事行动。

吴起认为:"荆所有余者地也,所不足者民也。今君王以所不足益所余,臣不得而为也。"故"令贵人往实广虚之地"(《吕氏春秋·贵卒》),徙楚国贵族于蛮越地区,以促进广袤的"楚之江南"的开发。湘水上游的洮阳(今广西全州县境),湘水、耒水交汇处的庞(今衡阳),耒水之滨的酃(耒)阳君、郴(今郴州),以及北江支流武水的临武君等,大概就是这一时期设立的县邑或封邑。这些县邑或封邑,多分布于重要的交通要冲。如湘水上游的洮阳,控制楚越主孔道"湘桂走廊";耒水之滨的酃(耒)阳、鄙,控制经耒水河谷南下的楚越道;九嶷山一带的临武邑、九疑塞,则控制溱水上游关口以及从湘水上游支流舂陵水至五岭以南湟水(即粤北连江)、阳山关的交通间道。

《后汉书·南蛮传》载:"吴起相悼王,南并蛮、越,遂有洞庭、苍梧。"楚悼王对南方用兵、征服蛮越后,将其旧地纳入郡县管理体制,设洞庭、苍梧二郡,守卫楚国南疆。

洞庭郡的大致范围,北至洞庭,南及潇湘,东接幕阜,西以雪峰山为界,与黔中郡相邻。郡治位于湘水下游交通枢纽长沙邑[①]。

苍梧郡的地望则在洞庭郡以南,楚南境以北,湘、资上游的五岭地区。郡治位于楚越交通要冲鄙(郴)邑。21世纪初,该地发现大夫级楚墓,出土云纹漆樽、谷纹琉璃璧、西域琉璃珠、越式锡鼎等珍贵文物,证实了郴州楚南重镇的地位[②]。另有观点认为,苍梧郡治位于九疑山附近、江华桥头铺一带的老屋地城址[③]。

战国中晚期,楚南境抵今广东南雄、始兴、连县、阳山以及广西平乐、荔浦一线,应是"南平百越"时扩地所致。《文献通考·舆地考》:"自荔浦以北为楚,以南为越。"《史记·甘茂传》记有范蜎与楚怀王的一段对话,言及"楚南塞厉门而郡江东"。《史记正义》引刘伯庄语曰:"厉门,度岭南之要路。"杨宽《战国史》据《水经注·漓水》中"漓水之上有关"的记述,认为"漓"、"厉"相近,厉门即扼漓水之关,在今广西平乐西南[④]。厉门塞当为扼湘漓通道,亦即湘桂走廊的水关。

广西平乐、恭城,广东清远、广宁等地出土的楚国器物,与长沙、河南、安徽等地楚墓出土的相似。1974年,桂江之滨的广西平乐银山岭发掘一批战国中晚期墓葬,出土实茎剑、扁銎矛和钺、戈、铁锄、刮刀等青铜器和铁器,部分兵器铭刻"江"、"鱼"、"屠陵"等楚国地名,墓主应是与百越对峙、作战阵亡的楚国戍兵[⑤]。

南岭山脉东西横亘于今湖南、江西与广东、广西的接壤地区,向东延伸至闽南,是中国南部最大山脉和重要的自然地理界线。南岭由越城岭、都庞岭、萌渚岭、骑田岭和大庾岭等5座主要山岭所组成,故又称五岭。五岭之间,或形成低谷走廊,或形成构造断裂盆地,或分水岭较为低矮而不难翻越,遂成南北交通的天然孔道。《晋书·地理志》:"自北徂南,入越之道,必由岭峤,时有五处,故曰五岭。"

楚越交通,必由五岭。"五岭"一词始见于《史记·张耳陈余列传》:"(秦)北有长城之役,南有五岭之戍。"《史记》虽提及五岭,但没有具体指明具体位置。《通典·岭南道》明确了五岭所指:"塞上岭,一也,今南康郡大庾岭是;骑田岭,二也,今桂阳郡腊岭是;都庞岭,三也,今江华郡永明岭是;甿渚岭,四也,亦江华界白芒岭是;越城岭,五也,今始安郡北零陵郡南临源岭是。"

《读史方舆纪要》援引南宋周去非地理著作《岭外代答》,认为五岭是内地通南越的五条道路:"五岭之说,旧以为皆指山名,考之,乃入岭之途五耳,非必山也:自福建入广东之循梅,一也;自江西之南安入南雄,二也;自湖广之郴入连(今广东连州),三也;自道州入广西之贺县,四也;自全入静江(今桂林),五也。"以上五途,由全入静、由道入贺、由郴入连这三条路线均自潇湘南下粤桂,是楚越交通的主要孔道。

由全入静道经由中国历史上三大文明走廊之一的"湘桂走廊",石器时代起就是沟通南岭南北的主要通道。其路线是从洮阳溯湘水至今兴安,经由兴安西南狮子山与凤凰山之间的峡谷南下,顺次进入漓江、桂江、西江流域。该道在军事和经济上的价值较其他两条湘越道要大。《吕氏春秋·本味》:"招摇之桂,越骆之菌。"招摇山,或谓即越城岭主峰猫儿山[⑥]。秦人获得招摇之桂、骆越之菌等美味,显系通过湘桂走廊。

由道入贺是一条入越间道。自洞庭溯湘水至零陵,复沿潇水上溯,穿越都庞、萌渚岭之间的隘口,入贺江南下,也进入西江流域。

广西灌阳、兴安、平南、灵山、田东、靖西、宾阳、贺县等地发现的战国墓葬,风格与湖南地区的楚墓相似。1979年,与湖南接壤的贺县桂岭发现西周晚期的青铜镈钟⑦。1980年,贺县铺门发现20件战国铜器,计有斧13件、钺5件、镞2件,铜器的形制、风格与广东广宁铜鼓岗战国墓、广西平乐银山岭战国墓中的器物类似⑧。这些具有楚文化特色的青铜器,主要分布于漓水和贺江沿岸,正在由全入静和由道入贺两条通道之上。

由郴入连是楚人入越的又一要道。自衡阳溯耒水、郴江至郴县,由郴逾骑田岭,经宜章、临武入连州是该道的主线,还有许多支线分别从今桂阳、嘉禾、蓝山、宁远等县入粤,都汇合于连州,然后沿连江进入北江流域。由郴州经宜章入韶州,也是一条入越间道⑨。

经由湘境的楚越通道还有商代开辟的夫夷道,即溯资水上游夫夷水、逾越城岭入桂江、西江。另一条入越通道是从黔中郡治沅陵,溯沅水、叙水(今渠水)⑩,至素有"百越襟喉"之称的镡成(今靖州、通道一带),再沿"镡成之岭"西麓谷地南下潭江(今融江和柳江)、西江。

岭南以青铜器为主要随葬品的墓葬,主要分布在西江水系的北面支流,北江水系的东西几条支流。"这些河流正是古代广东人民与长江流域及中原地区进行经济文化交流的主要通道"⑪。这种分布说明,楚越关系最密切的是西江流域,其次是北江流域。楚越交通的主干道当为湘、漓水系,亦即"湘桂走廊"。

注释:
① 赵炳清:《略论"洞庭"与楚洞庭郡》,《历史地理》2006年第21辑。
② 张式成:《郴州,独树一字耸南岭》,《文献与人物》,2016年第2期;参阅谢武经:《郴州:秦、楚苍梧郡郡治;神农、舜、义帝帝都》,《郴州文史网》2015

年6月19日。
③ 钟炜:《洞庭与苍梧郡新探》,《南方论刊》2006年第10期;参阅徐少华、李海勇:《从出土文献析楚秦洞庭、黔中、苍梧诸郡县的建置与地望》,《考古》2005年第11期。
④ 杨宽:《战国史》,上海人民出版社,2003年。
⑤ 蒋廷瑜:《楚国的南界和楚文化对岭南的影响》,载《中国考古学会第二次年会论文集》,文物出版社,1982年。
⑥ 徐南洲:《试论招摇山的地理位置》,载《山海经新探》,四川省社会科学院出版社,1986年。
⑦ 覃光荣:《广西贺县发现青铜镈钟》,《考古与文物》1982年第4期。
⑧ 广西壮族自治区贺县文物工作队:《广西壮族自治区贺县出土一批战国铜器》,《考古》1984年第9期。
⑨ 郭仁成:《楚国经济史新论》,湖南教育出版社,1990年。
⑩ 叙水曾被郦道元认为是沅水的源头。《水经注·沅水》:"沅水出牂柯且兰县,为旁沟水,又东至镡成县,为沅水。"
⑪ 广东省博物馆:《广东考古结硕果,岭南历史开新篇》,载《文物考古工作三十年》,文物出版社,1981年。

楚族产生与消亡的时间问题刍议

王小杰

（华南师范大学中山附属中学）

对于楚族的形成时间，舒之梅先生指出，楚族形成于商代时期[①]。以胡厚宣先生[②]、蔡靖泉先生等为代表的学者则认为楚族的形成时间应与楚国立国时间相同。王力之先生指出，商代虽有楚，但"商代之楚，与周代之楚"不同，"周之楚"乃西周王朝分封的楚子[③]。笔者认为，舒先生的说法虽有一定可取之处，但并没有解释楚族形成的具体时间与标志。第二种观点则有将楚族、楚国两个概念混淆的嫌疑。王力之先生的观点虽然比较中肯，但却缺乏对楚族形成过程的探讨。有鉴于此，本文在结合族群概念的基础上，对"楚人（楚族）"的概念进行分析。

族群，是一个社会人类学概念。最早提出族群概念的是德国的社会学家马克斯·韦伯（Marx Weber）。韦伯指出："某种族群由于体质类型、文化的相似，或者由于迁移中的共同记忆，而对他们共同的世系抱有一种主观的信念。这种信念对于非亲属社区关系的延续相当重要，这个群体就被称为族群。"[④]香港和台湾地区的学者比较倾向于韦伯对族群的定义，代表学者如毕业于香港中文大学的李泳集先生[⑤]、台湾东华大学的乔健先生[⑥]等。科威特学者默罕默德·哈达德指出，族群"指社会上所具有的独特的因素，因文化和血统而形成不同意识的群体。可以说，它是因体质或文化上的特点而与社会上其他群体区别开来的人们共同体"[⑦]。总体看来，默罕默德·哈达德对族群的定义比较宽泛。日本学者涩谷和匡对族群的定义是"由于具有实际或虚构的共同祖先,因而自认为是同族并被他人认为是同族的一群人"⑧。徐杰舜教授在《论族群与民族》一文中指出:"所谓族群,是对某些社会文化要素认同而自觉为我的一种社会实体。"⑨在综合各位学者的主要观点的基础上,本文进一步提出族群的两个基本特性:第一,在不同的社会发展条件影响下,不同的族群会产生走向分离或融合的倾向。在这种倾向下,判断一个族群是否具备实体意义的标准,应该是群体对族群的认同,而非个人对族群的认同。第二,族群的存在,具有历史性的特点。在此基础上,本文认为,解决族群意义下对"楚人"概念的理解问题,其实质是解决楚人群体性族群认同感的产生或消失与否的问题。

一、楚人群体性族群认同感的产生问题

本文将通过分析"楚人"称谓的由来,初步判读楚人群体性族群认同感的产生时间问题。目前,学术界对于"楚人"称谓的由来,大致有以下三种看法。

(一)"荆"、"楚"通义说

张正明先生在《楚史》⑩一书中认为,"楚人"的称谓,源自楚地多"荆"这种植物,而在战国中期及其以后,'荆'、'楚'是可以相互通称的。杨伯峻先生在《春秋左传注》注曰:"荆即楚。"⑪2011年,随州叶家山西周早期曾国墓地发掘中,M2墓出土了一件"🜨子鼎"(图一)⑫,鼎上刻有这样的铭文:

> 丁巳,王大佑。戊午,🜨子蔑历,敞白牡一;己未,王赏多邦伯,荆子丽,赏鬯卣、贝二朋,用作文母乙尊彝。

图一　叶家山西周墓地 M2 出土 🜨 子鼎及铭文

对此,黄锦前先生认为,鼎铭上的"⼘子",指的是"楚子",即文献中的"熊绎"⑬。但是根据河南大学赵炳清教授的考证,"在'荆'、'楚'通用等义(笔者按:大致在战国中期左右)之前,'楚'与'荆'是具有不同的指代范围的"⑭。由此看来,这种说法在现在看来,是没有多大说服力的。对此,王光镐先生在《荆楚名实综议》⑮一文中亦认为"荆"、"楚"为完全不同的两个国家,后来"荆"融入于"楚",成为楚国的一部分。总之,因为目前学术界对"荆"、"楚"通义说争议较多,所以,本文认为,楚人称谓来自"荆"或"楚"植物名称的观点,值得进一步商榷。

(二)"国号"说

持有"国号说"的学者,认为:"楚人"的称谓来自西周初年,周王室对楚人的封号。这种观点的实质,是对政治关系的再强调。对于"楚"的国号问题,传世文献中有很多相关记载,如《国语·晋语八》中记载:

> 昔成王盟诸侯于岐阳,楚为荆蛮,置茅蕝,设望表,与鲜卑守燎,故不与盟⑯。

另据《左传》桓公二年记载:

> 蔡侯、郑伯会于邓,始惧楚也⑰。

《史记·楚世家》记载:

> 当周成王之时,举文、武勤劳之后嗣,而封熊绎于楚蛮,封以子男之田,姓芈氏,居丹阳⑱。

图二 周原甲骨 H11:83

诸如此类的记载,还有很多。另1977年,在陕西周原岐山县凤雏

村出土了一批周初的甲骨[19]，其中有

日今秋楚子来告父后□（周原甲骨H11∶83，图二）[20]

其微、楚□牢燎，师氏舟燎（周原甲骨H11∶4，图三）[21]

的记载。根据《尚书》等传世文献记载，甲骨H11∶4中的"微"，指的是随周武王伐纣于牧野的八国

图三　周原甲骨H11∶4

之一。在同一片甲骨中，"楚"与"微"同时被提及，则"楚"指的是楚国，是没有问题的。另陈全方先生指出，在"日今秋楚子来告父后□"一语中，"楚子"即熊绎（徐少华先生[22]亦同意此说），"□"应为"哉"字，通"载"，事也。言熊绎继其父身后之事也[23]。通过对出土材料与传世文献的分析，可以得出这样一个结论：至迟在西周早期（周成王时期），作为中央政权的周王室，在政治上亦承认了"楚"的独立诸侯国地位。本文认为：西周王室对楚人政治上独立诸侯国地位的承认，不代表"楚人"族群在此之前不存在。相反，正是由于"楚人"族群已经先于西周政治分封之前而存在，才会使楚人获得"楚"的封号。且学界一般认为周原甲骨乃周文王时期的产物。在周原甲骨中出现"楚"字，由此证明，"楚"——这个名称——产生的时间，应该早于熊绎受封的时间。

除此之外，刘玉堂先生、尹弘兵先生在《楚蛮与早期楚文化》[24]一文中指出：楚国之得名，因楚蛮而来。何介钧先生亦指出："不是因为封了楚子，丹阳一带才被称之为楚，而是因为丹阳一带世为楚蛮所居，所封子国因沿袭该地民族（或低于）名称，取名为楚。"[25]本文认为：刘、何二位先生所认为之楚国封号是因为楚蛮，而不是芈姓季连的后人（即以鬻熊为代表的楚人部落）的观点，有待进一

步商榷,尤其是在清华简《楚居》问世以后。

(三)清华简《楚居》中的说法[26]

2010年清华简《楚居》篇的问世,为我们解决楚人名称由来问题提供了最新的材料。《楚居》内容显示:楚人之所以称呼自己为"楚人",是为了纪念一位名字叫作"列"的女子:

> 穴酓迟徙于京宗,爰得妣列,逆流哉水,厥状聂耳,乃妻之,生侸叔、丽季。丽不从行,溃自胁出,妣列宾于天,巫𢻸赅其胁以楚,抵今日楚人[27]。

"穴酓"是谁?《楚居》简文透露出这样一个线索:"穴酓"曾迎娶女子"列",并生下儿子"侸叔"、"丽季"。"叔"、"季"二字,应该表示"伯仲叔季"的兄弟关系。"丽季",当与《楚世家》中"熊丽"相对应。而在《楚世家》中,"熊丽"为"鬻熊"之子。由此看来,《楚居》之中的"穴酓",与《楚世家》中鬻熊本是一人。有一点需要引起我们的注意:在《楚居》之中,称呼楚人历代先公、先王,均以"酓×"为特色,而在《楚世家》中,却是以"熊×"为特征。由此,本文认为,在表达楚人历代先公、先王之名讳时,《楚居》中的"酓"字与《楚世家》中的"熊"字之间,相互通用。由此,一个新的问题产生了:《楚世家》记载:

> 季连生附沮,附沮生穴熊,其后中微……周文王之时,季连之苗裔曰鬻熊[28]。

从《楚世家》的记载来看,"穴熊"与"鬻熊"似乎指的是不同的两个人。但从前文的推断可知,"穴熊",应与《楚居》中"穴酓"相对应。这一点,与《楚世家》的记载相互矛盾。针对这个问题,李学勤先生[29]、黄锡全先生[30]、张富海先生[31]等诸位学者经过考订认为,简文中出现的"穴酓(如《清华简·楚居》)"、"鬻酓(如《新蔡葛陵楚简》甲三188、197)"、"毓酓(如《包山楚简》简217)"、"媸酓"等,其实都指的是同一个人,即《史记·楚世家》中的"鬻熊"。考虑到《楚世家》的写作时间以及秦朝一代"焚书坑儒"所造成的影响,本文认为,司马迁将"穴熊"与"鬻熊"视作不同的两个人,当是误传。清华简《楚居》篇中的畬羋,当对应《楚世家》中的熊绎。

在解决《楚居》中部分人名的释读问题后,让我们一起来看一下这段简文所记载的内容:楚人先祖穴畬(鬻熊)之妻在生育之时,因为难产的缘故,"丽不从行,溃自胁出"。最终,列(案:"妣",为后人对先逝女性长辈的尊称)因为生育问题,献出了自己宝贵的生命。最后,一名叫作戕的巫师,用"楚"(荆条的一种)将列的伤口包扎之后,"列"才得以安然下葬。从此之后,以穴畬(鬻熊)为首领的部族为纪念这位伟大的母亲,称呼自己为"楚人"。这是楚人自身对于遥远过去的回忆,其可信性是很高的。由此可见,清华简《楚居》篇之中的"楚人"概念,与政治实体意义下的"楚人"概念完全不同;其产生时间,亦比政治实体意义下"楚人"概念要早(这是因为熊绎在受封之时,周王室沿用其固有部落名称——楚人——的缘故)。从这层意义上讲,早在穴畬(鬻熊)时代,这个原本由祝融部落[32]分化出来的部族,已经产生对"楚人"——一个新的族群称谓——的文化认同,即群体性族群认同感已经由此产生。而在此之前,"楚人"并没有成为一个实体意义的族群而存在,而仅仅只是作为祝融部落的一个分支,"或在中国,或在蛮夷",孤苦地游荡于华夏社会与蛮夷社会之间。

另外,在社会人类学中,共同的历史渊源和相似的文化特质虽然被当作是族群认同的重要要素,但是在实际情况中,族群认同的结果,却并不一定建立在这些客观要素成正比例作用的结果之上。对此,张海洋先生曾在其论文《浅论中国文化的多样性、族群认同与跨文化传统》中指出:"只要在任何一方发现维持和建立民族界限于己方有利,哪怕轻微的口音甚至细小的举动都有可能被用作族群标志"[33]。从这层意义上来讲,将"妣列宾于天"这件事作为楚人群体性族群意识认同产生的标志性事件,具有很强的可行性。

(四)"妣列宾于天"的时间问题

在将"妣列宾于天"这件事作为楚人群体性族群意识产生的标志事件后,我们可以大致推测这种群体性族群意识的产生时间。列,为楚人早期首领穴酓(鬻熊)之妻,穴酓(鬻熊)的生活年代是什么时候呢?这一点,《楚居》中没有明确记载。这一点,我们需要结合传世文献的记载,来推断穴酓(鬻熊)的生活年代。据《史记·楚世家》记载:"鬻熊子事文王,蚤卒。"㉞对于"鬻熊子事文王"一句的句读与理解问题,中华书局1959年点校本将其句读为"鬻熊子事文王,蚤卒"。张正明先生在《楚史》一书中,根据中华书局点校本,指出:"'所谓子事文王',意即事文王如子"㉟,进而得出鬻熊比文王年轻许多的结论。对于这个问题,本文窃以为张正明先生的说法似乎不太准确。对此,本文在写作中采用李世佳在《也说〈史记·楚世家〉"鬻熊子事文王"》一文中的观点:认为"鬻熊子事文王"一句的句读方式,应该为"<u>鬻熊子事文王</u>,蚤卒",而非中华书局点校本之"鬻熊子事<u>文王</u>,蚤卒",在此基础上,"鬻熊子事文王"可理解为鬻熊子其人臣事文王㊱。笔者认为,在《史记·楚世家》中"蚤卒"二字,紧紧出现在"鬻熊子事文王"之后,是司马迁将鬻熊之卒的时间与周文王相对比后,得出的结论。由此看来,鬻熊的年龄至少应该与周文王相仿,甚至比周文王年龄还要大。这一点,可与殷末周初时期,周族"文王—武王—成王"三代人对应楚族"鬻熊—熊丽—熊狂—熊绎"四代人的情况,相互之间得到印证。唐代学者逢行珪在《鬻子·序》中有这样一段记载:

> 鬻子,名熊,楚人,周文王之师也。年九十,见文王。王曰:"老矣"!鬻子曰:"使臣捕兽逐麋,已老矣;使臣坐策国事,尚少也"。文王师之。㊲

鬻熊(穴酓)九十岁见文王(西伯),言自己可为其"坐策国事",由此可见此时文王(西伯)的政治经验相对鬻熊(穴酓)来讲,稍显不足,否则也不需要鬻熊(穴酓)为其"坐策国事"。在三代时期,政治经验的获得,往往需要靠岁月来积累,这一点,可从《史记》中谈及西伯(文王)"敬老"[38]的态度得到证明。唐人对鬻熊(穴酓)"年九十,见文王"的记载,也许稍显言过其实,但至少可以从侧面说明鬻熊(穴酓)在投奔周族之时,其年龄相对西伯(文王)来讲,稍显颇大,否则,不会出现文王(西伯)嫌其"老矣"的记载;而鬻熊(穴酓)的"蚤终",亦从侧面说明一点,鬻熊(穴酓)的年纪至少应与文王(西伯)相仿或者稍显年长。

另据《史记·周本纪》载:

> 太颠、闳夭、散宜生、鬻子、辛甲大夫之徒皆往归之。崇侯虎谮西伯于殷纣曰:"西伯积善累德,诸侯皆向之,将不利于帝。"帝纣乃囚西伯于羑里。[39]

《史记·周本纪》中出现的"西伯",即未曾受命称王的文王。从《史记·周本纪》的记载看,鬻熊(穴酓)投奔西伯(文王),是在西伯(文王)被殷纣囚拘羑里之前。而《史记·周本纪》在描述周人营救被囚禁羑里的西伯(文王)的努力中,并未看到鬻熊(穴酓)的身影。结合鬻熊(穴酓)"蚤卒"的记载,本文分析,鬻熊(穴酓)很有可能是在西伯(文王)被殷纣赦免之前,就已经过世。由此,亦可说明鬻熊(穴酓)的年纪可能比西伯(文王)稍微年长一些。在确定鬻熊(穴酓)与西伯(文王)的相对年纪之后,我们可以通过对西伯(文王)的生活时代的确定,来相对确定鬻熊(穴酓)生活年代的问题。据《史记·周本纪》载:

> 西伯盖即位五十年。其囚羑里,盖益《易》之八卦为六十四卦。诗人道西伯,盖受命之年称王而断虞芮之讼。后十年而崩,谥为文王。[40]

结合夏商周断代工程的研究成果,武王克商之年为前1046年(即周武王十二年)㊶。文王薨逝后,武王即位,也就是说,文王薨逝之年为前1058年前后,计算方式为:

前1046年－武王即位的12年＝前1058年

"西伯崩",裴骃《史记集解》引徐广言曰:"文王九十七乃崩。"张守节《史记正义》引《毛诗》疏云:"文王九十七而终。"㊷由此,我们可以计算出周文王生活的年代范围大致为前1155年～前1058年,计算方法为:

前1058年－周文王九十七岁＝前1155年

其执政时间前1108年～前1058年,计算方法为:

前1058年－文王即位的五十年＝前1108年

从西伯受命称文王之年断虞、芮之讼后十年而崩的记载看,西伯姬昌称王的时间,大致为前1068年。而其被殷纣赦免的时间,亦不会晚于前1068年,其时,西伯(文王)的年龄应在87岁左右。西伯(文王)曾被殷商纣王拘于羑里。从殷商集团对周族兴起的重视程度以及西伯(文王)曾在被拘羑里期间演绎八卦为六十四卦的记载推断,西伯(文王)被拘羑里的时间,应不会少于十数年乃至会长达二三十年。前文已经指出两点:第一点,鬻熊(穴酓)的年纪与西伯(文王)相仿或稍显年长;第二点,鬻熊(穴酓)投奔周族的时间,当在西伯(文王)被殷纣囚拘羑里之前。在这两点的基础上,结合鬻熊(穴酓)"年九十,见文王"而西伯(文王)嫌其"老矣"的记载来推断,笔者认为,鬻熊(穴酓)的生活年代,其上限应该不会晚于前1155年(西伯之出生年),其下限应该不会超过前1068年(西伯受命称王之年)。

解决了鬻熊(穴酓)的生活年代问题,我们再回过头看"妣列宾于天"的时间问题。清华简《楚居》载:"丽不从行,溃自胁出。"

"丽",清华简《楚居》中称之为"丽季"。许慎在《说文解字》中指出:"季,少称也。从子,从稚省,稚亦声。"这一点,与《史记·楚世家》中"(熊严)有子四人,长子伯霜,中子仲雪,次子叔堪,少子季徇"[43]类似。由此看来,丽季为穴酓(鬻熊)的幼子。穴酓(鬻熊)在逝世之后,丽季(熊丽)以幼子身份,继承了穴酓(鬻熊)的首领地位。考虑人类生理极限问题以及中国"三十而立"的文化传统的因素,本文初步推断,在穴酓(鬻熊)年过九十的前提下,丽季(熊丽)即便是以穴酓(鬻熊)幼子身份继承楚人首领位置,其年龄至少也当在30岁上下,即丽季(熊丽)的出生年份当不会晚于前1098年,计算方式为:

前提:① 鬻熊与文王年龄相仿或者年长;② 鬻熊卒,其子熊丽继承其位。

前1068年(文王受命之年)-30年=前1098年。

也就是说,"妣列宾于天"的时间至迟不会晚于前1098年。而这个时间,已经是理论推断下"妣列宾于天"的最晚时间。综合以上各种信息看,本文认为,将"妣列宾于天"的时间,初步确定在前12世纪末期至前11世纪初前后,比较适宜。

总体来看,《楚居》的说法,可以被认为是楚人对于群体性族群认同的证据;而"国号"说,可以作为西周王室,乃至整个华夏诸侯国集团的政治认同。文化上的自我认同,已经标志着一个族群的觉醒,而政治上的被认同,再次说明"楚人"作为一只独立的政治力量,至迟在西周初期开始进入华夏诸国的视野。综合以上分析过程,本文认为,将楚人群体性族群认同意识产生的时间,确定在前12世纪末期前后(殷商末期)比较适宜,即楚人——作为一个独立的族群——其正式形成的时间,是在前12世纪末期前后。

二、楚人群体性族群认同感的消亡问题

楚国灭亡之后,楚人群体性族群意识并没有立刻消亡。在楚国灭亡后相当长的一段时间内,楚人——这个独立的族群仍生活在中华大地上。以秦末农民起义为契机,楚人重新建立了自己的国家:汉。随着文化上大一统的推进,楚人群体性族群意识逐渐消亡。至汉武帝改革之后,楚人已经同其他六国遗民一样,融入到新生的汉族之中。从此,楚人——曾经作为一个独立的族群——消亡于社会历史发展中,独立的楚文化体系亦不复存在。

(一) 楚人的复国运动

前223年,秦将王翦率领秦军攻破楚国最后一个都城:寿郢,俘虏了最后一个楚王:负刍。至此,楚国宣告灭亡。楚国政权虽亡,但楚人——或许应该称之为楚国遗民——这个族群却并没有随着政权灭亡而马上消亡。他们还在思念着故楚的一切。秦朝在统一中国短短15年后,故楚之地爆发了一系列的反秦起义。自陈胜、吴广大泽乡起义之后,"诸郡县苦秦吏者,皆刑其长吏,杀之以应陈涉"㊹。陈胜在攻下楚国故都陈郢之后,以"楚"为旗号,建立政权,曰"张楚",以此号召故楚之地的人民反秦。随后,楚人刘邦以赤帝之子的身份在沛县斩白蛇起义㊺,称"沛公"。我们知道,楚国县尹一般又称之为"县公"。"沛公","沛"为地名,"公"指"县公"之意。由此可见,刘邦称"沛公"与楚制、楚俗有着密切联系。刘邦起义前后,楚将后人项梁、项羽叔侄在吴县杀会稽郡守㊻起义,楚人秦嘉、郑布等在淮北地区发动起义……数月间,反秦大旗插遍故楚之地。楚国虽亡,楚人不死。正如南公所言:"楚虽三户、亡秦必楚。"陈胜被杀之后,反秦农民起义转化为以楚人为首的六国遗民合纵攻秦,在此期间,楚怀王后人芈心被尊为楚怀王(史称后楚怀王),并成为六国移民反秦联盟的合纵长,领导反秦斗争。楚人刘邦率军攻破咸阳,灭亡暴秦。之后,芈心被尊为"义帝",成为天下共主。不久,楚人族群内部发生一次分裂:以刘邦军事集团为代表的楚人以"项羽放杀义帝江南,大逆无道"㊼为由,"击楚之杀义帝者"。从刘邦集团讨伐项羽的檄文看,项羽虽亦为楚人,但其弑义帝之举"大逆无道"。刘邦以此为借口，向东讨伐项羽集团。历经四年战争，刘邦集团取得胜利，并被天下诸侯尊为皇帝，从此开创西汉王朝。由此看来，秦亡汉兴的王朝更替，在社会变迁方面表现出楚人取代秦人主宰新生的统一帝国。正如张正明先生指出的："楚人把半壁河山丢给了秦人，然而曾几何时，他们却从秦人手里夺来了一统天下，建立了汉朝。"㊽从这个角度讲，将西汉王朝视作楚国再生，具有很强的可行性。另外，叶文宪先生曾在其论文《汉承秦制和汉文化继承楚文化》㊾中，对西汉初期的汉文化对楚文化的吸收与继承情况作了详细介绍。虽然叶文宪先生在文中所举的部分例证较为牵强㊿，不具有明显代表性，但亦从一定程度上说明了汉与楚之间在文化上存在先后继承的关系。叶文宪先生的这篇论文，为本文写作提供了积极的借鉴意义。

（二）西汉政权合法性的重构与楚人族群意识的消亡

前文谈及，西汉政权的建立可以视为先秦楚国的再生。从这层意义上讲，西汉政权建立之初的合法性来源于先秦楚国。随着西汉王朝的巩固，西汉统治集团开始注意这个问题，并试图通过一系列改革重新确立西汉政权建立的合法性。

首先，让我们先梳理一下刘邦集团借楚来构建西汉合法性的脉络。在楚地风起云涌的反秦起义浪潮中，刘邦出于政治需要，在起义之后，自称"沛公"。同时，利用楚人尚赤的传统，自托为赤帝之子，并虚构了赤帝之子斩杀白帝之子的故事。赤帝与白帝之说，与先秦时期邹衍利用《尚书·洪范》中的"五行说"而创立的"五德终始说"密切相关。何为赤帝、白帝？《史记集解》引应劭言曰：

> 秦襄公自以居西戎，主少昊之神，作西畤，祠白帝。至献公时栎阳雨金，以为祥瑞，又作畦畤，祠白帝。少昊，金德也。赤帝尧后，谓汉也。杀之者，明汉当灭秦也。(51)

斩白蛇的传说,成为刘邦号召楚人发动反秦起义的绝佳凭据。又如司马迁在创作《史记·高祖本纪》时开篇即言:

> 其先刘媪尝息大泽之陂,梦与神遇。是时雷电晦冥,太公往视,则见蛟龙于其上。已而有身,遂产高祖。㊷

刘邦的身世,带有明显的神话色彩,此举,意在烘托出刘邦集团取得天下的合法性。灭亡暴秦之后,后楚怀王芈心被各路诸侯尊为"义帝",刘邦被封为汉王,就藩汉中。《史记·历书》曾载刘邦被立汉王后,采用楚制、楚俗,"以十月为岁首,而色尚赤"㊸。这一点,与刘邦集团"尊楚"有着直接联系。项羽击杀义帝之后,刘邦为义帝发丧,并以此为由,东伐项羽集团,由此建立西汉政权。

西汉王朝初建之时,统治者曾试图借用邹衍的"五德终始说"构建自己政权建立的合法性。但关于西汉政权对应"五德"中哪一种"德"的问题,西汉王朝内部曾争论不休㊹,因此这个问题一直没有得到解决。直到汉武帝时期,这场争论才有了结果。在经历"七国之乱"后,面对汉初以来君权与地方诸侯王权孰尊孰卑的问题,汉武帝在采纳董仲舒"天人感应"、"君权神授"理论的基础上,推行了一系列的政治改革。从此,以董仲舒为代表的新儒学思想代替西汉初期的黄老思想成为西汉帝国的官方哲学形态。这次官方哲学形态的更迭,为汉武帝太初元年的改革奠定重要的思想与理论基础。针对五德终始说在解释政权更迭合法性上只讲相生理论、不讲相克理论的弊端,董仲舒在借鉴邹衍学说的基础上提出"三统说"㊺。"三统说"的理论基础是"法天奉本,执端要以统天下"㊻。因此,统治者应该从改正朔入手,构建新政权的合法性基础。在采纳"三统说"的基础上,太初元年,汉武帝开始了"改历易色"的太初改革。《史记·孝武本纪》有言:"夏,汉改历,以正月为岁首,而色上黄,官名更印章以五字。"㊼

前文已经提及,刘邦在被立为汉王之后,采用楚历,以十月为岁首,而色尚赤。在刘邦之后直至汉武帝之前,西汉历代统治者对历法的使用基本遵循了刘邦采用楚历的习惯。而在汉武帝的改革中,改汉初历法建亥为建寅,改"色尚赤"为"色上黄"。在中国古代文化中,"改正朔、易服色"的历法改革一直被视作新政权确立以及获得承认的象征㉘。关于汉武帝的太初改革,我们需要注意一点:"三统说"认为,西汉政权直接承继姬周而建立。而按照三统循环的理论,西汉政权属于黑统㉙,故在太初改革时行夏历,建寅(以正月为岁首)。至于改"尚赤"为"上黄",则是"三统说"与"五德终始说"相互杂糅的结果。

通过太初改革历法与服色,汉武帝抛弃了西汉立国以来的"尚楚"传统,重新构建了西汉政权的存在合法意义(西汉乃继周而建,而非故楚重生)。至此,先秦以来七国文化并存的局面被彻底打破,同时宣告"自成体系的楚文化不再存在"㉚和汉文化在真正意义上的诞生。

(三)一个特殊的事件

秦王朝是在人民大起义中走向灭亡的,而西汉却是被外戚篡权而走向灭亡。这个结局,值得我们深思。在秦末农民大起义中,楚人的族群认同还很强烈,这一点,与芈心被推为盟主、刘邦为楚义帝发丧及汉初全国范围内浓郁的楚人遗俗相互印证,从一定意义上讲,西汉王朝就是楚国的重生㉛(本文亦赞同此说)。随着历史的发展,受汉、匈之间长期战争的刺激,以及历代统治者在政治上潜移默化的影响,楚人的族群认同开始慢慢向汉人族群认同转变。在董仲舒"三统论"的基础上,汉武帝进行著名的太初改革,重构了西汉帝国存在的合法性基础。至此,楚人的群体性族群意识消亡殆尽,乃至于来自赵国故地的王莽篡夺被视作楚国再生的西汉政权皇位之时,人们心中在认同新政权的同时,已经将属于楚人的自豪抛洒在九霄云外。

综合以上几点,本文认为,将楚人群体性族群意识的消亡的标志性事件,确定在汉武帝太初改革上,具有很强的可行性。

三、对楚文化时间范围问题的思考

张正明先生在《楚文化史》中,将楚文化发展历程划分为五个时期:滥觞期、茁长期、鼎盛期、滞缓期、转化期,并且指出,"楚文化的主源,应该到楚人的先民祝融部落集团那里去找",并且将楚文化滥觞期的时间上限确定在西周早期,楚国始封之时[62]。在《楚文化史》的最后一章中,张正明先生指出:"从汉武帝独尊儒术和改历法、定服色之时起,自成体系的楚文化不再存在了。"对于张正明先生的这个观点,学界还是普遍认可的。笔者此文欲在张正明先生观点的基础上,结合上文中族群意义下的楚人概念,对楚文化时间范围的上限问题,提出部分修订性见解。若有狂妄之处,还请方家指正。

文化的创造主体,是人。楚文化的创造主体,是楚人。这里所说的"楚人",是作为一个独立族群存在的,而非是对政治关系的强调。在此基础上,对楚文化时间范围的上、下限的判断问题的解读,其实质就是对"楚人"——这个族群——产生与消亡问题的确定。作为一个独立群体的楚人集团,产生于前12世纪末期,其标志性事件是"妣列宾于天"。在此之前,并不存在"楚人"这个族群。没有楚人族群的存在,文化的创造也就失去了主体。换句话说,在楚人族群产生之前,作为独立文化体系的楚文化,也不会成型。所以,笔者主张将楚文化时间范围的上限,定在前12世纪末期楚人群体性族群意识的产生上,还是比较合理的。

本文在前文中已经提及,楚人族群意识的消亡,发生在西汉早期。汉武帝的太初改革,标志着楚人群体性族群认同感已经蜕变为汉人的族群认同感,所以,将楚文化时间范围下限确定在西汉中期的汉武帝改革上,具有很强的可行性。

注释:

① 舒之梅:《五十年来楚族源研究综述》,《江汉论坛》1983年第3期。

② 胡厚宣：《楚民族源于东方考》，载《史学论丛》第一辑，1934年。
③ 王力之：《早期楚文化探索》，《江汉考古》2003年第3期。
④ Marx Weber. *The Ethnic Group*, The Free Press, 1961, p.306.
⑤ 李泳集：《性别与文化：客家妇女研究的新视野》，广东人民出版社，1996年，第6～7页。
⑥ 乔健：《族群关系与文化咨询》，载《社会文化人类学讲演集》，天津人民出版社，1997年，第482页。
⑦ ［科威特］默罕默德·哈达德：《科威特市的民族群体和民族等级结构》，《民族译丛》1992年第2期。
⑧ 转引自［美］M.G.史密斯：《美国的民族集团和民族性》，《民族译丛》1987年第6期，第7页。
⑨ 徐杰舜：《论族群和民族》，《民族研究》2002年第1期。
⑩ 张正明：《楚史》，湖北教育出版社，1995年，第22页。
⑪ 杨伯峻：《春秋左传注》，中华书局，1990年，第181页。
⑫ 湖北省文物考古研究所、随州市博物馆：《湖北随州叶家山西周墓地发掘简报》，《文物》2011年第11期。
⑬ 黄锦前：《荆子鼎与成王岐阳之盟》，《中国国家博物馆馆刊》2013年第9期。
⑭ 赵炳清：《"荆""楚"称号申论》，《荆楚学刊》2013年第5期。
⑮ 王光镐：《荆楚名实综议》，载《楚史论丛（初集）》，湖北人民出版社，1984年，第20～35页。
⑯ 左丘明：《国语》，上海古籍出版社，2015年，第313页。
⑰ 杨伯峻：《春秋左传注》，中华书局，1990年，第90页。
⑱ 司马迁：《史记·楚世家》，中华书局，1959年，第1691～1692页。
⑲ 陕西周原考古队：《陕西岐山凤雏村发现周初甲骨文》，《文物》1979年第10期。
⑳ 曹玮：《周原甲骨文》，世界图书出版公司，2002年，第63页。
㉑ 曹玮：《周原甲骨文》，世界图书出版公司，2002年，第4页。
㉒ 徐少华：《周代南土历史地理与文化》，武汉大学出版社，1994年，第237页。
㉓ 陈全方、侯志义、陈敏：《西周甲文注》，学林出版社，2003年，第61页。

㉔ 刘玉堂、尹弘兵:《楚蛮与早期楚文化》,《湖北大学学报(哲学社会科学版)》2010年第1期。
㉕ 何介钧:《关于楚蛮和楚族族源的断想》,载《楚文化研究论集(第三集)》,湖北人民出版社,1994年。
㉖ 笔者赞同此说。
㉗ 清华大学出土文献与保护中心编,李学勤主编:《清华大学藏战国竹简》(一),下册,第181页。
㉘ 司马迁:《史记·楚世家》,中华书局,1959年,第1690～1691页。
㉙ 李学勤:《论包山楚简中一楚先祖名》,《文物》1988年第8期。
㉚ 黄锡全:《楚简中的嬭酓嬭酓与空酓穴酓再议》,载《古文字与古货币文集》,文物出版社,2009年,第461～465页。
㉛ 张富海:《楚先"穴酓"、"鬻熊"考辨》,载《简帛(第五辑)》,上海古籍出版社,2010年,第209～213页。
㉜ 司马迁:《史记·楚世家》,中华书局,1959年,第1689～1690页。
㉝ 张海洋:《浅论中国文化的多样性、族群认同与跨文化传统》,载《民族学与民族文化发展研究》,中国社会科学出版社,1995年,第104页。
㉞ 司马迁:《史记·楚世家》,中华书局,1959年,第1691页。
㉟ 张正明:《楚史》,湖北教育出版社,1995年,第26页。
㊱ 李世佳:《也说〈史记·楚世家〉"鬻熊子事文王"》,《中国史研究》2015年第1期。
㊲ 鬻熊著,逢行珪注:《鬻子》,上海古籍出版社,1990年,第2页。
㊳㊴ 司马迁:《史记·周本纪》,中华书局,1959年,第116页。
㊵㊷ 司马迁:《史记·周本纪》,中华书局,1959年,第119页。
㊶ 司马迁:《史记·周本纪》,中华书局,1959年,第121～125页。
㊸ 司马迁:《史记·楚世家》,中华书局,1959年,第1693页。
㊹ 司马迁:《史记·陈涉世家》,中华书局,1959年,第1953页。
㊺ 班固:《汉书·高祖纪》,中华书局,1962年,第7页。
㊻ 司马迁:《史记·项羽本纪》,中华书局,1959年,第297页。
㊼ 班固:《汉书·高祖纪》,中华书局,1962年,第34页。
㊽ 张正明:《先秦的民族结构、民族关系和民族思想》,《民族研究》1983年第5期。

㊾ 叶文宪:《汉承秦制与汉文化继承楚文化》,载《周秦社会与文化研究——纪念中国先秦史学会成立20周年学术讨论会论文集》,陕西师范大学出版社,2003年,第448～481页。

㊿ 笔者案:以漆器为例,叶文宪先生以颜家岭35号墓出土的漆樽上的纹饰与西汉马王堆1号汉墓漆棺上的纹饰进行比较,并以此说明西汉文化对楚文化的继承。笔者认为,颜家岭35号所在地与马王堆一号墓所在地同属楚国旧地(今长沙及其附近地区),其楚文化因吴芮长沙国的存在而得以在西汉早期完整保存。故以此进行对比,比较牵强(详见叶文宪:《汉承秦制和汉文化继承楚文化》)。

㉛ 司马迁:《史记·高祖本纪》,中华书局,1959年,第348页。

㉜ 司马迁:《史记·高祖本纪》,中华书局,1959年,第341页。

㉝ 张正明先生在《楚文化史》中谈及:以十月为岁首,是楚国的历法;色尚赤,是楚人的风俗(张正明:《楚文化史》,上海人民出版社,1987年,第315页)。笔者注:以十月为岁首,名之"建亥"。

㉞ 汉文帝时期,以贾谊为代表的大臣曾试图以邹衍的"五德终始说"重构西汉帝国的政治合法意义,最终遭到以张苍为首的大臣集团的反对而失败。

㉟ 曾振宇、傅永聚注:《春秋繁露新注》,商务印书馆,2010年,第134～150页。笔者注:"三统说"简单一点就是说:夏为黑统,商为白统,周为赤统,历史永远按照黑、白、赤三统循环(阴法鲁:《中国古代文化史》,北京大学出版社,2008年,第451页)。

㊱ 张强先生认为:"'法天奉本'谈论'明乎天统之意',董仲舒将其称为'统三正'。'正者,正也,正月也。法正之道,正本而末应,正内而外应,动作举措,靡不变化随从,可谓法正也。'"(详见张强:《董仲舒的天人感应与君权神授》,《江西社会科学》2002年第2期)。

㊲ 司马迁:《史记·孝武本纪》,中华书局,1959年,第483页。

㊳ 钮卫星:《汉唐之际历法改革中各作用因素之分析》,《上海交通大学(哲学社会科学版)》2004年第5期。

㊴ 阴法鲁:《中国古代文化史》,北京大学出版社,2008年,第451页。注:张强先生认为汉为赤统,秦为白统,孔子以"素王"身份得黑统(下称"张说",详见张强:《董仲舒的天人感应与君权神授》)。本文认为"张说"有待商榷。"张说"以汉为赤统,并以孔子为素王承继黑统而自圆其说,虽在表面

上与汉初"尚赤"的做法相互吻合,但实为牵强附会之举。在汉武帝太初改革中,主要有两大措施:其一,以正月为岁首,这是尊夏的表现;其二,改"尚赤"为"上黄",为土德之举。若汉为赤统,则武帝改"尚赤"为"上黄"之举,也就失去了根本意义。

⑩ 张正明:《楚文化史》,上海人民出版社,1987年,第318页。

⑪ 张正明先生在《先秦的民族结构、民族关系和民族思想——兼论楚人在其中的地位与作用》一文中曾这样写道:"楚人把半壁河山丢给了秦人,然而曾几何时,他们却从秦人手里夺来了一统天下,建立了汉朝。"胡澍在《"楚虽三户、亡秦必楚"新解》(《江汉论坛》,1986年第7期)中亦指出,三户,指代的是陈胜、项羽和刘邦。正如司马迁在《史记·秦楚之际月表》中写道的:"初作难,发于陈涉;虐戾灭秦,自项氏;拨乱诛暴,平定海内,卒践帝祚,成于汉家"。从这层意义上来讲,西汉可为楚之重生。

⑫ 张正明:《楚文化史》,上海人民出版社,1987年。

器物研究

新发现最早的透光镜

——荆州博物馆藏战国楚式四山纹铜镜

王 丹

（荆州博物馆）

一

荆州博物馆藏有数百面古代铜镜，不乏各个历史时期的精品。在考古发现的铜镜中，以战国到西汉时期的铜镜最为精美。其中一面出土于荆州凤凰山68号墓的四山纹铜镜，保存相当完好，镜背纹饰清晰精美，镜面十分光滑透亮，至今仍光可鉴人（图一）。

这面铜镜为圆形，三弦钮，方钮座，钮座外围凹面带方框。镜背纹饰由地纹和主纹组合而成。地纹为羽状纹，在地纹之上，于凹面钮座方框的四角，向外伸出一枝连贯叶瓣的花枝，共有四根花枝，每根花枝贯穿两片花瓣，顶端又连接一棒槌状的长叶纹。四根花枝与长叶纹将镜背分为四区，每区内有一向左倾斜的山字，每字之底边与钮座方框的边平行。山字的笔画较瘦长，在各山字之右胁，还有一单片花瓣。全镜的花瓣均以窄

图一 荆州凤凰山68号墓出土的四山纹铜镜

带纹相连接,形成一个凹折边大方框;大方框的四角对应于钮座方框的四边,其四边凹折处对应于钮座方框的四角;每根花枝从大方框四边的凹折处伸出大方框之外。大方框的窄边在穿越四山纹的凹面处被切断。全镜共有十二花瓣、四长叶,或称之为"四山、十二叶、四竹叶纹"铜镜。整面镜子呈银灰色,镜面平坦,狭缘上卷。直径16厘米,缘厚0.5厘米,重345克。

在一次接待来访学者的观摩活动中,我们偶然发现在日光照射下,这面镜子的反射光将背面的四个山字、中间的弦钮等图案清晰可辨地显现在墙上(图二)。这是透光镜吗?对于这种现象,笔者感到十分惊讶。

根据已有的研究,透光镜是从西汉中晚期才开始有的一种具有特殊效果的铜镜,日本人称之为"魔镜"。之所以称之为透光镜,是指当太阳光或直射的平行光照射到镜面时,铸在镜子背面的铭文、图案等会清晰地反射映照在对面的屏幕上,好像光线从镜体透过一样(图三),但肉眼在镜面上看不出与镜背相同的纹饰迹象。

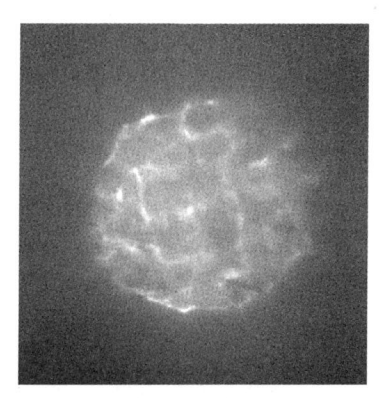

图二　四山纹铜镜的透光图

这种具有透光效应的镜子十分珍贵,存世极少。我馆这面铜镜无论从铜镜的形制、纹饰,还是从铸造的年代看,显然都要早于汉代。为了验证这面四山纹铜镜透光的现象,荆州博物馆研究员腾壬生先生邀请青铜范铸专家董亚巍老师一同对这面镜子进行了测试,笔者有幸参与了整个过程。实验证明,这面四山纹铜镜确实是一面透光镜,关于它的年代,专家一致认定为战国时期(详下)。

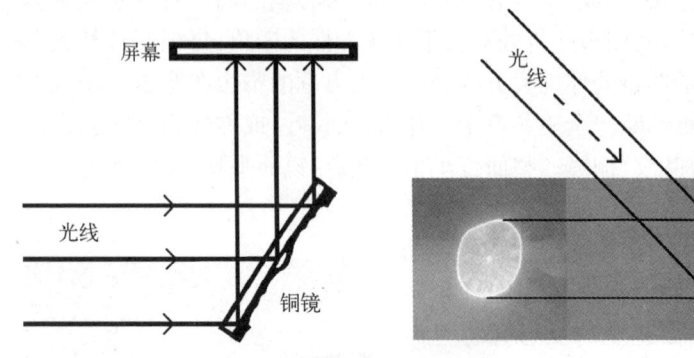

图三　透光镜示意图

二

20世纪50年代沈从文《铜镜史话·题记》指出,有一类包括"山字形矩纹"在内的铜镜,"先在淮河流域发现,通常称为'淮式镜'。解放七年来,因长沙战国楚墓出土同类镜子格外多,才知道它是楚国的产物,叫作'楚式镜'比较正确。从现实材料分析,青铜镜子的发明,虽未必创自楚国,但是楚国铸镜工人,对于提高生产技术和丰富镜子装饰艺术,无疑有过极大的贡献"[1]。经过沈从文先生的提倡,"楚式镜"的名称取代"淮式镜"而流传开来。

"楚式镜"有圆、方两种,镜背纹饰多种多样,最典型的是"山"字形图案,称山字镜。战国铜镜以陶模刻花纹,形成浅浮雕效果,也有采用透雕、彩绘、金银错等装饰方法的,但数量极少。山字镜是典型的浅浮雕铜镜。此类铜镜滥觞于战国早期,盛行于战国中晚期,一直延续到西汉早期。山字纹镜主体纹饰有三山、四山、五山、六山不等,其中以四山纹为最多,三山镜、六山镜甚为少见,五山镜也只是"偶见",如安徽有五山纹"楚式镜"一件,湖南有两件,近年来我馆新入藏一件谢家桥21号汉墓出土的。四山镜以湖南地区出土最多,湖北、安徽、河南等地也有出土。长沙战国墓出土大量楚式镜,是全国同时代铜镜出土数量最多、品种最齐的地区。《长沙楚墓》发掘报告记载的出土山字纹镜多达100件,其中纹饰相似的四山镜直径为17.2厘米[②]。据统计,湖南地区发掘楚墓所获的铜镜中,四山镜占70%～80%[③]。

关于"山"字纹的寓意,主要有两类观点,一类认为主体纹饰就是汉字的"山"字,代表大自然中的山。清人梁廷枏《藤花亭镜谱》认为:"刻四山形,以像四岳,此代形以字。"即认为四个山字代表五岳中除中岳嵩山以外的四岳,本应刻画四岳的形体,今以文字象征其形状。日本学者驹井和爱《中国古镜的研究》提出:在铜镜上使用山的图形表示山字,如同福、寿、喜等字一样,含有强烈的吉祥意味[④]。从20世纪80年代开始,有学者认为山字纹镜寓意古人对山的崇拜,并以祈求山神保佑[⑤]。

另一类观点认为,主体纹饰是一种几何形图案,与"山"字无关,而是商周青铜器上的兽纹或勾连雷纹的变体。国外学者往往称这种铜镜为"T"或"丁"字纹镜。有的四山纹镜在"山"字竖笔画中间又伸出一横,显然和"山"字没有任何关系[⑥]。20世纪40年代梁上椿《岩窟藏镜》提出山字纹"似亦为兽纹之一部所变换"[⑦]。20世纪80年代以来,国内一些学者提出铜镜上的山字纹是由商周青铜器上的勾连雷纹演变而来的[⑧],认为山字纹截取了勾连雷纹的基本构图,但作了结构性的改变,成了一种新颖的几何形纹饰,这一观点基本上解决了山字纹镜的渊源问题[⑨]。

山字镜纹饰基本几何化,脱离了商周铜器纹饰的神秘主义传统,楚铜镜的大量出土,说明当时人们已从重礼敬神的氛围中逐步解脱出来,开始注重生活实用价值和对美的形式上的追求。

三

四山纹镜通常以羽状纹为地纹,又以四、八、十二叶或四竹叶、花瓣形等纹饰作辅助装饰,形成多种式别,其具体年代也不尽相同。山字纹镜绝大部分都出土于楚墓,少数出土于秦汉墓。如广州西汉南越王墓出土的六山纹镜,当为流入岭南的战国楚镜。

查阅有关档案资料,我馆这面四山纹铜镜,1975年出土于荆州凤凰山68号墓,墓中出土的随葬器物有铜器、漆器、陶器和玉石器等30余件,其中以铜器和漆器较为突出,铜器包括铜鼎1件、铜壶2件、铜盆1件、铜勺1件和铜镜1件。此墓未发表发掘简报,但由于该墓同时出土铜器和陶器组合,在考古分期上具有标志性意义,郭德维先生在《试论江汉地区楚墓、秦墓、西汉前期墓的发展与演变》一文中公布了此墓的器物墨线图(图四)[11],为我们讨论该墓的年代提供了重要参考依据。

关于此墓的年代,郭德维先生在比较江汉地区楚墓、秦墓、西汉前期墓的发展与演变规律之后,将荆州凤凰山68号墓定为秦墓,后陈振裕先生认为此墓应为西汉早期墓[11]。实际情况是江汉地区秦汉之际的墓葬很难决然分开,郭德维和陈振裕先生的观点并无本质区别。但问题是此墓的礼器和日用器属于两个完全不同的文化系列,应综合不同文化因素探讨其族属和年代。铜礼器中的鼎、壶、盆(盘)是典型的楚式器组合,秦式铜器如铜鍪、铜扁壶、铜蒜头壶等在此墓中不见踪影。此墓的日用器包括日用生活陶器和漆木器,陶器中的圜底釜流行于战国晚期秦人墓,西汉早期基本绝迹;折肩陶罐、折肩陶壶,在江汉地区最早出现于战国晚期秦人墓中,延续至西汉早期。此墓出土的漆碗、漆盒、漆耳杯等则与云梦秦墓出土的此类器物基本相同。总之此墓的日用陶器和漆木器属于秦式器,铜礼器则属于楚式器。

秦式器与楚式器在同一墓中同时并存的现象十分罕见,但却与荆州地区的历史进程十分吻合。《史记·楚世家》载:"(楚顷襄王)二十一年(前278年),秦将白起遂拔我郢,烧先王墓夷陵。楚襄王兵散,遂不复战,东北保于陈城。"《史记·秦本纪》载:"(秦昭

楚式器　铜鼎　铜壶　铜盆

秦式器　陶釜　陶罐　陶壶

漆碗　漆盒　漆耳杯

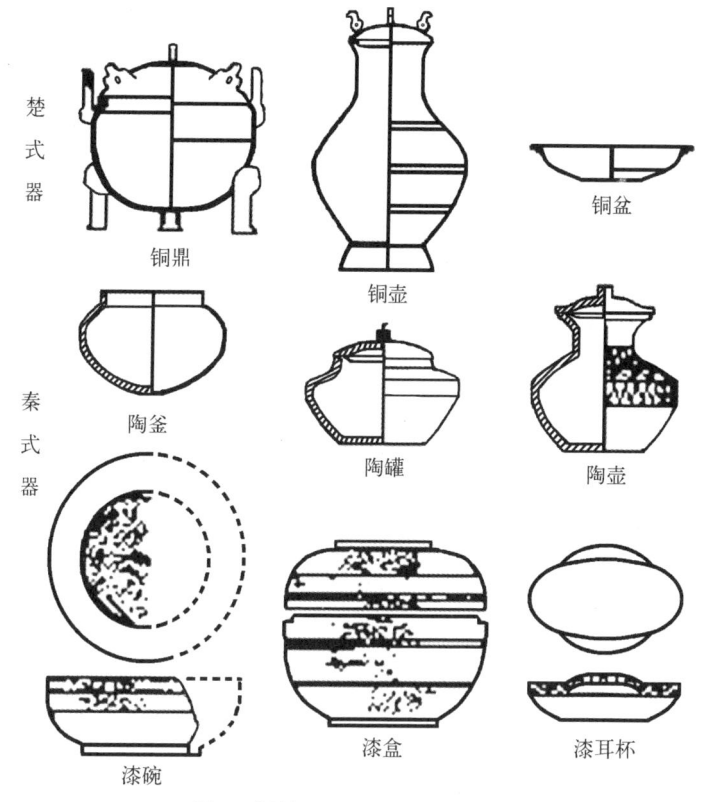

图四　荆州凤凰山 68 号墓出土器物

王)二十九年(前 278 年),大良造白起攻楚,取郢为南郡,楚王走。"《史记·穰侯列传》:"白起拔楚之郢,秦置南郡,乃封白起为武安君。"前 278 年白起拔郢,楚郢都(纪南城)地区变成秦国的南郡,58 年之后秦统一六国(前 221 年)。也就是说,荆州地区比全国提前半个多世纪进入秦统治时代,这个时期的楚国遗民墓葬,在考古学上仍然叫作"战国晚期楚墓"。

白起拔郢之后,楚顷襄王率领楚国贵族迁都于陈(今河南淮

439

阳），没有东迁的楚人在秦人统治下继续在楚故都纪南城地区生活，他们就是"楚遗民"。于是在楚遗民墓中出现了楚式器和秦式器同时并存的现象。具有一定身份的楚国旧式贵族，在祭祀时仍然使用楚式铜礼器，而生活日用器已经变成秦式风格的天下，楚式陶器和漆器已然消失，只能随葬秦式日用器。荆州凤凰山68号墓的秦楚文化混合葬俗，就是在这样的历史背景下产生的。这是一座典型的楚遗民墓，为我们从考古学上确定战国晚期楚人墓和战国晚期秦人墓提供了一个年代标尺和参考标准。

就凤凰山68号墓出土的四山纹铜镜的形制看，它是战国晚期铜镜中的典型式样。与我馆这面铜镜纹饰十分相似且大小相近的铜镜，上海博物馆收藏有一件，湖南长沙下大垅物资局M4出土一件，高至喜先生称之为"四山、十二叶、四竹叶纹"铜镜，并根据墓中出土随葬器物，将墓葬和铜镜的年代定为战国晚期[12]。后也有学者对山字纹铜镜的年代作过分期，同样认为这种"十二叶、四竹叶、四山纹"镜属战国晚期[13]。从其铸造工艺看，董亚巍先生指出，镜子的拼范痕迹明显，弦钮的位置较偏，不在正中的位置上，这是由战国时期的铸造工艺和技术水平决定的[14]。

综上所述，荆州凤凰山68号墓，是战国晚期秦将白起拔郢之后，楚都纪南城地区的楚遗民墓葬，铜器具有楚式风格而陶器具有秦式风格。该墓出土的四山纹铜镜，与同出的铜礼器一样，是典型的楚式器。此件四山纹铜镜是一面透光镜，这一新发现不仅增加了透光镜的新品种，同时将透光镜的铸造年代也提前到战国时期。

四

这面战国时期四山纹透光镜的发现，对透光镜的始制年代提出了新的问题。最早让大家一睹真容的是上海博物馆藏的两面西汉时期透光镜，一面为"日光镜"，一面为"昭明镜"。其中"见日之光"透光镜至今都在其青铜器展厅陈列。20世纪70年代末，湖南、河南两地也相继出现西汉透光镜的报道[15],铜镜的形制与上海博物馆藏透光镜相符,均为日光镜或昭明镜。之后的80年代,河南遂平又先后出土两面唐代宝相花纹透光镜[16],这两面唐代透光镜的发现对透光镜的使用年代有所突破,但由于铜镜的形制和纹饰和之前大家所了解的西汉透光镜有所不同,因此对此前得出的有关铜镜的透光原理提出了新的挑战。虽然在铜镜透光的原理方面还存有一些争议,但透光镜最早源于西汉时期的说法,迄今为止并无异议。

透光镜的说法是从唐代开始的,因为光线好像穿透了金属的镜体、从镜子背面反射出来一样,所以透光镜的称呼就流传下来。隋唐间王度著《古镜记》载:

> 隋汾阴侯生,天下奇士也,王度常以师礼事之。临终,赠度以古镜,曰:"持此则百邪远人。"度受而宝之……承日照之,则背上文画墨入影内,纤毫无失。

这大概是我国关于透光镜最早的记载。新发现唐代宝相花透光镜,说明这种工艺技术延续至唐代,并非只有秦汉"古镜"才能"透光"。宋代著名科学家沈括在《梦溪笔谈》卷一九中记载:

> 世有透光鉴,鉴背有铭文,凡二十字,字极古,莫能读。以鉴承日光,则背文及二十字,皆透在屋壁上,了了分明。人有原其理,以谓铸时薄处先冷,唯背文上差厚,后冷而铜缩多,文虽在背,而鉴面隐然有迹,所以于光中现。予观之,理诚如是。然予家有三鉴,又见他家所藏,皆是一样,文画铭字无纤异者,形制甚古。唯此一样光透,其他鉴虽至薄者皆莫能透。意古人别自有术。

宋元时的周密(1232~1298年)《云烟过眼录》中讲到透光镜时说:"映日则背花俱见,凡突起之花,其影皆空。"他又在《癸辛杂识》说:

"透光镜,对日映之,背上之花,尽在影中,纤悉毕具。"清郑复光在《镜镜詅痴》中称:"独有古镜,背具花文。正面斜对日光,花文见于以光壁上,名透光镜。"可见"透光镜"这一名词是中国古人的发明,非常准确科学。

关于铜镜透光的原理,沈括认为是铸造时因厚薄不均、冷却时收缩率不同致使"镜面隐然有迹"而引起的。元代金石学家吾邱衍则提出"光随其铜之清浊而分明暗",即因合金成分含量不同(清浊)而使光线折射的明暗有别。清代物理学家郑复光断言透光原因"理乃在凸凹,不系清浊"。与当代揭示的"透光"原理比较,沈括可谓慧眼独识。宋代以后历代学者虽然对透光镜做过描述和探索,但都没有进行模拟实验,即没有模仿制造出透光镜实体进行验证,因而都是假想性的推测。

中国铜镜自汉代开始传入日本,史载魏明帝曾赏赐"亲魏倭王"铜镜百枚。奈良时期(710~794年)日本已掌握铸造技术,所铸古镜与中国汉唐宋镜比较一致(新宫菊朗《和镜选集》)。江户时代(1603~1867年)日本开始铸造透光镜,称之为"魔镜"(吉田贞治《关于日本魔镜》)。19世纪开始欧洲人知道了"透光镜",并对这种"魔镜"展开研究。19世纪中叶日本造出大批"魔镜",其制造方法主要是"刮磨法"。1932年英国著名科学家布拉格(W. H. Bragg)著《光的世界》,对"魔镜"的透光原理进行了总结[17]。西汉"透光镜"比日本"透光镜"(魔镜)要早1600年以上,欧洲人对铜镜"透光"现象的研究,其研究对象是日本的"魔镜",而对我国西汉"透光镜"所知甚少。

20世纪70年代周恩来总理视察上海博物馆,对西汉"透光镜"的"透光"原理非常感兴趣,指示要开展这方面的研究。为了贯彻周总理的指示,1975年上海博物馆建议有关单位从事"透光镜"的研究,复旦大学、上海交通大学、上海仪表铸锻厂等单位先后开展了这方面的研究。复旦大学与上海博物馆合作,通过对铜镜铸后进行淬火处理,复制出一枚西汉透光镜,从而认为透光是因镜体在淬火过程中产生了组织应力,使镜面产生了凹凸不平所致,透光镜是快速冷却方法加工出来的[18]。

上海交通大学的学者铸出铜镜后,将其研磨致较薄,也得到了可以透光的铜镜,他们用激光干涉测定镜面曲率,发现镜面总体为凸面,但各部位的曲率有微小起伏。由于镜面曲率的微小差异,使反射光聚散程度不一致,形成明暗不同的亮影,从而造成"透光"现象。镜面曲率差异是因镜体受到铸造残余应力及结构应力的影响所致,于是他们提出透光镜的制作方法为"铸磨法",即"铸造成型、研磨透光"[19],铜镜只有满足这两个条件,才能达到透光的效果。

西汉透光镜包括"日光镜"和"昭明镜",它们的镜体四周边缘都比较宽厚,而中心部分比较薄,还有同心圆分布的花纹结构。这种形制的铜镜在合金浇铸的过程中,由于镜背的花纹图案凹凸处厚薄不同,四周厚的部分冷却较慢,中心薄的部分冷却很快,当中心已经固定成型后,边缘部分还在冷却收缩。这时镜缘对镜体有紧箍作用,而镜体对镜缘有反向的支撑作用,这种铜镜内部产生的相互作用,现代称之为"铸造应力"。铸造冷却后镜体内的应力称为残余应力。镜面微小曲率差异主要由于铸造残余应力所致。

古代铸镜采用"范铸法",其最初经合金铜液浇铸后,形成的只是一个铸态的毛坯,还需进行反复的打磨、修整及开光等多种工序,才能达到光可鉴人的效果,成为青铜镜的成品。磨镜时由结构应力产生弹性应变,与铸造残余应力互相叠加,从而使镜体拱了起来。这时镜子有纹饰的厚处起了加强筋作用,凸起程度较小;无纹饰的薄处,凸起程度较大,致使曲率不一致,造成微小差异。镜背纹饰的凹凸使镜面产生与镜背相应的且肉眼观察不到的轻微起伏,显现于光的反照之中,所以铜镜会"透光"。汉代以后的很多铜镜都失去了这种造型上的特点,所以不能透光。这一点与日本"魔镜"完全不同。

如果上述"铸磨法"理论完全成立,那么我馆的这面四山纹透光镜和遂平发现的两面唐代宝相花透光镜,形制纹饰明显与西汉日光镜、昭明镜不同,都不具备阔厚镜缘、中心较薄的特点,为什么都出现了透光的现象?且经现代考古发掘出土和传世的日光镜和昭明镜数量也不少,为什么能呈现透光现象的铜镜还是十分稀少呢?沈括说"然予家有三鉴,又见他家所藏,皆一样,文画铭字无纤异者,形制甚古。唯此一样光透,其他鉴虽至薄者皆莫能透。意古人别自有术。"沈括认为古人应还有别的特殊技艺或方法。看来"铸造成型"可能是铜镜能够透光的一大原因,但不是唯一原因,还必须要有"研磨透光"配合才能实现透光功能。

董亚巍先生通过大量铜镜复制研究,认为古铜镜的透光效应与铸造时镜面毛坯上所产生的曲率无关,其透光效应产生于镜面的后期加工研磨过程中[20]。显然对铜镜毛坯的打磨是关键,铸镜工匠们在打磨镜面的过程中,因每人的手法、力度或镜面加工的程度不同,造成了每面铜镜在经打磨、修整等多种工序后,自然就会出现有的铜镜"全透光"、有的铜镜"半透光"、有的铜镜不"透光"的现象[21]。

另外,铜镜表面的防锈蚀保护工艺,对保持透光效应也非常重要。现流传的"日光镜"和"昭明镜"存世很多,可以认为它们原本都具有"透光"的特性,但实验显示绝大多数都不能透光了,原因是镜面已经锈蚀,真正能透光的存世甚少,所以存世的透光镜,件件都是稀世之宝。现存世的透光镜镜面有一层平滑光亮的、叫作"玻璃廓"的保护层,一般认为是自然形成的一种表面保护层,它能使铜镜的镜面永不锈蚀。是否有"玻璃廓"也是鉴别透光镜的首要条件之一。为什么千百面铜镜之中,只有极少数几面形成了"玻璃廓",而绝大多数形成不了呢,能形成"玻璃廓"的铜镜是否有特殊工艺或材料?搞清楚这个问题,不仅对考古学而且对金属表面处理都具有极其重要的学术价值。

众所周知,青铜器由于距今年代久远,且大多出土于墓葬中,在地下埋藏期间,因受到各种因素的影响,出土时都出现了不同程度的锈蚀。单从铜镜来说,即使从肉眼上看,镜体没有锈蚀,镜面也因受到氧化等作用而产生其他变化,大多数铜镜早已失去了其最初照容的功能,镜面已无映像效果。笔者曾对馆藏的数百面铜镜作观测,镜面至今还光可鉴人的铜镜寥寥无几。在《上海博物馆藏青铜镜》一书中,对两面透光镜的介绍中都提到了这样一句"镜面平滑光亮,仍可鉴人",而我馆的这面四山纹铜镜保存完好,同样也是镜面十分光滑透亮,至今都有很好的映像效果。继这面四山纹透光镜之后,笔者对馆藏的其他几面四山纹镜、日光镜和昭明镜作过测试,发现其镜面有无锈蚀、是否光亮与其经阳光照射后呈现出的效果存在差别,镜面还略微具有映像效果的铜镜通过太阳光或直射的平行光照射时,墙上呈现出模糊的影像,而镜面没有一丝映像效果的铜镜绝不会出现铜镜透光的现象。可见镜面至今能否光亮照人是鉴别铜镜是否还能透光的一个很重要的条件。

从公开资料上得知,上海博物馆藏两面西汉透光镜均为征集,已无从考证其之前的经历,但我馆的这面四山纹铜镜出土于棺内漆奁中,在此笔者作了一个大胆的推测:固然铜镜质地纯厚(透光镜的合金配比应有严格要求)、铸造精良是一个很重要的原因,但漆奁的保护对铜镜的保存以致镜面至今都光可鉴人起到了一个很关键的作用。我国古代先民,在自然的劳动生产过程中,很早就发现了漆树和生漆对人类的用途。天然生漆具有防腐蚀、耐酸、耐碱、防潮绝缘、耐高温等特性,大家都熟知的"越王勾践剑",出土时就插于涂黑漆的木鞘里,当时拔剑出鞘,寒光耀目,没有丝毫锈蚀,后经科研人员不断地研究,就有学者提出漆鞘这层最初的保护也是越王勾践剑千年不锈的原因之一[22]。我馆的这面铜镜出土于漆奁与越王勾践剑出土时插于漆鞘,出土时都均无锈蚀,自然都得益于生漆的保护。

春秋和战国早中期,荆州作为楚国政治、经济、文化的中心,各方面都十分兴盛与发达。在战国晚期,特别是前278年秦将白起拔郢之后,对楚都造成了毁灭性的破坏,这种影响波及楚国的各个层面,对楚地手工业的冲击不言而喻。在我国古代,经验和技术是靠工匠口耳相传的,工匠能铸出具有"透光"效果的铜镜,但并不知晓其原理所在。郢都的沦陷迫使一些身怀绝技的一流工匠大量流失,也使这种透光镜的技术在一定时期内没有得到很好地传承,因此同时期也没有这方面的文献记载。基于以上种种原因,我馆这面铸造精美、完好如新的战国时期四山纹透光镜愈发显得弥足珍贵。

总之,荆州博物馆藏四山纹楚式铜镜是一面透光镜,出土该镜的江陵凤凰山68号墓是战国晚期楚遗民墓。山字纹镜具有浅浮雕的特征,镜背出现明显的凸凹区域,而镜体产生明显的厚薄不均,使浇铸冷凝时的冷却速度快慢不均,形成铸造残余应力。这种残余应力与镜面研磨时产生的压应力互相叠加放大,导致弹性形变携带了铜镜背后的纹饰信息,当阳光直射时发生折射和漫反射,使纹饰在镜面上形成亮影,从而产生透光现象。透光镜是楚国工匠的创新发明,西汉时得到发扬光大。这一新发现不仅增加了透光镜的新品种,同时将透光镜的铸造年代也提前到战国时期。这说明当时人们在铜合金的冶炼,铸造和加工等方面已经达到了较高的技术水平。由于它与汉代透光镜在形制、纹饰上完全不同,对其透光机理的研究,不能完全采信汉代透光镜原理进行解释,从而为研究我国冶金铸造和铜镜发展史增添了新的宝贵资料,具有重要的科学参考意义。

注释:

① 沈从文:《铜镜史话》,万卷出版公司,2004年,第1页。
② 湖南省博物馆、湖南省文物考古研究所:《长沙楚墓》,文物出版社,2000

年,第235~242页。

③ 湖南省博物馆:《湖南出土铜镜概述》,载《湖南出土铜镜图录》,文物出版社,1960年,第7页;孔祥星、刘一曼:《中国古代铜镜》,文物出版社,1984年,第32页。

④ [日]驹井和爱:《中国古镜的研究》,岩波书店,1953年,第73页。

⑤ 程如峰:《从山字镜谈楚伐中山》,《江淮论坛》1981年第6期;王锋均:《山字镜初探》,《考古与文物》2001年第1期;宋康年:《战国山字镜的探析》,《文物鉴定与鉴赏》2011年第9期。

⑥ 浙江省博物馆:《古镜今照:中国铜镜研究会成员藏镜精粹》,文物出版社,2012年,第41页。

⑦ 梁上椿:《岩窟藏镜(一)》,同朋舍,1940年,第7页。

⑧ 孔祥星、刘一曼:《中国古代铜镜》,文物出版社,1984年,第35页。

⑨ 陈佩芬:《上海博物馆藏铜镜》,上海书画出版社,1987年,第3页;马今洪:《上海博物馆藏铜镜综论》,上海书画出版社,2005年,第14页。

⑩ 郭德维:《试论江汉地区楚墓、秦墓、西汉前期墓的发展与演变》,《考古与文物》1983年第2期。

⑪ 陈振裕:《试论湖北地区秦墓的年代分期》,《江汉考古》1991年第2期。

⑫ 高至喜:《论楚镜》,《文物》1991年第5期。

⑬ 邓秋玲:《论山字纹铜镜的年代与分期》,《考古》2003年第11期。

⑭⑳ 董亚巍:《古代"透光镜"产生的原理及其复制研究》,《江汉考古》2002年第3期。

⑮ 赵新来:《介绍一面西汉"透光镜"》,《中原文物》1979年第3期。

⑯ 王铠:《新发现一面唐代透光镜》,《中原文物》1981年第1期。

⑰ 阮崇武、毛增滇:《中国"透光"古铜镜的奥秘》,上海科学技术出版社,1982年,第8~9页。

⑱ 复旦大学光学系:《解开西汉古镜"透光"之谜》,《复旦学报》1975年第3期。

⑲ 上海交通大学西汉古铜镜研究组盛宗毅等:《西汉"透光"古铜镜研究》,《金属学报》1976年第1期;盛宗毅:《揭开西汉"透光"铜镜的奥秘》,《科学实验》1979年第6期。

㉑ 熊寿昌:《"透光镜"问题的新发现》,《东南文化》1999年第5期。

㉒ 后德俊:《越王勾践剑不锈之谜》,《江汉考古》1980年第1期。

浅析楚式镇墓兽方座的意义

朱江松

（湖北省荆州博物馆）

东周楚墓中出土一种头插鹿角的方座怪兽形漆木器，这种器物仅在楚墓中出土，是典型的楚式丧葬器物，学术界称之为"楚式镇墓兽"。由于镇墓兽缺乏文献记载，引起了很多学者的关注与探究。以往的研究多集中在关于它的定名、形象和功能，对应于文献记载中的何种怪兽或神灵等方面。笔者认为应该联系楚国由弱转强、盛极而衰的历史，来观察镇墓兽形制和花纹的演变趋势，这一点在镇墓兽方形底座上体现得更加明显，历史发展的阶段性与艺术风格的时代性呈现出同步演进的规律，为探讨纹饰演变的历史动因，提供了很好的例证。试论如下。

一、镇墓兽研究述略

楚式镇墓兽最早发现于20世纪30年代，1937年湖南长沙的一批楚墓被盗掘，一部分镇墓兽流往海外。日本学者水野清一最早著文介绍，将其称作"山神像"，或者称作"镇墓兽"，其作用为镇妖辟邪[1]。商承祚先生将其称为"楚黍龙座"、"楚黍蛇"和"本鬼方座"[2]。有关它的形象和功能，目前有20多种说法，比较著名的有王瑞明的"山神说"[3]、陈跃均、院文清的"土伯"说[4]、彭浩的"龙"说[5]、吴荣曾的"操蛇神怪"说[6]、高崇文的"祖重"说[7]，此外还有各种"引魂升天"、"镇墓辟邪"诸说等，不胜枚举。

据现有资料看，镇墓兽主要在湖北、湖南、河南三省出土。其中湖北最多，约占91%，楚国都城所在的江陵地区常见有镇墓兽出土,占所有总数的84.7%,反映出统治中心上层贵族对这种丧葬用器的笃信[8]。镇墓兽大小往往与墓室大小相适应,便于放置。一般放置在椁室的头箱正中,仅有个别的放在中、后室。常见于男性墓中,一般同葬兵器,偶见于女性墓[9]。各地出土的镇墓兽基本特征是由底座、头身和鹿角三部分组成;底座为方形,座四周雕刻或彩绘花纹;身躯立于方座正中,与座套榫组合;头部为面目狰狞、吐舌利齿、突额瞪目的兽形或人头,有单头、双头之分;头顶一般插有一对真鹿角,也有木质彩绘的鹿角。从战国早期到晚期,头部和身躯有直身变屈身、单头变双头、兽面变人面、无舌变长舌、无颈变曲颈或长颈、狰狞变和善等变化[10]。其中发生在镇墓兽的方形底座上的变化,与楚国的历史文化密切相关,本文将重点加以探讨。

关于镇墓兽的方形底座,学者们也曾经给出多种解释,例如陈跃均、院文清认为方座部分是专为供奉"镇墓兽"而制作的神台[11];张正明、刘玉堂认为,方座代表幽府统治者"土伯"掌管的大地[12];杨怡认为方座可能仅是为了安放平稳之目的所设[13];潘佳红提出,部分"镇墓兽"的底座形似"魔方",其内涵为"九宫图",表示其对死者的护佐[14],等等。我们认为战国中期在镇墓兽方座上出现的凸雕装饰,反映了"宫地主"坐镇宫室、镇守城郭的意涵,是楚国强盛时期的一个缩影。

二、镇墓兽底座的演变

镇墓兽底座由正方形平台、上加平顶四面坡构成,整体形状呈覆斗形。底座平面的正中是一个方形孔的榫眼,用以承接镇墓兽柱身的方榫头。目前最早的楚式镇墓兽出土于湖北当阳赵巷4号楚墓和当阳曹家岗5号楚墓(图一),年代约为春秋中晚期,代表镇墓兽的"祖型"。赵巷楚墓镇墓兽的头部作圆角方型,上刻卷云纹、圆圈纹图案,中立四棱柱形身躯;下接覆斗状方座,周身用红漆绘卷云纹,通高60厘米[15]。曹家岗楚墓镇墓兽,头部素面圆鼓,无目无舌,面部有一周边框,颈后折,身作方柱形连小方座,下接覆斗形大方座(后侧有一缺口),底座一侧面上饰卷云纹,通高60厘米[16]。这一时期"祖型"镇墓兽的底座上,还没有出现方块状凸凹相间的雕刻装饰。

战国早期的镇墓兽,延续了"祖型"的基本特征,以江陵雨台山M142出土的镇墓兽为例,这一时期镇墓兽的头部和底座上均未出现凸雕纹饰,仅用彩绘云纹加以简单装饰,方座的梯形面较高,坡面上彩绘平面几何纹饰(图二,1)。

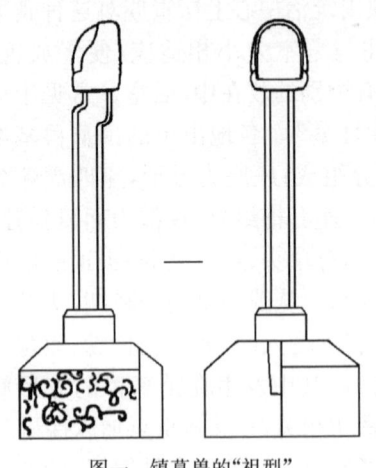

图一 镇墓兽的"祖型"

大概从战国早期偏晚时起,镇墓兽底座开始发生变化,方座梯形面变低,近座处起箍,方座四周有小方块凸起,且布满纹饰[17]。战国中期的镇墓兽趋向定型化、程式化,在中小型楚墓中普遍出现,是镇墓兽的鼎盛时期。镇墓兽方座的形制几乎千篇一律,整体呈覆斗形,最大的时代特征是在平顶、四面坡和侧壁上雕刻出凸起的纹饰方块,形成几何图案般有规律分布的凸凹面[18]。凸雕纹饰以镇墓兽柱身为中心,分布有内、外两圈凸起的浮雕。内圈浮雕由四个L形的凸面围成一个隆起的中央方形小方框,位于底座平顶上;外圈浮雕位于底座的四面坡斜面和方座的外侧面上,共有8个外凸,由位于四角的四个L形凸面,与位于四面的四个长方形凸面,合围成一个隆起的大方框。斜面和壁面上的凸凹部位互相连接。平顶内框和斜面外框上的四个L形凸面互相平行,套合在底座的四角上。江陵雨台山战国中期楚墓出土的镇墓兽,即具有上述特点(图二,2~4)。

战国晚期,镇墓兽底座发生新的变化,在近座处起台,不见凸凹的方块,但仍然是梯形斜面的方座。开始还保留单层的凸雕装饰(九店 M430),后来底座上的所有凸凹方块全部消失(雨台山 M555),纹饰的简化还表现为一些镇墓兽缺少彩绘,甚至光素无纹(图二,5、6)。江陵九店 172 号楚墓出土的一件战国晚期的镇墓兽(图二,7),面部方形,长舌,细高身,头插鹿角,身下部近座处起台[19],但没有了凸凹雕饰,在原有的凸凹部位描绘出连续的卷云纹和几何纹样。楚式镇墓兽,是先秦楚墓中较为典型的随葬品,在其他诸侯国的宗室家族墓中基本不见。楚国灭亡后,镇墓兽也随之消亡[20]。

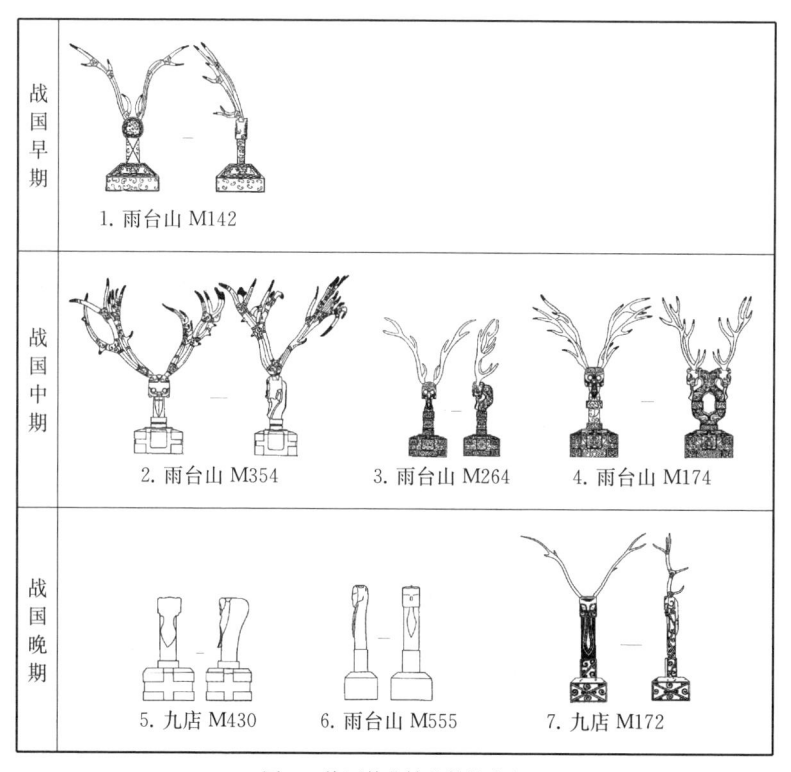

战国早期	1. 雨台山 M142		
战国中期	2. 雨台山 M354	3. 雨台山 M264	4. 雨台山 M174
战国晚期	5. 九店 M430	6. 雨台山 M555	7. 九店 M172

图二　战国楚墓镇墓兽的演变

三、凸雕纹饰的象征意义

战国中期，楚式镇墓兽底座的形制和纹饰基本定型化和模式化，这为我们讨论它的基本特征和象征意义提供了很好的基础。江陵望山楚墓发掘报告描绘了一幅镇墓兽方形底座的正视平面图（图三，1）[21]，我们以此为例进行讨论。

为了讨论镇墓兽方座平面布局的象征意义，我们省略彩绘纹饰，只把凸雕部分显示出来，在外框上标注四面八方，在内框上标注子、丑、寅、卯等十二方位，得到一幅方座的平面方位示意图（图三，2）。容易看出内框上的十二辰次，符合文献记载的"二绳、四钩"方位体系。《淮南子·天文训》载："子午、卯酉为二绳，丑寅、辰巳、未申、戌亥为四钩。东北为报德之维也，西南为背阳之维，东南为常羊之维，西北为蹄通之维。"又《论衡·言毒》载："辰巳之位在东南。"

对照文献记载，显然底座平面上的四个L形凸起，就是文献所说的"四钩"，而连接"内四钩"与"外四钩"之间的斜线就是"四维"，每两维之间对应东南西北四个正方位上的长方形凸起就是"四

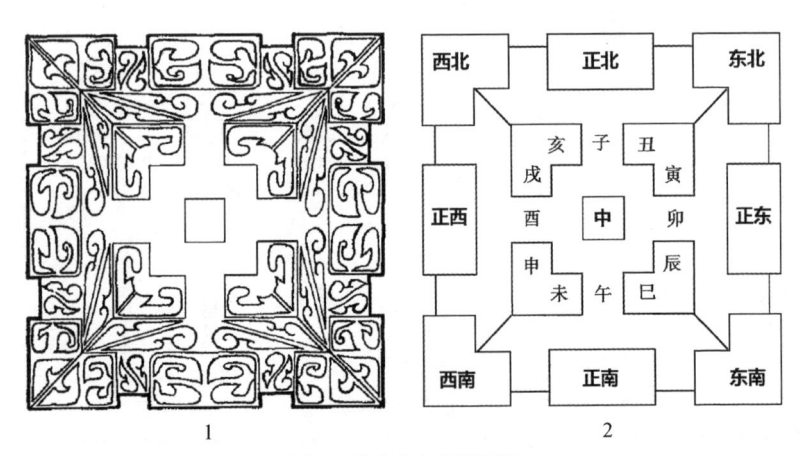

图三 镇墓兽方座平面图

正"。所有底座平面上的凸起都象征城墙:内"四钩"凸起,合围形成的小方框象征宫城,"四钩"之间的凹陷部位象征城门;宫城有东(卯)、南(午)、西(酉)、北(子)四个城门。外围的"四正"长方形凸起以及外"四钩"形凸起,分别位于"四正"和"四隅"之上,即四面八方,这八个凸起围成的大方框象征外城;外城有八个城门,每边各开两个城门。镇墓兽立于宫城的正中央,因此可能就是楚国竹简记载的"宫地主"。

滕壬生的《楚系简帛文字编》收录的战国楚简中有关"宫地主"的记录共7条[②],列举如下:

(1) 举祷于宫地主一[羊古](包山简202);
(2) 宫地主一[古豕](包山简207);
(3) 赛祷宫地主一[古豕](秦家嘴简M99:1);
(4) 举祷宫地主一[羊歺](天星观卜简);
(5) 赛祷宫地主一[羊歺](天星观卜简);
(6) 赛祷宫地主一[歺羊](天星观卜简);
(7) 赛祷宫地□(望山简M1:109)。

以上楚墓出土竹简记载墓主以一公羊或一公猪对"宫地主"进行祭祀祈祷,显见得"宫地主"是宫室的保护神。主祭者包括封君(天星观墓主为邸阳君潘乘)、上大夫(包山墓主为左尹昭佗)、下大夫(望山一号墓主昭固)、士(秦家嘴楚墓墓主)等阶层,可见"宫地主"并非特指楚王宫殿中的神主,而是一般宫室的保护神,普通士大夫皆可祭祀之。

楚国宫室一般建在夯土台基上,宫室地面高于四周,这与镇墓兽立于四面坡平顶上的位置相符合。考古调查和发掘证实,楚国高级贵族的大型冢墓,一般有车马坑和陪冢,在主墓周围形成墓园,这大概就是"宫地主"所守护的"宫城"。至于外城,应该就是都城的反映。镇墓兽底座的凸雕纹饰表明,随葬"宫地主"就是祈求它保护墓主的地下宫室,使墓园和墓室避免遭到凶神魔鬼和地下邪恶的侵犯,因此称之为"镇墓兽"是非常恰当的。

四、纹饰演变的动因

楚式镇墓兽常见于男性墓中,一般与兵器同出,是楚国军人常用的随葬品。镇墓兽头上插接的鹿角,据文献记载与军事行动有关。《逸周书·时训解》曰:"鹿角不解,兵革不息";"麋角不解,兵甲不藏"。楚国兵士随葬镇墓兽,实际上就是解麋鹿之角,以避兵害,寓有藏兵解甲之意。

楚国在军事上实行世兵制,士大夫一般都世袭军职,终生是军人;而楚人尚武,三年不出兵,引以为耻。楚康王即位五年无战事,自认为是"忘先君之业"、"死不从礼"(《左传》襄公十八年)。在这种尚武好战的文化传统中,镇墓兽形制和纹饰的演变,可能与楚国军事力量的消长相关,从一个特殊的角度折射出楚国历史文化盛衰的变迁。

春秋中期楚国一度强大,楚庄王(前613~591年在位)时曾经称霸中原。前606年楚庄王问鼎中原,《左传》宣公三年载:"楚子伐陆浑之戎,遂至于洛,观兵于周疆……问鼎之大小轻重焉。"③前597年晋楚邲之战,楚人大败晋军(《左传》宣公十二年),楚庄王由于此役的胜利而一举奠定了"春秋五霸"的地位。但这时楚国贵族墓葬基本上保持了商周以来"不封不树"的习惯,尚未兴起大型土冢和建造墓园的作法,故镇墓兽纹饰并未出现反映墓园(宫城)的凸凹雕饰。

春秋晚期伍子胥率吴师入郢,楚国急剧衰落,几乎亡国。经过战国早期几代楚王的励精图治,楚国的国力才逐渐恢复。镇墓兽自春秋中晚期出现,至战国早期,底座均做成覆斗状,其平顶、四面坡及直壁上均没有凸雕装饰,纹饰一般为素面或勾绘简单的云气纹等,看不出有"宫城"和"外城"的图案设计。

至战国中期,楚悼王(前401~381年在位)启用吴起为令尹,变法图强,楚国出现了复兴霸业的新局面。《史记·吴起列传》载:"楚悼王素闻(吴)起贤,(吴起)至则相楚……于是南平百越,北并陈蔡,却三晋,西伐秦,诸侯患楚之强。"㉔《史记·蔡泽列传》载:"吴起为楚悼王立法……南收杨越,北并陈蔡,破横散纵……定楚国之政,兵震天下,威服诸侯。"㉕史称"悼王复霸"。

楚宣王(前369～340年在位)和楚威王(前340～329年在位)时期,楚国国力达到历史顶峰,史称"宣威中兴"。《史记·苏秦列传》载:"(苏秦)乃西南说楚威王曰:楚,天下之彊国也;王,天下之贤王也……地方五千余里,带甲百万,车千乘,骑万匹,粟支十年,此霸王之资也……秦之所害莫如楚,楚彊则秦弱,秦彊则楚弱,其势不两立……故纵合则楚王,衡成则秦帝。"㉖《战国策·楚策一》:"凡天下强国,非秦而楚,非楚而秦。"㉗《战国策·秦策四》:"天下未尝无事也,非纵即横。横成则秦帝,纵成则楚王。"《淮南子·兵略训》:"楚国之强,大地计众,中分天下。"就是说楚国鼎盛时期曾经"中分天下",即平分"天下"的一半属于楚国,其他国家的面积加起来的总和才相当于楚国的面积。

考古学上的战国中期,大致相当于楚悼王(前401～381年在位)至楚怀王(前328～299年在位)早期,楚国处于强盛时期。战国中期偏晚阶段即宣威至威怀时期,楚国的墓葬制度发生了显著变化,迄今发现的楚国都城纪南城周围有高大封土堆的大中型楚国贵族墓葬,统属于战国中期晚段至战国中晚期,属于战国早期前后的较高规格贵族墓,甚至连相当于"下大夫"一级的都没有㉘。

战国中晚期的大型楚墓主要集中在宣威或者威怀时期。其中"上大夫"与"下大夫"墓葬之间的界限最为明显:上大夫(卿大夫)墓以包山大冢为例,墓坑开口边长为34×32米,坑深12.45米,有十四级台阶,封土直径为54米,高5.8米㉙;下大夫墓以望山一号楚墓为代表,墓坑开口的边长为16×13.5米,从坑口至墓底深8.4米,有五级台阶,封土直径残存18米,残高2.8米㉚,复原其封土直径使覆盖全部墓坑开口,得其土冢原始直径应在30米左右。总之,从墓坑边长、封土直径和封土高度看,下大夫墓是上大夫墓的一半,等级区分非常明显。大冢周围一般都有陪冢和车马坑等,形成一定规模的墓园。对于大夫及其以上的墓葬而言,挖掘如此大而深的墓坑,堆筑如此大而高的土冢,加上墓中随葬大量的贵重物品和奢侈品等,需要耗费巨大的财力、物力和人力,这只有在楚国国力最为强盛的时期才有可能大规模地实行。楚国历史上的"宣威中兴"与大型土冢的成批出现大致同时,这个昙花一现的历史时期为后世留下了为数众多的高大楚冢。楚墓厚葬与奢侈之风的盛行,从一个侧面反映了当时楚国社会财富的丰足和国力的强盛。

楚国的这段"复霸"和"中兴"的历史,在镇墓兽的装饰风格上,留下了明显的印记。战国中期,镇墓兽的底座上开始出现凸凹雕饰。战国中期偏晚阶段,镇墓兽在士大夫墓中普遍出现,其形制基本定型,雕饰和花纹也整齐划一,凸显"宫地主—宫城—外城"的结构布局。其中"宫城"应该是墓园的反映,"外城"则可能是都城"纪南城"的写照。

纪南城遗址位于荆州城北 5 千米,至今地表上仍然保存有宽 10~20、高 4~8 米的土城垣。城周略呈长方形,城垣东西长 4 450 米(约合周制 10.5 里),南北宽 3 588 米(约合周制 8.5 里),周长 15 506 米(约合周制 38 里),面积 16 平方千米。经过考古勘察与发掘,可以确认七处城门遗址(包括两座水门)。推测原有八座城门,包括三座水门,它们分别是:(1) 东垣南门,(2) 东垣北门(水门)?(3) 南垣西门(水门),(4) 南垣东门,(5) 西垣北门,(6) 西垣南门,(7) 北垣东门(水门),(8) 北垣西门。

纪南城中三水交汇,应有三座水门。其中朱河从北垣东门进入城内,新桥河从南垣西门进入城内,这两座水门已经得到证实。另一座水门可能位于东垣偏北龙桥河出城的缺口处,因河流冲刷和修建公路遭到破坏,现已无法探明;此处今名"龙会桥",钻探得知存有古河道,推测在河道上应有一座水门[③]。

按周朝礼制的规定,天下最大的都城只能是周天子据有的"王城",其规模是:"方九里,旁三门,国中九经九纬(《周礼·考工记·匠人》)。"即城周为三十六里,面积为八十一平方里,每边城垣有三个城门,每座城门有三个车道,城中有三横三纵道路,合有"九经九纬"车道。纪南城的设计大致相当于"方九里,旁两门"的格局。这座"八门"都城的规模,在面积上相当于(或略大于)礼制规定的"王城",只是每边少开一个城门而已。

纪南城的"八门"布局,与镇墓兽的底座上象征"外城"的凸雕非常符合,这组凸雕在"四正"和"四钩"八个部位的凸起之间,正好留下八个较窄的凹陷部分,每一边有两处凹陷,象征每一边的城垣上有两个城门。纪南城的年代也是一个有力的证据,据研究"纪南城的兴建至少要晚到战国早期以后"㉜,这与大型土冢的兴起以及镇墓兽底座凸雕出现的年代都相符合。

战国晚期,楚式镇墓兽的底座又出现了明显变化。首先在底座凸雕中,内框部分消失,外框没有了"四正"凸起,只保留"四钩"部分(九店 M430);接着底座上的所有凸凹方块全部消失(雨台 M555)。这种变化是楚国历史由盛转衰的反映。大约从秦楚丹阳之战(前312年)以后,楚国国势开始急转直下,日趋衰落。《史记·楚世家》载:"(楚怀王)十七年春,与秦战丹阳,秦大败我军,斩甲士八万,虏我大将军屈匄、裨将军逢侯丑等七十余人,遂取汉中之郡。楚怀王大怒,乃悉国兵复袭秦,战于蓝田,大败楚军。韩、魏闻楚之困,乃南袭楚,至于邓。楚闻,乃引兵归……(怀王)二十八年,秦乃与齐、韩、魏共攻楚,杀楚将唐眛,取我重丘而去。二十九年,秦复攻楚,大破楚,楚军死者二万,杀我将军景缺。怀王恐,乃使太子为质于齐以求平。三十年,秦复伐楚,取八城"㉝。《史记·屈原列传》载:"怀王以不知忠臣之分,故内惑于郑袖,外欺于张仪,疏屈平而信上官大夫、令尹子兰。兵挫地削,亡其六郡,身客死于秦,为天下笑"㉞。

前 278 年秦将白起拔郢,楚顷襄王迁都于陈(今河南淮阳)。屈原《楚辞·哀郢》:"皇天之不纯命兮,何百姓之震愆?民离散而相失兮,方仲春而东迁"⑤。《史记·屈原列传》载:"屈原既死……其后楚日以削,数十年竟为秦所灭。"楚都纪南城陷落和废弃之后,规模宏大的"八门"楚城风光不再,镇墓兽底座上的城郭雕饰失去了现实基础,从此被平面几何纹饰和素面所取代。

五、结语

综上所述,楚式镇墓兽底座装饰风格的演变,反映了楚国盛极而衰的历史。战国中期楚国处于历史上的强盛时期,财力雄厚,军力强大,疆土占据"天下"的一半。此时在墓葬习俗上兴起了大型土冢和墓园的作法,同时国家调动大量的财力、人力修筑了具有八个城门的大型都城。这些盛世华章反映在镇墓兽的装饰风格上,就是底座凸雕所表现的墓园宫城和八门都城。

但是奢侈的厚葬习俗靡费了大量的社会财富,这样的风俗习惯注定其社会不可能持久繁荣,加上统治者在政治军事上的决策失误,楚国历史由盛转衰。纪南城陷落之后,楚国贵族东迁,高大的土冢不再延续,繁华的都城一去不返,镇墓兽上象征墓园与都城的凸雕装饰也从此销声匿迹。稍后,随着楚国的灭亡,楚文化也很快退出历史舞台,被新生的秦汉文明取而代之。

注释:

① [日]水野清一:《关于长沙出土的木偶》,《东方学报》1937年第8期。
② 商承祚:《长沙古物闻见记·续记》,中华书局,1996年。
③ 王瑞明:《"镇墓兽"考》,《文物》1979年第6期。
④⑩⑪ 陈跃均、院文清:《"镇墓兽"略考》,《江汉考古》1983年第3期。
⑤ 彭浩:《"镇墓兽"新解》,《江汉考古》1988年第2期。
⑥ 吴荣曾:《战国汉代的"操蛇神怪"及有关神话迷信的变异》,《文物》1989年第10期。
⑦ 高崇文:《楚"镇墓兽"为"祖重"解》,《文物》2008年第9期。
⑧⑱⑳ 黄莹:《楚式镇墓兽鹿角研究》,《江汉论坛》2009年第12期。
⑨ 湖北省博物馆:《湖北江陵太晖观50号楚墓》,《考古》1977年第1期。

⑫ 张正明、刘玉堂:《湖北通史·先秦卷》,华中师范大学出版社,1999年,第498页。
⑬ 杨怡:《楚式镇墓兽的式微和汉俑的兴起——解析秦汉灵魂观的转变》,《考古与文物》2004年第1期。
⑭ 潘佳红:《"魔方"意义试析》,《中国文物报》1989年7月21日第3版。
⑮ 宜昌地区博物馆:《湖北当阳赵巷4号春秋楚墓发掘简报》,《文物》1990年第10期。
⑯ 宜昌地区博物馆:《当阳曹家岗5号楚墓》,《考古学报》1988年第4期。
⑰ 耿华玲:《楚"镇墓兽"的源起与楚国族类》,《衡阳师范学院学报》2007年第4期。
⑲ 湖北省文物考古研究所:《江陵九店东周墓》,科学出版社,1995年,第301页。
㉑ 湖北省文物考古研究所:《江陵望山沙冢楚墓》,文物出版社,1996年,第152页。
㉒ 滕壬生:《楚系简帛文字编(增订本)》,湖北教育出版社,2008年,第371、701页。
㉓ 杨伯峻:《春秋左传注》,中华书局,2009年,第669~672页。
㉔ 司马迁:《史记·吴起列传》,中华书局,1959年,第2168页。
㉕ 司马迁:《史记·蔡泽列传》,中华书局,1959年,第2423页。
㉖ 司马迁:《史记·苏秦列传》,中华书局,1959年,第2259~2261页。
㉗ 刘向:《战国策·楚策》,上海古籍出版社,1985年,第505页。
㉘ 王光镐:《楚文化源流新证》,武汉大学出版社,1988年,第440、449页。
㉙ 湖北省荆沙铁路考古队:《包山楚墓(上)》,文物出版社,1991年,第45~47页。
㉚ 湖北省文物考古研究所:《江陵望山沙冢楚墓》,文物出版社,1996年,第5~6页。
㉛ 湖北省博物馆:《楚都纪南城的勘察与发掘》,《考古学报》1982年第4期。
㉜ 王光镐:《楚文化源流新证》,武汉大学出版社,1988年,第442页。
㉝ 司马迁:《史记·楚世家》,中华书局,1959年,第1724页。
㉞ 司马迁:《史记·屈原列传》,中华书局,1959年,第2485~2491页。
㉟ 洪兴祖:《楚辞补注·哀郢》,中华书局,1983年,第132页。

楚国乐器器座鸟兽组合形象杂谈

陈晓娟

(华中师范大学美术学院)

乐器的支架,在先秦时期被称为笱虡,是具有礼乐用途的乐器的重要组成部分,有着特殊的意义和价值。典籍中对钟、鼓虡多有记载,如《诗·大雅·灵台》中写道:"经始灵台,经之营之……虡业维枞,贲鼓维镛。于论鼓钟,于乐辟廱……鼍鼓逢逢,矇瞍奏公。""虡业维枞,贲鼓维镛"是说钟、鼓虡支架的大板有锯齿,以悬挂大鼓和大钟;"于论鼓钟,于乐辟雍"是说钟鼓相互配合,在天子的辟雍演奏;"鼍鼓逢逢,矇瞍奏公"是说敲着鳄鱼皮的鼓,盲乐师为天子献艺。从这一段的描述中不难看出乐器虡业的重要性。《诗·周颂·有瞽》载:"有瞽有瞽,在周之庭。设业设虡,崇牙树羽。应田县鼓,鞉磬柷圉。既备乃奏,箫管备举。喤喤厥声,肃雝和鸣,先祖是听。"[①]这里用"设业设虡,崇牙树羽"来形容钟鼓之虡的形象,崇牙即为横架上有锯齿状纹,树羽则指的是架子上插着或装饰着羽毛。《说文》中明确说:"虡,钟鼓之柎也,饰为猛兽",指明了钟鼓下的架子上装饰的都是猛兽形象。据《考工记》的描述,应是指深爪突目的赢(裸)属、鳞属兽类和羽属鸟类。《广雅·释器》:"虡,桯,几也",则说出了大型钟磬的虡架的材质和作用接近于长几。

一、楚国乐器器座的鸟兽组合

战国时期楚国鸟兽组合作为乐器底座的典型代表是虎座凤架鼓,最早的保存较完整的实物于1962和1963年在湖北江陵葛陂寺、拍马山的两座墓中出土。在两只小虎身上站着的双鸟长腿细劲,鸟身背向而立,脖颈细长向上作引吭高歌状,鼓圈正位于双鸟中间,可以想见当时悬鼓敲击时的舞动之美。

先秦时期,人与动物的关系比起现代人来说更为密切。动物作为自然界的生灵,在祭祀的时候配合音乐一起出现,能起到"击石拊石,百兽率舞"的敬神效果。作为虡架出现的兽类,在乐器奏响时,虽不能动,却仿佛在动,也起到了"率舞"的效果。按照《考工记》的记载,天下重要的动物分为五种,"天下之大兽五,脂者、膏者、裸者、羽者、鳞者",这五种都要在宗庙祭祀中起到一定的作用。"宗庙之事,脂者、膏者以为牲,裸者、羽者、鳞者以为笋虡"②。祭祀时必然要用到牺牲,牺牲由"脂者"(牛、羊)、"膏者(猪豕)"等组成,而裸者(浅毛兽类,如虎、豹)、羽者(鸟类)、鳞者(龙蛇类)虽不能成为供品,其形象却可作为笋虡,即钟鼓乐器支架上的雕刻和彩绘装饰的组成而在场,这些动物形象也是宗庙祭祀时保证氛围的关键要素。

之所以选择这三者作为乐器支架的形象,是因为它们的不同特性适应了不同乐器发声的需要。如裸属虎、豹类,"恒有力而不能走,其声大而宏","则于钟宜。若是者以为钟虡,是故击其所县而由其虡鸣"③;浅毛兽类有力量,它们被装饰在支架上不能跑开,因此它们的声音大而洪亮。敲起钟时,似乎是钟架上的虎豹在发出声音,这就形成了祭祀时的驭百兽、通天地的效果。羽属"恒无力而轻,其声清阳而远闻","则于磬宜。若是者以为磬虡,故击其所县而由其虡鸣"。鸟类作为羽属,力量不足,体量也不大,但其声音清扬而能传得远,适合将它们做磬架,击磬时似乎是磬架上的鸟在发出声音。鳞属则"小首而长,抟身而鸿",适合"以为笋",即做为架子上横梁的装饰,虽然它们不发出声音,但它们蜿蜒修长,适于搏击的身形也为横梁增色。《考工记》接着强调:"凡攫杀、援噬之类,必深其爪,出其目,作其鳞之而","则于视必拨尔而怒。苟拨尔而怒,则于任重宜,且其匪色必似鸣矣"④。这一段话指明了钟鼓乐器架上的动物装饰并非仅仅为了美观的修饰作用,而是将动物发声的模拟效果用到祭祀场合中来,乐器演奏时不仅是钟鼓本身在发声,裸属、羽属等动物的样子看起来也在发声,形成了恢宏的效果。

曾侯乙墓出土了一架编磬,其磬虡两端的动物由青铜制成,是一种想象出来的鸟形兽。主体为鹤类的长颈,上部有蟠龙状头部,头上有两角,张口衔住筍端,舌头外伸下垂,一端的兽舌上有"曾侯乙作持用终"铭文。下端底座部分为蹲踞状龟状兽身,有短尾和平张的双翅。这个动物趴伏像龟,踞地的四足像兽,双翅和极高挑的颈部又像鸟,当是《考工记》中所说的"裸"、"羽"、"鳞"属三者的合一。作为乐器座的鸟兽组合形象一般具有明显的长伸的颈部,还有着双翅、鸟喙或尾巴等明显特征,符合《说文》中所说的"钟鼓之树","饰为猛兽"的说法,也满足了将乐器架高以备敲击的目的。同墓中还出土了青铜鹿角立鹤悬鼓架。鹿角立鹤出土时位于东室主棺之东,鹤头向南。鹤引颈而立,颈部细长向上延伸,其长度约为身体及腿部总长度的两倍,嘴上翘成钩状,右侧有"曾侯乙作持用终"七字铭文,鹤头两侧铸有铜质鹿角,向上方呈圆弧状延伸,两枝鹿角的末端与鹤头上翘的钩状嘴部形成了三个支点,正好可以与同时出土的悬鼓上的三个环相配,因此有学者将鹿角立鹤与悬鼓看成是同一件器物,即鹿角立鹤悬鼓[⑤]。鹿角立鹤双翅平伸,翅膀根部各由一条蟠龙相衔,龙身向下绕至鸟腹。立鹤的颈部、翅膀和尾部嵌铸的勾连云纹等装饰和同墓出土磬架鸟形兽同部位的装饰十分相似[⑥]。立鹤的底座略呈长方形,由中间向外略呈三台阶状降低,四边中部各有一壁虎形钮,钮上各扣一圆环作为提环。底板最中央镶嵌勾连云纹,外圈浮雕蟠螭纹,最外圈镶嵌鸟形纹。这些细部的装饰手法,印证了"梓人为筍虡"中所说的发出声音小的,如以翼鸣、以股鸣、以胸鸣的"小虫之属",是"以为雕琢"之用的。

事实上,使用兽类纹样装饰磬等乐器的历史可以远溯到殷商时代。1935年殷墟侯家庄1217号大墓出土了特磬、鼓、特磬架和鼓架。出土时木质磬架已朽，但遗迹大体完整，可以看出磬架经过髹漆，并用蚌片嵌出了饕餮纹和虎纹等纹样⑦。1950年殷墟武官大墓也出土了雕刻有精美虎纹的石磬。1970年湖北江陵纪南城发现的25具战国彩绘石编磬，彩绘图案以一到三只凤鸟为主题，再填以羽毛纹饰，类似于楚漆器和服饰上的纹样⑧。从这个意义上看，《吕氏春秋·古乐篇》说："听凤皇之鸣，以别十二律"⑨，应该是指通过听着装饰有平面或立体凤鸟图案的乐器演奏来辨别乐音高低，而不是真的去听凤凰或鸟类的鸣叫。

二、乐器器座鸟兽组合的演进

用鸟兽装饰乐器或乐器支架有着由来已久的传统，其与史前时期以来的声音崇拜有密不可分的联系。《史记·夏本纪》中说："舜德大明。于是夔行乐，祖考至，群后相让，鸟兽翔舞，《箫韶》九成，凤皇来仪，百兽率舞，百官信谐。"⑩这里的"鸟兽翔舞"并不是指真实的鸟兽在飞翔或舞蹈，而极有可能指的是钟鼓磬等乐器上的鸟兽装饰，随着乐声奏响而形成腾跃之势。而"百兽率舞"则可能指的是各个不同图腾的部族都前来拜服。钟鼓支架的重要性还可以通过字形来分析。"礼乐"的"礼"字写作"禮"，《说文》训为"从禾，从豊"，而"豊"则认为是从"豆"，但学者指出其实应该是从𠭯，从珏，所从的𠭯应是"鼓"字的甲骨文写法⑪，指由食器发展而来的乐器鼓。𠭯字中间圆圈为鼓身，有一横线似为鼓腔上的装饰，圆圈上面三竖线指鼓悬挂时用于固定的线，而下面的两竖一横则应是指的鼓下面的支架，即虡。《礼记·明堂位》说"夏后氏之龙簨虡，殷之崇牙，周之璧翣"，正是说了乐器的支架设计在先秦不同时代的演进。其中夏时用龙筍虡，即用鳞属的龙纹对支架的横梁进行装饰，殷商时则对横梁进行细致刻画，形成牙状的装饰，而周代则用穿过玉璧的羽扇形丝绸来装饰。

先秦青铜器的刻纹中也常见用于乐器支架的凤鸟形象或鸟兽

组合形象。如成都百花潭出土的战国铜壶表面有宴乐攻战纹的刻画装饰，其中刻有半为编钟半为编磬的一架乐器，其虡部为两只蹲踞背向而立的大鸟，双足和尾部着地支撑，翅膀张开，颈部呈S形，头部有短柱顶着笱梁，笱端亦有龙首形装饰。河南辉县战国晚期墓中出土的刻纹铜奁虽残损，但现存部分可以看到乐舞形象，一只踞地的四足兽上唇上翘，支起悬挂编钟的横梁。

河南汲县山彪镇战国墓中出土的水陆攻战铜鉴上的镶嵌图案（图一）中可以看出一站立的兵士高举鼓槌在敲击面前的鼓，鼓的上方有高高飘起的齿羽状装饰，应与《礼记》中所说的"殷之崇牙"的支架有一定的渊源关系。上海博物馆所藏刻纹燕射杯上有二鸟相背立，背上有一圆鼓，有一人扮作动物形象，跪坐着拿着鼓槌作击鼓状。汉代沂南画像石上有一个人高举鼓槌敲击建鼓的形象（图二）。值得一提的是，建鼓的上方有一个垂有流苏的华盖，上方立着一只凤鸟，在华盖两侧各有两对齿羽状的飘带飘出，这也印证了《诗·周颂·有瞽》中所说的"设业设虡，崇牙树羽"的钟鼓支架的情形，从侧面说明在鼓架上用羽毛进行装饰是先秦到汉代流行的钟虡形式。

图一　水陆攻战纹铜鉴 击鼓纹样[12]　　图二　沂南古画像石

1961年在长沙砂子塘发掘的西汉墓的外棺头端挡板的彩绘（图三）再现了"璧翣"的形式，两只长尾鹤状凤鸟相对而立，两鸟脖

颈从同一块玉璧中穿过向身体后方伸出，形成优美的S形曲线，鸟嘴中各自含珠，所衔的丝线各自挂着两只编磬，磬下面有呈左右对称的流苏。这一形式大概就是"周之璧翣"的演示。

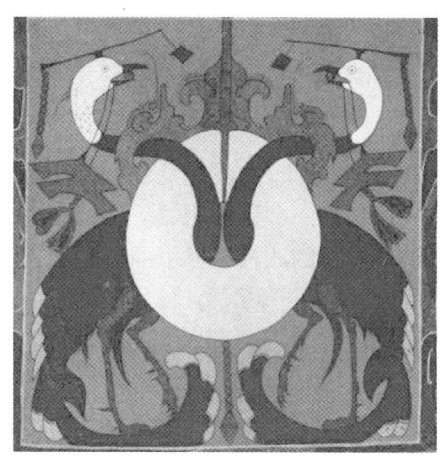

图三　长沙砂子塘西汉棺画（摹本）[13]　　图四　陶龟座凤鸟　西汉

西汉景帝阳陵陪葬墓中出土有一对雀龟形陶磬座。身体近乎直立的凤鸟（朱雀），以双足与披开的尾巴支撑在乌龟的龟背之上。凤鸟颈部无凹槽，头顶正中似乎留出了可托物的座孔。乌龟四足伏地，头部略向前方伸出。与此雀龟形磬座造型相似，西安北郊龙首原北坡的范南村92号和120号两座汉墓中，伴随陶编磬一起，分别出土2件雀龟形磬座（图四），乌龟的头部伸出并回首上扬至鸟腹，龟颈较长略似蛇形，鸟的头部有冠，未见插孔或托座，发掘报告认为其颈部凹槽为架鼓用，但由于与陶磬同时出土，似将之作为磬座，或磬座俑更为合理。这几件成对出现的鸟兽形器座，采用羽属和裸属的组合，仍然是先秦以来乐器虡业的遗风影响所致，立鸟的造型追求颀长，蹲伏的动物则以稳定见长。雀龟形器座的鸟嘴中含珠，作咬紧状，这一点与长沙砂子塘漆棺画中衔着双磬的丝带的凤鸟口中含珠是完全一样的。

陶乐器座在战国楚墓中也有出土，如20世纪70年代鄂城钢铁厂发掘的95号墓的椁室边箱就出土了一座高约60厘米的陶虎座鸟架，木制鼓已朽，鸟身原彩绘有羽毛。这座陶鼓架应是仿漆器所制，鄂城钢铁厂4号墓出土有漆制的虎座凤架鼓，造型相仿，通高88厘米。推测陶制虎座凤架鼓不一定为墓主人生前所用之器，可能是为了随葬而制作的明器。西安范南村出土的西汉早期的鸟兽形乐器座，一般都与陶编磬同时出土，并没有发现可以用来悬挂乐器，或用来接榫卯的孔，应该也是随葬用的明器。

雀龟形的虡架造型与汉代流行的四神纹样中的朱雀和玄武较为相似，汉代出现的灯座和博山炉座也采用鸟兽组合的形式，这一形式是作钟虡羽属与鳞属结合的延续，还是汉代流行的四神纹样的体现，尚有争议。本文倾向于认为这些器座中的鸟兽组合与鸟架、虎座鸟架、蛇座鸟架等这些先秦乐器座有传承关系，而不是一些学者认为的它们是四神图像中的朱雀和玄武，或者认为鸟与龟的组合象征着阴阳相和等[14]。尤其是上文中提到的西安市范南村M92、M120分别出土一对陶雀龟形座，都伴随陶磬一起出土。另外汉景帝阳陵陪葬墓中亦出土一对雀龟形陶磬座，除了龟的头部是向前平伸出以外，总体的造型基本相同。这几件雀龟形磬座为灯座和博山炉座的鸟兽组合的来源提供了参考。

灯座、炉座与乐器器座的结构和目的相仿，都采用鸟兽组合应该不是出于偶然。比如山西朔县出土的秦汉龟鹤博山炉（图五），炉座即为一只站在龟背上仰面向上口中含珠的仙鹤形象。这一形象与雀龟形磬座较为相像。再如安徽天长西汉墓出土的龟驮凤鸟灯座（图六），一只凤鸟口中衔珠，展翅站在龟背之上，龟略昂首，整个器座充满升腾之势，亦是如此。目前可以见到的汉代类似鸟龟形组合的炉座和灯座约在十件左右。鸟龟组合中鸟都是主体，都是长腿长颈展翅状，起到提高器身的支架作用，龟则伏于地面起到稳定重心的作用。这一组合样式与先秦的乐器虡架的设计思路如出一辙。博山炉和铜灯虽然不能像乐器一样发出声响，但香炉象征着海上仙山，灯又是光的承载物，将钟虡的"拨尔而怒"的装饰思想贯穿到这些器座的设计中来，是顺理成章的。这样的鸟龟组合形式在汉代以后很少看到，也说明先秦时带有上古文明拟声拟形"拨尔而怒"的钟虡装饰理论渐渐为五行谶纬体系和实用观念等取代。

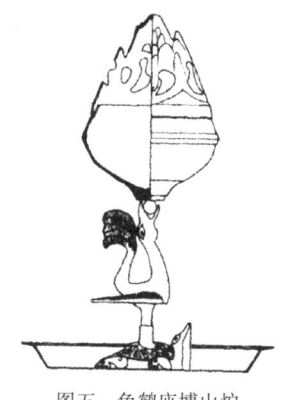

图五　龟鹤座博山炉　　　　图六　龟驮凤鸟灯

与此同时，汉代的画像砖石、瓦当上也有大量鸟龟并列的形象，这些形象并不作为器座出现，往往是独立的平面装饰画，其内涵与钟虡器座的鸟兽组合并无直接联系，通常会出现龟与鸟的形象等大的情况，或者鸟与龟呈并列对举的关系。如河南新郑出土的一块画像砖（图七）中，鸩鸟嘴里叼着一条蛇，前方的龟呈对峙状，就显然与先秦时钟虡鸟兽没有什么关系了。

先秦钟磬笋虡形象的凤鸟一般长颈向天，符合声音"清阳而远闻"的想象，讲求姿态曼妙，或以虎、蛇为踏脚，或身体变形为翼兽，是想象力与审美性的高度结合。汉代以后类似的磬虡凤鸟形象渐转向粗壮，鸟与龟之间的关系相对平稳，但凤鸟仍然具有高高在上

图七　鸱鸟与玄武⑮

的飞扬地位。而汉代画像砖石或瓦当中鸟龟并举是受四神、天象等神话或祥瑞思想影响所致,凤鸟变为朱雀,不再具有其核心地位。

三、马王堆一号汉墓帛画与"璧翣"

马王堆一号汉墓的T形帛画(图八)一般被看作是墓主人引魂升天的旌幡,画面的内容根据所表现的对象的不同分为"天上、人间、地下"三个部分。不过,根据《礼记·明堂位》中"夏后氏之龙簨虡,殷之崇牙,周之璧翣"对乐器虡座的说法,周代兴盛的虡座应该如郑玄所注"周又画缯为翣,戴以璧,垂五采羽于其下,树于簨之角上,饰弥多也"⑯,即用彩色的丝绸穿过玉璧,将五彩的羽形饰垂于璧下,将璧悬于虡架的角上。璧翣是周代盛行的丝绸装饰,通常与玉璧或玉圭搭配,垂于玉器的下方。这类丝绸制品在上古时代较为流行,如《礼记·明堂位》中所说,"有虞氏之绥,夏后氏之绸练,殷之崇牙,周之璧翣",郑玄注曰"天子八翣,皆戴璧垂羽。诸侯六翣,皆戴圭,大夫四翣,士二翣,皆戴绥"⑰,说出了上古不同时期对于与乐器相配的飘带的多少的规定,也指出了丝绸璧饰在乐器虡架装饰上的正统地位。长沙砂子塘出土的外棺头档彩绘中,双凤的长颈穿过一块大型玉璧,玉璧缀有长长的羽形装饰。双凤的口中分别衔着两块玉磬,玉磬也缀有丝质的双流苏装饰,是"周之璧翣"的一个清晰的写照。

就马王堆汉墓帛画来讲,如果可以把中间双龙穿璧并悬挂玉磬的部分看作是"璧翣"的磬虡,那么整个帛画的"人间"及"地下"部分都可以看成是围绕玉磬的演奏而展开的同一个部分。这只玉磬可以看作是单个悬挂的特磬,其演奏极尽装饰之能事,最上方有一个华盖,下面为双龙穿过的玉璧,特磬挂在玉璧的下方。如果把一青一赤两条巨龙看作是两端的磬虡,那么下面的跌座就是一个站在两只相向的鲸鱼身上的向上托举的裸体力士。双龙作为这个磬架的两端的支架,两者之间有两处通过两个横梁连接,第一处是在玉璧的上方,一块用回纹装饰的业板,其两端有类似如意纹的钩状物勾在双龙的身上,板上是带着三位侍从的女性墓主人由两位跪者迎接的场景;另一处在底部,一块连接两条巨龙的较薄的业板,用较简单的回纹装饰,一端在赤龙的身后,一端在青龙的身前,在这块板上近处放有一鼎两敦两壶,远处则是众人整齐地坐在桌前的宴饮场面。在两块横板上的描绘的场景可以看成逝者生前生活的再现。主人被迎请和生前宴请的场景,在临沂金雀山9号墓帛画(图九)中也有所绘制,其用意都旨在再现人世间的生活,只不过后者是简单地用横线分出四个横栏来构图,而前者则将生活场景穿插在繁复的装饰有"璧翣"的磬座支架当中而已。横板所连接的双龙外侧装饰有鸮龟的形象,鸮站在体型巨大的龟背上,龟的头上有如意形纹样,脖子上系着丝带。在横板下方有一只横着缠绕着青龙和赤龙的蟠蛇,其脖子上也系有丝带,这些龟、龙、蛇、玉璧等都可以看作是磬架璧翣的组成部分。

总之,钟、鼓磬的支架在先秦时期具有重要的象征意义,通常是通过塑造被束缚的鸟兽不得飞动或不能离开的状态,从而激发出敲击乐器时的鸟兽们"拨尔而怒"的场景感,调动乐器演奏祭礼祖先或神灵时"击石拊石,百兽率舞"的紧张神秘的氛围。上古时期,歌舞乐音是通神娱神的重要手段,也是祭祀礼仪中的核心要素。

图八　马王堆一号墓帛画（局部）　　图九　金雀山 9 号墓帛画

《礼记·郊特牲》中说:"有虞氏之祭也,尚用气……殷人尚声,臭味未成,涤荡其声,乐三阕,然后出迎牲。声音之号,所以诏告于天地之间也。"[18]《周礼·春官·大司乐》中说:"五声、八音、六舞、大合乐,以致鬼神祇,以和邦国,以谐万民……以祭,以享,以祀"[19],王逸《楚辞章句》中说:"昔楚国南郢之邑,沅湘之间,其俗信鬼而好祠,其祠必作歌乐鼓舞以乐诸神。"[20]可见,上古时期歌舞乐音对于通神安民能起到重要作用。到了汉代,来自钟虡的鸟兽组合形式仍然被继承下来,保留在日常用的博山炉座或灯座当中,但其神秘气息已逐渐减淡,以至于到了汉代之后,就基本上不再看到。马王堆汉墓帛画将璧翣式的钟虡形式画入画面中,并将其作为构图线穿插于墓主人的生活场景,这一手法在临沂金雀山汉墓帛画中已不再出现,在后世更是淡出了人们的视线。

注释:

① 程俊英:《诗经译注》,上海古籍出版社,2004年,第429~430页,第526~527页。
② 钱玄礼等译注:《周礼》,岳麓书社,2001年,第423页。
③ 钱玄礼等译注:《周礼》,岳麓书社,2001年,第424页。
④ 钱玄礼等译注:《周礼》,岳麓书社,2001年,第425页。
⑤ 祝建华:《楚俗探秘——鹿角立鹤悬鼓、鹿鼓、虎座鸟架鼓考》,《江汉考古》1991年第4期。
⑥ 王子初:《中国音乐文物大系·湖北卷》,大象出版社,1996年,第266页。
⑦ 方建军:《侯家庄——1217号大墓的磬和鼓》,《交响》1988年第2期。
⑧ 湖北省博物馆:《湖北江陵发现的楚国彩绘石编磬及其相关问题》,《考古》1972年第3期。
⑨ 高诱注:《吕氏春秋》,上海古籍出版社,2014年,第102页。
⑩ 司马迁:《史记》,岳麓书社,1988年,第12页。
⑪ 裘锡圭:《甲骨文中的几种乐器名称》,《中华文史论丛》1980年第2期。
⑫ 郭宝钧:《山彪镇与琉璃阁》,科学出版社,1959年,第21页。

⑬ 高至喜:《长沙砂子塘西汉墓发掘简报》,《文物》1963年第2期。
⑭ 胡雪竹:《汉代鸟龟组合图像的形式及意蕴》,《碑林集刊》2015年总第21辑;《两汉玄武图像的组合形式及功能意义》,《荣宝斋》2015年第5期。
⑮ 张秀清等:《河南新郑出土的汉代画像砖》,《中原文物》1986年第1期。
⑯ 郑玄注:《礼记正义》(中),上海古籍出版社,2008年,第1267页。
⑰ 郑玄注:《礼记正义》(中),上海古籍出版社,2008年,第1268页。
⑱ 郑玄注:《礼记正义》(中),上海古籍出版社,2008年,第1095页。
⑲ 钱玄礼等译注:《周礼》,岳麓书社,2001年,第207页。
⑳ 洪兴祖:《楚辞补注》,上海古籍出版社,2015年,第82页。

楚墓出土漆案纹饰初探

谢春明

（荆州博物馆）

案，几属，古代用来盛放食物的木制带足托盘。宋代高承选《事物纪原》载："有虞三代有俎而无案，战国始有其称。燕太子丹与荆轲等案而食是也。案盖俎之遗也。"可见，战国时期已出现了案的名称。从近年考古发掘的情况看，目前出土漆案的楚墓有20多座，出土漆案80余件（表一）。漆案面呈长方形，两端或四角凿孔，榫接案足，部分漆案镶有铜铺首衔环。漆案大都有纹饰，少数素面。

一、楚墓出土漆案概况

表一 楚墓出土漆案概况表

序号	墓 葬	数量	年代	墓主身份	漆 案 纹 饰
1	湖南长沙浏城桥1号墓	1	战国早期	大夫	素饰。
2	湖北随州曾侯乙墓	3	战国早期	诸侯	案面四周和正中饰一组兽面纹宽带，成两半的案面中各阴刻圆圈带纹，内又阴刻云纹或S纹。
3	湖北天星观1号墓	8	战国中期	封君	1件面中线两侧各浮雕一周长方形勾连卷云纹，内侧凿长方形斜槽一周，案面形成左右台面，两端浮雕卷云纹。髹黑漆，用

(续表)

序号	墓葬	数量	年代	墓主身份	漆案纹饰
3	湖北天星观1号墓	8	战国中期	封君	红黄金彩绘各种浮雕云纹。 3件中线两侧各凿长方形斜槽一周,形成两隆起台面,案底内凹。髹黑漆,面素饰,四周和中线饰红色绹纹,周沿饰红色卷云纹。 3件髹黑漆,素饰。 1件通体髹黑漆,面两侧与周边饰绹纹与"S"形纹。
4	湖北天星观2号墓	8	战国中期	封君夫人	1件矮足案以黑漆为地,口沿四周用红黄二色绘斜回纹和三角形纹,内壁饰菱形纹和变形云纹,外壁四周绘卷草纹和卷云纹。案面用红黄二色,采用二方连续对称形式描绘变形龙纹和变形凤纹。共绘大龙40条、小龙30条,大凤鸟40只、小凤鸟36只。龙尾和凤尾均绘成卷曲状。 7件高足案,制作粗糙,未髹漆。
5	湖北包山2号墓	5	战国中期	左尹	1件矮足案,通体髹黑漆 4件高足案,通体素饰。
6	湖北江陵望山沙冢1号墓	1	战国中期	下大夫	案面用黑漆绘四方连续涡纹。

(续表)

序号	墓葬	数量	年代	墓主身份	漆案纹饰
7	湖北江陵望山沙冢2号墓	5	战国中期	大夫	1件案面朱绘两排平行排列的10个涡云纹,其中心又饰一小圆圈。4件周缘及侧面漆绘涡云纹,左右各一相等的凹刻方框,中绘墨圆圈,通体髹黑漆。
8	湖北荆门左冢楚墓1号墓	1	战国中期	下大夫	案面用红漆在黑漆底上均匀绘制3排共18个圆涡纹,周边略高,内侧一周髹宽面红漆,其余部位髹黑漆。
9	湖北藤店1号楚墓	1	战国中期	下大夫	案面髹黑漆,用红漆均匀绘制3排共18个圆涡纹,边缘一周髹带状红漆。
10	湖北马山砖厂2号墓	2	战国中期	下大夫	案面髹黑漆,用红色绘15个圆圈云纹,案边缘漆成黑色。
11	湖北江陵秦家嘴楚墓	1	战国中期	上士	无记载。
12	湖北江陵拍马山11号墓	1	战国中晚期	上士	无记载。
13	湖北黄州楚墓	1	战国中期晚段	士	通体髹黑漆。
14	湖北鄂城百子畈4号墓	1	战国中期	下大夫	无记载。

(续表)

序号	墓葬	数量	年代	墓主身份	漆案纹饰
15	湖北枣阳九连墩2号墓	3	战国中晚期	大夫	1件矮足案,案面髹红漆,用黑漆均匀绘制4排共36个圆涡纹,四周边缘绘带状黑漆。 2件高足案,通体髹黑漆。
16	湖南长沙楚墓397号墓	1	战国中期	士	案面髹黑漆,案外沿、外侧沿朱绘变形卷云纹。
17	湖南湘乡牛形山1号墓	1	战国中期	大夫	案面髹黑漆,用红黄漆绘圆涡纹3排共24个,四周边缘饰三角形云雷纹。
18	河南信阳长台关1号墓	10	战国中期	上大夫	Ⅰ式5件,案面及侧沿绘朱色卷云纹,面浮雕凹下两方框,框内有两凸圆圈。 Ⅱ式2件,通体髹黑漆,周沿、侧棱饰朱色云纹或三角纹。 Ⅲ式1件,通体髹黑漆,周沿及侧棱上有朱色云纹。 Ⅳ式2件,案面髹朱漆,均匀分布4行共36个绿金黑粗线条圆涡纹。
19	河南信阳长台关2号墓	4	战国中期	上大夫	Ⅰ式2件,案面髹黑漆,四周侧棱绘朱色卷云纹。 Ⅱ式1件,案面髹黑漆,周沿及侧棱上绘以连续的朱色卷云纹。 Ⅲ式1件,断裂成四块,系金银彩绘漆案片。案板和图案形状与信阳长台关1号墓Ⅳ式相同。

(续表)

序号	墓葬	数量	年代	墓主身份	漆案纹饰
20	湖南临澧九里1号楚墓	1	战国中期	上卿	无详细记载。
21	河南正阳苏庄楚墓	1	战国中期	士	器表髹黑漆,案面中间为两个朱色线条长方框,每个方框内画一个圆圈,在其四周及案边绘有对称云纹带。
22	河南新蔡葛陵楚墓	22	战国中期	楚国封君	A型8件,周边和侧面各饰一周带状阴刻卷云纹。B型12件,案面四边各有一条宽10厘米的阴刻卷云纹装饰带。C型2件,素面。
23	浙江绍兴凤凰山木椁墓	1	战国中期	士	无记载。
24	湖北望山桥1号墓	12	战国中期	中厩尹	无记载。
25	湖北黄州曹家岗5号墓	1	战国晚期前段	大夫	案面髹红漆,红漆地上用黑漆绘10个对称圆形,5个圆圈内描绘卷云纹或云气纹,另外5个圆圈内描绘龙蛇云气纹。
26	安徽六安白鹭洲战国墓M566	1	战国晚期	大夫	无纹饰。

楚墓出土的漆案以楚都江陵为中心,分布在湖北、湖南、河南、安徽等省。漆案的年代从春秋晚期到战国晚期,战国中期最多。出土漆案的墓主上到封君,下到士,主要集中在大夫阶层。墓葬年

477

代和级别不同，出土漆案的数量和纹饰也不同。战国中期楚墓出土漆案数量最多，纹饰最丰富，是本文研究的重点。

二、楚墓出土漆案纹饰类型

按漆案案面和边缘纹饰不同，可将楚墓出土漆案分为四个类型，每个类型还可分为若干亚型：

A型：案面绘圆涡纹，根据圆涡内纹饰不同分为四式。

Ⅰ式　每个圆涡内饰3个卷云纹。马山砖厂2号墓出土一件漆案。案面髹黑漆，以红色绘15个圆圈云纹，案边及案四侧，黑色为底。每个涡纹中间有3个顺时针方向旋转的卷云纹，每个卷云纹大且线条粗，几乎填满整个圆圈（图一）。

图一　马山砖厂2号墓出土漆案　　图二　江陵望山1号墓出土漆案

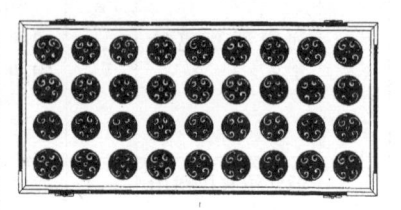

Ⅱ式　每个圆涡中心饰圆圈纹和4个卷云纹。江陵望山1号墓出土一件漆案。通体髹黑漆，案面上用黑漆绘36个连续涡纹。涡纹中心有1个小圆圈，4个卷云纹顺时针旋转分布在内圈和外圈之间。卷云纹较小，线条细（图二）。

Ⅲ式　每个圆涡内饰圆圈纹、卷云纹、三角纹。江陵望山2号墓出土漆案，通体髹黑漆，用红漆在案面绘二方连续涡纹，每个涡纹由两个圆圈组成。涡纹内正中为1个圆圈，圆圈内侧分布4个卷云纹，卷云纹旋转方向不同。第一排每个圆圈内饰1个顺时针方向旋转、3个逆时针方向旋转的卷云纹。第二排每个圆圈内饰1个逆时针方向、3个顺时针方向旋转的卷云纹。在圆圈内侧每2个涡纹之间绘1个凸尖与圆圈组成三角形（图三）。

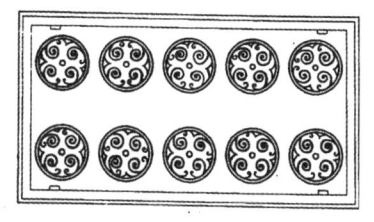

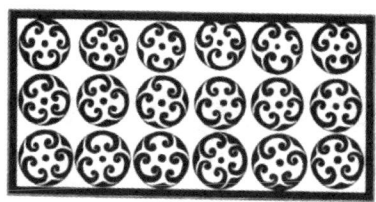

图三　江陵望山2号墓出土漆案　　　图四　荆门左冢冢1号墓出土漆案

Ⅳ式　每个圆涡纹内饰双勾卷云纹、圆点纹、实心三角纹。荆门左冢1号墓出土一件漆案。案内用红漆在黑漆底上均匀绘3排圆涡纹，共18个。涡纹内正中为圆点纹，沿边分布着3个粗线双勾卷云纹。每2个云纹间绘1个凸尖与圆圈组成三角形，三角形内髹红漆（图四）。

B型：案面纹饰整体呈两个长方框，左右对称。

Ⅰ式　湖北随州曾侯乙墓出土2件漆案，案面四周浮雕一组兽面纹，构成一矩形宽带，在案的正中横加一道同样纹饰的浮雕宽带，将案面平分成两半。两边当中各阴刻一圆圈带纹，圈带内，一件阴刻云纹，一件阴刻"S"形纹。面板侧面均阴刻云纹（图五）。

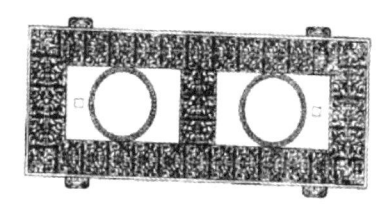

图五　随州曾侯乙墓出土漆案　　　图六　天星观1号墓出土漆案

Ⅱ式　天星观1号墓出土一件。面中线两侧各浮雕一周长方形勾连卷云纹，内侧凿长方形斜槽一周，案面形成左右台面，台面两端浮雕卷云纹。通体髹黑漆，红黄金彩绘各种浮雕云纹（图六）。

Ⅲ式　天星观1号墓出土三件此类漆案。通体髹黑漆，台面素饰,四周和中线饰红色绹纹,四周边缘饰红色卷云纹,中间的绹纹带将案面纹饰一分为二(图七)。

图七　天星观1号墓出土漆案　　图八　河南正阳苏庄出土漆案

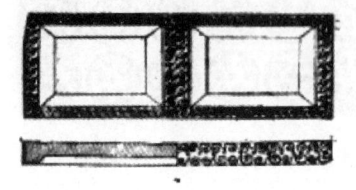

Ⅳ式　河南正阳苏庄出土此类漆案一件。器表髹黑漆,案面中间用朱色线条绘两个长方框,每一框内画有一圆圈,在其四周和岸边绘有对称的云纹带(图八)。

C型:案面绘变形龙纹和凤鸟纹。

天星观2号墓出土一件,全器髹黑漆,口沿四周用红黄二色绘斜回纹和三角形纹,内壁饰菱形纹和变形云纹,外壁四周绘卷草纹和卷云纹。案面绘二方连续对称形式变形龙纹和变形凤鸟纹(图九)。

图九　天星观2号墓出土漆案

D型:漆案案沿及外侧漆绘纹饰。

Ⅰ式　长沙楚墓M397:20,案面髹黑漆,案上沿、外侧沿朱绘变形卷云纹(图一〇)。

Ⅱ式　信阳2号墓出土三件漆案,二件案表面髹黑漆,四周侧棱绘朱色卷云纹;另一件通体髹黑漆,通体及侧棱上绘以连续朱色卷云纹(图一一)。

Ⅲ式　新蔡葛陵楚墓出土二十件带纹饰漆案,案周边及侧面饰一周带状阴刻卷云纹(图一二)。

E型:案面绘10个圆圈纹,圆圈内描绘云纹或龙蛇纹。

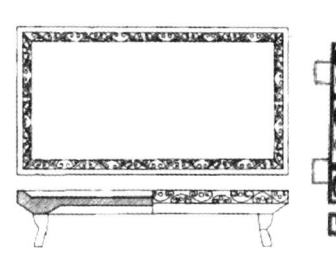

图一〇　长沙楚墓 M397：20　　　图一一　信阳 2 号墓出土漆案

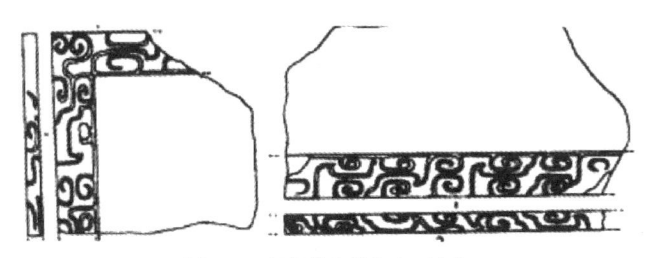

图一二　新蔡葛陵楚墓出土漆案

湖北黄州曹家岗 5 号墓出土一件漆案。案面在红漆地上用黑漆勾绘 10 个对称圆形，5 个圆圈内描绘卷云纹或云气纹，另外 5 个圆圈内描绘龙蛇云气纹(图一三)。

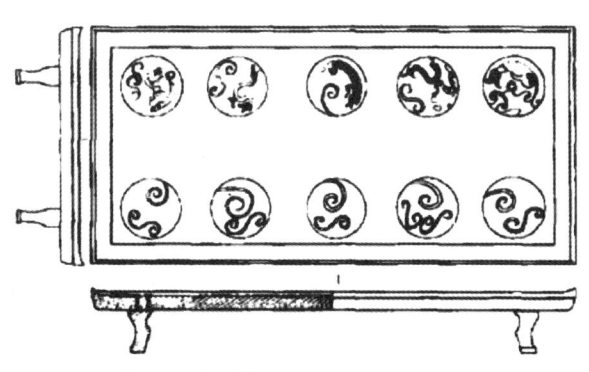

图一三　湖北黄州曹家岗 5 号墓出土漆案

楚地优越的地理和气候条件，以及楚人良好的墓葬保存技术，使得大多数楚墓出土的漆器得以保存下来，并展现了楚漆器绘画艺术的风采。部分漆案出土时已不见纹饰，另有部分发掘报告中记载的漆案也未对纹饰进行描述。现仅根据掌握的漆案纹饰资料对漆案的部分问题进行研究。

三、楚墓出土漆案相关问题

（一）漆案涡纹与商周青铜器涡纹的关系

涡纹，又称火纹、圆涡纹、囧纹，是最早出现在青铜器上的一种装饰纹样。它的特征是圆圈中间略有凸起，沿边有多条旋转的弧线。商代晚期，涡纹中心变成圆圈，凸起减少，旋转方向不确定；西周中晚期涡纹中心圆逐渐剩下一点或中心为空白，弧线变成长尾逗号或呈旋转的风车状；战国中晚期，青铜器上的涡纹逐渐消失。

出土A型漆案的墓葬年代为战国中期，涡纹描绘在案面上（表二）。Ⅰ式、Ⅱ式涡纹与青铜器涡纹较接近，中心圆为空白，沿边描绘旋转的卷云纹。Ⅰ式沿边描绘3个顺时针旋转的卷云纹，Ⅱ式沿边描绘4个顺时针旋转的卷云纹。Ⅲ式、Ⅳ式圆圈内的图案则有了新的变化。Ⅲ式由两个圆圈组成一个外圈，沿边描绘4个卷云纹，云纹尾部向内卷起。每两个云纹之间有一个向中心凸起的三角形。Ⅳ式外层圆圈不明显，中心为一黑圆点，沿边描绘3个双勾卷云纹，每两个卷云纹间为有一个向中心凸起三角形。Ⅲ式、Ⅳ式涡纹与弧线纹、圆点纹相结合，更加具有动感，涡纹逐渐"云纹化"。

（二）曹家岗5号墓漆案与楚漆器纹饰

楚漆器的艺术特点体现了楚人独特的文化心理和审美情趣，也与楚人的生存环境、生活方式和生活条件密切相关。漆案的纹饰多是自然扭曲的弧线，线条舒展流动。纹饰采用具象和抽象并用的手法，将具体的对象抽象之后，重新构成一种新的自然奇特形象。

表二　A型漆案表

A型漆案			
Ⅰ式	Ⅱ式	Ⅲ式	Ⅳ式

曹家岗5号墓出土的这件漆案,案面圆圈图案呈2行、5列排列。10个对称圆形,5个圆圈内描绘卷云纹或云气纹,另外5个圆圈内描绘龙蛇云气纹。同样是呈圆圈图案排列,曹家岗5号墓圆圈内的图案与其他几组圆圈内的图案大不相同。除了卷云纹、云气纹,圆圈内还有具象的龙、蛇纹样(图一四)。

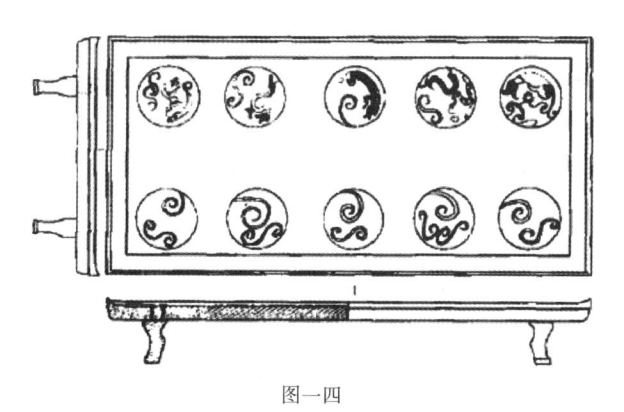

图一四

漆器的纹饰千姿百态,变幻莫测,有的具象写实,有的抽象变形。春秋晚期到战国早期的漆器带有具象写实的倾向,描绘的对象是来自现实生活中的形象,如凤鸟、龙、蛇等。到战国中后期,随着楚人审美意识的转变,漆器纹饰向抽象写意发展,出现新的抽象符号。曹家岗5号墓的年代为春秋晚期,漆案上的龙、蛇纹样尚保留了具象的形态。

（三）天星观2号墓漆案与墓主性别

天星观2号墓出土一件漆案,纹饰与其他漆案纹饰都不相同。此漆案黑漆为地,口沿和四周用红黄二色漆绘斜回纹和三角形纹,内侧斜壁绘菱形纹和变形云纹,外壁四周绘卷草纹和卷云纹。案面主要为红黄二色,用二方连续对称的形式描绘变形龙纹和变形凤纹。案面纹饰,犹如楚墓出土的丝织品刺绣图案。在出土漆案的楚墓中,仅有天星观2号墓出土了一件此种纹饰的漆案。

据考古发掘报告推测,天星观2号墓与天星观1号墓并列埋葬,且有许多共同点,2号墓与1号墓相比出土兵器极少,墓主有可能是1号墓墓主的夫人,即邸阳君番乘的夫人。漆案由变形龙纹和变形凤纹组成了完整的图案,与马山1号墓出土的丝织品刺绣图案相得益彰。马山1号墓墓主也是一位女性,出土了21件丝织品。丝织品的花纹主要由龙、凤、虎等组成,其中以蟠龙飞凤纹、对凤对龙纹、龙凤相蟠纹和龙凤虎纹最为精美。因此,天星观2号墓出土此件龙凤纹图案漆案,与墓主人为女性有关。

（四）漆案纹饰反映了当时严格的等级制度

漆案出现于等级制度森严的春秋战国时期,漆案的种类、规格,甚至纹饰都与墓主人的身份、地位密不可分。通过对漆案纹饰的整理发现,B型漆案主要出现在诸侯和封君的墓葬中。如曾侯乙墓和天星观2号墓,出土漆案纹饰为方框形,在案面呈左右对称分布。A型漆案主要出现在大夫一级的贵族墓葬中,如望山1号墓、望山2号墓、荆门左冢、黄冈曹家岗5号墓、信阳1号墓都出土了二方、三方和四方的连续涡纹。而在士一级别的墓葬中,出现的漆案大多只有案沿及外侧漆绘纹饰。

作为观念形态的埋葬习俗,在一定程度上是对当时社会生活的反映。墓葬规模、棺椁多寡,随葬器物的种类、数量以及质量的差别,都与墓葬生前的社会地位密切相关。漆案作为众多随葬品中的一个种类,多出现在君主及贵族的墓葬中,这充分体现了漆案的社会地位,在当时是一件十分珍贵的物品。

(五)漆器纹饰注重实用性和美观性的结合

楚先民"筚路蓝缕,以启山林",最终问鼎中原,成为与中原国家相抗衡的南方大国。楚民族信巫祀、重鬼神,具有丰富的想象力。这种独特的楚文化和审美艺术,在楚漆器、丝绸、青铜等器物上得以表现出来。

漆案的高度在10厘米到40厘米,考虑人们的视野和美观性,漆案的纹饰分布在案面、案沿和案的侧面。漆案纹饰有彩绘、浮雕和阴刻等几种,但以彩绘为主。根据漆案长方形案面的特点,描绘连续或者对称的纹样。在宽平的案面描绘二方、三方和四方连续的纹样,或者平均分布涡纹,整体讲究对称。天星观1号墓、曾侯乙墓出土的B型漆案,整体呈横向"日"字形,左右两边对称。边缘和中间的纹饰带中填以不同形状的云纹构成整体。望山1号墓、荆门左冢墓葬中,涡纹呈二行、三行、四行紧密排列,井然有序,但每个涡纹中的纹饰也不尽相同。在追求整体一致的过程中,个体也存在差异性。

漆案的边缘和侧面描绘带状连续纹样。连续性纹样多为左右方向横向连续,斜向连续的纹样比较少。漆案的侧面几乎都绘有卷云纹,分为云纹、勾连卷云纹等。每一种样式在实际应用中有多种变化的形式,构成一个整体的时候又有规律可循,具有很好的装饰效果。边缘纹饰与案面中心纹饰相互结合,主次分明。装饰部位不同,纹样的选择、比例关系也不同,颇具匠心。

楚墓出土漆案,数量不多,但纹饰精美独特。漆案纹饰依形而绘,注重了实用性和审美艺术的结合。同时,漆案中云纹、涡纹、龙纹、蛇纹等都是楚文化的象征,是楚人理想和寄托的化身,承载了他们的现实生活和精神世界。

参考文献：

程蓉洁：《传统旋涡纹饰造型探源及其形态嬗变研究》,《兰台世界》2015 年第 24 期。

黄冈市博物馆、黄州区博物馆：《湖北黄冈两座中型楚墓》,《考古学报》2000 年第 2 期。

湖南省博物馆：《长沙浏城桥一号墓》,《考古学报》1972 年第 1 期。

湖南省博物馆、湖南省考古文物考古研究所、长沙市博物馆、长沙市考古文物研究所《长沙楚墓》,文物出版社,2000 年。

湖北省博物馆：《随县曾侯乙墓》,文物出版社,1980 年。

湖北省荆州地区博物馆：《江陵天星观 1 号楚墓》,《考古学报》1982 年第 1 期。

荆州博物馆：《江陵天星观二号楚墓》,《文物》2002 年第 9 期。

湖北省荆沙铁路考古队：《包山楚墓》,文物出版社,1991 年。

湖北省文化局文物工作队：《湖北江陵三座楚墓出土大批重要文物》,《文物》1966 年第 5 期。

湖北省文物考古研究所：《江陵望山沙冢楚墓》,文物出版社,1996 年。

湖北省文物考古研究所、荆门市博物馆、襄荆高速公路考古队：《荆门左冢楚墓》,文物出版社,2006 年。

荆州地区博物馆：《湖北江陵藤店一号墓发掘简报》,《文物》1973 年第 9 期。

院文清：《江陵马山砖厂二号楚墓发掘简报》,《江汉考古》1987 年第 3 期。

湖北省荆沙铁路考古队：《江陵秦家嘴楚墓发掘简报》,《江汉考古》1988 年第 2 期。

湖北省博物馆发掘小组、荆州地区博物馆发掘小组、江陵县文物工作组发掘小组《湖北江陵拍马山楚墓发掘简报》,《考古》1973 年第 3 期。

黄凤春、洪刚、刘焰：《湖北黄州楚墓》,《考古学报》2001 年第 2 期。

熊亚云、丁堂华：《鄂城楚墓》,《考古学报》1983 年第 2 期。

《湖南湘乡牛形山一、二号大型战国木椁墓》,载《文物资料丛书(3)》,文物出版社,1980 年。

河南省文物研究所：《信阳楚墓》,文物出版社,1986 年。

湖南省博物馆常德地区文物工作队：《临澧九里楚墓发掘报告》,载《湖南考古辑刊(第 3 辑)》,岳麓书社,1986 年。

驻马店地区文化局、正阳县文化局:《河南正阳苏庄楚墓发掘报告》,《华夏考古》1988年第2期。

河南省文物考古研究所:《新蔡葛陵楚墓》,大象出版社,2002年。

绍兴县文物管理委员会:《绍兴凤凰山木椁墓》,《考古》1976年第6期。

荆州博物馆:《湖北荆州望山桥一号楚墓发掘简报》,《文物》2017年第2期。

安徽省文物考古研究所、六安市文物管理局:《安徽六安市白鹭洲战国墓M585的发掘》,《考古》2012年第11期。

楚墓中漆木俎研究

张刘燕

(华中师范大学楚学研究所)

前言

"俎",有两个方面的意思,第一是指先秦贵族祭祀时盛牛羊等的置物类器具,是为礼器;第二是指割肉用的砧板,是为庖厨用具。俎作为礼器来使用,称为"载俎";同时,俎也作为日常生活中的一种实用性家具来使用。关于楚俎的发表材料较多,主要有考古发掘报告、简报、专著等。在楚俎的研究方面,聂菲老师的《中国古代家具鉴赏》[①],以俎为先秦时期家具的雏形来论述,为后世的诸多家具发展提供了借鉴。张吟午先生的《楚式家具概述》[②]、陈于书先生的《家具史》[③]和李宗山先生的《家具史话》[④]同样是从家具的角度研究俎,但都是作为承器家具中的一个分类,对俎作为早期家具具体使用的研究并不是很详细。聂菲老师的《楚式俎研究》[⑤]对俎的发展演变、艺术特色、制作工艺等方面进行了详尽论述,并且涉及了楚人用俎之制,但是对楚墓中出土俎的其他礼器组合,比如簋、鼎、几等的关系和使用没有涉及很多。张吟午先生的《先秦楚系礼俎考述》[⑥]详细论述了楚俎作为礼器时的功用和组合,同时引用了楚墓中涉及俎名称的遣策,向我们展示了俎制成熟期的规范化现象,关于遣策部分的对应,由于新的考古材料的出土,可以为其论文增加新的印证。

一、俎的起源与命名

俎是古代祭祀时切牲和陈牲的一种礼器,多为木制,少有铜制,长方形,两头有足。《说文·且部》:"俎,礼俎也,从半肉在且上。"[⑦]

我国发现最早的俎是4 000多年前山西襄汾陶寺龙山文化大中型墓出土的彩绘木俎。根据文献记载,早在华夏文明起源之初,俎就出现了,只是叫法有所不同,"有虞氏以梡,夏后氏以嶡,殷以椇,周以房俎"⑧。关于俎的使用,《左传》⑨上说:"鸟兽之肉不登于俎,皮革齿牙、骨角毛羽不登于器,则公不射,古之制也。"因为古代祭祀是"国之大事",说明俎在作为礼器使用的时候规格还是比较高的。俎在《周礼》⑩中出现了8处,在《礼记》⑪中出现了18处,《仪礼》⑫中关于"士昏礼、乡饮酒礼、乡射礼、燕礼、大射、公食大夫礼、士丧服、士虞礼、特牲馈食礼、少牢馈食礼、有司"的种种礼仪场合中都涉及了俎的使用,这些都说明了俎出现之早,并且具有作为礼器的重要功能。

表一 文献中关于"俎"的记载

传世文献	相 关 记 载
《左传·隐公五年》	鸟兽之肉不登于俎。
《周礼·膳夫》	王日一举,鼎十有二。物皆有俎。 凡王祭祀、宾客食,则彻王之胙俎。
《周礼·内饔》	王举,则陈其鼎俎,以牲体实之。
《周礼·外饔》	外饔掌外祭祀之割亨,共其脯、修、刑、膴,陈其鼎俎,实之牲体、鱼、腊。凡宾客之飧饔、飨食之事,亦如之。
《周礼·内小臣》	内小臣掌王后之命,正其服位。后出入,则前驱。若有祭祀、宾客、丧纪,则摈,诏后之礼事,相九嫔之礼事,正内人之礼事,彻后之俎。
《周礼·小史》	大祭祀,读礼法,史以书叙昭穆之俎簋。
《周礼·量人》	凡祭祀、飨宾,制其从献脯燔之数量。掌丧祭奠窆之俎实。
《周礼·司士》	及赐爵,呼昭穆而进之;帅其属而割牲,羞俎豆。
《礼记·曾子问》	祭殇不举,无肵俎,无玄酒,不告利成,是谓阴厌。

(续表)

传世文献	相关记载
《礼记·礼运》	陈其牺牲,备其鼎俎,列其琴瑟管磬钟鼓……作其祝号,玄酒以祭,荐其血毛,腥其俎,孰其殽,与其越席,疏布以幂,衣其澣帛,醴醆以献,荐其燔炙。
《礼记·郊特牲》	鼎俎奇而笾豆偶,阴阳之义也。
《礼记·王藻》	又朝服以食,特牲三俎,祭肺。夕深衣,祭牢肉,朔月少牢,五俎四簋,子卯,稷食菜羹,夫人与君同庖。
《礼记·明堂位》	荐用玉豆雕篹;爵用玉琖,仍雕,加以璧散璧角;俎用梡嶡;升歌《清庙》,下管《象》;朱干玉戚,冕而舞《大武》;皮弁素积,裼而舞《大夏》。 俎,有虞氏以梡,夏后氏以嶡,殷以椇,周以房俎。
《礼记·少仪》	取俎进俎不坐,执虚如执盈,入虚如有人。 凡羞有俎者,则于俎内祭。 醮者、有折俎不坐。 其有折俎者,取祭肺,反之,不坐,燔亦如之。尸则坐。
《礼记·乐记》	屈伸俯仰,缀兆舒疾,乐之文也;簠簋俎豆,制度文章,礼之器也;升降上下,周还裼袭,礼之文也。 铺筵席,陈尊俎,列笾豆,以升降为礼者,礼之末节也,故有司量。
《礼记·祭义》	反馈,乐成,荐起荐俎,序其礼乐,备齐百官,君子致其济济漆漆,夫何慌惚之有乎? 水草之菹,陆产之醢,小物备矣;三牲之俎,八簋之实,美物备矣;昆虫之异,草木之实,阴阳之物备矣。 凡为俎者,以骨为主。骨有贵贱,殷人贵髀,周人贵肩,凡前贵于后。俎者所以明祭之必有惠也,是故贵者取贵骨,贱者取贱骨。贵者不重,贱者不虚,示均也。惠均则政行,政行则事成,事成则功立,功之所以立者,不可不知也。俎者,所以明惠之必均也,善为政者如,故曰:见政事之均焉。

(续表)

传世文献	相关记载
《礼记·仲尼燕居》	下管《象》《武》,夏《龠》序兴,陈其荐俎,序其礼乐,备其百官,如此而后君子知仁焉。
《礼记·乡饮酒义》	仁义接,宾主有事,俎、豆有数,仁义接,宾主有事。俎豆有数,曰圣;圣立而将之以敬,曰礼;礼以体长幼,曰德。
《礼记·燕义》	俎豆、牲体、荐羞,皆有等差,所以明贵贱也。
《仪礼·士昏礼》	三醮,摄酒如再醮,加俎,嚌之,皆如初,嚌肺,卒醮,取笾脯以降,如初。 匕俎从设,北面载,执而俟。匕者逆退,复位于门东,北面,西上。赞者设酱于席前,菹醢在其北。俎入设于豆东。鱼次,腊特于俎北。
《仪礼·乡饮酒礼》	宾辞以俎。主人请彻俎,宾许。司正降阶前,命弟子俟彻俎。宾取俎,还授司正;司正以降,宾从之。主人取俎,还授弟子;弟子以降自西阶,主人降自阼阶。介取俎,还授弟子;弟子以降,介从之。若有诸公、大夫,则使人受俎,如宾礼。众宾皆降。
《仪礼·乡射礼》	宾升席,自西方,乃设折俎
《仪礼·燕礼》	宾升筵。膳宰设折俎。兴加于俎。……告于宾,宾北面取俎以出。膳宰彻公俎,降自阼阶以东。
《仪礼·大射》	庶子设折俎,升自西阶。
《仪礼·公食大夫礼》	雍人以俎入,陈于鼎南。旅人南面加匕于鼎,退。有司卷三牲之俎,归于宾馆。鱼腊不与。 上大夫八豆,八簋,六铏,九俎,鱼腊皆二俎
《仪礼·士丧服》	素俎在鼎西,西顺。覆匕,东柄。 豆错,俎错于豆东。立于俎北,西上。醴酒错于豆南。

(续表)

传世文献	相关记载
《仪礼·士虞礼》	匕俎在西塾之西。羞燔俎在内西塾上,南顺。
《仪礼·特牲馈食礼》	鼎西面错,右人抽扃,委于鼎北。赞者错俎,加匕,乃朼。佐食升肵俎,鼏之,设于阼阶西。
《仪礼·少牢馈食礼》	雍人概鼎、匕、俎于雍爨,雍爨在门东南,北上。俎皆设于鼎西,西肆。肵俎在羊俎之北,亦西肆。司士三人升鱼、腊、肤。鱼用鲋,十有五而俎,缩载,右首,进腴。腊一纯而俎,亦进下,肩在上。肤九而俎,亦横载,革顺。
《仪礼·有司》	有司彻,埽堂。司宫摄酒。乃燅尸俎,卒燅,乃升羊、豕、鱼三鼎,无腊与肤。乃设扃鼏,陈鼎于门外如初。……司马设羊俎于豆南。
《说文解字·且部》	俎,礼俎也,从半肉在且上。

二、楚墓中漆木俎的分析

目前发现最早的楚式俎属春秋早期偏晚。从流行区域看,楚墓中出土的俎主要分布在湖北江汉平原楚国的心腹地带,北到淮河以南的信阳和淅川下寺,南到湘江中下游的长沙,东到安徽的寿县等地[13],其具体的出土分布情况如下表。

表二　春秋战国时期楚墓中俎与其他承器出土情况表

具体时间	墓葬名称	墓主身份	承器组合＆比较情况	资料出处＆备注说明
春秋早期晚段	当阳赵家塝2号墓		俎4	《当阳赵家湖楚墓》,文物出版社,1992年。
春秋中期	当阳金家山9号墓		俎5	《当阳金家山九号春秋楚墓》,《文物》1982年第4期。

(续表)

具体时间	墓葬名称	墓主身份	承器组合&比较情况	资料出处&备注说明
春秋中期	当阳金家山252号墓		俎5	《当阳金家山春秋楚墓发掘简报》,《文物》1989年第11期。
春秋中期	当阳赵家湖赵家塝3号墓		俎5	《当阳赵家湖楚墓》,文物出版社,1992年。
春秋中期	当阳赵巷4号墓	大夫级别	俎4	《湖北当阳赵巷4号春秋墓发掘简报》,《文物》1990年第10期。
春秋中期	当阳金家山2号墓		俎3	同上。
春秋中期	当阳金家山7号墓		俎3	《当阳赵家湖楚墓》,文物出版社,1992年。
春秋中期	当阳曹家岗2号墓		俎1	同上。
春秋中期	当阳曹家岗3号墓	大夫级别	俎2	同上。
春秋中期	当阳金家山1号墓		俎1	同上。
春秋中期	当阳赵家塝4号墓	大夫级别	俎1	同上。
春秋中期	当阳金家山247号墓		俎1	《当阳金家山春秋楚墓发掘简报》,《文物》1989年第11期。

(续表)

具体时间	墓葬名称	墓主身份	承器组合 & 比较情况	资料出处 & 备注说明
春秋晚期	下寺2号墓	卿大夫级别	俎1,青铜	《淅川下寺春秋楚墓》,文物出版社,1991年。
战国早期	湖南长沙浏城桥1号墓	大夫级别	俎7案1几2	《长沙楚墓》,文物出版社,2000年。
战国早期	湖北随县曾侯乙墓	诸侯级别	俎10案3几1	《中国田野考古报告集之曾侯乙墓》,文物出版社,1989年。
春秋晚战国早	江西贵溪崖墓	越族后裔	案3	《江西贵溪崖墓发掘简报》,《文物》1980年第11期。
战国中期	信阳长台关1号墓	上卿级别	俎50案10几3	《信阳楚墓》,文物出版社,1986年。
	信阳长台关2号墓	大夫或以上贵族级别	俎28案4几2	同上。
	湖北江陵藤店1号墓	下大夫级别	案1	《湖北江陵藤店一号墓发掘简报》,《文物》1973年第9期。
	江陵雨台山楚墓		俎5	《江陵雨台山楚墓》,文物出版社,1984年。
楚悼王末年	河南新蔡葛陵楚墓	上卿级别	案28几8禁11	《新蔡葛陵楚墓》,大象出版社,2003年。
前340年前后	江陵天星观1号墓	上卿级别	案7几3	《江陵天星观1号楚墓》,《考古学报》1982年第1期。

(续表)

具体时间	墓葬名称	墓主身份	承器组合&比较情况	资料出处&备注说明
	湖北荆州天星观2号墓	上大夫级别	俎21案8几3	《湖北省荆州市天星观二号墓发掘简报》,《文物》2001年第9期。
	湖北江陵望山沙塚1号墓	下大夫级别	俎20案1几1桜1	《江陵望山沙塚楚墓》,文物出版社,1996年。
	湖北江陵望山沙塚望山2号墓	下大夫级别	俎19案5几2	同上。
	六安城北16号墓		俎3	《安徽省六安县城北楚墓》,《文物》1993年第1期。
	河南正阳苏庄楚墓		俎1	《河南正阳苏庄楚墓发掘简报》,《华夏考古》1988年第2期。
战国中期稍早	江陵马山砖厂2号墓	下大夫级别	案2几2	《江陵马山砖厂二号楚墓发掘简报》,《江汉考古》1987年第3期。
战国中期偏早	湖北鄂城百子畈4号墓	下大夫或元士级别?	案1几1	《鄂城楚墓》,《考古学报》1983年第2期。
战国中期偏早	湖南临澧九里1号墓	上卿级别	俎19案1	《湖南临澧九里一号大型楚墓发掘简报》,载《湖南省博物馆馆刊》第8辑,岳麓书社,2012年。

(续表)

具体时间	墓葬名称	墓主身份	承器组合&比较情况	资料出处&备注说明
战国中期偏早	湖南湘乡牛形山1号墓	大夫级别	案1几1	《湖南湘乡牛形山一、二号大型战国木椁墓》,载《文物资料丛刊(3)》,文物出版社,1980。
	2号墓		也说出土有漆案、漆几,但没有具体数量和描述	
战国中期中段	湖南长沙长马1号墓	大夫级别	案1几2	《长沙楚墓》,文物出版社,2000年。
战国中期	湖南长沙扫把塘138号墓		案1几1	《记长沙、常德出土弩机弓矢的几个问题》,《文物》1964年第6期。
战国中期晚段	湖北黄州汪家冲18号墓	下大夫级别	俎1案1	《湖北黄州楚墓》,《考古学报》2001年第2期。
前316年	湖北包山2号墓	大夫级别	俎7案5几3禁2	《包山楚墓》,文物出版社,1991年。
战国中期偏晚	湖北荆门左冢楚墓1号墓	下大夫级别	俎5案1几9禁1	《荆门左冢楚墓》,文物出版社,2006年。
战国中期晚段	湖北枣阳九连墩2号墓	大夫级别	俎4案3几2雕几2	《九连墩——长江中游的楚国贵族大墓》,文物出版社,2007年。
楚灭越?前306年	浙江绍兴凤凰山木椁墓	下士级别?	案1	《绍兴凤凰山木椁墓》,《考古》1976年第6期。

(续表)

具体时间	墓葬名称	墓主身份	承器组合&比较情况	资料出处&备注说明
略早于战国晚期	河南正阳苏庄墓	士大夫级别	俎1案1	《河南正阳苏庄楚墓发掘报告》,《华夏考古》1988年第2期。
战国晚期前段	湖北黄州曹家岗5号墓	下大夫级别	案1	《湖北黄冈两座中型楚墓》,《考古学报》2000年第2期。
战国晚期	江陵九店632号墓		俎1	《湖北江陵县九店东周墓发掘纪要》,《考古》1995年第7期。
战国晚期	楚幽王墓	诸侯级别	俎1(青铜)	《寿县楚墓调查报告》,《田野考古报告》(第一册),1936年。
战国	沅水下游楚墓		俎1	《沅水下游楚墓》,文物出版社,2010年。
战国	余岗楚墓		俎24	《余岗楚墓》,科学出版社,2011年。

上表中出土的俎、案、几、禁、梜绝大部分都是木制的,然后髹上漆,只有极少部分是青铜材质,由于当时楚国的漆器工艺技术比较发达,再加上楚地独特的气候特点,所以在很多楚墓中都保存了大量的漆木器。

关于楚俎的基本形制,俎的面板都是长方形或者正方形的,有区别的就是俎面、足以及纹饰,这些区别正好就是划分俎的类型学的重要依据。俎面有平面、凹形、圆形、宽面、窄面之分。俎的足部,一个是根据足的数量,分为三足俎、四足俎、六足俎;另一个就是足部的形状,有方柱足、圆柱足、曲尺形足、栅形足、凹形足、立板形足等。楚人关于俎面和足部的设计,很大程度上应该是为了考虑其实用性,要求符合俎摆放食物不常移动,需要稳固的特点,而楚俎上的不同纹饰则更大程度上是楚人为了追求艺术美和神秘感,融入了楚文化的独特因素。在俎上最常见的是绚纹、勾连云纹、S纹构成的变形云气纹和兽面纹一同绘在一起。简而言之,俎的上部为各种变形的云气纹,下部为变形的兽面纹[⑭],这是俎的典型性纹饰。这些夸张的神兽、飞仙、云气都表达了楚人的心意和愿望,成为楚人"信巫重祀"观念在物质文化上的重要反映之一。在古代神话故事中,神仙的交通工具就是祥云。祥云是一座桥梁,联系人与天,人与神,由于楚人对"巫鬼淫祀"的重视,认为人死之后,还存在一个"神鬼世界",也就是说人死之后,灵魂可以升天,会在另一个世界继续存在,然而通往这个世界需要一个媒介,需要与之沟通,所以俎上面的纹饰恰好可以帮助实现。另外俎上面还有很多动物纹和几何纹,形成不同的彩绘,大部分以黑为地,然后配以红、白、银灰等多种色彩,如湖北宜昌当阳赵巷4号春秋墓出土的3件彩绘动物纹四足漆俎[⑮](图一),俎面板髹红漆,四角侧面、四足外侧饰黑底红彩动物图案,用红漆描绘12组30只瑞兽珍禽(瑞兽22只,珍禽8只)。其中俎面板两长侧面每面各有神兽3只,四足每宽侧面各有神兽4只,窄侧面各有神兽2只,窄侧面各有珍禽2只。神兽形象基本相似,鹿头,四肢修长,偶蹄,长尾,身饰珠点纹,亦有细微差别。有的生枝杈板状角,有的无角,有的耳大,有的耳小,有的身躯肥壮,有的身躯细长,有的匍匐,有的拱背。珍禽昂首,长颈,短身,翘尾,变形长腿,身饰珠点纹。动物图案惟妙惟肖,鹿头、龙身、虎腿、虎尾、马尾等融合为一体,同时把各自的一长处归结为鹿一身,说明楚人崇鹿的风尚。另外龙身为辅,充分表达楚人思祖的心愿,同时也说明龙在楚人心目中有不可替代的地位。通过漆俎上的图案和纹饰,一方面体现了春秋时代楚国的漆器绘画技巧已达到炉火纯青的境界;另一方面说明楚人的精神文化的

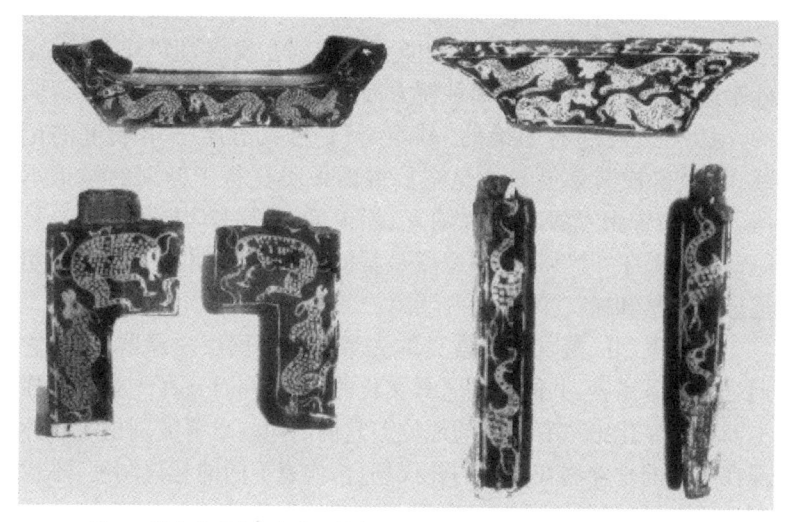

图一 湖北宜昌当阳赵巷4号春秋墓出土的3件彩绘动物纹四足漆俎

丰富,具有独特的艺术风格。

三、俎与其他承器之间的关系

中国古典家具按照其基本功能分类,可以分成卧具类、坐具类、承具类、庋具类、其他类等五类家具。承,承放,表示可以承放东西,先秦时期楚国的承器类家具主要为俎、案、几、禁、棜等。由表二可知,在绝大数楚墓中,俎、案、几、禁、棜等或多或少都是相伴出土的,它们在使用功能和形制特点方面也有一些相似的地方。

学界多认为无论从家具的造型演化还是功能分化的角度来说,"俎、案"的出现都是比较早的,应在"几"之前(时代早到春秋中叶之前的典型实物几乎没有),而"俎"又稍早于"案"[16],个别认为"案"从"禁"中分化出来,与"椼"等同属"几"类[17]。俎、案、几最显著的区别在于:"俎"主要用于载牲祭祀和宰牲宴饮等重大礼制场合,秦以后渐衰;"案"则多用于承食载物的日用空间,战国以来尤其是汉以后流行兴盛;"几"原只是凭倚之具,后也可放置器物,汉以后几案功能有合二为一的趋势,直至现代均属的桌案类家具。虽然后代桌案家具的形制与功能承继前朝在发展,但"礼"的内涵确乎逐渐被淡化了,就先秦礼制方面,"案"的"礼"意似乎是最薄弱的,因为在三礼中有明确的"鼎俎奇"、"五几五席"[18]等制度的记载。"禁和棜",是易与无足案搞混的一类流行于商周的厚重承器。禁、棜皆为置酒之具(禁有足,棜无足,学者多认棜为斯禁),且"三礼"中关于"禁和棜"的记载是案的数倍[19],说明案的礼制使用远远低于禁和棜。

"俎、案、几、禁、棜"等常见的先秦时期楚国漆木承器家具,它们之间联系紧密,共同推动家具文化的发展,同时又在先秦时期漆木器礼制文化中占有重要的地位。它们之间的显著区别也主要体现在不同的承器用在不同的礼仪场合,代表不同的礼仪制度,不仅遵从了中原的周礼,同时又发展了楚地的文化特色。

注释:

① 聂菲:《中国古代家具鉴赏》,四川大学出版社,2000年。
② 张吟午:《楚式家具概述》,载《楚文化研究论集(第四集)》,河南人民出版社,1994年。
③ 陈于书:《家具史》,中国轻工业出版社,2009年。
④ 李宗山:《家具史话》,社会科学文献出版社,2012年。
⑤⑬ 聂菲:《楚式俎研究》,《文物》1998年第5期。
⑥ 张吟午:《先秦楚系礼俎考述》,《考古》2005年第12期。
⑦ 许慎:《说文解字》,中华书局,1963年。
⑧ 杨天宇:《礼记译注》,上海古籍出版社,2004年。
⑨ 杨伯峻:《春秋左传注》,中华书局,1981年。
⑩ 杨天宇:《周礼译注》,上海古籍出版社,2004年。
⑪⑫ 杨天宇:《礼记译注》,上海古籍出版社,2004年。
⑭ 湖北省荆沙铁路考古队:《包山楚墓》,文物出版社,1991年。
⑮ 余秀翠:《当阳赵巷四号墓漆俎图案浅析》,《江汉考古》1991年第1期。

⑯ 李宗山:《家具史话》,社会科学文献出版社,2012年,第78~85页。陈于书:《家具史》,中国轻工业出版社,2009年,第112页也讲"俎是桌案之始、资历最深"。
⑰ 扬之水:《关于禁、棜、案的定名》,《中国历史文物》2007年第4期。提道:"案大概也可以视作从禁中分化出来的一支,初始的时候二者共存,一置酒器,一置食具,汉代才合二为一。"
⑱ 《礼记·郊特牲》:"鼎俎奇,笾豆偶。"《周礼·春官·司几筵》:"掌五几、五席之名物,辨其用,与其位。"
⑲ 任常中的《两周禁棜初探》、聂菲的《先秦楚系禁及相关问题研究》、扬之水的《关于禁、棜、案的定名》、田延峰的《石鼓山西周墓所出的"棜"及"酒以成礼"》。

凤凰与楚汉时期的天人关系

吴艳荣　王　峰
（湖北省社会科学院楚文化所）

在人类对自身的生命历程、对自然的认识还存在相当盲区的时代，想象与联想填补着人们认知的空白，满足着人们精神、思维上的期望与似乎圆满的天地之间万物运行规律的解释。在唯物主义思维已经有所体现的楚汉时期，天的神秘性依然广泛存在，人们对天的依赖依然比较强烈，对天界的许多想象与期待依然是一种普适性的信仰。本着功利的需求，具有主观能动性的人与天之间要通过交流互动，以解决生命个体之有限性的困惑，解决人类社会的治理问题。要超越天人之间的空间距离，要构建起天人之间思想意识的沟通，媒介工具或是代表天意的象征符号必不可少，于是我们可以看到楚汉时期的凤凰肩负着这种重要而神圣的历史使命，穿梭往来在天人之间，以政治祥瑞符号呼应着儒家的"德政"纲领，以引魂升天（仙）的职能满足着道家、神仙家对永生的渴望。凤凰的神性与德性是其能肩负这些特殊使命的核心因素。和谐意识、生命意识是楚汉时期儒道信仰借助凤凰的深刻体现。

一、政治祥瑞与引魂升天（仙）

（一）政治祥瑞

《吕氏春秋·应同》云："凡帝王者之将兴也，天必先见祥乎下民。"《商箴》云："'天降灾布祥，并有其职'，以言祸福，人或召之也。"反复强调自然界和人类社会之间存在某种对应或感应的关系。"天人之际，是战国秦汉间思想界面临的最大的时代课题，其目的在于建构新的政治制度和文化理想"①。

春秋时齐桓公自以为"九合诸侯,一匡天下"而欲封禅,管仲以未得到吉祥的符应为由加以反对:"今凤凰、麒麟不来,嘉谷不生,而蓬蒿藜莠茂,鸱枭数至,而欲封禅,毋乃不可乎!"(《史记·封禅书》)后来孔子周游列国,欲行大道于天下,拯斯民于水火,但困厄陈蔡、四处碰壁,于是感叹道:"凤鸟不至,河不出图,吾已矣夫。"(《论语·子罕》)可见,凤凰是对人事与政事产生重要影响的符瑞之一。

《山海经》多次记载,凤凰"见则天下安宁",反映了先秦楚国以凤凰作为政治祥瑞,这一信仰与中原一致。《山海经·南山经》:"又东五百里,曰丹穴之山……有鸟焉,其状如鸡,五采而文,名曰凤皇……是鸟也,饮食自然,自歌自舞,见则天下安宁。"《山海经·西山经》:"西南三百里,曰女床之山,……有鸟焉,其状如翟而五采文,名曰鸾鸟,见则天下安宁。"鸾鸟为凤鸟之属,"见则天下安宁",指的是见到预兆动物——凤凰,象征着战争即将消弭,民生将能安定,这对于生存环境恶劣,不能掌握天灾人祸的先民而言实在是万分幸福的景象。

汉代凤凰作为祥瑞常常是空降人间,且出现的次数多。

赵翼《廿二史札记》云:"两汉多凤凰,而最多者,西汉则宣帝之世,东汉则章帝之世。"②《太平御览》卷九一五引《汉书》曰:"昭帝始元三年,凤皇集东海,遣使祠其处。又曰宣帝幸河东之明年春,凤凰集……又曰凤皇集上林,乃作凤皇殿以答嘉瑞。"《汉书·宣帝纪》对凤凰祥瑞的记述多达十余处;《宋书·符瑞志》亦记载自汉昭帝到献帝,凤凰屡见,尤其是"汉章帝元和二年以来,至章和元年,凡三年,凤皇百三十九见郡国"。汉代皇帝还有因凤瑞而改年号者,如汉昭帝即位时年号为"始元",后因三年中,凤凰比下东海海西乐乡(《大事记续编》卷一),于是改年号为"元凤"。汉宣帝有"五凤"的年号,也是因凤凰而立。

再看两则汉代的诏书③：

《改元神爵诏》(神爵元年三月)："朕承宗庙,战战栗栗,惟万事统,未烛厥理。乃元康四年,嘉谷玄稷,降于郡国,神爵仍(乃)集……南郡获白虎、威凤为宝。朕之不明,震于珍物,饬躬斋精,祈为百姓。……其以五年为神爵元年,赐天下勤事吏爵二级,民一级,女子百户牛酒,鳏寡孤独高年帛。所振贷物勿收。行所过毋出田租。"

《赦诏》(神爵二年二月)："乃者正月乙丑,凤皇甘露,降集京师,群鸟从以万数。朕之不德,屡获天福,祇事不怠。其赦天下。"

神爵元年三月的《改元神爵诏》是因为出现了"嘉谷玄稷,降于郡国,神爵乃集"……又获白虎、威凤等祥瑞之物而改元"神爵"。神爵二年二月的《赦诏》也是因为有"凤皇甘露,降集京师"的瑞应出现,才大赦天下的。这几则诏令充分体现了汉代帝王的天人关系思想。上天现以灾异或是祥瑞,与人间天子的政治得失密切相关。山崩地裂,地震频现,天子认为是"天地之戒",于是反省自身,改正己过；天降祥瑞,"嘉谷玄稷"、"金芝九茎"、"凤皇甘露,降集京师"等……天子认为是上天在奖赏自己,于是大赦天下。

(二) 引魂升天(仙)

1949年出土于长沙陈家大山战国中期楚墓的《人物龙凤帛画》,帛画下部绘一侧身细腰的女子,双手合掌作祈祷状；帛画上部画一龙一凤,凤鸟展翅飞翔,仰首长鸣。该帛画表现了女性墓主人以龙、凤为助手引导灵魂升天的主题④。凤鸟在西南汉画像石棺上比较多见,且多与天门搭配出现,被称为"凤鸟—天门"组合。如四川长宁县七个洞7号崖墓左侧崖棺的画像,棺身外侧的"骑马临门图"为一人骑马,引辔驱行；马前刻一凤鸟,头戴"胜",展翅扬尾,一足前举,作引路状,均向右边天门(门楼)方向行进⑤。洛阳卜千秋墓是一座西汉昭宣帝时期的夫妇合葬壁画墓,墓中绘有一副女性墓主人"乘凤升仙"图⑥,一只三头凤在彩云缭绕中背负着手捧三足金乌的女墓主人。

二、神性与德性

(一)德源于天

关于"德"的源头问题,在周代青铜器铭文《班簋》、《史墙盘》中有所体现:

彝昧天令,故亡,允哉显,惟敬德,亡逌违。(班簋)

上帝降懿德大甹,匍有上下,迨受万邦。(史墙盘)

《班簋》记述了毛公讨伐东域凯旋这一事件,并认为这场战争取得胜利的原因是敬德,勿违天命。《史墙盘》也道出了"德"之本源在天,并强调上帝降德的同时也送给文王能够辅佐他的重臣,因此他才能匍有四方。也就是说,这两篇铭文中都非常明确地表明"德"不仅是周取代商的重要依据,也是周人历代相传的"保命符","德"逐渐与君臣融为一体[7]。

(二)德性具有神圣性

"德性"具有"神圣"的族群"属性",它作为一种"族群禀性"的传统,有重要意义。我们甚至可以说,作为一种关乎族群整体安身立命的"集体精神","德性"理所当然地具有某种实用性(非超越性)的"神圣属性"。当人们把可见可感的具体"德性"与不可见、不可测的抽象"天命"相联系后,用"德性"验证和体现"天命",那么,实用性的"神圣属性"就增加了形而上的支撑。这样"德性"就转变为某种"集体信仰"[8]。

(三)德性、天命、政治贯通一体

"德"是中国经典中纯粹的原生概念之一。在中国文字语言发展史上,是一个使用频率极高的词汇,从周初至今,延续不衰。同时,它又是中国传统政治理论中一个综合性的重要概念,涵义复杂,且影响深广。"德"的创立、变异与发展,从一个角度上反映了"中国思维"的关注重心,同时反映着"政治价值"的认同功能。[9]

周初政治思想的特征与商代政治思想不同的地方,就是周人特别突出了"天命"和"德"在政治中的作用。"德"在殷代已是一个政治概念,周公最重要的贡献之一是把德当作政治思想的中轴。有了德,上可得天之助,下可得民之和。有天之佑,又得民之和,便能为王,历年而不败。德是一个综合概念,融信仰、道德、行政、政策为一体。依据德的原则对天、祖要诚,对己要严,与人为善,不得已而用刑要慎之又慎⑩。"我求懿德,肆于时夏,允王保之","德"是周人保有天下,定于一尊的核心观念,在《尚书》《诗经》等文献中被反复提及。郭沫若认为"敬德"的思想在周初的几篇文章中就像同一个母题的合奏曲一样,翻来覆去地重复着。这的确是周人所独有的思想。进一步讲,《周书》和"周彝"大都是站在帝王的立场上来说话的,故尔德不仅包含正心修身的功夫,并且还包含治国平天下的作用:便是王者努力于人事,不使丧乱有缝隙可乘;天下不生乱子,天命也就时常保存着了⑪。这也是说德在西周时兼顾修身、治国两个方面。

(四)凤凰的神性与德性

恩格斯指出:在原始人看来,自然力是某种异己的、神秘的、超越一切的东西。在所有文明民族经历的一定历史阶段上,他们用人格化的方法来同化自然力。正是这种人格化的欲望,到处创造了许多神。⑫凤凰是人们思想观念中的神鸟,有超自然的神异功能,不仅如此,凤凰还被赋予了德的属性。以凤比德是楚汉时期并不鲜见的文化现象。所谓比德,是古典美学中的一种审美观念,也是先秦儒家的美学思想的重要理论,其主要思想"是将自然现象与人的精神品质联系起来,从自然景物的特征上体验到属于人的道德含义,将自然物拟人化"⑬。

凤凰堪称"德"的化身,在麟、凤、龟、龙四灵中,唯有凤凰与儒家倡导的"德"联系密切。《山海经·南山经》云:"凤皇,首文曰德,翼文曰顺,背文曰礼,膺文曰仁,腹文曰信。"不仅凤凰自身是"德"的化身,它也是君王行德政的象征。班固《白虎通·封禅篇》中载:"凤皇者,禽之长也,上有明王,太平乃来,居广都之野";《白虎通义·卷下》:"德至鸟兽,则凤皇翔,鸾鸟舞,麒麟臻,白虎到……"

"从科学的宗教学来看,神灵是人的创造,神性则是人的自然属性和社会属性的异化。人总是按照人自身的属性和特征去构造神灵的神性,一般也是按照人自己支配和操纵自然世界和人间生活的可能和需要,去设想神灵所拥有的权能"⑭。既然德源于天,那么凤凰的德性也是天之所赋,并应承天命,昭示人间民族兴起、帝王有德。《国语·周语》:"周之兴也,鸑鷟鸣于岐山。"鸑鷟为凤鸟之属。由此凤凰创造了天命王权的政治神话,后世则演绎出凤凰衔诏的史事,颇有比附之意。凤凰践行上天之命,商朝即有这种观念,《诗经·商颂》:"天命玄鸟,降而生商。"玄鸟为凤凰的原型之一,商族的创生即由"凤凰"而来,并是承奉天命。如此,凤凰在儒家视域中的神性与德性包含了几个方面:其一,天的旨意借凤凰传达到人间;其二,有德之族兴起,会有凤凰出现呈现瑞兆;其三,人间帝王有德,上天会派凤凰降临,以示嘉许。凤凰承载天命,在上天与人间帝王之间的互动关系中起着枢纽作用,而且这种互动关系仅限于良性的,也就是当人间帝王秉承了源于天的德,施行"仁政"、"德政"的时候,凤凰才会出现。

另一方面,从道家的视域看,凤凰的神性与德性关键在于能引导生魂或亡魂升入天界成仙,满足人们突破生命有限性的需求。在升入天界的过程中,凤凰的引导作用体现在两方面,其一,指引方向;其二,保护生魂或亡魂。现世的生存环境中有许多危险生物,导致了人们对未知空间领域的恐惧,所以古代人设想出魑魅魍魉等鬼怪或凶兽,如屈原的《招魂》不仅写了四方有险恶的人族或毒兽等,更写到天上亦有虎豹及怪物等可以伤人。《离骚》中诗人幻想飞天漫游,凤凰作为引导的神鸟,被反复吟咏:"鸾皇为余先戒兮,雷师告余以未具。吾令凤鸟飞腾兮,继之以日夜";"凤凰翼其承旂兮,高翱翔之翼翼。"《远游》中的神游:"凤皇翼其承旂兮,遇蓐收乎西皇。"凤凰犹如开路先锋,导引着诗人的生魂在天上漫游。汉画像石墓中,常见凤凰(朱雀)镇守墓门,保护死者的尸身不受鬼蜮的侵害,使亡魂能顺利升天[15];在四川出土的画像石棺上,多有凤凰导引墓主人向天界行进,并在进入天门处把守的画像[16]。从凤凰引导生魂或亡魂升天看,凤凰堪称人类的保护神,其神性与德性融为一体,为人类的需求服务。

三、和谐意识与生命意识

(一) 和谐意识

仁、义、礼、智、信是先秦儒家政治伦理——"和"的最高道德规范与行为准则。从操作和实践的层面说,"仁"是和谐政治的道德基础和伦理原则,"义"是其行为标准和价值方针,"礼"是其道德规范和制度保证,"智"是其能力表征和行为反思,"信"是其行政要求和交换准则[17]。面对春秋战国时期激烈动荡、征战不休、民怨沸腾的社会政治局势,对于积极入世、关注民生而又重视社会秩序的先秦儒家来说,提倡"仁",强调"礼",追求德治和等级秩序和谐迫在眉睫。

《山海经·海外西经》里描绘凤凰出现、人们生活的场景时说:"此诸天之野,鸾鸟自歌,凤鸟自舞;凤鸟卵,民食之;甘露,民饮之,所欲自从也。百兽相与群居。"在这个地方,人们吃的是凤凰卵,喝的是甘露,百兽也一改平日的凶猛,与人和平相处。这已经不单纯只是物质享受的天堂,它满足了人们的心理需求,是精神的乐园。值得注意的就是在凤凰身上出现了其他征兆动物身上不会出现的形象,即在凤凰的头、背、胸、腹及翅膀上出现"德、义、礼、仁、信"这样的花纹,颇显神异。凤凰或鸾鸟的出现是祥瑞的象征,圣王的出世,仁政能实施也是好的征兆,将凤凰与统治者的德行结合起来,就发展成为了具有政治功能的神话,那些代表人文高度发展的字形花纹,表明了先民们思维中的文明礼教色彩。动物形象是人们赋予的,他们将自己的愿望加诸在这样的动物身上,显示人们渴望的乐园是充满了"仁义"的和谐社会。

《山海经》中呈现的凤凰与人的生活场景尽管一片和谐,但毕竟是人兽杂居的半野蛮、半文明社会,是富有神话色彩的生活。随着社会的发展进步,人类思维的逐渐成熟,人与兽的现实空间与思维空间都有了合适的距离和分配。进入汉代,对于天降凤凰这一瑞兆,帝王必有所回应,或行祭祀,或改年号,或建凤凰殿,或大赦天下,或免租减赋。天有嘉许,皇帝应答,惠及百姓。凤凰出现,喻示皇权获得天命支持,以此取信于百姓,百姓有时候还能获得实惠,凤凰在天、皇帝、百姓之间达成了意识层面的和谐。

(二)生命意识

人类自有生命以来,生命问题就是它的精神生活中最重要的主题。儒家注重生命的社会取向,以社会伦理价值的实现为生命最高价值,在追求社会价值的过程中逐渐将生命本身遗忘。而道家给了生命本身更多的关注,他们以自然生命为本位,以维护自然生命、实现生命自然本性为最高追求,从当时的生存现状入手,采用文化和价值批判的方式,建构起以"道"论为中心的生命哲学理论。春秋战国时期,中国思想中已有"无穷"的观念,表示时空的无限。老子《道德经》云:"有物混成,先天地生。寂兮寥兮,独立而不改,周行而不殆,可以为天地母。吾不知其名,强字之曰道,强为之名曰大。大曰逝,逝曰远,远曰反。"体现了老子的时空无限性思想。"无穷"是庄子描述时空无限性和生命无限、精神自由的常用词。庄子通过对时空无限的揭示试图造成一种形体生命在时间与空间的有限与精神生命在时间和空间的无限的强烈对比,以此体现形体生命的低层次性,反衬精神生命的更高价值,引导生命超越和对自由的追求。《庄子》中写鲤化为鹏扶摇而上,"扶摇"即是不死之木——扶桑。"扶摇"作为生命长存者,在《逍遥游》中成为鲤化为鹏的重要凭借,是生命由黑暗到光明、不自由到自由转化的桥梁和依凭。有了扶摇的依凭鲲由负水之物成为凌空之鸟,生命由不自由不断转向自由,同时由一种存在化为另一种存在,生命成为永恒的存在。[18]

《楚辞·离骚》在描写作品主人公神游天地时写道:"为余驾飞龙兮,杂瑶象以为车。何离心之可同兮?吾将远逝以自疏。邅吾道夫昆仑兮,路修远以周流。扬云霓之晻蔼兮,鸣玉鸾之啾啾。朝发轫于天津兮,夕余至乎西极。凤皇翼其承旂兮,高翱翔之翼翼。忽吾行此流沙兮,遵赤水而容与。"昆仑是神话中一座上通于天的仙山,天津是指天河的渡口,在箕宿与斗宿之间。王逸注:"天津,东极箕、斗之间,汉津也。"洪兴祖补注引《尔雅》曰:"析木谓之津,箕斗之间,汉津也。"西极,指西方的尽头,洪兴祖补注引《淮南子》曰:"西方西极之山,曰阊阖之门。"主人公在听到灵氛的吉占后,不惮路途遥远,转道昆仑之墟,从东极之天津来到西极,值得注意的是,跨越这么遥远的空间距离却没有花费主人公太多的时间,由于飞龙驾车、凤凰承旂导引,使他以朝发夕至的速度实现了这一神奇的跨越。主人公在人世与仙山之间的自由漫游,实际上正是其自身人神身份的转换。飞龙、翔凤使他实现了空间的跨越,人神身份的变化暗示他的生命得以延长。空间距离的遥远实际上暗示着人神之间生命存在方式的差异,作为生命存在标志的坐标系就是时间,超越这一空间距离,就意味着生命进入一个新的时间坐标系统,生命在这里不再受人间岁月流逝的消磨,而是进入永恒的长生久视的状态。[19]如果说扶摇是《庄子》中生命转化和提升的凭借,那么凤凰则是人们生命转化与提升的重要凭借之一,寄托了人们追求生命自由和永恒的理想。

从楚汉时期的考古资料看,如出土于长沙陈家大山的《人物龙凤帛画》,汉代画像石棺上的"凤鸟——天门"图式,均代表墓主人在龙凤或凤的引导、护送下升入天界成仙,以空间的立体跨越与突破,来实现人与仙之间身份的转换,进入神与仙的生活空间,便如神、仙一般拥有了永生的生命特性。空间距离的逾越最终表现为时间长度的无限延伸,使生命进入了永恒的状态,而实现空间的跨界,龙、凤等神异灵物的导引作用很重要。今天看来,这种引导升仙的思维纯属人们一厢情愿的想象与幻想,但它的确承载着楚汉时期人们渴望超越生死的生命意识。

楚汉时期凤凰的多面性与丰富性,是其作为天人之间的媒介工具或象征符号为儒道思想在生活中践行的特色呈现。

注释:
① 徐兴无:《谶纬文献与汉代文化构建》,中华书局,2003年,第66页。
② 赵翼:《廿二史札记》,凤凰出版社,2008年,第42~43页。
③ 严可均校辑:《全上古三代秦汉三国六朝文·全汉文》,商务印书馆,1999年,第54~55页。
④ 湖南省博物馆:《新发现的长沙战国楚墓帛画》,《文物》1973年第7期。
⑤ 罗二虎:《汉代画像石棺》,巴蜀书社,2002年,第111~112页,拓本四八。
⑥ 洛阳博物馆:《洛阳西汉卜千秋壁画墓发掘简报》,《文物》1977年第6期。
⑦ 王晓玉:《"德"之下移:西周铭文中的"德"》,《太原师范学院学报(社会科学版)》2016年第3期。
⑧⑨ 萧延中:《德性:群族禀赋的精神象征》,《社会科学》2007年第4期。
⑩ 刘泽华:《先秦政治思想史》,南开大学出版社,1984年,第37~38页。
⑪ 郭沫若:《先秦天道观》,载《郭沫若全集(第一卷)》,人民出版社,1982年,第355、337页。
⑫ 《马克思恩格斯全集》第20卷,人民出版社,1971年,第672页。
⑬ 胡家祥:《审美学》,北京大学出版社,1999年,第32页。
⑭ 吕大吉:《宗教学纲要》,高等教育出版社,2003年,第66页。
⑮ 南阳文物研究所:《南阳汉代画像砖》,文物出版社,1990年。
⑯ 罗二虎:《汉代画像石棺》,巴蜀书社,2002年。
⑰ 皮伟兵:《先秦儒家"和"政治伦理思想研究》,湖南师范大学2006年博士学位论文。

⑱ 付粉鸽:《自然与自由——老庄生命哲学研究》,西北大学2007年博士学位论文,第174~176页。
⑲ 王凤霞:《先秦两汉诗歌的生命意识及其艺术显现》,东北师范大学2004年博士学位论文,第150、154页。

曾侯乙墓绘画中的宇宙图像*

张启彬

(郑州轻工业大学)

如《楚辞·天问》的"冥昭瞢暗,谁能极之"所问,古代先民的宇宙观念尚处于对自然的不懈追问和对时空的深思冥想中。本文旨在从先秦时期先民的宇宙意识入手,对楚地具有宇宙图式观念的美术作品进行解读,其中攫取最具代表性的曾侯乙墓随葬品进行分析,其间也涉及与其他地域的宇宙美术图式的比较,最后探索楚宇宙观念在美术中的映射及其给后世带来的影响(图一)。

图一 曾侯乙墓漆衣箱

一、楚人及先秦先民的宇宙意识

最能代表中国本土哲学思想的两部伟大著作《老子》和《庄子》就出自楚人之手,而其中的某些思想超越了时空的局限,一直影响着人们对世界的看法。《老子》中"天下万物生于有,有生于无"和《庄子》中"泰初有无,无有无名,一之所起,有一而未形,物得以生"的说法仅是其中一个很小的方面,就在某种程度上体现出了先秦时代的宇宙意识。值得注意的是,先秦先民的宇宙意识不会仅仅

---

* 本文为河南省教育厅人文社科研究项目"长江中游先秦艺术研究"(2018-ZZJH-608)的阶段性成果。

固定在理论层面的语言表达,对于一个连文字的生成都借用甚至依赖于图像的民族来说,图像可能比任何表达载体都更能体现宇宙对人的影响以及人对宇宙的理解。

人们脚踏大地,头顶蓝天,白天迎接太阳的洗礼,夜晚面对星辰的光辉。日月星晨,以及与其具有某种关联的动植物自然成了先民认识和接近宇宙的首要对象。这些被认为是宇宙核心元素的物象也受到崇敬和礼拜。《周礼·大宗伯》中有:"以苍璧礼天,以黄琮礼地。"近年的考古材料,不仅证明了早期礼制文化的成熟与规范,更在具体材料与图像上串联人、神、天地的宇宙观念。浙江余杭的良渚文化就出土了大量完整的璧和琮等实物①,从视觉上澄清了璧、琮、珪、璋等玉质礼器对宇宙的膜拜与表达。

安徽含山凌家滩墓地的发现起自20世纪80年代中后期,有研究表明,凌家滩这一距今约5 600～5 300年的文化遗址,比良渚文化还要略早,大约等同于辽西的红山文化时期②。到目前已进行了多次的大规模科学发掘③,其出土文物引起了史前考古学界的重要关注,也引起了学界对新石器时代文明的关注。带有美术纹样的"玉版"和"玉鸟"成了学者关注的焦点,也是探讨宇宙观念与视觉符号之间的纽带。玉版的图像实际由三层封闭形式的线条构成,在最内层的圆圈内,是"井"字形的八角图像;在第二层围合的环形结构中则是向外等分放射状分布的八个"指示标"形的符号;在最外的第三层中四个"指示标"占据了方形玉版的四角。"玉鸟"的中心图案同样也有类似形式的"八角放射状图案"出现。凌家滩玉版这种层层相套、放射发散的多角构成形式是极为值得思考的,其设计理念极有可能就来源于"天圆地方"的宇宙观念,有学者甚至指出这就是宇宙模型④。凌家滩玉鸟在外形图像功能上也与中心的八角纹饰有着极为紧密的联系,似乎天体运行的规律都诠释在了这一视觉图像的构成之上,也不能不让人联想到"飞鸟负日"的宇宙神话。这组图像在形制上暗合了宇宙生成与运行的"数理"关系,古凌家滩先民以自身的认识来构建出他们心目中的"宇宙模型"。这些事实令今人没有理由不重新思量古人的宇宙观念(图二)。

其实,先秦时代的宇宙观念并非先人凭空妄想所得,其依据受天象、时节等方面的影响。

图二 安徽凌家滩玉鸟

《诗·大雅·桑柔》在谈到田间庄家遭受病虫害时,以"靡有旅力,以念穹苍"表达对天地的敬畏。可见,古人对宇宙气象时节的依赖程度。在刀耕火种的年代,每次对天象的观测和记录都关系整个族群的生存与灭亡。楚人对宇宙节令的认识也是如此。传说为楚人祖先之一的祝融就司"火正"一职。火正的职责主要有三种:其一掌管农业耕种节令的观象授时;其二为垦种田地点火烧荒;其三则为祭祀与礼拜之仪的守燎祭天。⑤而这些职责涵盖的内容都与天文、气候有极为紧密的关系,换言之,当时掌握火正职位的楚人必然有一套关于天文宇宙的系统认识。

二、曾侯乙墓漆衣箱中的宇宙图像

中国古代的"宇宙图像"大体有两个类别,或是两个脉络,一类是抽象的概念化形式,另一类则是相对具体的模拟化形式。具体来讲,这两种图像都是人类思维对宇宙万物的一种诠释和寄托,当然,这里还包含另外一层含义,那就是对宇宙的理解和新的知识生成。宇宙存在和运行的过程给万物制定了规律,如日出日落的时间、月圆月缺的节奏、四季更迭的周期等,这些结点和步骤不是无序跳跃的,而是带有极强的数字对应性,这也为人类统计与核算提供了基础,也导致了"术数"与"方技"的出现和发展。西汉司马谈的《论六家要旨》中有关"阴阳四时、八位、十二度、二十四节"的论述便是对宇宙运行规律的一种总结。

在楚地的曾侯乙墓中普遍被学界认为具有宇宙图像的文物当属编号为 E.66 的带有"斗"字纹样的漆衣箱，如刘信芳、苏莉在《曾侯乙墓衣箱上的宇宙图式》一文中就有专门探讨。该衣箱盖面上中部位置用朱红颜色赫然书写了一个"斗"字，在"斗"的周围，较为清晰地写有二十八星宿的名称，值得注意的是，除了二十八宿的文字外，漆衣箱盖面的两端部位还刻画有龙和虎的图像。根据考古报告的说法，与"龙"相应漆箱的一侧，绘有"大蘑菇状云"，还有两个"十"字形纹和圆点；与"虎"相应漆箱一端，疑似绘有"蟾蜍"[6]。关于考古报告所提的大蘑菇状云和蟾蜍的说法，可能还有待考察。从美术图像组合的形式关系看，蘑菇状云纹饰应与十字纹和圆点纹共同构成一个组合纹饰，所以对其的考察应该是整体的。有学者指出，这一图像代表的是"芒"字，为东方之神的名字，《左传》中"木正曰句芒"，《山海经》也有"东方句芒，鸟身人面"，是为证[7]。此图像的考证还有其他说法，本文不做过多牵涉。回到龙虎图像的描绘上，尽管在造型处理上使用的是简单的线条勾勒，但龙、虎的形象并不难辨识。青龙、白虎作为四象方位中的两大元素，自然进一步表明了此图所展示的就是一幅"宇宙图像"。这幅漆衣箱的宇宙图像不仅展现的是楚地先人对宇宙的理解，更引发了许多诸如如何看待天体运行状态等相关问题。其中，关于图像中星宿排列顺序，就有学者发现，星宿名称的排列是按顺时针方向而行的，与仰头观察的天象方向恰巧相反。从漆衣箱与宇宙对应的角度看，绘者将衣箱的上部盖面看作头顶天穹，而将箱底视为脚下的大地。箱底到盖顶方向，如同大地到天穹视角。绘者是从衣箱盖顶上作画的，图像便应该反着来传达[8]（图三）。

其实，除了 E.66 带有极强宇宙意识的图像之外，标号为 E.61 和 E.67 的两个衣箱同样也绘有"宇宙图像"。而与前者不同的是，这两组衣箱中的"宇宙图像"或多或少带有模拟具象的形式。

E.67 衣箱在描绘的空间上与"斗"字衣箱类似，均为在盖面和

图三 曾侯乙墓 E.66 漆衣箱盖面"斗"字图像

三个立面上作画。盖面上画了回首反顾状的四个兽,其上绘有两道红线,其下则绘有云纹。一侧的立面上描绘相对而立的两兽,值得注意的是,兽的背部还绘有具有叙事题材的图像:一人左手持工具,右手抓住一只正在飞翔的鸟。在鸟的上下两旁绘有两个明显的圆点装物体,很像太阳的形态。另一相向的兽背部也绘有一只鸟。《山海经·海外北经》有:"夸父与日逐走,入日。"据考古报告推定,图中的飞鸟也许就是"日中金乌",而抓住飞鸟之人便是"夸父"⑨,那么,按照这个逻辑推测,图中的圆点是太阳。而这幅图像所描绘的情景则是"夸父逐日"(图四)。

图四 曾侯乙墓 E.67 漆衣箱盖面图像"夸父逐日"

如果说"夸父逐日"在图像学辨识方面还存在一定难度的话,那么,编号为 E.61 漆衣箱的盖面图像则显示出了极强的主题性特征。盖面描绘有十三个大小不一的蘑菇状云纹,在相对的三组云纹两侧,均绘有类似的图像。以一侧的图像为例,进行说明:枝繁叶茂的两棵大树的树顶处,站立着四只神物。两颗树木一棵长出十一个枝头,另外一棵树长出九个枝头,而奇特的场景是在树的每一枝头上分别长有一个闪闪发光的太阳。此外,稍高一些的树上站立两只鸟,另外一树顶端则立两只兽,其中一兽的脸部视角为正对画面,另一兽脸部则完全侧面,容貌不可辨别。在两树之间都画有一人拉弓射箭,更具戏剧化的情景是,一只鸟中箭而坠。这一图像特点其实形象地诠释了"后羿射日"的传说。相传,在尧生活的时代,天上的十个太阳本应轮流出现在天空履行自己的职责,普照大地光照万物。但是他们却一齐出来了,强烈的阳光使得庄稼草木都干枯了,给人类带来了不小的灾难。尧得知情况后,让羿张弓搭箭,射下九个太阳而留下一个太阳,于是天下太平,万民皆喜,尧也被推举为统治者。这个故事的出处是汉代的典籍《淮南子》,而早在此前,有关后羿的相关传说就见诸《山海经》、《论语》、《管子》、《孟子》等文献,楚辞《天问》中也有涉及:"羿焉彃日?乌焉解羽?"更是将故事情节与漆衣箱图像形态联系到了一起。有学者论述了后羿射日故事的生成过程,并指出其产生时间在春秋战国之际[⑩]。但值得注意的是,关于"十日"的思想意识可能由来已久。《山海经》有大量记载:"汤谷上有扶桑,十日所浴,在黑齿北。居水中,有大木,九日居下枝,一日居上枝。""汤谷上有扶木,一日方至,一日方出,皆载于乌。""帝俊赐羿彤弓素矰,以扶下国,羿是始去恤下地之百艰"等。楚辞《天问》中"出自汤谷,次于蒙汜"也是对太阳运行轨迹的一种遐想,更是一种带有具象化意味的"宇宙图像"(图五)。

图五 曾侯乙墓 E.61漆衣箱盖面图像"后羿射日"

三、漆衣箱"宇宙图像"绘画所蕴含的问题

曾侯乙墓中这种带有臆想神话色彩的宇宙意识实际是早期人类对宇宙理解的蒙昧之思。以上所述三个漆衣箱中的"北斗图像"、"夸父逐日"与"后羿射日"图像出现在用于安葬逝者的墓葬中,至少说明以下几个问题:

第一,被绘制图像的漆衣箱是立体的承载物,其背后是宇宙模式与宇宙观念的图像显现。三组图像没有在具有平面形制的物件上出现,而是选择了在多面展示的立体的衣箱上绘制,说明绘制者有意识地考虑到了宇宙结构的空间性,即在最大限度上模拟宇宙空间。在"斗"字衣箱的考察上,以往学者所关注的重点多是图像所对应的具体的时间结点,如"甲寅三日",但具体的时间之外,古人还斟酌着空间上的对应关系。图像是揭示宇宙思维的一个关键,但衣箱立体结构仍然是不能忽略的重要细节,衣箱上盖隆起的弧度与四面方正的形制构成了一种"天圆地方"的宇宙形式,这也是宇宙图像选取漆衣箱作为描绘载体的重要原因。

第二,漆衣箱的绘者可能并非专业的画者,其"作品"并不能代表战国初期楚地最高水准的绘画水平。尽管漆衣箱中无论是"斗"字及星宿、龙虎的描绘所考虑到的观测方向,还是"夸父逐日"与

"后羿射日"对图像细节乃至数量关系的内容刻画，都展示了绘制者的用心与用意，但仍然值得怀疑的是，这组衣箱图像的绘者可能并非专业的画工，甚至不能代表当时应有的绘画水平。尽管许多美术史家在研究此时绘画作品时给出了"在造型手法尚未成熟，尚属于幼稚时期"的相关论断，但从曾侯乙墓同墓出土的其他美术作品看，这一说法可能并不能完全成立。纹饰繁密的漆马甲、布满神怪的漆内棺，以及花纹繁琐的各种陪葬品与这三组漆衣箱的美术造诣似乎都不属于一个平台。尽管有"画鬼容易，画犬马难"（《韩非子·外储说左上》）之说，但漆衣箱中的图像远非在细部刻画上"失误"那么简单。"夸父逐日"和"后羿射日"中人与物象的基本比例关系不但没能处理出来，反而是绘画造型规则中的"败笔"，更不必说具体形象的处理了。"人大于山、水不容泛"的比例失调一直被看作是魏晋以前绘画的"通病"，但这里的形象描绘似乎揭示了绘制者可能连最基本的绘画功底都未具备。

那么，其背后的问题便出现了，为什么对于如此高规格的墓葬会选用绘画技巧相对匮乏的"画师"来做画呢？

探讨这一问题还得回到前文所提的"宇宙图像"上来，逝者选取这类图像的目的实际并非在于它的美感，这就如同青铜器上的装饰纹样也并非让人欣赏一样。漆衣箱上的"宇宙图像"承载着墓主与宇宙天地相对应的某种微妙形态关系，所以这些图像的价值在于传递出宇宙的信息，而非画面描绘在绘画语言上的规范与水准。而掌握宇宙天象、宇宙知识的绘制者应该是类似巫觋或史官的"知识分子"，那么他们的艺术技法就无法和娴熟于装饰艺术的画工相媲美。从漆衣箱描绘的一些细节上也能看出一些端倪，绘制者的作画时间应该是比较短暂的。从一些笔触中可以发现，运笔速度应该比较快，而在一些位置大小关系处理上的缪差也可以看出，绘制者可能没有足够的时间来仔细思考画面构图布局等问题，甚至在E61衣箱上还留有一些莫名其妙的空白，出现没有完全画完的痕迹。这些细节信息都说明,绘制者没有或者没能有充足的时间来仔细斟酌绘画形式关系去作画。从此可以推测,这批"画作"是在墓主死后到下葬之前这段短暂的时间中匆忙完成的,而"绘者"的职业身份极有可能是通晓天文历律、具备知识背景的上层人士,甚至就是掌握沟通天神之道的巫觋或术士。

注释：

① 周膺：《东方文明的曙光：良渚遗址与良渚文化》,五洲传播出版社,2007年。
② 安徽省文物考古研究所：《凌家滩：田野考古发掘报告之一》,文物出版社,2006年,第278页。
③ 安徽省文物考古研究所：《安徽含山凌家滩新石器时代墓地发掘简报》,《文物》1989年第4期;安徽省文物考古研究所、含山县文物管理所：《安徽含山凌家滩遗址第三次发掘简报》,《考古》1999年第11期;安徽省文物考古研究所：《凌家滩：田野考古发掘报告之一》,文物出版社,2006年,等。
④ 李新伟：《中国史前玉器反映的宇宙观——兼论中国东部史前复杂社会的上层交流网》,《东南文化》2004年第3期。
⑤ 张正明：《楚史》,湖北教育出版社,1995年,第8页。
⑥ 湖北省博物馆：《曾侯乙墓》,文物出版社,1989年,第354～355页。
⑦ 刘信芳、苏莉：《曾侯乙墓衣箱上的宇宙图式》,《考古与文物》2011年第2期。
⑧ 郭德维：《曾侯乙墓中漆箧上日月和伏羲、女娲图象试释》,载《楚艺术研究》,湖北美术出版社,1991年。
⑨ 湖北省博物馆：《曾侯乙墓》,文物出版社,1989年,第355页。
⑩ 闫德亮：《论后羿射日神话的产生和演变》,《中州学刊》2002年第3期。

统一政权之下的转变

——从楚帛画到马王堆T型帛画的发展

李 会

（华中师范大学美术学院）

学界对战国与汉代帛画研究已是颇多，大多为探讨帛画的名称功能与图像的考释这一类考证式研究。而对战国与西汉T型帛画的构图和内容的发展与转变乃至于其背后的原因却无人论及。本文无意阐释帛画的图像所指与具体的功能，而是把帛画的发展置于当时的社会背景来研究，我们会发现，帛画的价值远超出我们现在所了解的。

一、战国帛画与西汉T型帛画之异同

陈锽在《古代帛画》一书中对全国出土帛画进行了详细统计，战国至汉代出土帛画与帛画书共33幅[1]。战国帛画以《人物龙凤图》（图一）[2]与《人物御龙图》[3]（图二）为代表。《人物龙凤图》仅绘一女子、一龙与一凤，技法还显滞涩，学者认为其时代为战国中期或中期偏早[4]。《人物御龙图》画面中心绘一有胡须的男子，侧身直立，上方有一舆盖。男子身配宝剑，手执缰绳，驾驭着一条巨龙正逆风而行。龙头高昂，身平伏呈舟形，尾上立一只鹭。发掘报告将此墓葬的年代断定为战国中晚期之交[5]。就技法来讲，《人物御龙图》较之《人物龙凤图》已经纯熟许多。随着马王堆西汉墓T型帛画（图三）的出土，帛画研究再次成为热点。长沙1号[6]与3号汉墓[7]出土帛画皆为T型，无论是内容还是构图都十分相似。1号墓T型帛画，是迄今发现最精美和最具代表性的丧葬绘画，其时代应

为西汉早期。长沙汉墓的两幅帛画均覆盖在内棺之上，与战国《人物御龙图》放置位置一致。长沙两幅T型帛画所绘内容虽有细处不同，但皆可分为天上、人间、地下三部分，较之战国帛画要复杂繁缛得多。T型帛画与楚地战国帛画的渊源关系毋庸置疑，其引魂升天的功能亦应一致。功能虽为一致，但是在图像的表达上却是差别明显。较之楚地帛画人与物的简洁，西汉T型帛画则是内容繁缛复杂，天上、人间与地下均纳入帛画的尺幅之中，然而整个帛画图像繁而不乱，构图井然。

图一 《人物龙凤图》　　　　图二 《人物御龙图》

这种图像表达的差异，从考古出土物来看非为时代发展绘画技法演进之结果如此简单。通过战国中期江陵马山一号楚墓出土的刺绣图案⑧（图四）可以看出，这件刺绣采用对称布局，构图复杂繁密而又条理分明，造型饱满灵动，就其艺术表现来看不逊于西汉长沙马王堆帛画。同时，严格的对称布局，龙凤等神异动物的描绘表现出和西汉T型帛画的相似性与延续性。这一切表明战国中期

图三　长沙马王堆T形帛画　　　图四　江陵马山一号楚墓刺绣图案

的楚人已经具备复杂构图的能力,能够完成类似马王堆帛画这样繁缛对称的图像绘制。然而,在功能一样、表现主题一致的帛画绘制上,楚人选择了无论是构图还是内容都要简洁的《人物御龙图》。可见帛画的这种转变和楚人有意识地选择有着莫大关系,而非为技法限制之原因。

二、从列国分治到一统天下的思想之演变

（一）战国帛画与楚国文化

春秋时期,北方社会开始从重神转向重人并走向理性。战国后期随着天下一统趋势的出现,各种诸子理论越来越走向交汇综

合,为集权与专制服务的色彩愈是浓厚。诸子在对天道的哲理、世道的治理和人道的伦理的思考中,在建立新的、统一的政治意识形态的需要的刺激下,秩序成为一个中心话题⑨。此时,北方的《吕氏春秋》成为这一时期的代表,其"兼儒、墨,合名、法",在统一的政治意图之下,治世纲领贯穿全书,"上揆之天,下验之地,中审之人","若此,则是非可不可无所遁矣中"。《吕氏春秋》以阴阳家的体系来阐述宇宙、社会与人的关系并逐渐系统化,体现出一种与政治走向一致的意识形态统一体系的构建。战国时代在知识的交融中,思想世界积淀了一个大体成型的观念性框架,道"、"阴阳""四时""五行""八卦"等整饬有序的概念构筑起来的,天地、社会、人类同源同构的宇宙之中,在这个宇宙中,一切都是相互关联的,一切都是流转不居的,整齐有序的运转是正常的,同类系联的感应是正常的,在这一秩序中体现了天道⑩。《吕氏春秋》是时代的产物,其试图综合百家,以求建立一种适合政治走向的大宇宙观与统一的思想意识。

而南方以老子为代表的学说一开始就缺少北方那种胸怀天下的情怀。老子以个人的角度来探讨问题,提出从清静无为到齐一超脱、小国寡民,老死不相往来。这与北方着眼于宇宙与社会的诸子学说有着显著区别。楚虽然在春秋时期逐鹿中原,在战国时与秦合纵连横,然而,有学者指出:历来的史学家都认为,南方的楚国在春秋时期,主要是跟中原诸侯争霸,而在战国时期则主要跟秦国争夺统一全国的权力。其实,楚人从来没有统一中国的意向,他们感兴趣的只是建立一个自由贸易的商业区域。古代南北之争的实质是两种经济结构的冲突⑪。《说苑·至公》记载:"楚共王出猎而遗其弓,左右请求之,共王曰:止,楚人遗弓,楚人得之,又何求焉?仲尼闻之曰:惜乎其不大,亦曰'人遗弓,人得之而已,何必楚也?"这个故事生动反映了中原一统天下的传统观念和楚人列国分治思想的差异。政治取向的显著差别反映在思想领域,秦国有《吕氏春秋》，而楚国在以《楚辞》为代表的作品中看不到对宇宙、社会与人的系统化阐述，尤其是《大招》和《招魂》明显体现出对个人灵魂最终归属的重视。因此，在战国帛画上我们看不到西汉T型帛画的井然有序而又统一一体的天国景象、宇宙组成与社会结构。战国帛画更多地表现出的是以个体的逍遥之姿走向生命的最终归属。

（二）T型帛画与西汉大一统思想

秦虽然完成了统一大业，建立了中央集权制度，然而，与政治体制相适应的统一意识形态却是未竟之业。正如学者所言，秦虽有经营统一之功，而未能尽行其规划一统之策。凡秦之政，皆待汉行之。秦人启其端，汉人竟其绪⑫。虽然汉承秦制，然而秦国享国之短，不仅遗留下诸多问题，而且刺激了当时知识分子继续思考与探索符合政体的统一的意识形态。

在汉初东周以来的各种学说继续交汇通融。马王堆汉墓出土的内容庞杂的帛书⑬充分反映了当时人们的知识水平与思想兴趣。其中既有后来进入上层思想世界的内容，如《老子》、《皇帝书》等，也有《春秋事语》等可以算是历史学的著述，还有《五星占》等在后人看来是民间信仰和使用技术类的东西。帛书与帛画所呈现的知识体系包括了六经与诸子中的黄帝与老子之学，儒者的易学与五行说，近世的历史典籍，数术方技中的刑德、医方、占卜、导引，此外还包括了当时人所实行的祭祀葬丧技术。在各种知识的交汇中，汉代黄老之学、儒家与社会上的刑名法术，养生神仙、兵法阴阳、数术方技互有通融⑭。我们看到汉高祖虽然"辄解其冠，搜溲其中"，对儒生极其轻薄，然而依然命儒生叔孙通制定礼仪，使朝廷上下的尊卑秩序得到确立，也使皇权得到确认。同时，汉初另一代表性儒生陆贾虽然以儒家的视角阐述问题，但是其思想无遗接纳了黄、老之学和阴阳五行思想。无论是汉高祖的选择还是陆贾的思想最终是为一个庞大的新帝国服务。在这一综合的文化背景中,汉初的人们试图建立一套完整的适合大帝国统治的制度体系与认知体系,建立起完整的宇宙结构,同时,宇宙中万物又相互有序地联系成为一个整体。这是一庞大而有序的知识体系,这一体系又是为最终的政体服务。综合的时代思想,决定了T型帛画丰富的知识信息,而不是战国帛画单一的思想。统一政权之下对秩序的诉求,又让T型帛画的内容虽然复杂,然而一切又是井然有序。

T型帛画虽仅是只幅之间,然而帛画中"神仙世界"、"世俗生活"与"地下世界"能够完整统一起来。帛画中主神居中,左右分别为太阳与月亮,下部青龙与赤龙相交是黄老思想的体现。这是太一出两仪、两仪出阴阳的具体图像体现。描绘出墓主人升入上天的场面:上天之时,墓主人衣冠齐整华丽、雍容庄严,队列后送前迎,有序行进;而天国中别有洞天,天门有司恭候,天地在位,日月运行,真是安乐天堂。这完整地呈现楚地上层人物尊礼、践礼的场景。[15]如果说春秋战国是道为天下裂,而汉代则是在原有基础上重新建立一个方方面面整合在一起的,秩序井然的道,宇宙、社会与人相互紧密联系而又有其内在的秩序。战国帛画中,我们看不到完整的宇宙结构与个人与社会的关系,看不到秩序。到T型帛画宇宙三界的形成,并由各自的等级规范与组成,体现出西汉对灵魂归宿的思考是放置在整个宇宙与社会之中有序进行的一套程序,强调的是个人与宇宙和社会的关系。这也是兵马俑从秦始皇陵追求逼真写实到汉代矮小写意变化的一个原因。T型帛画采取严格的对称布局,天、地、人三界在帛画中界限分明而又秩序井然,正是汉人试图建立适合统一政权的宇宙秩序之反映。

三、帛画对墓葬壁画的影响

帛画作为一种丧葬艺术形式,对后世的墓葬壁画影响深远。

黄佩贤在《汉代墓室壁画研究》一书中,将汉壁画墓分为四期:西汉前期、西汉后期、新莽至东汉、东汉后期[16]。西汉前期迄今现存最早的壁画墓为芒砀山西汉梁王墓地[17],经过郑岩的研究,从画面内容、构图形式和色彩等方面进行对比,柿园汉墓壁画似乎更接近于棺的装饰,如壁画长方形的构图、四周的边饰、龙的造型、红色的底色,都与马王堆一号墓第三重漆棺装饰如出一辙。郑岩进一步指出,作为墓葬装饰中一种新的艺术形式,柿园墓葬可能受到了传统更为久远的葬具装饰系统的影响[18]。西汉梁王墓稍晚于西汉马王堆一号墓,到了西汉后期也就是黄佩贤书中的第二期,以卜千秋墓这种墓葬为代表的墓室绘画发生了转变。西汉武帝或稍后的卜千秋夫妻合葬墓墓顶脊和山墙处壁画,据研究者称,若将"整个画面展平来看,恰似长沙马王堆1、3号汉墓出土的覆盖在棺顶之上的'非衣'帛画的模样。从其提出内容和特意布置,人们不难看出,它不只是墓室的壁画装饰,并且还具有'非衣'的性质"[19]。时间上稍晚于卜千秋墓的浅井头墓壁画位置亦是位于墓顶,若把壁画相互连接起来,也可看作T型。这一时期的墓室壁画其实并不是对帛画的简单抄袭,学者更多关注的是形制的相似性,而忽视了对壁画内容的选择与位置安排的研究。

帛画是一个天上、人间、地下完整的宇宙整体,然而汉代画像墓正如学者所指出:"虽然汉代人认为宇宙可分为天上、人间、地下三部分,但在汉墓中,只有墓顶及上方的位置分别配置了相关图像以象征天上与人间世界,并没有特别辟出一个象征地下世界的图像专区。"[20]古人对死亡的观点至汉代发展为,魂归天,魄入地。人活着,魂魄统一于体内,人死的时候两者会分离并脱离人体,因此其埋葬制度与习俗便具有双重性,一方面要帮助魂气升入天界,一方面要伺候形魄在地下世界继续人间生活[21]。人死葬于地下,墓葬本身在人们观念里就是一个地下世界。从墓葬出土的告地下丞文书、买地券等文物可以看到人们又按照现实社会构造了一个完整的地下社会。因此,在壁画墓中,壁画和墓葬本身把墓葬空间转化为一个完整的宇宙整体。墓葬壁画缺少对地下世界的描述,其实正是当时人们丧葬观念与宇宙观的反映。

卜千秋墓葬墓脊壁画描绘的是墓主人夫妇已入天界的升仙事件，在内容上与T型帛画的上部相对应。同时，壁画被放置在墓室顶部，这与帛画天界的位置相一致。帛画描绘的是一个完整的宇宙结构，卜千秋墓壁画则是和整个墓葬构成一个小宇宙。可以看到此时人们把帛画的完整宇宙结构向墓葬壁画转化的努力。帛画与墓葬壁画虽是丧葬艺术的不同载体，然而随着统一思想的建构，在汉人天地四时、日月星辰、阴阳五行构成的完整的宇宙时空模型中，却又让帛画与壁画内在思想上一致，正是这种内在的原因，让帛画与墓葬壁画成为一种延续的发展，成为汉人思想与宇宙观的共同表达。

西汉后期以来，随着神仙思想的淡化，对世俗生活的关注，墓顶升仙图被天象与神禽瑞兽图取代。虽然天堂与人间内容的表达方式已经不同，但其内容与壁画安排结构与帛画却是一致的，即日、月、星辰、仙禽神兽、云气纹等多绘于墓顶，人间世俗部分则绘于下部。

进入第四期也就是东汉后期壁画以现实生活题材为主，享乐生活、祥瑞等图像取代神怪图，壁画重点转向墓壁的下部[22]，然而壁画分工明确，天上世界与人间生活的上下结构依然遵循着帛画这一格局。

墓葬壁画的发展显示出帛画在丧葬艺术发展中的转折作用。在梁王墓中壁画受葬具装饰系统的影响，发展到卜千秋墓葬的时候，壁画无论是内容还是形式都是帛画模式，可以说帛画奠定了墓葬壁画的结构与内容。

汉初T型帛画为何能影响墓葬壁画，在于其完整的宇宙结构与有序的构成正好符合统一政权之下宇宙与社会秩序化的思想诉求。随着血缘宗法社会的破坏，汉代统一政权的地缘政治特点突出。正如前野直彬所指出，"蒿里"的产生是中国冥界观念的一大发展,即死人原来都孤立的以家为中心,现在都要先到蒿里集合,构成了一个"社会"㉒。死后世界的结构来源于现实社会,如何把这一社会有序地安排管理于统一政权之下,成为汉初人们面临的一个问题。汉人要维护政治的统一,必须实行思想上的统一。杂糅百家融合了儒家、道家、阴阳家等多家思想元素的"天人合一"的大宇宙观逐渐成形。在天人合一这一思想中,宇宙万物相连,互有感应。因此,汉人考虑事情的出发点是整个相互关联的宇宙,这也正是统一的国家精神写照。人们按照生前世界来建造死后世界,生前世界是一个万物相连统一完整的宇宙,死后世界也就必然是一个完整的宇宙整体。如何在墓葬构建一个完整的宇宙也成为当时人们的诉求。T型帛画虽然是以升仙为主题,然而其完整的宇宙,有序的秩序正是现实人们思想之反映。汉代大一统的观念中人存于社会,而社会是宇宙的一部分。在汉墓中,如何表现这一宇宙,帛画很好地解决了这一问题。T型帛画开创性地把整个宇宙有序地表现出来,墓葬壁画又借鉴帛画这种表现方式,和墓葬构成了一个完整的宇宙。这种宇宙模式的再造是汉人理想追求的寄托,同时是时代精神的体现。帛画与壁画中天上、人间与地下相互关联而又井然有序的宇宙建构实则是人间社会秩序的象征表现,是统一政体之下人们的思想追求。

四、结语

从战国到西汉的发展中我们看到,T型帛画与战国帛画虽然在功能与放置位置表现出一致性,然而其图像的表达却是完全不同的。从战国时代出土的楚国刺绣显示出,这种图像的不同并不是技法之原因,而主要是不同时代的政治与思想不同的结果。虽然汉承秦制,然而如何建立统一政权下的统一思想,却还得需要汉人自己去思索与解决。汉代各种思想的融合,以及统一政权下对秩序的诉求决定了T型帛画中丰富的内容与知识信息,同时完整的宇宙结构又是井然有序。因此,随着春秋战国时期权力分散的分封制度向统一的中央集权制度转型,汉初T型帛画表现出与战国不同的特点,完整的宇宙、有序的结构正是时代精神之体现。在大一统的政治,对统一思想的追求,完整宇宙时空建立的时代背景中,T型帛画对墓葬壁画以重要的影响。墓葬壁画从受葬具装饰系统的影响转向发展为帛画体系。在此后的墓葬中,壁画从上到下、从天堂到人间的布局,内容上只不过随着时代的不同各有侧重罢了。帛画与壁画中天上、人间与地下相互关联而又井然有序的宇宙建构实则是人间社会秩序的象征表现,是大统一之下人们的思想追求。正是这种内在的原因,让帛画与墓葬壁画成为一种延续的发展,成为汉人思想与宇宙观的共同表达。

注释:
① 在陈锽著作中,把丧葬帛画与帛画书分为三类,一类为魂幡、非衣、仙幡,第二类为棺壁帛画,第三类为帛图画。战国帛画《人物龙凤图》、《人物御龙图》与汉代T型帛画归入第一类。陈锽:《古代帛画》,文物出版社,2005年,表一、表二、表三,第70~73页。
② 此帛画于1949年为长沙东南郊陈家大山盗掘而出,现藏于湖南省博物馆
③⑤ 湖南省博物馆:《长沙子弹库战国木椁墓》,《文物》1974年第2期,第36~40页。
④ 郭沫若:《关于晚周帛画的考察》,载《楚文化的南渐》,湖北教育出版社,1996年,第126~128页。
⑥ 何介钧、张维明:《马王堆汉墓》,文物出版社,1982年,第4~6页。
⑦ 湖南省博物馆、中国科学院考古研究所:《长沙马王堆二、三号汉墓发掘简报》,《文物》1974年第7期,第42页。
⑧ 湖北省荆州地区博物馆:《江陵马山一号楚墓》,文物出版社,1985年,第58页。
⑨ 葛兆光:《中国思想史》上册,复旦大学出版社,2001年,第150~158页。
⑩ 葛兆光:《中国思想史》上册,复旦大学出版社,2001年,第154页。
⑪ 郭仁成:《楚经济史新论》,湖南教育出版,1990年,第17~25页。

⑫ 柳诒徵:《中国文化史》,中国社会科学出版社,2008年,第345页。
⑬ 对马王堆帛书学者有不同的分类,发掘报告按《汉书·艺文志》的分类,以一篇帛书作为一种,将马王堆帛书大致分为6大类共50种。参见湖南省博物馆、湖南省文物考古研究所:《长沙马王堆二、三号汉墓第一卷田野考古发掘报告》,文物出版社,2004年,第88页。
⑭ 葛兆光:《中国思想史》上册,复旦大学出版社,2001年,第218页。
⑮ 胡智勇:《中国民族绘画的传统之源——楚汉帛画再探》,中国文史出版社,2008年,第145页。
⑯ 黄佩贤:《汉代墓室壁画研究》,文物出版社,2008年,第38页。
⑰ 阎根齐:《芒砀山西汉梁王墓地》,文物出版社,2001年,第81~247页
⑱ 郑岩:《关于墓葬壁画起源问题的思考——以河南永城柿园汉墓为中心》,《故宫博物院院刊》2005年第3期,第56~74页。
⑲ 陈少丰、宫大中:《洛阳西汉卜千秋墓壁画艺术》,《文物》1977年第6期,第13~16页。
⑳ 黄佩贤:《汉代墓室壁画图像及其位置的关系再议》,载《大汉雄风——中国汉画学会第十一届年会论文集》,高等教育出版社,2008年,第179~184页。
㉑ 李虹:《死与重生:汉代墓葬信仰研究》,山东大学2011年博士学位论文,第17页。
㉒ 张合荣:《汉墓壁画的布局、内容和风格》,《华夏考古》1995年第2期,第85~91页。
㉓ 余欣:《神道人心——唐宋之际敦煌民生宗教社会史研究》,中华书局,2006年,第122页。

周口出土商周玉器的初步研究

李全立

（周口市文物考古管理所）

玉器，作为中国古代文化宝库中的瑰丽明珠，以其精美绝伦、巧夺天工而享誉海内外。

在世界范围内，今西欧、北欧和贝加尔湖地区曾发现有史前时期玉器的制作和使用，然而在进入文明社会以后，由于种种原因，这些地区的玉器生产技术普遍凋零、衰落以至于完全消失。目前世界公认的古代玉器制作中心除中国外，还有以"印地安玉器"出名的中美洲和以"毛利人玉器"出名的新西兰。然而，这两者无论是在历史渊源，还是在玉器的质料、品种和制作技术方面，都难以与中国相比。中国不仅在世界上最早制作和使用玉器，而且也是在漫长的人类社会发展过程中唯一将"玉"与"人性"相结合，融汇贯通、水乳相容、血肉相连的国家。中国古代玉器，作为一种物质文化，被应用于祭祀、礼仪、丧葬、装饰等领域，以其质坚、性温、美观大方而久享盛名。作为一种精神文化，以其"温润而泽"、"廉而不刿"、"瑜不掩瑕"、"气如白虹"而为历代仁人君子所推崇，视为立世之标准、为人之楷模。因此，中国被公认为世界玉文化史上硕果仅存而又大放异彩的文明之邦应属当之无愧。

中国古代玉器是古老的中华文明的组成部分，具有丰富的文化内涵。它发生、发展的历程，与中华文明的发展历程相始终。

根据考古材料，中国最早的玉器出现在距今七八千年的新石器时代早期。在新石器时代中期已广泛分布在大江南北，新石器时代晚期则在我国东部北自辽河流域的红山文化，南到广东石峡文化的广大的半月形沿海地区达到第一个高峰期，尤以红山文化和良渚文化最为发达。

商周时期，我国玉器得到了迅速发展。商代前期，青铜工具的普遍应用，使商代玉器很快走向一个新台阶。在郑州铭功路、湖北黄陂盘龙城商代前期墓葬中，出土了许多琮、戈、刀等玉器，充分显示了当时开料、琢磨、钻孔、抛光等技术已达到较高的水平。至商代后期，中国玉器达到了自良渚、红山文化以来的第二个高峰期。最具代表性的是安阳殷墟妇好墓，该墓出土玉器755件，以其数量之多、工艺之精、质料之佳而在中国玉器史上独树一帜。其品种按用途可分为礼器、仪仗、工具、用具、装饰品、艺术品等类，其雕琢手法已将线刻（包括阴线和阳线）、浅浮雕和圆雕有机地结合起来，礼器、仪仗、用具端庄典雅，装饰雍容华丽，人物、动物雕像惟妙惟肖，最令人称道的莫过于此时已出现了俏色玉器。殷墟曾出有俏色玉鳖，即玉匠充分利用玉料的天然色泽和纹理，保留玉料上固有的黑褐色石皮，琢磨成鳖的背甲、双目和足尖，与其他部位的灰白色相衬，使玉鳖的形象更加生动逼真，充分显示了3 000年前琢玉的高超技艺，对后代玉器制作具有深远的影响。

西周是玉器走向礼制化的时代，严格的宗法制度、礼制观念、等级差距使玉器失去了商代晚期的生动活泼而略显呆板，制作技术上承商代的双线勾勒，同时开创一面坡粗线或细阴线镂刻的技术，涌现出一批以鸟形玉刀和兽面纹玉饰为典型代表的玉器。

春秋战国既是我国政治大分裂时期，也是文化艺术高速发展的阶段，学术上百家争鸣，艺术上百花齐放。此时玉器已与礼制有机地结合起来，谦谦君子无不以玉为典范。"君子无故，玉不去身"。玉佩饰成为最流行的装饰，最能体现时代特征的是各种龙、凤、虎形玉佩造型优美而富有典型性，表现出源远流长的民族文化传统。在制作技巧上也有长足的进步，镂孔技术愈益高超，铜嵌玉工艺极为普遍。同时,还将玉、绿松石、玛瑙、宝石等不同色泽、不同质地的材料与金银错、嵌红铜、鎏金等金银细工结合起来使用,增加了美感,使制玉技术得到了空前提高。大量精美的玉器,满足了社会各个阶层的不同需要。

周口市位于河南东部,历史上正处于北方中原文化、南方楚越文化和东方东夷文化的交汇地带。历史悠久,文化灿烂。地上地下的文物十分丰富。商周时期,周口大地上曾出现陈、顿、项、沈、厉等封国,特别是陈国。她有着悠久的历史和文化,有繁荣的经济,存国近千年。这些古代封国,在周口大地留下了丰富的文物遗迹。新中国建立以来,特别是改革开放以来,随着文物考古事业的飞速发展,商周时期的一些重要遗存、遗物不断被发现。其中不乏精美的玉器。本文根据考古材料,就周口出土的商周玉器,择其要者,简单介绍,并作初步研究,以求教于方家。

一、淮阳冯塘晚商玉器

1981年,淮阳县冯塘乡冯塘村群众取土时偶然发现。县博物馆闻讯后,立即派人前往调查,认为这批文物是从墓葬中出土的。通过做群众工作,将这批文物收回。主要有铜戈8件,铜爵3件,铜觚2件,铜罍1件,玉器14件。大部分玉器保存完好,十分精美,分别为:

玉铲　2件。皆青玉质地,扁平,弧刃。一件平肩,中部有一穿。长14.7、宽5.6、厚0.3厘米。一件无肩,上端呈斜锯齿状,有一穿。长17、宽6.3、厚0.2厘米。

玉钺　1件。扇形,内近三角形,平肩,钺身较宽,中有一大圆孔,两侧内收,宽弧刃。长10.8、厚0.7厘米。

玉戈　1件。长尖条形援,脊隆起,内近方形。通长36、援宽7.7厘米。

玉璜　1件。已残,一端有一小孔,另一端有二小孔。

玉璇玑　1件。中有一圆孔,边缘有三组一大三小齿。

玉鱼　1件。弧形,一端有一小孔。长8.5、宽1.5、厚0.5厘米。

玉柄形器　2件。扁平长条形,下端收缩,素面。一件长13、宽2.5、厚0.6厘米。一件长10.8、宽2.6、厚0.7厘米。

圆雕鹦鹉玉饰　1件。长8厘米,重50克。体呈圆锥状,中有一上大下小的孔,头部为鹦鹉状简单轮廓,颈部无纹饰。背上有表示双翼的四道阴线,腹部有四周阴刻弦纹,尾略成锥状。

玉饰物　1件。形体近三角形。长3.1、宽2厘米。

玉管　1件。形似烟嘴。长3厘米。

绿松石饰件　1件。盘龙形,中有两小孔,各边一小孔相通,四孔两两相对。直径4厘米。

二、西周"长子口"墓玉器

太清宫遗址位于河南省东部鹿邑县太清宫镇内,是全国重点文物保护单位,是世界历史文化名人老子的诞生地。太清宫在历史上具有特殊的地位,有丰富的文物资源。为加强太清宫遗址文物的保护、开发、利用,进一步宣传老子文化,提高河南的知名度,发展旅游,振兴当地经济,1997年,河南省政府指示河南省文物局、鹿邑县人民政府组成联合考古队对太清宫遗址进行了考古发掘。发掘工作1998年结束,取得了举世瞩目的成绩,其中最重要的成果是发现了西周贵族大墓——长子口墓。该墓是商末周初之际的中字形大墓。包括墓道在内南北通长47.5米,东西宽7.5米。墓内有单棺重椁,清理出殉人13具,狗骨架1具,出土各类文物近2 000件[①]。其中玉器104件。玉器大部分完整,少部分残破。种类较全,主要分为礼器、仪仗、工具和生活用具、装饰品、杂器五类。礼器主要有琮、圭、璋、璧、环、璜、玦、簋8种,仪仗主要有戈、钺、刀、镞四种;工具和生活用具主要有锛、刀、刻刀、抄四种;装饰品主要有佩、饰两种。佩类较多,其中又以动物造型居多。上述种类代表性器物分别是:

墨玉龙凤纹璜

深绿色,微沁,半透明。扁平体,两端略窄呈榫状,一端原残断,缺口打磨后继续使用。璜体的龙凤造型系透雕和阴线刻并举,主体为一凤鸟,勾喙,臣形目,方圆睛,昂首收足,垂尾双分,高冠被雕成龙形,长嘴厚唇,臣形目,圆睛,矮粗角,长尾下伸,尾尖上卷,两端及嘴和龙尾处各有一对钻圆孔,两面纹饰相同,用双线和单线阴刻以表现龙、凤之细部,凤体龙身饰阴线卷云纹,龙尾、凤颈施阴线鳞纹,突显大尾长羽之形状。凤用阴线表示三爪,纹饰华丽,自然流畅,似行云流水。匠人发挥丰富的想象力,采用立雕、镂刻、钻孔和线刻相结合的艺术手法,刻画出生动的龙凤形象,是一件极为珍贵的艺术珍品。长13.9厘米,宽4.2厘米,厚0.6厘米。

黄玉簋

黄色,黄中泛青色和白色。腹部和圈足有白色沁斑,半透明,内外抛光。口微敛,斜折沿,方唇,腹外壁弧形,内壁上直下弧,圜底,圈足微外撇,腹内壁圆光滑,圈足内壁留有明显的凿磨痕,造型端庄沉稳,腹内底留有液体干涸后的渣层。腹上、下饰弦纹,中部等距离分布8个浮雕圆涡纹。此簋与青铜礼器放在一起,圈足上遗有青铜锈。高10.2厘米,口径3.5厘米,腹径14厘米,圈足径11厘米。

黄玉长援直内戈

绿黄色,有根须状褐沁,微透明,通体抛光。扁平体,长条三角形援,援宽接近援长的四分之一,前锋尖锐,有"川"字形中脊和侧脊直抵内部,两边磨刃,刃部锋利,援内分界明显,长方形直内。内中部有单面钻圆穿孔两个,一大一小。此戈体大质精,完好无损,无使用痕。通长47.1厘米,援宽8.3厘米,内上边长9.4厘米,下边长8.9厘米,宽8.3厘米,内厚0.4厘米,穿孔径分别为1.1厘米和0.6厘米。

黄玉鱼形刻刀

出土于棺内南部。沾满朱砂,灰黄色,半透明。鱼形,顶部呈长方体,中部为圆柱体,下端呈三角尖状,有斜刃,头部有圆形对钻孔,用阴线刻出鱼眼、鳃、鳞等部位轮廓线。长6.6厘米,直径0.5厘米。

黄玉虎形踞坐人

绿黄色,顶部有褐斑,顶端微沁,微透明,圆雕。从正面看为一虎首踞坐人,从背面看为一鸮。虎首高昂,大口暴张,牙齿清晰,上下各七齿,上边齿呈倒钩状,小鼻,双鼻孔,长圆形双目,虎视眈眈,半圆形双耳,虎头以下为人身形状,体向前倾,踞坐,双手扶膝,五指向下,未露足趾似着鞋,身着衣。鸮呈蹲状,虎之双耳为鸮耳,耳后倾,大勾鼻,圆目突睛,鼻下一圆孔。人背作鸮身,人之胳膊作双翼,人之双足作鸮足,昂首挺胸,怒视前方,高5厘米,宽2.5厘米,厚2.8厘米。作器者将虎头、人身、立鸮巧妙地表现在一件不大的器物上,可谓匠心独具,巧夺天工。通体饰云饰,纹饰大多用双线阴刻,仅个别部位如双臂纹饰用单线阴刻,生动传神,是长子口墓出土玉器中为数不多的圆雕作品。鼻下有圆孔,显系佩带之物。商周圆雕玉人发现较少,殷墟妇好墓出土了3件,其中1件为石质。较之于长子口墓这件虎首踞坐人,相同点是踞坐,身前倾,胸背纹样基本相同,显示了共同的时代特征。而将人、虎和凶禽完美地集于一体的圆雕玉器则为首次发现。这对研究商周玉器有极其重要的价值。

青玉鸟

青白色,半透明。呈三角形,玉质较好,用不规则玉片加工而成。头短而宽,中部单面钻一孔作眼,短肩喙,大尾向下,粗腿直立,鸟身阴线刻不连贯的平行线纹。高3.8厘米,厚0.5厘米。

白玉龙凤佩

灰白色,微透明。双面雕,上为一龙,长嘴吻鸟顶,菱形目,高角呈长颈鹿角状,躯下倾,单足抓鸟冠,足刻三爪,长尾下垂,尾尖上翘,龙下为一蹲状鸟,短喙向上,圆目,带状长冠羽下垂上卷,屈足,短尾向下双分。龙口鸟冠和尾部各有一圆孔,鸟尾施阴线纹。高5厘米,宽2.5厘米,厚0.3厘米。

绿玉牛面形佩

灰绿色,有白色沁点,微透明。系高浮雕,正面雕出牛首形状,角短粗,角尖上翘,角下置小叶形耳,阴线刻出菱形目,突鼻梁,厚嘴唇,口部斜钻一小孔,为双面钻,角下部刻弧形阴线,将角与耳、额分开,背面光素。高3.6厘米,宽3.5厘米,厚0.8厘米。

三、其他发现

周口出土的商周玉器,除上述两处重要发现外,陆续在淮阳、郸城、商水、扶沟、太康等县市亦有发现。其中淮阳最多,也最珍贵,主要是战国玉器,分别是:

战国碧玉透雕龙纹佩

1983年六七月间,淮阳王店、大连、城关等乡镇的部分群众,在文物贩子的诱发下,进行大规模的盗掘活动,先后盗掘古墓751座。为了制止盗墓和打击文物走私,文物部门在公安、政法机关的配合下,在盗墓群众中追缴一批文物。此件文物系在王店乡南白楼村群众家中收缴,后转交县文管所。1985年3月,县文管所撤销,县博物馆成立,转交县博物馆收藏。

体呈平板状,龙形勾首卷尾,龙体下部为云纹,龙首尾阴刻简洁的轮廓线,龙体饰卧蚕纹,中上部有一穿,通体下部有一穿。长7.9厘米,宽4.2厘米,厚0.35厘米,重132克。

该器保存完好,工艺精湛,刻工精细,选料上乘。它是一件不可多得的艺术珍品,是战国玉器的代表之作,具有重要的历史、科学、经济价值。

战国青玉龙形饰

1983年县公安局从王店乡南白楼群众家中收缴,后移交县博物馆收藏。

青玉质地。体呈平板状,通体刻卷云纹,首至尾部各有一对钻的小圆穿孔。通长7厘米,宽1.3厘米,厚0.2厘米。

战国玛瑙环

1983年县公安局从王店乡南白楼村群众家中收缴。1984年移交县太昊陵文管所,1985年县博物馆成立,由文管所移交博物馆收藏。

圆体,环呈三棱状,内有刀削痕,呈三角扁棱。通体磨光,透明如水,白中带黄。直径5.8厘米,重19克。

战国龙形玉佩

1983年县公安局从大连乡群众家中收缴。后移交太昊陵文物保管所,1985年移交县博物馆收藏。

青玉质地。体呈平板状,回首躬垂尾,后身呈折叠状,线刻龙形透雕龙体,龙身刻卷云纹。通长10.4厘米,宽5.5厘米,厚0.2厘米。

战国青玉璧

该件文物由县文管所征集,惜无征集地点。1985年转交县博物馆收藏。

青玉质地。圆平体,通体饰隆起的卧蚕纹,直径14.7厘米,厚0.3厘米。该璧保存完好,造型精美,刻工细腻,玉质圆润,是战国玉器的典型器物,为研究战国时期玉器的生产工艺提供了珍贵的实物资料。

战国青玉珌

1983年县公安局从大连乡一群众家中收缴。后移交县文管所收藏。1985年移交县博物馆收藏。

平面呈梯形,侧面呈两瓦相覆状,通体素面磨光,其内侧中部有一圆孔。通高4.6厘米,宽5.3厘米,厚1.45厘米。

战国龙形青玉璜

1983年县公安局从王店乡南白楼村群众家中收缴。后移交县博物馆收藏。

青玉质地。勾首躬身,腰上一孔,可以悬挂,通体饰卧蚕纹。通高12.3厘米,宽1.8厘米,厚0.5厘米。

战国镂雕龙形青玉佩

1983年县公安局从大连乡群众家中收缴。后移交县文管所,1985年移交县博物馆收藏。

青玉质地。体呈平板状,昂首,躬身,翘尾,透雕龙体,后身呈折叠状,龙身饰卷云纹。通长9.8厘米,宽4.4厘米,厚0.2厘米。

四、结语

周口出土的商周玉器虽然数量不是很多,但十分精美,在全国也应占有一席之地。主要有以下特征:

1. 出土地点明确。周口出土的商周玉器,主要出自墓葬中,几乎没有传世品,大部分都有明确的出土地点。

2. 器物种类多,比较精致。周口出土的商周玉器种类繁多,几乎包括了这一时期玉器的所有种类。器形规整,大部分保存完好,小巧玲珑,大形器少见,玉质较好,纹饰生动形象。

3. 具有典型的时代风格。周口出土的商周玉器时代风格明显。如淮阳冯塘出土的玉器,制作精细,线条简单流畅,雕工手法潇洒,采用圆雕、管雕手法,具有商代晚期玉器的典型风格。中国当代著名历史学家、考古学家李学勤先生曾高度赞扬出土这批玉器的墓葬,称"这座墓也许是豫东迄今发现的最好的商代晚期墓"。

鹿邑长子口墓出土的玉器中,礼器占了很大比重,反映了当时社会严格的宗法制度、礼制观念和等级差别。

淮阳出土的战国玉器,佩、璜等装饰器增多,这些玉器造型优美,而富有典型性,体现了战国晚期人性化的特征,表现出源远流长的民族文化传统。

周口出土的商周玉器,以颜色来分主要有黄、青、碧、墨、白等清色。半透明者为多,玉料来源以新疆和田玉和南阳玉为主。

注释:

① 河南省文物考古研究所、周口文化局:《鹿邑太清宫长子口墓》,中州古籍出版社,2000年。

古文字研究

清华简《楚居》"樊郢"考论[*]

魏　栋

（清华大学人文学院、出土文献研究与保护中心）

清华大学藏战国竹简，学界习称"清华简"。清华简第一册《楚居》篇"主要叙述自季连开始到楚悼王共二十三位楚公、楚王的居处与迁徙"[①]。《楚居》第 8 至 10 支竹简记载了楚文王、庄王居处的变迁情况（释文尽量使用通行文字）：

> 至文王自疆浧（郢）徙居湫郢，湫郢徙居樷（樊）郢，樊郢徙居为郢，为郢复徙居免郢，焉改名之曰福丘。……至庄王徙袭樷（樊）郢，樊郢徙居同宫之北。若敖起祸，焉徙居烝之野，烝之野□□□，□袭为郢[②]。

"樊郢"先后为楚文王、庄王所居，是楚公、楚王众多居处中的重要一个。《楚居》所记历代楚公、楚王居处鲜有能确定地望的，"樊郢"则不同，它在众多居处中是较有可能推定地望的一个。因此，笔者不揣谫陋，尝试考证，请方家不吝赐正。

一、樊郢研究述论

"樊郢"地望在哪里？学界已经有了一定探讨，主要有两种意见：第一种是以《楚居》整理报告及李守奎先生为代表的襄阳樊城

---

[*] 本文为国家社科基金重大项目"清华简与儒家经典的形成发展研究"（16ZDA114）、国家社科基金青年项目"新出战国竹简地理史料的整理与研究"（18CZS073）以及第 62 批中国博士后科学基金面上资助（一等）项目"清华简楚国地理史料综合整理与研究"（2017M620033）的阶段性成果。

说。《楚居》整理报告:"樊郢,《水经·沔水注》载,沔水经平鲁城南,'东对樊城,仲山甫所封也……城周四里,南半沦水'。在今湖北襄樊市樊城,但西周仲山甫所封未必可信。"③李守奎先生:"原考释认为'䓈当即樊字。樊,又称樊城,在今湖北襄樊市'。《路史·国名纪丁·商氏》后篇樊下:'今襄之邓城有樊城镇。汉之樊县有樊古城、樊陂、樊侯国也。'樊邓地近,古人常樊、邓连称……樊在汉水沿岸,是春秋早期楚人活动的中心地带……《楚居》中楚人徙居的二十三个郢,大都不能确知其所在,'樊郢'为进一步解读楚人迁徙的路线提供了一个定点。"④第二种是以黄灵庚先生为代表的新蔡繁阳说。黄氏认为䓈应读为緐,緐即《鄂君启节·车节》的"緐阳"。緐阳就是《左传》襄公四年、定公六年的繁阳,其故址在今河南省新蔡县北部一带⑤。

今按,黄灵庚先生将楚王居处"樊郢"视为《鄂君启节·车节》与《左传》之"緐(繁)阳"。其实,在黄氏之前,早就有学者将"樊"与"繁阳"联系起来。20世纪80年代初,于豪亮先生就曾推测青铜器樊君鬲之"樊"国可能就在新蔡县北的"繁阳"⑥。所不同的是:黄先生出发点是楚王居处"樊郢",于先生出发点是"樊"国。樊、緐(繁)可以通假,二字古音皆元部并母,双声叠韵;并且,樊、緐(繁)二字相通也确有相关用例(见于豪亮文)。但是,将樊郢定在新蔡北的"繁阳",不能仅以通假立论,还要考虑其他因素是否合适。首先,从楚文王时期"繁阳"地区地缘政治形势分析。《左传》庄公十年(楚文王六年)记载:"楚败蔡师于莘,以蔡侯献舞归。"同书庄公十四年(楚文王十年)又记载:"楚子以蔡侯灭息,遂伐蔡。秋七月,楚入蔡。"⑦由《左传》楚文王两次伐蔡可见,楚文王时期楚的势力已经影响到蔡国(繁阳一带属蔡)。清华简《系年》第五章记载楚文王"改旅于陈,焉取顿以恐陈侯"⑧,说明楚国势力已经波及远在蔡国东北的顿国、陈国,这些都是楚文王"北启出方城"的重要战果。虽然如此,楚文王在拓展疆土上也仅做到"封畛于汝"而已，陈、蔡不是小国，一两次攻伐恐怕并不能彻底征服。况且，繁阳所在的新蔡县北部，为归姓胡国（今安徽阜阳境）、蔡国（今河南上蔡县）、江国（今河南正阳县南）、柏国（今河南西平县西北）、道国（今河南确山县北）、房国（今河南遂平县）所环伺，恐怕是初上中原的楚文王所不易安居的。其次，从地名（或国名）"樊"作为"繁（樊）阳"省称的可能性角度分析。楚王居处"樊郢"可省称为"樊"。出土文献所见众多楚地名"某郢"中，"某"为专有地名，"郢"为地名通名。例如《楚居》中"免郢"可省称为"免"，新蔡楚简的"肥遗郢"在《楚居》中省称为"肥遗"等，皆可为证。"繁阳"的地名构成显然不是"专有地名＋通名"结构。"繁阳"相较于"樊"国或"樊（郢）"，多出一"阳"字，从地名名称演变上看将二者视为一处存在很大缺陷。因此，"樊"不太可能是"繁（樊）阳"之省称。由以上两点分析可见，将"樊郢"或樊君鬲之"樊"视为新蔡之"繁阳"，恐有未安。

相比于新蔡繁阳说，学界多赞同《楚居》整理者之说，将樊郢定于今湖北省襄阳市樊城一带[9]。襄阳樊城说之所以较受认可，原因可能有两个方面：第一，襄阳市樊城从东汉以降，较为知名；第二，楚文王北上伐申灭邓与楚庄王平定若敖之乱都与今襄阳市一带密不可分（详见下文）。襄阳樊城说的确尤为值得关注与重视，因为如果樊郢确在襄阳樊城的话，首先，正如李守奎先生所说"'樊郢'为进一步解读楚人迁徙的路线提供了一个定点"；其次，"樊郢"还可为国家历史文化名城襄樊（2010年改名为襄阳）的城市历史地理研究提供珍贵资料，将会大大提早"襄樊"之"樊"的历史。注意，以上是说"如果樊郢确在襄阳樊城"，用的是假设句。笔者认为，目前学界对樊郢地望的思考还很不深入，襄阳樊城说也尚需深入辨析（详下文襄阳樊城说优缺点部分）。下面拟就樊郢地望谈谈笔者的看法——先分析樊郢地望的其他可能性，再将之与襄阳樊城说进行辨析比较。

二、樊郢地望别议

对于樊郢地望的考订,学界默认的方法是地名比附,就是找到一个合适的名"樊"地名与樊郢对应起来;除此法之外,就是利用音韵通假,这在本质上是地名比附办法的一种变体,上文黄灵庚先生将"樊郢"视为"繁阳"就是利用此法。本文对樊郢地望的别考,也不外地名比附之法。先秦时期的"樊"地,知名者莫过于西安附近西周时的樊邑、仲山甫受封之樊,以及考古发掘中发现的信阳古樊国。汉代也有较为知名的名"樊"之地,如位于今湖北汉水流域中游襄阳的樊城、位于今山东泗水流域的樊县,以及位于河北保定清苑县的樊舆侯国。湖北襄阳之樊城已经被学者们视为樊郢所在,在此不必讨论。西安附近的樊邑、山东之古樊县、河北之樊舆侯国,在地理空间上明显与楚王的居处风马牛不相及,可以排除。唯有仲山甫之樊与信阳古樊国,前者虽不可能为樊郢,但须略加申说,后者是否为樊郢所在则是笔者需要着重探索的。

(一)仲山甫之樊

古籍所记仲山甫受封之地颇有歧异,主要有以下三种说法:第一种,湖北樊城说。《水经注·沔水》:"沔水又迳平鲁城南,……(平鲁城)东对樊城,樊,仲山甫所封也。"[⑩]《元和郡县图志》卷二十一《山南道二》襄州条云:"临汉县,本汉邓县地,即古樊城,仲山甫之国也。"[⑪]第二种,仲山甫受封于齐而非樊。《汉书·杜周传》:"仲山父异姓之臣,无亲于宣,就封于齐。"[⑫]第三种,古阳樊说。《国语·周语一》:"鲁武公以括与戏见王,王立戏。樊仲山父谏……"韦昭注:"仲山父,王卿士,食采于樊。"[⑬]《国语·晋语四》:"赐公南阳阳樊、温、原、州、陉、䅿、钘、攒茅之田,阳人不服,公围之,将残其民。仓葛呼曰:'君补王阙,以顺礼也。……阳有夏、商之嗣典,有周室之师旅,樊仲之官守焉,其非官守,则皆王之父兄甥舅也。'"韦昭注:"樊仲,宣王臣仲山甫,食采于樊。"[⑭]

今按,仲山甫受封之樊为襄阳樊城之说,最早见于北魏时期的

《水经注》，较为晚出。学者据两汉之际樊氏崛起为南阳豪族，光武帝刘秀发迹多仰仗母舅家南阳樊氏，推测仲山甫之樊位于襄阳樊城之说在南北朝时期出现，"颇有可能与南阳樊氏兴起后自矜门第有关"[15]。这是非常有见地的意见。第二种说法认为仲山甫受封于齐而非樊，这自然与樊郚无关[16]。仲山甫之樊为古阳樊之说，见于先秦古书《国语》及三国时期的韦昭注，此说出现最早，记载最为翔实，是学界普遍接受的说法。仲山甫之樊不在襄阳樊城，而在古阳樊，阳樊远在今河南省黄河以北的济源一带，此地与楚地悬隔，是不可能成为楚王居处樊郚所在的。

（二）信阳之樊

1978年，在当时的信阳市五星公社平西大队南山嘴发掘清理了两座春秋时期的墓葬，墓主为樊君夔夫妇。墓葬所出器物部分为青铜器，樊君夫人墓所出铜器中有的铸有铭文，作"樊夫人龙嬴用其吉金自作行壶"、"樊夫人龙嬴自作行盘（或'匜'）"、"樊君夔用其吉金自作宝盆"。墓葬发掘者欧潭生等学者认为：

> 樊君夔夫妇墓在今信阳市，地近湖北襄阳之樊，出土铜器虽与西周中晚期中原地区所出土的器形纹饰相似，但陶器却具地方特点，与洛阳附近西周晚期至春秋早期的陶器不一样。因此，我们认为樊君夔不属豫北沁阳附近的樊君，而属襄阳之樊。樊灭于楚，在春秋之前。楚国的势力到达信阳一带，已是春秋早期的事。所以，樊君夔夫妇的墓葬年代也应为春秋早期至中期。[17]

徐少华先生对墓葬的时代及樊国地望有不同的认识。徐先生分析比较樊君夔夫妇墓器物的形制花纹，将墓葬年代由"春秋早中期"修正为"春秋早期晚段，不迟于春秋早中之际"。"（1）樊君夫妇墓不管在墓葬结构、器物基本组合以及形制、花纹方面与光山黄君夫妇墓有很多相似之处……（2）樊君夫妇铜器铭文称'樊君'、'樊夫人',而黄君夫妇铜器铭文称'黄君'、'黄夫人',风格一致,'黄君'乃黄国之君,学术界看法一致,则与其时代、地域、风格极近之'樊君',自当为樊国之君。……樊君夫妇墓的文化面貌以及器铭之称正是淮域地区文化特征的明确反映和佐证,说明樊应是淮域诸侯之一。"樊国故城即《魏书·世宗纪·南安王桢传》所记元英大破王僧炳军的"樊城"(在信阳市南不远处)[18]。徐先生论证严密,结论可靠,已得到学界认同,当为不刊之论[19]。

既然信阳市在春秋早期曾有这样一个樊国存在,那么楚文王有无可能在这里设立樊郢?要回答这一问题,就会牵涉到信阳樊国的迁徙及存亡时间问题,因为楚文王恐不太可能在樊国尚盘踞信阳时在樊都设立樊郢。樊国何时迁出信阳,学界无说。樊国亡于何时,上引欧潭生等学者认为"樊灭于楚,在春秋之前",然此说无据。徐少华先生认为:"樊国灭于何时,无从考知,从楚庄王娶樊女为妃看,当在庄王以后。"[20]由于缺少直接材料支撑,樊国的迁徙及灭亡时间问题目前难有确解,我们姑且也只能从樊君夔夫妇的墓葬规模和随葬品与有关墓葬比较,以及樊君夔自作用器的流散情况,来做一试探性推测。

信阳南山嘴先后发现5座春秋早期墓葬:樊君夔墓(M2)"土圹长4.92、墓口宽3.3、墓底宽2.96、深5.2米";樊君夫人墓(M1)"土圹长4.4、宽3.4、深5.2米",两墓皆为土圹竖穴墓[21];樊君夔夫妇墓东北50米处是M3(墓主不详),墓葬形制为土圹竖穴墓,"东西长3.8,南北宽3,深2.39米"[22];南山嘴还发现了M4(墓主不详),但是M4为空墓(墓葬规模不详);在距离M3约100米处发现了M5,墓坑长4.3、宽3.35、深3.5米[23]。这些墓葬规模相差不大,樊君夔墓的规模并无特别突出之处。再来看信阳南山嘴诸墓的主要陪葬品情况。根据以上发掘简报,可将诸墓的主要陪葬品列表如下:

信阳南山嘴春秋墓葬主要陪葬品简表

南山嘴墓编号	鼎	壶	盆	簠	盘	匜	鬲	削	玉器	陶鬲	陶盉	陶豆	陶瓿
M1(樊夫人墓)	1	1	1		1	1	2		4	1	2	1	1
M2(樊君夔墓)	2	2		2	1	1		1					

南山嘴墓编号	鼎	壶	舟	玉管	玉玦	玉佩
M3	1	1	1	3	2	2

南山嘴墓编号	鼎	壶	鬲	盆	箕形器	牺尊	匕	锥	陶鬲	陶盉	陶碗	玉器
M5	1	1	1	1	1	1	1	1	1	1	2	5

樊君夔墓随葬品除鼎、壶、簠为两件,较其他墓葬多外,总的随葬品数量较少。M3、M5虽不能确定墓主,但由于以上诸墓年代接近,M3、M5不太可能为其他樊君之墓。樊君夔墓的规模、随葬品与其他非樊君墓葬相比并无明显等级差异,再加上樊君夫人墓使用陶器且M4为空墓等,这些情况足以暗示春秋早期晚段时,在楚国的战略压迫下樊国已经处境艰难,甚至进入垂亡之境。很有可能,在樊君夔去世时或稍后,已沦为楚国附庸的樊国,被楚国迁往它处或趋于消亡。

以上推测还可由樊君夔自作铜器的流散情况进一步给予一定佐证。解放前,长沙市郊杨家山"长沙王后"冢(即《长沙发掘报告》M401)出土有一件春秋时期的樊君匜,铭文作:"樊君道用□,自作□匜,子子孙孙其永宝用享。"[20]徐少华先生曾细审铭文,认为器主樊君之名不应释"道",应是"夔"字。"'樊君夔',与信阳樊君夫妇墓之樊君夔可能是同一人,称号、名字及器物时代均一致,樊君之器出于长沙,或出于战争流失的原因。"㉕信阳樊君夒墓葬不见一件"樊"或"樊君"铭文的铜器,带"樊君夒"铭文的铜器却出土于湖南长沙的墓葬。樊君夒自作铜器的流散,一定程度上说明樊君夒时期樊国已经没落。在"春秋无义战"的大背景下,樊国的命运与春秋时期许国这样的小国一样,走向迁徙以至消亡的悲剧征途恐怕是一种难以逃脱的宿命㉖。

樊君夒夫妇墓时代为春秋早期晚段,楚文王在位时间为前689年至前675年㉗,时代相当。在樊国迁徙的情况下,楚文王的居处位于信阳樊国故城的可能性是存在的。樊国故城位于今信阳市区附近,这一地区是楚穿越冥阨三塞经营淮河流域的必经之地,在樊国故城设置樊郢是有必要的㉘,再结合楚文王、庄王时期的政治军事形势(详下节分析),可以判断樊郢为信阳之樊的可能性是较大的。

三、樊郢地望襄阳说与信阳说之比较

对于樊郢地望,除黄灵庚先生持新蔡繁阳说外,学界普遍持襄阳樊城说,但两说均缺少深入论证。笔者不囿于学界已有见解,将对樊郢地望的思考与研究引向深入,提出了樊郢可能位于今信阳古樊国故城之说。樊郢地望三说中,襄阳樊城说与信阳古樊国故城说较有可能成立,下面拟对襄阳说与信阳说的优缺点进行详细比较辨析。在分析比较之前,先将樊郢地望的三种说法用地图形式直观表示如下:

(一)襄阳樊城说优缺点

樊郢先后为楚文王、庄王所居,楚文王、庄王的史事有助于判断襄阳樊城说是否合理。《左传》庄公六年(楚文王二年)记载:

> 楚文王伐申,过邓。……还年,楚子伐邓。十六年,楚复伐邓,灭之㉙。

《左传》宣公四年(楚庄王九年)记载:

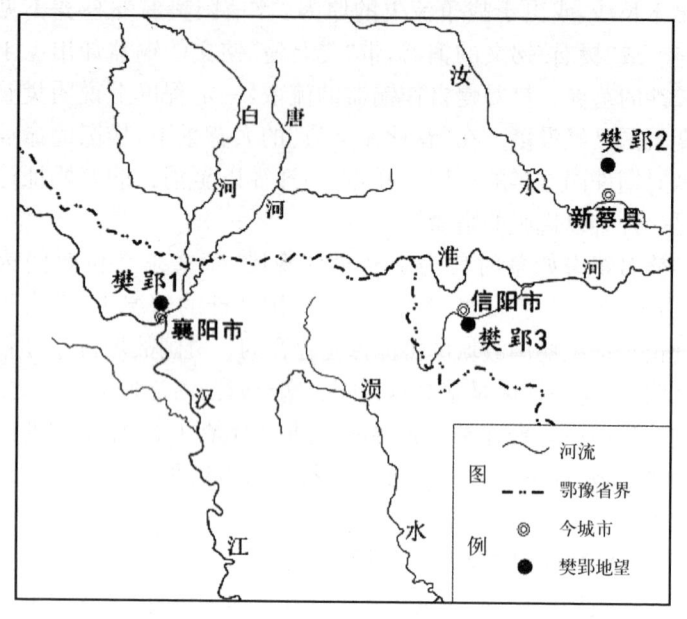

樊郢地望诸说示意图

(子越)乃以若敖氏之族,圉伯嬴于轑阳而杀之,遂处烝野,将攻王。王以三王之子为质焉,弗受,师于漳澨。秋七月戊戌,楚子(即楚庄王)与若敖氏战于皋浒㉛。

楚文王所伐之申在今南阳市区,所伐之邓在今襄阳市西北的邓城遗址㉛。邓国与今襄阳樊城毗邻,楚文王北上伐申必经襄阳樊城一带。《楚居》记载"若敖起祸,(楚庄王)焉徙居烝之野",蒸之野即烝野,它是叛乱分子子越的驻留地,也曾是楚庄王的居处之一,在今河南省新野县(位于襄阳市之北)㉜。皋浒之战的发生地在襄阳市西㉝。楚文王、庄王都在今襄阳一带及附近地区有过重要的军事活动,将樊郢地望定在襄阳樊城,符合当时的政治军事形势。这是襄阳樊城说的优点。

襄阳樊城说可能还有另一个优点。除樊郢外,《楚居》记楚文王的居处还有疆郢、湫郢、为郢、免郢(福丘),楚庄王的居处还有同宫之北、蒸之野、为郢等,学界已经对这些居处的地望给出了不少意见,尽管这些意见很不相同㊴。综观学界对这些居处地望的意见可以发现,这些居处大多(除同宫之北外)被学者们定在南起荆州、当阳,北至河南新野这一区域内(大体相当于今焦柳铁路邓州至荆州段沿线东西两侧地区)。如果樊郢与上举楚文王、庄王的其他居处相近,位于这些居处"地名群"(这些地名相对集中)范围内,这对襄阳樊城说将是很有力的支持。不过,樊郢是否确实处于楚文王、庄王居处"地名群"中,尚不能给予肯定的答案,"地名群"中的楚王居处地望难有定论,需要存疑。这些客观情况削弱了以楚文王、庄王居处"地名群"来框定樊郢地望的可行性。

除优点外,襄阳樊城说的缺点是显而易见的。襄阳樊城最早出现于东汉时期,距离楚文王设置樊郢的时间大约有八百年之久,距离楚庄王徙居樊郢也有约七百年,直接将七八百年前的地名"樊郢"与较为晚出的"樊城"联系起来,缺少地名演变的中间环节,恐怕有失稳妥。关于襄阳樊城的起源,上引《水经注》、《元和郡县图志》皆认为是周宣王时期仲山甫受封之樊,清代编修的《襄阳府志》仍然因袭前人之谬说㊵。目前,学界已有学者对襄阳樊城的起源做过科学严谨的追溯,原襄阳市博物馆馆长王先福先生曾对襄阳樊城的起源与早期发展有如下叙述:

> 樊城最早见于东汉,《水经注》卷31《淯水》引《汉晋春秋》云:"桓帝幸樊城,百姓莫不观。"可知至迟东汉时,已有樊城。而樊城之源起,则可能与楚灭樊有关。徐少华教授推测,淮域樊国灭亡后,楚国可能迁樊人于邓国故城附近安置。……大量樊人极有可能主要迁集于今樊城一带,樊作为地名也因此出现在今襄樊地区,后在坞堡遍地的情形下出现樊城。

西汉末年时，樊氏已为南阳豪族……这也从侧面证实秦汉时有大量樊氏族人聚居在南襄地区，这一支樊氏或许就是来源于樊国㊲。

信阳之樊国被迁往襄阳西北的邓国故城附近，在资料有限的情况下，这不失为一种较有可能的推测性解释。但是，目前在今襄阳市樊城区及其周边地区目前尚未见到任何与樊国有关的文化遗存。退一步讲，信阳之樊国的确迁徙到了今襄阳樊城，只是由于襄阳考古工作做得不够而未能发现樊国的文化遗存。楚文王为何要在新迁的樊国设立居处樊郢？难道是要监视樊人？若要监视樊人，楚王住在与附庸樊国邻近且地位更重要的邓国故城（设置"邓郢"）㊳，或住在原邓之南鄀鄾邑（设立"鄀郢"）即可。楚文王在樊人新徙之地设置其新居处樊郢，是襄阳樊城说不易解释的。除此之外，北京大学藏秦水陆里程简册记载了"由南郡北上途经南阳郡抵达洛阳的路程里至"，在今唐白河注入汉水附近有秦朝时期地名"淯口"、"襄"、"新邓津"、"邓县"、"西陵"、"平乡"、"平陵乡"等㊴。襄阳市樊城位于唐白河注入汉江处西侧，是水陆交通要冲，但北京大学藏秦水陆里程简册却未载"樊"这一要地。以上这些情况对上溯东汉时期樊城历史，并将东汉樊城与楚王居处樊郢联系起来，是很不利的。

襄阳说还有另外一个不利证据。《左传》庄公六年（楚文王二年，前688年）记载楚文王伐申过邓，邓侯三甥因"亡邓国者，必此人（楚文王）也"而谋划截杀楚文王㊵，这一事实足以暗示楚文王初年的居处不会处在近于邓地的今襄阳樊城一带。清华简《楚居》记载楚文王诸居处迁徙的先后顺序为免（疆郢）→湫郢→樊郢→为郢→免郢（福丘），樊郢为楚文王的第三个居处，楚文王居住于樊郢的绝对时间不明。若樊郢为楚文王（前689～前675年在位）早期居处，恐怕不太可能位于靠近邓国的今襄阳樊城一带；如果樊郢是楚文王晚期居处,樊郢虽有位于今襄阳樊城的可能性[楚文王十二年(前678年)已经灭邓],但是缺乏樊地地名先秦至东汉中期的演变脉络。

(二)信阳樊国故城说优缺点

学界对樊郢地望的考订离不开地名比附。就目前所知,先秦时期湖北至河南南部一带以"樊"为名且有些名气的地名,传世文献未见,仅见信阳市发现的樊君夒夫妇墓及由此确知的古樊国。相比于襄阳樊城说,这些考古资料是樊郢位于信阳古樊国故城的有力证据。这是信阳古樊国故城说的优点之一。

信阳樊国故城说的另外一个优点,可由分析楚文王、庄王时期的相关史事得以认识。《左传》庄公十年(楚文王六年)记载:

> 蔡哀侯娶于陈,息侯亦娶焉。息妫将归,过蔡。蔡侯曰:"吾姨也。"止而见之,弗宾。息侯闻之,怒,使谓楚文王曰:"伐我,吾求救于蔡而伐之。"楚子从之。秋九月,楚败蔡师于莘,以蔡侯献舞归。㊵

《左传》庄公十四年(楚文王十年)记载:

> 蔡哀侯为莘故,绳息妫以语楚子。楚子如息,以食入享,遂灭息。㊶

《左传》宣公八年(楚庄王十三年)记载:

> 楚为众舒叛故,伐舒蓼,灭之。楚子疆之。及滑汭,盟吴、越而还。㊷

楚文王曾以伐息(在河南息县)为名,实为伐蔡(在河南上蔡),大败蔡师于莘(今安徽界首北),莘地在蔡国(领土主要在今信阳市以北的驻马店市及附近)境内,楚师此次进军路线应是向北穿越冥阨三塞(信阳市南鄂豫交界处)进入淮域。楚文王十年灭息,进军路线应当也是如此。楚庄王伐灭舒蓼,与吴、越结盟,舒蓼在安徽六安市(与信阳东南毗邻)境内。楚文王、庄王进行这些军事活动都要经过冥阨三塞,三塞以北就是原樊国辖境,在樊国故城设置樊郢有利于对淮域的经营。这是将樊郢地望定在信阳樊国故城的另一优胜之处。

信阳樊国故城说也是有缺点的。由于资料有限,楚文王设置樊郢时,信阳古樊国是否已经迁出信阳难以有确凿的结论。上文"樊郢地望别议"部分,利用樊君夒夫妇等墓的资料及樊君夒自作铜器的流散情况,论证楚文王时期樊国已经没落迁徙,甚至灭亡,这只是一种推测性的看法,带有不确定性。假若楚文王时樊国还没迁出信阳,仅仅沦为楚国附庸,那么楚国恐怕不太可能在樊国都城设置樊郢。

综合以上对襄阳说、信阳说优缺点的分析可知,樊郢地望的襄阳说与信阳说都能从楚文王、庄王时期的相关史事中找到合理的解释,这是二者共有的优点。信阳说的另外一个重要优点是有春秋前期晚段樊君夒夫妇墓的考古材料提供一定的支撑。在缺点方面,襄阳说缺乏考古学的相关材料作支撑,且将楚文王、庄王的居处樊郢与东汉中期出现的樊城直接联系起来,时间悬隔七八百年,缺少地名演变的中间环节。信阳说虽有樊君夒夫妇墓的考古材料提供支持,但信阳樊国的历史仍隐晦不明,樊国的迁徙及灭亡时间问题难有确解,这是信阳说的不足之处。

四、结语

樊郢是清华简《楚居》所记楚公、楚王众多居处中的一个,较为引人关注,之所以如此,一方面是由于樊郢为文献首次出现,更重要的原因恐怕在于樊郢的地望在众多居处中较有希望确定,这有可能为其他居处地望的推断提供定点。本文对学界已有的樊郢地望襄阳樊城说及新蔡古繁阳说进行了辨析,并将樊郢地望问题的研究引向深入,考察了樊郢地望的其他可能性,提出信阳樊国故城说。通过细致比较信阳说与襄阳说的优缺点,二说成立的可能性都是存在的。樊郢究竟在信阳,还是在襄阳,恐怕一时难以定论。如果一定要从现有材料作出判断,相较襄阳说,笔者倾向于樊郢位于信阳樊国故城。

樊郢问题具有一定的复杂性,它不仅仅是樊郢本身地望的问题,还与信阳古樊国的历史、襄阳市的城市历史地理等问题交织在一起。鉴于学界目前对樊郢问题的理解与考证过于简单化,本文对樊郢问题进行了较为深入细致的考辨。但由于资料有限,目前只能给出倾向性的结论,得出确凿结论的条件尚不成熟。樊郢地望及相关问题的最终解决,需要寄希望于未来出土资料的新发现。

注释:

① 清华大学出土文献研究与保护中心编、李学勤主编:《清华大学藏战国竹简(一)》,中西书局,2010年,第180页。
② 清华大学出土文献研究与保护中心编、李学勤主编:《清华大学藏战国竹简(一)》,中西书局,2010年,第181页。
③ 清华大学出土文献研究与保护中心编、李学勤主编:《清华大学藏战国竹简(一)》,中西书局,2010年,第188页,注[44]。
④ 李守奎:《〈楚居〉中的樊字及出土楚文献中与樊相关文例的释读》,《文物》2011年第3期,第75页。
⑤ 黄灵庚:《清华战国竹简〈楚居〉笺疏》,《中华文史论丛》2012年第1期,第89页。
⑥ 于豪亮:《论息国和樊国的铜器》,《江汉考古》1980年第2期,第11页。
⑦ 杨伯峻编著:《春秋左传注》,中华书局,1990年,第184、199页。
⑧ 清华大学出土文献研究与保护中心编、李学勤主编:《清华大学藏战国竹简(贰)》,中西书局,2011年,第147页。
⑨ 樊郢地望襄阳樊城说,除李守奎先生赞成外,还得到其他许多学者的支持,例如赵平安:《〈楚居〉为郢考》,《中国史研究》2012年第4期,第6页;子居:《清华简〈楚居〉解析》,Confucius2000网·清华大学简帛研究,2011年3月31日;牛鹏涛:《清华简〈楚居〉与楚国都城研究》,清华大学2013年博士学位论文,第36页。

⑩ 郦道元著,陈桥驿校证:《水经注校证》,中华书局,2007年,第663、664页。
⑪ 李吉甫撰,贺次君点校:《元和郡县图志》,中华书局,1983年,第529页。
⑫ 班固撰:《汉书》,中华书局,1962年,第2677页。
⑬ 韦昭注:《国语》,世界书局,1936年,第7页。
⑭ 韦昭注:《国语》,世界书局,1936年,第132页。
⑮ 王先福:《古代襄樊城市变迁进程的初步研究》,《中国历史地理论丛》2010年第1期,第67、68页。
⑯ 其实,《汉书》所记仲山甫"就封于齐"的记载并不可靠。《诗·大雅·烝民》记载"王命仲山甫,城彼东方。……仲山甫徂齐"云云,仲山甫受封于齐是对《诗·烝民》"仲山甫徂齐"的误解。参班固撰:《汉书》,中华书局,1962年,第2677页,注[3]。
⑰ 河南省博物馆等:《河南信阳市平桥春秋墓发掘简报》,《文物》1981年第1期,第12页。
⑱ 徐少华:《周代南土历史地理与文化》,武汉大学出版社,1994年,第71~73页。相近表述又见徐少华:《樊国铜器及其历史地理新探》,《考古》1995年第4期,第355~358页。
⑲ 徐说已被学者接受,如石泉主编:《楚国历史文化辞典》(修订本),武汉大学出版社,1997年,第484页;马世之:《中原古国历史与文化》,大象出版社,1998年,第377、378页。
⑳ 徐少华:《周代南土历史地理与文化》,武汉大学出版社,1994年,第80页。
㉑ 河南省博物馆等:《河南信阳市平桥春秋墓发掘简报》,《文物》1981年第1期,第9、10页。
㉒ 信阳地区文管会、信阳市文化局:《信阳市平桥西三号春秋墓发掘简报》,《中原文物》1981年第4期,第14页。
㉓ 河南信阳地区文管会、信阳市文管会:《河南信阳市平西五号春秋墓发掘简报》,《考古》1989年第1期,第20页。
㉔ 湖南省博物馆:《介绍几件馆藏周代铜器》,《考古》1963年第12期,第681、682页。
㉕ 徐少华:《周代南土历史地理与文化》,武汉大学出版社,1994年,第73、138页,注[7];相近表述又见徐少华:《樊国铜器及其历史地理新探》,《考

古》1995 年第 4 期,第 356 页。
㉖ 魏栋:《许国六迁》,《文史知识》2016 年第 9 期,第 57～61 页。
㉗ 以往学界认为楚文王在位时间为前 689～前 677 年,见方诗铭:《中国历史纪年表》,上海辞书出版社,1980 年,第 8、10 页。其实,楚文王在位时间下限有误,罗运环先生将之订正为前 675 年,见罗运环:《清华简〈系年〉楚文王史事考论》,载《出土文献与中国古代文明——李学勤先生八十寿诞纪念论文集》,中西书局,2016 年。
㉘ 冥阨三塞的地望,学界向来认为在信阳市以南的豫鄂两省交界一带。今人石泉先生一反常说,将冥阨三塞定在今河南泌阳县与确山县交界一带的长城山丘陵地区(见石泉:《从春秋吴师入郢之役看古代荆楚地理》,载《石泉文集》,武汉大学出版社,2006 年,第 214～218 页)。石说可商,冥阨三塞地望应以传统说法为是。笔者对冥阨三塞地望在另一未刊文章中有详细论证,此处从略。
㉙ 杨伯峻编著:《春秋左传注》,中华书局,1990 年,第 169、170 页。
㉚ 杨伯峻编著:《春秋左传注》,中华书局,1990 年,第 681 页。
㉛ 石泉:《古邓国、邓县考》,载《石泉文集》,武汉大学出版社,2006 年,第 39～41 页。
㉜ 悉野地望另有江陵说,但学者多主张新野说。参杨伯峻编著:《春秋左传注》(修订本),中华书局,1990 年,第 681 页;赵平安:《〈楚居〉为郢考》,《中国史研究》2012 年第 4 期,第 6 页,注[1]。
㉝ 皋浒或以为在湖北枝江县,恐不确,襄阳西说近实。见杨伯峻编著:《春秋左传注》,中华书局,1990 年,第 681 页。
㉞ 陈民镇:《清华简〈楚居〉集释》,复旦大学出土文献与古文字研究中心网,2011 年 9 月 23 日。
㉟ 陈锷修纂、乾隆《襄阳府志》整理工作委员会整理:《襄阳府志》卷二《沿革》"襄阳县"条、卷十六《封爵》"樊侯仲山甫"条,湖北人民出版社,2009 年,第 62、449 页。
㊱ 王先福:《古代襄樊城市变迁进程的初步研究》,《中国历史地理论丛》2010 年第 1 期,第 67 页。
㊲ 邓国亡于楚文王十二年(前 678 年)。
㊳ 辛德勇:《北京大学藏秦水陆里程简册初步研究》,载《出土文献(第四

辑)》,中西书局,2013年,第177、187、245页。
㊴ 杨伯峻编著:《春秋左传注》,中华书局,1990年,第169页。
㊵ 杨伯峻编著:《春秋左传注》,中华书局,1990年,第184页。
㊶ 杨伯峻编著:《春秋左传注》,中华书局,1990年,第198页。
㊷ 杨伯峻编著:《春秋左传注》,中华书局,1990年,第696页。

曾侯㐛编钟铭文补说一则

罗 恰

（湖北省博物馆）

2009年，随州文峰塔墓地出土了多件编钟，均为甬钟，钟铭中多自铭"曾侯㐛曰"，整理者因之将编钟定名为"曾侯㐛钟"，并依器型特征及铭文分为A、B、C三组[①]。其中C组5件编钟，铭文一致，整理者及众多学者经过研究讨论，铭文的释读问题已经基本解决清楚，相关研究正在深入进行中。现仅就原发掘简报释文中"嘉楂（鼓）芋（竽）甫（镛）"一句的释读谈一点不成熟的看法，还望方家指正。

关于C组编钟的铭文，原发掘简报释文如下：

> 临观元洋（祥），嘉楂（鼓）芋（竽）甫（镛）。歔（吾）以及夫=（大夫）匽（宴）乐，爱乡（飨）俥（肆）士，备御称金。余永用眈（允）长，难老黄枸（耇）珥（弭）冬（终）无疆。

"嘉楂（鼓）芋（竽）甫（镛）"一句，凡国栋先生云："楂，读作鼓。芋，读作竽。甫，读作镛。鼓、竽、镛三者皆乐器名。"[②]"嘉鼓"后两字，董珊、李零二先生径读为"华英"，其说可从，惜均未作细说，今试申述之[③]。其中"嘉鼓"后一字，图版作 ，摹本作 ，隶定作"芋"，字形上没有问题，但读作竽，值得商榷，实应读为"华"。上博一《孔子诗论》"裳=（裳裳）者芋"，释文云："即今本《诗·小雅·甫田之什·裳裳者华》原篇名。"[④]"芋"从"于"得声，"华"从"䔢"得声，而"䔢"又从"于"得声，"芋"、"华"二字乃同音通假关系，胡平生先生云："'芋'当为'华'之假借字，并非诗句之本义字。芋从于得声，上古音为匣母鱼部字。华，朱骏声《说文通训定声》、段玉裁注皆说'亏亦声'，是'华'从亏得声。亏，《说文》：'艸木华也，从乎，亏声。'华，上古音亦为匣母鱼部字。是简文作'芋'者，乃'华'(今通作'花')字之同音通假。"⑤所论甚详⑥。上博四《逸诗·交交》"皆芋(华)皆英"⑦，上博五《竞建内之》"襐(拥)芋(华)倗(孟)子以驰于倪(郳)市"⑧，"芋"在此均读为"华"，可知在楚文字系统内有此用字习惯。

"芋"后一字图版作 ▨，摹本作 ▨，又另一图版作 ▨，拓本作 ▨，原发掘简报释文隶定作苚，读作铺。从字形看，此字下半部非从"用"。楚文字中"用"字作：

A： ▨ 畲章钟 ▨ 曾侯乙戈 ▨ 曾 5 ▨ 曾 68 ▨ 郭店·唐虞之道 13 ▨ 上博·用曰 2

B： ▨ 曾 20 ▨ 郭店·语丛三 55 ▨ 上博·用曰 8

其中 A 类字形多见，B 类字形在中间竖笔的下部加了一点作饰笔，这一现象在战国文字中习见。汤余惠先生曾指出："战国文字基本形体之外的点，多半用为饰笔，具有装饰美化作用；少数充当标志，用来区别形体相近而易混的字。"⑨何琳仪先生亦曾专门就此展开论述："单笔装饰符号，即在原有文字的基础上增加一笔，诸如圆点、横画、竖画、斜画、曲画等。这类笔画对原有文字的表意功能毫无影响，纯属装饰作用。因此也可以称为'赘笔'、'羡画'，或'乘隙加点'等等。"⑩竖笔上这一饰点，后又逐渐演变为一横，上揭 B 类最后一例便是。

从上列诸字形明显可以看出，"用"字中间一竖一贯到底，下端不作歧形，而钟铭之字形中间一竖下端分歧，与"用"字形不同，且同器铭中即有"用"字，图版作 ▨，摹本作 ▨，同墓出土 1 号编钟铭文内亦有"用"字，凡两见，图版作 ▨ ▨，摹本作 ▨ ▨，字形均相同，为下端一竖到底，不作歧形，而与"芋"后此字字形绝然不同。曾侯臊墓同墓所出器铭的书写风格一致,对同一个字的写法不应有如此大之差异,故此字释"莆",不可从。此字下半部实乃"央",当释为"英"。楚文字中"英"字作:

A:![字形]云梦·日乙207　![字形]新甲一3　![字形]上博·用2　![字形]上博·三德4

B:![字形]包二201　![字形]天星观　![字形]上博二·子11

可见钟铭之字与A类字形相同,只是笔画之间稍有繁省,而B类字形是将中间一竖延伸笔画后,又加饰点演变而来,属战国时期的演变形体。何琳仪先生在谈到"央"字字形的这些演变时曾说:"![字形]或演变为![字形]、![字形]、![字形]、![字形],大形或演变为![字形]、![字形]、![字形],至为奇谲(楚系文字变化尤烈)。"⑪但无论"央"字字形如何变化,下部均作歧形,与"用"字字形中竖笔一贯到底不同,而与钟铭之字形相合。因此,该钟铭之字乃"英"字确凿无疑。

"芋英"二字,可直接读为"华英","英"字不必破读⑫。"华"与"英"乃同义词连用,本指花。《大戴礼记·少间》:"天政曰正,地政曰生,人政曰辨。苟本正,则华英必得其节以秀乎矣。"王聘珍《解诂》:"华,草木华也。英,初生也。"《后汉书·冯衍传下》:"伏朱楼而四望兮,采三秀之华英。"后引申为光耀、光彩。《楚辞·远游》:"吸飞泉之微液兮,怀琬琰之华英。"《文选·张衡〈南都赋〉》:"被服杂错,履蹑华英。"李善注:"华英,光耀也。""华英"亦见于吴王光残钟,其辞云:"柬柬(简简)和钟,鸣阳(扬)条虡,既孜獻(且)青,埶孜獻(且)紫,维缪(绉)辟春,![字形]英右(有)庆。"其中![字形]字,施谢捷先生释作"华",甚是⑬。此铭文中用词多与色彩有关,是在极力描述此钟的华丽多彩,最后以"华英"一词作结,非常贴切⑭。曾宪通先生云:"'有庆'即'有善'之意。又95/23+95/25'有庆'作'右(有)宴',下有'辟春和□'等语,亦皆祝善之辞。"⑮董珊先生认为"华英有庆"是形容钟架上面的装饰繁美,犹如春天华草茂盛,非常吉庆⑯。"嘉",《说文》:"美也。""美",《说文》:"甘也。从羊从大。羊在六畜主给膳也。美与善同意。"《书·吕刑》:"一人有庆。"孔颖达《正义》云:"天子有善,以善事教天下,则兆民蒙赖之。"《诗·大雅·皇矣》:"则笃其庆。"《毛传》:"善。"是"嘉"、"庆"同意⑰。钄钟铭文中亦有类似语句,其铭云"其音嬴少则荡,和平均皇,霝色若华",其中"霝色若华"一句,李家浩先生解释说:

> 古代"霝"、"令"二字皆有"善"义,音也相近,故二字可以通用。……《诗·大雅·烝民》"令仪令色",郑玄笺:"令,善也。善威仪,善颜色容貌。"钟铭的"霝色"当即《烝民》的"令色",唯前者是指钟的颜色,后者是指人面的颜色。

> 《文选》卷三张子平《东京赋》"铿华钟",薛综注:"华钟,谓有篆刻文,故言华也。"如果薛综注的说法符合原意,那么钟铭的"华"与《东京赋》的"华",虽然文字相同,但是意思有区别,前者是指钟的颜色而言的,后者是对钟的花纹而言的。

"华英有庆"、"霝色若华"与"嘉鼓华英"实质上都是在说华美光彩的外形带给人喜庆吉祥(无论是颜色还是花纹),是一种祝善之辞。曾侯膡编钟铭文开头说到"临观元祥",也是在说看到编钟很吉祥喜庆,"临观"要用眼睛来看,眼睛看到的对象必定是事物的外形,诸如编钟的颜色、纹饰之类,故用"华英"修饰"临观"的编钟外形,是非常合理的。

"鼓",本指一种打击乐器,亦可指击奏这一动作。《礼记·檀弓下》"鼓钟",孔颖达《正义》:"鼓犹奏也,谓燕奏钟乐也。"《诗·小雅·北山》:"鼓钟于宫,声闻于外。"蔡侯纽钟铭文:"自作歌钟,元鸣无期,子孙鼓之。"子璋钟铭文:"子子孙孙,永宝鼓之。"又可引申指钟磬被击打之处,《周礼·考工记·凫氏》:"铣间谓之于,于上谓之鼓。""嘉鼓华英"中的"鼓"字可以不必另作它解,这句话应当就是指编钟的鼓部铸造得十分光彩华美。关于鼓部之华美这一点在发掘简报中已有描述:"鼓部纹饰较突出,由粗大蟠螭组合成蟠龙纹图案,整体呈对称的灵动蝶翅状纹图案模块。"⑱由鼓部而又延伸指代整个编钟,"临观元祥,嘉鼓华英"事实上是在说整个编钟外观的光彩华丽能带给人喜庆吉祥,类似这样的祝词是铸钟者的一种殷切期愿,金文铭辞中屡见不鲜。与"嘉鼓华英"这一句式结构相同的短语在《楚辞》中能见到不少,如《九章·抽思》"轸石崴嵬",《九章·怀沙》"修路幽蔽",《九章·橘颂》"曾枝剡棘"等。《楚辞》乃楚地作品,体现了楚地的语言习惯,钟铭也属于楚文化一系,遣词造句与《楚辞》相合也是自然。

整篇编钟铭文是韵文,韵脚依次押在祥、英、金、长、疆诸字。祥、英、长、疆均为阳部字,"金"字属见母侵部,阳部与侵部韵尾同为鼻音,构成通转关系。《诗·小雅·北山》:"或出入风议,或靡事不为。"郑《笺》:"风,犹放也。"《诗经注析》:"《通释》:'〈释名〉:"风,放也。言放散也。"〈广雅〉亦曰:"风,放也。放议犹放言也。"'出入风议,谓光发议论不作事。"风,帮母侵部;放,帮母阳部。《易·豫卦》:"九四:由豫,大有得。勿疑,朋盍簪。"《经典释文》于"簪"字云:"古文作貸,京作撍,马作臧。"臧,精母阳部;簪,精母侵部。与《诗经》相比,金文是韵散相间,句式并不完全齐整,用韵方式也更加灵活自由,合韵现象较为多见,此篇钟铭也很好地体现出了这一点。

附记:小札草成于2015年年中,一直藏于私箧。2016年后相继见到有关探讨文章,论点与拙文均不尽相同,觉得此问题有继续讨论的空间,现翻检出此文发表,以求指教。小札草成后,曾向侯乃峰、罗小华、陈志军、杨嵚生等几位兄友讨教,颇有受益,又蒙西南大学张新超兄提供有关会议论文集,在此一并致以深深的谢意!

注释:

① 湖北省文物考古研究所、随州市博物馆:《随州文峰塔M1(曾侯与墓)、M2

发掘简报》,《江汉考古》2014 年第 4 期,第 14 页。
② 凡国栋:《曾侯与编钟铭文柬释》,《江汉考古》2014 年第 4 期,第 66 页。
③ 参见董珊:《随州文峰塔 M1 出土三种曾侯与编钟铭文考释》,复旦大学出土文献与古文字研究中心网站,2014 年 10 月 4 日,http://www.gwz.fudan.edu.cn/SrcShow.asp? Src_ID=2339;李零:《文峰塔 M1 出土钟铭补释》,《江汉考古》2015 年第 1 期,第 119 页。
④ 马承源主编:《上海博物馆藏战国楚竹书(一)》,上海古籍出版社,2001 年,第 138 页。
⑤ 胡平生:《胡平生简牍文物论稿》,中西书局,2012 年,第 106 页。
⑥ 也有学者认为"华"本作乎,其下部"="符号乃饰笔,后因"华"字下部笔画与"于"相同而将"华"割裂为"乎"和"于"两部分,并以"于"为声符。可备一说。参见叶玉英:《古文字构形与上古音研究》,厦门大学出版社,2009 年,第 323 页。
⑦ 马承源主编:《上海博物馆藏战国楚竹书(四)》,上海古籍出版社,2004 年,第 175 页。
⑧ 马承源主编:《上海博物馆藏战国楚竹书(五)》,上海古籍出版社,2005 年,第 175 页。
⑨ 汤余惠:《略论战国文字形体研究中的几个问题》,载《古文字研究(第十五辑)》,中华书局,1986 年,第 40 页。
⑩ 何琳仪:《战国文字通论(订补)》,江苏教育出版社,2003 年,第 257 页。
⑪ 何琳仪:《战国古文字典:战国文字声系》,中华书局,1998 年,第 617 页。
⑫ 马超认为"芋"是"竽"之异体,"英"当读为"簧","嘉鼓竽簧"意为"吹竽簧演奏美妙的音乐(以乐贤士)"。参见马超:《曾侯与钟铭文补释》,载"商周青铜器与先秦史研究"青年论坛论文集(甲金组)》,西南大学,2016 年,第 81~83 页。
⑬ 施谢捷:《吴越文字汇编》,江苏教育出版社,1998 年,第 529 页。
⑭ 刘钊先生认为"华英"一词是用来形容钟所奏出的音乐的音色。马晓稳认同刘钊先生的说法,并以钱钟书先生的"通感"说作解。黄锦前认为"临观"、"元洋"二者义近,在结构上与"嘉树华英"类似,"临观元洋,嘉树华英"是用来形容钟声洪亮优美。参见刘钊:《古文字考释丛稿》,岳麓书社,2005 年,第 139 页;马晓稳:《曾侯与钟"藉壹华英"试说》,《江汉考古》

2016年第5期,第115～117页;黄锦前:《曾侯与编钟铭文读释》,《中国国家博物馆馆刊》2017年第3期,第83页。
⑮ 曾宪通:《吴王光编钟铭文的再探讨》,载《华学(第五辑)》,中山大学出版社,2001年,第114页。
⑯ 董珊:《吴越题铭研究》,科学出版社,2014年,第27、28页。
⑰ 马晓稳认为"嘉"字当释作"藉",读作"作"。参见马晓稳:《曾侯与钟"藉壴华英"试说》,《江汉考古》2016年第5期,第115～117页。
⑱ 湖北省文物考古研究所、随州市博物馆:《随州文峰塔M1(曾侯与墓)、M2发掘简报》,《江汉考古》2014年第4期,第14页。

从清华简《楚居》对章华台的新认识

王小雨

（湖北省社会科学院）

一、学界的传统观点

　　章华台始建于楚灵王元年（前540年），至楚灵王六年（前535年）建成，历时六年。而楚灵王在前529年的政权被推翻，无奈自缢而死，章华台也仅在建成六年之后就因战火遭到毁弃，其后未见有记载，消失在历史迷雾中。章华台及它的建造者楚灵王因为特殊的社会环境赋予的戏剧色彩和复杂的人文内涵成为历代文人们创作的题材，东汉文学家边让曾以章华台为题材作名噪一时的《章华台赋》，夸张描绘了楚灵王为追求奢侈的生活，穷尽人力、财力建造宏伟壮丽的章华台。从秦汉时期开始，关于章华台的台址究竟为何处的寻找从未停止，章华台的确切地址不仅关系一处标志建筑物的实地位置的考定，还侧面反映了有关楚国东部的疆域范围、周封国疆域划分和地区史等一系列问题。章华台的地理位置主要有五种说法：一为亳县说，即今安徽亳县东南，古城父境内，清代杨守敬认为灵王可能先于华容，后于古城父两处修建章华台；二为商水说，即今河南商水县西南古汝阳城内，是战国时楚顷襄王北保于陈时所建；三是沙市说，即今沙市章华寺，是后人为纪念楚灵王所建的寺庙，即豫章台；四是监利说，即今监利西北天竺山，清《一统志》谓华容城（古章华台）在监利县西北；五为潜江说，即今湖北潜江市西南，古华容县城内[①]。

1984年4月,湖北潜江市龙湾镇马场湖村发现了一个总面积为280万平方米的建筑遗址,其东区为放鹰台遗址,该遗址经专家论证就是文献中记载的古楚章华台遗址,著名历史地理学家谭其骧先生为潜江市博物馆题词说,"古章华台遗址在潜江龙湾",著名考古学家邹衡先生1987年在考察了试掘现场后指出:"这是楚国宫殿基址,是我国迄今为止保存最好的一座春秋战国时期的宫殿基址。"他们的结论得到了国家考古权威机构的认可和学术界绝大多数学者的认同,2001年龙湾遗址经国务院审批成为"第五批全国重点文物保护单位"。据潜江市文物事业管理局编印的《全国重点文物保护单位——龙湾遗址》介绍,龙湾放鹰台遗址是春秋战国时期一处非常重要的楚国宫殿建筑遗址群,分为放鹰台、瓦屋场、打鼓台、娘娘坟、郑家台五个遗址区,已勘探出大型夯土台基22处,同时还发现了古河道、古楚湖、古井、古墓葬群等遗迹,出土了瓦当、吊线楔形砖、铜门环、铜矛、陶豆、陶盂、陶壶、陶鬲、漆木豆、漆木梳等大量的古楚文物[2]。但是自落成典礼以后,历史记录再看不到有关灵王与章华台的活动的记载。潜江这一带仅22处夯土基址面积就达0.54平方千米的大型宫殿建筑群,对只有12年统治并且是长期出征在外的楚灵王来说,有没有足够的人力物力作支撑,又会不会在潜江这么一个相对处于后方的地理位置修建一座可能不常使用的大型宫殿,需要综合考虑灵王的主要活动。

二、楚灵王生平及活动范围

经整理,《左传》记载灵王在位期间主要活动如下:

郑敖四年(前541年)与诸侯在虢会盟。筑城:犨(今河南平顶山市西南叶县西境)、栎(今河南禹县)、郏(今河南郏县)。

灵王元年(前540年)修筑章华台。

灵王二年(前539年)田(围猎)于江南之梦。

灵王三年(前538年)伐吴、杀齐、庆封,灭赖、取鄀,迁赖于鄢,迁许于赖。始合诸侯于申。春,复田江南。六月,王田于武城。筑城:许(今河南叶县南)、钟离(今安徽凤阳东)、巢(今安徽寿县南)、州来(今安徽凤台县)。执徐子于申。

灵王四年(前537年)杀屈申、伐吴,亲自奔命于夏汭、琐、罗汭、莱山。观兵于坻箕。

灵王五年(前536年)灭陈。执徐使仪楚,使薳泄伐徐,使子荡伐吴,子荡次于乾溪。

灵王六年(前535年)章华台成。

灵王八年(前533年)迁许于夷,实城,迁方城外于许。叔弓等会灵王于陈。

灵王十年(前531年)杀蔡灵侯于申,杀蔡世子有于冈山。灭蔡。筑城陈(今河南淮阳市)、蔡(今河南上蔡县)、东西不羹(东不羹在今河南舞阳县北,西不羹在今河南襄城县西)。

灵王十一年(前530年)杀成熊。围徐,亲狩于州来,次于颖尾使荡侯围徐惧吴,灵王次于乾溪以为援。更欲使人于周,求鼎以为分。

灵王十二年(前529年)公子比、弃疾等拥兵入楚,灵王师溃于訾梁。王沿汉水而下,将入鄢,五月缢于申亥家。

由此可见灵王在执政期间多次会盟,大量筑城,除一年、五年、四年、九年没有记录外,实际绝大部分时间都是远离郢都,处于战线前沿。而结合2010年公布清华简《楚居》对楚灵王的居地的记述,灵王实际是搬迁到乾溪,原文如下:

> 至需(灵)王自为郢迻(徙)居秦(乾)溪之上,以为尻(处)于章[华之台]。競(景)坪(平)王即立(位),猷居秦(乾)溪之上③。

由此可见在楚灵王执政期间,重心实际是处在战争前线的。参考灵王的主要活动也大多带有政治军事目的,《左传·昭公十三年》记载:"杀大司马苏掩而取其室,……夺薳居田……夺闘韦龟中辇,夺成然邑而使为郊尹。"是要削弱贵族势力,巩固中央集权。"纳亡人,实城父",实际是挑战了当时的制度,将无地流亡之人集中起来,一方面加强了国家的经济基础,另一方面在军事前沿建立起一座人口充足的重镇。那么章华台的建立可能不仅仅是楚灵王出于追求奢华、炫耀国力的目的,而是具有一定的政治军事作用,服务于楚灵王在位期间不断对外征战的需要,是建立在战争前线的行宫或要塞。

除此之外关于章华台和乾溪之间的记载还有:

西汉陆贾《新语》卷下《怀虑第九》:(楚灵王)作乾溪之台,立百仞之高,欲登浮云,窥天文,然身死于弃疾之手。

南朝宋范蔚宗《后汉书》卷三十《郡国志》:城父故属沛,春秋时曰夷,有章华台。

南朝梁萧统《文选》卷三《东京赋》薛综注:《左氏传》曰,楚子成章华之台于乾溪。

唐李吉甫《元和郡县志》卷八《亳州·城父》:章华台在县南九里。

宋沈括《梦溪笔谈》卷四《辩证》:亳州城父县有乾溪,其侧亦有章华台,故台基下往往得人骨,云楚灵王战死于此;商水县章华之侧亦有乾溪,薛综注张衡《东京赋》引《左氏传》,乃云楚子成章华之台于乾溪:皆误说也,《左传》实无此文。章华与乾溪,元非一处。楚灵王十二年,王狩于州来,使荡侯、潘子、司马督、嚣尹午、陵尹喜帅师围徐以惧吴,王次于乾溪,此则城父之乾溪。灵王八年许迁于夷者,乃此地。十三年公子比为乱,使观从从师于乾溪,王众溃,灵王亡,不知所在。平王即位,杀囚,衣之王服而流诸汉,乃取葬之,以靖国人,而赴以乾溪。灵王实缢於芊尹申亥氏,他年申亥以王柩告,乃改葬之,而非死于乾溪也。昭王二十七年吴伐陈,王帅师救陈,次于城父,将战,王卒于城父。而《春秋》又云,弑其君于乾溪,则后世谓灵王实死于是,理不足怪也。

《大清一统志》卷八十九《颍州府》:章华台,在亳州东南。《后汉书·郡国志》城父县有章华台。《元和志》台在城父县南九里。按《左传》楚子成章华之台。杜预注，在今南郡华容县。《通典》云，古华容在竟陵郡监利县。今湖广荆州府属县也，去亳地远矣。旧《志》作楚王章华之台，误。

清钟泰、宗能徵等《光绪亳州志》卷二《舆地志·古迹》：章华台，在州东南七十二里，乾溪侧。

在以上材料中，章华台与乾溪、城父两地之间常作为一个整体进行描述，三地之间的联系不仅是通过楚灵王的活动联系起来的，在地理位置上三地也相对较紧密。

三、乾溪与城父及考古成果

（一）乾溪

《左传》昭公六年：

> 徐仪楚聘于楚，楚子执之，逃归。惧其叛也，使薳泄伐徐。吴人救之。令尹子荡帅师伐吴，师于豫章，而次于乾溪。吴人败其师于房钟，获宫厩尹弃疾。子荡归罪于薳泄而杀之[④]。

鲁昭公六年即楚灵王五年，前536年，楚人伐徐国，吴人救援徐国，楚与吴在"房钟"交战，楚败于吴。

在"而次于乾溪"句下，西晋杜预注曰："乾溪，在谯国城父县南，楚东竟。"[⑤]西晋时期的城父县大致在今亳州东南约30千米、涡河南岸一带[⑥]。《太平寰宇记》卷12《河南道·亳州·城父县》"乾溪水"条："在县南五里。"[⑦]《嘉庆重修一统志》卷128《颍州府·山川》"乾溪"条："在亳州东南。"[⑧]所以，依据杜预注，乾溪在今亳州东南约30千米，是乾溪地望的传统观点，《太平寰宇记》等文献也赞同此种说法。徐国在今江苏泗洪县半城镇一带[⑨]，起初薳泄率领楚军征伐徐国，可是吴军救援徐国，于是，楚令尹子荡帅军伐吴，在乾溪驻扎，然后行进到"房钟"被吴军击败。这场战役中，楚军大致沿着淮河中游北岸自西向东行进，乾溪应在徐国的以西方位。楚军在乾溪驻扎,本来是准备进攻吴军,但自西向东行进到"房钟",就被吴军击败,这说明乾溪应在"房钟"以西方位。

而城父故城遗址大致在今亳州东南约35千米的城父乡城父村,城址位于涡河南岸,年代为春秋时期。城址平面呈近似的方形,边长约2千米,面积约4平方千米,城墙系夯土筑城,残存最高处约1.8米,基宽约10米,四边各有一门,城内出土过郢爰和较多的春秋陶片[⑩]。因此,春秋时期的"焦"邑大致在今安徽亳州,"夷"邑大致在今亳州东南约30千米、涡河南岸的城父故城遗址一带。

《左传》昭公九年:"二月庚申,楚公子弃疾迁许于夷,实城父。取州来淮北之田以益之,伍举授许男田。然丹迁城父人于陈,以夷濮西田益之。迁方城外人于许"[⑪]在"楚公子弃疾迁许于夷,实城父"下,杜预注曰:"此时改城父为夷,故传实之。城父县属谯郡。"[⑫]可见,"城父"和"夷"应该为同一地,都在西晋时期的城父县。西晋时期的城父县大致在今亳州东南约30千米、涡河南岸一带[⑬],所以《左传》昭公九年的"城父"、"夷"应在这里。

与乾溪位置相合,所以灵王时期城父乾溪章华台的说法应该是成立的。

(二) 现该地域考古成果

亳州南部先秦遗址考古资料还有待进一步整理,如果以上的推测确实成立,目前考古成果中在位置上较为接近的是阴阳城遗址和王人城址。阴阳城遗址(又称繁城)在利辛县张村镇范汝村西南50米,该地大致在利辛县城西北约20千米、西淝河的西岸,该遗址呈长方形,面积约2平方千米,文化堆积厚度约1.5米,遗址时代约为周代、汉代,曾经出土小铜剑、小红石磨盘、陶网坠,以及周代灰陶豆柄、灰陶罐、鼎足、蚁鼻钱和汉代弧形子母砖、灰陶菱形砖等[⑭]。王人城址(又称西城城址)是在利辛县王人镇王人集周围,该地大致是在利辛县城以西约25千米处,年代约为东周、汉代,城址呈长方形,东西宽约1千米,南北长约1.5千米,面积约1.5

平方千米,20世纪60年代,北城墙尚保留一段,系夯土筑城,在现今西、北两面护城河尚存,西护城河沿岸出土过蚁鼻钱,城东约500米有汉墓群[15]。这里的阴阳城遗址、王人城址可能在春秋晚期已经成为楚人的军事堡垒,用于拱卫乾溪的楚灵王居所——"章华之台"。该地区还有伍奢冢遗址、禅阳寺遗址、红门寺遗址等有待进一步发掘的考古发现,从而为"章华之台"更为具体的地理位置提供更多有用的资料。

四、小结

章华台位置的考证之路随着新的材料的出现产生了新的可能,本文就《楚居》中对楚灵王移居乾溪的记载提出了不甚成熟的构想:灵王出于军事扩张的目的长期滞留在战争前线,同时为扩张作出积极准备,章华台就是在这种情况下修筑的具有军事目的的阵前大营,它既显示了灵王扩张的实力和决心,震慑了对峙的敌军,又兼具瞭望、驻兵等军事目的。

关于不同地方都出现章华台的记载可能是因为古楚王族有随居处迁徙而仍使用原居处地名的习惯,事实上因为这种"地名迁徙"延续使用原有地名的现象,关于"丹阳"的准确定位一直存在争议;楚国从强盛至衰落之际,国都也因多次迁徙而出现多个"郢"——栽郢、鄢郢、陈郢、寿郢;湖北潜江市、荆门市、钟祥市均有传为楚王所建的放鹰台,那么作为离宫名称的"章华台"当然也当可以随之移建而"迁徙名称"。在之后楚国建立的宫殿中都保留有"章华台"这一独特名称,甚至可能将其作为宫殿区的概称。楚国"地名迁徙"现象虽然给史学研究带来了一些困难,但也会丰富对历史原貌的设想,通过历史材料的补充也会得出相对可靠的结果,从而不断完善。

注释:

① 方酉生:《试论章华台遗址在潜江县西南——即今龙湾区沱口乡马场湖

① 村》,载《楚章华台学术讨论会论文集》,1985年。
② 潜江市文物事业管理局编:《全国重点文物保护单位——龙湾遗址》,2011年11月26日,内部资料。
③ 清华大学出土文献研究与保护中心编、李学勤主编:《清华大学藏战国竹简(一)》,中西书局,2010年,第181页。
④⑤ 杜预注、孔颖达正义:《春秋左传正义》,《十三经注疏》(阮元校勘本),第2045页。
⑥⑬ 谭其骧主编:《中国历史地图集》第3册,第37~38幅,西晋时期"兖州豫州"。
⑦ 乐史撰,王文楚等点校:《太平寰宇记》,中华书局,2007年,第232页。
⑧ 穆彰阿等纂修:《嘉庆重修一统志》,中华书局,1986年影印本,第5637页。
⑨ 陈伟:《楚"东国"地理研究》,武汉大学出版社,1992年,第43~47页。
⑩ 国家文物局主编:《中国文物地图集(安徽分册)》上册,中国地图出版社,2014年,第126~127幅,"谯城区文物图";《中国文物地图集(安徽分册)》下册,中国地图出版社,2014年,亳州市,"城父故城"条,第54页。
⑪⑫ 杜预注、孔颖达正义:《春秋左传正义》,《十三经注疏》(阮元校勘本),第2056页。
⑭⑮ 国家文物局主编:《中国文物地图集(安徽分册)》上册,中国地图出版社,2014年,第132~133幅,"利辛县文物图";《中国文物地图集(安徽分册)》下册,中国地图出版社,2014年,利辛县,"阴阳城遗址"条,第71页。

论《吴命》与春秋吴楚关系

张旭晟

(华中师范大学历史文化学院楚学研究所)

一、《吴命》编联分析

2008年12月,《上海博物馆藏战国楚竹书(七)》正式出版,而《吴命》就是其中最后一篇。《吴命》简共九篇,除第九篇比较完整外其余各篇皆有残缺。篇名是以第三简简背后的"吴命"命名,所存文字大概是375字,完简长度为52 cm,每简大概字数为64至66字左右。简文的整理者曹锦炎先生将其大体分为两个部分:第一部分是吴国出兵北上陈国,晋国派使者交涉,吴国退兵;第二部分是吴王派臣下告劳于周天子之辞。曹先生根据简文的内容和体例,分析其很有可能是《国语·吴语》的佚篇[①]。

为了方便后文的分析,先将曹先生整理的简文结合学者意见以通行释文罗列如下:

……二邑,非疾因焉加之,而慎绝我二邑之好! 先人有言曰:马将走,或动之,速仰。灶来告曰:……(第一简)

寡君曰:孤居保绔裤之中,亦唯君是望。君而或言若是,此则社稷……(第二简)

……君之顺之,则君之志也。两君之弗顺,敢不枉? 道以告吴,请成于楚。昔上天不衷,降祸于我……(第三简)

州来,孤吏一介使,亲于桃逆劳其大夫,且请其行。荆为不道,谓余曰:汝,周之旧氏……(第四简)

[或]有轩冕之赏,或有斧钺之赠,以此前后之猷,不能以牧民,而反志,下之相挤也。岂不佑哉！衍敢居我江岸！曰:余必干丧尔社稷,以广东海之表。天不其衷,俾周先王佾……(第五简)

　　……赛,在波涛之间,舅甥之邦。矗周子孙,唯余一人所礼。宁心抚忧,亦唯吴伯父。晋……(第六简)

　　故用使其三臣,毋敢有避速之旗,敢告视日。答曰:三大夫辱命于寡君之仆,寡君一人……(第七简)

　　……来,先王之福,天子之灵！孤也,何劳力之有焉！孤也,敢至,先王之福,天子之灵。吴人□……于周。寡君问左右:孰为师徒践履陈地,以陈邦非它也,先王姑每大熙之邑……(第八简)

　　以贤移忌,惟三大夫其辱问之。今日唯不敢既荏矣,自望日以往必五六日,皆敝邑之期也。吴走陈。

　　楚人为不道,不思其先君之臣事先王,废其贡献,不共承王事。我先君阖庐……(第九简)②

　　曹先生对《吴命》的整理和分析对简文的研究意义重大,但是由于简文上下均有缺失,各简几乎不能联读,因此对九简顺序的编联和部分字意的释读就有学者发表了不同的看法,而不同的编联就会使竹简的整体意思发生改变,这就让《吴命》篇的内容备受争议。

　　笔者在参考相关论文的基础上,选取了最具有代表性的四种看法:

　　第一种是陈伟先生的看法,陈先生认为应把简一放在简三之后,简四放于第一简之后,简五自简首至"岂不佑"之间的内容移动到简八"吴人□……于周"之后③。

　　第二种是张崇礼先生的看法,认为应将简七与简九联系④。

第三种是将简五分为两部分,具体的划分又细分为两种观点:一是主张以"岂不佑哉"为界划分为两简⑤,二是主张"岂不佑哉"之前的内容与第四简文合一简⑥。

第四种是主张以"吴人□……于周"为界将简八分为两部分,上节位于简五之后。⑦

以上诸家看法皆有可取之处,尤其是将简五与简八拆分、与其他简结合的看法,更是打破了以往固定的模式,极大的启发了笔者的思路。笔者在参考各位学者的基础上,有自己的看法。

曹先生推断《吴命》可能是《吴语》的佚篇,全篇的文风、体例、内容都极其相近,笔者对这一论断极为赞成⑧,尤其是第九篇"楚人为不道"之后的内容,几乎与《吴语》完全相同就是实证。而《吴命》出土九篇,曹先生认为八篇半是描述吴晋协商从陈地退兵,仅第九简半篇是描述吴臣告于周天子,笔者对此不认同。二者相比较,笔者发现第六简的内容与《吴语》中王孙骆告周天子,周天子回答的内容极其相似。

> 昔周室逢天之降祸,遭民之不祥,余心岂忘忧恤,不唯下土之不康靖。今伯父曰:"戮力同德。"伯父若能然,余一人兼受而介福。伯父多历年以没元身,伯父秉德已侈大哉⑨。

第六简中的"余一人"、"吴伯父"、"宁心抚忧"等词语与之极其相似,其行文笔法也大体相同,都是在阐述周王室的衰落和周天子对吴王阖闾的感激。因此笔者大胆推测第六简内容与吴军入陈无关,应接第九简之后,为周王回答王孙骆之语。

陈伟先生在《读上博楚竹书〈吴命〉札记》一文中根据春秋时期外交辞令的记录,推测出文献应先记录出使方言论的规范,得出应将第一简放到第三简之后的结论⑩。笔者同意陈先生的看法,但是有不同的观点。第二简、第三简在最先,这个没有争议,但是笔者认为第三简最后晋国使者提出"降祸于我",直接接上第一简吴国回到"二邑,非疾安加之"于语意不合。笔者按照上下句意来加以推测,接下来应该是晋臣详细陈述自己国家遇到的灾祸,而与晋国有关的只有简四、简五。简四的内容主要是陈述晋臣使楚的遭遇,与天降祸的内容连接不上,而简五的前半部分就是论述晋国现在的危机情况,与简三的内容趋于一致。简五也是学者争论较大的一简,程少轩先生、陈伟先生、李锐先生都认为应该分为两节。因为从图版看来,上半部分最后一个"才"字和下半部分第一个"衍"字中间有明显的空白,且上下半简的句意出入很大。各家的争论之处主要是如何编联,笔者主张将简五"(岂)不右(佑)才(哉)"之前的部分移动到第三简之后。如此,第三简加上第五简上半部,就形成了晋使完整陈述晋国内部危险的句意,为后文陈述楚国的欺凌埋下了伏笔。然后接下来第一简吴使以"马将走,或动之,速仰"来将两国的矛盾顺势推给晋国,也就顺理成章了。

简四主要内容是晋臣使楚,却遭受楚的侮辱。楚具体的言论没有记载,只有"汝,周之旧氏"这五个字,虽不见后文,可是言辞傲慢可以推测。如果按照李锐先生的推测第五简应在第四简之后[12],就形成了楚国侮辱晋臣,晋臣却在自我反思的句意,无疑是不通的。而直接与第五简下连接,楚侮辱了晋使以后,晋对楚的侵犯十分愤恨,然后吴国以大国自居、要为晋主持公道的句意就十分连贯。而吴国以强国自居的态度,也与《吴语》之后记载的黄池之会上夫差对晋国所说之话语吻合,可见时间应相隔不久。

> 天子有命,周室卑约,贡献莫入,上帝鬼神而不可以告。无姬姓之振也,徒遽来告。孤日夜相继,葡萄就君,君今非王室不平安是忧,亿负晋众庶,不式诸戎、狄、楚、秦,将不长弟,以力征一二兄弟之国。孤欲守吾先君之班爵,进则不敢,退则不可。今会日薄矣,恐事之不集,以为诸侯笑。孤之事君在今日,不得事君亦在今日。为使者之无远也,孤用亲听命于藩篱之外[13]。

简七、简八、简九描述了晋大夫向吴臣表达退兵的要求,吴王接受了请求,将军队从陈国撤出,句意连贯,字数丰富,一直以来无什么争议。

综上,笔者在参考诸位学者的意见和《左传》、《国语》等文献的基础上,给出了自己对《吴命》编联的分析,顺序是简二、简三、简五上、简一、简四、简五下、简七、简八、简九、简六。

二、从《吴命》看吴楚关系交恶的原因

春秋吴楚的关系的时间界定是宣公八年(前601年)"楚为众舒叛,故伐舒蓼灭之,楚子疆之,及滑汭,盟吴越而还",到哀公十五年(前480年)"夏,楚子西、子期伐吴,及桐汭"[14],时间约120年。而在这段时间大体可分为三个阶段:第一阶段是宣公八年到成公七年(前584年),两国是名义上的盟友,相安无事;第二阶段是成公七年到定公四年(前506年),两国交兵数十场;第三阶段是定公四年到哀公十五年(前480年),两国无力再战,但是互相敌视。从以上可以看出,整个吴楚关系几乎都是敌对冲突的状态。

对于吴楚关系的恶化,历来学者多有提出自己的看法。最早的《史记》、《左传》等文献将其归因于晋国采取楚国叛臣申公巫臣之言,扶持吴国对抗晋国——"王寿梦二年,楚之亡大夫申公巫臣怨楚将子反而奔晋,自晋使吴,教吴用兵乘车,令其子为吴行人,吴于是始通中国。"[15]其后清人顾栋高先生所著《春秋大事年表·吴楚交兵表》中虽然没有明确表示吴楚交兵的原因,但是以长江地理对抗的角度来分析交兵胜负,也从侧面说明了地理角度对两国关系的影响[16]。钱穆先生在其《国史大纲》中将其认为是"分封制与郡县制对抗的必然产物"[17]。叶文宪先生在其著作《吴国历史与吴国文化》中从吴楚文化碰撞的角度分析了两国关系的恶化[18]。

笔者在认同上述学者的看法的基础上,结合《吴命》简以及相关文献,对吴楚关系的交恶提出以下两点看法。

第一,是民族发展过程中对中原文明态度的矛盾。楚国是在山林草丛中艰难发展起来的民族,《左传·昭公十二年》载楚大夫子革云:"昔我先王熊绎,辟在荆山,筚路蓝缕,以处草莽,跋涉山林,以事天子。"[19]张正明先生在《楚史》一书中用"筚路蓝缕,以启山林"[20]来形容楚人的发展,可见楚人发展过程的艰难。此后周成王时,熊绎受封于丹阳,算是正式地进入了中原文化圈,但是爵位仅仅是子爵,此时的楚国对中原文明还是十分向往的,为自己的地位低下十分不满,力图有所改变。

平王东迁以后,楚人的机会到来了,熊通率军北上,攻打随国,明确地向随国提出了自己的要求——"楚(武王)曰:'我蛮夷也。今诸侯皆为叛相侵,或相杀。我有敝甲,欲以观中国之政,请王室尊吾号。'"[21]从这句话可以看出熊通对华夏文化的向往,可是却遭到了周王室的拒绝,这极大地激怒了熊通。经过两年的谋划,熊通作出了决定,自立为王。此举震惊天下。

在这个历史事件下,包含了两个对楚国极其深远的影响:其一,楚人无视周王室的礼制,引起了所有周氏旧国的反感,开启了华夏诸国和楚国长期敌视的历史;其二周人对楚人的拒绝,使华夏文明在楚人心中的神圣性不复存在,改变了楚人中原化的进程,楚人开始自行其是的发展,广泛地吸收周围蛮族和周文化中有利的因素,最终形成独特的南方文明。

吴人的民族发展正好与楚人相反。吴人的先祖可以追溯到吴太伯,吴太伯是周太王之子,为了将王位让与季历,逃到荆蛮,"荆蛮义之,从而归之千余家,立为吴太伯"[22]。武王灭商以后,寻找太伯的后人,得知周章已经君吴之后,就把吴国封给了周章,而且还分封了周章的弟弟虞仲为诸侯。到寿梦称王以后,又受到北方晋国以同姓亲戚为名义的帮助,加之寿梦曾北上游历诸夏,对华夏文明十分钦慕,因此迅速开启了中原化的进程。这从《吴命》中也可以看出吴人对周王室的敬重,第八简中表现的最是明显:

来,先王之福,天子之灵!孤也,何劳力之有焉!孤也,敢至,先王之福,天子之灵。㉓

吴人北上陈地,应是在哀公六年左右,当时的周王室早已名存实亡,尊王已经失去了任何实际的利益。而以吴王夫差狂傲的性格却对天子如此恭敬,可见周王室的威严和华夏文明的光芒已经深深地融入了吴人的血液中。

吴楚二国对华夏文明和周天子截然不同的态度,必然会导致双方的对立,这种强烈的敌对情绪在史料中处处可见,在《吴命》中,我们也可以得到印证——晋臣寿来先向夫差表达晋君对夫差的敬重,以满足夫差的虚荣心,之后阐述晋国自身的问题和楚人的骄纵,以达到同仇敌忾的效果。在第四简中"荆为不道,谓余曰:'汝,周之旧氏……"和第五简中"衍敢居我江岸!"。吴王夫差听到楚人的骄横之后,果然立刻勃然大怒,随后寿来提出撤兵的请求,夫差也就允诺了。晋对吴北上陈地这一举动,无力进行军事干涉,只能派使者进行交涉,这种外交行为本身是很艰难的,而寿来用吴晋交好的历史和楚国的蛮横来游说,就使得夫差退兵,可见夫差心中对诸夏的亲近和对楚国的厌恶。而这并非夫差个人的好恶,从第九简中"楚人为不道,不思其先君之臣事先王,废其贡献,不共承王事。我先君阖庐……"王孙骆告周天子之辞,可以看出吴人对当年打败楚国一事是多么自豪,对楚国厌恶之情已经深入骨髓。两国对华夏文明和周王室有如此强烈的对立情感,又是邻国接触频繁,那关系日渐恶劣也不足为奇。

第二,是对江淮霸权的争夺。楚国在春秋初年,是非常具有进取意识的国家,灭国数十,扩地千里。楚共王即位以后,北上争霸的路线受阻,与晋长期对峙,无法入主中原,其后弭兵之盟召开,更使其无理由对北方用兵。而南方是未开化的蛮夷之地,楚国兼并后也于国家无益。西边是巴蜀地区,但是楚国对山地向来没有兴趣,只是建立了关隘防守。剩下的只有东方了,与吴开战势在必行,张正明先生在《楚史》中将其概括为"沿淮河而下"的战略[24],认为这既是最可行的用兵路线,也有利于楚掠和夺占有长江淮河流域丰富的金属资源。

吴国当时正处于中原化进程的初始阶段,大量北方先进文化的涌入使其国力迅速增强。吴国境内铜陵等地有丰富的金属资源,兵器铸造技术领先于世,时人有极高的评价——"毋脊之厚而锋不入,无脾之薄而刃不断","肉试则断牛马,金试则截盘匜"[25]。吴地本地也是民风彪悍,"吴、粤之君皆好勇,故其民至今好用剑,轻死易发"[26]。国力迅速增强,有先进的军事技术和装备,加上悍不畏死的士兵,吴国肯定不会偏安于东南。吴国南方是越国的地盘,吴攻取了其太湖平原的领土,就不再南下,筑城防备了,因为再往南就是浙东峡谷和闽北山区了,扩张较为困难,吴人还无此人力。而东面靠着大海,所以只有向西和向北扩张了。西面是楚国的沿江地区,楚位于长江上游,吴位于下游,逆游而攻很难取胜,此观点顾栋高先生在其《春秋大事年表》中明确表述[27],笔者深以为然。那最好的方向就是北方了,晋巫臣出使给吴国带来了战车技术,江淮地区多平原,正好有利于吴军战车的奔驰。

吴楚两国不约而同地选择了江淮这一地区作为扩张的前线,不可避免地发生巨大冲突,这在《吴命》简中也可明确看出——衍敢居我江岸!曰:余必干丧尔社稷,以广东海之表。(第五简)吴差如此暴怒的原因,固有其自身对楚国的厌恶,也与江淮地区的争夺密不可分。夫差即位后,迷恋北上争霸,而江淮地区正是其北上的门户。如果其重新被楚国控制,那么称霸中原就毫无希望。所以寿来一列出此原因,就打动了夫差,完成了出使吴国的使命。

三、结语

从《吴命》的体例和格式而言,很可能是《吴语》的佚篇,笔者在参考相关文献和学者观点的基础上,对其重新编联,使其意思连贯,展现出一篇完整的晋臣使吴与吴王协商退兵问题的外交辞令。这对研究春秋时期的语言和外交史有一定的帮助,也从侧面肯定了《左传》、《国语》等文献记载相关内容的真实性。

《吴命》虽是晋臣与吴臣之间的交流,但是楚在其中扮演了十分重要的角色,可以说没有楚国的威胁与仇恨,夫差不可能从陈国撤兵,这点就为春秋吴楚关系提供了新的材料与看法,有利于从更深刻的角度来看待以往的问题。

注释:

① 曹锦炎:《吴命释文考释》,载《上海博物馆藏战国楚竹书(七)》,上海古籍出版社,2008年,第321页。
②㉓ 曹锦炎:《吴命释文考释》,载《上海博物馆藏战国楚竹书(七)》,上海古籍出版社,2008年。
③ 陈伟:《读上博楚竹书〈吴命〉札记》,简帛网,2009年7月12日。
④ 张崇礼:《〈释吴命〉的"度日"》,复旦大学出土文献与古文字研究中心,2009年1月14日。
⑤ 复旦大学出土文献与古文字研究中心研究生读书会(程少轩执笔):《〈上博七·吴命〉校读》,复旦大学出土文献与古文字研究中心,2008年12月30日。
⑥ 李锐:《读〈吴命〉札记》,清华大学简帛研究,2009年1月11日。
⑦ 飞虎(网名):《关于〈吴命〉竹简拼合、排列的几点意见》,复旦大学出土文献与古文字研究中心,2009年1月12日。
⑧ 曹锦炎:《吴命释文考释》,载《上海博物馆藏战国楚竹书(七)》,上海古籍出版社,2008年。
⑨⑬ 左丘明撰、黄永堂校注:《国语全译》,贵州人民出版社,2008年。
⑩ 陈伟:《读上博楚竹书〈吴命〉札记》,简帛网,2009年7月12日。
⑪ 复旦大学出土文献与古文字研究中心研究生读书会(程少轩执笔):《〈上博七·吴命〉校读》,复旦大学出土文献与古文字研究中心,2008年12月30日。
⑫ 李锐:《读〈吴命〉札记》,清华大学简帛研究,2009年1月11日。

⑭⑲ 杨伯峻:《春秋左传注》,中华书局,2009年。
⑮ 司马迁:《史记》,中华书局,1999年。
⑯ 顾栋高:《春秋大事年表》,中华书局,1993年,第2070页。
⑰ 钱穆:《国史大纲》,商务印书馆,2013年,第56页。
⑱ 叶文宪:《吴国历史与吴国文化》,文物出版社,2007年。
⑳㉔ 张正明:《楚史》,中国人民大学出版社,2001年。
㉑ 司马迁:《史记·楚世家》,中华书局,1999年,第1391页。
㉒ 司马迁:《史记·吴太伯世家》,中华书局,1999年,第1221页。
㉕ 刘向:《战国策·赵策三》,中华书局,2013年。
㉖ 班固:《汉书·地理志》,中华书局,2008年。
㉗ 顾栋高:《春秋大事年表》,中华书局,1993年,第2072页。

论铜器铭文中的"南公"与"南宫"*

黄尚明

（华中师范大学楚学研究所）

一、南宫氏的族氏与族姓

1. 南宫氏的族氏

李学勤先生在《试说南公与南宫氏》一文中，对南宫氏的由来、族氏、谱系进行了研究①，他认为南宫氏的由来，是与居住方位相关联的。王国维的《明堂庙寝通考》一文，引用了《仪礼·丧服传》，其中有四宫："昆弟之义无分……故有东宫，有西宫，有南宫，有北宫，异居而同财。"当时习惯以所居之宫代指所居之人。如《诗·卫风·硕人》："东宫之妹，邢侯之姨。"毛亨传："东宫，齐太子也。"孔颖达疏："太子居东宫，因以东宫表太子。"南宫的得氏当与此类似。

2. 南宫氏的族姓

关于南宫氏的姓氏，学术界有不同的说法。如朱凤瀚先生认为从大盂鼎铭文的内容来看，周康王用文王、武王的政绩和商朝的历史教训对盂进行训诰，推测南宫氏似为姬姓②。日本白川静先生认为大盂鼎铭文纪年用"祀"，属东方的历史传统，所以主张南宫氏为东方古族。《世本八种·王梓材撰本·世本集览通论》载："春秋之世，有同氏而异姓者……至于周之南宫，尹氏之别也。鲁之南

---

* 本文为国家社科基金一般项目"曾国历史文化及其与鄂、楚关系研究(15BZS035)"及国家社科基金重大项目"周代汉淮地区列国青铜器和历史地理综合整理与研究(15ZDB032)"阶段性成果。

宫,孟氏之别也。而宋之南宫不知其所出。"王梓材认为周之南宫氏属于尹氏。沈长云先生开始主张周初南宫氏为东方氏族③,后来又改变自己的看法,认为周初南宫氏应属于姬姓④。

出土材料已经证明南宫氏确为姬姓。一是曾侯与编钟铭文认为南宫括即南公为曾国的始封者,随州叶家山M111号墓出土铜簋铭文记载曾侯犺的父亲为南公。曾侯与簋三号编钟铭文:"隹王十月,吉日庚午,曾侯与曰:'余稷之玄孙。'"⑤曾侯与认为自己是后稷的玄孙,因此南宫氏当然是姬姓了。

《商周青铜器铭文暨图像集成》5281簋铭云:"南宫佣姬自作宝簋障簋。"佣即鄘,佣国为媿姓,嫁给南宫氏的佣姬之姬,是南宫氏的姓氏,因而南宫氏无疑是姬姓。另外曾侯作叔姬簠、曾姬无卹壶、随州季氏梁墓地出土的两件铜戈(一件叫"周王孙戈",另一件叫"穆王之子戈")、东风油库M3出土一件曾仲姬壶,这些铜器铭文均证明曾国为姬姓,也就是说西周曾国的始封者南宫括即南公为姬姓。

二、文峰塔、叶家山曾侯墓地和大盂鼎所见的南公是南宫括

随州市文峰塔出土的曾侯与编钟M1:1铭文记载:"隹(惟)王正月,吉日甲午,曾侯与曰:伯括上庸,左右文武。达(挞)殷之命,抚定天下。王遣命南公,营宅汭土,君此淮夷,临有江夏。"

2013年在随州叶家山曾侯墓地发掘的M111出土的铜簋方座上,铸造铭文为:"犺作剌(烈)考南公宝尊彝。"⑥曾侯犺是M111的墓主人,南公是曾侯犺的父亲。

从编钟铭文来看,"伯括上庸,左右文武。达(挞)殷之命,抚定天下。王遣命南公,营宅汭土,君此淮夷,临有江夏",该句提到了文王、武王,那么下句"王遣命南公"的周王就应该是周成王,也就是在周成王时,始封曾国。周成王封南公于汭土,所管辖的对象包括淮夷和江夏,权力很大。南公应是曾国的始受封者。

这位南公是谁?从编钟铭文来看,文意是连贯的,伯括辅佐

文、武,消灭商朝,稳定天下,这几句话是在陈述伯括的功勋,即下文要谈的伯括受封的原因。接下来就说"王遣命南公,营宅汭土,君此淮夷,临有江夏",那么这个南公应该就是伯括,也就是南宫括,因其为开国元勋,才享有分封南土的资格,南宫括在成王时期还活着。

伯括在文、武时期已经是大功臣,辅佐文王、武王,消灭了商朝。传世文献有一些记载。《尚书·君奭》:"惟文王尚克修和我有夏,亦惟有若虢叔,有若闳夭,有若散宜生,有若泰颠,有若南宫括。……武王惟兹四人,尚迪有禄。后暨武王,诞降天威,咸刘厥敌,惟兹四人,昭武王惟冒,丕单称德。"《尚书·君奭》为周成王时周公与召公的谈话,辅佐文王的原为五人,即虢叔、闳夭、散宜生、泰颠、南宫括,到武王时,虢叔先死,只剩四人。这里所说的南宫括是辅佐文王和武王的功臣,成王时还活着,与曾侯与编钟铭文所说为同一人。《国语·晋语四》:"及其(文王)即位也,询于八虞而咨于二虢,度于闳夭而谋于南宫,诹于蔡、原而访于辛、尹,重之以周、邵、毕、荣,亿宁百神,而柔和万民。"韦昭注:"南宫,南宫适。"《史记·周本纪》:"(武王)命南宫括散鹿台之财,发钜桥之粟,以振贫弱萌隶。命南宫括、史佚展九鼎保玉。"《论语·微子》:"周有八士:伯达、伯适、仲突、仲忽、叔夜、叔夏、季随、季骒。"这个伯适就是曾侯与编钟铭文中的伯括。《墨子·尚贤下》:"是故昔者,尧有舜,舜有禹,禹有皋陶,汤有小臣,武王有闳夭、泰颠、南宫括、散宜生,而天下和,庶民阜,是以近者安之,远者归之。"《尚书大传》卷二记载:"散宜生、南宫适、闳夭三子相与学讼于太公,四子遂见西伯于羑里,献宝以免文王。"

许多学者主张曾国的始封者是南公即南宫括,如李学勤、罗运环、黄凤春及胡刚诸先生。李学勤先生认为曾国的始封者是南宫括,但南宫括并未到封地就职[7]。罗运环先生认为始封者为南宫适,但第一代曾侯应为曾侯谏[8]。黄凤春、胡刚先生首先认同唐兰先生的观点,认为南公可能是周武王氏兄弟中最小者聃季载,后来又发表文章,及时改变了看法,认为南公应是南宫括⑨。

但沈长云先生对文意有不同的理解,他认为"伯括"与"南公"不是同一个人,伯括就是南宫括,是文、武时期的重臣,而南公在铜器铭文中却是成康时期的人物,就是《尚书·顾命》中的"南宫毛"。《尚书·顾命》载:"越翼日乙丑,(成)王崩。太保命仲桓、南宫毛,俾爰齐侯吕伋,以二千戈,虎贲百人,逆子钊于南门之外。"南宫毛时当周成王、康王之时,南宫括活着时,南宫毛已经担任托孤重臣了。南宫毛与南宫括是什么关系?文献阙如,难以明确。沈先生提出了两点理由:一是伯括与南公并不生活在同一时代,伯括是文、武时期的重臣,南公在铜器铭文中却是成康时期的人物。叶家山M111墓主人为曾侯犺,其父为南公。M111时代在叶家山曾侯墓中偏晚,多数学者认为犺为康昭时期的人物,则其父南公理应生活在成康时期。二是根据墙盘、逑盘铭文追叙祖先事迹的行文格式,一般都是在每一位祖先的名讳之下记载它主要的事迹,说完一位再提到下一位祖先的名讳、事迹,未见有对同一位祖先使用两种不同的称名并在此称名下记其不同的事迹的,故曾侯与编钟铭文中的伯括和南公是两个人⑩。

沈先生提出的证据是值得注意的,但笔者认为如果说南公生活在成康时期,也不能完全否认这位南公就是南宫括,因为从《尚书·君奭》和曾侯与编钟铭文来看,南宫括在成王时期还活着。第二条理由,也并非绝对,从曾侯与编钟铭文看,上下文意是连贯的,具有因果关系,因为伯括"左右文武"、"达殷之命",周成王才因此之功勋,册封南公。从因果关系来看,伯括没去世,肯定受册封的就是伯括,因此南公和伯括就是一人,而墙盘和逑盘所叙述的列祖功绩,属于并列关系,不可与曾侯与编钟铭文相提并论。

南宫括(伯括)应是南宫氏的第一代。李学勤先生认为,南宫括的后裔主要分为两系:一系留在周王朝,历代多居显职;另一系则为曾国诸侯,远在江汉。正如周公封鲁,长子伯禽到封地曲阜就职,次子君陈留在王朝,袭周公世爵,类似的情况还有召公封燕、太公封齐。

M111出土的铜簋方座上,铸造铭文为:"犾作剌(烈)考南公宝尊彝。"这个南公当是南宫括,是曾侯犾的父亲。叶家山曾侯墓地M65墓主人为曾侯谏,时代略早于曾侯犾墓,黄凤春先生认为曾侯谏与曾侯犾为兄弟关系。

《尚书·顾命》所记载的南宫毛,活动于成康时期,在康王即位时,受太保之命,与仲桓一起担任护卫。南宫毛与南宫括是何关系,不能确定,很可能是南宫括的后人。

大盂鼎(《殷周金文集成》5.2837),传出陕西岐山礼村,现藏中国国家博物馆。铭文:"唯九月,王在宗周,令(命)盂,王若曰:盂,丕(不)显文王,受天有大令(命),在武王嗣文乍(作)邦,辟(闢)厥匿(慝),匍(撫)有四方。……令女(汝)盂井(型)乃嗣祖南公。……赐乃祖南公旗。……盂用对王休,用乍(作)祖南公宝鼎,唯王廿又三祀。"

小盂鼎(《殷周金文集成》5.2839),与大盂鼎同出岐山礼村,器已不存。铭文:"唯八月既望,辰在甲申,昧丧(爽)三左三右多君入服酉(酒),明,王各周庙。……□□用牲啻(禘)周王、武王、成王。……用乍(作)□伯宝尊彝,唯王廿又五祀。"

康王二十三年,盂继承了南宫的爵位,因此铸鼎纪念南公。康王在就职典礼上对盂进行了长篇训诫。小盂鼎铸造于康王二十五年,盂讨伐鬼方大获全胜,铸鼎以记战功。盂为南公之孙,则此南公必是南宫括无疑。根据李学勤先生的推测,"□伯"可能是南公未即位的长子[①]。

三、安州六器和韦𢼩甗中的南宫也是南宫括

1. 安州六器的断代之争

"安州六器"是北宋重和戊戌年(1118年)出土于安陆的器物,

薛尚功《历代钟鼎彝器款识法帖》一书,称为中鼎(第40页,铭文只有"中作宝鼎"四字)、南宫中鼎一(第44、45页)、南宫中鼎二(第45页)、南宫中鼎三(第45页,鼎二、鼎三铭文相同)、召夫尊(第51页)、父乙甗(第78、79页)。薛尚功在"父乙甗"之后说:"右铭重和戊戌岁出于安陆之孝感县,耕地得之。自言于州,州以献诸朝。凡方鼎三、圆鼎二、甗一,共六器,皆南宫中所做也。形制精妙,款识奇古。曰父乙者,盖商末周初之器耳。"⑫薛尚功把南宫和中当作一个人,实际上南宫和中是两个人。

经郭沫若先生综合《博古图》、赵明诚《金石录》、薛尚功《历代钟鼎彝器款识法帖》记载,"安州六器"有三件方鼎,一件圆鼎,甗和觯各一件,皆有铭文,其中两件方鼎铭文内容相同,六器的作者都是中。

"安州六器"的时代有三种说法。

一是"成王说",以郭沫若、陈梦家先生为代表,把安州六器时代定为周成王时期。郭沫若先生在《两周金文辞大系图录考释》一书中,把中鼎、中觯、中甗铭文列在周成王时期相关联的系列铜器内,判定"安州六器"为成王时器⑬。陈梦家先生在《西周铜器断代(一)》中解释"宜侯夨簋"铭文时,举例说:"西周初期金文如:卿鼎:'公违省自东。'中鼎:'王令中先省南或。'大约皆成王时器,都提到省东或省南。"⑭《西周铜器断代(二)》论述"太保簋"铭文时,认为太保簋记载的太保所伐录国应在南方,又根据小臣䚄鼎铭文,录国与楚国临近,太保南征之事与太保玉戈铭文属同一事件,太保玉戈铭文中的"厉侯"又见于中尊,陈先生认为太保玉戈与安州六器关系甚大,太保簋、安州六器与太保玉戈同时,也就是都属成王时器⑮。《西周铜器断代》对太保玉戈铭文也进行了补释⑯。陈先生在论述"小子生尊"时说:"中组所述南宫和'唯臣尚中'很可能是《顾命》'大保命仲桓、南宫毛'二人,《古今人表》作中桓、南宫髦。其述王在'夒陴'或即《郑语》与楚同姓之夒越。安州六器有三件是朴素的方鼎,这种方鼎在成、康时代是较为通行的,成、康以后很少有方鼎。"[17]

另一说为"昭王说",以唐兰先生为代表。早在《西周铜器断代中的"康宫"问题》一文中,唐先生就把"虎方"释为"荆方",把安州六器的时代定在昭王时期[18]。唐先生在《西周青铜器铭文分代史征》一书第一卷前言中,把武王克殷的年代定在前1075年,也就是文王受命十三年。唐先生把安州六器列在卷四下的昭王铜器内,属于记载昭王伐楚事件的系列铭文铜器,继续把中方鼎铭文中的"虎"字释为"荆"字,在解释《中作父乙方鼎》铭文时,在注释1中认为"此疑即昭王十六年伐楚后事,可能是前998年,据月朔表周正此年十三月为戊子朔,庚寅是十三月三日。"[19]

第三说为"康王说",以沈长云先生为代表。他认为唐兰先生把安州六器时代定错了,基本肯定了郭沫若、陈梦家先生的观点。唐先生的主要错误是把"虎方"释为"荆方",因此把安州六器与周昭王伐楚联系起来,将安州六器时代定为周昭王时期。沈先生赞同陈梦家先生安州六器中的南宫为南宫毛的观点,而把安州六器时代定在康王时期[20]。

2. 鼓甗的时代

2000年秋季,北京大学考古文博院和山西省考古研究所组成的联合考古队在山西晋侯墓地第114号墓发掘出1件铜甗,作器者为"鼓",故称"鼓甗",鼓甗器壁上铸有铭文7行,完整处每行8字。铭文为:

唯十又[二]月,王[令]南宫[伐][虎]方之年,[惟]正月既死霸庚申,[王]在宗周王□□鼓使于繁,易贝[五]□。[鼓]扬对王[休],用乍□□□彝,子子[孙孙][永]□□□。

作者受唐兰先生的影响,将该器时代定为西周昭王时期。"王[令]南宫[伐][虎]方之年"这件大事与周昭王伐楚有关,鼓出使繁,正是为昭王十九年做准备。则王令南宫伐虎方之年,可能在昭王十八年,"正月既死霸庚申"是指昭王十八年的"正月既死霸庚申"。昭王十八年十二月率军从宗周出发。作者并论证毃就是M114墓主晋侯燮父的名,燮父则是晋侯的字,毃与燮为一对反义词,属于名字相应中的反义相对现象㉑。

毃甗的断代需要重新考虑,沈长云先生已经详细论证毃甗的时代不会晚至昭王时期㉒。

3. 安州六器和毃甗中的南宫也是南宫括

安州六器和毃甗中的南宫到底是谁呢?按陈梦家、沈长云先生的看法这位南宫就是南宫毛,他在康王即位时担任保卫工作的要职。我们认为这个看法还有待讨论,弄清这个问题要从以下几个方面着手:

一是解决安州六器的断代问题。在以上所列安州六器断代的三种说法中,"昭王说"的立论基础有问题,安州六器中的南宫所伐的对象是虎方而不是荆方,沈长云先生已经指出了唐先生在释文中的错误,山西新出土的毃甗也证明了沈先生的正确看法,的确是个"虎"字。南宫伐虎方与昭王伐楚不是一回事,不能够把安州六器与昭王伐楚联系起来。因此把安州六器时代定在昭王时期是不合适的。

我们认为郭沫若、陈梦家先生将安州六器时代定在成王时期是比较合适的,毃甗的时代与安州六器相同,也属周成王时期。

二是曾国的始封年代。叶家山曾侯墓地的断代成果为我们认识安州六器的时代提供了重要证据。叶家山曾侯墓地时代集中在西周早期,墓葬之间时间差距不大。

M1时代约在西周成王或康王时期。M2墓主人为曾侯谏夫人,墓葬时代约在康昭之世。M27时代约在西周昭王晚期或昭穆之际㉓,后又订正为昭王时期㉔。M65墓主人可能为曾侯谏,报告作者推测此墓的年代为西周早期的康昭之际㉕。M28也出土了8

件曾侯谏自作铜礼器,略晚于 M2、M65、M27,时代为昭王前期㉑。M107 时代为西周早期㉒。其他已报道的部分墓葬资料如 M3、M4、M7、M8、M15、M23、M26、M33、M38、M45、M46、M50、M54、M55、M56、M64 等,也把它们的时代定在西周早期㉓。

叶家山曾侯墓地中 M1 时代最早,为成王或康王时期,墓主人师的身份高,但身份不明确。曾侯谏是叶家山墓地可以确知的第一个曾侯,时代在康昭之际。曾国始封时间应该早于墓主人的死亡时间,就是说曾国始封时间应该早于 M1、M2 的埋葬时间,因此从考古学上来看,曾侯始封的时间可能在成王时期。文章第二部分对曾侯與编钟铭文的分析,也得出南公受封的时间在成王时期。根据考古器物资料和铭文资料分析所得出的结论是一致的。

三是南宫括的活动时间。在本文的第二部分,根据《尚书·君奭》和文峰塔曾侯與编钟铭文分析,南宫括在成王时还活着,因此率军南征虎方的将领应该是南宫括。

四是安州六器和静方鼎铭文与曾国的联系。中甗铭文记载周王命令中到南国视察,为周王南巡设立行宫,在曾国时,史儿来传达周王的命令,叫中出使小大各国,并赏赐中土地。中到方、邓、洀等国巡视,并"在噩(鄂)𠂤(师)𠂤(次)"㉔。

日本出光美术馆所藏的静方鼎铭文所记事件与中甗相同,十月甲子周昭王在宗周命令师中和静一起到南国视察,为周王南巡设立行宫。第二年八月初吉庚申静回到成周汇报工作。周王赏赐静,并"卑(俾)女(汝)□ 𤔲(司)在 𡎭(曾)、噩(鄂)𠂤(师)",也就是命令静管理在曾、鄂的军队㉕。张懋镕先生把静方鼎时代定在昭王十六年㉖。我们认为张先生也把静方鼎的时代定晚了。

中甗和静方鼎都提到了曾国,也就是说在"南宫伐虎方之年"之前,曾国已经存在。在前三个证据基础上推论,这个南宫只能是南宫括。南宫括奉周成王之命,到自己的封国附近讨伐虎方,是合情合理的安排。

从以上四个方面来看,安州六器和𣪕铭文中的南宫就是南宫括而不是南宫毛。

注释:

① 李学勤:《试说南公与南宫氏》,载《出土文献(第六辑)》,中西书局,2015年。
② 朱凤瀚:《商周家族形态》,天津古籍出版社,2004年。
③ 沈长云、何艳杰:《谈南宫氏的族姓及其相关问题》,《寻根》2008年第2期。
④ 沈长云:《谈曾侯铜器铭文中的"南公"》,《中国史研究》2017年第1期。
⑤ 湖北省文物考古研究所、随州市博物馆:《随州文峰塔M1(曾侯舆墓)、M2发掘简报》,《江汉考古》2014年第4期;凡国栋:《曾侯舆编钟铭文柬释》,《江汉考古》2014年第4期。
⑥ 黄凤春、胡刚:《说西周金文中的"南公"——兼论随州叶家山西周曾国墓地的族属》,《江汉考古》2014年第2期。
⑦⑪ 李学勤:《试说南公与南宫氏》,载《出土文献(第六辑)》,中西书局,2015年。
⑧ 罗运环:《新出金文与西周曾侯》,《陕西师范大学学报(哲学社会科学版)》2015年第6期。
⑨ 黄凤春、胡刚:《说西周金文中的"南公"——兼论随州叶家山西周曾国墓地的族属》,《江汉考古》2014年第2期;《再说西周金文中的南公——二论叶家山西周墓地的族属》,《江汉考古》2014年第5期。
⑩ 沈长云:《谈曾侯铜器铭文中的"南公"》,《中国史研究》2017年第1期。
⑫ 薛尚功:《历代钟鼎彝器款识法帖》,中华书局,1986年。
⑬ 郭沫若:《两周金文辞大系图录考释》,上海书店出版社,1999年,第16~20页。
⑭ 陈梦家:《西周铜器断代(一)》《考古学报》1955年第1期。
⑮ 陈梦家:《西周铜器断代(二)》《考古学报》1955年第2期。
⑯ 陈梦家:《西周铜器断代(上册)》,中华书局,2004年,第47、48页。

⑰ 陈梦家:《西周铜器断代(三)》,《考古学报》1956年第1期,铜器编号为成康铜器42号;陈梦家:《西周铜器断代(上册)》,中华书局,2004年,第87页。
⑱ 唐兰:《西周铜器断代中的"康宫"问题》,《考古学报》1962年第1期。
⑲ 唐兰:《西周青铜器铭文分代史征》,中华书局,1986年,第1、283~291页。
⑳㉒ 沈长云:《谈曾侯铜器铭文中的"南公"》,《中国史研究》2017年第1期。
㉑ 孙庆伟:《从新出鞁甗看昭王南征与晋侯燮父》,《文物》2007年第1期。
㉓ 湖北省文物考古研究所、随州市博物馆:《湖北随州叶家山西周墓地发掘简报》,《文物》2011年第11期。
㉔㉖ 湖北省文物考古研究所、随州市博物馆:《湖北随州叶家山M28发掘报告》,《江汉考古》2013年第4期。
㉕ 湖北省文物考古研究所、随州市博物馆:《湖北随州叶家山M65发掘简报》,《江汉考古》2011年第3期。
㉗ 湖北省文物考古研究所、随州市博物馆等:《湖北随州叶家山M107发掘简报》,《江汉考古》2016年第3期。
㉘ 湖北省文物考古研究所、随州市博物馆等:《湖北随州市叶家山西周墓地》,《考古》2012年第7期。
㉙ 薛尚功:《历代钟鼎彝器款识法帖》卷十六,中华书局,1986年。
㉚ 徐天进:《日本出光美术馆所收藏的静方鼎》,《文物》1998年第5期。
㉛ 张懋镕:《静方鼎小考》,《文物》1998年第5期。

《楚居》中季连部族活动地域探微

赵炳清

(河南大学历史文化学院)

清华简(一)中有《楚居》一篇,是关于楚国历史演进与都邑变迁的重要文献,其中虽有一些传说的成分,而更多的则是全新的信息。整理者已对这批材料做了较为全面的清理与注解,为进一步的研究奠定了有利的基础[①]。自2010年底《楚居》刊布以来,即受到国内外学术界的高度关注,已先后有不少的文章在各类期刊与网站发表,较大地推动了对有关问题的深入认识和理解,其中,对季连的传说事迹与活动地域的讨论则是重点所在[②]。按理说,有出土文献提供的新材料,季连的相关问题应该能得到全面的解决,然而从实际情况来看,反而是争论更甚、歧见更多。因此,本文拟就季连的活动地域问题做更深入的探讨,不妥之处,敬请方家指正。

一、季连及其时代

据文献记载,季连是楚人的直系先祖,即嫡祖,是"陆终六子"或"祝融八姓"之一。如《世本·帝系篇》记载:

> 吴回氏产陆终。陆终氏娶于鬼方氏之妹,谓之女嬇,是生六子,孕三年,启其左肋,三人出焉;破其右肋,三人出焉。其一曰樊,是为昆吾;二曰惠连,是为参胡;三曰篯铿,是为彭祖;四曰莱言,是为郐人;五曰安,是为曹姓;六曰季连,是为芈姓。……昆吾者,卫是也;参胡者,韩是也;彭祖者,彭城是也;

邻人者,郑是也;曹姓者,邾是也;季连者,楚是也。

《大戴礼记·帝系》记载相同。太史公记载时剔除了其中的"神性"部分。《史记·楚世家》记载为:

> 吴回生陆终。陆终生子六人,坼剖而产焉。其长,一曰昆吾;二曰参胡;三曰彭祖;四曰会人;五曰曹姓;六曰季连,芈姓,楚其后也。

除此而外,在《国语·郑语》里还有"祝融八姓"的记载,其文云:

> 祝融亦能昭显天地之光明,以生柔嘉材者也,其后八姓,于周未有侯伯。佐制物于前代者,昆吾为夏伯矣,大彭、豕韦为商伯矣。当周未有。己姓昆吾、苏、顾、温、董。董姓鬷夷、豢龙,则夏灭之矣。彭姓彭祖、豕韦、诸、稽,则商灭之矣。秃姓舟人,则周灭之矣。妘姓邬、郐、路、偪阳,曹姓邹、莒,皆为采卫,或在王室,或在夷狄,莫之数也,而又无令闻,必不兴矣。斟姓无后。融之兴者,其在芈姓乎?芈姓夔越,不足命也。蛮芈蛮矣,唯荆实有昭德,若周衰,其必兴矣。

关于"陆终六子"与"祝融八姓"的关系,通过对比,张正明先生认为这是共世并存一个族系的两张名单③。其说甚是。可见,季连是从祝融部落中分化出来的,以"芈"为氏。清华简(一)《楚居》的公布,证实了传世文献记载的可靠,因为其记述的第一位先公就是季连。其文曰:

> 季连初降於騩山,抵于穴穷。前出于乔山,宅处爰波。逆上汌水,见盘庚之子,处于方山,女曰妣隹,秉兹率相,詈由四方。季连闻其有聘,从,及之,判,爰生䍀伯、远仲。毓徜羊,先处于京宗。④

季连的时代,根据传世史籍的记载,学者多考订应该在禹夏之交⑤,但在《楚居》中,季连却生活在商代中后期的盘庚时期,并与其女婚配,显然是相互抵牾的。那么,我们怎么来理解这种记载的差异呢?首先,客观来讲,季连绝对不可能从夏初活到商后期;其次,根据《楚世家》的记载,楚国先祖世系从季连到鬻熊之间是混乱不明而无法解释的。但是,我们如果将季连不仅仅看作某一固定时代的单个个体,而是看作一个动态的沿袭的称号的话,上述问题就不难解释了。季连的祖先重黎称"祝融",其弟吴回亦有"祝融"之称号,可见祝融不仅是一个人,而且也是一种沿袭的称号。同样为"陆终六子"的第三子彭祖,据记载有寿八百岁⑥,商代尚称侯伯,显然这不是彭祖活得久长,而应是彭祖部族的延续,后人不解于此,往往将其认为是一个人,产生一些荒诞不经的传说。又比如"周公",周公亦不是专指周公旦,而是一个称号,周公的次子在周公逝后被任命为新一任的周公,周厉王时期共和行政的周公召公,亦不是周初的周公和召公,同样是一个沿袭称号。禹夏之交,中国古代社会从原始社会进入奴隶社会,禅让制转为世袭制,王位、封号、族称等均可以作为遗产而被后世子孙承袭。因此,我们可以认为季连在尧舜时期确实是季连部族的首领,第一代季连就是首领的名字;随着社会制度的转变,季连作为部族的称号而被部族首领世代沿袭,从人名演变为称号,在部族首领中间世代相传。因此,传世文献和出土文献中记载的季连并不抵牾,而是季连部族于不同历史时期在文献中的反映,季连至鬻熊之间混乱不清的世系亦可得到一个合理的解释。

二、騩山、穴穷及乔山

关于季连的活动地域,在西周末期周史伯所言时,芈姓季连部族应早已居于江汉地区。从前引《楚居》来看,季连部族先后活动于騩山、穴穷、乔山、汌水、方山和京宗等地域。

关于騩山,整理者认为《山海经》中有楚先世居騩山之说。《西山经·西次二经》云三危之山"又西一百九十里,曰騩山,其上多玉而无石。神耆童居之。"郭璞注:"耆童,老童,颛顼之子。"⑦李学勤认为騩山应是《山海经·中山经》内《中次三经》的騩山,也即《中次七经》的大騩之山,就是今河南新郑、密县一带的具茨山。《左传》昭公十七年云:"郑,祝融之虚也。"季连降于騩山,当与其为祝融之子的传说有关⑧。晏昌贵、周运中认为騩山应是《中次九经》中的騩山,但晏文中的"騩山"为河南省禹州市、新郑市、新密市三市交界处的具茨山⑨,同李学勤之说,而周文中的"騩山"在今神农架山区东部⑩。

按:騩山在《山海经》各"山经"中多有出现⑪,可见騩山为时见的常名,故应对各"騩山"进行具体的考证。《西次三经》中的"三危山",一般认为即在今甘肃敦煌一带。《左传·昭公九年》云:"先王居梼杌于四裔以御魑魅,故允姓之奸,居于瓜州。"杜预注云:"允姓,阴戎之祖,与三苗俱放三危者。瓜州,今敦煌。"而騩山又在三危山之西,虽有老童之神,当属后人添入。《中次九经》记载的是岷山、大巴山这一列山系⑫,其中的"騩山"记载曰:"又东一百四十里,曰騩山,其阳多美玉赤金,其阴多铁,其木多桃枝荆芑。"从地望来看,此騩山显然不可能在中原地区,与"陆终六子"、"祝融八姓"的居地不符。而在《中次七经》中,记载"騩山"云:"又东三十里,曰大騩之山,其阴多铁、美玉、青垩。"郭璞注曰:"今荥阳密县有大騩山,騩,固沟水所出,音归。"《汉书·地理志》注:(河南郡)"密,故国,有大騩山,潧水所出,南至临颍入颍。"《水经注·潧水》"潧水出河南密县大騩山",注:"大騩,即具茨山也。黄帝登具茨之山,升于洪堤上,受《神芝图》于华盖童子,即是山也。"《国语·郑语》载史伯曰:"(虢郐之地)前颍后河,右洛左济,主芣、騩而食溱、洧。"韦昭注曰:"騩,山名。"可见,先秦时期,此大騩山即为天下名山之一。因此,应以李学勤之说为是。

穴穷,整理者无识。子居认为"穴穷"有可能即是新密市尖山乡东北部的神仙洞,是自然的钟乳石溶洞,有着北国第一地表溶洞之称。……由路径推测,穴穷也可能是指少陉山[13]。晏昌贵认为穴穷是指《山海经·中次九经》中的熊山[14]。然从其文章分析来看,此熊山在郑卫之间,地处中原地区。按:从前述可知,《中次九经》记载的是岷山山系,熊山当也不在中原地区范围内。在《中次九经》中,熊山在騩山之西,其文曰:"又东一百五十里曰熊山,有穴焉,熊之穴,恒出神人,夏启而冬闭。是穴也,冬启乃必有兵。其上多白玉,其下多白金,其林多樗柳,其草多寇脱。又东一百四十里曰騩山。"又记载曰:"文山、勾檷、风雨、騩之山,是皆冢也。其祠之,羞酒,少牢具,婴毛一吉玉。熊山,帝也。其祠:羞酒,太牢具,婴毛一璧。干儛,用兵以禳;祈,璆、冕舞。"可见,熊山在岷山山系中地位最高,高过騩山。周运中认为"穴穷即穴熊,穷、熊皆为东部,读音很近。"所以,他主张"季连'抵于穴穷',是指抵达穴熊,也即熊穴"[15]。其言得之。此熊山位于今湖北神农架山区西部。

从中原地区的騩山到鄂西地区的熊山,季连部族迁徙地区跨度之大,恐怕令人难以想象。其实,季连部族的这次大迁徙,与禹征三苗关系密切。在传说的五帝时代,部族、部落之间的战争十分频繁,其中以尧、舜、禹与三苗的战争最为持久[16],而禹与三苗的战争最为惨烈。《墨子·非攻下》载:"昔者三苗大乱,天命殛之。日妖宵出,雨血三朝,龙生于庙,犬哭乎市,夏冰,地坼及泉,五谷变化,民乃大振。高阳乃命玄宫,禹亲把天之瑞令,以征有苗。四电诱祇,有神人面鸟身,若瑾以侍,搤矢有苗之祥,苗师大乱,后乃遂几(微)。禹既已克有三苗,焉磨为山川,别物上下,乡制大极,而神民不违,天下乃静。则此禹之所以征有苗也。"《古本竹书纪年辑证》附五帝纪九亦言:"三苗将亡,天雨血,夏有冰,地坼及泉,青龙生于庙,日夜出,昼日不出。"从这两则材料可以知道,禹征三苗时,天下发生了洪水,在"人面鸟身"的雷神帮助下,禹打败了三苗。雷神是祝融,是季连部族的祖先神或氏族神[17]。可见,季连部族随禹征伐了三苗,并在江汉地区留居下来。1965年,考古工作者在汉阳纱帽山商代遗址中出土一件陶拍,陶拍的背部鼻状握手上刻有一个十分怪异的图案:图下部一正视人形,人面鸟身,上部两个回形雷电纹,人与两雷电纹间有一矢由上射至头顶。[18]这幅图案明显与上引的《墨子·非攻下》中载的雷神形象十分一致。这就显示了在商或商之前,祝融的一部已迁移到了江汉地区,故《路史·后纪》言:"伯禹定荆州,季芈实居其地。"三苗的逃窜,使得楚人先民深入到了鄂西山区,并在熊山居住了下来。有学者认为《中次山经》的作者为楚人[19],故熊山在楚人的祭祀系统中地位最高。

乔山,整理者认为乔山即《山海经》的骄山。李学勤先生也认为乔山是《中山经·中次八经》的骄山,"骄山位置虽不易确指,总在汉水以南荆山一带,近于雎漳二水的发源处。从那里向北,过了汉水,正好逆均水北上"[20]。从《中次八经》的记载来看,讲的是荆山山系,其文云:"荆山之首曰景山,其上多金玉,其木多杼、檀。雎水出焉,东南流注于江,其中多丹粟,多文鱼。东北百里曰荆山,其阴多铁,其阳多赤金,其中多犛牛,多豹虎,其木多松柏,其草多竹,多橘、櫾。漳水出焉,而东南流注于雎,其中多黄金,多鲛鱼,其兽多闾、麋。又东北百五十里曰骄山,其上多玉,其下多青䨼,其木多松柏,多桃枝、钩端。神𡕍围处之,其状如人面,羊角虎爪,恒游于雎漳之渊,出入有光。"在文献记载中,楚人先民也多与"荆山"、"雎水"、"漳水"等有关,如《左传·哀公六年》云:"江、汉、雎、漳,楚之望也。"新蔡简甲三·11和甲三·24也记载:"昔我先出自䣙道(追),宅兹沮(雎)、章(漳)。"可见,整理者所言甚是。乔山当位于今南漳、谷城交界的主山一带。

三、泃水、方山及京宗

泃水,整理者引新蔡葛陵简甲三·11+24"昔我祖出自䣙道,宅兹沮(雎)章(漳)",认为"䣙追"之"䣙"与此泃水有关。䣙,何琳仪先生读作"均",谓在今湖北丹江口以西水库之中,"追",读作"归"[21]。董珊则将"䣙追"读为"颛顼"[22]。李学勤赞同何先生将䣙读作"均"之说,将"追"读作"隹",认为"姍追"就是简文中处于洲水流域的盘庚之子的"妣隹",这条关键意义的洲水,其实就是均水㉓。均水,《汉书·地理志》作钧水,其曰:"丹水出上雒冢领山,东至析入钧。"《水经注·均水》记载:"均水出析县北山,南流过其县之东。……南越南乡县,又南流与丹水合。……均水又南流注于沔水,谓之均口者也。"可见,均水为今淅川。

方山,整理者无识,认为《山海经·大荒西经》有方山,但位置太远。李学勤认为方山是《中次四经》的柄山,"方"、"柄"皆帮母阳部字。《经》云"柄山……滔雕之水出焉"。郝懿行《山海经义疏》称:"柄山、滔雕水及下文白边山,计其道里,当在宜阳、永宁(今洛宁)、卢氏三县之境。"由均水的源头再向北走,就到了柄山㉔。宋华强则认为方山在今襄樊西南,距汉水、均水甚近,特别是《水经·沔水注》和《续汉书·郡国志四》注引《襄阳耆旧传》讲到方山之下是传说中郑交甫所见汉皋游女之处,正和《楚居》讲比隹在方山附近出游、季连与之交合的故事相合,可见确实应作"方山"㉕。子居认为方山在今河南荥阳市西南,又称浮戏山。《山海经·中次七经》:"又东三十里曰浮戏之山,有木焉,叶状如樗而赤实,名曰亢木,食之不蛊,汜水出焉,而北流注于河。"《水经注·河水》:"河水又东合汜水,水南出浮戏山,世谓之曰方山也。"《水经注·洧水》:"洧水东流,绥水会焉。水出方山绥溪,即《山海经》所谓浮戏之山。"可证㉖。陈民镇认为:季连"逆上洲水",上游在河南淅川,位处河南嵩县的方山(陆浑山)是《楚居》所见"方山"的可能性较大。季连逆洲水而上,见盘庚之子,地在殷商畛域,自可相信㉗。此外,还有学者认为方山是《禹贡》"导山"章中的"外方山",即今中岳嵩山,在河南登封县㉘。按:从简文"(季连)逆上洲水,见盘庚之子,处于方山,女曰妣隹"来看,方山应在均水流域,处于今伏牛山脉一带。统观诸家之说,当以陈民镇之说为胜。

京宗,整理者认为是地名,疑与《山海经·中山经·中次八经》

"荆山之首曰景山"有关,但未具体证明。李学勤先生也怀疑与景山有关,并做了进一步的论证,认为"鬻熊、熊丽都居于京宗,简文还说,'至熊狂亦居京宗'。对照葛陵简的'宅兹雎漳',不难推想京宗所在的范围。《墨子·非攻下》:'昔者楚熊丽始讨此雎山之间。''讨',《说文》训为'治',可知熊丽是在雎水一带的山间,所以京宗之名有可能与《中山经》的景山有关。《水经·沮(雎)水注》:'沮水出汶阳郡沮阳县西北景山,即荆山首也。'《读史方舆纪要》云山在湖北房县西南二百里。京宗得名疑即与该山有关。"㉙当然,也有学者认为古书从未见到楚人提到"景山",颇疑"京宗"就是指荆山。"京"属见母阳部,"荆"属见母耕部,声母相同,韵部也有关系㉚。那么"京宗"是否是"景山"?李家浩先生从文字音韵角度作了证明,认为"景"从"京"得声,故二字可以通用,并举有书证;又认为《楚居》把景山称为"景宗",犹古书把岱山称为"岱宗",因为其为荆山之首故名㉛。同时,李家浩先生也曾提出䖘羌钟铭文"慑夺楚京"的"楚京"可能当读为"楚荆",并引述"京"可通"荆"的材料,认为"京""荆"相通㉜。

当然,也有学者对"京宗"即"荆山"或"景山"提出了质疑㉝,认为"荆"字在西周中后期是常用字,在战国楚简中也多见;而"山"字在《楚居》中屡见,如騩山、乔山、方山。迁居"荆山"或"景山",何必不直书之而反用"京宗"来假借。因此,用声韵通假来解释"京宗"即"荆山"或"景山"有些牵强,难以信服。

按:"京",《说文·京部》:"京,人所为绝高丘也。"《尔雅·释丘》:"绝高为之京"。可见,"京"最初为高丘之意。郭沫若《两周金文辞大系考释》:"京,象宫观庪廙之形,在古素朴之世非王居莫属。王者所居高大,故京有大义,有高义。""京"演变为王居之地,即都邑、城邑之意,具有了政治含义。"宗",《说文·宀部》:"宗,尊祖庙也。从宀,从示。"段玉裁注:"当云:尊也,祖庙也。"可见,"宗"本为祖庙之意。远古时期祖庙一般是位于高山之上,因为高山距天是最近的,登上山顶就像登上了"天国"。我们从这一时期的考古祭祀遗址就可以看出来，良渚文化的瑶山祭坛就建造在瑶山山顶㉞，而红山文化的牛河梁女神庙也建在牛河梁主梁的北山山顶㉟。所以，"京宗"无疑具有政治地理的意义，就像今天的"首都"一词一样，不仅具有指示地名的作用，而且也是政治中心的意蕴。

尽管传世文献中关于季连的居地没有记载，但从《楚居》后面的记载来看，不仅是季连居住于京宗，而从穴熊至熊绎时都居住在京宗，这说明这一时期季连部族没有再迁徙，京宗是楚人的形成之地。《墨子·非攻下》云"昔者楚熊丽始讨此睢山之间"，"睢"乃"雎"之误。陈槃先生认为，雎、沮字通，雎山当即沮水之山。沮水所在即沮山（雎山）所在，沮山亦即荆山矣㊱。可见，"京宗"即在荆山之地。

其实，从前引的《中次八经》记载来看，无论是"景山"还是"荆山"，都是荆山山系的一部分。盛弘之《荆州记》记载："景山在上洛县西南二百里，东与荆山连接，有沮水源出焉。其山一名雁浮山。荆山之首曰景山。"《水经注·漳水》也记载："漳水出临沮县东荆山，……荆山在景山东百余里。"又"雎水"即"沮水"，《水经注·沮水》载"沮水出汉中房陵县景山"，而《淮南子·地形》"雎（沮）出荆山"，王念孙说因为《中山经》说"荆山之首曰景山"，故《地形》云"沮出荆山"㊲，故有学者认为"荆"亦假借为"景"㊳。可见，景山是沮水的发源地，荆山是漳水的发源地，景山、荆山实为一体，"景山"也可读为"荆山"。

从新蔡简楚人先公"宅兹雎漳"以及前引传世文献记载的楚人早期活动地域的记载来看，楚人当形成于荆山地区，因此，用"京宗"指代"荆山"或"景山"并不牵强，就像用"梁"指代"魏国"、今"华盛顿"指代"美国"一样。

除此之外，在《山海经》还有一列荆山山系。据《中次十一经》记载："荆山之首曰翼望之山，湍水出焉，东流注于济；贶水出焉，东南流注于汉。"郭璞注云："今湍水径南阳穰县而入清水"。郝懿行笺疏云："经文'济'、注文'清'并当为'淯'字之讹也。《文选·南都赋》注引此经郭注云：'今湍水径南阳穰县而入淯也。'《水经》亦云：'湍水至新野县东，入于淯。'《郡国志》云：'卢氏有熊耳山，淯水出'。《地理志》作育水也。'"㊴《水经注·湍水》也记载："湍水出弘农界翼望山。……东南流，……湍水又径穰县为六门陂。……湍水又迳穰县故城北，又东南，……至县（新野）西北，东分为邓氏陂。……东入于淯。"穰县即今河南邓州，新野在今河南新野县南，淯水为今唐白河主流的白河，湍水为今之湍河，故有学者认为"洲水"为"湍水"，《楚居》中的京宗就是此处的荆山㊵。因为《中次十一经》中的"翼望之山"被称为"荆山之首"，因此石泉先生认为在翼望山附近必有称为"荆山"的一座山，并考证出此荆山在今邓州西北九十里、与内乡县交界的山区㊶。按：在《中次十一经》的记载中并没有被称为"荆山"的一座山，可见，"荆山"应是《中次十一经》中记载的这一系列山的总称，因而并不能据此就断定"荆山"在"翼望山"附近，"荆山"地望无法实指。

在《禹贡》"导山"章中，也有两条关于"荆山"的记载。其一曰"导岍及岐，至于荆山"，《汉书·地理志》在左冯翊"怀德县"下称"《禹贡》北条荆山在南，下有强梁原"。据《隋书·地理志》和《元和郡县志》的记载，该地在今陕西富平县西南。其二曰"导嶓冢，至于荆山"，《汉书·地理志》在南郡"临沮县"下称"《禹贡》南条荆山在东北，为漳水所出"。对比这两条荆山，显然南条荆山应是京宗之所在，位于今湖北南漳县西南一带。

四、结语

除了上述这些地名而外，还有学者认为"爰波"、盘、"裳羊"也为地名。爰波，整理者指出"爰波"是地名，复旦大学出土文献与古文字研究中心研究生读书会认为可能读为"爰陂"㊷，但都没有指明地望。宋华强认为"爰"读为"汉"、"波"读为"泮"或"畔"，意指汉水之畔㊸。陈民镇则怀疑"爰波"并非一个具体地名，认为"爰"或作介词解，相当于"于"㊹。甚是。盘，李学勤说"盘"应读为"泮"，即水滨[45]。其实,李家浩的训释更为令人信服,他认为"盘"应读为"判",为"成夫妇"之意[46]。裳羊,整理者认为是联绵词,《广雅·释训》作"徜徉",但也有学者认为是地名。周运中认为"裳羊"是《左传·哀公四年》中的地名仓野[47],而赵平安认为是常羊之山,应在华阳南边[48]。宋华强认为则"裳"、"羊"疑当读为"漳"、"阳",二水名,指漳水和阳水[49]。刘彬徽认为"裳羊"应该读为"丹阳"[50]。按:上述诸说,应以整理者的第一种意见为胜。"毓"即"育",为位移动词"道",与"裳羊"作整体理解[51]。

在《楚世家》中,季连之后是附沮,"附沮"之名显然来自沮水,为依附沮水之意,与季连部族从方山一带迁居荆山地区有关,应为"京宗"之所在。附沮之后为穴熊,穴熊以季连部族迁徙的第一地点"穴穷"为名,可见熊山在楚人心目中的地位。

由此可知,在夏商时期季连部族的活动处于不断的迁徙之中,首先是从中原地区的騩山抵达了鄂西北地区的穴穷,又从穴穷向前迁移到乔山,处于乔山的水滨,再从乔山水滨逆流均水,来到方山与殷人婚媾,最后迁徙到沮、漳二水的发源地荆山地区。

注释:

① 清华大学出土文献研究与保护中心编、李学勤主编:《清华大学藏战国竹简(一)》,中西书局,2010年,第180~194页。
② 主要文章有李学勤先生《论清华简〈楚居〉中的古史传说》,讨论了季连、鬻熊的传说事迹。赵平安的《试释〈楚居〉中的一组地名》、《〈楚居〉的性质、作者及写作年代》、《"三楚先"何以不包括季连》、《试说〈楚居〉的毓常羊》、《清华简〈楚居〉妣隹、妣列考》、《〈楚居〉"为郢"考》,主要讨论了《楚居》的文本和《楚居》的一些地名、人物。李守奎的《论〈楚居〉中季连与鬻熊事迹的传说特征》,主要运用《楚居》纠正了《史记·楚世家》记载的错误。另外,还有高崇文的《清华简〈楚居〉所载楚早期居地辨析》,对整理者认为的"京宗"是景山提出了质疑;周宏伟的《楚人源于关中平原新证》,对《楚居》中相关地名进行考释,认为楚人是源自于关中地区;谢维扬的《〈楚居〉中

季连年代小议》;尹弘兵的《"京宗"地望辨析》。网上的主要有:黄鸣《清华简〈楚居〉一至四简的历史地理考察》,守彬《读清华简〈楚居〉季连故事》,凡国栋《清华简〈楚居〉中与季连有关的几个地名》,孟蓬生《〈楚居〉所见楚武王名臆解》,宋华强《清华简〈楚居〉1—2号释读》、《清华简〈楚居〉"比隹"小议》,陈伟《清华简〈楚居〉"桱室"故事小考》,虞同《读〈楚居〉札记》,程少轩《谈谈〈楚居〉所见古地名"宵"及相关问题》,等等。

③ 张正明:《楚史》,湖北教育出版社,1996年,第20页。
④ 清华大学出土文献研究与保护中心编、李学勤主编:《清华大学藏战国竹简(一)》,中西书局,2010年,第181页。简文句读及个别词汇与整理者有所区别。
⑤ 罗运环:《楚国八百年》,武汉大学出版社,1992年,第49页;段渝:《楚人先民的世系和年代》,《江汉考古》1983年第10期,第76页。
⑥ 参见《庄子》之《逍遥游》、《大宗师》、《齐物论》及《列子》之《力命》,《楚辞》之《天问》。
⑦ 清华大学出土文献研究与保护中心编、李学勤主编:《清华大学藏战国竹简(一)》,中西书局,2010年,第182页。后文整理者所言皆见于此。
⑧ 李学勤:《论清华简〈楚居〉中的古史传说》,《中国史研究》2011年第1期,第53~58页。
⑨ 晏昌贵:《清华简〈楚居〉所见季连徙居地及相关问题》,载《楚简楚文化与先秦历史文化国际研讨会论文集(上)》,第75页,2011年10月,武汉。
⑩⑮ 周运中:《清华简〈楚居〉地理考》,载《楚简楚文化与先秦历史文化国际研讨会论文集(上)》,第156页,2011年10月,武汉。
⑪ 考察《山海经·山经》,騩山出现在《西次一经》、《西次三经》、《中次三经》、《中次七经》、《中次九经》、《中次十一经》诸山经中,其中《中次七经》、《中次十一经》称为"大騩山"。在《中次十经》中有"騩山,帝也。其祠:羞酒,太牢,其合巫祝二人儛,婴一璧"的记载,这应是《中次九经》的错简,放在了《中次十经》之后。如此,则"騩山"与"熊山"地位一样高,应是季连南迁将故地山名带到江汉的缘故。
⑫ 谭其骧:《论〈五藏山经〉的地域范围》,载《长水集续编》,人民出版社,1994年,第405页。谭先生详细考论了此山经的前五山,认为应今四川盆地西北缘的岷山山脉。至于其后的十一山虽未考证,但也指出应在今四川东

部。当指今大巴山脉。

⑬㉖ 子居:《清华简〈楚居〉解析》,简帛研究网,http://www.jianbo.org/admin3/2011/ziju001.htm,2011 年 3 月 30 日。又见孔子 2000 网"清华大学简帛研究"专栏。

⑭ 晏昌贵:《清华简〈楚居〉所见季连徙居地及相关问题》,载《楚简楚文化与先秦历史文化国际研讨会论文集(上)》,第 77 页,2011 年 10 月,武汉。

⑯《吕氏春秋·召类篇》载:"尧战于丹水之浦,以服南蛮,舜却苗民,更易其俗。"见许维遹撰、梁运华整理:《吕氏春秋集释》,中华书局,2009 年,第 559 页。

⑰ 张正明:《楚史》,湖北教育出版社,1996 年,第 12～15 页。

⑱ 武汉市地方志编纂委员会主编:《武汉市志·文物志》,武汉大学出版社,1990 年,第 162 页。

⑲ 周运中:《〈山经〉楚越诸山考》,载《长江文化论丛(第 4 辑)》,中国文史出版社,2006 年,第 130 页。

⑳㉓㉔㊺ 李学勤:《论清华简〈楚居〉中的古史传说》,《中国史研究》2011 年第 1 期,第 53～58 页。

㉑ 何琳仪:《新蔡竹简选释》,《安徽大学学报》2004 年第 3 期,第 4、5 页。

㉒ 董珊:《新蔡楚简所见的"颛顼"和"雎漳"》,简帛研究网,http://www.jianbo.org/admin3/list.asp?id=1059,2003 年 12 月 7 日。

㉕㉚㉝㊸㊾ 宋华强:《清华简〈楚居〉1～2 号释读》,武汉大学简帛研究中心网站,http://www.bsm.org.cn/show_article.php?id=1391,2011 年 1 月 15 日。

㉗ 陈民镇:《清华简〈楚居〉集释》,复旦大学出土文献与古文字研究中心网站,http://www.gwz.fudan.edu.cn/SrcShow.asp?Src_ID=1663,2011 年 9 月 23 日。

㉘ 晏昌贵:《清华简〈楚居〉所见季连徙居地及相关问题》,载《楚简楚文化与先秦历史文化国际研讨会论文集(上)》,第 76 页,2011 年 10 月,武汉。

㉙ 李学勤:《论清华简〈楚居〉中的古史传说》,《中国史研究》2011 年第 1 期,第 53～58 页。

㉛㊻ 李家浩:《谈清华战国竹简〈楚居〉的"夷宅"及其他》,载《出土文献(第二辑)》,中西书局,2011 年,第 56 页。

㉜ 李家浩:《释上博战国竹简〈缁衣〉中的"茲臣"合文——兼释兆域图"逐"和

㉜ 羌钟"䇂"等字》,载《康乐集——曾宪通教授七十寿庆论文集》,中山大学出版社,2006年1月,第25页,第26页注26。

㉝ 高崇文:《清华简〈楚居〉所载楚早期居地辨析》,《江汉考古》2011年第4期,第61~66页。

㉞ 林华东:《瑶山良渚文化祭坛小议》,《东南文化》1988年第5期,第77页。

㉟ 孙守道、郭大顺:《牛河梁红山文化女神头像的发现与研究》,《文物》1986年第8期,第18~24页。

㊱ 陈槃:《春秋大事表列国爵姓及存灭表撰异》上册,上海古籍出版社,2009年,第185~186页。

㊲ 刘文典:《淮南鸿烈集解》,中华书局,1989年,第151页。

㊴ (清)郝懿行:《山海经笺疏》(据光绪十二年刻本影印),中国书店,1991年,第292页。

㊵ 凡国栋:《清华简〈楚居〉中与季连有关的几个地名》,载《楚文化研究论集(第十集)》,湖北美术出版社,2011年,第64、65页。

㊶ 石泉:《楚都丹阳及古荆山在丹、淅附近补正》,载《古代荆楚地理新探》,武汉大学,1988年,第206~208页。

㊷ 复旦大学出土文献与古文字研究中心研究生读书会:《清华简〈楚居〉研读札记》,复旦大学出土文献与古文字研究中心网站,http://www.gwz.fudan.edu.cn/SrcShow.asp?Src_ID=1353,2011年1月5日。

㊹ 陈民镇:《清华简〈楚居〉集释》,复旦大学出土文献与古文字研究中心网站,http://www.gwz.fudan.edu.cn/SrcShow.asp?Src_ID=1663,2011年9月23日。

㊻ 李家浩:《谈清华战国竹简〈楚居〉的"夷䉷"及其他》,载《出土文献(第2辑)》,中西书局,2011年,第56页。

㊼ 周运中:《清华简〈楚居〉地理考》,载《楚简楚文化与先秦历史文化国际研讨会论文集(上)》,第158页,2011年10月,武汉。

㊽ 赵平安:《试说〈楚居〉"毓𩫞羊"》,《文物》2012年第1期,第75、76页。

㊿ 刘彬徽:《楚丹阳新解》,载《湘鄂豫皖楚文化研究会第十三次年会论文资料集》,长沙,2013年11月,第225页。

㉛ 吴铭:《"育""驿"之位移动词义探诂》,载《中国文字研究》第19辑,上海书店出版社,2014年,第78、79页。

读近刊蔡器散记*

黄锦前

（河南大学历史文化学院）

近阅新刊布或新出土的几件蔡国有铭铜器，略有浅见，遂作小札，以乞正于方家及同好。

一、蔡侯朔剑

一件，1999年冬丹江口市均县镇吉家院墓地 M19 出土，现藏丹江口市博物馆。长 56.6、宽 4.9、厚 1 cm。圆茎实柄，茎上二箍，宽格，剑长隆起棱，箍及格的表面镶嵌绿松石图案。剑身有错金鸟篆铭文 2 列 6 字（图一）[①]，作：

蔡侯朔之用剑。

"朔"字原篆作，发掘者未释。或释作"鸦"，认为蔡侯干即蔡哀侯献舞[②]，显非。该字从

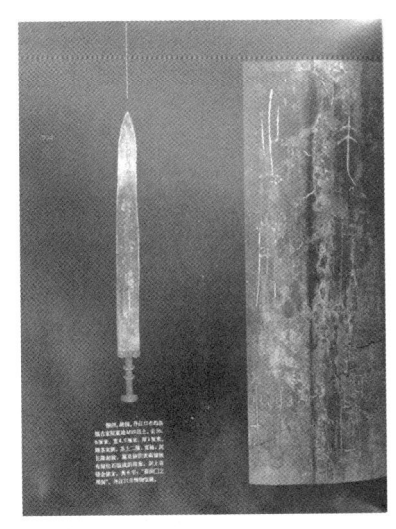

图一　蔡侯朔剑

---

* 本文为河南省教育厅人文社科项目"蔡国铜器铭文整理与研究"（编号：2010 - GH - 023）资助成果。

屮从月,当是"朔"字。

"蔡"字原篆作 ▇,与常见的"蔡"字写法稍异,值得注意。

蔡侯朔的器物,过去见于著录的有一件戟,系 1980 年 9 月安徽舒城九里墩春秋楚墓出土,援及胡部刻错金铭文 6 字[③],作:

蔡侯朔之用戟。

2008 年春,浙江绍兴又出土一件有蔡侯朔戟,形制与九里墩楚墓出土者接近,胡部有错金铭文 6 字[④]:

蔡侯朔之用戟。

此二戟铭与剑铭格式相同。

关于蔡侯朔戟在楚墓中出土的原因,过去我曾作推测,认为可能与春秋时期楚灭蔡的战事有关[⑤]。蔡侯朔剑在丹江口市出土,其原因可能亦与之相似。同样,蔡侯朔戟在绍兴的出土,也从侧面反映了春秋晚期蔡与吴、越及楚的复杂关系[⑥]。

蔡成侯朔在位的时间,在前 490 年至前 472 年之间,因此,此剑的时代,当在春秋晚期后段。

二、蔡侯班戈

2009 年,南阳市八一路南阳市商贸中心(原南阳汽车发动机厂)M27 出土一件蔡侯班戈,胡部有错金铭文 6 字(图二)[⑦],作:

蔡侯班之用戈。

蔡灵侯之名,文献作"般",或作"班"[⑧],发掘者认为,蔡侯班即蔡灵侯,蔡侯班戈在南阳出

图二 蔡侯班戈

土,见证了《史记·管蔡世家》所载:"(蔡灵侯)十二年,楚灵王以灵侯弑其父,诱蔡灵侯于申,伏甲饮之,醉而杀之"这一历史事件。其说是。

过去见于著录的有一件蔡公子颁戈,援及胡部铸鸟篆铭6字[9],作:

蔡公子颁(般)之用。

曹锦炎认为此蔡公子颁当为后即侯位之蔡灵侯般[10],其说可从。

韩自强等《近年新见铭文兵器》公布有一件春秋晚期的蔡公子☐戈[11],胡部刻铭2列6字:

蔡公子☐之用。

其中蔡公子之名字残,不清晰,据其残画 ![] 并对照上揭蔡公子颁戈的"颁"字作 ![] 来看,此字很可能也是"颁"字,然则此戈亦系蔡公子颁所有。

蔡灵侯般在位的时间为前542年至前531年,蔡公子般戈应在般即位稍前。

三、蔡加子壶

一件,河南南阳八一路M58出土,现藏南阳市文物考古研究所[12]。壶为侈口束颈,鼓腹平底,假圈足,颈部有一对半环钮,以链环与套接提梁,盖面隆起,正中内凹,中心有一半环钮,以链环与提链相衔接。器身环饰三周主纹为四个首尾相连的夔龙纹,间以三周对顶三角纹,口沿下饰四个桃形云纹对应于夔龙,腹中部饰四个圆涡纹,下部环饰八个桃形卷云纹,皆以绿松石镶嵌,颇为精美(图三)。时代为春秋晚期前段。

壶盖面铸铭文一周5字,作:

613

蔡加子之壶。

"蔡"是其国属,"加"为其名,"子"系美称。

同人之器,过去见诸著录者有多件:

(1) 蔡加子戈[13]:蔡加子之用戈。

(2) 蔡公子加戈[14]:蔡公子加之用。

(3) 蔡公子加戈[15]:蔡公子加之用。

(4) 蔡公子加戈[16]:蔡公子加自作用戈。

图三 蔡加子壶

(1) 蔡加子戈系1942年安徽寿县出土(岩窟)。(2) 蔡公子加戈为上海博物馆所藏。(3) 蔡公子加戈系2005年春湖北襄樊古邓城东北团山墓地M42出土。(4) 蔡公子加戈为某私人收藏。

此壶的发现,无疑又丰富了有关蔡器的材料。如前述蔡侯班戈一样,蔡加子壶出于南阳战国楚墓,或为春秋战国之际楚、蔡关系的真实写照。

四、蔡叔麇袁戟

一件,安徽寿县寿春镇南关村西圈墓地M4出土,现藏寿县博物馆。此为双戈戟之一,窄长援,尖锋,中脊突起,中胡,阑下有齿,阑侧二长穿一小穿,内窄长,上有一横穿,末端有一圆孔,内上饰双阴线变形蟠龙纹。长25.2、宽2.4厘米。援和胡部刻铭文6字(图四)[17],作:

蔡叔麇袁(?)之行。

图四 蔡叔麓夵戟

蔡叔之名首字作[图],从鹿从米,应释作"麓";次字原篆作[图],从矛,其余笔画不清晰,从残画来看似从衣,即"夵"字,暂存疑。此字从矛得声,应无问题。或将此二字释作"蒸操"、"米九",均误。

戟之年代,或定为战国早期。蔡叔铭文戈的形制,与下述蔡巨父启戈戟近似,据形制与铭文来看,当以定在春秋晚期前段为宜。

五、蔡巨父启戟

一件,安徽寿县出土,现藏安徽省文物考古研究所。此为双戈戟之一,窄长援,尖锋,中脊突起,中胡,阑下的齿已残,阑侧二长穿一小穿,内窄长,上有一横穿。援和胡铸鸟篆铭文6字(图五)[18],作:

蔡巨父启之用。

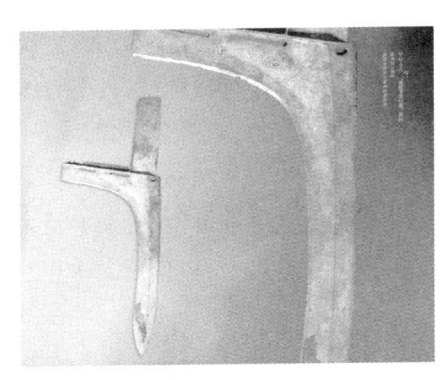

图五 蔡巨父启戟

铭文第二、三字原篆分别作 ▨、▨，应释作"巨父"，或释为"攻尹"⑲，从字形看不似，吴镇烽将前一字释作"弔（叔）"，不确。

其下一字原篆作 ▨，从启从攴，应是"启"字，而非吴镇烽所释的"所"字。"启"应系蔡巨父之名。

末一字原篆作 ▨，应释作"用"。吴镇烽释作"告（造）"，显非。

戟之年代，吴镇烽定为春秋晚期。其形制明显较蔡侯申戈为早，与上海博物馆所藏的一件春秋晚期的蔡公子果戈⑳及蔡侯班戈皆略似（图二）。据其形制与铭文综合来看，当以定在春秋中期偏晚后段为宜。

对照下文将要讨论的蔡大司马燮盘、匜铭文"蔡大司马燮"的称谓格式来看，"巨父"或系蔡之职官名。

六、蔡大司马燮匜

一件，中国国家博物馆 2003 征集年入藏㉑。匜体呈瓢形，曲口平底，窄沿方唇，腹部圜收，端流管，上饰浮雕兽面纹，龙形鋬，龙尾上卷。口沿下饰蟠虺纹，其下有绚索纹一道，腹饰蟠虺纹和三角纹（图六）。时代为春秋晚期前段。

匜内底刻铭 6 列 30 字（又重文 2），作：

唯正月初吉丁亥，蔡大司马燮作媵孟姬赤盥匜，其眉寿无期子子孙孙永保用之。

孟姬名字原篆作 ▨，从大从火，应系"赤"字。

图六　蔡大司马燮匜及铭文

　　同人之器，过去见诸著录者有一件私人收藏的蔡大司马燮盘②，铭文与匜铭相同，唯器自名曰"盘"。上述孟姬名字之字原公布的拓本不清晰，或释作"曩（铸）"，不确，我曾怀疑其应系"赤"字③，于匜铭可得验证。

　　综上，本文对湖北、河南及安徽等地近出及流散的蔡侯朔、蔡侯班、蔡公子加、蔡叔糜夌、蔡巨父启及蔡大司马燮等器进行考释和系联，着重就文字释读方面对未识字进行了考释，对误释字加以改进，力图恢复铭文文本本来的面貌，将相关材料串联起来，以便更准确并最大限度地发挥其史料价值。

　　附记：新近出版的《商周青铜器铭文暨图像集成续编》著录有一件私人收藏的蔡侯朔戈（吴镇烽编著：《商周青铜器铭文暨图像集成续编》，上海古籍出版社，2016年，第123页，第1162号），铭曰"蔡侯朔之用戈"，可补充有关资料。

注释：
① 王红星主编：《尘封的瑰宝——丹江口水库湖北淹没区文物图珍》，湖北美

术出版社,2004年,第134页。

② 孙启康:《丹江口水库库区出土三起铜器铭文考释——读〈尘封的瑰宝〉觅王、侯之遗踪》,《江汉考古》2008年第1期,第124页。

③ 安徽省文物工作队:《安徽舒城九里墩春秋墓》,《考古学报》1982年第2期,第232页、第233页图4.1;《殷周金文集成》(中国社会科学院考古研究所:《殷周金文集成》,中华书局,1984年8月~1994年12月;《殷周金文集成》(修订增补本),中华书局,2007年。以下简称"集成")17.11150;李治益:《蔡侯戟铭文补正》,《文物》2000年第8期,第89、90页。

④ 陈阳:《新见蔡侯朔之用戟》,载《东方博物(第二十九辑)》,浙江大学出版社,2008年,第46~48页。

⑤ 拙作《楚系铜器铭文研究》,安徽大学2009年博士学位论文(指导教师:黄德宽),第217页。

⑥ 有关讨论可参看前揭陈阳文。

⑦ 崔本信、王凤剑:《河南南阳楚申县贵族墓地发掘》,中国文物信息网,2010年3月29日,http://www.kaogu.cn/cn/detail.asp?ProductID=11285。

⑧⑩ 曹锦炎:《鸟虫书研究(三篇)》,载《于省吾教授百年诞辰纪念文集》,吉林大学出版社,1996年,第92页。

⑨ 张光裕、曹锦炎主编:《东周鸟篆文字编》,香港翰墨轩出版有限公司,1994年,第191页;曹锦炎:《鸟虫书研究(三篇)》,载《于省吾教授百年诞辰纪念文集》,吉林大学出版社,1996年,第92、93页,第94页图三;王人聪:《释鸟篆蔡公子颁戈》,载《容庚先生百年诞辰纪念文集》,广东人民出版社,1998年,第715页;曹锦炎:《鸟虫书通考》,上海书画出版社,1999年,第141页图102。

⑪ 韩自强、刘海超:《近年新见铭文兵器》,载《楚文化研究论集(第五集)》,黄山书社,2003年,第361~364页。

⑫ 资料现藏南阳市文物考古研究所。

⑬ 集成17.11149;吴镇烽编著:《商周青铜器铭文暨图像集成》,上海古籍出版社,2012年,第243页,第16771号。

⑭ 集成17.11148;上海博物馆:《上海博物馆藏青铜器》,上海人民美术出版社,1964年,第87号;陈佩芬:《夏商周青铜器研究(东周篇)》,上海古籍出版社,2004年,第272、273页,第546号。

⑮ 黄锡全、刘江声:《襄樊团山墓地出土一件蔡公子加戈》,载《华学(第九、十辑)》,上海古籍出版社,2008年,第146页图一。
⑯ 吴镇烽编著:《商周青铜器铭文暨图像集成》,上海古籍出版社,2012年,第446页,第16903号。
⑰ 朱多良:《文物选粹》,安徽人民出版社,2009年,第38页;寿县文化广电新闻出版局:《璀璨寿春——寿县文化遗产精粹》,安徽美术出版社,2012年,第26、27页。
⑱ 吴镇烽编著:《商周青铜器铭文暨图像集成》,上海古籍出版社,2012年,第293页,第16810号,名曰"蔡叔戟(蔡叔戈)";安徽省文物局、安徽省文物考古研究所:《建国60周年安徽重要考古成果展专辑图录》,文物出版社,2014年,第194页。
⑲ 安徽省文物局、安徽省文物考古研究所:《建国60周年安徽重要考古成果展专辑图录》,文物出版社,2014年,第194页。
⑳ 《文物》1964年第7期,第34页图二。
㉑ 中国国家博物馆、中国书法家协会:《中国国家博物馆典藏甲骨文金文集粹》,安徽美术出版社,2015年,第307~309页。
㉒ 韩自强、刘海洋:《近年所见有铭铜器简述》,载《古文字研究》第24辑,中华书局,2002年,第168页;韩自强主编:《阜阳亳州出土文物文字编》,内部资料,2004年,第36页。
㉓ 拙作《楚系铜器铭文研究(修订稿)》,安徽大学2009年博士学位论文(指导教师:黄德宽),第73页。

楚乐与祭仪

——楚简"乐之,百之,赣之"新解

郭成磊

(信阳师范学院历史文化学院)

乐舞是祭祀活动的一项重要内容,是生人献媚、取悦于鬼神的重要手段。在楚祷祠简中,常有"乐之"、"延钟乐之"、"鏽钟乐之"一类的文辞,说的就是楚人在祭祷活动中以乐娱神降神;结合祭祷的对象来看,楚祭祀用乐适用于内外群祀。①另外,楚简中又有"乐之"与"百之"或"百"、"赣之"或"赣"搭配使用的记录。那么,如何理解"百之"、"赣之"?"乐之"与"百之"、"赣之"之间的关系又何在?本文在检讨学界已有观点的基础上,提出自己的一些浅见,敬希方家指教。

为方便讨论,现将楚简中"乐之"与"百之"或"百"、"赣之"或"赣"搭配的简文移录如下:

　　☐☐遇祷于卲(昭)王大牢,乐之,百,赣☐(新蔡乙二1)
　　☐君、客(文)夫人,兄(祝)其大牧(牢),百之,赣,乐之。辛酉(酉)之日祷之☐(新蔡乙四128+甲三46)②
　　☐【乐】之,百之,赣。遇祷於子西君戠(特)牛,乐☐(新蔡甲一27)
　　☐【乐】之,百之,赣。以旗(祈)☐(新蔡零287)
　　☐乐之,百之,赣之。祝嗃☐(新蔡甲三298+甲三295)
　　☐坪郏文君子良,乐,赣(新蔡甲三242)

祷于吝(文)夫人㽞牢(牢),乐且贛之;遡祷於子西君㽞牢(牢),乐☐(新蔡乙一11)

☐乐且贛之。遡☐(新蔡零331-1)

☐璧,以罷祷大牢馈,腥钟乐之,百之,贛。鹽(盬)埮占之曰:吉。既告且☐(新蔡甲三136)

祷白朝哉牛、精,乐之,贛。(天星观44)

㙴祷卓公训(顺)至惠公大牢,乐之、百之、贛。(天星观27)

罷祷卓公训(顺)至惠公,乐之,百之,贛。(天星观94)

择良日献马之月,赛祷卓公训(顺)至惠公大牢,乐之,百之,贛。(天星观13-02+13-03)

一、"百"以歆神

学者对"百之"或"百"的讨论聚讼纷纭,相关意见如下表:

学者	释读	观点
陈伟	敀	敀,从白作;百,从白得声。"百"或许与《容成氏》"敀"、《从政》"尃"、郭店《语丛一》"亳"一样,是欢愉一类意思。"百之"类似"乐之",指让神灵愉悦③。
何琳仪	百钟	《淮南子·时则》"季夏之月……律中百钟",注"百钟,林钟也。是月阳盛阴起,生养万物,故云百钟"。此"百钟"与简文"百之"暗合④。
杨华	貊(貃)	上古练兵和田猎时树木为标,以正行列,称为"表"。《周礼》中有"表貉",即在立表处举行祭祷,以壮声势,祈求百十倍获敌。楚人祭祷礼仪中的"百之",也应当是立表而祭,这与楚简中常见的"为位",可以互证。"百之"应当是一种动作,即以十百倍之虔诚进行祭祷,而求十百倍之神佑,其中必定包含着号祝⑤。
范常喜	柏	可能读如"柏",其性质类似于包山简"蒿之",义为"燃柏以祭"⑥。

621

(续表)

学　者	释　读	观　点
何有祖	泊(祓)	与上博简《柬大王泊旱》"泊"字一样读作"祓",与"说"的用法相似。"百之"读作"祓之",与"乐之""贡之"连用,指在娱神的同时向神祈福以消除灾咎⑦。
宋华强	各(格)	疑当读为表示"来"、"至"之义的"各",葛陵简"百之"表示的应该就是以某种方式把受祭神灵"请下来"的仪式,像《九歌》所表现的那样,通过主巫扮演神灵附体并与群巫一起歌舞娱乐的形式,表现神灵来格的内容⑧。
罗新慧	白	通"白",意为告白、禀告、陈述,简文指向先祖、神灵禀告并祈祷⑨。
邴尚白	各/除	宋华强之说可从;"百"又有除、去之类的意思,或可径读作"除"⑩。
晏昌贵	拊(拍)	"百之"似当作动词,应是"击鼓"的专用字;或者一字兼有二义,意为击"拊"以娱神。简文"百"当为鼓乐,与"延钟乐之"用钟,适成对应⑪。
方建军	百	为动词,或可释为"百礼",表示礼仪的繁多。简文"百"就是在祭祀时施以"百礼"。"百礼"还可引申为"百神",即行百礼以祭百神⑫。
刘信芳	百	百之,祭品陈列以示神。《左传》宣公十四年"庭实旅百",杜注:"设笾豆百品实于庭。"又庄公二十二年杜注:"百,言物备。"依此例,简文"百之"应是以祭礼百品陈设于神前,"百",举成数也⑬。

尽管学者们对"百之"各执异辞,新见迭出,但还是可以从简文中抽绎出一丝重要线索。简文"百之"与"乐之"、"赣之"并列,三者间处于一种平行的关系,因此"百"应与"乐"、"赣"一样都是用作动

词,而三个"之"字都用作代词,指所祭祷的鬼神。

至于表中所列各家观点,宋华强先生已对何琳仪、杨华、范常喜、何有祖四位先生的说法中所存在的问题进行了很好的剖析,兹不赘述。然宋说以"百之"为某种降神仪式,容有可商。"乐之"既为降神之节,"百之"又何须复为之?乐舞乃降神之重要手段,《周礼·春官·大司乐》云:

> 凡六乐者,一变而致羽物及川泽之示,再变而致嬴物及山林之示,三变而致鳞物及丘陵之示,四变而致毛物及坟衍之示,五变而致介物及土示,六变而致象物及天神。[14]

变,犹遍;致,谓感召而使之来。[15]这是说乐舞演奏的遍数不同,招致而来的鬼神物魅也不一样。《大司乐》又云:

> 凡乐,圜钟为宫,黄钟为角,大蔟为徵,姑洗为羽,雷鼓雷鼗,孤竹之管,云和之琴瑟,《云门》之舞,冬日至,于地上之圜丘奏之,若乐六变,则天神皆降,可得而礼矣。凡乐,函钟为宫,大蔟为角,姑洗为徵,南吕为羽,灵鼓灵鼗,孙竹之管,空桑之琴瑟,《咸池》之舞,夏日至,于泽中之方丘奏之,若乐八变,则地示皆出,可得而礼矣。凡乐,黄钟为宫,大吕为角,大蔟为徵,应钟为羽,路鼓路鼗,阴竹之管,龙门之琴瑟,《九德》之歌,《九磬》之舞,于宗庙之中奏之,若乐九变,则人鬼可得而礼矣。[16]

郑注:"先奏是乐以致其神,礼之以玉而祼焉,乃后合乐而祭之。"贾公彦疏:"致神则下神也。周之礼,凡祭祀皆先作乐下神,乃荐献,荐献讫乃合乐也。"孙诒让《正义》:"明此三乐皆祭祀致神之乐也。谓天神、地示祭日始迎尸升坛时,人鬼祭日始迎尸入室时,皆先奏乐以致神使来降也。"[17]可见,祭祀天神、地祇、人鬼皆有降神之乐,且所用乐各有差异。[18]

依宋氏之说，以"乐之"表示奏乐仪式，以"百之"表示降神仪式，则"百之"似是"乐之"这一行为所产生的结果，二者之间就是因果关系，而非平行的并列关系。要之，宋氏对"百之"的解读尚有商榷的余地。其他说法中，陈伟先生以为"百之"类似"乐之"是指让神灵愉悦，要知道任何一种祭祀手段的出发点都是投所祭鬼神之所好而取媚之，进而达到愉悦神灵获得福佑的目的，"乐之"、"百之"、"赣之"亦概莫能外，以此来看，陈说似有虚空之嫌。换句话说，即便陈说可信，"百之"也应是异于"乐之"的某种具体的娱神形式，而不是一句"让神灵愉悦"就能说清楚的。

邴尚白先生将"百"释读为"除"的主要依据是睡虎地秦简《日书》甲种《除》中的"百不祥"，以及与之句型相似的句例，如《日书》甲种《除》"兑（说）不祥"、《马禖》"去其不祥"，《日书》乙种"去不祥"，九店楚简《日书》"叙（除）不祥"。不难发现，邴说所征引的材料与何有祖先生的举证基本相同。针对何先生的说法，季旭昇先生指出：

> 睡虎地简的"利以兑（说）明（盟）组（诅）、百不羊（祥）"和"利以除凶厉，兑（说）不羊（祥）"句法虽然看似相同，但并不能因此说"百"字和"兑"字的用法一定同类，一般读"利以兑（说）明（盟）组（诅）、百不羊（祥）"，二小句中间加顿号，是把"百不祥"看成和"盟诅"同类，"百不祥"即"各种不祥"，似乎也解得通。由此看来，"百"未必可以解成"祓"，而新蔡简的"百之"也许可以再讨论[19]。

既然"百"未必释作"祓"，则亦未必释作"除"。至于邴氏在声韵上的分析亦有可疑，"百"声纽为全清音，"除"声纽为全浊音[20]，声母不相近而仅凭"一声之转"推测二字通假，实较难取信[21]。《广雅·释诂》："祓，除也。"宋华强先生指出"祓"字的"宾语多是所欲除去之事"[22]，古书中亦多见"除"字作如是用之例，如《尚书·微子之命》"除其邪虐",《泰誓下》"除恶务本",《周礼·春官·男巫》"春招弭,以除疾病",《国语·越语》"除民之害,以避天殃"等。然而"百之"的"之"指所祭之鬼神,若读"百"为"除"则难通矣。

方建军先生征引《诗·小雅·宾之初筵》"以洽百礼"文以证其说,然"百礼"除可解作"祭祀的各种礼节仪式"[23],还可解作"天下诸侯所献之礼"[24],是则其未必就"表示礼仪的繁多",此其一。《汉书·郊祀志上》"怀柔百神",颜师古注:"称百者,言其多也。"是"百"表示多义,而与礼仪无涉。方说似有增字为训之嫌,此其二。古书中"百"读如字时,尚未见有用作动词之例[25],此其三。从这三点来看,方说似不尽可靠。

刘信芳先生的意见则与方说有些许共通之处,针对方说而提出的第三点质疑亦适用之。其次,刘氏所征引的"庭实旅百"典籍中一般用于燕飨礼。杨华先生指出"施用'庭实旅百'礼,有两种情况,一是大国回赠小国之聘,二是诸侯朝见天子之献物"[26]。《礼记·祭统》"夫祭之为物大矣,其兴物备矣",郑注:"兴物,谓荐百品。"荐献鬼神之物虽也有庶羞百品,但其实并不陈列于庭。《礼记·礼运》有关于祭祀供献所陈之处的记载:"玄酒在室,醴醆在户,粢醍在堂,澄酒在下。陈其牺牲,备其鼎俎,列其琴、瑟、管、磬、钟、鼓,修其祝嘏,以降上神与其先祖。"[27]其三,《左传·庄公二十二年》"庭实旅百,奉之以玉帛",杜预注:"旅,陈也。百,言物备。"是"百"字并不兼有陈设之义。刘说亦有增字为训的嫌疑。

至于晏昌贵先生释"百"为"拊(拍)",可信,从"百"、"白"、"尃"得声的字多可相通[28]。"百之"用鼓与"延钟乐之"用钟对应,固然能讲得通,但是简文中与"百之"并列的大部分是"乐之","乐之"不一定只是钟乐,也有可能为鼓乐。也就是说,以"百之"为鼓乐与"乐之"有语义重复的可能性,因此晏说尚需进一步解答这个疑问。

罗新慧先生指出"百"与"白"互通,可从。《史记·封禅书》"用三百牢于廊畤",《索隐》:"百当为白。"郭店楚简《穷达以时》7号简"白(百)里迡(转)遣(鬻)五羊",《淮南子·修务训》作"百里奚转鬻",《说苑·善说》作"百里奚自卖五羊之皮"。又《韵会》引《说文》云:"百,白也。"段注:"白,告白也。"《广雅·释诂一》:"白,语也。"《玉篇·白部》:"白,告语也。"《广韵·陌韵》:"白,告也,语也。"《正字通·白部》:"下告上曰禀白,同辈述事陈义亦曰白。"可见,罗氏训"白"为"告白、禀告、陈述",可信。对于"百(白)之"在简文中的意义,罗氏又说:

> 在简文中意指向先祖、神灵禀告并祈祷,如新蔡楚简记载,"昭告大川有泝,曰:呜呼哀哉! 小臣成暮生毕(笔者按:'毕'字当为'𦥑(早)'字之误释㉙)孤□"(零:9,甲三:23、57),即为向神灵告白之词㉚。

这种解释通顺连贯,似无不可。从罗氏所举证的简文来看,所谓"向神灵告白之词",即昭告神灵之辞㉛。据学者研究,"在祝祷时宣读简策以昭告神灵的行为,古书称之为'祝号'"㉜,巧合的是,新蔡甲三298+甲三295简"乐之,百之,贡之"后就紧接有"祝唬"一词,由此看来,"百(白)之"的内容应另有所指。

《周礼·地官·封人》:"歌舞牲,及毛炮之豚。"郑注:"谓君牵牲入时,随歌舞之,言其肥香以歆神也。"郑司农云:"封人主歌舞其牲,云博硕肥腯。"贾公彦疏云:"此《左氏》桓公传随季良之辞,彼云:'奉牲以告曰博硕肥腯。'引之者,证封人歌舞牲时有此辞也。"㉝据此,"百(白)之"的内容很可能就是"博硕肥腯"之类用以歆神的话,而"歌舞"正与"乐之"相当,"毛炮"则是对将要进献给鬼神的牺牲的处理。总之,简文"乐之"的目的在于降神,"百之"则在于歆神,二者是平行且前后连续的两个程式。

二、"赣"以荐馔

学界对"赣之"的有关意见主要集中在以下几个方面:

学　者	释　读	观　点
宋定国贾连敏	戁	或称"首戁",疑与"钟乐"有关。《说文》:"戁,䑏也,舞也。从夊,从章,乐有章也。"㉞
宋华强		从古文字材料来看,"戁"是由"赣"的表义初文讹变而来。"戁"与舞蹈有关,简文"赣"读为"戁",大概就是表示为神灵跳舞或歌舞的意思。"戁"和"栈钟乐之"一起构成了完整的娱神"节目单",正符合楚人祭祷神灵时"歌乐鼓舞以乐诸神"的习俗㉟。
晏昌贵	戁	读如"戁",以乐器伴奏歌舞娱神。㊱
贾连敏	贡㊲	
杨　华		贡(赣),是向神祇进献物品,《国语·鲁语下》"社而赋事,蒸而献功",献功即献贡,韦昭注:"献五谷、布帛之功也。"㊳
沈　培	贡	包山简整理者指出:"赣,借作贡。《广雅·释诂一》:'贡,上也。《释言》:'贡,献也。'"新蔡简"贡"的用法一样㊴。
罗新慧		
邴尚白		简文"赣"通"贡","赣之"应指将祭品贡献于先祖或其他神灵㊵。
		疑是进献衣裳一类祭品的专门用语。衣裳为人所穿着,天星观简及葛陵简中的"贡",皆用于人鬼,可作为"赣"应读为"贡"的旁证㊶。
袁金平	侃	音理上,可对应读如青铜钟铭"喜侃"之"侃",表喜乐义㊷。
方建军	干	应读为"干",可作为"舞"的代称,"干之"就是"舞之"㊸。

正如杨华先生所揭示的那样,学界既然基本都认同将"乐之"、"百之"、"赣之"视作一个礼仪组合,那么这三者就应当具有同质性和

627

连续性㊷。或许正是基于此,为了保持这种连贯性,学者们对"贛之"的释读必然会受到他们各自对"乐之"与"百之"的看法的影响。

对于宋华强先生读"贛"为"戁",邴尚白先生从"乐之"、"百之"、"贛"在简文中的位置,三者间的相互关系,以及"戁"字在先秦古籍中的用法三个方面专门进行了针对性地驳议。关于第三点,邴先生说:

> 从这些诗句来看(按,即《诗·小雅·伐木》、《魏风·伐檀》、《陈风·宛丘》中的有关诗句),"坎坎"、"戁戁"或"欥欥",其实都只是状声词,象敲击乐器声或伐木声。"戁"字训作舞,可能只是三家《诗》的讲法,除《说文》外,似乎再找不到这样的例子,况且"戁"字即使在《诗》句中,亦不是动词,与楚国卜筮祭祷简的"贛"字不同。因此简文中的"贛"是否应读作"戁",也就非常可疑。

这种质疑对征引《诗》以证简文"贛"与"戁"互通的说法都是适用的。

袁金平先生读"贛"为"侃",从韵纽上来说是可信的。不过,他也意识到这种读法"与'乐之'意义相重叠",遂又指出二者"散言则通,对言则别",认为在对举时"乐之"的"乐"兼有快乐、愉悦和奏乐两种含义,言下之意,"侃"仅表示喜乐,而与奏乐无关。然而,金文中"侃"、"喜侃"或"侃喜"多出现于钟铭,也就是说"侃"与乐器大有联系㊺。如此看来,袁先生所作的区分似乎没有多大意义,其说有所未逮。

金文所见"侃"或"喜侃"

器 名	器 号	铭 文	时 代	出 土
戩狄钟	《集成》49	侃先王,先王其严在帝左右	西周晚期	

(续表)

器　名	器　号	铭　文	时　代	出　土
兮仲钟	65～71	其用追孝于皇考己（纪）伯，用侃（衎）喜（饎）前文人	西周晚期	嘉庆乙亥江宁城外新出土（海外吉）
丼人妄钟	110、112	用追考（孝）、侃前文人，前文人其严在上	西周晚期	1996年陕西扶风县齐镇
师㝨钟	141	用喜侃前文人，用祈屯（纯）鲁、永令（命）	西周晚期	1974年陕西扶风县强家村窖藏
鲜钟	143	用侃喜上下，用乐好宾	西周晚期	
士父钟	145～148	用喜侃皇考，皇考其严在上	西周晚期	
梁其钟	188.1、190	用卲各、喜侃前文人	西周晚期	传1940年陕西扶风县法门寺任村（上海60）
㝬钟	246	用卲各、喜侃乐前文人	西周中期	1976年陕西扶风县法门寺庄白村一号窖藏（七六FZH一：六四）
五祀䛙钟	358	乍（作）厥王大宝，用喜（饎）侃（衎）前文人	西周晚期	1982年陕西扶风县白家村
师䈕钟	《近出殷周金文集录二编》8	用侃喜前【文人】，【绾】绰永命	西周晚期	陕西省扶风县召公乡巨浪海家村

629

（续表）

器　名	器　号	铭　　文	时　代	出　　土
叔妧簠	《集成》4137	用侃喜百（生）姓、佣友罤子妇	西周晚期	
万諆觯	6515	配用🜚，侃（衎）多友	西周中期	

方建军先生以为"赣"、"干"音近可通，大体可从，然以"干"为"舞"之代称则颇为可疑。就方氏所引证的有关材料来看，"干"仅系舞具，《礼记·乐记》"干戚羽旄"，郑注："干，盾也；戚，斧也，武舞所执也。"可见，"干"即便可以指代舞，也只限于武舞㊻，更何况古书中并没有以"干"指称"舞"之例。再者，方氏以"百之"为"行百礼以祭百神"，殊不知"舞之"本来就是百礼之一端。不唯如此，礼书中"乐"往往又包含"舞"在内㊼。要之，方说使得简文"乐之"、"百之"、"赣之"在语意上不复平行，恐亦不尽妥当。

至于"赣"与"贡"的互通，是绝无可疑的㊽。新蔡简"赣"读为"贡"的最大障碍就在于甲三136号简"以罷祷大牢馈，腥钟乐之，百之，赣"，这一点宋华强先生早已有所揭示："牲名'大牢'后面已经有了'馈'字，表示把此牺牲馈赠给神灵。'赣'字如果再读为与'馈'义近之'贡'，则语义重复。"㊾这种质疑可谓"一针见血"。或许也是意识到了这个问题，邴尚白先生根据包山244号简"赣（贡）之衣裳各三称"，认为"'贡'是进献衣裳一类祭品的专门用语"。一般而言，楚简中"馈"作为祭祷法时主要用于献牺牲，或偶有酒食。因此，邴说的合理之处就在于区别了"贡"与"馈"的差异，这在相当程度上回应了宋先生的质疑，但是，支撑其说的材料毕竟略显单薄，而孤证得出的结论显然并不足以令人完全信服。

除了上揭"馈+腥钟乐之、百之、赣"的简例，新蔡简亦有"馈+延钟乐之"的例文，如甲三209、甲三261、零13+甲三200。宋华

强先生将"馈"以前的祭祷内容归为一部分,而将"乐之"、"百之"、"赣"视作自成一系的独立行为:

> 一个完整的祭祷活动常常包含两部分内容:既有正式的祭祷仪式,包括陈祭品、荐馨香、致诚敬、表祈愿等等;还会有娱神降神的活动,包括以音乐歌舞娱神,同时表演受祭的神灵降临人间来享受祭祷。根据"乐之"、"百之"、"赣"在祭祷简文中出现的位置及其相互关系,我们认为它们所记录的并不是正式的祭祷仪式,而是作为"祭礼余兴"的娱神降神活动,这种娱神降神活动大概是在正式的祭祷仪式结束以后举行的㊾。

这种观点固然可以讲得通,但并不能据以否定"乐之"、"百之"、"赣"作为具体祭祷行为的可行性。㊿尽管宋说与我们的理解有殊异,却还是颇具启发意义的。就一条完整的祭祷记录而言,"×祷+大牢(特牛)+馈"与"延钟乐之/乐之+百之+赣之"都应是祭祷仪式的一部分,不过二者在语境中的地位并非对等的前后并列关系,或可理解为"纲要"与"细目"的关系,也就是说后者是对前者的具体展开与进一步说明。如此一来,"赣"释读为"贡"就不再存在与"馈"语义重复的问题。

至于宋先生所质问的"赣(贡)"为何要放在"脡钟乐之、百之"的后面,至此则明矣。《礼记·郊特牲》孔颖达疏曰:

> 熊氏又云:"凡大祭并有三始:祭天,以乐为致神始,以烟为歆神始,以血为陈馔始。祭地,以乐为致神始,以腥为歆神始,以血为陈馔始。祭宗庙,亦以乐为致神始,以灌为歆神始,以腥为陈馔始。"义或然也。按礼:宗庙之祭先荐血,后荐腥。熊云"宗庙腥为陈馔始",于义未安也。㊼

贾公彦《仪礼·觐礼》疏亦云:"祭礼有三始,乐为下神始,禋柴为歆神始,牲体为荐馔始。"㊽在《周礼·春官·大宗伯》中贾氏则疏之

更详:

> 从禋祀已下至此吉礼十二(按,即禋祀、实柴、槱燎、血祭、貍沈、疈辜、肆献祼、馈食、祠春、禴夏、尝秋、烝冬),皆歆神始。何者?案《大司乐》"分乐而序之",云"乃奏黄钟,歌大吕,舞《云门》,以祀天神"已下。下复云:"圜钟为宫,若乐六变,天神皆降;若乐八变,地示皆出;若乐九变,人鬼可得而礼。"郑云:"天神则主北辰,地祇则主昆仑,人鬼则主后稷。先奏是乐以致其神,礼之以玉而祼焉。"彼先奏是乐以致其神,则天神、地祇、人鬼皆以乐为下神始也。彼郑云"礼之以玉",据天地;"而祼焉",据宗庙。则此上下天神言烟,地示言血,此宗庙六享言祼,是其天地宗庙皆乐为下神始,烟血与祼为歆神始也。又案:《礼器》与《郊特牲》皆言"郊血大享腥,三献爓,一献孰"者,皆是荐馔始也。㊿

简文"乐之"为下神,"百之"为歆神,"赣之"为荐馔,三个环节正好构成祭祀礼仪中前后相接的基本程式。从"乐之"、"百之"、"赣之"搭配组合的情况看,这种程式差不多已固定化,故举首尾而能知其全。或许正因为此,简文偶或省略"百之",作"乐之,赣"(天星观44)、"乐,赣"(新蔡甲三242)、"乐且赣之"(新蔡乙一11、新零331-1)。至于简文把"乐之"置于"百之,赣"的后面(新蔡乙四128+甲三46),也并不能作为这种祭祀程序尚未固定化的证据,因为在祭祀礼仪的每一个环节都有用乐之可能㊼。

三、结语

楚简"乐之、百之、赣之"作为一个礼仪组合,具有同质性和连续性,三者间处于一种平行关系。三个"之"皆用作代词,指所祭祷的鬼神。"乐"、"百"与"赣"都用作动词,"乐之"指奏乐娱神,为降神或下神;"百(白)之"指用"博硕肥腯"之类的话向神灵禀告,为歆神;"赣(贡)之"指将祭品贡献于神灵,为荐馔。总之,"乐之,百之,赣之"分别对应下神、歆神、荐馔等三个先后依次进行的祭祀仪节，在后两个仪式环节，亦可演奏乐舞以配合娱神。

注释：

① 参见郭成磊：《楚简中楚人祭祀用乐初探》，《长江大学学报》2017年第2期，第16、17页。
② 从宋华强编联，参见氏著：《新蔡葛陵楚简初探》，武汉大学出版社，2010年，第419页注4。
③ 陈伟：《竹书〈容成氏〉零识》，载《第四届国际中国古文字学研讨会论文集》，香港中文大学中国语言及文学系，2003年10月，第295～300页；收入氏著：《新出楚简研读》，武汉大学出版社，2010年，第172页。
④ 何琳仪：《新蔡楚简选释》，《安徽大学学报》2004年第3期，第7页。
⑤ 杨华：《新蔡简所见楚地祭祷礼仪二则》，载《楚地简帛思想研究（二）》，湖北教育出版社，2005年，第255、256页；又收入氏著：《古礼新研》，商务印书馆，2012年，第316～318页。
⑥ 范常喜：《战国楚祭祷简"蒿之"、"百之"补议》，《中国历史文物》2006年第5期，第69页。
⑦ 何有祖：《新蔡简"百之"试解》，简帛网，2007年1月23日。
⑧ 宋华强：《新蔡简"百之"、"赣之"解》，载《简帛（第三辑）》，上海古籍出版社，2008年，第137～140页；收入氏著：《新蔡葛陵楚简初探》，武汉大学出版社，2010年，第256～260页。
⑨㉚ 罗新慧：《释新蔡楚简"乐之、百之、赣之"及其相关问题》，《考古与文物》2008年第1期，第51页。
⑩ 邴尚白：《葛陵楚简研究》，台湾大学出版中心，2009年，第274～276页。
⑪ 晏昌贵：《巫鬼与淫祀——楚简所见方术宗教考》，武汉大学出版社，2010年，第254～256页。
⑫ 方建军：《楚简"乐之百之赣之"试解》，《中国音乐学》2011年第3期，第73页。
⑬ 刘信芳：《楚系简帛释例》，安徽大学出版社，2011年，第265页。
⑭ 郑玄注，贾公彦疏：《周礼注疏》，中华书局，1980年，第789页中栏。

⑮ 郑玄注:"变犹更也。乐成则更奏也。""每奏有所感,致和以来之。"
⑯ 郑玄注,贾公彦疏:《周礼注疏》,中华书局,1980年,第789、790页。
⑰ 孙诒让撰,王文锦、陈玉霞点校:《周礼正义》,中华书局,1987年,第1765页。
⑱ 不过,注家对《大司乐》之"凡乐"有不同看法。贾公彦以为"皆是下神之乐"。孙诒让则云:"细绎此注,前云'先奏是乐以致其神',又云'合乐而祭',是盖降神、合乐兼赅通举,非谓自凡乐以下至大舞等皆专为降神之乐,……以次推之,盖金奏为迎尸之乐,升歌为降神之乐,合乐为馈孰时之乐,而舞亦并作焉。惟下管、间歌当荐献何节,经注并无说。意者,下管为二祼之乐,间歌为朝践之乐与?"参见氏著《周礼正义》,中华书局,1987年,第1767页。按,金奏、升歌、下管、间歌、合乐(兴舞)五乐节为宾祭用乐之常法。
⑲ 季旭昇:《〈柬大王泊旱〉解题》,《哲学与文化》2007年第3期,第60、61页。
⑳ 上古音"百"是帮母铎部字,"除"是定母鱼部字,参见唐作藩编著:《上古音手册(增订本)》,中华书局,2013年,第4、24页。邴氏则以"百"为定母铎部字,从而认为二字声纽同属浊塞音。
㉑ 关于通假的方法,李零先生曾指出:第一,要受古音学规律的限制,在较宽的层面上要读音相近(韵纽均相近),在较窄的层面上要声旁相同(或同从某字得声);第二,还要受书写习惯的限制。并说:"有人不但不管第二层,就连第一层的规定也不遵守,仅凭想当然的'一声之转'曲成其说,这除了满足自己的想象,一点用也没有。"参见李零:《文字破译方法的历史思考》,载《学人》第4辑,江苏文艺出版社,1993年,第460、461页;收入氏著:《待兔轩文存·说文卷》,广西师范大学出版社,2015年,第10页。
㉒ 宋华强:《新蔡葛陵楚简初探》,武汉大学出版社,2010年,第249页。
㉓ 程俊英、蒋见元:《诗经注析》,中华书局,1991年,第698页。
㉔ 《宾之初筵》又曰"百礼既至",郑笺作"诸侯所献之礼既陈于庭",是"百礼"或即"庭实旅百"。明末清初学者朱鹤龄引苏传曰:"百礼,九州岛诸侯所献以助祭者,所谓庭实旅百也。"参见朱鹤龄:《诗经通义》,《景印文渊阁四库全书》第85册,台湾商务印书馆,1983年,第212页上栏。
㉕ 参见宗邦福、陈世铙、萧海波主编:《故训汇纂》,商务印书馆,2003年,第1522~1524页。

㉖ 杨华:《楚国礼仪制度研究》,湖北教育出版社,2012年,第370、371页。
㉗ 郑玄注,孔颖达正义:《礼记正义》,中华书局,1980年,第1416页中栏。所谓"陈其牺牲"者,孔疏:"谓将祭之夕、省牲之时及祭日之旦,迎牲而入丽于碑。案《特牲礼》:陈鼎于门外北面,兽在鼎南东首,牲在兽西上北首,其天子诸侯夕省牲之时,亦陈于庙门外,横行西上。"
㉘ 参见王辉编著:《古文字通假字典》,中华书局,2008年,第298~303页。
㉙ 关于"早"字的改释,参见刘信芳:《新蔡葛陵楚墓的年代以及相关问题》,《长江大学学报》2004年第1期,第8页;《释葛陵楚简"暮生早孤"》,简帛研究网,2004年1月11日。张新俊:《新蔡葛陵楚墓竹简文字补正》,《中原文物》2005年第4期,第83页。
㉛ 杨华先生指出"昭告"就是明告;"呜呼哀哉"是一般祝告辞中常见的感叹语词,古人谓之"伤痛之辞";与"告"有关的礼仪程序是:贞问→释兆→陈列贡品→昭告鬼神→进行祷祠,进而认为"告"的性质仍然只能视为楚人卜筮之后进行攻解巫术的一部分,参见氏著:《新蔡祭祷简中的两个问题》,载《简帛(第二辑)》,上海古籍出版社,2007年,第364~369页。宋华强先生认为"呜呼哀哉"可能与"解过释尤"有关:"祭祷神灵的目的就是要将自己的种种伤痛苦楚的情况向神灵解释清楚,恳求原谅自己的罪过,好让神灵解除对自己的责罚,即所谓'解过释尤'。'呜呼哀哉'以下就是在给自己'解过释尤'。"参见氏著:《新蔡葛陵楚简初探》,武汉大学出版社,2010年,第292、293页。
㉜ 宋华强:《新蔡葛陵楚简初探》,武汉大学出版社,2010年,第264、265页。
㉝ 郑玄注,贾公彦疏:《周礼注疏》,中华书局,1980年,第720页中栏。
㉞ 宋定国、贾连敏:《新蔡"平夜君成"墓与出土楚简》,载《新出简帛研究——新出简帛国际学术研讨会文集》,文物出版社,2004年,第21页。按,"首"字当为"百"字之误释。所引《说文》为段玉裁注本,"支"当是"夊"的误引。大徐本《说文·夊部》:"夔,麫也,舞也。乐有章,从章,从夅,从夊。《诗》曰:'夔夔舞我。'"
㉟ 宋华强:《新蔡葛陵楚简初探》,武汉大学出版社,2010年,第253、254页。
㊱ 晏昌贵:《巫鬼与淫祀——楚简所见方术宗教考》,武汉大学出版社,2010年,第256页。
㊲ 贾连敏:《新蔡葛陵楚墓出土竹简释文》,载《新蔡葛陵楚墓》附录一,大象

出版社,2003年,第187页。
㊳ 杨华:《新蔡简所见楚地祭祷礼仪二则》,载《古礼新研》,商务印书馆,2012年,第315、316页。
㊴ 沈培:《殷墟花园庄东地甲骨"叀"字用为"登"证说》,载《中国文字学报(第1辑)》,商务印书馆,2006年,第47页。
㊵ 罗新慧:《释新蔡楚简"乐之,百之,赣之"及其相关问题》,《考古与文物》2008年第1期,第51页。
㊶ 邴尚白:《葛陵楚简研究》,台湾大学出版中心,2009年,第269~272页。
㊷ 袁金平:《新蔡葛陵楚简字词研究》,安徽大学博士学位论文,2007年,第74~76页。
㊸ 方建军:《楚简"乐之百之赣之"试解》,《中国音乐学》2011年第3期,第73页。
㊹ 杨华:《新蔡简所见楚地祭祷礼仪二则》,载《古礼新研》,商务印书馆,2012年,第318页。
㊺ 刘源先生认为钟铭"喜侃"是钟鼓乐神之义,簋铭"侃喜"为喜乐之义,后者由前者引申而来,参见氏著:《商周祭祖礼研究》,商务印书馆,2004年,第53页注2)。
㊻ 根据《周礼》的《地官·舞师》和《春官·乐师》,宗教舞蹈按照舞者装饰和舞具的不同可分为帗舞、羽舞、皇舞、旄舞、干舞(兵舞、武舞)、人舞。
㊼ 参见郭成磊:《楚国神灵信仰与祭祀若干问题考论》,西北大学2016年博士学位论文,第177页。
㊽ 高亨纂著、董治安整理:《古字通假会典》,齐鲁书社,1989年,第2页;王辉编著:《古文字通假字典》,中华书局,2008年,第461、462页;白于蓝编著:《战国秦汉简帛古书通假字汇纂》,福建人民出版社,2012年,第921页。
㊾ 宋华强:《新蔡葛陵楚简初探》,武汉大学出版社,2010年,第252页。
㊿ 宋华强:《新蔡葛陵楚简初探》,武汉大学出版社,2010年,第252、253页。
㉛ 邴尚白先生认为楚简"馈之"、"犒之"作为祭祷行为的一部分处在祭祷拟构或记录的最后,与"乐之""百之""赣"并无不同,参见氏著:《葛陵楚简研究》,台湾大学出版中心,2009年,第270页。沈培先生也认为新蔡简"赣(贡)"与包山简、望山简"馈""蒿(犒)"用法一样,参见氏著:《殷墟花园

庄东地甲骨"皀"字用为"登"证说》,载《中国文字学报(第1辑)》,第47页。
㊼ 郑玄注,孔颖达正义:《礼记正义》,中华书局,1980年,第1457、1458页。
㊽ 郑玄注,贾公彦疏:《仪礼注疏》,中华书局,1980年,第1094页上栏。
㊾ 郑玄注,贾公彦疏:《周礼注疏》,中华书局,1980年,第759页上栏。
㊿ 参见詹鄞鑫:《神灵与祭祀——中国传统宗教综论》,江苏古籍出版社,1992年,第276页。

沈尹钲铭再补

李元芝

（河南叶县文化局）

上海博物馆典藏一件铸有铭文的铜钲（铭文见图一），据说1888年出土于江西省高安县西[①]，历年来专家学者多有论述[②]。

图一　沈尹钲铭文拓片

在前人研究成果的基础上,笔者不揣浅陋,也谈了一点自己的看法③。通过近段时间的反复思考,总觉得前文还有一些没有表述清楚的地方,有必要再做一点补充。不妥之处,敬请批评指正。

据郭沫若先生释文,沇尹钲铭文计有5列44字,现抄录如下:

(隹)正月,月初吉,日在庚,徐䶒尹☒故☒自作钲铖。次诸父祝,徻至剑兵,世万子孙,眉寿无疆。盟彼吉人享,士余是尚④。

何琳仪先生释文将铭文隶定为42字,亦抄录于下:

正月初吉,日在庚,徐沇尹诸故熙自作钲铖,次唬(乎)爵祝(虑),备至剑兵,世万子孙,眉寿无疆。盟彼吉人会,士余是尚(常)⑤。

何先生释文中的"熙"字作☒形,其左上方的声符☒(丮、梁)清晰,其下部的☒形偏旁,学者或释木(☒、☒),或别有所释。拙文根据古文字中戈字柄部的构形,结合《说文》"梁,水桥也,从木,从水,丮声"的记载,首先将其读为方(☒、☒、☒、☒),以为是梁字的又一附加声符,故释☒字为"梁";其次将"沇尹者故梁"释为"沇诸梁"发音的缓读,因为这种现象在春秋战国时期吴越地区的铜器铭文中十分常见;其三在铜钲的5列铭文中,"世万子孙,眉寿无疆"实为回读,只有放在最后,才符合行文时的递进语气;其四将郭老释文中所增补的"隹"字保留,因为在拓片中可见其字迹残痕,并且也符合两周铭文的语法惯例。故而参考诸家观点,拙文当时将铭文释读如下:

(唯)正月初吉,日在庚。徐沇尹(沇)者故(诸)梁,自作钲铖,次唬(乎)爵(取)祝(虑)。备至剑兵,盟彼吉人会,士余是尚。世万子孙,眉寿无疆。

当时文章写完后,请教王蕴智先生,王先生回复意见如下:

639

李先生大作拜读,我基本上同意李先生的意见。上月王龙正先生也与我讨论过梁字构形,我觉得该铭文中有不少字的写法不规范,正因为如此我们才把"故"后面的字释为"梁"。把该字左下方的结构解释为"木"太牵强,解释为"方"可备一说,目前尚未见过从方的梁字。该钲如果出自沈诸梁,那还是很有意义的。另有几处小问题我随文有批注,请参考。

王蕴智先生所说的几处"问题",有的我已经尽力做了改进,有的因资料不足只好保持原样。有一处比较重要的是,王先生对"爵祝"释为"取虑"提出了质疑。对"虑"、"祝"二字通转问题,何先生释文认为,虑从虍得声,虍属晓母鱼部;祝从兄得声,兄属晓纽阳部。和兄属鱼、阳阴阳对转。我虽然采用何说,但当时也是有疑虑的。因为,郭老释䂞为祝的意见被一直沿用,若该字从兄得声,则归晓纽阳部,如果与来纽鱼韵的虑字通转,的确差得太远;而且,我本来对这个字释祝就有疑问。近段时间以来,我对铭文所记地名与取虑有关的想法一直萦绕于怀,但苦于找不到合理的解释。

后来,我把铭文中释祝的䂞字,和字书中所收的相关文字进行反复比较,认为郭老释䂞为祝并不妥当。从字形结构来说,不管兄字的 𠃓、𠃑 等哪种形态⑥,在书写的时候,上部和中部都是分笔写成的;而隹字如 𠁁、𠂆、𠂇 等写法则不同⑦,其上部和中间部分总是连笔写成的。该铭中䂞字右半部的 𠁁 形偏旁,虽然上部写得有些夸张,颇似鸟字(𠁁、𠂆、𠂇)之形⑧,但上下由连笔写成还是比较清楚的。因此,该铭文中的䂞字只能释为从"矛"从"隹"的"雉"字。释行均《龙龛手鉴》:"雉,俗字,音木;正作鹜。"⑨《正字通·鸟部》:"鹜,俗鹜字。"⑩原来,鹜的正字本作鹜,而鹜、𪁉及雉等字,都是鹜的俗字。不过,现在"鹜"却反过来成了正字,其他包括原来的正字"鹜",则都成了俗字。这说明,字的正俗也是随着历史环境的变迁而变化的。从该字的本源来看,鸟或隹都是作为意符存在的,所以把铭文雅右旁的"隹"字写作"鸟"也是有依据的。古文字鸟类之属中,经常有隹和鸟两部首互通的现象。例如《说文解字·隹部》所载"雞"的籀文从奚从鸟,"雛"的籀文从鸟从鸟,"雕"的籀文从周从鸟,籀文"鸳"从奴从隹等,均是其证[11]。

通过以上论证,我们可以把这个地名确定为"爵雅"。爵字古音在精纽宵部,雅字为隹部矛音,矛字古音在明纽幽部,如果对爵雅急读,将出现一个近于精、幽相切而略如"敖"的发音。敖的古音在疑纽宵部,宵、幽古音可通;而精纽和疑纽发音部位相近,通转的例子也不少见,音韵学家黄焯先生已经列出许多佐证[12]。特别是《论语·季氏第十六》中"言未及之而言谓之躁",《经典释文》:躁,早报反,鲁读躁为傲。[13]这说明,爵雅急读是可以发"敖"音的。

检阅文献可知,铭文中记述之事,当为《左传》哀公十九年(前476年),叶公率师东伐的一次活动。楚国在哀公十六年曾出现白公胜袭杀令尹子西、司马子期,欲杀惠王以自立的事件,"叶公闻白公为乱,率其国人攻白公。白公之徒败,亡走山中,自杀"[14]。叶公平定白公叛乱后,身兼楚国的令尹、司马二职。国家安定后,又将令尹一职让位于前令尹子西之子子国,司马一职让位于前司马子期之子宽,自己又还归叶邑,身老于叶[15]。《左传》哀公十九年也记载道:"秋,楚沈诸梁伐东夷,三夷男女及楚师盟于敖。"[16]大抵叶公在平定白公之乱后,不但整肃了楚国的朝政,而且又平定了四境之乱,然后又回归了叶邑。这次东夷之行,从秋天出发,至次年正月,才和三夷男女完成了结盟。

钲城盟文中之所以称"徐沈诸梁",当有两种可能:

一是沈诸梁祖上或为徐人。《左传》定公四年载:"左司马戌及息而还,败吴师于雍澨,伤。初,司马臣阖庐,故耻为禽焉。"[16]沈尹戌是沈诸梁的父亲,文中的"臣"字作动词,是汉语里名词的意动用法,和幼儿启蒙读物《三字经》里的"昔仲尼,师项橐"的

"师"字用法相同,意思是说:沈尹戌曾任过阖庐的上司,如果被自己的老部下擒获,那将是莫大的耻辱。这也是沈诸梁祖上非楚人的直接证据。

二是沈诸梁出兵征伐徐地,或受命负责徐地的具体事务。楚国官员在外任职或摄事时,常常以所在地称呼身份。如穿封戌原来为方城外的县尹,昭公八年(前534年),楚国灭陈为县,"使穿封戌为陈公"[17];楚灵王十年(前531年),"召蔡侯,醉而杀之。使弃疾定蔡,因为陈蔡公"[18]。推测沈诸梁伐东夷时,可能也兼有管理徐地的职能,所以才作铭为"徐沈诸梁"。

铭文中的"次虖"应释为"次于"。韩国学者全广镇先生研究认为,早期金文中的"次虖",应发音"次于"。因为,"虖"、"于"古音相通[19]。笔者也对《左传》中的"次于"一词做过粗略的统计,该词在书中至少被使用60余次,而"次乎"却没有出现过一次。

通过以上论证,对沈尹钲铭文重新解释如下:

(唯)正月初吉,日在庚。徐沈尹(沈)者故(诸)梁,自作钲铖,次虖(于)爵稚(敔)。备至剑兵,盟彼吉人会,士余是尚。世万子孙,眉寿无疆。

这里需要指出的是,铭文中的爵稚连读为"敔",但如果缓读,则和"取虑"的读音相仿佛,可能后来人们又用"敔"的缓读音,把爵稚读为"取虑"了。这和吴王"寿梦"急读为乘是同样道理。

以前注《春秋左传》者,对于"哀公十九年秋"叶公和徐人罢兵结盟的"敔"地,始终没有弄清楚其具体位置。因为《春秋左传》哀公十九年春,曾有过"越人侵楚,以误吴也"的记载,本来这是越人为麻痹吴人所打的幌子,但是杜预却在"秋,楚沈诸梁伐东夷"下,误注为"报越",即认为楚国是对越国在春天侵犯自己的报复。由于注释的误导,不少人都认为"敔"在越地,如江永在《春秋地理考实》中注谓:"三夷当在今浙江宁波、台州、温州三地区间。"杨伯峻先生也认为:"敖,东夷地,东夷亦在浙江滨海处。"[20]

在对沈尹钲铭文考释清楚后,这个问题也就迎刃而解了。真正的"敖"地,即为秦汉时期安徽省北部的"取虑"了,周振鹤《汉书地理志汇释》:取虑县,"治今灵璧县北"[21]。

本文写作过程中,得到郑州大学教授张国硕、王蕴智、王建军及河南省文物考古研究院研究员王龙正等先生的热情指导和帮助,谨在此表示衷心的感谢。

注释:

① 陈佩芬:《夏商周青铜器研究》,上海古籍出版社,2004年,第265页。
② 马承源:《商周青铜器铭文选》第四卷,文物出版社,1987年,第388页;董楚平:《吴越徐舒金文集释》,浙江古籍出版社,1992年,第279页;陈秉新、李立芳:《出土夷族史料辑考》,安徽大学出版社,2015年,第306页;陈秉新:《铜器铭文考释六题》,载《文物研究》总第十二辑,黄山书社,2000年,第206、207页。
③ 李元芝:《沈尹钲铭与叶公沈诸梁》,《中原文物》2015年第3期。
④ 郭沫若:《两周金文辞大系·考释》,上海书局,1999年,第164页。
⑤ 何琳仪:《徐沈尹钲新释》,载《文物研究》总第十三辑,黄山书社,2001年,255页。
⑥ 李圃:《古文字诂林》第7册,上海教育出版社,1999年,第740页。
⑦ 李圃:《古文字诂林》第4册,上海教育出版社,1999年,第78页。
⑧ 李圃:《古文字诂林》第4册,上海教育出版社,1999年,第206页。
⑨ 释行均:《龙龛手鑑》卷一,文渊阁《四库全书》本。
⑩ 张自烈:《正字通》亥集,白鹿洞书院廖文英康熙九年刊本。
⑪ 许慎:《说文解字》,中华书局,1963年,第76页。
⑫ 黄焯:《古今声类通假表》,上海古籍出版社,1986年,第137页。
⑬ 陆德明:《经典释文》,中华书局,1983年,第353页。
⑭ 司马迁:《史记》,中华书局,1959年,第2181页。
⑮ 杨伯峻:《春秋左传注》,中华书局,1981年,第1703、1704页。

⑯ 杨伯峻:《春秋左传注》,中华书局,1981年,第1546页。
⑰ 杨伯峻:《春秋左传注》,中华书局,1981年,第1304页。
⑱ 司马迁:《史记》,中华书局,1959年,第1705页。
⑲ 全广镇:《两周金文通假字研究》,台湾学生书局,1989年,第94、95页。
⑳ 杨伯峻:《春秋左传注》,中华书局,1981年,第1714页。
㉑ 周振鹤:《汉书地理志汇释》,安徽教育出版社,2006年,第256页。

古陈国考略

焦华中　焦心悦

(周口市文物考古管理所)

陈国是春秋战国时期中原列国的重要国家之一,其统治区域主要在豫东周口一带。陈国文化对中华民族文化的形成起了重要的推动作用,它的某些方面,对后世产生了重要的影响。下面对陈国略作考证。

一、陈国的建立

宋人郑樵《通志·氏族略二》说:"陈氏,妫姓。初封虞城,今应天府之县也。后封于遂,今济州巨野。后封于陈,今陈州治宛丘县是也。本太昊伏羲氏之墟。舜传天下于禹,禹封舜之子商均于虞城。周武王克商,乃求舜后以备三恪,得胡公满,封之于陈,以奉舜祀。或曰:当周之兴,有虞遏父者,为周陶正,武王赖其器用,妻以元女太姬,生子满而封于陈,以奉舜祀。满号胡公,往往以颔胡之故而得此号。"[①]

《史记·乐书》载,周武王攻灭殷朝,到达商都,尚未下车,就封虞舜的后裔妫满于陈,建立陈国(今淮阳),并把长女元姬嫁给他为妻。《史记·陈杞世家》载:"至于周武王克殷纣,乃复求舜后,得妫满,封之于陈,以封帝舜祀,是为胡公。"按照周代的封建官制,"王者之制禄爵,公、侯、伯、子、男,凡五等"(《礼记·王制》)。妫满被封为"侯",说明陈国是当时的二等封国,地位是相当高的。周武王灭商之年为前1046年,这一年也是陈国建立的年代。

二、陈国疆域

陈国是西周时期分封的大的侯国之一,初封之地方圆百里,随着陈国势力的增强,其国土面积也不断扩张。据梁光庆、陆其成的《陈国疆域考》,陈国所辖范围有:壶丘,又称为孤丘,在今河南新蔡县东南,春秋为陈邑。《春秋左传注》"文公九年夏,楚侵陈,克壶丘",即此地。株野,位于河南省东部今柘城县境内,《柘城县地名考》认为:"柘城即陈之株野。古为朱襄之地。"相,后称为苦,治所在今鹿邑县。鸣鹿,在鹿邑县西部。防,陈地,《大清一统志》记载:"防亭,在淮宁县北。"即今淮阳县城北17千米的太康县老冢镇。柽,在今西华县南约15千米处。《陈州府志》载:"柽属陈国辖邑。"株林,春秋属于夏氏邑,属于陈国,治所在西华县西夏亭。辰陵,春秋陈地,其地在今扶沟县南、西华县北15千米处。焦,春秋时期陈国焦邑,位于今安徽省北部,即亳州市。夷,又称为城父,治所在今安徽亳州东南35千米处,春秋时期属陈。留,又称陈留,春秋郑邑,孟康云:"留,郑邑也,后为陈所并。"治所在今开封市东陈留镇。阳夏,《历史沿革表》载,古阳夏邑属于陈国,治所在今太康县境内。

三、陈国都城

位于今淮阳城关一带,传说最早为陈胡公所筑。它左挹嵩山,右控商丘,南襟淮蔡,北枕魏梁,是历史上的交通枢纽和商品集散地。《水经·睿水注》:"(沙水)又东南径陈城北,故陈国也。"今淮阳城北有新蔡河,河水绕城东流向东南,入沙水。新蔡河是沙水(今统称沙颍河)支流之一,《水经注》作者郦道元将沙水支流统称沙水。经实地考察,今淮阳县城即古陈城所在。白眉初《鲁豫晋三省志》载,城为方形,周九里十三丈四尺,高二丈四尺,四门,门皆三重。王应麃《诗地理考》:"今陈州城在古陈城内西北隅,陈都在宛丘之侧。"可见陈城大于后世的陈州府城。1980年,省文物研究所对陈城进行试掘,知其始建于春秋时期,最早城墙叠压在最下层,高度在2米以上,夯土筑成,夯层0.1米左右,出土陶片以板瓦、筒瓦居多,筒瓦外饰绳纹,间饰凹弦纹,同时出土的盆、罐时代也较早。城址平面略呈长方形,周长约4 500米。周口市文物考古管理所在县城内进行文物勘探时,在中、南部在距现地表10米左右不时发现有春秋早期遗物,如板瓦、筒瓦、建筑遗迹如夯土和房基等。

四、陈国兴起

妫满受封陈侯后,建立宗庙,继奉舜祀;修筑陈城,抵御外患;畅行礼仪,教化民众;选贤任能,励精图治。他推行舜时的九德,要求人们宽大而能敬谨,柔顺而能自立,忠诚而能供职,有治理才能而又能敬慎,驯顺而能果毅,正直而能温和,简易而能辨别,刚健而能笃实,强勇而能好义。在他的治理下,陈国社会祥和,人民安居乐业,立于当时十二大诸侯国之林。

五、陈国世系考略

关于陈国的世系,最早见之于《春秋》和《左传》者为陈桓公鲍,接下来有陈佗、厉公跃、庄公林、宣公杵臼、穆公款、共公朔、灵公平国、成公午、哀公弱、陈侯留、惠公吴、怀公柳等。《史记·陈杞世家》载:"至于周武王克殷纣,乃复求舜后,得妫满,封之於陈,以奉帝舜祀,是为胡公。"②此胡公即为陈胡公满,也是周代陈国的开国之君。陈胡公满之后有申公犀侯、相公皋羊、孝公突、慎公圉戎、幽公宁、釐公孝、武公灵、夷公说、平公燮、文公圉、桓公鲍、厉公陈佗、厉公跃、庄公林、宣公杵臼、穆公款、共公朔、灵公平国、成公午、哀公弱、陈侯留、惠公吴、怀公柳、潜公越。从胡公开始至潜公结束,共25世而国灭。宋人罗泌《路史》说:"胡公世不淫,至虞阏父为周陶正。武王妃其子胡公满以太姬,锡之妫姓与肃慎之宝,复之于陈,以备三恪。二十有五世而楚灭之。"③与《史记》所载一致。关于陈国的世系综合以上文献有陈胡公满、申公犀侯、相公皋羊、孝公突、慎公圉戎、幽公宁、釐公孝、武公灵、夷公说、平公燮、文公圉、桓公鲍、陈佗、厉公跃、庄公林、宣公杵臼、穆公款、共公朔、灵公平国、成公午、哀公弱、陈侯留、惠公吴、怀公柳、潜公越。陈国从立国到灭亡共传25世。

六、陈国墓葬和出土遗物

（一）陈国墓葬

妫满死后,封为陈胡公。陈胡公墓位于淮阳县城南关。据《淮阳县志》载,墓室系用铁铸而成,故称"铁墓"。《陈州府志》载:"旧志谓在城南,世传其墓用铁冶铸成,苔色苍古,在壕内。今人谓在城西北角厄台下。"宋苏东坡《题铁墓厄台》说:"余旧游陈州,留七十余日……柳湖有丘,俗谓之铁墓,云陈胡公墓也,城壕水注啮其址,见其有铁锢之。"墓原无封土,近年陈姓寻根,始筑土为坟,并在墓前立"陈胡公之墓"碑并建牌坊。

（二）全国各地出土的陈国青铜器

陈国贵族墓地至今没有正式的考古发掘,所出土的器物一般为生产生活过程中所发现的。故面世的陈侯、陈公子器非常的罕见,发现较多的为陈国公主出嫁的媵器。

1. 嘉姬簠

簠有铭文3行17字:"陈侯作嘉姬宝簠,其万年子子孙孙永宝用。"[4]为西周中期之器,是陈侯为其姬姓的夫人所作。

2. 陈侯媵壶

1963年在山东肥城小王庄出土一批陈侯为其女陪嫁的媵器,共13件,有鼎、鬲、盘、壶、匜等,其中两壶有都同的铭文,器、盖对铭,器铭在口内侧,盖铭在口外侧,铭文共3行13字:"陈侯作妫□媵壶。其万年永宝用。"[5]壶是陈侯为其女所作的媵器,从其器形来看,"时代当在西周晚期的宣、幽之时"[6]。

3. 陈侯簠

1976年3月在陕西临潼零口公社发现一批窖藏青铜器,非同一时期之物,其中有一件铜簠,浅腹、方座、双耳,高25厘米,口径22厘米,上有龙纹和变形兽面纹饰,簠内有铭文3行13字:"陈侯作王妫媵簠,其万年永宝用。"[7]唐兰先生定此簠为西周后期之物[8],或以为是东周初年器物[9]。此簠是陈侯为女儿出嫁时所做的媵器,簋铭中的"王妫"即嫁给周王的陈侯之女。

4. 陈侯鼎

有铭文4行21字:"佳正月初吉丁亥,陈侯作□妫四母媵鼎,其永寿用之。"⑩陈侯鼎为陈侯嫁女之器,从风格上看当作于两周之际。

5. 孟姜簋

陈侯作孟姜簋,有铭文4行28字:"佳正月初吉日丁亥,陈侯作孟姜□媵簋,用祈眉寿,万年无疆,永寿用之。"⑪此簋陈侯为姜姓女子出嫁作的媵器,当是陈女出嫁而姜姓女子为媵,时代比陈伯元匜略晚,为春秋早期之际。

6. 陈侯簠

传世的有两件器物形制和铭文内容相同的陈国铜簠,器盖对铭:"佳正月初吉丁亥,陈侯作王仲妫□媵簠,用祈眉寿无疆,永寿用之。"⑫陈侯簠为春秋早中之器。《左传·庄公十八年》载:"虢公、晋侯、郑伯使原庄公逆王后于陈,陈妫归于京师,实惠后。"⑬鲁庄公十八年前即前676年,陈宣公之女嫁至周王室,为周惠王之后。从《左传》记载来看,陈妫为惠后的时间与陈侯簠的制作时间相近,可以断定陈侯簠正是陈宣公为自己的次女所作的媵器。

7. 陈侯壶

为春秋早中期之器,上铭文4行18字:"陈侯作壶,用祈眉寿无疆,子子孙孙永宝是尚"⑭

8. 陈生崔鼎

鼎有铭文3行12字:"陈生崔作食鼎,孙子其永宝用。"⑮其形制与宣王时期毛公鼎相同,应作于西周宣王时期。

9. 陈伯元匜

有铭文4行19字:"陈伯殹之子伯元作西孟妫婤母媵匜,永寿用之。"⑯这是伯元为其长女所作的媵器,制作时代为春秋早期。

"西"为夫家之姓氏,"妘"为姓,"婤"为女之字。郭沫若先生说:"伯殴、伯元父子殆陈之宗室,以伯为氏者。"⑰此说甚是。

10. 叔原父甗

上有铭文曰:"隹九月初吉丁亥,陈公子子叔原父作旅甗,用征用行,用盛稻粱。……"⑱此器为春秋早期之物,作器者叔原父是陈国公子之子,亦即所谓的"公孙"。

11. 陈公子中庆簠

1979年4月在随县城郊一座春秋墓葬中出土,铜簠有两件,形制、大小相同,直口微侈,腹部饰粗犷的蟠螭纹。其中一件器内有铭文6行23字:"陈公子中庆自作匡簠,用祈眉寿,万年无疆,子孙永寿用之。"⑲简报定此器的制作时代为春秋中期。

12. 原仲簠

原仲簠1975年在河南省商水县朱村出土,共3件,形制、铭文相同,器身分别饰交叠式兽体卷曲纹和变体鸟兽纹。器盖内各有铭文6行28字:"惟正月初吉丁亥,原仲作沦仲妘嫁媵簠,用祈眉寿,万年无疆,永寿用之。"⑳此簠是原仲为他的第二个女儿仲妘嫁出嫁沦姓男子时所作的媵器。经过进一步考证,学者认为器物铭文的"原仲"之间有一"氏"字,"沦仲妘嫁"后面有一"母"字,所以女子之名应为"沦仲妘嫁母",故该铭全文当为:"惟正月初吉丁亥,原氏仲作沦仲妘嫁母媵簠,用祈眉寿,万年无疆,永寿用之。"㉑原仲,陈大夫,《左传》庄公二十七年(前667)载鲁国的公子友到陈国参加原仲的葬礼,可见原仲为女儿陪嫁的媵器最晚当作于前667年之前。朱集位于周口市商水县东北部,此地在春秋时属于顿国地界,这一带当是顿国贵族的墓葬区,所以研究者认为"陈国贵族之女所嫁的'沦'姓男子极可能是顿国贵族"㉒,此说甚有道理。

13. 陈子匜

有铭文23字:"隹正月初吉丁亥,陈子子作□孟妘谷母媵器匜,用祈眉寿。"㉓郭沫若先生认为"陈子子"即"陈之公子"㉔。"□

孟妫谷母","□"不识,当为国名,器物作于春秋中期,是陈国的某一位公子为其长女出嫁时所作的媵器。

14. 陈乐君甗

1994在山东海阳县嘴子前春秋中期4号墓中出土一件陈国青铜器"陈乐君甗",内壁有铭文4行17字:"陈乐君歌作其旅甗,用祈眉寿,无疆永用止。"⑳这是春秋晚期齐国田氏在胶东建立的一处贵族墓地。此为春秋时陈国青铜器,"乐君"即陈封于乐地的大夫。研究者认为,铜器进入山东是与齐桓公伐楚有关,《左传》僖公三年和四年齐、宋、卫、郑、许等联合攻陈、蔡,攻楚失利,在回兵途中顺便掠夺了淮河上游如陈、黄等国的铜器㉑。

15. 曹公媵母盘、簠

1973年淮阳城东南大李庄群众挖塘时,挖出一批铜器,包括一件铜盘,一件铜簠:盘为浅腹、双耳、圈足,口饰窃曲纹,圈足饰蝉纹;簠为长方形,四矮足,兽首形耳,口足饰窃曲纹,腹饰蟠螭纹。盘、簠均有基本相同的铭文4行22字:"曹公媵孟姬,悆母盘用祈眉寿无疆,子子孙孙永寿用之。""曹公媵孟姬,悆母簠用祈眉寿无疆,子子孙孙永寿用之。"㉒是为曹国之君为长女悆母嫁往陈国时所作的媵器,为春秋时器物。

七、陈国的衰亡

东周时期,原为中原大国的陈国国势日趋衰弱。楚、晋、齐交争于中原,陈国处于四战之域,无日不处于战争的气氛之中,加之国君荒淫无道且国内多次发生争夺君位的内乱残杀,国力不振,终至覆亡。

陈平公在位二十三年去世,前754年其子文公圉继位。文公娶蔡女,生子佗。文公去世后,前744年长子鲍继位,是为陈桓公。

陈桓公去世,桓公鲍的异母弟弟佗,其母为蔡女,蔡人为支持佗,杀死公子五父和桓公太子免,扶立佗即位,为陈厉公。厉公七年(前700年)时,被厉公杀死的陈桓公的太子免的三个弟弟跃、林、杵臼为给其兄复仇,共谋指使蔡人用美女引诱厉公,联合蔡人伺机杀死厉公,拥立跃即位,这就是厉公。厉公在位七个月去世,其仲弟林继位,这就是庄公。庄公在位七年去世,小弟杵臼即位,即宣公。

陈宣公二十一年时,其宠妃生子款,宣公打算立他为国君,便杀死了太子御寇。御寇平素与妫完(即田敬仲,厉公之子)关系很好,妫完害怕祸及于己,被迫带着自己的家人逃到了齐国。

陈宣公四十五年(前648年)去世,他的儿子款继位,即穆公。穆公十六年(前632年)去世,子共公朔继位。共公在位十八年(前614年)去世,子灵公平国继位。齐桓公称霸诸侯时,陈国被迫跟在齐国后面攻打楚国,后来楚国势力强大,陈又臣服于楚,随后,晋国称霸,陈又加入到晋的联盟中。晋楚相争,陈国处于两大强国的夹缝当中,只得朝晋暮楚,惶惶奔波于楚、晋之间以求生存。而就在这个时候,陈国又发生了第三次内乱。陈国有一个寡妇夏姬,是陈大夫夏御叔之妻,风流美貌。灵公十四年(前600年),陈灵公和两位大夫孔宁、仪行父三人经常跑到城外株林中与夏姬淫乐,大夫泄冶劝谏被杀。灵公十五年(前599年)的一天,三人在夏姬家饮酒寻欢,嬉戏间,互笑夏姬之子夏征舒像对方,夏征舒不忍其辱,射杀了灵公,孔宁、仪行父二人逃往楚国,灵公的太子午则逃往晋国,于是夏征舒自立为陈侯。当时楚庄王正称霸,趁夏征舒杀君之机,出兵攻入陈国,将夏征舒车裂于陈城的栗门之地,并派人到晋国把灵公的太子陈午接回陈国,立为陈成公。陈国此后一百余年间,多数时间是依附于楚国的一个傀儡国,楚弱时又顺从于晋、吴。

成公三十年时(前569年),楚共王出兵伐陈。这一年陈成公病逝,子弱(陈哀公)继位,楚国因陈国举办国丧而撤兵回国。

哀公三十四年(前535年),陈国再次发生内乱。《左传·昭公八年》说:"哀公有废疾。三月甲申,公子招、公子过杀悼大子偃师,而立公子留。夏四月辛亥,哀公缢。干征师赴于楚,且告有立君。"⑧楚灵王派公子弃疾率兵伐陈,留逃往郑国。九月,楚国军队包围了陈国。十一月,灭了陈国,楚国派弃疾做了陈公。

前530年,弃疾回国弑楚灵王自立,是为楚平王,楚平王为博取天下人的好感,把太子师之子吴从晋国接回,立为陈惠公。春秋末年,吴国崛起,与楚争雄,陈国处在吴、楚交兵之地,首尾两端,惶惶不可终日。惠公二十八年(前506年),吴王阖闾与伍子胥击败楚国,攻入郢都。这一年惠公去世,其子柳继位,是为怀公。

怀公元年(前505年),吴国在郢都召见陈怀公,怀公称病婉拒。怀公四年(前502年),吴国又召见陈怀公,怀公胆怯去了吴国。吴王将其扣留,怀公客死吴国。陈国于是拥立怀公之子越继位,即陈湣公。

陈湣公六年(前496年),吴王夫差攻打陈国,掠取3个城邑后离去。湣公十三年(前489年),吴国再次攻打陈国,陈国向楚国告急,楚昭王亲驾相救,驻兵于城父(今河南宝丰县东南),吴军退走。湣公十六年(前486年),吴王夫差伐齐,打败齐军后,派人召见陈湣公,湣公鉴于其父客死吴国,马上应召前往,而此举又得罪了楚国,楚出兵讨伐。前479年,楚惠王复君位,率军北伐,杀掉陈湣公,将陈国划为楚国的一个县,陈国至此灭亡。

胡公之后以国赐姓。从胡公封陈至前478年陈缗公为楚所灭,历经25世计569年。

注释:

① 郑樵:《通志》,中华书局,1995年,第55页。
② 司马迁:《史记》,上海古籍出版社,1997年,第1264页。
③ 罗泌:《路史·后纪十二》,上海古籍出版社,2003年,第209页。
④⑩ 罗振玉:《三代古金文存》,中华书局,1983年。
⑤ 齐文涛:《概述近年来山东出土的商周青铜器》,《文物》1972年第5期,第

9、10页。
⑥ 徐少华：《周代南土历史地理与文化》，武汉大学出版社，1994年，第186页。
⑦ 临潼县文化馆：《陕西临潼发现武王征商簋》，《文物》1977年第1期，第1页。
⑧ 唐兰：《西周时代最早的一件铜器利簋铭文解释》，《文物》1977年第1期，第9页。
⑨ 临潼县文化馆：《陕西临潼发现武王征商簋》，《文物》1977的年第1期，第4页。
⑪ 郭沫若：《两周金文辞大系图录》，科学出版社，1957年，第204页。
⑫ 刘体智：《善斋吉金录》，1934年石印本，第8、9页。
⑬ 洪亮吉：《春秋左传诂》，中华书局，1987年，第249页。
⑭ 容庚：《商周彝器通考》，哈佛燕京学社，1941年，第440页。
⑮ 容庚：《商周彝器通考》，哈佛燕京学社，1941年，第297页。
⑯⑰㉓㉔ 郭沫若：《两周金文辞大系图录》，科学出版社，1957年，第184页。
⑱ 郭沫若：《两周金文辞大系图录》，科学出版社，1957年，第183页。
⑲ 随县博物馆：《湖北随县城郊发现春秋墓葬和铜器》，《文物》1980年第1期，第35页。
⑳ 秦永军、韩维龙、杨凤翔：《河南商水县出土周代青铜器》，《考古》1989年第4期，第311页。
㉑ 黄天树：《关于〈原氏仲簋〉中的人名》，《考古》1990年第12期，第1144页。
㉒ 秦永军、韩维龙、杨凤翔：《河南商水县出土周代青铜器》，《考古》1989年第4期，第313页。
㉕ 马良民、林仙庭：《海阳嘴子前春秋墓试析》，《考古》1996年第9期，第12页。
㉖ 王戎：《桓公伐楚的历史见证——读〈海阳嘴子前〉》，《山东社会科学》2003年第5期，第101页。
㉗ 马义龙：《陈国国都与墓地考》，《周口师专学报》1996年第6期，第54页。
㉘ 洪亮吉：《春秋左传诂》，中华书局，1987年，第685页。

屈原辞赋剑意象与楚地剑文化观念

唐旭东

(周口师范学院文学院)

屈原辞赋共有五处提到剑,构成了一组以剑寄意的意象群。对于《楚辞》涉及的剑之用途、楚剑与楚国艺术的关联以及楚国好剑之风的具体表现及其成因,华中师范大学刘爽的硕士论文《东周时期的楚剑及其文化》[①]已专门论及,但就屈原辞赋中剑意象的内在含义及其文化渊源,尚未深入挖掘。兹不揣谫陋,以屈原辞赋剑意象为切入点,对楚地剑文化观念做一管窥。

一、楚剑与屈原辞赋之"长剑"

剑之为物,为大众所习见,但剑不论从纵向的历史发展来看,还是在特定的历史时期来看,其形制与功用都是有所不同的,即以屈原在世的战国中后期而论,楚剑与秦剑的形制差别很大。据刘占成、张立莹《秦俑坑铜剑考论》,"在兵马俑坑的考古发掘中,已发现出土完整的秦剑17把,……以及琕、璏、格、首等剑的附件,出土的铜剑通常(长)81~94.8厘米","出土的17把秦青铜剑,除三件通常(长)80多公分外,其余14把都在90公分以上"[②]。据王学理《秦俑坑青铜剑和青铜镞》,"秦俑坑青铜剑呈长条形,状如兰叶,通长80多厘米,有的甚至长可91.3厘米,在剑的发展史上应属于'长剑型'。它具有锐利的锋(夹角45~51°)、薄如纸的锷(刃)、细而长的身(最宽处3.6厘米),前段还有起到'风槽'作用的'束腰'(变化曲线呈宽-窄-宽)"[③]。甚至像秦王剑更长。据丁国祥《秦王拔剑考辨》,秦王之剑长度大约在160厘米以上,其剑柄长不少于40厘米,则其剑身长应在120厘米以上④。而战国中期的楚剑,据刘爽《东周时期的楚剑及其文化》统计,楚地出土的剑长度通常在60~70厘米,比秦剑显然短11厘米到30多厘米。目前出土的最长的一把剑为鄂城楚墓出土的战国中期铜铁合制铁剑,长达103厘米,但其长度比秦王剑还是要短得多⑤。即以楚剑而论,也有不同的形制。刘爽《东周时期的楚剑及其文化》将楚地出土之东周剑作了统计分析,"从材质上看,楚剑可以分为铜剑、铁剑、木剑和其他材质","其中铜剑所占比例最大","楚国铜剑以青铜剑为主,还有少量黄铜剑"⑥。就形制而言,刘爽将楚剑分为柱脊剑、空茎剑、实茎剑和扁茎剑四大类型,各大类型中又包含两到三个亚型,共九个亚型;长度在15~70厘米,多数是在40~60厘米;而且不同材质和形制的剑,其功用也有区别⑦。但屈原在他的辞赋中涉及剑的时候,无一例外地都突出了其"长"的特点:《九歌·东皇太一》"抚长剑兮玉珥",《少司命》"竦长剑兮拥幼艾",《国殇》"带长剑兮挟秦弓",《九章·涉江》"带长铗之陆离兮",就连《九歌·东君》"举长矢兮射天狼",其箭也是长的,甚至宋玉《大言赋》也说"长剑耿耿,倚天之外"。其实,从考古发掘来看,相比秦剑而言,楚剑长度与中原各国差不多,实在算不上"长"。传世文献中《诗经》未曾提及"剑",《左传》《战国策》只单称"剑"者为最多,称"宝剑"者亦有多例,然均无称"长剑"者,称"长铗"者仅于《战国策·齐策四·冯谖客孟尝君》一篇四见,可见"长剑"盖亦非春秋战国时人之通称或习称,换言之,于春秋战国时人的观念中,"长"尚未作为剑之主要特征。"长剑"盖屈原、宋玉个人习称或者为屈原、宋玉个人创造的文学意象。

二、屈原辞赋之剑意象

所谓意象即外在客观物象与作者主观内在之意的有机统一体,是作者将内在的情感寄托于外物而形成的文学形象。在一定程度上可以这样理解：意象包括内在之意与外在之象。屈原在其辞赋创作中选择剑作为寄意之象，自有其人格和文化的象征寓意。

（一）作者坚持高洁人格、独立而不改的象征

《离骚》："高余冠之岌岌兮，长余佩之陆离。"尽管对此句中之"佩"有的学者解释为玉佩、佩带，但当今大多数著名的《楚辞》学者将其解释为佩剑。谨按：《涉江》"带长铗之陆离兮，冠切云之崔嵬"，所言与"高余冠之岌岌兮，长余佩之陆离"内容意思均极相似，甚至用词都有相同，故据此将"佩"字理解为"佩剑"。王逸《楚辞章句》(下皆简称《章句》)"岌岌，高貌"，"切云，其高切青云也"，皆有"高"意。此句上文为："进不入以离尤兮，退将复修吾初服。制芰荷以为衣兮，集芙蓉以为裳。不吾知其亦已兮，苟余情其信芳。"王逸《章句》："退，去也。言己诚欲遂进，竭其忠诚，君不肯纳，恐重遇祸，故将复去，修吾初始清洁之服也。""制，裁也。芰，菱也。秦人曰薢茩。荷，芙蕖也。""芙蓉，莲华也。上曰衣，下曰裳，言己进不见纳，犹复裁制芰荷，集合芙蓉，以为衣裳，被服愈洁，修善益明。"下文曰："芳与泽其杂糅兮，唯昭质其犹未亏。忽反顾以游目兮，将往观乎四荒。佩缤纷其繁饰兮，芳菲菲其弥章。民生各有所乐兮，余独好修以为常。"王逸《章句》："言万民禀天命而生，各有所乐。或乐谄佞，或乐贪淫，我独好修正直以为常行也。"可知"高余冠之岌岌兮，长余佩之陆离"这两句"用高冠长剑来标志自己特立不群的性格"[9]，标志着诗人因为"制芰荷以为衣兮，集芙蓉以为裳"而"芳菲菲其弥章"，因为自己保持高洁傲岸的品格、自我修持正直的品德而其德弥彰，更加正气浩然，郁勃充盈。这四句相互关联，"芰荷"、"芙蓉"、"高冠"、"长剑"等意象共同构成了诗人高洁傲岸、独立不改的人格象征。

《涉江》"带长铗之陆离兮，冠切云之崔嵬"与《离骚》"高余冠之岌岌兮，长余佩之陆离"一样，都是作者保持人格尊严，坚决不与奸臣佞臣同流合污的象征。开头两句"余幼好此奇服兮，年既老而不

衰"中"奇服"自然是不同于流俗之服,是作者独立精神的象征,年既老而不衰,则是作者坚持独立精神、终生不渝的象征,是作者在奸佞的压制之下,绝不屈服、傲然挺立的人格象征。这首诗中,剑意象跟"高冠"、"明月"、"宝璐"意象同作为诗人自我人格表达的意象代表,一起共同构成了诗人高洁傲岸、挺立不屈、终生不渝人格的象征,是作者同奸佞坚决不屈的斗争精神的象征。

(二)尊贵身份和正义与威权的象征或楚人勇武精神的象征

《九歌·东皇太一》"抚长剑兮玉珥",王逸《章句》:"抚,持也。玉珥,谓剑镡也。剑者,所以威不轨,卫有德,故抚持之也。"谨按:"东皇太一"即诗中的"上皇",是皇天上帝的意思,这是楚人对最尊贵的天神的称呼[11]。其中"抚长剑兮玉珥,璆锵鸣兮琳琅"两句是对上皇形象的描写,是群巫对装扮成东皇太一的主巫形象的描写,表示东皇太一已经临坛受祭[11],可知诗中所描写的剑珥上镶嵌着美玉的宝剑是东皇太一所佩,作为上皇身份的标志物,此剑象征着东皇太一身份的尊贵。同时,作为最尊贵的天神,其掌握着对人间赏善罚恶的权力,所以他手中之剑乃是权力的象征,是正义的象征,是最高权力和无上威慑力的象征,正像王逸《章句》所言"所以威不轨,卫有德"也。在《东皇太一》中,屈原赋予了东皇太一之剑以诛恶扶善、伸张正义的文化内涵。

当然,也有一些学者认为此句是对降神之巫形象的描写,如袁梅"古代楚国有'剑舞送酒'之俗。此处指灵巫握持长剑,歌舞迎神"[12]。汤漳平认为"《东皇太一》中,只有描写祭祀的场面而不见'东皇太一'出场"[13],可推知其亦不以"抚长剑兮玉珥,璆锵鸣兮琳琅"为东皇太一形象的描写,则其虽未明言此二句是对谁的描写,根据排除法亦不难推知其当以此二句为对降神之巫动作形象的描写。谨按:汉代有以剑舞娱乐宾客之俗。众所周知,《史记·项羽本纪》"鸿门宴"一节载项庄舞剑意在沛公之事,但项庄请示项羽的时候是以"为乐"为借口的,至少说明当时军中有舞剑为乐的做法,而且所娱乐者固然有使宾主尽欢的目的,但以中国传统文化中对客人的尊重,应该主要是为了娱乐宾客。又,按照当时"神人一体"的观念,有如此娱人之法,必有如此娱神之法。娱神之法是娱人之法的折射,或曰娱人之法是娱神之法的降格和现实应用,则《东皇太一》中巫以剑舞娱神降神亦并非没有可能。若此说可成立,则此句中巫手执长剑而舞、全身佩玉叮当作响的形象展示了娱神的热烈情意,当与下文"瑶席"、"玉瑱"、"肴蒸"、"桂酒""椒浆"等意象一起表达了迎神降神的热烈、诚挚、虔敬的感情。剑舞属于武舞,以剑舞娱乐最高神东皇太一,诚恳地邀请他降临世间,一方面体现了东皇太一作为至高神在楚人心目中的最崇高、最尊贵的地位,另一方面体现了剑舞在楚人礼仪尤其是祭祀礼仪中的等级和地位,也可以看出剑在楚人心目中的崇高地位。以剑舞娱乐东皇太一,邀请他降临人间,其娱神降神的方式应该是使东皇太一通过欣赏楚人的剑舞,从中感受楚人的勇武精神,以此受到感染而振奋,从而降临人间,剑意象体现了楚人的勇武精神和对勇武精神的崇尚。

(三)保护儿童的神物

《九歌·少司命》"竦长剑兮拥幼艾",王逸《章句》:"竦,执也。幼,少也。艾,长也。言司命执持长剑以诛绝凶恶、拥护万民,长少各使得其命也。"谨按:自南宋罗愿《尔雅翼》提出"少司命,主人子孙者也"以来,学界多承其说:如清代学者王夫之《楚辞通释》"少司命则司人子嗣之有无",当代学者高亨《楚辞选》"少司命神主宰少年儿童们的命运",林家骊译注《楚辞》认为罗愿之说"就本篇而言,非常恰当"[14],金开诚认为是"主管人类子嗣和儿童命运之神"[15],吴广平认为是"主子嗣之神",汤漳平说大致同[16]。可知当代学者多认为少司命是主管人类子嗣的神灵,也有的甚至认为少司命也主管儿童命运,此说是有道理的。因为辞中明言少司命"竦长剑兮拥幼艾",王逸《章句》"幼,少也。艾,长也",清汪瑗从其说,洪兴祖《补注》则认为"幼艾"指少年美貌的女子,清钱澄之《屈诂》、今人钱玉趾从其说⑰。而当今学者多认为"幼艾"指"儿童"或"年少的孩子",如金开诚《屈原集校注》"幼艾:指儿童"⑱;袁梅《屈原宋玉辞赋译注》"竦:向上高高挺着","拥:护卫","幼艾:幼小而美好者","艾:美好,良善","您高高地挺着长剑,护卫着美好的幼小者"⑲;汤漳平《楚辞评注》"泛指年少的孩子",整句译为"挺起长剑啊护幼稚"⑳,其他与袁梅同;吴广平则据《广雅·释言》解"竦"为"执",释为"握",此说同王逸《章句》,释"拥"为"抱",释"幼艾"为"儿童",整句译为"握着长剑,抱着儿童"㉑;林家骊"幼艾:泛指少年男女",整句译为"您手拿长剑啊保护幼童"㉒;李山"竦:挺出,高举","幼艾:指婴儿,幼童",整句译为"手举长剑怀抱婴"㉓。可知,当代大多数《楚辞》学者倾向于将"幼艾"解释为"儿童"或者与之意思差不多的词语,将"竦长剑"解释为"护卫"或者"保护"。谨按:释"拥"为"抱"突出的是或曰准确地描述了诗中少司命的动作,释为"护卫"、"保护"则进一步突出了其动作的目的,可知少司命之职责除了主管人子嗣之有无之外,还保护儿童的安全,"竦长剑"、"拥幼艾"是其代表性的动作和形象,是其儿童保护神形象的生动描绘和有力展示,具有雕像般的可视化艺术效果。众所周知,不要说在先秦时期的战国中后期,就是在清末乃至建国之前,由于疾病、瘟疫、伤害等原因,婴儿的死亡率还是很高的,尤其是瘟疫等古人不可知的因素导致的婴儿夭折,更是人们既不知其原因之所起,又往往无法应对的,所以通过祈求神灵对儿童的保护以求得婴儿的高成活率就是古代人们必须进行的祭祀活动。而剑在古代被认为具有神秘的力量,能诛除一切妖孽和危害,尤其对于被古人认为神秘的瘟疫、病菌与病毒感染等因素,剑的神秘力量正是诛除这些对儿童造成巨大伤害的神秘因素的克星。在楚文化中,少司命是儿童的保护神,但少司命要实现和履行其职责,必须仰仗手中的长剑,而剑也必须经由少司命之手才能发挥辟邪、诛除妖孽、保护儿童的作用,少司命这尊神与其手中的长剑是合二为一的。"在原始思维中,由于对自然力的恐惧和征服自然的愿望,人们设想用威力巨大的超自然力的神物来抵御并战胜自然的威胁和挑战,"诸神之超自然力的表现,有不少就是凭借着其手中所操神物"[24],而像东皇太一和少司命手中的长剑正是这类具有无穷威力的神物。东皇太一作为至高神的威慑力的主要表现就是他手中的长剑,同样,少司命要诛除一切可能对儿童造成侵害的可见的人或者动植物等以及其他不可见的邪祟,其主要工具也是手中的长剑。将人间普通之剑赋予其除恶、斩妖、辟邪乃至威慑的神奇威力,这是屈原对剑的形象与功用的理想化。

(四)精良装备的代表,勇武精神的象征

《九歌·国殇》:"带长剑兮挟秦弓。"谨按:此句上承"天时坠兮威灵怒,严杀尽兮弃原野。出不入兮往不反,平原忽兮路超远",下接"首虽离兮心不惩。诚既勇兮又以武,终刚强兮不可凌。身既死兮神以灵,魂魄毅兮为鬼雄"。此诗一般认为以"原野"为界分为两节,前一节是以饰为受祭将领的主巫的视角和口吻的独唱,描述战斗的惨烈场面和楚军将士全部阵亡的结局;后一节是群巫的合唱,内容是对为国牺牲的将士的抒情和歌颂。如果说"出不入兮往不反,平原忽兮路超远"歌调中带着哀伤,那么下面的六句则又转为慷慨激昂。其中"秦弓"历来注释都认为是秦地出产的良弓,则"秦弓"是精良的武器,是精良的武器装备的代表,则与其并列的"长剑"亦当作如是观。但是,仅仅作此理解是不够的,因为文学作品的形象往往不仅仅具有字面的含义,而往往具有更深层的含义。在春秋战国时期,长剑在很长的时期内都是用来进攻的杀伤性武器[25],以其直、长、锋利为特征。秦弓必有利箭与之相配合使用,没有箭,再好的弓都是没有用的,就像现代人说的,没有子弹,再好的枪都如同烧火棍,而利箭也是用来进攻的杀伤性武器。为什么作者在这里要使用或创造这两种用于进攻的杀伤性武器作为寄意之象?我们可以将下文的四句作一对应理解。如果说"首虽离兮心不惩"与"终刚强兮不可凌"具有相同的语意,是对楚军将士"首身离兮心不惩"的慷慨赴死行为的赞颂的话,那么"诚既勇兮又以武"也同样可以视为是对楚军将士"带长剑兮挟秦弓"的英雄形象所展现精神风貌的精确形象概括和高度赞扬,可以说作者已经通过"诚既勇兮又以武"给出了答案,就是为了突出楚军将士的勇、武。

三、屈原辞赋剑意象的文化渊源

(一)周代以来的佩剑之礼

周代有赐剑制度,《礼记·曲礼下》"受弓剑者以袂。"孔《疏》:"不露手取之,故用衣袂承接之,以为敬也。"㉖既云"用衣袂承接之",则明为接受之礼。有受之行为,则必有与之相对应的授与赐之行为,《礼记·曲礼上》:"凡以弓剑、苞苴、箪笥问人者",郑《注》:"问犹遗也。"㉗遗,正是赠送、赐给之义。佩带剑之方式则有负剑和佩剑两种。《礼记·曲礼上》"负剑辟咡诏之",郑《注》:"负谓置之于背,剑谓挟之于旁。"㉘此处所言虽非针对带剑之方式,但其以佩带剑为喻来阐释长幼提携应答之礼,正说明此礼为众人所熟知,故用来作为比喻以阐释众人不太熟悉的长幼提携应答之礼,同时也说明时人佩剑通常采取佩带于腰际的方式。又,《战国策·燕策三·燕太子丹质于秦亡归》"王负剑"㉙,正说明秦王原本是佩剑于腰际。又《周礼》:"身长五其茎长,重九锊,谓之上制,上士服之。身长四其茎长,重七锊,谓之中制,中士服之。身长三其茎长,重五锊,谓之下制,下士服之。"㉚士有服剑之礼制,则天子、公、卿、大夫当皆有其佩剑之礼制。又《说苑·善说》载楚国王族"襄成君始封之日,衣翠衣,带玉璏剑,履缟,立于流水之上"㉛。可见佩剑是册封贵族仪式上的必备服饰,而且在两周时期,贵族佩剑不仅仅是礼制所规定的身份和地位的标志和象征,也是高贵身份的象征,《东皇太一》中最尊贵之神东皇太一佩剑的文化内涵或许正是基于此。另外,周代贵族佩剑更为重要的是其实际功用。在两周时期,贵族在作为国子接受教育的时候就有专门的作战技能的训练,出征打仗时都是各级领兵的战将,无论在武艺方面还是勇武的精神方面都是要超过普通兵卒的,所以贵族佩剑也是他们高超武技和勇武精神的彰显。在《涉江》中,屈原以长剑和高冠、珍珠及宝玉作为其"奇服"的四个标志之首,彰显其正直不阿的人格、不与奸佞相妥协同流合污的斗争精神。

(二)楚地的巫祭礼俗

关于楚人之巫祭礼俗,屈原《九歌》即是在此文化背景下创作的,前人已多有论述。班固《汉书·地理志下》概括楚国文化为"信巫鬼,重淫祀"㉜,王逸《楚辞章句·九歌序》:"其俗信鬼而好祠,其祠必作歌乐鼓舞以乐诸神"㉝。袁行霈指出:"这种崇尚巫风的风习,既是夏商文化的遗习,更是当地土著民族的普遍风气。"㉞《九歌》系屈原借巫祭之歌以寄意,聂石樵说:"《九歌》中所流露出的这种不可抑制的忧愁幽思,显然契合了屈原的心态,所以不妨把《九歌》中所抒发的贞洁自好、哀怨伤感之情绪看作是屈原长期放逐生活之心情的自然流露。"㉟基于此,屈原《涉江》之剑意象也正是这种在遭受压抑放逐生活中对战胜奸佞的渴望心情的曲折表现,是借巫祭之诗曲折地表现自己的情感和愿望。具体而言,就是希望通过剑的超越力量去实现自己战胜奸佞的愿望。

另外,楚地还有祭祀蚩尤的礼俗,而蚩尤正是剑的发明者之一。《管子·地数》载:"葛卢之山发而出水,金从之,蚩尤受而制之,以为剑铠矛戟。"㊱楚人的剑崇拜跟蚩尤崇拜也应该有一定关联。蚩尤一直被楚人视为战神,并且每当有兴师出兵作战之事,必祭蚩尤,其战斗精神无疑与剑的精神也有一定的契合。祭蚩尤,在一定程度上也是楚人对蚩尤的战斗精神——在一定程度上表现为剑的精神的一种缅怀和继承。

(三)楚人的剑崇拜文化传统

楚地多蛇,蛇很可能是楚人文化崇拜的对象,而蛇的形状与剑很相似。王立教授指出"剑,其最初原型很可能是蛇",而且"早期剑的神幻记载多与吴越楚三国相关",又因为"蛇龙相类,很自然地剑与神性广大的龙攀上了因缘"㉚。而且"百炼钢化为绕指柔"的传说、剑与龙蛇互化的传说,龙可吟鸣、可飞腾,而剑也常常在杀人尤其是斩杀恶人之前发出铿锵的鸣声,甚至跃出剑鞘,也启示我们深入思考剑崇拜与龙蛇崇拜之间的关系。在春秋战国时期,吴越铸剑的水平最高,关于剑崇拜的故事也最多,极力夸大剑的杀伤力就是表现之一。如《越绝书》卷11载楚王派风胡子请欧冶子、干将为其铸剑,得龙渊、泰阿、工布三把宝剑。风胡子为楚王描述了三剑给人的审美感受,后来晋、郑两国为了夺取宝剑兴师围楚,三年不解围。楚王亲自登城,挥舞泰阿宝剑,晋郑联军被打得"三军破败,士卒迷惑,流血千里"。楚王在高兴之余向大臣风胡子发问:"夫剑,铁耳,固能有精神若此乎?"风胡子肯定地说:确实存在着所谓"铁兵(剑)之神",而且它与"大王(指楚王)之神"是相通的㉜。宋玉《大言赋》云:"王因唏曰:'操是太阿戮一世,流血冲天,车不可以厉。'"这种对剑的威力的夸张渲染,无疑是楚人剑崇拜观念的生动体现。剑其形直,其锋锐,其刃利,其颜色、花纹皆被赋予了神奇色彩,像《列子·汤问》所载的"含光"、"承影"、"宵练"以及《龙鱼河图》、《典论》等记载的"飞扬"、"飞景","也表明了古人的神秘期待","似乎都在尽力地倡扬剑的神秘的飞升功能"㉝,赋予了剑以更为神奇的功能,而剑可以惩奸除恶、驱妖辟邪,也是楚地剑崇拜的重要内容之一。剑的这种无穷威力甚至神秘力量是支持屈原与奸佞进行不屈斗争的精神支持力量,也成为其在艰难困境中的巨大精神支撑。

剑在长期的文化发展中形成了在人间惩奸除恶、在灵界斩妖伏魔的文化内涵,是正义的象征和化身,而灵界的妖魔不过是人间邪恶的神幻化表现,是人类对人世事物进行幻想思维的产物。后世以剑象征法律的威严和正义的力量,也正是以剑的惩奸除恶、斩妖辟邪的文化内涵为基础的,而其更深层的文化渊源则是古人基于剑崇拜观念而赋予剑的无穷杀伤力和神秘力量。

　　总之,屈原辞赋剑意象与屈原的特立独行、独立不改的人格和正道直行、忠言直谏的精神有直接的关联。屈原辞赋中的剑意象无论是作为作者坚持高洁人格、独立不改的象征,还是作为高贵身份和无上威慑力的象征,不论是作为保护儿童的神物,还是作为精良装备的代表和勇武精神的象征,其内在的文化基础都是基于剑的外形和功能而生发的除恶扶正、诛妖除邪的文化内涵。

注释:
① ⑤ ⑥ ⑦ 刘爽:《东周时期的楚剑及其文化》,华中师范大学2015年硕士学位论文。
② 刘占成、张立莹:《秦俑坑铜剑考论》,《文博》2011年第6期。
③ 王学理:《秦俑坑青铜剑和青铜镞》,《西北大学学报(哲学社会科学版)》1980年第1期。
④ 丁国祥:《秦王拔剑考辨》,《黄山学院学报》2013年第6期。
⑧ 这里虽未明言"佩"是"剑",但当今著名的《楚辞》学者大多认为这里的"佩"是指佩剑。如李山:"佩:佩剑",译释"长余佩之陆离"句为"把我的佩剑打造得长长"(参见李山:《楚辞译注》,中华书局,2015年,第16页)。吴广平:"佩:指佩剑","把我的帽子加得更高,把我的佩剑增得更长","这两句用高冠长剑来标志自己特立不群的性格"(参见吴广平:《楚辞》,岳麓书社,2011年,第19、20页),等等。
⑨ 吴广平:《楚辞》,岳麓书社,2011年,第17页。
⑩ 吴广平:《楚辞》,岳麓书社,2011年,第51页。
⑪ 金开诚:《屈原集校注》,中华书局,1996年,第190页。
⑫ 袁梅:《屈原宋玉辞赋译注》,黄山书社,2017年,第145页。
⑬ 汤漳平:《楚辞评注》,北京联合出版公司,2015年,第58页。
⑭ 林家骊:《楚辞》,中华书局,2015年,第59页。
⑮ 金开诚:《屈原集校注》,中华书局,1996年,第245页。袁梅说同,其说:"少司命为古代传说中执掌人间子嗣及儿童命运的女神。"(参见袁梅:《屈原宋玉辞赋译注》,黄山书社,2017年,第170页。)

⑯ 吴广平:《楚辞》,岳麓书社,2011年,第71页。汤漳平认为少司命是"专司人的子嗣有无之神,亦即民间所称的'送子娘娘'"(参见汤漳平:《楚辞评注》,北京联合出版公司,2015年,第94页)。

⑰ 其说"幼艾:年轻女子",至于其进一步说"这里可能隐喻国王的夫人、小妾",则当为钱先生自己的发挥(参见钱玉趾《屈原楚辞全新解译》,四川民族出版社,2002年,第22页)。

⑱ 金开诚:《屈原集校注》,中华书局,1996年,第254页。

⑲ 袁梅:《屈原宋玉辞赋译注》,黄山书社,2017年,第174页。

⑳ 汤漳平:《楚辞评注》,北京联合出版公司,2015年,第98页。

㉑ 吴广平:《楚辞》,岳麓书社,2011年,第73页。

㉒ 林家骊:《楚辞》,中华书局,2015年,第62、63页。

㉓ 李山:《楚辞译注》,中华书局,2015年,第68页。

㉔ 王立:《中国文学主题学——江湖侠踪与侠文学》,中州古籍出版社,1995年,第6页。

㉕ 有的学者认为在春秋战国时期剑是防身护体的主要短兵器,属于"近身防卫型武器",强调其"防身功能",这是把后世剑作为主要攻击性武器退出战阵之后的功能误移到了春秋战国时期。中国历史上最初的剑因为材质、工艺等原因,只有且只能有短剑,主要是近身攻击功能,长兵器则以戈、矛等兵器为主,远距离武器则由弓箭承担。据《逸周书·克殷解》,当时周武王的指挥武器有钺(斧)和旆(旗),但同时也装备了剑(轻吕)。《尚书·费誓》:"备乃弓矢,锻乃戈矛,砺乃锋刃。"谨按:弓矢为远距离进攻性武器,戈矛属中长距离进攻性武器,锋刃指刀剑之类,属近战武器,可见远在西周初期之前,我国战争就已经进入了多元立体化攻击模式的时代。春秋到战国,由于铁的大量使用,同时因为铁的硬度、韧性比青铜好得多,所以剑的长度逐渐加长,进入长短剑并用时期。但此时期,弓箭、戈矛等武器依然是战场远距离和中长距离上最得力的杀伤性武器。这个时期,短剑继承了以前的近身防卫功能,长剑则成为战场上重要的短兵进攻性武器。但随着战争和装备的发展,尤其是优质皮甲胄甚至金属甲胄的出现,特别是当骑兵出现以后,甚至重装骑兵、步兵出现以后,由于长度、重量以及杀伤力等因素的限制,剑的战阵杀伐功能开始逐渐减弱,最终只用于指挥或者防身,甚至只是身份地位的代表或者尚武精神的象征。

㉖㉗ 郑玄注,孔颖达正义:《礼记正义》,中华书局,1980年,第1244页。
㉘ 郑玄注,孔颖达正义:《礼记正义》,中华书局,1980年,第1234页。
㉙ 刘向:《战国策》,上海古籍出版社,1985年,第1139页。
㉚ 郑玄注,贾公彦疏:《周礼注疏》,中华书局,1980年,第915、916页。
㉛ 刘向撰,向宗鲁校证:《说苑校证》,中华书局,1987年,第277页。
㉜ 班固:《汉书》,中华书局,1962年,第1666页。
㉝ 洪兴祖:《楚辞补注》,中华书局,1983年,第55页。
㉞ 袁行霈:《中国文学史(第一册)》,高等教育出版社,2014年,第114页。
㉟ 袁行霈:《中国文学史(第一册)》,高等教育出版社,2014年,第122页。
㊱ 黎翔凤:《管子校注》,中华书局,2004年,第1355页。
㊲ 王立:《中国文学主题学——江湖侠踪与侠文学》,中州古籍出版社,1995年,第9页。
㊳ 袁康、吴平:《越绝书》,上海古籍出版社,1985年,第80、81页。
㊴ 王立:《中国文学主题学——江湖侠踪与侠文学》,中州古籍出版社,1995年,第5、10页。
㊵ 张继合:《春秋战国剑文化研究》,上海体育学院2011年硕士学位论文。
㊶ 张继合、王震:《春秋战国剑文化探析》,《搏击(武术科学)》2010年第10期。
㊷ 杜磊:《春秋战国时期剑文化形成及其影响的研究》,吉林大学2013年硕士学位论文。
㊸ 程丽:《剑文化内涵探析》,《佳木斯教育学院学报》2014年第6期。

清华简《越公其事》札记七则

陈治军

（安徽大学）

清华简《越公其事》是一篇非常重要的先秦文献，记载了我们所熟知的吴越争霸的一段历史，可与《史记》、《国语》等资料相互参看，笔者在研读时有若干札记如次，请教于大家。

一

《越公其事》篇中"敦"字用例有三处：

1. 虐（吾）君天王，以身被甲冑（胄），敤（敦）力钑（殳）、鎗（枪）（清华简《越公其事》简3）

整理者："敦力，致力。钑，某种兵器，或疑'钑'字之讹，即'殳'字异体。《说文》：'殳，以杸殊人也。《礼》："殳以积竹，八觚，长丈二尺，建于兵车，车旅贲以先驱。"'或与锋刃有关。第二章有"敦刃"，第三章有"敦齐兵刃"。鎗读为'枪'，长兵。《墨子·备城门》：'枪二十枚，周置二步中。'"①萧旭认为，《尔雅》："敦，勉也。""敦力"即"勉力"，与后文二"敦"字不同。"力"亦勉力义，与"敦"同义连文②。

按：《尔雅·释诂》："敦，勉也。"《疏》："敦者，厚相勉也。"《汉书·扬雄传》："敦众神使式道兮。"师古曰："敦，勉也。"这里"戟"字从戈，有行动意义。"力"原有"勤"意。《书·盘庚》："若农服田力穑，乃亦有秋。"这里引申作"苦战"意。《后汉书·铫期传》："身被三创,而战方力。"《注》:"力,苦战也。"

▇《越公其事》(简3)

整理者或认为字右部上从刀,隶定作"毁",或疑"毁"字之讹,即"殳"字异体。苏建洲认为此字右旁即"没"的偏旁,可比对:

▇ 曹沫09　　▇ 三德03　　▇ 三德17

▇ 鬼神02B　　▇ 鬼神03　　▇ 子仪20

并认为是"毁"字之讹确实不能排除,以为此字更可能应读为"拂"③。

按:▇字不从刀。苏建洲认为此字右旁即"没"的偏旁,可信,但不是"拂"字。"没",《云梦秦简·秦律》作"▇",象旋涡沉没之形。"毁"即是"殳"字,古代兵器之一。

2. 今雩(越)(简10)公其故又(有)缔(带)甲八千以辜(敦)刃皆死(简11)

整理者:"故,读为'胡',疑问代词。辜,读为'敦'。《庄子·说剑》:'……今日试使士敦剑。'第二十简作'敦齐兵刃'。皆,一同。《书·汤誓》:'时日曷丧。予及汝皆亡!'《孟子》引文作'偕'。"④某氏认为:"《庄子》'敦剑',郭嵩焘解敦为治。简3'敦力'之'力'似当读作饬,亦治也。'力'声字用作'饬',楚简中已有好几例。简20'敦齐兵刃',整理者已言犹'敦比','齐'训整,即整饬、整治,亦与'饬'义相近。"⑤王宁认为:"此句不当是问句,'故'当依字读,意为仍然。'敦刃'当读'推刃',汉代书多称'推锋'。"⑥萧旭认为此句当是问句,整理者读"故"为"胡"不误。敦,读为顿。顿刃,犹言折刃,指殊死决斗。⑦

按:以上诸说皆有可商榷之处。"敦刃",即"断刃"。《庄子·

669

说剑篇》:"今日试使士敦剑。"《注》:"敦,断也。""带甲八千以敦刃皆死"指"带八千死士"。

3. 覃(敦)齐兵刃以攻(捍)御(简20)寡人(简21)

整理者:"敦齐,犹敦比,治理。《荀子·荣辱》:'孝弟原悫,軥录疾力,以敦比其事业而不敢怠傲。'兵刃,兵器。《孟子·梁惠王上》:'填然鼓之,兵刃既接,弃甲曳兵而走。'"⑧

按:"敦齐兵刃"指"治齐兵刃",《诗·鲁颂》:"敦商之旅。"《笺》:"敦,治也。"

二

年诪攴(卜)嚳(数)(简47)

㪺《越公其事》(简47)

整理者认为:"年,读为'佞',《大戴礼记·公符》'使王近于民,远于年',《说苑·修文》引'年'作'佞'。诪即'诪',欺诳。《说文》'诪,詶也。从言,寿声。读若酬。《周书》曰:'无或诪张为幻。'佞、诪同义词连用。攴,《说文》:'小击也。'文献多作'扑'。《战国策·楚策一》:'吾将深入吴军,若扑一人,若捽一人。'嚳,楚文字多读为'数',简文疑读为'毆'。娄、区皆侯部字,娄声之'屦'、'寠'与区声之'驱'、'抠'等皆牙音,读音相近。三品佞诪扑毆,大意是对于下三品佞诪之执事人予以抶击惩罚。"⑨王宁认为:"'年诪'当即《周礼·大祝》中的'年祝','诪'、'祝'端、章准双声,幽觉对转叠韵,音近可通。《大祝》云:'大祝:掌六祝之辞,以事鬼神示,祈福祥,求永贞。一曰顺祝,二曰年祝,三曰吉祝,四曰化祝,五曰瑞祝,六曰策祝。'郑司农注:'年祝,求永贞也。'郑玄注:'求多福,历年得正命也。'《疏》:'以祈永贞是命年之事,故知年祝当求永贞也。'按:此处的'年诪'疑是定期举行的祝祷仪式,根据神示确定官员任职期限的长短,《书·召诰》'今天其命哲,命吉凶,命历年',所谓'历年得正命也'。"⑩萧旭认为:"'年诪攴嚳'是说奖惩,故下句'由贤由毁'与之相应。年,读为任,任用。诪,读为酬,酬报、赏赐。'攴'读如字。整理者读嚳为殿,是也;或读为诛,责也。攴殿,挞击也。攴诛,挞击责让也。"⑪

按:"年诪攴嚳",诪,当如《说文》"读若酬"。"年诪"即"年酎"、"年酬","酎祭"是也。《上博·曹沫》"数"作"嚳"形,与《越公其事》47简"数"字形相同。攴,《说文》:"小击也,从又、卜声。"段玉裁《说文解字注》:"按此字从又、卜声,又者手也。经典隶变作扑,凡《尚书》、《三礼》鞭扑字皆作扑。又变为手,卜声不改,盖汉石经之体,此手部无扑之原也。唐石经初刻作朴、从木者,唐元度覆挍正之从手,是也。""攴嚳"即是"卜数"。卜数,《史记·日者列传》"试之卜数",《索隐》引刘氏云:"数,筮也。"《左传·僖公十五年》:"筮,数也。"古人称卜、筮均曰"数"。

三

小逵(失)57舍(饮)饲(食),大逵(失)鏧=(缯墨)(简58)

鏧(简58)

整理者认为:"小失,小的过失。饮食,意为减少饮食或降低饮食标准以惩罚。大失,大的过失。鏧,合文,疑读为'缯墨'或'绘墨',在某个部位画墨。《周礼·考工记·墨缋》:'画缋之事,杂五色。'墨为五行之一。《书·吕刑》:'墨辟疑赦,其罚百锾,阅实其罪。'"⑫王挺斌认为:"'鏧=',颇疑即古书中的'徽墨'或'徽缠'。'徽墨',亦作'徽缠',指绳索。'徽墨'或'徽缠'指的是拘系罪人。"⑬

按:惠墨,惠,饰也。《山海经·中山经》:"祈酒太牢祠,婴用圭璧十五,五采惠之。"《注》:"惠,犹饰也。"墨,古代五刑之一,《周礼·秋官·司刑》"司刑掌五刑之法",郑玄注:"墨,黥也,先刻其面,以墨窒之。劓,截其鼻也。今东西夷或以墨劓为俗。"《疏》:"《尚书·吕刑》有劓、刖、椓、黥。是苗民之虐刑,至夏改为黥,则黥与墨别。而云墨黥者,举本名也。"《战国策·秦策》:"法及太子,黥劓其傅",高诱注:"刻其颡,以墨实其中曰黥。截其鼻曰劓也。""惠墨"二字合文,不必改读。

四

鼓命邦人(简59)

鼓（简59）

整理者认为:"鼓字作鼜",左侧讹书。鼓命,击鼓而命。⑭

一敚(雕)鼓,一缏绒之绐;一敚(雕)柣;一铙,缏组之绥;(《包山楚简》270简)

《包山楚简》整理者将鼓字隶定作"敚"⑮。现在比对《越公其事》59简中的这个字,知道《包山楚简》270简这个鼓字是"鼓"字。

《包山楚墓》考古报告"乐器"部分记录14件(其中含瑟柱十一个),均为实用器,其中一件铜器(注:一铙、标本M2:156),十三件漆木器(注:漆木鼓1件、标本M2:302;漆木瑟1件、标本M2:424;瑟柱11件、标本M2:401-1)⑯。

《包山楚墓》二号墓出土器物中有漆木鼓一件,整理者认为即是遣册记为"一敚柣"(标本(M2:302),木质)。鼓腔外壁髹黑漆地,中部髹红漆,上下部以红、黄、金三色彩绘勾连云纹,鼓面黑色漆皮上用红、黄、蓝三色绘变形凤纹。鼓直径40.1、厚5.2厘米⑰。

《包山楚墓》著录了包山楚墓二号墓出土器物表,其中二号墓南室随墓器物中与铜铙、木鼓同时出土铜卵缶1件(器号289),这件卵缶整理报告认为是礼器⑱。

我疑《包山楚简》270简中的"一敃(雕)栌","栌"即是"缶","缶"常用来作为音乐器的使用。彫,《说文》"琢文也。""雕缶"就是有纹饰的缶,有一些有自铭为"缶"的器物其形制、功用也有所区别,有作为酒器使用,也有作为水器使用[19],缶在具体使用中,又可以用来作为打击的乐器:

《史记·李斯列传》:"夫击瓮、叩缶、弹筝、搏髀,而歌呼呜呜快耳者,真秦之声也。郑、卫、桑间、昭、虞、武象者,异国之乐也。"

《史记·廉颇蔺相如列传》:"秦王饮酒酣,曰:'寡人窃闻赵王好音,请奏瑟。'赵王鼓瑟。秦御史前书曰'某年月日,秦王与赵王会饮,令赵王鼓瑟'。蔺相如前曰:'赵王窃闻秦王善为秦声,请奏盆缻秦王,以相娱乐。'(《集解》:《风俗通义曰》:'缶者,瓦器,所以盛酒浆,秦人鼓之以节歌也。'《索隐》:缻音缶。《正义》:缻音瓶。考证《说文》作缶,缻、缶同,《正义》音瓶,误。)秦王怒,不许。于是相如前进缻,因跪请秦王。秦王不肯击缻。相如曰:'五步之内,相如请得以颈血溅大王矣!'左右欲刃相如,相如张目叱之,左右皆靡。于是秦王不怿,为一击缻。相如顾召赵御史书曰'某年月日,秦王为赵王击缻'。"

从典籍看"缶"似为秦国特有的乐器,从《包山楚简》看楚国也有"缶"的使用,这是在战国时代各国交流的结果。

五

母(毋)或徍(往)(60简)坐(来)以交之(61简)

整理者:"或,读为'有'。不要有往来交往。"[20]马楠认为:"交读为徼,训为招致。《吴语》'弗使血食,吾欲与之徼天之衷',韦注:'徼,要也。'"[21]

按:母(毋)或,不可。《左传·襄公二十三年》:"毋或如东门遂不听公命,杀适立庶。"《韩非子·有度》:"先王之法曰:臣毋或作威,毋或作利,从王之指;无或作恶,从王之路。""交"亦当读如字,该句读作"毋或往来以交之。"

六

王(61简)卒(卒)既备(服),舟稛(乘)既成(62简)

整理者:"王卒,优良军队。舟,水战战具。乘,陆战战具。'服'与'成'互文见义。"②

按:"备"读如字,《周礼·春官·乐师》"凡乐成则告备",《易·系辞》"易之为书也,广大悉备","王卒既备"与"舟乘既成"结构意思相同。

七

弁(变)矞(乱)厶(私)成(62简)

整理者:"变乱,变更,使紊乱。《书·无逸》:'此厥不听,人乃训之,乃变乱先王之正刑。'厶成,犹私行。行为变乱,私自枉为。又疑'厶'为'已'之讹。变乱已成指改变已有的和平条约。"③

按:字形准确,不当是"已"之讹。《诗·小雅》"雨我公田,遂及我私。"《礼·孔子闲居》:"天无私覆,地无私载,日月无私照。""私成"当指越公与吴王之成,没有周王的见证故曰私。

注释:

① 清华大学出土文献研究与保护中心编、李学勤主编:《清华大学藏战国竹简(七)》,中西书局,2017年,第115页。
②⑦⑪ 萧旭:《清华简(七)校补(二)》,复旦大学出土文献与古文字研究中心网,2017年6月5日,http://www.gwz.fudan.edu.cn/Web/Show/3061。
③ 苏建洲:《谈清华七〈越公其事〉简三的几个字》,复旦大学出土文献与古文字研究中心网,2017年5月20日,http://www.gwz.fudan.edu.cn/Web/Show/3050。

④ 清华大学出土文献研究与保护中心编、李学勤主编:《清华大学藏战国竹简(七)》,中西书局,2017年,120页。

⑤ zzusdy:《清华七〈越公其事〉初读》,简帛网,2017年4月27日,http://www.bsm.org.cn/bbs/read.php? tid=3456&page=7。

⑥ 王宁:《清华七〈越公其事〉初读》,简帛网,2017年5月1日,http://www.bsm.org.cn/bbs/read.php? tid=3456&page=13。

⑧ 清华大学出土文献研究与保护中心编、李学勤主编:《清华大学藏战国竹简(七)》,中西书局,2017年,第124、125页。

⑨ 清华大学出土文献研究与保护中心编、李学勤主编:《清华大学藏战国竹简(七)》,中西书局,2017年,第138、139页。

⑩ 王宁:《清华简七《越公其事》读札一则》,简帛网,2017年5月22日,http://www.bsm.org.cn/show_article.php? id=2809。

⑫ 清华大学出土文献研究与保护中心编、李学勤主编:《清华大学藏战国竹简(七)》,中西书局,2017年,143页。

⑬ 清华大学出土文献读书会:《清华七整理报告补正》,http://www.tsinghua.edu.cn/publish/cetrp/6831/2017/20170423065227407873210/20170423065227407873210_.html。

⑭ 清华大学出土文献研究与保护中心编、李学勤主编:《清华大学藏战国竹简(七)》,中西书局,2017年,146页。

⑮ 湖北省荆沙铁路考古队:《包山楚简》,文物出版社,1991年,38页。

⑯ 湖北省荆沙铁路考古队:《包山楚墓》,文物出版社,1991年,113~118页。

⑰ 湖北省荆沙铁路考古队:《包山楚墓》,文物出版社,1991年,118页。

⑱ 湖北省荆沙铁路考古队:《包山楚墓》,文物出版社,1991年,74页。

⑲ 刘彬徽:《论东周青铜缶》,《考古》1994年第10期,第937页。

⑳ 清华大学出土文献研究与保护中心编、李学勤主编:《清华大学藏战国竹简(七)》,中西书局,2017年,第146页。

㉑ 清华大学出土文献读书会:《清华七整理报告补正》,清华大学出土文献研究与保护中心网站,http://www.ctwx.tsinghua.edu.cn/publish/cetrp/6831/2017/20170423065227407873210/20170423065227407873210_.html。

㉒㉓ 清华大学出土文献研究与保护中心编、李学勤主编:《清华大学藏战国竹简(七)》,中西书局,2017年,第147页。

读曾侯乙墓简册札记[*]

许道胜

（湖南大学岳麓书院、出土文献与
中国古代文明研究协同创新中心）

借助红外扫描影像，初读曾侯乙墓简册，作了一些札记。今分条写出，共24条，供讨论、指正。

1. 旜烑☐（简11）
首字，整理者释作从㫃从黄[①]。按，该字从㫃没有问题，但似不从黄[②]。待考。参文末附图（下同）。

2. 革鞏☐（简12）
"鞏"下残断处可见字的残画，故应补一"☐"。

3. ■黄䢔王所驷（馭）大展（殿）（简13）
整理者于"黄"后移录原简标识符号。《曾侯乙墓竹简释文补正暨车马制度研究》遗漏[③]，当补。

4. 貍（貍）毧之聶（简14）
聶，上部的"耳"与下部的二"耳"写得分开，似二个字。

---

[*] 本文为国家社科基金重点课题《曾国文字整理与研究》（项目编号11AZS002）阶段性成果。

5. □紫黄纺之繁(简24)

"紫"上有残字,故应补一"□"。

6. 屯狐蠹(简36)

屯,字疑为后补。

7. 三貍(貍)莫蠹(简36)

莫,字疑为后补。因空间不够大,通常应写作下从毛的亦省写。

8. 马尹一马,大□(简52)

"大"下有残画,故应补一"□"。

9. 鼾(豻)常(简53)

䋺常(简69)

常,似应释作从市从尚。

10. 胅韦之簹(席)(简58)

韦,据红外扫描影像,字已不存。据考古报告则可见④。

11. 鄡君之一乘敏(畋)车(简65)

君,字疑为后补。

12. 矢,箙五□[(简90)

"五"下有残画,故应补一"□"。依文例,残字原应为"秉"。

13. 【紫】黄纺之绷(简91)

紫,整理者径释⑤。《曾侯乙墓竹简释文补正暨车马制度研究》作补字处理⑥。按：作补字处理的意见可从。据残画、文例补。

14. 矢，箙☐（简107）
"箙"下有残画，故应补一"☐"。依文例，残字原应为"五"。

15. ☐口勴（貂）之箙（简109）
☐，疑为"录"字。

16. ☐翼之翻，旆（旗）☐（简111）
"翼"上有残字，故应补一"☐"。依文例，是表示数目的字，据残画、文例，残字可能是"八"字。
旆，字残下半，应释写为"旖"。

17. 縩韦之☐（简112）
"之"下有残画，故应补一"☐"。

18. 鞍缕（绅）☐（简113）
"缕"下有残画，故应补一"☐"。

19. 龟罟（组）之（简134）
"之"下有残画，故应补一"☐"。

20. 【骞=（乘马）】彤甲（简135）
骞=，原简文字已不可见，据文例补。

21. ☐☐所贴卅（？）鸥（匹）之甲。大凡伞（八十）马甲癸（又六）马之甲。（简141）

贼,据残画释。

卅,字残,未能确定。

甲(第一处),据残画释。

大凡,据残画释。

甲(第三处),据残画释。

22. 新官人之驷马(简145)

人之,简文写作合文形式,但无合文符号。

23. ☐之骐为左骖(简177)

"之"上有残字笔画,应补一"☐"。

24. ⿱口皿 骊为右骖(简166)

⿱口皿 深骊为左飞(騑)(简171)

二简的首字,疑均同简214"新田之盟"的"盟",即"盟"。

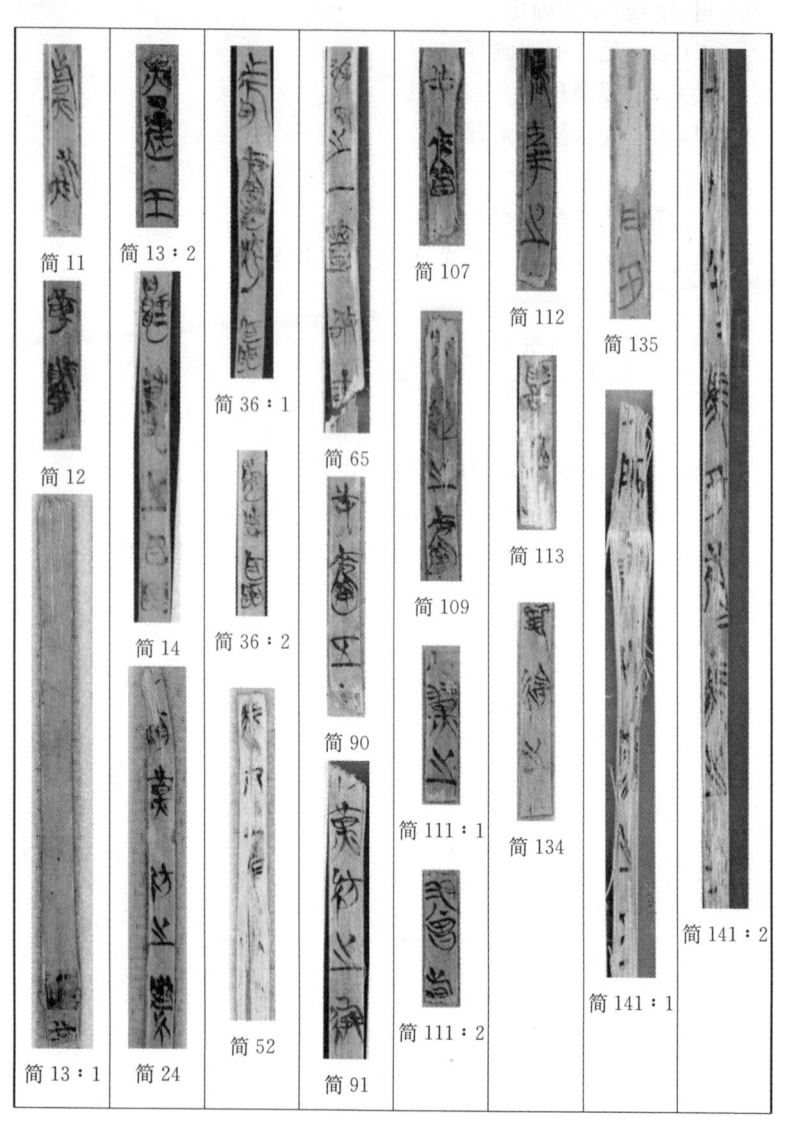

附图：

简 11
简 13：2
简 36：1
简 65
简 107
简 112
简 135
简 12
简 14
简 36：2
简 90
简 109
简 113
简 13：1
简 24
简 52
简 91
简 111：1
简 111：2
简 134
简 141：1
简 141：2

（续表）

简145 简177	简166 简171 简214						

注释：

① 裘锡圭、李家浩：《曾侯乙墓竹简释文与考释》，载《曾侯乙墓》附录一，文物出版社，1989年，第490页。
② 张光裕等主编：《曾侯乙墓竹简文字编》，艺文印书馆，1997年，第188～191页。
③⑥ 肖圣中：《曾侯乙墓竹简释文补正暨车马制度研究》，科学出版社，2011年，第64页。
④ 裘锡圭、李家浩：《曾侯乙墓竹简释文与考释》，载《曾侯乙墓》，文物出版社，1989年，图版一八九：58。
⑤ 裘锡圭、李家浩：《曾侯乙墓竹简释文与考释》，载《曾侯乙墓》附录一，文物出版社，1989年，第495页。

论大汶口文化和
良渚文化刻符中的昆仑形象*

宋亦箫

(华中师范大学历史文化学院)

大汶口文化和良渚文化是中国东部沿海两处新石器时代中晚期的考古学文化。大汶口文化主要分布于山东和皖北,良渚文化主要分布于苏浙沪。时间上,大汶口文化中晚期(前 3500 年~前 2600 年)与良渚文化(前 3500 年~前 2600 年)大体同期[①],它们又是相邻文化,故存在文化间的影响和交流,包括本文要探讨的昆仑形象的刻符。

大汶口文化和良渚文化刻符,主要存在于陶器和玉器上。本文所要讨论的昆仑形象刻符,只见于大汶口文化的陶尊和良渚文化的玉璧、琮、镯上,且它们均属形象符号而非几何形符号。关于这些形象刻符的意义,前人的研究很多,概括起来,有原始文字说[②]、标记说[③]或某种观念说[④],观念则包括宗教、神话、祭祀或图腾观念等等。唯有董楚平先生提出了神山、天地柱和昆仑山说[⑤],已接近本文的立场,但他仅分析了这些形象刻符中的祭坛立鸟形象,而不及其他,且他也只是简单地提出看法,缺少深入分析,仍有再讨论的必要。故本文拟从昆仑神话入手,论证大汶口文化陶尊和

---

* 本文系国家留学基金委公派访学悉尼大学的研究成果之一,CSC 学号:201606775024。同时为国家社科基金"新疆东部青铜文化及其所反映的早期东西文化交流研究"阶段性成果,批准号:13BKG010。

良渚文化玉器上的绝大部分形象刻符是对昆仑山或昆仑丘(虚)的符号化刻画,并以同时代考古遗存中的其他昆仑形象、泰山神话及其他外来文化为旁证,最后简略分析这些昆仑形象刻画在陶尊和玉器上的意义。

一、昆仑山与昆仑丘(昆仑虚)

我们这里要讨论的昆仑山,不是指今天新疆和西藏、青海之间的界山,而是指昆仑神话中的神山。笔者写过一篇《昆仑山新考》[6],现结合该文的研究及历代涉及昆仑山的文献典籍,分析昆仑山和昆仑丘(虚)的神话,以及它们的形状、结构、跟本文研讨对象相关的物产禽兽等等,为后文辨析大汶口文化和良渚文化刻符中的昆仑形象作铺垫。

昆仑神话源自西亚两河流域,在西亚神话中,有一世界大山,名 Khursag Kurkura,为诸神聚居之处,其后,西亚又有一种人工的多层庙塔,称 Ziggurat 或 Zikkurat,是对前者的模拟。"昆仑"二字,当是外来词,苏雪林认为它译自 Kurkura,意为"大山、高山"[7],凌纯声和杨希枚二位先生则认为它译自 Zikkurat 之第二、三音节,义为"崇高"[8],林梅村先生另辟蹊径,认为它译自吐火罗语 kilyom,义为"圣天",汉代以后也译为"祁连"[9]。其实这三说并不矛盾,且能互补,在昆仑神话中,昆仑山正是崇高、神圣且上通于天的大山。

中国的昆仑山,一如希腊的奥林匹斯山、印度的苏迷卢山(须弥山),是西亚 Khursag Kurkura 的翻版[10],因此它首先是一座存在于昆仑神话中的神山。但信奉昆仑神话的族群,也会在他们的活动范围内指定一处高山,作为现实生活中的昆仑山,古代中国境内因而被指定为昆仑山的名山总计有十多处[11]。在《山海经》、《淮南子》等典籍中所记载的"昆仑丘"和"昆仑虚",则多半属仿自神山——昆仑山的人工多层建筑,或者说它仿自西亚的多层庙塔 Ziggurat。下面,我们以这些典籍所载为依凭,归纳出昆仑山和昆仑丘(虚)的某些特征。

《山海经·海内西经》:"海内昆仑之虚,在西北,帝之下都。昆仑之虚,方八百里,高万仞。上有木禾,长五寻,大五围。"[12]

《山海经·海外南经》:"昆仑虚在其东,虚四方。一曰在岐舌东,为虚四方。"[13]

《海内十洲记》:"昆仑,号曰昆崚,……此四角大山,实昆仑之支辅也。……上有三角,方广万里,形似偃盆,下狭上广,故名曰昆仑山三角。"[14]

这三段话所言昆仑和昆仑虚,有这几个特点:1.昆仑山和昆仑虚是方形;2.其顶四周高中间低,形似偃盆;3.山体或虚体下狭上广;4.有四角,为昆仑之支辅;5.上有木禾,高大粗壮。《说文》"虚,大丘也"[15],可知这里的昆仑虚是比昆仑丘更高大的人工建筑,昆仑虚具备的特点,昆仑丘当也具备。

《淮南子·地形》:"昆仑之丘,或上倍之,是谓凉风之山,登之而不死。或上倍之,是谓悬圃,登之乃灵,能使风雨。或上倍之,乃维上天,登之乃神,是谓太帝之居。"[16]

《水经注·河水》"昆仑虚在西北",注:"三成为昆仑丘。《昆仑说》曰:昆仑之山三级,下曰樊桐,一名板桐;二曰玄圃,一名阆风;上曰层城,一名天庭,是为太帝之居。"[17]

《尔雅·释丘》:"丘一成为敦丘,再成为陶丘,再成锐上为融丘,三成为昆仑丘。"[18]

这三段话,又揭示了昆仑丘和昆仑虚另一大特点,即它为三层或叫三重。其影响所及,延及古代的祭坛和明堂建筑。例如何休注《春秋公羊传》庄公十三年"庄公升坛","土基三尺、土阶三等曰坛"[19];《吕氏春秋》言"周明堂茅茨蒿柱,土阶三等,以见俭节也"[20]。

这里的"三等",都是三层之意。

在《山海经·大荒西经》中,言及七处山为"日月所出入也"或"日月所入"之山,它们是方山、丰沮玉门山、龙山、日月山、鏖鏊钜山、常阳之山、大荒之山等等[21],从这些山所具有的特性和神性看,都堪比昆仑山,如言"日月山,天枢也",显然体现了昆仑山的"天中"、天柱特性。因此我们都可视它们为昆仑山的翻版或异名,则昆仑山也是"日月所出入"之山。

中外的昆仑神话中,昆仑山都是作为天地之中心,它上通于天,是登天的阶梯,因此还有"天柱"之称。如"昆仑……粲然中峙,号曰天柱[22]","昆仑之山有铜柱焉,其高入天,所谓天柱也。围三千里,周圆如削"[23],昆仑山"上通璇玑,……鼎于五方,镇地理也;号天柱于珉城,象纲辅也"[24],等等。

昆仑神话传至萨满教中,昆仑山被称之为"世界山"和"宇宙山",还衍生出同等重要的"世界中心"意象,即"世界树"或称"宇宙树",这"世界树"通常就长在"世界山"上[25]。《山海经》、《淮南子》等典籍所载昆仑山上的建木、若木、扶桑、扶木、珠树、青树,还包括上面提到的高五寻之"木禾",都应是这"世界树"的具名。

《山海经·西山经》:"昆仑之丘,是实惟帝之下都,神陆吾司之。……有鸟焉,其状如蜂,大如鸳鸯,名曰钦原,蠚鸟兽则死,蠚木则枯。有鸟焉,其名曰鹑鸟,是司帝之百服。"[26]

这里记载了昆仑之丘上有神鸟,类似的例子还能找到一些,如《山海经·大荒西经》载"弇州之山,五采之鸟仰天,名曰鸣鸟"[27]。汉长安建章宫渐台是一个具昆仑意象的高台,在它的楼屋顶铸造了饰金铜凤凰,高五丈[28]。

在昆仑神话里,昆仑山不仅上通于天,其地下还是幽都地府,如《博物志·地理略》记载"昆仑山北,地转下三千六百里,有八玄幽都,方二十万里。地下有四柱,四柱广十万里。地有三千六百轴,犬牙相举"[24]。

以上所举昆仑山或昆仑丘(虚)的特点,在大汶口文化陶尊和良渚文化玉器刻符中都能找到印证,下面作具体分析。

二、大汶口文化和良渚文化刻符中的昆仑形象

据统计,目前所发现的大汶口文化陶尊图像30例[30],除了3例带柄斧锛类图像外,其他27例都可归于昆仑形象。同类归并,可划分为5个类别。大汶口文化昆仑形象陶尊为出土或采集品,现藏于山东、安徽、江苏等地博物馆。良渚文化玉器上昆仑形象共有13例,分刻在7件璧、3件琮和1件镯上[31],其中美国弗利尔博物馆共藏有4件璧和1件镯,有1件璧上刻画两处昆仑形象,其他每件一处图像。台北故宫博物院藏有1件璧,台湾藏家蓝田山房也藏有1件璧。北京首都博物馆、法国集美博物馆和台北故宫博物院各藏有1件带昆仑形象玉琮。以上皆为传世品,有明确出土地点的仅有浙江安溪玉璧,正是它的出土,才使其他传世品归为良渚文化玉器变得确定无疑。安溪玉璧正反面各刻有1个昆仑形象。良渚文化昆仑形象可归为3类,其中有2件属"世界树"和"日月"形象,与大汶口文化所见"世界树"和"日月"形象类似,放在一起介绍。下面按类试作解析。

1. 日月与昆仑山形及其变体图像

这是指大汶口文化陶尊上的10类及良渚文化玉镯上的1类形象(图一),其中6类完整图像,5类为简化变体或残破图像。完整图像呈上中下三层的日、月、山形象,前人多解释为"旦"、"烜"、"炅"等汉字,董楚平先生更解释为"鸟祖卵生日月山"的语词[32]。笔者以为这些探索的方向不对,当向宗教神话的角度而不是文字的角度找答案,所以我们认为这组图像要表达的是"日月所出入"的昆仑山形象。上文我们介绍了在《山海经·大荒西经》中,有七处为"日月所出入"或"日月所入"的大山,这6类完整图像要表现的正是这样的昆仑山。图像中的昆仑山,有5例均刻成5峰耸立,

昆仑山有这样的形状吗？丁山先生曾讨论过山西浑源县南的五台山，其"五台"义近印度须弥山与其四垛，名近于"五阮"，"五阮"在《穆天子传》中称作"隃关"，而"隃"有四隅五方之义，此外"阮读若昆"③，则这五阮、五台可指向昆仑山了。

此类图像还有5类不完整的。有的仅有日、月形，缺少下方的山形，我们认为这是对完整的"日月所出入"之昆仑山形象的简化变体。至于有的只能看到半边山形，从其残破的陶片趋势及山、月残痕判断，其原形当属完整的日月昆仑山形象。

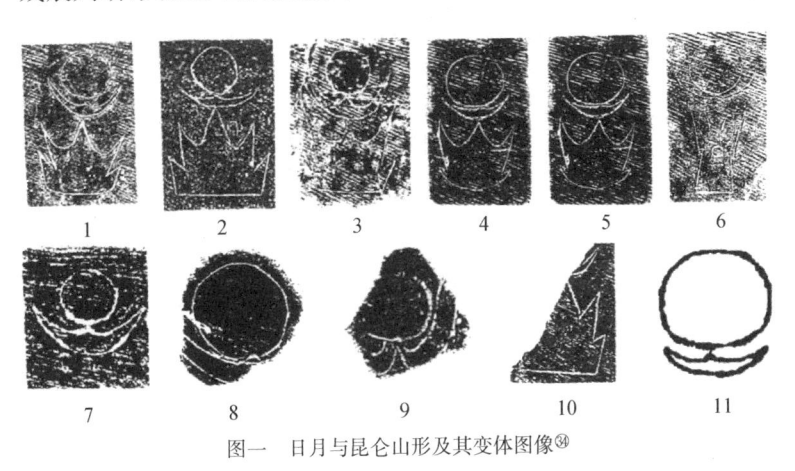

图一　日月与昆仑山形及其变体图像㉞

2. 昆仑山及世界树图像

这类图像共见两例(图二，1、2)，大汶口文化陶尊和良渚文化玉璧上各见1例。前者下半部呈一上广下狭的方台，台顶若忽略中间的树基部则呈"形似偃盆"之形，王树明将此图像解作"南"字㉟。我们认为它完全符合前文所总结的昆仑山的形状，其上的高树，当理解为世界树。良渚文化玉璧上的世界树刻在璧外缘侧面，有两株，与另一对鸟纹相间对称分布，这件璧藏于美国华盛顿弗利尔博物馆，与图六7号的昆仑日月神鸟图像共存于一一璧，前人多将此图像理解为"鱼符"㊳,不确。与陶尊上世界树相比,此树身更长,但其下的台基很小,看来主要是突出上部的树。此外,我们还能在良渚文化陶器刻符中看到类似的世界树形象(图二,3~5)。

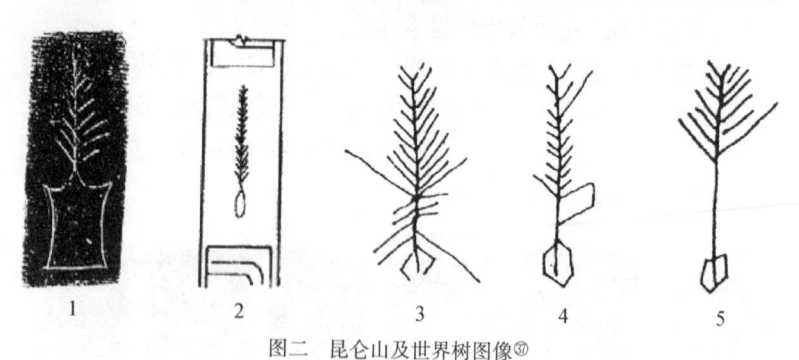

图二 昆仑山及世界树图像㊲

3. 昆仑山及天柱图像

这类图像见于大汶口文化陶尊上,共5例(图三)。栾丰实先生描述它们"形状近似有肩石铲,两侧呈阶状内收,顶端中部向上尖凸。此类图像之上多数涂成朱红色,并且在其内部刻画有数量不等的圆圈"㊳。有人释此图像为"享"字㊴,我们认为此类图像表现的是昆仑山和天柱,下部上广下狭的方台是昆仑山,台顶中间一圆柱是天柱。天柱多数高于其下的昆仑山,只有一例不同,其天柱比其下的昆仑山矮小,而山体呈两层,上广下狭,第二层有两处下

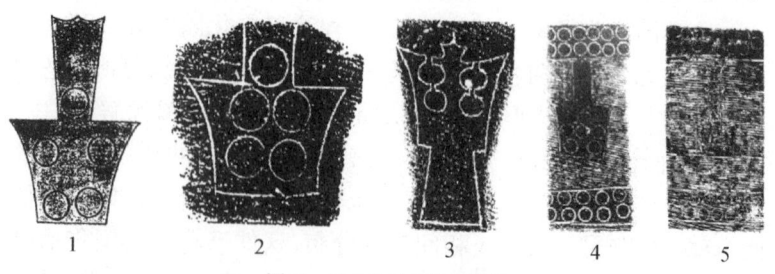

图三 昆仑山及天柱图像㊵

陷的天池,分处天柱两侧。也可以将这一例图像看作是呈三层的昆仑山,则所谓较矮小的"天柱"就变成了昆仑山的第三级悬圃或者层城了。

4. 昆仑三成及木禾、幽都图像

此类图像只见于大汶口文化陶尊,共4例(图四),但只有1例完整。图像整体呈上、下两部分,上部居中是呈三层的方形高台,在地面和一层高台两侧各有一株"木禾",王树明将其释作"滤酒图像"[41],我们认为这是对呈三层的昆仑山和其上的神树建木、若木、扶桑、扶木的描摹;在昆仑山正下方,还有一方形空间,我们认为这是幽都,因幽都正在昆仑山下,呈方形。

1　　　　　2　　　　　3

图四　昆仑三成及木禾、幽都图像[42]

5. 昆仑山之支辅——四角大山

四角大山的说法见于东方朔所著《海内十洲记》。这类图像也只见于大汶口文化陶尊,共3例,三者相似度极高,均呈四角外伸的弧边长方形(图五)。王树明释其为"吹奏乐器",即"凡"字[43],我们不赞成,认为当是模拟昆仑神话中的昆仑山之支辅——四角大山,这种表现手法,有点类似于上文中提到的日月昆仑山图像的简化变体日月形,用部分代表整体,用四角大山以指代昆仑山。

6. 昆仑山及神鸟

此类图像仅见于良渚文化玉璧和玉琮上,共7例(图六)。图像主体可分上下两部分,下部为三层高台,根据高台上刻画的不同

图五 昆仑山之支辅——四角大山图像㊸

符号还可再细分为三亚类,上部站立一神鸟(有1例上部鸟纹残破),根据神鸟下是否有立柱又可分两亚类,此外还有无神鸟的三层高台形及残损后仅剩部分高台或仅有立柱形。下面按亚类逐一分析。

三层高台带立柱神鸟形,共5例,其中1、5号璧藏于美国弗利尔博物馆,2号璧藏于首都博物馆,3号璧藏于蓝田山房,4号璧藏于台北故宫(此图像神鸟残损)。下部的高台,总体呈上广下狭,高台顶部有三层式台阶,表示"昆仑三成",即昆仑山或昆仑丘乃有三层。在高台立面中心,刻有一鸟及鸟背中心一圆圈,这当是金乌负日神话,《山海经·大荒东经》有载。另5号高台立面未刻金乌负日,而代以一椭圆内划两短弧线,有人将其释为"目",意指日、月为天目,我们认为这是有道理的,还是在表现"日月所出入"之昆仑山的。高台上部为神鸟昂立于昆仑山顶的立柱即天柱上,且天柱下半部分是由多个圆圈垒立而成。上文所引《山海经》之"西山经"和"大荒西经",有神鸟立于昆仑之丘,汉代建章宫渐台仿自昆仑丘,其楼顶铸造铜凤凰,当也是对昆仑神话中已有意象所做的模仿。这两处材料,可作为昆仑天柱神鸟形图像的印证。

三层高台带部分立柱及"木禾"形,共1例(图六,6)。此件图像所在玉琮藏于法国集美博物馆。上部有残损,但仍能看到部分垒立的圆圈,可推断其上原有立柱及神鸟,稍有不同的是在高台顶层两侧各有一"木禾"斜出。此图像表达的除与上面相同的三层昆仑山、金乌负日、天柱、神鸟外,还多表现了昆仑山神木意象。

昆仑日月神鸟形,共1例(图六,7)。此图像所在璧藏于弗利尔博物馆。三层高台上站立一鸟,高台立面中部刻有一满布火焰纹或云纹的圆圈,当表示太阳,高台底部刻有一弯新月。因此这个图像表达了昆仑神话中的昆仑山三层、"日月所出入"、昆仑山神鸟等神话意象。

图六 昆仑山及神鸟[45]

7. 昆仑山

此类图像只见于浙江安溪出土的同一件玉璧上,正反两面各刻有1例(图七),我们认为均是昆仑山的形象。正面昆仑山形象与前面已介绍的一样,也是顶部呈三层台阶式,立面刻有金乌负日,高台整体呈上广下狭形状,这当然表现的是昆仑山或昆仑丘(虚),只是其上未再刻画神鸟、天柱、神木等其他昆仑神话意象。但在反面,我们还能见到另一种风格的昆仑山形象,图像整体呈上广下狭,可分四部分,最下部像树木根茎,有根须叉出,中间以台阶式高坎分成二层,最上部中间又有一立柱。整体上还是在表达昆仑山三层意象,但如何计算这三层,则有两种看法:一是将底层看做昆仑山第一层,则其最顶层的立柱可看成是天柱;二是若将"天柱"仅看作是昆仑山第三层,则似根茎的底层可看成是昆仑山下的八府幽都,此"根茎"还颇有《博物志·地理略》中所言幽都地轴"犬

691

牙交举"的特点。但无论何解,都不脱昆仑山意象。

8. 昆仑山和天柱形

这类图像共 2 例(图八)。其一刻于美国华盛顿弗利尔博物馆一件残玉璧上,这件玉璧经历了后代改造,磨去了外面一圈,因此现在看到的昆仑山形象只有高台的两侧边下半部及下底边,靠近璧外缘处有一椭圆内嵌两圆圈,近于上面介绍的日、月为天目之"目"纹,这里应该表现的是太阳和月亮。至于被磨去部分原有什么,我们推测,当有完整的昆仑山三层台阶式顶部,再从其磨去的外圈尺寸看,其上可能有天柱、神鸟等。另一件刻在台北故宫博物院玉琮上,仅刻有一立柱立在五个垒立的圆圈上,这显然是完整的昆仑山天柱神鸟形象的中间一部分,我们认为这也是用部分代整体的表现形式,它要表现的仍是昆仑山神话意象。

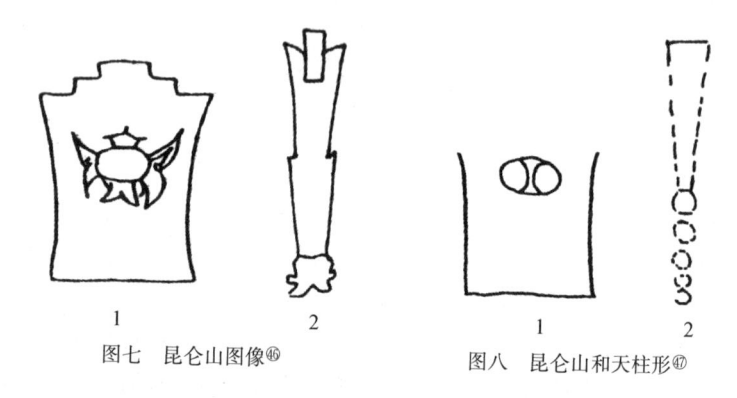

图七　昆仑山图像㊻

图八　昆仑山和天柱形㊼

三、同时代的其他昆仑形象、泰山神话及外来文化

上面将大汶口文化陶尊和良渚文化玉器上的多种图像式刻符解读为昆仑山及与之相关的昆仑神话意象,读者或许还有疑虑,在距今 5 500 年左右的新石器时代中期,难道中国的山东和江、浙沿海地区,就受到了外来的昆仑神话影响?答案是肯定的。下面我们从同时代的其他昆仑形象、泰山神话及外来文化三个方面予以

论证。

在良渚文化遗存中，发现过三座祭坛，它们分别位于瑶山、福泉山和汇观山。董楚平先生对这三处祭坛做过专门研讨，总结了它们的特点：坛面基本呈方形；都呈三层，福泉山的三层作高低级差，瑶山、汇观山的三层作内外三重；都坐北朝南[49]。其实凌纯声先生多年前就研究过中国的坛埠文化，他认为坛埠文化就是封禅文化，封禅文化就是昆仑文化，而昆仑文化则源自西亚两河流域[49]。比照良渚文化这三座祭坛，它们符合昆仑山或昆仑丘的形制。瑶山和汇观山祭坛的所谓"三层"，采取的是内外三重而不是高低级差，有别于福泉山祭坛，我们推断这种形制可能是对高低级差的三层祭坛的变通，它们还是维持了三层，只是变高低三层为内外三层而已。

无独有偶，我们在辽宁牛河梁也发现了红山文化祭坛两座，一座三环圆坛，一座三重方坛[50]。凌纯声研究过祭坛的起源地两河流域的Ziggurat形制，发现多数坛为正方形，其次为长方形，圆形坛最少[51]。可见牛河梁这两种形制的坛都可以在源头地找到。

这两处祭坛的发现，一方面强化了昆仑文化在这两种考古文化中的影响力，另一方面也暗示了外来昆仑文化似乎经历了辽宁、山东和江浙的传播过程。笔者此前曾以外来小麦作为考察对象，得出过以小麦为代表的外来文化，在仰韶文化末期和龙山时代分头进入古代中国的陕甘交界地区和山东地区的结论[52]，其进入的路线，推测当在北方的欧亚草原，故内蒙古、辽宁等地当是外来文化进入华夏腹地的通道，而牛河梁正在这样的通道线上。

山东作为龙山时代外来文化的一个聚集地，还体现在泰山神话上，而泰山神话却弥漫了昆仑神话，昆仑神话又跟三皇五帝神话密不可分，笔者已在拙作《昆仑山新考》中讨论过。最能体现以上观点的依据是泰山上古就是昆仑山，此观点已经苏雪林提出，并经何幼琦、何新等先生论证过，笔者完全赞同。这里将诸位先进的主要观点撮要,并附以笔者的补充。

苏雪林说,泰就是太、大,泰山者就是大山也,取的是西亚的"世界大山"之义。泰山古名"天中",言其居天下之中,也称它处在大地的脐上。天门在泰山之顶,幽都在泰山脚下,这都跟世界大山"昆仑山"的条件无一不合㊾。其实今天泰山诸多地名都还能体现出它的神山和通天之山性质,例如南天门和北天门、天街、玉皇顶等等,俨然是一处如昆仑山般的天堂仙境。在泰山脚下,还有一地叫"天外村",也将泰山与山脚下的人间俗世分隔开。

何幼琦通过分析《山海经》中的《海经》,发现《海经》所说的疆域就是泰山周围的山东中部地区,其中心大山名"昆仑虚",又经过对其周边七条河川的分析,发现这七条河川与泰山周围的水系无一不合,相反以之去衡量中国其他各处被认定的"昆仑",则一个都不具备,因此这中心大山"昆仑虚"就是泰山㊿。

何新在认同何幼琦结论的基础上,补充论证了"流沙"和"弱水",指出"流沙"也就是"沙河"。泰山地区有季节性异常洪水和异常枯水的极端现象,每逢夏秋暴雨,山洪挟带泥沙砾石汹涌向前,但历时很短,水位迅速下落,沙砾纷纷停积下来,形成所谓流沙,平时,则只剩下涓涓细流,这大面积的沙砾和涓涓细流,应是古书里所说的"流沙"和"弱水"。此外,何新又从名称上作了进一步论证,因泰山古称太山,太、大、天三字古代通用,而昆仑也有"天"之意,二者从名称上便相通了。他还从轩辕的古音为 Kuang lun,其对音是昆仑,而昆仑山在《吕氏春秋·古乐篇》中记作"阮隃"山,从而引证昆仑、阮隃、轩辕是一声之转,另今山东有隃隃山、昆嵛山,疑皆昆仑一词的变名㊿。

除了以上论证,从泰山神话传说与黄帝、西王母的密切关系也能看出泰山与昆仑山的等同性。泰山的黄帝、西王母神话乃至三皇五帝神话传说非常集中"黄帝生于寿丘,在鲁城东门之北"㊿,此"寿丘"一指在山东曲阜东北;黄帝战蚩尤传说里,说道"……(黄帝)师众大迷。帝归息太(泰)山之阿,昏然忧寝,王母遣使者被玄狐之裘。以符授帝"[57],这里涉及的人物有黄帝和西王母,而黄帝的归息地正是太(泰)山,还有人论证过西王母正是早期的泰山女神[58]。温玉春等论证黄帝、颛顼、帝喾、尧、舜等五帝氏族均原居今山东[59],他们的论证依据是历代保留下来的三皇五帝传说记载。他们将这些记载看作是信史当然不可,但我们将其作为三皇五帝神话在泰山传播的资料,却非常宝贵难得。

以上论证了泰山曾作为昆仑山,泰山神话包含着昆仑神话和三皇五帝神话,因此在其山脚分布的大汶口文化陶尊上,出现昆仑神话图像并不是孤立现象。

早期外来文化远不止以上这些,笔者曾以彩陶、冶铜术、绵羊、山羊、黄牛、小麦等为例,探讨了早期外来文化进入中国的时间和传入地问题,发现时间可以早到新石器时代,其后续有往来,新石器时代中晚期和青铜时代成为中外接触最持久和活跃的时期,地点则集中于陕甘交界地区和山东地区[60]。在另一篇文章中,笔者考证出外来小麦在仰韶时代末期和龙山时代以大致同时的时间分头进入这同样的两地[61],而这两个区域,恰是昆仑神话和三皇五帝神话流传最为集中的地方。我们认为这不是巧合,外来文化进入中国带来彩陶、冶铜术,或是驯化绵羊、山羊、黄牛技术,或是栽培小麦的外来人群,也同时带来了他们的昆仑神话和五星神话(被中国古人改造为三皇五帝神话),他们在这两个地方融入当地族群,让彩陶、冶铜术、部分家畜驯化术、小麦还有神话在当地扎下了根,并向四周传播开来。这些外来的物质文化和神话,迅速融入华夏文化并成为华夏文明的重要源头之一。

四、结论

大汶口文化陶尊和良渚文化玉器上的图画式刻符,绝大部分是对昆仑山神话的形象描摹,它们刻画了昆仑山是"日月所出入"之山、昆仑山上有神树——世界树、昆仑山天柱、昆仑山形似偃盆、上广下狭、昆仑山为三层之神山、昆仑山上有神鸟、昆仑山的支辅是四角大山、昆仑山下有幽都地府等神话意象。作为外来文化的昆仑神话，并非孤立地出现在山东和江浙等沿海地区。山东作为早期外来文化两个首入地之一，在大汶口文化中晚期及龙山时代，不断受到外来的彩陶、冶铜术、小麦等外来文化影响，带来这些外来文化的人群，同时也将昆仑神话带了进来，并将泰山看作他们心目中的神山——昆仑山，由此，黄帝、西王母以及其他三皇五帝神话在泰山地区流播。

最后我们来略述一下为什么大汶口文化和良渚文化先民要将昆仑形象刻画在陶尊和玉器上。我们知道，昆仑山和昆仑丘形象也就是祭坛形象，将其刻画在陶尊和玉器这些祭器上，当是要利用这种能沟通天地的祭坛符号，去强化这些祭器的祭祀功能，以塑造出更具浓厚、神秘氛围的神圣空间。

注释：

① 栾丰实：《良渚文化的分期与年代》，《中原文物》1992年第3期。

② 于省吾：《关于古文字研究的若干问题》，《文物》1973年第2期；唐兰：《关于江西吴城文化遗址与文字起源的初步探索》，《文物》1973年第2期；李学勤：《考古发现与中国文字起源》，载《中国文化研究集刊（第2辑）》，复旦大学出版社，1985年；王树明：《谈陵阳河与大朱村出土的陶尊"文字"》，载《山东史前文化论文集》，齐鲁书社，1986年，第249～308页；陆思贤：《我国最早的文字》，《书法》1988年第6期；李学勤：《余杭安溪玉璧与有关符号的分析》，载《文明的曙光——良渚文化》，浙江人民出版社，1996年，第240～246页；牟永抗：《良渚文化的原始文字》，载《文明的曙光——良渚文化》，浙江人民出版社，1996年，第247～256页；王凡：《良渚时代的萌芽文字及其意义》，载《良渚文化论坛》，浙江古籍出版社，2002年，第108～116页；董楚平：《"鸟祖卵生日月山"——良渚文化文字释读之一，兼释甲骨文"帝"字》，《故宫文物月刊》1997年第168期。

③ 汪宁生：《从原始记事到文字发明》，《考古学报》1981年第1期；庞朴：

《"火历"三探》,《文史哲》1984年第1期;裘锡圭:《文字的起源和演变》,载《中国古代文化史》,北京大学出版社,1989年,第124~185页。

④ 饶宗颐:《大汶口"明神"记号与后代礼制》,《中国文化》1990年第2期;宋兆麟:《巫与民间信仰》,中国华侨出版公司,1990年,第18~27页;赵国华:《生殖崇拜文化论》,中国社会科学出版社,1990年,第292页;王恒杰:《从民族学发现的新材料看大汶口文化陶尊"文字"》,《考古》1991年第12期;张文:《大汶口文化陶尊符号试解》,《考古与文物》1994年第3期;郑慧生:《中国文字的发展》,河南人民出版社,1996年,第18页;陈勤建:《太阳鸟信仰的成因及文化意蕴》,《华东师范大学学报》1996年第1期;刘德增:《祈求丰产的祭祀符号——大汶口文化陶尊符号新解》,《民俗研究》2002年第4期;王吉怀:《再论大汶口文化的陶刻》,《东南文化》2000年第7期;邓淑苹:《由良渚刻符玉璧论璧之原始意义》,《良渚文化研究》,科学出版社,1999年,第202~214页;任式楠:《良渚文化图像玉璧的探讨》,载《东方文明之光——良渚文化发现60周年纪念文集》,海南国际新闻出版中心,1996年,第324~330页;顾希佳:《良渚文化神话母题寻绎》,载《良渚文化论坛》,中国文化艺术出版社,2003年,第152~183页。

⑤ 董楚平:《良渚文化祭坛释义——兼释人工大土台和安溪玉璧刻符》,载《良渚文化论坛》,浙江古籍出版社,2002年,第91~107页。

⑥⑪ 宋亦箫:《昆仑山新考》,载《道路与族群——第十六届人类学高级论坛论文集》,2017年8月,青海西宁。

⑦⑩ 苏雪林:《昆仑之谜》,载《屈赋论丛》,武汉大学出版社,2007年,第512页。

⑧ 凌纯声:《昆仑丘与西王母》,《"中研院"民族学研究所集刊》1966年第22期,第219页;杨希枚:《论殷周时代高层建筑之"京"、昆仑与西亚之Zikkurat》,载《先秦文化综论》,广西师范大学出版社,2008年,第80页。

⑨ 林梅村:《祁连与昆仑》,载《汉唐西域与中国文明》,文物出版社,1998年,第64~69页。

⑫ 袁珂译注:《山海经全译》,贵州人民出版社,1991年,第244页。

⑬ 袁珂译注:《山海经全译》,贵州人民出版社,1991年,第192页。

⑭ 本社编:《海内十洲记》,《汉魏六朝笔记小说大观》,上海古籍出版社,1999

年,第 70 页。
⑮ 许慎撰,段玉裁注:《说文解字注》,中州古籍出版社,2006 年,第 386 页。
⑯ 刘安等著:《淮南子全译》,贵州人民出版社,1993 年,第 233 页。
⑰ 郦道元:《水经注全译》卷一"河水"条,贵州人民出版社,1996 年,第 3 页。
⑱ 周祖谟:《尔雅校笺》,云南人民出版社,2004 年,第 95 页。
⑲ 李学勤主编:《春秋公羊传注疏》,北京大学出版社,1999 年,第 151 页。
⑳ 关贤柱等译注:《吕氏春秋全译》"恃君览第八"之"召类"篇,贵州人民出版社,1997 年,第 763 页。
㉑ 袁珂译注:《山海经全译》,贵州人民出版社,1991 年,第 297~300 页。
㉒ 郭璞:《山海经图赞译注》,岳麓书社,2016 年,第 52 页。
㉓ 本社编:《神异经》,《汉魏六朝笔记小说大观》,上海古籍出版社,1999 年,第 57 页。
㉔ 本社编:《海内十洲记》,《汉魏六朝笔记小说大观》,上海古籍出版社,1999 年,第 70 页。
㉕ 汤惠生:《昆仑山神话与萨满教宇宙观》,载《青藏高原古代文明》,三秦出版社,2003 年,第 414 页。
㉖ 袁珂译注:《山海经全译》,贵州人民出版社,1991 年,第 38 页。
㉗ 袁珂译注:《山海经全译》,贵州人民出版社,1991 年,第 299 页。
㉘ 凌纯声:《中国的封禅与两河流域的昆仑文化》,《"中研院"民族学研究所集刊》1965 年第 19 期,第 31 页。
㉙ 张华撰,范宁校证:《博物志校证》,中华书局,1980 年,第 10 页。
㉚ 栾丰实:《大汶口文化——从原始到文明》,山东文艺出版社,2004 年,第 105 页。
㉛ 邓淑苹:《由良渚刻符玉璧论璧之原始意义》,载《良渚文化研究》,科学出版社,1999 年,第 202~214 页,邓淑苹所介绍 8 件璧,有一件无昆仑形象,不在本文讨论范围;顾希佳:《良渚文化神话母题寻绎》,载《良渚文化论坛》,中国文化艺术出版社,2003 年,第 155~157 页;陈甘棣:《鉴赏美国收藏的良渚文化玉器》,载《东方文明之光——良渚文化发现 60 周年纪念文集》,海南国际新闻出版中心,1996 年,第 350 页。
㉜ 董楚平:《"鸟祖卵生日月山"——良渚文化文字释读之一,兼释甲骨文"帝"字》,《故宫文物月刊》1997 年第 168 期。

㉝ 丁山:《论炎帝太丘与昆仑山》,载《古代神话与民族》,商务印书馆,2005年,第412、413页。
㉞ 图一 1~10 引自栾丰实:《大汶口文化——从原始到文明》,山东文艺出版社,2004年,第106页;图一11引自徐湖平《东方文明之光》,海南国际新闻出版中心,1996年,第350页。
㉟ 王树明:《谈陵阳河与大朱村出土的陶尊"文字"》,载《山东史前文化论文集》,齐鲁书社,1986年,第266页。
㊱ 邓淑苹:《由良渚刻符玉璧论璧之原始意义》,载《良渚文化研究》,科学出版社,1999年,第202页。
㊲ 图二1引自栾丰实:《大汶口文化——从原始到文明》,山东文艺出版社,2004年,第108页;图二2引自徐湖平:《东方文明之光》,海南国际新闻出版中心,1996年,第417页;图二3~5引自良渚文化博物馆:《良渚文化论坛》,浙江古籍出版社,2002年,第110页。
㊳ 栾丰实:《大汶口文化——从原始到文明》,山东文艺出版社,2004年,第108页。
㊴ 王树明:《谈陵阳河与大朱村出土的陶尊"文字"》,载《山东史前文化论文集》,齐鲁书社,1986年,第272~280页。
㊵ 图三均引自栾丰实:《大汶口文化——从原始到文明》,山东文艺出版社,2004年,第108页
㊶ 王树明:《谈陵阳河与大朱村出土的陶尊"文字"》,载《山东史前文化论文集》,齐鲁书社,1986年,第268页。
㊷ 图四均引自栾丰实:《大汶口文化——从原始到文明》,山东文艺出版社,2004年,第107页。
㊸ 图五均引自栾丰实:《大汶口文化——从原始到文明》,山东文艺出版社,2004年,第108页。
㊹ 王树明:《谈陵阳河与大朱村出土的陶尊"文字"》,载《山东史前文化论文集》,齐鲁书社,1986年,第258~265页。
㊺ 图六各图均引自良渚文化博物馆:《良渚文化论坛》,浙江古籍出版社,2002年,第98页。
㊻ 图七各图均引自余杭市政协文史资料委员会等:《文明的曙光——良渚文化》,浙江人民出版社,1996年,第254页。

㊼ 图八1引自良渚文化博物馆：《良渚文化论坛》，浙江古籍出版社，2002年，第98页；图八2引自良渚文化博物馆：《良渚文化论坛》，中国文化艺术出版社，2003年，第157页。

㊽ 董楚平：《良渚文化祭坛释义——兼释人工大土台和安溪玉璧刻符》，载《良渚文化论坛》，浙江古籍出版社，2002年，第96页。

㊾ 凌纯声：《中国的封禅与两河流域的昆仑文化》，《"中研院"民族学研究所集刊》1965年第19期，第24～31页；凌纯声：《昆仑丘与西王母》，《"中研院"民族学研究所集刊》1966年第22期，第219页。

㊿ 刘宗迪：《失落的天书——〈山海经〉与古代华夏世界观》，商务印书馆，2016年，第511页。

(51) 凌纯声：《中国的封禅与两河流域的昆仑文化》，《"中研院"民族学研究所集刊》1965年第19期，第23页。

(52)(61) 宋亦箫：《小麦最先入华的两地点考论》，《华夏考古》2016年第2期。

(53) 苏雪林：《屈赋论丛》，武汉大学出版社，2007年，第545、565、567页。

(54) 何幼琦：《〈海经〉新探》，《历史研究》1985年第2期。

(55) 何新：《诸神的起源》，时事出版社，2002年，第123～142页。

(56) 黄甫谧：《帝王世纪》，齐鲁书社，2010年，第9页。

(57) 董斯张：《广博物志》，上海古籍出版社，1992年，第112页。

(58) 吕继祥：《泰山娘娘信仰》，学苑出版社，1994年，第16页。

(59) 温玉春：《黄帝氏族起于山东考》，《山东大学学报》1997年第1期；温玉春、曲惠敏：《少昊、高阳、高辛、陶唐、有虞诸氏族原居今山东考》，《管子学刊》1997年第4期。

(60) 宋亦箫：《中国与世界的早期接触：以彩陶、冶铜术和家培动植物为例》，《吐鲁番学研究》2015年第2期。

《岳麓书院藏秦简(四)》中有关"里门"问题的研究(一)*

王 准 王 谷

(湖北省社会科学院,武汉大学历史学院)

随着出土文献的不断公布,相关史料逐渐增多,学界对于两周与秦代最基层的社会组织"里"开始产生兴趣[①]。里不仅是一种社会组织,也是因民户有序聚居而形成的小型社区,故而里的建筑格局也成为学者们在研究过程中无法回避的重要课题。目前笔者对于里门做了初步研究[②]。《岳麓书院藏秦简(四)》公布后[③],其中记录了关于里门的资料,对于此前的研究有极大的补充,正如整理者所说,乃是"考察秦代里制的绝佳材料"[④]。本文将根据岳麓秦简的新资料对里门进行进一步考察。

岳麓秦简(四)记载了有关里门的一条材料,原文如下:

(1)诸故同里=、(里)门而别为数里者,皆复同以为一里。一里过百而可隔垣益为门者,分以二里。□☒【295】☒☒□出归里中、里夹、里门者,□车马,衺为门介,更令相近者、近者、相同里【296】

首句的"同"字应解释为共、共一个,作动词使用。《诗·郑风·有女同车》:"有女同车,颜如舜华。"王充《论衡·书虚》:"舜之

---

* 本文得到国家社科基金青年项目"战国秦代出土文献史料中的基层社会组织研究"(13CZS010)的资助。

舆尧,俱帝者也,共五千里之境,同四海之内。"共用什么呢?应该指里的墙垣等公共建筑,后文将详述。

"一里过百",原文并未明示"百"的单位是什么。百尺、百丈,抑或是百人(口)、百户?笔者认为很可能是"一里过百户"之省。《岳麓秦简(四)》的《尉卒律》中记载:"尉卒律曰:里自卅户以上置典、老各一人,不盈卅户以下,便利,令与其旁里共典、老,其不便者,予之典【142】而勿予老。【143】"30户大概是秦人设立一里的基本规模,低于30户,最多只设典一人,不设老,这在里耶秦简中可以得到印证⑤。民户超出30户,依据《尉卒律》仍然只能设置典、老各一人。百户超过此规模两倍多,典、老要承担的维持治安、征收赋税等工作也随之增倍,民户众多带来的各种隐患也呈倍数增长⑥。所以,秦令要求百户以上析分为二里,合乎情理。

"隔垣"的"垣",本义指墙,此处专指里的围墙,即里垣。墙垣的作用就在于划分边界,秦律严令禁止跨越墙垣的行为。里垣"益为门"指分隔出来的两个里可以新开辟里门与外界相通。里在秦代已经是围有一圈墙垣、墙上开有少数里门(间)的封闭式建筑结构。为了维护里的相对封闭的结构,新的里门不会在相邻的里的围墙上开设门洞,而是应该在临街的一面开辟里门。岳麓秦简(四)《尉卒律》记载:"公大夫以上擅启门者附其旁里,旁里典、老坐之。【143】"也就是说,如果公大夫以上爵位的人,擅自在隔壁里的里垣上开了一扇门,隔壁里的典、老都要受罚,这从侧面证明两个里之间绝对不允许直接相通,典、老有维护本里墙垣完整的职责。所以,新的里门必须开在宽阔的临街一边。

"同里₌(里)门"的重文符号"₌"值得推敲。整理者释读为"诸故同里里门而别为数里者",重文的"里"字让文句不太通顺。依据文句字义,存在着两种可能性:其一,重文符号"₌"是衍文,原句应为"诸故同里门而别为数里者",意即原本共用里门而被分为几个里;其二,重文符号"₌"并非衍文,原句应断读为"诸故同里、里门而别为数里者"。笔者赞同第二种说法,"同"字作用的不仅有"里",还有"里门",完整的说法应该是"诸故同里、同里门而别为数里者"。原句中的"同里"不仅仅是作为行政区划的里,而且包含了建筑结构意义上的里,怎么理解呢？这些新分出来的里,仍然使用原来的同一堵外墙、同一扇里门。或者还有一种情况,以最低限度来说,即使不共用里垣,但是共用里门。像这样两种情况,秦令要求重新合并为一个里。

说到这儿,读者对于这条秦律难免会产生疑问：这些里既然已经分置,为何现在又要重新合并？虽然合并的只是最小一级的行政组织"里",但涉及的面恐怕会很广。被要求重新合并的情况可能较为普遍,不止一地,所以才需要秦律专门规定。政区的合并从来都是非常复杂的行政操作,里名的更动、户口的合并、上计的调整、典和老的裁汰与重新任命[7],都会带来较高的行政成本。付出这么多的代价,仅仅只是为了把几个里合并成一个,这又有何必要呢？

从律文的下一句,我们似乎可以看到一些端倪。"一里过百而可隔垣益为门者,分以为二里",对于户口众多的里,官方并不是不允许分立,而是有着一些较为严格的前提条件。

其一,里的编户过百,才能分拆,而且不是任意分拆,只能拆为两个里,平均下来每个里50户以上。有意思的是,50户以上的规模,明显要比《尉卒律》里规定的30户高出近六成,这种差异我们应该怎么看待它呢？我们从两个不同角度来观察里的分拆过程,可能会得到较为合理的解释。

从典、老等小吏的角度来看,应该是希望在法律允许的范围内,自己的工作不那么繁重。减少工作负担的方法有很多,最便捷的方式是直接减少管辖下的编户数量与人口。但是里的编户数量是不能随意变动的,除非上级官府下令将其中民户迁走,而这种情况并不是那么普遍,而且存在着其他地区民户被官方迁徙到本里的风险。那么借口里中编户太多，拆分出新的里，是一个很好的机会。假如原来的里有100户，直接分拆成3个里，每里30多户，一方面正好符合《尉卒律》的规定，每个里都能配足典、老等人手，另一方面管理民户数量可以降到最低。

但是从上级政府的角度来看，这件事情就不那么美妙了。《尉卒律》中30户的规定其实只是一个最低底线，并未规定里中民户达到多少必须要拆分。站在国家的角度，编户用最少的小吏去管理才是划算的选择。这些里中的典、老，必须替政府时时刻刻管理、监控里中民户，既不能服兵役徭役，又需要国家提供俸禄，数量越多，花费也越大。假如所有60户以上的里都开始心思浮动、琢磨着分拆，这分拆之后多出来的典、老职位又需要新的投入，这种趋势若是不加以遏制，未来政府财政军政又将经受一次考验，所以律文中出现了百户只能分拆为两个里的规定。原本可以分拆为3个里，现在仅仅只能分为2个，对于政府可以省下典、老各一人的员额。

官方允许分立的第二个前提条件，也是最为重要的条件，就是新分出来的里用围墙隔开，并开辟独立的里门。实际上，这就变相要求所有新设立的里必须有独立而完整的里垣、里门。里垣禁止翻越，否则将受罚，在法律中有明文规定。张家山汉简《二年律令·杂律》记载："越邑、里、官、市院垣，若故坏决道出入，及盗启门户，皆赎黥。【182】"⑧即使里垣原本已经损坏，不再具有阻止人员通过的功能，若有人从决口处出入，仍然要受到赎以黥刑的责罚。《杂律》还接着记载："其垣坏高不盈五尺者，除。【182】"当里垣受损，高度低于五尺（折合今1.15米）时，必须加以修补，恢复其原有的高度。只有在某些特殊情况下，指定人员才能翻越里垣出入。"捕罪人及以县官事征召人，所征召捕越邑、里、官、市院垣，追捕、征者得随迹出入【183】"，追捕翻越里垣的嫌犯时，追捕人及随从可以出入，但也不是随意出入，只有跟踪翻越里垣的痕迹，在该特定区域的里垣处,才能翻越出入,这也意味着其他情况下,翻越里垣都是违法行为。既然里垣不能翻越,所有人就只能从里门出入。

把材料(1)第一句和第二句连缀起来,我们似乎可以体会政府颁布此律的用意。在中央政府看来,拥有独立的里垣与里门、形成封闭的建筑布局,才可以成为官方认可的一个里。之前地方出于各种目的,将一个里草草拆分为数里,有不少新分出来的里沿用原来的公共建筑,并没有独立里垣、里门等基础建设,对于这种情况,先恢复原貌,合并为一里,然后再依照百户以上的标准,建造独立的里垣与里门之后,分立为两个里。

简296开头部分残断,又有两字未能辨识,给文意理解带来困难,所以只能作简单梳理与推测。"里中"应该指里的内部,具体来说,大概是里垣、里门以内,包括里巷和里中民宅等。"里夹",整理者认为是里的左右两边,但是并未注明是同一里的左右两边,抑或是不同里的左右两边。笔者认为,"里夹"应该是里内部或外部的公共区域,大致存在两种可能:其一,在里的外部,相邻两个里所夹的地区,比如左里的右里垣与右里的左里垣之间,形成两壁之间的狭窄夹道,称为里夹;其二,在里的内部,里垣与居民宅院墙壁之间的区域,也可形成夹道,称为里夹。后者的可能性更大。"车马"前残缺一字,但结合前句"出归"一词,应该指外出时所驾车马。车马与里、里门有何关系?《史记·万石张叔列传》载:"万石君徙居陵里。内史庆醉归,入外门不下车。万石君闻之,不食。庆恐,肉袒请罪,不许。举宗及兄建肉袒……"万石君的儿子石庆醉酒之后回家,入陵里之里门而不下车,让万石君非常愤怒,石庆及其兄弟族人只好肉袒负荆请罪。这说明车马进出里门之时,不论身份多么高贵,乘客都必须下车。材料(1)中的"车马"或许与此有关。接下来的"衷"字,整理者采用"合适,恰当"的字义。笔者认为,或许从衷字本义"内衣、亵衣"引申出的"在里面的"意思会更好,指在里中的人。"介"字,整理者直接读为"界",取界限之义。笔者认为或许可取"副手"、"辅助人员"之义。《荀子·大略》:"诸侯相见,卿为介。"杨倞注:"介,副也。"《左传》成公十三年:"孟献子从,王以为介。"杜预注:"介,辅相威仪者。""衷为门介",意思是里内之人在里门作为辅助人员,接待"出归"之人与车马。这大概是出于安全的原因,防止陌生人进入的措施。最后一句"更令相近者、近者、相同里"文意似乎并不完整,"令"的内容不得而知,但是应该也与此有关。只有里中之人认识并亲自在场的情况下,才可以进入里门或行事。

注释:

① 沈长云、李秀亮:《西周时期"里"的性质》,《历史研究》2011年第4期;陈絜:《里耶"户籍简"与战国末期的基层社会》,《历史研究》2009年第5期;陈絜:《竹简所见楚国居民里居形态初探》,《徐州工程学院学报(社会科学版)》2013年第2期;王准:《包山楚简所见里中职官研究》,《历史教学》2011年第6期;王准:《包山楚简所见楚国"里"的社会生活》,《中国社会经济史研究》2011年第2期。
② 王谷、王准:《论东周秦汉时期的里门》,《中国社会经济史研究》2016年第2期。
③ 本文所用释文都出自《岳麓书院藏秦简(四)》,为行文方便,不另外出注。《岳麓书院藏秦简(四)》以下简称"岳麓秦简(四)"。
④ 陈松长主编:《岳麓书院藏秦简(四)》前言,上海辞书出版社,2015年。
⑤《里耶秦简牍校释(一)》:"卅二年正月戊寅朔甲午,启陵乡夫敢言之:成里典、启陵邮人缺。除士五(伍)成里匄、成,成为典,匄为邮人,谒令尉以从事。敢言之。【8-157】""正月戊寅朔丁丑,迁陵丞昌却之启陵:廿七户已有一典,今有(又)除成为典,何律令应?【8-157背】"
⑥ 比如里中民户聚集带来的防火问题,岳麓秦简《为吏治官及黔首》记载有"里中备火【2】",就是提醒官吏注意里中防火事宜。里中民户越多,如果没有里的墙垣作隔离带的情况下,火灾隐患也越严重。另外睡虎地秦墓竹简《法律答问》载"旞火延燔里门,当赀一盾【160】","旞火"或是"燧火",乃烽燧之火。里门可能被外来的火源点燃,小吏也会因此被罚。

⑦ 几个里合而为一,原来数量若干的典、老职位势必缩减,减至典、老各一人,才能符合《尉卒律》中的规定,所以原有典、老必定会有裁汰。
⑧ 彭浩、陈伟、工藤元男:《二年律令与奏谳书》,上海古籍出版社,2007年,第162页。